W0266224

TRÄUME

deuten und sich selbst verstehen

TRÄUME

deuten und sich selbst verstehen

DK

DK London

Lektorat
Emma Hill, Kiron Gill, Dawn Henderson, Mary-Clare Jerram

Gestaltung und Bildredaktion
Karen Constanti, Amy Child, Marianne Markham, Maxine Pedliham

Umschlaggestaltung
Nicola Powling, Lucy Philpott

Herstellung
Tony Phipps, Luca Bazzoli

Illustrationen Weitong Mai

Für die deutsche Ausgabe:
Programmleitung Monika Schlitzer
Redaktionsleitung Dr. Kerstin Schlieker
Projektbetreuung Carola Wiese
Herstellungsleitung Dorothee Whittaker
Herstellungskoordination Claudia Rode
Herstellung Inga Reinke

Titel der englischen Originalausgabe:
Dreams

© Dorling Kindersley Limited, London, 2019
Ein Unternehmen der Penguin Random House Group
Alle Rechte vorbehalten

© der deutschsprachigen Ausgabe by
Dorling Kindersley Verlag GmbH, München, 2020
Alle deutschsprachigen Rechte vorbehalten

Jegliche – auch auszugsweise – Verwertung, Wiedergabe, Vervielfältigung oder Speicherung, ob elektronisch, mechanisch, durch Fotokopie oder Aufzeichnung, bedarf der vorherigen schriftlichen Genehmigung durch den Verlag.

Übersetzung Brigitte Rüßmann, Wolfgang Beuchelt
(Scriptorium – Köln)
Lektorat Cornelia Rüping

ISBN 978-3-8310-3889-3

Druck und Bindung Livonia, Lettland

MIX
Papier aus verantwortungsvollen Quellen
FSC® C002795

www.dorlingkindersley.de

Hinweis
Die Informationen und Ratschläge in diesem Buch sind von den Autoren und vom Verlag sorgfältig erwogen und geprüft, dennoch kann eine Garantie nicht übernommen werden.
Eine Haftung der Autoren bzw. des Verlags und seiner Beauftragten für Personen-, Sach- und Vermögensschäden ist ausgeschlossen.

INHALT

Fortsetzung »

VORWORT

Träume sind unsere Verbündeten, magische Freunde, die uns zeigen, wer wir sind und warum wir hier sind – selbst wenn sie als Albträume daherkommen. Sie verbinden verloren geglaubte Freunde über Tausende von Kilometern miteinander, sagen vorher, wo Menschen leben werden, und geben uns Ratschläge jenseits des bewussten Denkens der Träumenden. Dennoch behaupten viele Menschen, nur selten zu träumen. Und überhaupt: Ist das nicht alles nur Unfug?

Den meisten Menschen fällt es eher schwer, ihre Träume zu verstehen. Dieses Buch kann Ihnen dabei helfen, die verbreitetsten Bilder zu entschlüsseln und besser zu verstehen, wie die menschliche Psyche funktioniert. Die Traumdeutung ist jedoch keine eindeutige Wissenschaft und nicht immer kann eine Interpretation einen Traum erklären. Viele Faktoren spielen hier hinein und die folgenden Seiten wollen Sie dazu inspirieren, sich näher damit zu befassen, was da vor sich geht.

Träume scheinen ihren eigenen Regeln zu folgen. Es gibt keine feste Hierarchie der Macht, bei der etwa die Psyche das bewusste Denken beherrscht. Und doch kommen wir nicht umhin, unsere Träume zu respektieren und die Traumwelt ernst zu nehmen.

Die faszinierenden Aspekte unserer Träume sind ihre Botschaften, die oft als Metaphern oder Symbole erscheinen. Warum sind sie so klug und zutreffend? Warum der übertragene Sinn? Die Lehrer der Antike vermittelten ihr Wissen auf genau diese Weise: Sie erzählten verschlüsselte Geschichten, die ihren Zuhörern mit Sprachbildern halfen, Zusammenhänge zu erkennen und zu verstehen. Träume scheinen diesem Muster zu folgen. Sie sind immer weise Lehrer, egal wie verwirrend sie anfangs wirken mögen. Wir sind angehalten, über sie nachzudenken, sie zu reflektieren – und dabei hilft Ihnen das Traumverzeichnis.

Das heutige Leben ist hart und angesichts der globalen Erwärmung, des politischen Chaos und einer weltweiten Zunahme mentaler und körperlicher Beschwerden auch alarmierend. Die Menschen wenden sich auf der Suche nach Führung zunehmend nach innen. Indem Sie Ihre Träume analysieren und erkennen, welch bemerkenswerte Übersicht unsere Seele zweifelsohne besitzt, können Sie möglicherweise die Botschaften dieser verborgenen Welten enträtseln lernen.

Kosie March Smith

THEORIE
DER TRÄUME

WARUM TRÄUMEN WIR?

Wissenschaftler bemühen sich schon lange nach Kräften, diese Frage zu beantworten, aber in Wahrheit weiß das bisher niemand. Wir träumen vier- bis sechsmal in der Nacht, und zwar jeweils ungefähr fünf bis 20 Minuten. Wir alle träumen, weil das wichtig für unsere emotionale, geistige und körperliche Gesundheit ist.

Während eines normalen Menschenlebens verbringen wir mindestens sechs Jahre in der Traumwelt, aber warum? Forscher sprechen von Gedächtniskonsolidierung, einer Art Aufräumaktion des Gehirns. Ihnen zufolge träumen wir, um unnötige neurale Verbindungen zu beseitigen und Raum für Kreativität zu schaffen.

Sie können uns mithilfe bildgebender Verfahren sogar sagen, wie und in etwa was wir träumen, nur *warum* wir träumen, das weiß noch niemand so genau.

Draht zum kollektiven Unbewussten

Träume sind ein Kanal, der uns die höheren und tieferen Areale unseres Geistes erreichen lässt. Eine Insel, von der man nur die Hügel und Berge sieht, ist ein gutes Symbol für die Tiefe und Weite unseres Unbewussten. Stellen Sie sich jetzt vor, dass der Meeresboden die gesamte Erde umfasst, und Sie können sich denken, wie er vermutlich mit allem in Verbindung steht. Dies ist die Grundlage von Carl Gustav Jungs Theorie des kollektiven Unbewussten, das uns alle verbindet. Hellseher behaupten, diese verbindende Geistesenergie stecke hinter ihren Fähigkeiten und erschließe ihnen die Gänze unserer Welt.

Heute präsentieren dazu Quantenphysiker faszinierende Forschungen zur »Außenzeit«, die uns möglicherweise endlich Erklärungen für die großen Mysterien liefern.

Träume als Botschaften

Auch die Rationalisten können nicht erklären, warum manche von ihrer Zukunft träumen und das Gesehene auch eintrifft. Wochenlang fehlt jede Erinnerung an solche Träume und plötzlich werden diese Menschen von einer hellsichtigen Botschaft überrascht.

Traumbotschaften und Vorausahnungen sind schon seit Jahrtausenden bekannt. Können wir etwa auf Informationen aus dem kollektiven Unbewussten, über das auch unsere Vorfahren, Seher und Propheten verfügten, zugreifen?

Wenn es die Bestimmung unserer Träume ist, uns ohne die Beschränkungen der Technologie dabei zu helfen, die verborgenen Bereiche des Unbewussten spirituell zu erschließen, sollten wir in diesen turbulenten Zeiten vielleicht doch einen ganzheitlicheren Lebensstil anstreben.

REM- UND NON-REM-SCHLAF

Anhand von Gehirnwellen haben Forscher entdeckt, dass wir vor allem während der Schlafphase mit schnellen Augenbewegungen (engl: rapid eye movement, REM) träumen. Wir träumen mehrmals pro Nacht in Schlafzyklen mit (REM), aber auch ohne schnelle Augenbewegungen (Non-REM). Für unsere Haustiere gilt das übrigens auch: Haben Sie schon mal beobachtet, wie sie im Schlaf zucken oder gar laufen? Forscher beobachten bei Menschen vergleichbare Traumzustände, wenn sie deren Gehirnwellen während der verschiedenen Schlafzyklen aufzeichnen. So lassen sich die emotionalen Reaktionen auf das Traumgeschehen mittels Elektrookulografie (EOG) ablesen – den Inhalt der Träume kann die Technologie aber nicht darstellen.

WAS IST GESUNDER SCHLAF?

Die meisten Erwachsenen schlafen zwischen sieben und neun Stunden pro Nacht. Das mag wie eine lange Zeit ohne Arbeit, Besorgungen oder Spaß erscheinen, sie ist aber wichtig für Gesundheit und Wohlbefinden.

Guter Schlaf schützt unser gesamtes Wesen: Körper, Verstand und Geist. Er versorgt uns mit neuer Energie und hilft uns, klar zu denken. Zudem verbessert er unsere Immunabwehr, was uns beispielsweise vor Erkältungen bewahren kann. Und noch wichtiger: Regelmäßiger, gesunder Schlaf stärkt das Herzkreislaufsystem, reguliert den Blutzuckerspiegel, erhöht die Stressresistenz und beugt so schweren Erkrankungen wie Herzinfarkten und Schlaganfällen vor. Das bedeutet: Guter Schlaf ist aus einer Vielzahl von Gründen extrem wichtig. Leider gibt es bestimmte Schlafstörungen, die verhindern, dass sich gesunde Schlafmuster entwickeln und festigen können.

Albträume

Bei Albträumen denken wir meist an die angstbefeuerten Träume, die Kinder im Schlaf heimsuchen, weil sie noch offen für neue Eindrücke im verwirrenden Alltag sind. Geister und Monster unter dem Bett sind paradoxerweise durchaus hilfreich, denn mit der Zeit lernen Kinder, dass es sie nicht gibt, und können so ihre Ängste überwinden. Das ist ein wichtiger Schritt für das Selbstbewusstsein.

Aber auch Erwachsene haben Albträume. Meist treten sie in der ersten Stunde der Non-REM-Phase auf und werden häufig durch etwas Beängstigendes in der realen Welt ausgelöst. Hinter wiederkehrenden Albträumen stecken oft posttraumatische Belastungsstörungen (PTBS). Psychische Erkrankungen und Drogenmissbrauch können zu Schlafstörungen durch Albträume bis hin zur Schlaflosigkeit führen. Schizophrenie geht beispielsweise mit Wahrnehmungsverzerrungen, Wahnvorstellungen und Halluzinationen einher, die ebenso verzerrte Traumbilder auslösen können. Auch zu viel Alkohol beeinträchtigt die Schlafqualität bis hin zur Schlaflosigkeit, selbst wenn er anfangs entspannend wirkt. Schlaftabletten können ebenfalls den Schlaf beeinträchtigen, da sie den Schlaf-Wach-Rhythmus stören und den Schläfer daran hindern, die REM-Phase zu erreichen, wodurch tiefer und heilsamer Schlaf unmöglich wird.

Wiederkehrende Träume

Unangenehme Träume, die immer wieder kommen, gehören ebenfalls zum Spektrum der Störungen, weil sie Stress auslösen können. Hat der bewusste Verstand in der Vergangenheit Traumata, Ärger, Trauer oder beängstigende Situationen nicht vollständig verarbeitet, werden sie durch das Unbewusste immer wieder hochgespült. Es scheint so, als wolle die verborgene Welt der Psyche erfolglos eine Botschaft an das Bewusstsein senden.

Diese Schleife setzt sich fort, bis die machtvollen Emotionen endlich freigesetzt werden. Das geschieht meistens im Rahmen einer Therapie oder psychotherapeutischen Intervention.

DER SCHLAF-WACH-RHYTHMUS

Der Schlaf-Wach-Rhythmus ist eine innere Uhr, die den regelmäßigen Wechsel von Wachsein und Schläfrigkeit vorgibt, und zwar tagsüber (denken Sie an das berüchtigte »Suppenkoma«) und nachts. Lebhafte, verwirrende Träume, die auftreten, während man gerade um die halbe Welt reist oder Nachtschichten fährt, sorgen nicht nur für schlechten Schlaf, sie sind auch wenig hilfreich. Sie lassen sich kaum entschlüsseln, da für sie oft die durch den gestörten Rhythmus ins Ungleichgewicht geratenen Hormone verantwortlich sind. Die Psyche kann ihre subtilen Botschaften aus dem Unbewussten unter diesen Umständen nicht übermitteln. Es ist also besser zu warten, bis sich wieder ein gesunder Rhythmus eingestellt hat.

SCHLAF-HYGIENE

Das Wort »Hygiene« mag im Zusammenhang mit gesundem Schlaf seltsam anmuten, aber wie bei der persönlichen Reinigung sollte man auch bei seinen Schlafgewohnheiten eine feste Routine entwickeln. Unterbrechungen, konstante lange Abende und ein übermäßiger Konsum von Alkohol und Koffein sind Faktoren einer schlechten Schlafhygiene.

Gute Einschlafroutinen

Nicht nur für Babys, sondern für uns alle ist es wichtig, eine gewisse Regelmäßigkeit zu entwickeln. Die Forschung zeigt, dass das blaue Licht von Digitaldisplays das Gehirn daran hindert, Melatonin auszuschütten. Doch dieser Botenstoff sagt dem Körper, wann es Zeit zum Schlafen ist. Verzichten Sie also besser vor dem Schlafengehen auf das Handy. Auch lebhafte Diskussionen sollten Sie besser meiden. Sie gehen aufgedreht aus dem Gespräch (oder Streit) und können schlecht einschlafen.

Lesen vor dem Schlafen kann beruhigen. Ein warmes Bad, Yoga oder Meditation sorgen für eine gesunde, entspannte Stimmung für die Nacht. Sorgen verstärken sich, wenn Körper und Geist vom Tag erschöpft sind, und Sie verlieren schnell den Überblick. Meditation kann dabei helfen, Unruhe und Ängste abzubauen oder zumindest die Schultern zu entspannen und die rasenden Gedanken abzustellen.

Die perfekte Schlafumgebung

Ist Ihr Schlafzimmer gemütlich und angenehm temperiert, ohne zu warm zu sein? Kühle 16 bis 18 °C gelten allgemein als die ideale Temperatur fürs Schlafzimmer.

Wenn helles Licht in Ihr Schlafzimmerfenster scheint, hängen Sie dunklen Stoff auf oder schaffen Sie sich schwere, dichte Vorhänge an. Gegen Geräusche (z. B. eines schnarchenden Partners oder Verkehrslärm) kann ein Rauschgenerator helfen. Es gibt verschiedene Modelle. Ideal sind diejenigen, die auch Hintergrund- und Naturgeräusche wie einen Wasserfall oder Vogelgezwitscher generieren, denn die reinen Geräuschabfolgen sind vorhersehbar.

DIE MACHT VON KÄSE

Der gewöhnlich als Schlafstörer verdächtigte Käse kann auch zu gutem Schlaf verhelfen. Denn er enthält große Mengen der Aminosäure Tryptophan, aus der unser Gehirn das Wohlfühl- und Glückshormon Serotonin produziert. Tryptophan wird eingesetzt, um prämenstruelle Beschwerden bei Frauen zu lindern, aber auch zur Behandlung der saisonal-affektiven Störung (SAS) und anderer depressiver Formen. Zudem sorgt es für Entspannung und tiefen Schlaf. Abgesehen davon, dass einige kräftige, geruchsintensive Käse noch weitere dem Tryptophan ähnliche Verbindungen enthalten, die lebhafte Träume anregen können, ist an der Volksmär, dass Käse schlafstörende Wirkung hat, gar nichts dran.

» ICH GLAUBE, DER MENSCH TRÄUMT NUR, DAMIT ER NICHT AUFHÖRE ZU SEHEN. «

JOHANN WOLFGANG VON GOETHE

DIE WAHLVERWANDTSCHAFTEN, 1809. 2. TEIL, 3. KAPITEL

DIE FRÜHEN TRAUMDEUTER

Schon in der Antike beschäftigten sich die Menschen mit Träumen, auch wenn sich die meisten Referenzen in der Bibel finden. Aber erst im 20. Jahrhundert setzte die Traumforschung ein. Statt brennender Sträucher und Feuerwagen (was für uns eher nach UFO-Sichtungen als nach Prophezeiungen klingt) offenbarten Träume den professionellen Beobachtern faszinierende Einblicke. Sie galten als zutiefst bedeutungsvoll, denn man ging davon aus, dass sie verborgene Funktionen des menschlichen Gehirns enthüllen.

Sigmund Freud

Der österreichische Psychiater Sigmund Freud, der Begründer der Psychoanalyse, gilt als führende Autorität in der Gesprächstherapie. Freud erkannte als Erster die Bedeutung von Träumen für die geistige Gesundheit. Im Jahr 1900 veröffentlichte er sein Buch *Die Traumdeutung*, in dem er die Grundlagen der Psychoanalyse darlegte und seine Kollegen mit der Annahme konfrontierte, dass die Traumgeschichten seiner Patienten verborgene sexuelle Konflikte aufzeigten.

Allerdings warfen seitdem diverse Wissenschaftler die Frage auf, ob Freuds eigene Probleme mit seinen sexuellen Neigungen diesen Interpretationsansatz eventuell beeinflusst haben könnten. Bezeichnenderweise sah Freud eine Verbindung zwischen der griechischen Figur des Ödipus (der versehentlich seinen Vater tötet und seine Mutter heiratet, weil er glaubt, adoptiert zu sein) und den verborgenen, unterdrückten sexuellen Wünschen seiner Patienten.

Freud war es auch wichtig, streng rational zu bleiben, damit seine skeptischen Kollegen ihn akzeptierten. Daher lehnte er alle mystischen, außerweltlichen Ideen ab, die einige seiner Studenten aufbrachten.

Heute ist Freud vor allem für seine Theorie der Verdrängung bekannt, er entwickelte aber auch andere wichtigen Ideen, die die Fachwelt bis heute in weiten Teilen respektiert.

» FÜR FREUD DEUTETEN DIE TRAUMERLEBNISSE SEINER PATIENTEN AUF VERDECKTE SEXUELLE KONFLIKTE HIN. «

Fortsetzung »

» NACH JUNG DRÜCKEN TRÄUME DAS WISSEN DES UNBEWUSSTEN AUS. «

Carl Gustav Jung

Der Name des in der Schweiz geborenen Freud-Schülers und Begründers der analytischen Psychologie Carl Gustav Jung ist untrennbar mit der Traumdeutung verbunden. Jung hat die moderne Traumforschung stärker beeinflusst als jeder vor ihm. Er löste sich von den einseitigen Interpretationen Freuds und bestand darauf, dass Träume einer transzendenten Quelle entspringen: der Welt des Geistes. Für ihn reflektieren sie unser waches Selbst und helfen, Probleme zu lösen. Diese positive Sichtweise förderte den philosophischen Ansatz, dass die menschliche Psyche mehr ist als die Menge persönlicher Erfahrungen.

Jung entwickelte seine eigenen Vorstellungen von der Welt der Träume, die für ihn nur wenig mit Hinweisen auf das Verborgene in verschlüsselter Form zu tun hatten. Nach ihm drücken Träume vielmehr das Wissen des Unbewussten aus, das sich häufig in Symbole und Metaphern hüllt und so das Bewusste mit dem Unbewussten verbindet.

Laut Jung gaben Träume wichtige Hinweise bezüglich der Reise des Träumenden hin zur Individuation, der Transformation der ungeformten Person zur einzigartigen Persönlichkeit. Dabei geht es auch darum, dass Frauen einen maskulinen (*Animus*) Anteil haben und Männer einen femininen (*Anima*). Beide Seiten der Psyche sind wichtig für die eigene Entwicklung.

Anders als Freud betrachtete Jung das Leben aus ganzheitlicher Sicht. Er glaubte an Alchemie, Astrologie und Mythologie. In der Selbstanalyse ging er mutig so weit, sich seiner eigenen unbewussten Welt zu stellen, was allgemein als gefährlich galt. Nach einem psychischen Zusammenbruch entwickelte er klare Vorstellungen über Archetypen, Komplexe, das kollektive Unbewusste und Individuation, die auch heute noch zum psychiatrischen und psychologischen Grundrepertoire zählen.

Calvin S. Hall

Der Amerikaner Calvin Springer Hall sah die Welt der Träume aus einer anderen Perspektive. Der Verhaltenspsychologe entwickelte Mitte des letzten Jahrhunderts eine kognitive Theorie der Träume, in der er Jungs Idee

zurückweist, Trauminhalte stammten manchmal aus höheren Sphären. Für ihn waren sie ganz einfach Resultat persönlicher Gedanken, Hoffnungen, Ängste und Erfahrungen.

Hall schrieb, dass Träume die Vorstellungen des Träumenden von sich, seiner Familie und Freunden zeigen und die eigenen Ansichten des Träumers enthüllen.

Edgar Cayce

Der Amerikaner Edgar Cayce wurde Anfang des 20. Jahrhunderts dadurch berühmt, dass er hellsichtig träumte, Diagnosen für Tausende dankbarer Kranker fand und im Trancezustand Behandlungen und Heilmittel empfahl. Die Traumwelt prägte sein ganzes Sein. Cayce belegte unwissentlich Jungs Idee vom Gruppenbewusstsein, denn er war in der Lage, aus der Entfernung Fremde zu »sehen« und Diagnosen zu stellen, ohne deren Beschwerden zu kennen. Anders als Jung behauptete er aber, Traumata aus früheren Leben erkennen zu können, die zu den aktuellen Problemen der Patienten führten.

Die Hellsichtigkeit trat bei Cayce schon in der Kindheit auf, als ihn der Ärger seines Vaters über seine Lernschwäche ängstigte. Eines Tages schlief er mit dem Kopf auf seiner Rechtschreibfibel tief ein. Als er erwachte, konnte er überraschenderweise alle Fragen zur Rechtschreibung beantworten. Später lernte er im Tiefschlaf, seinen chronischen Stimmverlust und eine hartnäckige Kinderkrankheit zu heilen.

Fans nannten Cayce den »Schlafenden Propheten«. Tausende Patienten suchten ihn über die Jahre auf und schätzten seine »Verordnungen«: ganzheitliche Heilmethoden wie Homöopathie, ätherische Öle, Schlammbäder, Diäten und Meditation. Für ihn waren »Träume die Antworten der Nacht auf die Fragen von Morgen« und er nutzte wie Jung Symbole für seine Traumdeutung.

DIE GESCHICHTE DER TRAUMDEUTUNG

Träume gibt es seit Jahrtausenden, dokumentiert wurden sie aber erst seit den Hochzeiten der frühen Zivilisationen. Außer durch Höhlenmalereien – immer wieder werden neue entdeckt –, wissen wir kaum etwas aus der Vorzeit. Doch auch diese Kunstwerke bleiben rätselhaft. Vielleicht werden wir nie erfahren, ob die bunten Tierzeichnungen Traumbilder oder Jagdpläne für den nächsten Tag darstellen.

» DIE ÄGYPTER SCHRIEBEN DAS ERSTE BUCH ÜBER TRÄUME. «

Die alten Ägypter waren die Ersten, die ihre Träume bewusst dokumentieren wollten und konnten. Für sie und viele andere Kulturen vor und nach ihnen waren Träume vor allem Hinweise auf die Qualität des Lebens in der realen Umwelt. Sie hatten die innere Welt noch nicht entdeckt, das sollte erst Tausende Jahre später geschehen.

Frühe Formen der Traumdeutung

So verfassten die Ägypter das erste Buch über Träume, das man später in Ruinen am Nil fand. Das *Hieratische Traumbuch* wurde vor fast 3000 Jahren auf Papyrus geschrieben, es enthält aber keinerlei Hinweise auf die verborgenen Anteile des Menschen. Griechen und Römer standen vor allem auf Omen und Vorzeichen: Heutige Psychologen würden die Checklisten der Priester mit Symbolen und Interpretationen amüsieren, doch entsprang die Symbolik der damaligen Zeit. Man engagierte auch Seher, um die künftigen Geschicke einzelner Menschen zu erkunden.

Etwa 1000 Jahre früher hatten auch die Chinesen den Träumen eine große Bedeutung gegeben. Sie sahen sie eher als ein Mittel zur Erforschung der großen Welt des Geistes und nicht als Symbol für Schicksal oder spirituelle Entwicklung. Die wenigen erhaltenen Dokumente klingen eher philosophisch: »Sieht der Träumende einen Schmetterling oder sieht ein schlafender Schmetterling den Träumer?« Das war kaum eine Anleitung zur Selbsthilfe.

Schlechte Omen

Die Traumberichte unserer antiken Vorfahren waren klar und einfach an Erfolg und Misserfolg orientiert. So stand im *Hieratischen Traumbuch* rote Tinte für schlechte Kunde, denn Rot war im alten Ägypten die Farbe der ungünstigen Omen. Die Hebräer hielten es genauso, auch sie waren noch nicht bereit für die Feinheiten der Träume, wie wir sie heute kennen. Nur die Urkulturen kannten schon das spirituelle Konzept der Einheit mit der Welt und verstanden, dass alles und jeder mit Geist erfüllt ist, der unsichtbaren Energie, die alles miteinander verbindet.

Irgendwann entstand ein Bruch und die Menschen schrieben allein den Göttern spirituelle Macht zu. Sie herrschten aus der Ferne und trafen Entscheidungen für die Menschen. Das prähistorische Verständnis von der Einheit mit dem Universum, der glückbringenden Verbindung zwischen Innen- und Außenwelt war verloren gegangen.

Diese Entwicklung führte über die Jahrhunderte zu katastrophalen Ereignissen wie Religionskriegen. Dass die spirituelle Macht zu einem göttlichen Monopol wurde, war ein schwerer Verlust für die Gesellschaft.

TRÄUME ALS BOTSCHAFTEN DER GÖTTER

Unsere Vorfahren in der jüngeren Vergangenheit glaubten, das göttliche Führung nur von außen kommen kann. Die Bibel bestätigte das, denn häufig war von himmlischen Stimmen und Visionen die Rede, die die Propheten den Menschen nahe brachten. Dabei konnten wohl auch einfache Menschen die Zukunft vorhersagen. Meist bewahrten sie aber lieber Stillschweigen, weil sie entweder ihre Prophezeiungen nicht aufschreiben konnten oder Angst vor negativen Folgen hatten.

Gefährliche Zeiten

Enthielt ein Traum eine Botschaft, die nicht von einem akzeptierten Propheten Gottes stammte, oder ermöglichte er einen Blick in die Zukunft, war das für die frühen Christen Blasphemie. Sie hatten wie der in Ägypten aufgewachsene Moses den Monotheismus des Pharaos Echnaton (18. Dynastie) übernommen, nach dem es nur einen Gott gibt, der seine Wünsche durch wenige Auserwählte übermittelt. So berichtet die Bibel, dass beispielsweise Joseph und Daniel Träume von Gott empfangen hätten.

Normalsterbliche blieben in den nächsten 1000 Jahren lieber stumm, was ihre Träume anging. Dann wagten es im 15. und 16. Jahrhundert zwei Menschen aus Europa, sich zu äußern. Die eine war Mother Shipton aus Yorkshire in England: Sie schrieb ihre Visionen, die meist mit ihrem persönlichen Umfeld zu tun hatten, in gereimter Form auf. Sie sah aber auch pferdelose Kutschen und eiserne Boote voraus, die die Meere befuhren (sie sah allerdings auch wie einst die Maya das Ende der Welt voraus, was nicht gerade für ihre Prophezeiungen spricht).

Schon seit dem 14. Jahrhundert wurden im Süden Frankreichs Hexen verbrannt, weil sie angeblich gegen die Kirche waren. England übernahm diese Praxis im 16. Jahrhundert. Mother Shipton entging dem entsetzlichen Tod auf dem Scheiterhaufen nur, weil sie ihre Visionen in schwer zu entschlüsselnde Reime fasste.

Der ebenso hellsichtige Franzose Nostradamus verfasste 1555 seine außerordentlich einsichtigen *Propheties* in knappen Vierzeilern (hatte er sie geträumt oder eine Glaskugel verwendet?). Das Buch entwickelte sich in den nächsten Jahrhunderten zum Bestseller und wird bis heute nachgedruckt. Viele Wissenschaftler sehen sein Werk kritisch, aber dennoch gesteht man dem Arzt aus der Provence zu, dass er zwei Weltkriege, die atomare Zerstörung, den Angriff auf das World Trade Center und den katastrophalen Klimawandel vorhergesagt hat.

PROPHETISCHE TRÄUME

Im 19. Jahrhundert erkannte man langsam die Bedeutung der Innenwelt, allen voran Sigmund Freud, der feststellte, dass seine Patienten mit tief liegenden Problemen zu kämpfen hatten, die der Verstand nicht wahrnehmen konnte. Aber erst Carl Gustav Jung entdeckte, dass prophetische Träume aus genau diesem Reich stammen, als er seine Theorie des kollektiven Unbewussten entwickelte, der zufolge wir mit allem verbunden sind.

Blick in die Zukunft

Man nimmt an, dass fast die Hälfte aller Menschen hellsichtige Träume hat, nicht unbedingt so dramatische, wie die auf der nächsten Seite, aber mit alltäglichen Blicken in die Zukunft als Bildschnipsel oder verblüffend akkurate Bilder. Allen gemeinsam ist, dass sie ihrer Zeit voraus sind.

Es ist bekannt, dass Regierungen in aller Welt Menschen mit außersinnlichen hellseherischen Fähigkeiten einsetzen, um ferne Orte auszuspionieren. Wir dürfen uns also fragen, ob es tatsächlich einen Unterschied zwischen dieser anerkannten Form der Fernwahrnehmung (wie sie genannt wird) und hellsichtigen Träumen gibt.

Quantenphysik

Heute ebnet uns die Quantenphysik den Weg zum Verständnis des Unmöglichen. Sie weist auf die Wahrscheinlichkeit hin, dass Hellsichtigkeit wirklich existiert, denn Zeit, wie wir sie kennen, erscheint auf subatomarer Ebene bedeutungslos. Wir können im Schlafzustand

alte Freunde auf der anderen Seite des Globus aufspüren, mit ihnen sprechen, sie umarmen und trotzdem zum Frühstück wieder zu Hause sein.

Hellsichtige Träumer

Männer und Frauen mit außersinnlicher Wahrnehmung (ASW) und hellsichtige Träumer scheinen eines gemeinsam zu haben: Sie greifen auf eine Ebene zu, in der Vergangenheit, Gegenwart und Zukunft eins sind. Beispiele:

- Abraham Lincoln träumte kurz vor seinem Tod von seiner Ermordung.
- Albert Einstein empfing seine Relativitätstheorie im Traum.
- Der Beatle Paul McCartney komponierte *Yesterday*, nachdem er die Melodie in einem Traum gehört hatte.
- Der Golfspieler Jack Nicklaus träumte davon, wie er seinen Schläger halten sollte, um zu siegen.
- Der Autor Robert Louis Stevenson sah Dr. Jekyll und Mr. Hyde in einem Traum, bevor er das berühmte Buch verfasste.

FALLSTUDIE: REBECCA

Der britische Forscher und Fernsehmoderator Dr. Christopher Evans sagte zu Rebecca: »Wenn Sie mir einen Beweis für hellsichtige Träume bringen, glaube ich Ihnen.« Als sie einige Wochen später im Dezember den Briefträger hörte, sagte sie zu ihrem Ehemann: »Ich habe gerade geträumt, dass Peggie uns aus den Staaten schreibt – irgendwas über eine Mumie [engl.: »Mummy«] und blaugrüne Kleidung. Schreib das bitte auf, während ich den Brief hole.« Rebecca öffnete Peggies Brief, in dem ihre Schwester sie bat, ein blaugrünes Kleid als Geschenk für »Mami« [engl.: ebenfalls »Mummy«] zu kaufen. Rebecca rief Dr. Evans an und bat um ein Treffen, aber der wies diese Bitte höflich zurück. Er bestand darauf, dass Rebecca den Brief gelesen und sich später eingebildet habe, den Inhalt vorher geträumt zu haben.

Die meisten Wissenschaftler bleiben also bei ihrer Einstellung, während Hellseher und Medien an ihrer Version festhalten. Es gibt aber Hoffnung: Der bedeutende amerikanische Stammzellenforscher Dr. Bruce Lipton schreibt in seinem Bestseller *Intelligente Zellen: wie Erfahrungen unsere Gene steuern:* »Ich glaube ..., dass wir erst durch die Verbindung von Geist und Wissenschaft die Mittel finden werden, eine bessere Welt zu erschaffen.«

TRÄUME ERINNERN UND DEUTEN

GRUNDLAGEN: SEI FOKUSSIERT UND ACHTSAM

Therapie richtet sich allgemein ganzheitlicher aus und der Körper mit seinem tiefen Wissen wird als wichtiger Aspekt der Eigenwahrnehmung mehr anerkannt. Indem wir unseren Körper achtsam beobachten, können wir viel lernen. Muskelspannung, Zittern, Hitze- und Kälteempfinden und vieles andere weisen auf erlebte Emotionen hin. Nehmen wir dies wahr, fällt es uns leichter, unsere Träume zu erinnern.

Im Kontakt mit dem eigenen Körper

Nicht nur der Geist, der nach dem Aufwachen noch mit Erinnerungen an einen Traum beschäftigt ist, sondern auch der Körper war am Traumgeschehen beteiligt. Vielleicht haben Sie gerade eine Liebesnacht mit einem früheren Partner erlebt. Es mag nicht immer so klar sein, aber auch der Körper erinnert sich.

Intensiver wirkt meist Angst, unser wichtigster primärer Überlebensinstinkt. Auch wenn reines Überleben in unserer Welt seltener ein Thema ist, der psychologische Überlebenskampf muss auf jeden Fall ausgefochten werden. Der Körper des Träumenden durchlebt die Erinnerung an eine unangenehme Begegnung und möchte fliehen. Wie die Körpertherapieforschung entdeckt hat, werden Erinnerungen auf Zellebene gespeichert und können vom Traumgeschehen getriggert werden. Manchmal ist das körperliche Echo eindeutig spürbar, manchmal nicht.

Focusing

Der amerikanische Philosoph und Psychologe Eugene Gendlin entwickelte eine Methode, um diese somatischen Erinnerun-

» TÄGLICHE MEDITATION WIRD IHNEN HELFEN, TIEFER IN IHRE INNENWELT ZU GELANGEN. «

gen zu ergründen: das Focusing. Dabei tritt man in Kontakt mit verborgenen Wahrnehmungen, die er als »besondere Art internen körperlichen Bewusstseins« beschrieb. Es handelt sich nicht um Emotionen, sondern eher einen »felt sense« (gefühlter Sinn/gespürte Bedeutung), der sich erst einordnen lässt, wenn man sich nach innen wendet und den Sinn erfasst.

Muskelverspannungen können die Folge unterdrückter Schmerz- und Wutgefühle aus der Kindheit sein. Das Gehirn kleiner Kinder ist noch nicht weit genug entwickelt, um Schocks zu verarbeiten, mögen sie auch noch so harmlos sein. Focusing kann helfen, dies zu lindern, sei es durch die von Gendlin empfohlenen Focusing-Schritte (siehe Weiterführende Literatur, S. 211) oder die Hilfe eines Körpertherapeuten, der darauf spezialisiert ist.

Achtsamkeit

Achtsamkeit ist ein weiterer wertvoller Weg, um bewusst wahrzunehmen, was wir denken und fühlen. Dabei benutzen wir vor allem die rechte Gehirnhälfte, den Sitz der Intuition und Fantasie. Die linke Gehirnhälfte ist für Logik und das Durchdringen der Außenwelt zuständig. Sind beide Seiten im Gleichgewicht, ist alles in Ordnung. Oft wird aber die linke Gehirnhälfte zu sehr betont, denken Sie nur an Wirtschaft, Politik und Jura. Die damit verbundene stark rationale Denkweise kann überdecken, was die Psyche uns mitteilen möchte.

Wenn Ihnen der Einstieg schwerfällt, finden Sie einen ruhigen Ort, an dem Sie sich auf Ihren Atem konzentrieren können. Lassen Sie aufkommende Gedanken zu. Kehren Sie aber immer wieder zu Ihrem Atem zurück, um Ihren plappernden Geist zu beruhigen und einen inneren Raum für kreative Gedanken zu eröffnen. Wie der Psychotherapeut Nigel Wellings, Autor von *Why Can't I Meditate?*, sagt: »Durch Achtsamkeit können wir uns dabei ertappen, wie wir ausgetretene Wege beschreiten, die uns nicht guttun, und uns bewusst entscheiden, etwas anders zu machen.«

Tägliche Meditation wird Ihnen helfen, tiefer in Ihre Innenwelt zu gelangen. Es fördert nicht nur die Öffnung des eigenen Bewusstseins, sondern vermindert wissenschaftlich belegt Stress, beruhigt den Geist und bereitet den Weg für tieferen Schlaf und intensiveres Traumerleben.

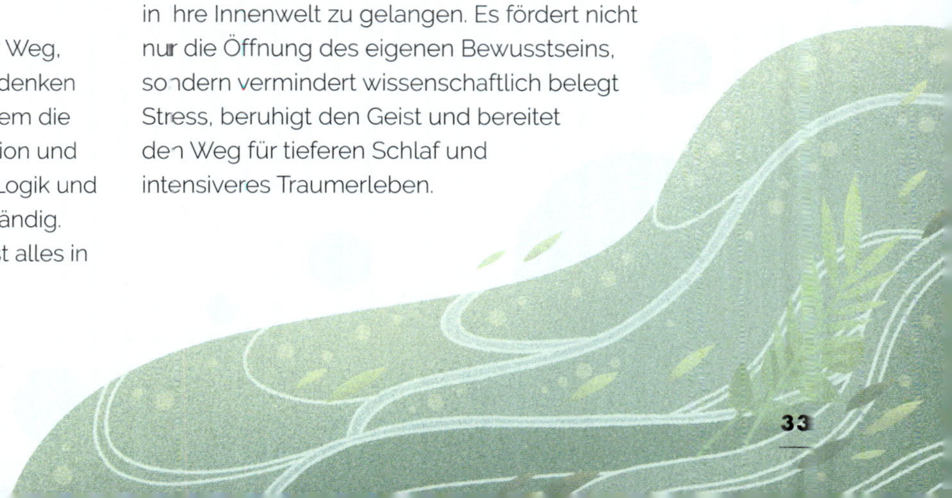

TIPPS: DAS ERINNERN FÖRDERN

Legen Sie Stift und Notizbuch am Bett bereit. Das Traumgeschehen verblasst zu schnell, wenn Alltagsgedanken wie »Es ist Zeit, aufzustehen und in die Gänge zu kommen« den Geist einnehmen. Wenn Sie beim Aufwachen Ihre Erinnerung nicht gleich festhalten, können entscheidende Informationen verloren gehen. Manche Menschen zwingen sich, nachts das Licht anzuschalten, wenn ein starker Traum sie weckt. Sie wissen, sie müssen ihn niederschreiben oder er gerät in Vergessenheit.

Notizen machen

Sobald Sie aus einem Traum aufwachen und fühlen, dass er wichtig war, greifen Sie zum Notizbuch. Schreiben Sie jedes Detail auf, das Sie erinnern (Tipps dazu, was in ein Traumtagebuch hineingehört, siehe S. 37–39). Es geht nicht darum, knappe, faktenorientierte Stichpunkte zu notieren. Es findet ja kein Geschäftstreffen zwischen dem Bewussten und dem Nichtbewussten statt. Kernaussagen des Traums können sich in Nebensächlichkeiten verbergen.

Wenn Sie wegen äußerer Umstände, die der Alltag so mit sich bringt, nichts niederschreiben können, versuchen Sie, sich zumindest ein Wort zu merken (z. B. »Autos«). Behalten Sie es im Kopf, bis Sie den Rest notieren können. Ihnen fällt dann vermutlich nicht mehr alles ein, aber vielleicht kann dies der Einstieg dazu sein, ein Traumtagebuch zu führen.

Traumtagebuch führen

Traumtagebücher gewähren nicht nur interessante Einblicke in die eigene Vergangenheit,

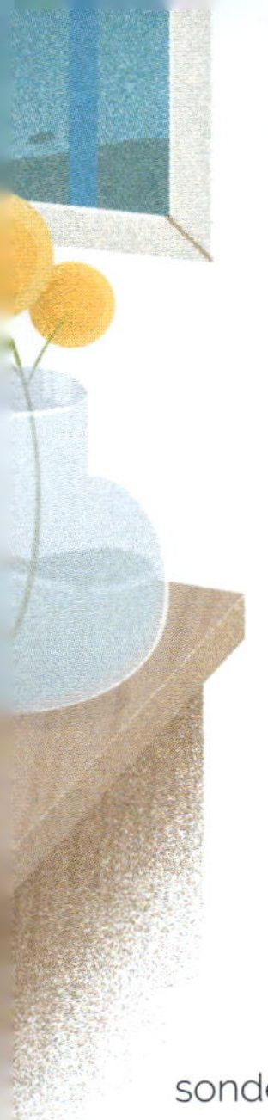

» DENKEN SIE DARAN: IHR TRÄUMENDES SELBST WEISS VIEL MEHR, ALS IHR WACHES SELBST. «

sondern auch in frühere Gefühlslagen. Sie werden erstaunt sein, was ein solches Tagebuch preisgibt. Selbst wenn Sie nur einmal pro Woche oder Monat Ihre Träume nachlesen, werden Sie feststellen, wie verblüffend und aufschlussreich sie sind. Manche Träume erschließen sich nicht gleich. Manchmal müssen erst noch andere Dinge passieren, damit wir ihren Sinn erkennen (eine Anleitung zur Entschlüsselung von Träumen finden Sie auf S. 36–41). Denken Sie daran: Ihr träumendes Selbst weiß viel mehr als Ihr waches Selbst. Lassen Sie den Gedanken zu, dass es zukünftige Ereignisse und Begegnungen einbezieht (mehr zu vorausahnenden Träumen siehe S. 28–29).

Den gefühlten Sinn analysieren

Stellen Sie sicher, dass Sie nicht nur Ihren Traum niedergeschrieben haben, sondern auch den »felt sense«, wie Dr. Eugene Gendlin ihn in seinem Buch *Focusing* beschrieben hat (siehe Weiterführende Literatur, S. 211). Damit sind die körperlichen Empfindungen gemeint, z. B. Spannungen oder Stiche, die der Traum ausgelöst hat (weitere Informationen zu dieser Methode, siehe S. 32–33). Dies kann wichtige Erinnerungen aktivieren.

Sinnvolle Hilfsmittel

Notizbuch mit festem Einband
Legen Sie ein kleines Notizbuch direkt an Ihr Bett. Es sollte unliniert sein, damit Sie auch kleine Skizzen hineinzeichnen können. Loseblattsammlungen sind keine gute Idee, einzelne Seiten könnten schnell verloren gehen.

Traumtagebuch
Nehmen Sie Ihr Traumtagebuch ernst. Es enthält wertvolle Aufzeichnungen darüber, wie Ihr Unterbewusstsein Ihnen helfen will, zu wachsen und voranzukommen.

Kleine Taschenlampe
Besonders wenn man seinen Partner nicht aufwecken möchte, ist eine kleine Taschenlampe am Bett sinnvoll. Die Taschenlampe des Smartphones empfiehlt sich eher nicht, da sie – wie die Nachttischlampe – viel zu hell ist.

Smartphone oder Aufnahmegerät
Die Erinnerungen ins Smartphone oder ein anderes Diktiergerät zu sprechen, ist eine gute Idee. Damit wecken Sie aber vielleicht andere, wenn Sie sich nicht aus dem Schlafzimmer schleichen.

DIE EIGENEN TRÄUME ENT-SCHLÜSSELN

Sich ausgiebig mit den eigenen Träumen zu beschäftigen ist, als würde man einen vollen Koffer nach und nach auspacken. Manchmal gibt schon die obere Schicht eindeutig Aufschluss und eine Bedeutung lässt sich beim Aufwachen direkt erfassen. Manchmal liegen die Schichten so dicht, dass man Hilfe benötigt, um den Sinn zu entschlüsseln.

In sechs Schritten können Sie Unverständliches schnell enträtseln. Notieren Sie Ihre Assoziationen zum Traumszenario, Ihre Emotionen und körperlichen Reaktionen. Beantworten Sie dann die folgenden Fragen schriftlich. Vielleicht begegnen Sie in Ihren Träumen unerwarteten Personen. Sie sind da, um Sie zu geleiten, zu ermutigen oder Ihnen die Richtung zu mehr Selbsterkenntnis zu weisen.

1

WO SIND SIE?

Was ist die Szenerie des Traums? Ist es sonnig und hell oder dunkel? Sind Sie draußen oder drinnen? Im Obergeschoss oder im Keller?

Erinnert Sie der Traum an einen vertrauten Ort? Haben Sie in Ihrem Wachleben Zeit an einem solchen Ort verbracht oder erinnert er Sie vielleicht an einen Ort aus Ihrer Kindheit oder der jüngeren Vergangenheit?

Was assoziieren Sie mit dem Traumort? Löst er glückliche oder unangenehme Gefühle aus? Möglicherweise hat sich das im Lauf des Traums auch verändert. Was Sie fühlen, ist ein wichtiger Aspekt vom Traumerleben und damit ein zentraler Bestandteil des Rätsels.

2

WER KOMMT IM TRAUM VOR?

Sind Sie im Traum allein, zu zweit oder zu mehreren? Sind Sie mit den anderen vertraut? Wenn nicht, erinnern Sie sie (vage) an jemanden? Bei der Traumdeutung zählen die wahrgenommenen Eigenschaften einer Person, nicht ihr Aussehen. Aber vielleicht sind es auch Fremde ohne Gesicht?

Was fühlen Sie, wenn Sie eine Person im Traum erkennen? Handelt es sich um einen Freund oder Liebhaber, eine Berühmtheit? Schreiben Sie auf, was Ihnen beim Gedanken an diesen Menschen in den Sinn kommt.

Wann oder wie hatte die Person in Ihrem Wachleben den stärksten Einfluss auf Sie? Die Antwort darauf könnte einen Hinweis zu ihrem unerwarteten Erscheinen liefern.

Wer ist die Hauptperson im Traum? Der Mann oder die Frau können nach C. G. Jung ein Teil Ihres Selbst sein, Ihre maskuline (*Animus*) oder feminine (*Anima*) Energie. Alternativ kann die Person (verschleiert) eine Ihrer Charaktereigenschaften repräsentieren oder einen Teil von Ihnen, den Sie im Wachleben verleugnen. Wir alle haben verdeckte Subpersönlichkeiten in unserer unbewussten Welt.

Fortsetzung »

3

WIE FÜHLEN SIE SICH?

» **Lässt das Gefühl direkt beim Aufwachen glückliche Erinnerungen an ein früheres Ereignis aufkommen?** Manchmal möchte man sogar weinen, weil man im Traum einem vertrauten Menschen begegnet ist, den man so gerne wiedersähe, der aber in der Außenwelt nicht mehr da ist, z. B. einen Partner oder ein Elternteil.

» **Welche Emotionen ruft die starke Erinnerung an den Traum wach?** Ist es Wärme, Zuneigung, Verlegenheit, Hass oder Angst? (Dies sind nur Beispiele.)

» **Wie haben Sie sich im Traum gefühlt?** Ihre Empfindungen im Traumszenario sagen Ihnen die ungeschminkte Wahrheit über Gefühle, die Ihnen unter Umständen nicht bewusst sind. Vielleicht versuchen Sie Ängste, Schüchternheit, fehlendes Selbstvertrauen oder Konfliktscheu vor sich selbst zu verbergen. Ihre Psyche aber kennt Ihre tiefsten Geheimnisse nur allzu gut und bringt sie an die Oberfläche, damit Sie sich ihnen stellen können.

4

WIE FÜHLT SICH IHR KÖRPER?

» **Hat der Traum bei Ihnen körperliche Empfindungen ausgelöst?** Sexuelle Gefühle beispielsweise können sich im Traum entsprechend fortsetzen – oder auch nicht. Andere körperliche Empfindungen sind ebenso wichtig.

» **Ist Ihr Körper nach einer beunruhigenden oder beängstigenden Episode im Traum angespannt?** Verstärken Sie dieses Gefühl, am besten noch im Bett, bis es körperlich unangenehm wird. Woran denken Sie dabei? Durch die Verbindung zum Traumgeschehen könnte das Körpergefühl weitere Informationen aus der Tiefe Ihres Unterbewusstseins holen, etwa auf zellularer Ebene gefangene Empfindungen.

» **Erkunden Sie Ihre »felt senses«.** Woran erinnert Sie der Schmerz im steifen Nacken? Sind Arme, Po, Waden und Schultern angespannt, als wollten Sie zuschlagen, fliehen oder sich verteidigen? Die »felt senses« können beim Aufspüren der Traumbotschaft hilfreiche Anhaltspunkte sein.

Fortsetzung »

5

WELCHE EREIGNISSE GINGEN DEM TRAUM VORAUS?

» **Was geschah am Tag vor dem Traum?** Häufig ist wichtig, was sich im Lauf der letzten Stunden ereignet hat. Träume kommen oft wie aufs Stichwort in der folgenden Nacht, ebenso häufig sind sie sehr direkte Kommentare zu den Gedanken und den Aktivitäten des Tages.

» **Was ist in der letzten Woche passiert?** Der Traum könnte sich mit den Geschehnissen der letzten Woche befassen und das, was im Alltag vor sich geht, hintergründig kommentieren.

» **Mussten Sie kürzlich über etwas Wichtiges entscheiden oder waren Sie wegen kleiner Sachen beunruhigt?** Dies kann im Wachsein Energie kosten und emotionale Reserven aufzehren. In solchen Situationen kommen hilfreiche Träume ganz von selbst: Sie weisen uns den Weg nach vorne und zeigen uns neue Möglichkeiten auf, wie wir mit unseren Sorgen umgehen können.

6

KÖNNEN SIE DEN TRAUM WEITERTRÄUMEN?

Wenn Sie in einem Traumszenario eine gute Gelegenheit nutzen, versuchen Sie sich vorzustellen, was passieren würde, wenn Sie dies auch in der Realität täten. Selbst wenn der Traum beim Aufwachen ein schlüssiges Ende hatte, versuchen Sie ihn weiterzuspinnen. Weiterträumen hat ein bisschen Ähnlichkeit mit Meditation.

Würden Sie die Gelegenheit, die sich Ihnen geboten hat, annehmen oder ablehnen und warum? Achten Sie darauf, welche Emotionen Ihre Überlegungen auslösen. Sie könnten hilfreich für Ihre Entscheidung im Wachleben sein. Führen Sie in Gedanken eine Unterhaltung mit der Person, die Ihnen im Traum wichtig erschien, um klarere Perspektiven formulieren zu können. Dieses von C. G. Jung entwickelte Verfahren heißt »Aktive Imagination«. Viele Therapeuten wenden ähnliche Methoden an, um die bewusste Wahrnehmung ihrer Patienten zu aktivieren.

Stellen Sie sich vor, Sie setzen die Person (die auch ein Teil Ihres Selbst sein kann) in Ihrem Traum in einen Stuhl. Schauen Sie sie an und beginnen Sie ein Gespräch. Stellen Sie Fragen wie: »Warum bist du von deinem Leben so gelangweilt?« Oder: »Du scheinst unglücklich zu sein. Möchtest du darüber sprechen?« Die Antworten, die Sie sich vorstellen, könnten Sie überraschen und sehr erhellend sein. Ist die Person im Sessel tatsächlich ein verborgener Teil von Ihnen, etwa eine kritische oder ängstliche Subpersönlichkeit, die gehört und eingebunden werden möchte, kann das Ergründen dieser Wahrnehmung Ihnen einen interessanten Einblick in sonst verborgene Bereiche Ihres Selbst geben.

Fortsetzung »

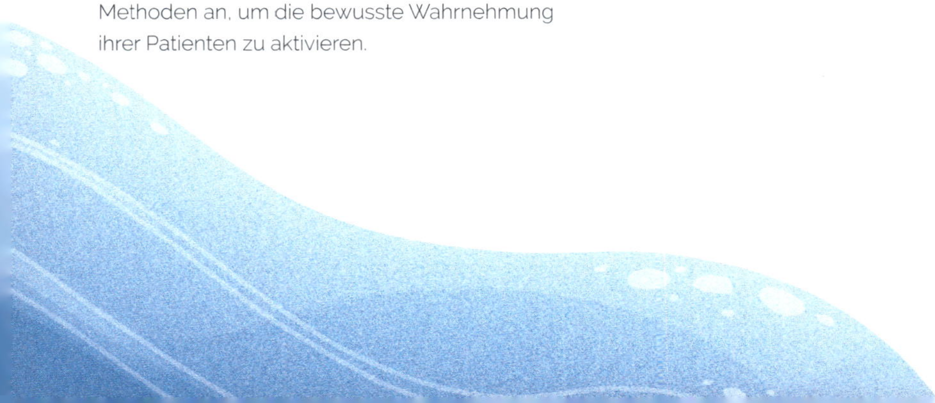

FALLSTUDIE: MARTHA

Martha dachte darüber nach, ob sie nach 30 Jahren ihren Mann verlassen sollte. Es fiel ihr schwer, diese lebensverändernde Entscheidung zu treffen. Martha hatte einen Traum, den sie mithilfe der sechs Schritte entschlüsselte, und fand den Mut, ihren Weg zu gehen.

DER TRAUM

»Auf einem Festival lag ich nackt in der Sonne im Gras, war aber teilweise zugedeckt. Ein Mann legte sich neben mich und legte eine Hand auf meinen Arm. Die Berührung war nicht sexuell, sondern freundschaftlich. Dann spielte eine Band *Can't Find My Way Home* von Blind Faith, was mir wichtig erschien. Dann war ich in einem Restaurant, in dem teure Accessoires verkauft wurden. Eine Handtasche und ein Portemonnaie gefielen mir. Als ich das Restaurant verlassen hatte, bemerkte ich, dass ich beide Dinge noch festhielt, aber nicht bezahlt hatte! Das würde ich morgen tun. Aber eigentlich wollte ich für das Portemonnaie nicht bezahlen. Ich hatte ja bereits meinen Ausweis hineingetan.

Dann brachte mich die Rolltreppe wie ein Zug vom Restaurant in eine andere Ecke der Stadt, die ich nicht kannte. Als ich ausstieg, fiel mir ein Theater auf. Ich mag Theater nicht, irgendwie graut es mir vor Bühnenaufführungen.

Da kam eine alte Frau zielstrebig auf mich zu. Ich bat sie, mir den Weg nach Hause zu zeigen. Sie wies eine Straße herunter, die ich nicht kannte. Irgendwie wusste ich aber, dass die Richtung stimmte, und ging dort entlang.«

INTERPRETATION

1

WO SIND SIE?

Das Festival ist eine vertraute Umgebung, das Restaurant ebenfalls. Diese Orte sind Teil von Marthas Leben. Dann geht sie aus der Stadt heraus, verlässt ihren Wohlfühlbereich. Dort ist ein Theater, ein Ort, der Martha daran erinnert, dass ihr Vater sie, als sie klein war, an Orte mitnahm, die nicht für Kinder geeignet waren und an denen sie sich unwohl fühlte.

2

WER KOMMT IM TRAUM VOR?

Auf dem Festival legt sich jemand neben Martha. Es ist ihr *Animus*, ihr männliches Selbst. Später begegnet sie einer alten Frau, in Jungs Terminologie die *Alte Weise*, die den Weg zu kennen scheint. »Zuhause« ist nicht, wo Martha lebt, nicht ihre Ehe, ihre verblasste Beziehung, die sie erdrückt. Sie sehnt sich nach einem neuen Weg, möchte ihre Kreativität entfalten und ihr wahres Selbst finden.

3

WIE FÜHLEN SIE SICH?

Martha genießt die Wärme der Sonne. Als sie später vor dem Restaurant bemerkt, was sie getan hat, fühlt sie keine Reue. Sie findet eher, dass das Portemonnaie, in dem ihr Ausweis steckt, ihr gehört. Es ist ihre Identität! In dem ihr unbekannten Teil der Stadt fühlt sie sich zwar beunruhigt, aber entschlossen. Als sie aufwacht, ist ihr, als sei ihr eine Last von den Schultern genommen worden.

4

WIE FÜHLT SICH IHR KÖRPER?

Marthas Körper spannt sich an, als sie an die Theaterszene in ihrem Traum denkt. Die unangenehmen Kindheitserinnerungen, die sie mit Theatern verbindet, steigen in ihr auf. Da erkennt sie plötzlich, dass ihr Ehemann John in ihr die gleichen negativen Gefühle auslöst.

5

WELCHE EREIGNISSE GINGEN DIESEM TRAUM VORAUS?

Martha und John stritten oft. Sie wurde es müde, sein Verhalten verstehen zu wollen, hatte aber Angst davor, wie ihre erwachsenen Kinder reagieren würden, wenn sie ihren Mann verließe. Andererseits war sie entschlossen, die Ehe zu beenden.

6

KÖNNEN SIE DEN TRAUM WEITERTRÄUMEN?

Sie fragt sich, wo die Straße hinführt, folgt ihr und wird immer aufgeregter, als sie eine Kunstschule betritt. Sie sieht sich Kunst unterrichten und liebt ihr neues Leben, in dem ihre maskuline und ihre feminine Seite wie noch nie zuvor im Einklang sind.

» DER FERTIGE TRAUM [ERSCHEINT UNS] ALS ETWAS FREMDES. «

SIGMUND FREUD
DIE TRAUMDEUTUNG

KLARTRÄUME

Hatten Sie schon mal das Gefühl, dass Sie in einem Traum die Regie führen und bestimmen, wie er weitergeht? Dann haben Sie einen Klartraum oder luziden Traum erlebt. Dass dies funktioniert, ist wissenschaftlich belegt, obwohl es seltsam anmutet. Wie kann jemand die Kontrolle über einen »unwillentlichen Prozess« wie den Schlaf erlangen, wie Schlafforscher Matthew Walker in seinem Buch *Das große Buch vom Schlaf* fragt. Ist es wirklich möglich, auf zwei Ebenen zu funktionieren?

Walker beschreibt, wie die Forscher im Schlaflabor gewohnheitsmäßigen Klarträumern beibrachten, im Schlaf durch vorgegebene Zeichen Hinweise zu geben. Drei Augenbewegungen nach links gefolgt von zwei Augenbewegungen nach rechts plus eine geballte Faust zeigten etwa, dass der Proband in die luzide Traumphase eintauchte. Weniger als 20 Prozent der Bevölkerung können klarträumen. Es handelt sich um eine außergewöhnliche Gabe, die uns eines Tages eine engere Verbindung zwischen unserer inneren und unserer äußeren Welt ermöglichen könnte.

Abkürzung

Was passiert also, wenn wir klarträumen? Manchmal ist es möglich, eine Person heraufzubeschwören, von der wir Antworten möchten, und eine Unterhaltung zu beginnen. Manchmal lässt sich der Aufwachprozess umgehen und man kann schon während des Schlafs seinen Traum analysieren. Wenn Sie zu den wenigen Glücklichen gehören, die öfter klarträumen, stehen Ihnen viele kreative Möglichkeiten offen.

Klarträumen lernen

Meditieren Sie mehrmals täglich und konzentrieren Sie sich dabei immer auf den gleichen Alltagsgegenstand. Sagen Sie sich, dass Sie von ihm träumen und ihn berühren können werden. Es erfordert viel Übung und Ausdauer zu lernen, luzide Träume bewusst herbeizuführen.

Manchen Menschen gelingt es, sich das luzide Träumen beizubringen, indem sie sich im Schlaf fragen, ob sie träumen oder nicht, und sich dann befehlen, den Traum weiterzuträumen. So skurril es klingt, dieser »Realitätstest« von Stephen LaBerge von der Stanford University, dem Gründer des The Lucidity Institute, hilft, in die Traumwelt ein- und aus ihr aufzutauchen und anhand von Indizien zu erkennen, ob man träumt. Wenn Sie Glück haben, werden Sie mit dieser Methode zu einem der Menschen, die nach eigener Aussage klarträumen können. Vielleicht erreichen Sie dabei den besonderen Grad mentaler Aktivität, der es Ihnen erlaubt zu lernen, wie man im Schlaf Probleme löst.

FALLSTUDIE: OWEN

Ein Geschäftsmann, dessen Gesundheit wegen seiner Arbeitswut litt, träumte, er würde mit seinem jüngeren Selbst sprechen. Der kleine, etwa sieben Jahre alte Junge sah traurig aus. Owen, dem klar war, dass er den Traum steuern konnte und dass diese Begegnung echt war, wollte dem traurigen Kind helfen. Im Gespräch erkannte er, dass er eine junge Version von sich selbst sah, und begann noch im Traum aus Mitleid mit dem Jungen zu weinen.

»Was ist los, warum bist du so traurig?«, fragte er den kleinen Owen. Die Antwort kam prompt: »Du bist zu beschäftigt, um Spaß zu haben. Du bist es leid, dich abzuhetzen, und ich auch. Hör auf!« Das tat Owen dann auch, er nahm eine längere Auszeit. Als er zurückkehrte, trat er kürzer, um mehr Freizeit zu haben. Und endlich hatte er wieder Spaß, wie es der kleine Owen eingefordert hatte. Seine Gesundheit verbesserte sich und paradoxerweise wurde er im Beruf noch erfolgreicher.

DAS TRAUM-VERZEICHNIS

DER START ZU IHRER TRAUMREISE

Träume bleiben oft vage, auch wenn sie eine tiefe Bedeutung in sich tragen. Obwohl Gewissheit unmöglich ist, sind Träume elementar wichtig für diejenigen, die sie verstehen. Dieses Verzeichnis dient Ihnen als hilfreicher Ausgangspunkt für Ihre Traumreise.

Es gab Zeiten, da fanden sich in Ratgebern zur Traumdeutung erschreckend simple Ausführungen wie: »Eine schwarze Katze, die Ihren Weg kreuzt, bringt Glück.« Neue Erkenntnisse aus Psychologie, Gehirnforschung, Verhaltensforschung, Traumaforschung und sogar der Quantenphysik liefern heute einen viel breiteren Hintergrund für die Traumdeutung.

Anders als die festen Interpretationen vieler einfacher Traumverzeichnisse oder als die Suchergebnisse im Internet bietet Ihnen dieses Verzeichnis eine andere Sichtweise auf häufige Traumszenarien. Sie finden hier die häufigsten Träume, jene, die die meisten Menschen schon einmal geträumt haben. Daneben sind weniger offensichtliche Szenarien enthalten, die wichtige Botschaften transportieren und beweisen, wie hintergründig Träume sein können. Das Verzeichnis umfasst zudem Vorschläge, welche Handlungsoptionen nach einer Aufarbeitung im Raum stehen. Träume können uns entweder in unserem Tun bestätigen oder uns in eine völlig neue, glücklichere Zukunft leiten.

Wenn wir lernen, unsere auf den ersten Blick oft einfach wirkenden Träume zu verstehen, können wir durch unser Unterbewusstsein mehr über uns selbst erfahren und darüber, warum wir auf bestimmte Art handeln oder fühlen.

Traum ist nicht gleich Traum

Bevor Sie das Traumverzeichnis nutzen, noch ein Wort der Warnung: Selbsthilfe ist oftmals unbezahlbar, aber man sollte nicht in die Falle tappen, an schlichte Lösungen zu glauben. Träume sind selten simpel gestrickt und schöpfen immer aus unserer Vergangenheit. Sie müssen alles einbeziehen, woran Sie sich erinnern, sonst ziehen Sie schnell falsche Schlüsse.

Nehmen Sie beispielsweise Meerjungfrauen. Die meisten Frauen bezaubert ein Traum von einer Meerjungfrau sicher. Hatte eine Frau aber eine Fehlgeburt, kann ein solcher Traum Angst vor Unfruchtbarkeit bedeuten. Eine Meerjungfrau hat keine Vagina, also kann sie keine Fehlgeburten haben. Diese Bedeutungsnuance mag vielen Frauen nicht bewusst sein, sie könnte aber dabei helfen, sich mit dieser Situation abzufinden.

Bevor Sie also Schlüsse aus Ihren Träumen ziehen, sollten Sie bedenken, dass die Hintergründe vielschichtig sind. Erscheint etwas oder jemand in einem einfachen Szenario unnormal, hat dies normalerweise eine Bedeutung. Welche Erinnerungen, Gefühle oder andere Bezüge fallen Ihnen dazu ein? Ihre Assoziationen könnten der Schlüssel zu der Lösung sein, nach der Sie suchen.

EIN ALTER MENSCH

Alter steht für Wissen und Weisheit. Es kann aber ebenso Entschleunigung und den Ausstieg aus der rasanten Welt der jüngeren Generation bedeuten. Alte Menschen haben viel Erfahrung und oft viel zu bieten. Wenn sie im Traum erscheinen, sind ihre Gaben oft wichtig und bedeutsam.

ALTER **MENSCH MIT GEHSTOCK**

Der alte Mensch geht am Stock, er wirkt gebrechlich. Das könnte eine Metapher dafür sein, dass Sie nicht in der Lage sind, Ihre aktuelle Situation leicht zu durchschreiten.

Aktion Untersuchen Sie, was Sie im Leben ausbremst – emotional, intellektuell oder sogar körperlich (das würde auf eine Erschöpfung hindeuten). Sind Sie überarbeitet? Feiern Sie zu viel? Beachten Sie die Metapher. Will sie Ihnen sagen, dass Sie kürzertreten sollen?

EIN **FREUNDLICHES UND WEISES GESICHT**

Der freundliche und weise alte Mensch scheint Ihnen den Weg zu weisen. Er oder sie könnte Ihr archetypisches weises Selbst sein: Ein Mann ist ein Senex oder Weiser, eine Frau ist die weise Alte. Ungeachtet des Geschlechts sind diese Personen da, um Sie anzuleiten.

Aktion Was passiert gerade in Ihrem Leben, bei dem Sie eine gütig leitende Hand benötigen? Stehen Sie vor einer Veränderung? Gibt es dabei ein Risiko? Benötigen Sie einen sanften Schubs, um die Idee umzusetzen oder zu verwerfen?

EIN **FALTIGES GESICHT**

Gesichtsfalten stehen nicht nur für das fortgeschrittene Alter, sondern auch für die psychologischen Belastungen durch ein stresserfülltes Leben. Ihr Vorhandensein weist auf ein schweres Leben hin. Wenn die Umstände mit Leiden verbunden sind, steht der Traum für Ihre schwierige Lebenserfahrung.

Aktion Wenn Sie ausschließen können, dass das Gesicht auf natürliche Weise verwittert ist, könnte Ihr Traum Sie in schwierigen Zeiten trösten wollen. Wenn es einen Weg aus diesem Stress heraus gibt, schlagen Sie ihn ein.

DER MENSCH ERINNERT AN EINEN VERWANDTEN

Alte Verwandte – vielleicht Eltern, Großeltern oder ein Onkel oder eine Tante – erscheinen unerwartet im Traum in einer typischen oder ungewöhnlichen Szene und erinnern Sie an die Eigenschaften, die sie ausmachen.

Aktion Sind diese Eigenschaft gut oder schlecht? Ihre Psyche möchte Ihnen vielleicht mitteilen, wie Sie Ihr Verhalten oder Ihre Haltung gegenüber anderen verändern sollten. Diese Menschen haben Ihre Gene: Wie können Sie deren gute Eigenschaften kopieren oder die nicht so guten verbessern?

SIE SELBST SIND ALT

Eine Traumgruppe alter Menschen heißt Sie in ihrer Mitte willkommen. Sie sind ihnen gleichgestellt und nicht mehr jung, aber das beunruhigt Sie nicht.

Aktion Wir sind uns unserer Ängste nicht immer voll bewusst. Altwerden gehört dazu. Das Alter birgt viele beängstigende Möglichkeiten und Verluste. Aber Sie dürfen nicht vergessen, dass es auch positive Seiten hat: Ermutigen Sie sich selbst, das Alter als etwas Gutes zu sehen.

UNTREUER PARTNER

Betrug ist niemals schön. In allen Beziehungen droht die Gefahr (möglicherweise auch nicht), hintergangen zu werden, ungeachtet dessen, wie glücklich ein Paar miteinander ist. Vielleicht passiert auch gar nichts, aber man kann sich nie wirklich sicher sein.

SIE WOLLEN RACHE

Ihr Partner ist auf die eine oder andere Weise untreu geworden und Sie möchten ihn erdolchen. Sie sind zornig und wollen Vergeltung. Aber möglicherweise geht es Ihnen gar nicht um Strafe, vielleicht sind Sie ja sich selbst – höchstwahrscheinlich Ihrem Ego – gegenüber untreu.

Aktion Erkennen Sie, dass Sie sich selbst irgendwie betrügen, eventuell indem Sie Warnzeichen von Freunden und Familie ignorieren. Untersuchen Sie alle Lebensbereiche, ob Sie sich wirklich authentisch verhalten.

SIE SIND EIFERSÜCHTIG

Sie sehen Ihren Partner mit jemand anderem und sind neidisch. Was berührt Sie an der anderen Person besonders stark? Sind es unattraktive Eigenschaften und das Interesse Ihres Partners überrascht Sie? Könnte hier Ihr Schatten am Werk sein – die verborgenen Teile, die Sie schamvoll ins Unbewusste verbannt haben?

Aktion Begrüßen Sie Ihre Schattenseite, bringen Sie sie ans Licht und überlegen Sie, ob das, was Sie abstößt, Ihrem Partner gefallen könnte. Sie müssen sich Ihren Ängsten stellen und sie mit Ihrem Partner besprechen.

IHR **VERTRAUEN WURDE MISSBRAUCHT**

Ihr Partner ist untreu geworden und Sie können ihm nicht mehr vertrauen. Der Traum beunruhigt Sie und das, was Sie gesehen haben, ist schwer zu ertragen. Sie sind entsetzt und zutiefst verängstigt. Wenn Sie aufwachen, wirkt das Ganze wie ein Albtraum, der mit Ihren tiefsten Ängsten spielt, Ihr Partner könnte eines Tages untreu werden.

Aktion **Akzeptieren Sie, dass Sie diese Sorgen haben, und behalten Sie sie für sich, wenn es in der Realität keine Anzeichen für Untreue gibt. Vertrauen Sie Ihrem Partner. Das ist ein Geschenk, das Sie in die Beziehung geben und das für Stabilität sorgt. Respektieren Sie seine Ehrlichkeit und stellen Sie sie nicht infrage.**

SIE **SIND SELBST UNTREU**

Sie träumen von einem aufregenden Treffen mit einem neuen Liebhaber, es ist schön und sexuell erfüllend. Sie wünschten, die Begegnung würde nie aufhören, und wollen gar nicht aufwachen. Ihr Traumpartner hat eine starke Anziehungskraft – sie wollen mehr! Der Sex war fantastisch und vielleicht kommt die Realität da nicht ganz heran.

Aktion **Akzeptieren Sie, dass der Traum Ihnen gefallen hat, und seien Sie froh, dass es nur ein Traum war. Betrachten Sie auch Ihre reale Beziehung und fragen Sie sich selbst, was Sie dazu beitragen können, um das, was Sie im Hier und Jetzt haben, schöner zu machen.**

SCHWANGER-SCHAFT

Schwangerschaft bedeutet Fruchtbarkeit und ein neues Leben. Sie löst aber nicht immer ungetrübte Freude aus. Vielleicht ist das Baby nicht willkommen. Vielleicht haben Sie es aber auch herbeigesehnt. Träume um eine Schwangerschaft stehen in jedem Fall für Veränderung.

SIE **SEHEN EINE SCHWANGERE**

Eine schwangere Frau kommt auf Sie zu. Empfinden Sie bei ihrem Anblick Neid oder eine andere Emotion? Wenn Sie bereits selbst Erfahrung mit Schwangerschaft oder einer schwangeren Partnerin hatten, könnte es sein, dass Sie diese Zeit im Traum erneut durchleben. Die Frage ist: Warum gerade jetzt?

Aktion Analysieren Sie Ihre Gefühle in Bezug auf die Schwangere im Traum. Haben sie, egal, ob Sie neidisch sind oder erleichtert, etwas mit Ihnen selbst zu tun? Wenn der Anblick viele reflektierende Gedanken auslöst, dann suchen Sie sich jemanden, mit dem Sie darüber sprechen können.

SIE **SIND SCHWANGER**

Sie sind im Traum unerwartet schwanger – ja, das gilt auch für Männer – und freuen sich sehr darauf, ein neues Leben in diese Welt zu bringen.

Aktion Schwangerschaft als Metapher steht für Kreativität, das deutet auf neues Leben im weitesten Sinne hin. Werden Sie selber kreativ. Wollten Sie schon immer ein Buch schreiben oder ein Projekt entwickeln? Bei der Schwangerschaft geht es um Empfängnis und Niederkunft: Seien Sie also geduldig und warten Sie die Resultate ab.

SIE SIND DAS BABY IM MUTTERLEIB

Manchmal kann eine Schwangere im Traum ein Zeichen geben, dass Sie einen neuen Teil von sich zur Welt bringen. Das geschieht häufig in Therapiesitzungen, ist aber nicht darauf beschränkt. Dieser Teil von Ihnen ist jetzt von einem viel versprechenden neuen Sein erfüllt, das Sie unter Umständen selbstbewusster macht.

Aktion Planen Sie Ihren Weg zu mehr Selbstsicherheit und Selbstbewusstsein oder einer anderen ersehnten Eigenschaft. Der Versuch, Ihr Alltagsverhalten zu verändern, ist ein kreativer Schritt, der bewusst dem Tipp des Unbewussten folgt, dass es Zeit wird, einen bisher verborgenen Aspekt Ihres Selbst zum Vorschein zu bringen.

KEINE JUNGFRAU MEHR

Eine Schwangere hat per Definition ihre Jungfräulichkeit verloren. Was bedeutet das? Wenn wir »Jungfräulichkeit« als Metapher verstehen, könnte der Traum einen Verlust der Unschuld anzeigen. Vielleicht muss der Träumende sich dem Umstand stellen, dass Erwachsensein ein reifes, kluges Verhalten bedeutet. Die Zeit kindlicher Unbekümmertheit ist vorbei.

Aktion Finden Sie heraus, was Sie davon abhält, psychologisch erwachsen zu werden. Ob Sie nun Jungfrau sind oder nicht, Ihre Psyche zeigt an, dass Sie darüber nachdenken müssen, was es heißt, ein erwachsener Mensch zu sein.

EIN EHEMALIGER LIEBESPARTNER

Dieser Traum hat oft mit Nostalgie zu tun, dem Verlangen nach verlorenen Freuden. Wollen Sie den Menschen wiederfinden oder sind Sie froh, dass die Beziehung vorbei ist? Etwas erinnert Sie an die gemeinsame Zeit. Wie lautet die Botschaft?

DIE **FRÜHERE LIEBE WEICHT AUS**

Sie suchen nach einer früheren Liebe, kommen der betreffenden Person aber nie nah. Er oder sie bewegt sich in einer Gruppe von Ihnen weg. Sie rufen und laufen ihr nach, können sie aber nicht einholen.

Aktion Warnt Ihre Psyche Sie davor, Kontakt mit der Person aufzunehmen ? Hören Sie auf, im Traum nach einem Treffen zu streben, das möglicherweise keine Zukunft hat. Wenn dieser Mensch Sie finden will, warten Sie auf sein Zeichen.

SIE **WINKEN ZUM ABSCHIED**

Abschiedsszenen könnten bedeuten, dass Sie sich verabschiedet haben, bevor die Beziehung beendet war. Hier kommen Gefühle des Bedauerns und des Unbehagens ins Spiel und könnten darauf hindeuten, dass Sie und Ihr Partner unnötig gelitten haben.

Aktion Wenn es noch nicht zu spät ist, nehmen Sie Kontakt mit dem oder der Ex auf und sprechen Sie miteinander. Dabei können Sie Missverständnisse klären, Wunden heilen lassen und vielleicht sogar wieder zusammenfinden. Lassen Sie aber bei einer ablehnenden Reaktion los. Dann ist nichts mehr zu kitten.

SIE **SUCHEN NACH JEMANDEM, UM SICH GANZ ZU FÜHLEN**

Eine Frau, die sich nach einem Liebhaber sehnt, sucht vielleicht in Wahrheit nach ihrem Animus, ihrer maskulinen Hälfte. Hat ein starker, dominanter Teil Ihrer Persönlichkeit hinter femininem Verhalten zurückstehen müssen? Ein Mann sucht eventuell nach seiner Anima, seiner sanfteren, empathischen Seite, um ins Gleichgewicht zu kommen.

Aktion Hinterfragen Sie sich selbst. Vielleicht suchen Sie nach dem Teil, der Sie ein vollständiges Leben leben lässt. Diese Balance ist wichtig für die Psyche.

SIE **SIND WÜTEND**

Sie sind im Traum wieder in einer früheren negativen Beziehung, in der Sie keinen Frieden gefunden haben. Sie wachen zornig auf. Selbst, wenn das Geschehene weit zurückliegt und Sie sich längst getrennt haben, dauern die negativen Gefühle an.

Aktion Sie waren in einer Situation gefangen, in der Sie weniger Kontrolle als heute hatten. Doch heute, nach dem Ende dieser schlechten Beziehung können Sie Ihre eigenen Entscheidungen treffen.

SIE **SIND TRAURIG, DASS ES VORBEI IST**

Sie durchleben im Traum das Ende der Beziehung erneut. Sie finden keinen Weg zurück zu Ihrem Ex-Partner, fühlen sich wehmütig und empfinden Reue. Dieser Traum spricht für eine vergebene Chance.

Aktion Dies ist Ihre Chance, die Trennung zu reflektieren. Wenn Sie eine schöne Beziehung gedankenlos beendet haben, überdenken Sie Ihr Verhalten und Ihren Anteil am Ende. Waren Sie eventuell zu selbstsüchtig?

JEMAND SINGT

Gesang im Traum kann Träumenden Trost, Freude oder Spaß bringen. Manchmal kennen wir den Sänger oder die Sängerin; meist handelt es sich nicht um eine berühmte Person, sondern um einen Bekannten. Das Lied kann einen bedeutsamen Text haben oder schöne Erinnerungen wecken.

SIE **ERKENNEN DIE STIMME**

Im Traum singt eine Ihnen bekannte Person über ihre Gefühle Ihnen gegenüber – oder wie Sie es gerne hätten, dass sie fühlt! Möglicherweise ist hier der Wunsch Vater des unbewussten Gedankens.

Aktion Versuchen Sie, einige der Worte zu verstehen. In Popsongs oder klassischen Liedern gibt es eine Fülle liebevoller Passagen. Achten Sie auf die Botschaft und sprechen Sie mit dem Singenden darüber, wenn Sie ihn oder sie kennen.

DER TEXT IST VERTRAUT

Sie erkennen, wer singt, aber kennen Sie auch den Text? Was empfinden Sie, wenn Sie beim Aufwachen die Melodie noch im Ohr haben? Vielleicht steckt darin eine überraschende Aussage oder ein klarer Hinweis auf etwas, dass Ihre Psyche beschäftigt.

Aktion Wenn Sie das Lied erkennen, suchen Sie den Text im Internet. Sie können viel dabei lernen. Reflektieren Sie, was die ausgedrückten Gefühle bedeuten: Fordern sie Sie zu einem Umdenken auf? Ihre Psyche hat möglicherweise eine gute Möglichkeit gefunden, mit Ihnen über Lieder zu kommunizieren.

DIE MELODIE BRINGT IHNEN FREUDE

Sie hören im Traum eine fröhliche Melodie. Das erinnert Sie an den Klang der Liebe und an schöne vergangene Zeiten. Der Traum bedeutet eine schöne Verbindung zu Ihrer Innenwelt.

Aktion Ist Ihnen der Sänger oder die Sängerin unbekannt, ist die Melodie wohl eine Botschaft über Freude und Chancen. Chormusik ist in ihren besten Momenten ein spirituelles Geschenk. Nehmen Sie es sich zu Herzen.

DAS LIED KLINGT TRAURIG

Sie träumen eine traurige Melodie. Da es hier um Kommunikation geht, könnte die Traumbotschaft von einem missmutigen Teil Ihres Selbst handeln. Waren Sie in letzter Zeit niedergeschlagen? Erkennen Sie jemanden, der traurig ist, und der Traum steht für Ihr Mitgefühl?

Aktion Sobald Sie wissen, wer traurig ist, können Sie sich selbst oder der anderen Person helfen. Das Annehmen von Schmerz oder Verzweiflung allein kann schon helfen. Reden Sie mit jemandem darüber.

SIE SELBST SINGEN

Sie singen aus voller Brust. Die Stimme, die Sie hören, ist Ihre eigene und der Sänger ist ein kreativer, musikalischer Teil von Ihnen. War Ihnen jüngst nicht nach Singen? Der Traum sagt Ihnen, dass Sie diesen Mangel in Ihrem Leben beheben sollten.

Aktion Akzeptieren Sie Ihre Empfindungen und dass es Ihnen gerade schwerfällt, unbeschwert zu sein. Singen oder summen Sie unter der Dusche oder suchen Sie sich Gleichgesinnte. Das wird Ihnen und Ihrer Psyche guttun.

LIEBEVOLLE KÜSSE

Küssen ist ein instinktives Bedürfnis, die menschliche Variante der Begrüßung, mit der Tiere ihren Nachwuchs willkommen heißen. Es geht dabei um Beziehung und Zugewandtheit. Dieses Thema tritt häufig in Träumen auf: das Urverlangen nach gegenseitiger Zuneigung und Akzeptanz.

SIE **KÜSSEN IHR IMAGINÄRES KIND**

Sie träumen davon, ein liebevoller Elternteil zu sein, können aber aus irgendwelchen Gründen keine eigenen Kinder haben. Sie realisieren, dass Sie deshalb trauern, während Sie dieses kleine, weiche Wesen küssen. Das Kind sieht aus wie Sie!

Aktion Das Kind könnte tatsächlich Sie sein oder vielleicht die kleine Person, die Sie einst waren, und die sich immer noch nach Zuneigung sehnt. Holen Sie sich mehr davon bei Ihren Nächsten. Seien Sie ein liebevoller Elternteil, tun Sie schöne Dinge und treffen Sie sich mit Freunden. Knuddeln Sie ein Kissen, als wäre es ein jüngerer Teil Ihres Selbst. Das kann sehr tröstlich sein.

SIE **KÜSSEN EIN TIER**

Sie treffen im Traum ein freundliches Tier und empfinden eine starke Zuneigung. Es scheint Sie kennenlernen zu wollen und Ihre Anerkennung zu suchen. Sie küssen sein Fell – es erinnert Sie an Kindertage oder Ihr plüschiges Lieblingstier, das sie als Kind hatten. Sie wachen entspannt und glücklich auf.

Aktion Wenn Ihr Leben letztlich etwas schwierig war, reflektieren Sie den Zauber dieses Traums. Ihre Psyche hat Sie zu früheren Zeiten zurückgeführt, als Natur, Tiere und Spielzeug für beruhigende Stabilität standen. Seien Sie dankbar für den Traum vom Tier, das für einen Teil von Ihnen steht, den Sie geliebt haben. Suchen Sie nach Wegen, diese Gefühle wieder zu erleben. Finden Sie das Schöne im Erwachsenenleben.

SIE **WERDEN GEKÜSST**

In einem für Sie unangenehmen Traum kommt eine Person vor, die Sie küssen will und Ihnen ihre Liebe erklärt. Sie werden von ihr geküsst und fühlen sich machtlos. Wiederholt sich hier ein Missbrauch aus Ihrer Kindheit oder eine Situation, in der Sie etwas Schlimmes für sich oder einen geliebten Menschen befürchteten?

Aktion Wenn es eine Wiederholung war, erinnern Sie sich an diesen Missbrauch. Verstehen Sie den Traum als Aufforderung, sich Hilfe zu suchen. Vielleicht ist es auch völlig harmlos und Sie werden einfach nicht gerne geküsst. Wenn Sie den anderen ansonsten mögen, sprechen Sie über Ihre Empfindungen.

SIE **KÜSSEN EINE ALTE FLAMME**

Sie küssen eine alte Liebe unter ungewöhnlichen Umständen. Er oder sie tritt an Sie heran und küsst Sie verwirrenderweise auf die Stirn, statt auf die Lippen. So erinnern Sie sich gar nicht an diesen Menschen.

Aktion Haben die Umstände eine Bedeutung für Sie, dann will Ihnen Ihre alte Flamme eine andere Art von Liebe zeigen. Was früher eine stark erotische Beziehung war, ist abgekühlt. Genießen Sie also die Erinnerung und akzeptieren Sie, dass es vorbei ist.

» KÖNNEN TRÄUME ALSO DAS LEBEN VERÄNDERN? SELBSTVERSTÄNDLICH! «

STANLEY KRIPPNER

DREAMS THAT CHANGE OUR LIVES, FREI ÜBERSETZT

IHRE ELTERN

Jeder, der sich mit dem Werk Sigmund Freuds befasst hat, weiß, dass ihm der Ödipuskomplex wichtig war: Kleine Jungen müssen den Drang überwinden, ihren Vater zu töten und ihre Mutter zu heiraten, bei kleinen Mädchen ist es anders herum. Diese teilweise überkommene Theorie hat prinzipiell Bestand und unsere Träume sind ein Beleg dafür. Ein anderer Aspekt menschlicher Beziehungen, formuliert in John Bowlbys Bindungstheorie, zieht sich ebenfalls durch unsere Träume und zeigt wie sehr wir von der Nähe unserer Eltern abhängig waren.

SIE TRÄUMEN VON SEX MIT EINEM ELTERNTEIL

Meist haben Kinder diesen Traum, die noch gar kein Bewusstsein von Sex haben. Ihr wachsendes Gefühl der Verbundenheit und zunehmende körperliche Gefühle können aber sexuell getriebene Träume verursachen. Bei Erwachsenen kann ein solcher Traum beunruhigend sein. Es gibt aber nichts zu befürchten.

Aktion Dieser Traum ist ein Echo des Ödipuskomplexes. Betrachten Sie sich selbst: Vermissen Sie einen Elternteil, wissen aber nicht, wie Sie wieder Verbindung aufnehmen sollen? Mit vier bis sieben Jahren haben Sie vermutlich sexuell aufgeladene Träume als Vorboten erwachsener Sexualität erlebt. Wenn Ihre Eltern Sie nicht durch diese Phase leiten konnten, indem sie strikte Schlafzimmerregeln einhielten, während sich Ihr Selbstwertgefühl entwickelte, akzeptieren Sie dies und blicken Sie nach vorn.

SIE **WOLLEN WIEDER EIN KIND SEIN**

Sie sind mit Ihren Eltern bei einem Familienfest. Es macht Freude und Sie vergnügen sich, lachen und spaßen mit den anderen. Ihre ganze Familie scheint so besonders – Sie sind im Traum glücklich.

Aktion Dieser Traum ist völlig in Ordnung, wer möchte nicht so etwas Schönes träumen? Erwachsensein ist manchmal hart. Wenn Sie schöne Kindheitserinnerungen haben, gönnen Sie sich diese Ausflüge in die Vergangenheit. Ein solcher Traum kann Ihnen in Ihrem Erwachsenenleben einen positiven Schub geben. Wenn der Traum häufiger auftritt, haben Sie vielleicht ein ungesundes Verlangen nach dieser Zeit und benötigen eventuell therapeutische Hilfe.

SIE **LIEBEN DIE ZUNEIGUNG IHRER ELTERN**

Sie liegen mit einer harmlosen Krankheit im Bett und Vater oder Mutter bringen Ihnen liebevoll eine Wärmflasche oder Ihre Lieblingsmagazine. Sie fühlen sich so geborgen und wunderbar umsorgt, dass Sie hoffen, dass Ihre Eltern bei Ihnen bleiben, bis es Ihnen wieder besser geht – und darüber hinaus. Sie lieben sie so sehr, alles ist einfach perfekt. Es soll niemals enden.

Aktion Dieses Szenario belegt, dass Sie sich noch nicht wirklich von Vater oder Mutter abgenabelt haben. Sie müssen sich eingestehen, dass Sie Ihren eigenen Weg gehen müssen. Die psychologische Reifung ist ein langer und schmerzvoller Weg, aber Sie ahnen, dass Sie selbstständig werden müssen. Sie werden die Liebe Ihrer Eltern niemals verlieren.

GEISTER

Geister haben ihren Ursprung in unseren Kinderängsten, manche bringen sie auch mit Kraftlinien oder unterirdischen Flüssen in Verbindung. In jedem Fall befreit die Energie ein gefangenes Signal. Geistersichtungen scheinen mit emotional aufgeladenen Szenen zusammenzuhängen. Intensive Gefühle sind vor allem bei Träumen immer der Schlüssel zum Verständnis.

EIN **GEIST VERFOLGT SIE**

Erschreckt Sie ein Geist im Traum? Erscheint er häufig und sieht immer gleich aus? Ein Traumgeist könnte Ihre Aufmerksamkeit auf die Vergangenheit lenken wollen. Vielleicht haben Sie das Gefühl, er möchte Ihnen etwas sagen oder zeigen, aber Sie verstehen nicht, was er von Ihnen will.

Aktion Der Geist ist ein Teil Ihres Selbst. Sein wiederholtes Auftreten bedeutet, dass Sie einen Aspekt oder ein Verhalten Ihres Selbst nicht angenommen haben. Haben Sie etwas getan, dessen Sie sich schämen? Stellen Sie sich der Herausforderung: Ihre Psyche will Sie anleiten und tut dies in einer Weise, die Sie zu einer Veränderung führen kann.

EIN GEISTERHAFT VERTRAUTES GESICHT

Im Traum erscheint Ihnen eine alte Freundin, ein alter Liebhaber oder ein Familienmitglied. Die Person ist längst verstorben, aber nun steht sie geisterhaft vor Ihnen und Sie freuen sich. Sie sind verwirrt: Wie kann der Mensch zurückkehren und mit Ihnen Kontakt aufnehmen? Aber es ist alles nur ein Traum und nicht real. Sie wachen auf und sind traurig, dass Sie den Kontakt nicht fortsetzen können.

Aktion Sie trauern noch um den geliebten Menschen. Was vergangen ist, ist unwiederbringlich, das müssen Sie akzeptieren. Trösten Sie sich damit, dass Ihre schöne Verbindung zu dieser Person unauslöschlich ist.

EIN GEIST SCHREITET DURCH EINE WAND

Im Traum sehen Sie einen Geist, der durch eine dicke Wand geht, als wäre sie nicht vorhanden. Grenzen sind wichtig im Leben, sonst herrscht Chaos. Der Geist kümmert sich nicht um Grenzen wie eine Wand – und das zeigt, wie Sie sich im Alltag verhalten.

Aktion Spiegelt der Geist Ihre eigene Einstellung? Respektieren Sie Grenzen nicht und verletzen psychologisch den privaten Raum anderer Menschen oder mischen Sie sich in deren Leben ein? Seien Sie ehrlich. Vielleicht haben Sie den Wert von Grenzen nie erfahren und jetzt verlangt Ihr Unterbewusstsein, dass Sie sie anerkennen. Achten Sie auf die Reaktionen anderer, um ein wesentlich ehrlicherer, verlässlicherer Mensch zu werden. Und noch wichtiger: jemand, mit dem andere sich unbewusst sicher fühlen.

TOTE

Der Gedanke an tote Menschen mag unangenehm sein, aber wir werden nun mal geboren und sterben. Der Tod kann den Anfang eines neuen Lebens markieren, in das wir gehen, wie ein Neugeborenes, das sich mit der Zeit wandelt. Träume handeln oft von dem Konzept der Veränderung.

SIE **ENTDECKEN EINEN BEKANNTEN UNTER ANDEREN TOTEN**

Eine Schlacht ist geschlagen und das Feld mit blutüberströmten Toten übersät. Sie haben keine Ahnung, wer diese Menschen sind. Dann plötzlich erkennen Sie einen der Toten. Es ist Ihre geliebte Partnerin oder ein enger Freund. Was bedeutet dieser Traumtod für Sie?

Aktion Ob es sich nun um eine hellsichtige Metapher für das Ende einer Beziehung zu einem nahen Menschen oder um Ihr eigenes Unbehagen in dieser Beziehung handelt, das Thema ist auf jeden Fall ein Ende. Ein einst lebhafter und lebendiger Mensch ist nicht mehr. Akzeptieren Sie den Tod der Beziehung, setzen Sie den Grabstein und blicken Sie nach vorne.

SIE **BEERDIGEN EINEN TOTEN**

Jemand ist gestorben und Sie graben ein tiefes Loch. Ein Toter muss bestattet werden und es fällt Ihnen zu, ihn in das schlammige Grab zu legen und mit Erde zu bedecken. Das ist eine unangenehme und einsame Aufgabe, die Sie willig erfüllen, als wüssten Sie irgendwie, dass es so richtig ist.

Aktion Folgt man Jung, hat eine solche Beerdigung tiefere Bedeutung: Ihr innerer Held, der Teil Ihrer Persönlichkeit, der einfach helfen muss, kommt hier zum Vorschein. Er ist erschöpft und es wird höchste Zeit, ihn loszuwerden, um wieder ein ruhigeres Leben führen zu können. Danken Sie Ihrer Psyche für den Hinweis und hören Sie auf, alle und jeden retten zu wollen.

FALLSTUDIE: ANNE

Monate, bevor bei ihrem Ehemann Isaac eine Motoneuron-Krankheit diagnostiziert wurde, hatte Anne einen lebhaften Traum über ihn: Er legte einen bemalten Panzer ab, der wie ein normal gekleideter Mensch aussah. Darunter befand sich sein lebloser Körper ohne Muskeln und Struktur, den er über eine Stuhllehne hängte. Anne schrieb diesen Traum auf, sie konnte ihn aber nicht entschlüsseln. Nach seiner Diagnose verlor Isaac immer mehr die Kontrolle über seine Muskeln. An seinem Todestag sah er aus wie der Mann in Annes Traum.

Sie fand ein Tagebuch, das Isaac heimlich in den letzten 30 Jahren geführt hatte. Darin beschrieb er außereheliche Affären, von denen Anne nichts ahnte. Er bezeichnete sich selbst als psychologisch »muskellos«, »schwach« und »gelähmt«.

Diese Enthüllungen veränderten ihr Leben. Immer hatte er ihr das Gefühl gegeben, dass sie an seinem Unglück schuld sei. Unfähig, eine ehrliche, liebevolle Beziehung zu führen, trat nun seine nicht erkannte psychische Störung zutage. Endlich verstand Anne die Ursache ihres Leids. Die klare Bildersprache dieses vorausahnenden Traums half ihr jetzt, mit Ärger und Trauer zurechtzukommen.

TERRORISTEN

Terrorismus ist ein globales Thema, Zeitungen und Nachrichten berichten jeden Tag darüber. Zornige Männer und Frauen, die aus Verachtung oder Hass zur Waffe greifen, ängstigen die Menschen. Wenn wir dies als Metapher nehmen, zeigt sich, dass Brutalität einen Platz in unserer Innenwelt hat.

SIE **TRÄUMEN VON TERRORANSCHLÄGEN**

Sie träumen vom Terror, überall herrscht Panik, Menschen schreien und fliehen vor der Gefahr. Offenbar sind Bewaffnete hinter ihnen her. Sind Sie auch ein Ziel? Wo sind Sie? Verstehen Sie das Motiv für den Zorn?

Aktion Betrachten Sie den Traum als Metapher und die Terroristen als emotionalen Antrieb. Was sagt das über Ihr Leben aus? Wenn Chefin, Partner oder Verwandte wirken, als wollten sie zur Waffe greifen, nehmen Sie deren Sicht ein. Würde es Ihnen helfen, mit ihm oder ihr über Ihre Gefühle zu sprechen?

SIE **SIND EIN TERRORIST**

Menschen zu töten ist falsch, das weiß auch Ihr bewusster Verstand – aber unbewusst gelten andere Regeln. Sie erlauben sich einen Amoklauf, um Ihre Feinde loszuwerden. Dieser Traum reflektiert Ihre inakzeptablen wahren Gefühle gegenüber schlechten Menschen, sodass Sie sie im Traum befriedigt auslöschen können.

Aktion Akzeptieren Sie, dass Sie gelegentlich Gewaltfantasien hegen. Sie möchten Leute, die Sie nerven oder ängstigen, nicht töten. Schließlich machen Terroristen ein politisches Statement, wenn Worte nicht mehr ausreichen. Suchen Sie also gleich den Dialog, das kann nicht schaden.

EIN **OPFER WIRD ZUM VERFOLGER**

Im Traum fügen Verbrecher einem hilflosen Opfer gnadenlos Schmerzen zu. Während Sie noch zusehen, befreit sich das Opfer, flieht und bringt sich in Sicherheit. Es findet irgendwie eine Waffe und das ehemalige Opfer wendet sich gegen die Täter. Plötzlich sind die Rollen vertauscht!

Aktion Ja, das sieht wie ein klassischer Rachetraum aus, in dem das Opfer sich endlich rächen kann. Es handelt sich um einen Wunschtraum, der Ihre geheimen Rachepläne ausspielt, aber ist das wirklich der richtige Weg? Nehmen Sie lieber Ihren Mut zusammen und werden Sie nicht zum Rächer, sondern zu einem Vermittler.

SIE **WOLLEN ZERSTÖREN UND CHAOS ANRICHTEN**

Sie befinden sich schwer bewaffnet an einem unbekannten Ort. Ihr einziger Gedanke ist, alles um sich herum zu zerstören und zu verwüsten, ganz wie ein Terrorist. Sie töten auch, aber das befriedigt Sie nicht.

Aktion Es gibt einen Teil Ihres Selbst, den Sie zerstören wollen, weil Sie nicht mögen, was er Ihnen und anderen antut. Schließen Sie Frieden mit ihm: Vielleicht hat er zu lange im Schatten gestanden und braucht Ihre Hilfe, um ins Licht zu gelangen.

MENSCHEN RETTEN

Ein Held zu sein ist maskulines, also Animus-Territorium, das zu unserer psychologischen Gestalt gehört. Manche retten andere auch, obwohl das gar nicht nötig wäre. Hinterfragen Sie sich: Schmeichelt es Ihrem Ego, andere zu retten, um sich gut zu fühlen?

SIE **RETTEN EIN KIND**

Im Traum sehen Sie Kinder, die sich in Gefahr begeben. Ein Kind ist besonders gefährdet. Sie zögern und warten, ob die Eltern eingreifen, aber dann stürmen Sie voran, um das Kind vor der vermeintlichen Gefahr zu retten.

Aktion Ihr träumendes Selbst hat es richtig gemacht: Vielleicht erinnert es Sie an ein eigenes Kindheitserlebnis. Jetzt, da Sie nicht mehr hilflos sind, übernehmen Sie die Verantwortung.

EIN **FEUER BEDROHT ALLE**

Ein Brand gefährdet Menschen und Sie eilen ihnen zu Hilfe. Sie fühlen sich verpflichtet, etwas zu tun, und malen sich bereits die Dankbarkeit der anderen aus. Die Feuerwehr trifft ein und die Feuerwehrleute machen sich ans Werk, während Sie frustriert zusehen, weil Sie nicht mithelfen können.

Aktion Machen Sie sich bewusst, wie sehr es Ihnen ein Bedürfnis ist, immer wieder zu helfen, selbst wenn es gerade nicht angemessen ist. Lassen auch mal andere die Last tragen.

IHR **HAUS BRENNT**

Sie schauen hilflos zu, wie Ihr Haus niederbrennt. Keiner eilt zu Hilfe, Ihre Unabhängigkeit und Ihren Kampfgeist haben Sie verloren. Nach und nach wird alles ein Raub der Flammen und Sie sind verzweifelt, weil Sie nie wieder ein gemütliches Heim haben werden.

Aktion Sie selbst sind das brennende Haus. Vielleicht leiden Sie an einem Burnout, brauchen Hilfe und Ruhe. Man kann nicht immer alle und alles retten und Ihre erschöpfte Psyche will, dass Sie innehalten. Nehmen Sie nach Möglichkeit eine Auszeit, tun Sie sich etwas Gutes oder treten Sie zumindest kürzer.

EIN **RITTER GALOPPIERT HERBEI**

Das ist kitschig, aber der märchenhafte Retter kommt oft in Träumen vor, wenn man im Leben Hilfe braucht. Statt Ihre Probleme selbst zu lösen, wünschen Sie sich, dass der archetypische Held auf seinem weißen Ross herbeieilt und Sie rettet.

Aktion Seien Sie Ihr eigener tapferer Ritter! Sie brauchen kein weißes Ross, gehen Sie einfach das Problem an und sprechen Sie mit der richtigen Person. Wenn Sie auf Ihre Psyche hören, werden Sie eine Lösung finden.

VERANTWORTUNG FÜR ANDERE

Die Verantwortung für andere zu übernehmen kann eine schwere Last sein, aber oft muss sie gar nicht so schwer wiegen. Sich verantwortlich zu fühlen ist etwas anderes, als verantwortlich zu sein: Im ersten Fall haben Sie die Wahl, im zweiten oft nicht. Träume können helfen, das zu realisieren.

SIE FÜHLEN SICH VERPFLICHTET, SICH ZU KÜMMERN

Sie machen sich übermäßig Sorgen um andere. Sie können den Anforderungen, die das mit sich bringt, nicht gerecht werden, aber was soll nur ohne Sie geschehen?

Aktion Hier geht es um eine selbst auferlegte Pflicht. Unter Umständen suchen Sie nach einer Bedeutung in Ihrem Leben. Können Sie es nicht erwarten, anderen »zu helfen«, auch wenn Sie sie in Wirklichkeit entmündigen? Ist Ihnen bewusst, dass die anderen auch ohne Sie problemlos zurechtkämen?

SIE HANDELN UNVERANTWORTLICH

In Ihrem Traum müssen Haustiere gefüttert und gebrechliche Eltern versorgt werden. Sie haben Ihre Pflichten vernachlässigt und Hunger und Not verursacht. Sie sind voll des Bedauerns und wachen niedergeschlagen auf.

Aktion Beschließen Sie, Ihre Pflichten nicht mehr zu vernachlässigen. Delegieren Sie bei Bedarf Aufgaben, handeln Sie auch in diesem Sinne verantwortungsvoll.

SIE WEICHEN DER VERANTWORTUNG AUS

Sie sollen im Traum Verantwortung übernehmen, weichen dem aber immer wieder aus. Sie haben Angst davor, etwas falsch zu machen, wenn Sie eine Aufgabe übernehmen, und sind beim Aufwachen froh, dass Ihnen eine Demütigung erspart geblieben ist.

Aktion Die Angst davor, Fehler zu machen, wenn Sie einmal Verantwortung übernehmen, lähmt Sie. Sie müssen sich verdeutlichen, dass nicht immer alles schiefgeht, was Sie anpacken. Diese Ängste stammen vermutlich aus der Kindheit. Übernehmen Sie Schritt für Schritt mehr Verantwortung.

SIE SORGEN SICH UM ANDERE

Sie machen sich Sorgen um andere Menschen und bieten Ihre Hilfe an. Können Sie ihnen wirklich helfen? Liefert der Traum Ihnen Hinweise, ob es der richtige Zeitpunkt ist, sich auf Ihre Kompetenz zu verlassen? Ihre Psyche prüft diese ernst gemeinte Fürsorge für andere und ermutigt Sie, im Alltag angemessen zu handeln.

Aktion Freuen Sie sich über Ihre ausgeglichene Innenwelt: Sie haben eine reife Einstellung, handeln, wenn Sie gebraucht werden, und halten sich zurück, wenn andere allein zurechtkommen. Manchmal ist es auch richtig, Verpflichtungen abzugeben. Verantwortung hat viele Formen und Sie müssen wissen, welche Sie wie nutzen.

EIN FREMDER MIT EINEM LÄNGLICHEN GEGENSTAND

Diese Art von Traum hat meist einen sexuellen Hintergrund. Lange Objekte gelten als Phallussymbole. Solange der Kontext nicht gegen diese Theorie spricht, ist davon auszugehen, dass die Person mit dem länglichen Gegenstand im Traum etwas mit Erotik zu tun hat.

DER GEGENSTAND IST EIN TAKTSTOCK

Das kommt verblüffend häufig vor. Schließlich hält der Taktstock des Dirigenten die Musiker im Orchester zusammen. Entdecken Sie da eine Parallele zu Ihrem Leben? Was versuchen Sie oder ein anderer zu dirigieren, ohne dass es allzu intim wird? Ein Taktstock könnte dafür stehen, sich zu distanzieren, aber das alleinige Sagen zu haben. Er könnte auch eine Metapher für einen Penis sein.

Aktion Sex kann ein wundervolles, wildes Konzert sein oder auch kontrolliert und distanziert ablaufen. Denken Sie an Ihre eigenen Bedürfnisse und die Ihres Partners und seien Sie zu Veränderungen bereit, wenn es an Nähe und Intimität mangelt.

DER FREMDE TRÄGT EIN SCHWERT

Ein Schwert ist ein Symbol für maskuline Macht und Penetration. Wenn der Fremde sich Ihnen mit der Klinge in der Hand nähert, fürchten Sie vielleicht das Kommende oder genießen die Möglichkeit, ungehemmt Sex zu haben. Der Traum mag einen realen Bezug haben, aber achten Sie auch auf seinen emotionalen Gehalt.

Aktion Warum träumen Sie das jetzt? Erregt Sie der Gedanke an Sex mit einem Fremden? Oder ist der Fremde Ihr vertrauter Partner, der sich auf unerwartete Weise verhält? Sprechen Sie mit ihm über den Traum und seine mögliche Bedeutung.

DAS LÄNGLICHE OBJEKT DIENT ALS BRÜCKE

Jeder als Brücke genutzte längliche Gegenstand kann für einen Penis stehen. So könnte er beispielsweise den trennenden Graben zwischen dem maskulinen und femininen Selbst überbrücken. Diese Art von Brücke penetriert und kreiert. Dies ist ungeachtet der merkwürdigen Bilder ein positiver Traum.

Aktion Freuen Sie sich, dass Ihre Psyche Sie auf diese drastische Weise auf Ausgewogenheit hinweist. Sie müssen die in Ihrer Innenwelt unterentwickelte Seite fördern. Da hier das Symbol der Maskulinität als Brücke dient, kann es sein, dass Sie sich im Leben stärker durchsetzen müssen. Denken Sie mehr linear oder durchdringend.

DER FREMDE WILL, DASS SIE DAS OBJEKT BERÜHREN

Der Raum ist voller länglicher Objekte jeder Art und es kommt Ihnen so vor, als gehörten sie nicht dorthin. Jemand nimmt einen Gegenstand auf und reicht ihn Ihnen. Es scheint ihn zu irritieren, dass Sie zögern, diesen Gegenstand zu berühren. Sie möchten fliehen, aber der Raum hat keinen Ausgang.

Aktion Haben Sie Angst vor Sex? Gab es vielleicht Übergriffe in Ihrem Leben, die Sie bis heute verfolgen? Betrachten Sie Ihre Einstellung zum Sex in der Gegenwart. Wenn Sie den Verdacht haben, dass sie durch die Vergangenheit beeinflusst wird, machen Sie sich klar, dass Sie heute nichts zu befürchten haben. Sie haben die Kontrolle – es gibt einen Ausweg.

MITEINANDER SCHLAFEN

Erfüllender Geschlechtsverkehr ist eine echte Wonne für uns Menschen. An diesem Vergnügen sollten Körper, Geist und Seele beteiligt sein. Dieses Gefühl ist aber nicht allen vergönnt, die sich sexuell betätigen. Unsere Träume spiegeln sowohl unsere Freude als auch unsere Abscheu wider.

SEX MIT EINEM FRÜHEREN LIEBESPARTNER

Bei einer Feier begegnen Sie einem ehemaligen Partner und unterhalten sich. Erinnerungen kommen auf, Sie lachen über die guten alten Zeiten und vergessen die schlechten. Sie lieben sich. Aber es funktioniert nicht. Sie wachen auf und fühlen wieder den Schmerz und erinnern sich an all die Gründe, warum die Beziehung scheiterte.

Aktion Es ist Zeit, das Alte hinter sich zu lassen. Unbewusst wünschen Sie sich die Begegnung, weil sie glauben, die Partnerschaft hätte alles geboten, was Sie brauchten, um ganz Sie selbst sein zu können. Der Traum zeigt aber, dass das Ende unvermeidbar war. Der Bruch musste heilen. Nun gibt es Raum für eine neue Liebe.

UNBEFRIEDIGENDER SEX IN DER PARTNERSCHAFT

Wieder einmal sind Sie nach dem Sex mit Ihrem Partner unerfüllt und wütend. Das Traumszenario wirkt grau und farblos. Das Bett ist kaum zerwühlt – Sie stehen auf und gehen weg. Ihr Partner ruft Ihnen etwas Unverständliches hinterher, das so klingt, als sei er oder sie auch nicht glücklich.

Aktion Was ist Ihr Anteil an der Situation? Wenn es keinen körperlichen Grund dafür gibt, dass der Sex nicht erfüllend war, kann Schüchternheit, mangelndes Selbstbewusstsein, Verlegenheit oder alles gemeinsam die Ursache sein. Es liegt an Ihnen festzustellen, wer Ermutigung benötigt und wie sich das umsetzen lässt. Am wichtigsten ist aber, dass Sie miteinander reden.

SIE HABEN SEX MIT EINER PROMINENTEN PERSON

Ein berühmter Mensch hat sie als Partner ausgewählt: Sie liegen in den Armen einer Berühmtheit, weil auch Sie eine Berühmtheit sind. Sehen Sie sich unter Prominenten als Gleicher unter Gleichen?

Aktion Vermutlich handelt es sich um eine Wunschvorstellung, Sie wollen Glamour und Anerkennung. Auf der unbewussten Suche nach einem Ausgleich für das, was im Alltag fehlt, kommt es leicht zur übersteigerten Selbsteinschätzung. Vielleicht sollten Sie endlich akzeptieren, dass der Wunsch nach dem Unwahrscheinlichen nur Enttäuschung bringt. Seien Sie lieber ein Star unter Ihresgleichen.

INTENSIVER SEX MIT EINER FREMDEN PERSON

Sie sind allein in einer ruhigen Gegend und sehen eine attraktive fremde Person in Ihrer Nähe. Augenblicklich entsteht eine enge Verbindung zwischen Ihnen und bevor Sie sich versehen, haben Sie wunderbaren, sinnlichen Sex. Solche Leidenschaft haben Sie noch nie verspürt. Die Intensität der Begegnung verblüfft Sie.

Aktion Ihr Partner im echten Leben mag nicht aus dem gleichen Stoff sein, ist aber bestimmt in der Lage, mehr Befriedigung in Ihr Leben zu bringen. Fragen Sie sich, warum Ihre Psyche Ihnen diese Traumbegegnung bietet. Soll sie ein Anstoß sein, auf dem Teppich zu bleiben und zu erkennen, was möglich ist? Arbeiten Sie daran!

BEOBACHTEN SEXUELLER HANDLUNGEN

Heutzutage ist es normal, wenn auch nicht jedermanns Sache, sexuelle Handlungen auf dem Bildschirm zu sehen. Wenn man nicht selbst beteiligt ist, entsteht eine emotionale Distanz: Der Reiz eines Stellvertreterlebens ist für manche inzwischen stärker als der einer echten Beziehung – und vielleicht kommen Sie zu kurz.

SIE **BEOBACHTEN FREUNDE BEIM SEX**

Sie beobachten Bekannte im Traum beim Sex und fühlen sich schmerzlich isoliert. Sie kommen sich vor wie ein einsamer Außenseiter, von etwas Kostbarem ausgeschlossen, das die beiden offenbar gefunden haben.

Aktion Was hält Sie davon ab, selbst eine erfüllende sexuelle Beziehung zu haben? Was müssten Sie unternehmen, um einen Partner zu finden?

SIE **SIND GANZ NAH DRAN**

Ihr Traum handelt von sexuellen Handlungen, die übersteigert pornografisch sind. Sie sind froh, nicht beteiligt zu sein, sehen aber gerne zu. Sie genießen es, dort zu sein, und empfinden keine Scham. Sie ärgern sich beim Aufwachen, dass der Traum vorüber ist.

Aktion Sie sind unmittelbar dabei und nur einen Schritt davon entfernt mitzumachen. Sie haben reichlich sexuelle Spannung erfahren, ohne wirklich am Geschehen beteiligt zu sein. So funktioniert Voyeurismus. Sie müssen sich etwas trauen und zumindest ein wenig Sex wagen. Es muss ja nicht gleich wild werden.

AUSGELASSENER **GRUPPENSEX**

Sie sind in einem Raum, in dem ausgelassener Gruppensex vor sich geht, und alle genießen es. Männer und Frauen wechseln von Partner zu Partner, Paare tun sich mit anderen Paaren zusammen und Sie fühlen sich irgendwie einsam. Sie sehnen sich nach jemandem, mit dem Sie sexuelle Freuden teilen können, möchten mitmachen, wissen aber im Traum, dass Sie eine echte Verbindung suchen, keinen oberflächlichen Spaß.

Aktion Dieser Traum spricht von tiefer Selbsterkenntnis. Halten Sie sich an Ihre instinktive Reaktion und lassen Sie sich nicht auf sexuelle Erlebnisse ohne Erfüllung ein. Ihre Bedürfnisse gehen über die rein körperliche Befriedigung hinaus, Sie suchen nach einer tieferen Verbindung zu einem anderen Menschen.

DER **SCHÜCHTERNE BEOBACHTER**

Im Fernsehen läuft Sex. Erregt Sie der Traum? Fühlen Sie Angst, Scham oder sind Sie peinlich berührt? Haben Sie den Film vielleicht früher am Abend tatsächlich im Fernsehen gesehen? Haben Sie sich in irgendeiner Weise beteiligt gefühlt oder nur zugesehen? Halten Sie Ihre Reaktionen beim Aufwachen fest und vergleichen Sie sie mit Ihrem »felt sense«.

Aktion Wir sind schnell sexuell stimuliert und dass wir nach Filmen träumen, ist völlig normal. Kommt die Szene aber aus heiterem Himmel, prüfen Sie Ihre Empfindungen: Scham oder Verlegenheit könnten bedeuten, dass Sie Sex scheuen. Ihr Traum bot Ihnen eine sichere Distanz zum erotischen Geschehen. Stellen Sie sich Ihren Ängsten.

ELTERNHAUS

Träume über die Kindheit sind ein wichtiger Teil unserer Innenwelt. Sie erinnern uns an die Zeit, in der wir wenige Verpflichtungen und viele Freiheiten hatten, oder sie zeigen uns, wie glücklich wir waren. Das Elternhaus ist unser Ursprung, deshalb sind wir in unseren Träumen oft dort.

WEHMÜTIGE ERINNERUNGEN

Der Traum erinnert an glückliche Zeiten, als Sie ein Kind waren. Er zeigt Szenen von damals und erinnert Sie an die schönen, sicheren und lustigen Tage mit Familie und Freunden. Das weckt Sehnsucht nach der Unkompliziertheit, die wir in unserem heutigen Leben gerne hätten.

Aktion Akzeptieren Sie, dass diese glücklichen Tage der Kindheit angehören, und seien Sie glücklich, sie genossen zu haben. Sie können nicht zurück, egal wie sehr Sie es sich wünschen. Braucht Ihr erwachsenes Ich Aufheiterung, sorgen Sie dafür, z. B. indem Sie sich mit den Kindern eines verständnisvollen Freundes beschäftigen.

SIE SEHEN KINDERN BEIM SPIELEN AUF DER STRASSE ZU

Sie schauen aus dem Fenster, draußen spielen Kinder im Sonnenschein. Sie möchten am liebsten mitmachen, aber Sie haben drinnen Wichtiges zu erledigen. Resigniert gehen Sie vom Fenster weg und Ihren Pflichten nach.

Aktion Ohne etwas dafür zu können, mussten Sie zu früh erwachsen werden. Nehmen Sie Ihre Vergangenheit an. Es führt kein Weg zurück. Lassen Sie die Trauer um verpasste Gelegenheiten zu, schließen Sie mit diesen Erinnerungen aber bewusst ab. Sie haben Ihr Bestes getan, es ist nun an der Zeit, die Gegenwart zu genießen.

SIE WANDERN VON RAUM ZU RAUM

Auf der Suche nach etwas, was Sie unbedingt in Ihr jetziges Leben mitnehmen müssen, gehen Sie von Raum zu Raum. Sie wissen irgendwie, dass Sie sich selbst verwirklichen können, wenn Sie nur das Richtige finden.

Aktion Warum schauen Sie stets zurück? Was fehlt in Ihrem jetzigen Leben, das sich eine solche Lücke auftut? Vielleicht haben Sie in der Kindheit etwas nicht erlernt, das verhindert, dass Sie sich selbst verwirklichen. Finden Sie heraus, was es ist und wie Sie es möglichst korrigieren können.

SIE FINDEN SICH IN IHREM ELTERNHAUS WIEDER

Sie stehen als erwachsener Mensch vor Ihrem Elternhaus. Plötzlich sehen Sie sich als Kind, wie Sie mit Ihren Geschwistern und Freunden spielen. Völlig fasziniert beobachten Sie, was sich zwischen Ihnen und den anderen abspielt, und irgendwie haben Sie das Gefühl, dass das wichtig ist.

Aktion Die Interaktion ist wichtig: Die Dynamik zwischen Ihnen und den anderen kann Ihnen viel darüber verraten, wer Sie sind. Wenn Sie schon als Kind alle herumkommandiert haben, sind Sie heute vermutlich eine Führungskraft. Waren Sie eher schüchtern? Wie ist es heute? Sie können Gene und Konditionierung nicht ändern, aber Sie können sich wandeln, um sich wohler zu fühlen.

FALLSTUDIE: CHARLIE

Charlies eigentlicher Vater war der Liebhaber seiner Mutter. Sein Vater ahnte es zwar, sagte aber jahrelang nichts. Als Charlie sechs Jahre alt war, brannte die Mutter mit ihrem Liebhaber durch. Damit begannen die seelischen Grausamkeiten. Ohne jede Erklärung musste Charlie alleine in der Küche essen. Er konnte nur hören, wie seine Geschwister ihr Essen gemeinsam im Esszimmer genossen.

Allein und verwirrt durch das abweisende Verhalten seines Vaters konnte Charlie keine Beziehung zu seinen älteren Geschwistern aufbauen. Den anderen Kindern hatte der Vater verboten, mit ihm zu sprechen. Aber zumindest gab es eine Haushälterin im Haus, die Charlie Zuneigung gab.

Eines Nachts träumte er, dass er selbst eine Frau und zwei Kinder hätte. Sie lebten glücklich zusammen in einem hellen, sonnigen Haus. Er schrieb den Traum auf und behielt ihn über 20 Jahre lang als Talisman. Sein Traum wurde wahr. Der so eindrückliche und schöne Traum macht ihm Mut und schenkte ihm die Kraft, seinen Traum zu verfolgen und die Familie zu bekommen, die er sich wünschte.

SPIELZEUG AUS HOLZ

Holzspielzeug übt auf Kinder einen besonderen Reiz aus. Es lässt sich gut greifen, ist stabil und hat meist leuchtende Farben. Kein Wunder, dass manche Spielzeuge schon seit dem letzten Jahrhundert Sammlerstücke sind. Wenn sie in Träumen auftauchen, können sie für gute Zeiten stehen oder auf etwas hinweisen, das in der Gegenwart genauer betrachten werden sollte.

RUNDHÖLZER **IN LÖCHER HÄMMERN**

Beim Sortieren alter Spielzeuge finden Sie eine hölzerne Hammerbank. Sie erinnern sich, wie Sie als Kind begeistert die runden Klötze in die Löcher hämmerten, nachdem Sie begriffen hatten, dass es darum ging, hart auf sie einzuschlagen. Das Bild des begeistert hämmernden Kindes erfreut Sie und Sie wachen lächelnd auf.

Aktion Gibt es ein Thema, das Sie so aufwühlt, dass Sie jemandem Ihre Position einhämmern möchten? Im Traum gefiel Ihnen das unablässige Hämmern. Fragen Sie sich, was dahintersteckt. Ihr Unterbewusstsein möchte Sie ermutigen, Ihre Gefühle und Überzeugungen dem entsprechenden Adressaten mitzuteilen.

ALTES **FAMILIENSPIELZEUG**

Sie gehen in einen altmodischen Spielwarenladen mit antiken Puppen und Spielzeug. Irgendwie wissen Sie, dass die Spielzeuge, die Ihnen am besten gefallen, einmal Ihrer Familie gehörten. Sie möchten sie an Kinder verschenken, damit der Spaß, den Sie und Ihre Vorfahren mit diesen Dingen hatten, weiterlebt.

Aktion Es ist wichtig, sich mit der Vergangenheit zu verbinden. Versuchen Sie mehr über Ihre Vorfahren herauszufinden, darüber, was Sie mit Ihnen gemeinsam haben. Das Spielzeug ist Symbol für die guten familiären Zeiten, die Sie erlebt haben. Ihre Psyche sagt Ihnen, es ist an der Zeit, mit der Suche zu beginnen.

SIE **FINDEN EINE UNBEWEG-LICHE MARIONETTE**

In einem beängstigenden Traum finden Sie eine Marionette, die wie gelähmt wirkt, obwohl sie Fäden hat. Vergeblich versucht ein Spieler von seiner erhöhten Position aus ihre Glieder zu bewegen. Sie sind entsetzt, dass sich die Marionette nicht rühren kann und rufen, um sie zum Leben zu erwecken.

Aktion Die Marionette sind Sie. Fühlen Sie sich wie in einer Sackgasse, bewegungsunfähig? Wer könnte der Marionettenspieler sein? Gibt es eine Parallele zu Ihrem Alltag? Schöpfen Sie Mut aus Ihrem Versuch, die Puppe aufzuwecken. Sie können Ihr Leben verändern.

BUNTE **BAUKLÖTZE**

Aus einem Korb purzeln bunte Bauklötze aus Holz, bereit, zu Türmen, Häusern und Mauern aufgeschichtet zu werden. Es sind Hunderte, viel mehr, als ein Kind brauchen könnte. Irgendetwas an den Bauklötzen zieht Sie an. Wie ein Kind beginnen Sie, mit ihnen zu spielen, und legen das Fundament eines neuen Hauses.

Aktion Möchten Sie umziehen oder sich beruflich verändern? Ein Fundament ist ein sehr starkes Symbol. Die bunten Bauklötze deuten auf einen lang gehegten Kindheitstraum hin, etwas Wunderbares zu erschaffen. Hinterfragen Sie die Bilder: Haben Rechtecke in Primärfarben in Ihrem derzeitigen Leben eine Bedeutung? Der Traum birgt einen Hinweis, den Sie entschlüsseln sollen.

» NACH VOLLENDETER DEUTUNGSARBEIT LÄSST SICH DER TRAUM ALS EINE WUNSCH-ERFÜLLUNG ERKENNEN. «

SIGMUND FREUD

DIE TRAUMDEUTUNG (1900), GW, S. 126

SPIELZEUG WIRD LEBENDIG

Es gibt viele lustige Animationsfilme, doch bei manchen Filmemachern verwandeln sich leblose Puppen in lebendige, bösartige Kreaturen. Das Konzept der Spielzeugfigur, die zum Leben erwacht, hat aber – egal, in welchem Genre – etwas Fesselndes. Ihr Auftauchen im Traum ist wichtig und kann helfen, aktuellen emotionalen Problemen auf die Spur zu kommen.

SPIELZEUGFIGUREN BENEHMEN SICH DANEBEN

Das Verhalten der Figuren macht sie stutzig. Sie benehmen sich daneben, schlitzen Autoreifen auf, schmeißen Fensterscheiben ein. Fassungslos beobachten Sie, wie sie Dinge zerstören, andere Menschen gegen sich aufbringen und wütend machen.

Aktion Gibt es etwas, das Sie beenden oder zerstören möchten? Vielleicht eine schal gewordene Beziehung oder Freundschaft? Denken Sie an die Traumhandlung: Die Figuren tun, was sie wollen. Vielleicht müssen Sie etwas Drastisches tun.

SPIELZEUGFIGUREN LEBEN IHREN TRAUM

Im Traum finden Sie sich an einem wunderbaren, magischen Ort wieder, dem schönsten, den sie je gesehen haben. Hier leben Spielzeugfiguren so, wie Sie gerne leben würden. Alles, was sie tun, entspricht Ihrer Traumvorstellung vom Leben, und Sie beneiden sie.

Aktion Was möchten Sie in Ihrem Leben verändern? Wie können Sie Ihr Leben spannender gestalten? Die Spielzeugfiguren stehen für eine Ihrer Subpersönlichkeiten, die derzeit unterdrückt wird. Warum ist das so? Wie können Sie aufhören, nur in der Traumwelt wirklich zu leben?

SPIELZEUGE **EINES FREUNDES SCHIKANIEREN IHRE EIGENEN**

Sie sind wieder Kind und spielen mit Ihrem besten Freund. Zu Ihrem Entsetzen schikanieren seine Spielzeuge Ihre Figuren. Sie sind geschockt und wollen nach Hause rennen. Sie fühlen den Schmerz der Figuren.

Aktion Gab es einen Freund, der Sie herumkommandiert, stark beeinflusst oder manipuliert hat? Ihr Traum drängt Sie dazu, sich diesen Erinnerungen zu stellen und niemandem jemals wieder zu erlauben, so viel Macht über Sie auszuüben.

IHR **LIEBLINGSSPIELZEUG WIRD LEBENDIG**

Im Traum wird Ihr Lieblingsstofftier lebendig unc sie begegnen ihm wie einem lang verschollenen Freund. Sie haben einst wunderbare Zeiten zusammen verbracht; nun spielen Sie wieder ausgelassen zusammen und haben Spaß.

Aktion Es ist natürlich ein Wunschtraum: Sie möchten wieder Kind sein. Dann wären alle gegenwärtigen Sorgen verschwunden und Sie könnten dieses wunderbare Spiel auf ewig ausleben. Es mag verlockend sein, aber Sie können nicht zurück. Gestehen Sie sich den Wunsch zu, aber kümmern Sie sich dann wieder um Ihren Alltag.

ZURÜCK IN DER SCHULE

In der Schule dreht sich alles ums Lernen, und zwar nicht nur um Lesen, Schreiben und Rechnen. Ist die Schulzeit keine schöne Zeit, weil man sich gemobbt, ausgeschlossen oder zurückgewiesen fühlt, kann das bis ins Erwachsenenleben hineinwirken. Hingegen kann eine glückliche Schulzeit in ein gutes Leben führen. Wie das gelingt, kann auch ein Traum verraten.

SIE **SPIELEN IN DER SCHULE**

In diesem schönen Traum haben Sie viel Spaß und lachen oft. Sie toben mit Ihren besten Freunden durchs Klassenzimmer und kichern ausgelassen, was sich herrlich anfühlt.

Aktion Ein wenig Nostalgie ist vielleicht genau das, was Sie gerade brauchen! Genießen Sie die unbeschwerten Erinnerungen des Traums und gehen Sie dann Ihren Tag an.

SIE **SIND WIEDER IN DER SCHULE – MIT ERWACHSENEN**

Sie sind inmitten fremder Erwachsener in der Schule. Sie sind neugierig, was die Menschen dort tun, und Sie möchten bei dem mitmachen, was sie so fasziniert. Achten Sie darauf, was die Erwachsenen machen, was sie erlernen und womit sie sich beschäftigen.

Aktion Dieser Traum möchte Ihnen sagen, dass Sie mehr Anregung in Ihrem Leben brauchen, vielleicht ein neues Hobby. Oder Sie lernen noch einmal etwas ganz Neues. Das kann sehr erfüllend sein.

KINDER **MOBBEN JEMANDEN**

Im Traum sehen Sie, wie eine Gruppe Kinder ein anderes Kind drangsaliert. Sie erkennen, dass Sie sich in der Schule gefühlt haben wie dieses Kind. Sie verspüren ohnmächtige Wut, weil diejenigen, die im Traum die Täter sind, Ihre Rufe nicht hören, so wie sie Sie damals ignorierten.

Aktion Die Szene zeigt, warum Sie Mitleid mit Opfern haben und helfen wollen. Seien Sie froh, dass der Schmerz der Vergangenheit Sie für den Schmerz anderer sensibilisiert hat, und verwandeln Sie die Schwäche in Stärke. Aber mischen Sie sich nicht unnötig ein, denn das könnte nach hinten losgehen.

EIN **MITSCHÜLER MACHT IHNEN ANGST**

Der Traum handelt weniger vom Mobbing auf dem Schulhof, als von einem bestimmten Mitschüler, der Ihnen Angst macht. Er ist der bedrohliche Junge, der die gesamte Nachbarschaft terrorisiert und sich immer provoziert fühlt. Er erinnert Sie an einen herrschsüchtigen Lehrer, den Sie einst hatten. Sie wollen aus der Schule weglaufen, um nicht sein nächstes Opfer zu werden.

Aktion Wer könnte diese bedrohliche Person in Ihrem aktuellen Leben sein? Vielleicht verhält sich jemand Ihnen gegenüber dominant, ohne es zu merken. Sprechen Sie sie oder ihn darauf an. Vielleicht erleben Sie eine positive Überraschung.

SIE **GEHEN ALS ERWACHSENER ZUR SCHULE**

Sie gehen als Erwachsener in die Schule, tragen aber Schulkleidung, genau wie die anderen Kinder. Und es stört Sie nicht, Sie gehören einfach dazu.

Aktion Sind Sie emotional in Ihrer Kindheit gefangen? War das Leben früher viel einfacher als heute? Akzeptieren Sie, dass Sie erwachsen sind, und übernehmen Sie die dazugehörige Verantwortung.

DER KLEIDER-SCHRANK

Wer in einen fremden Kleiderschrank hineinsieht, kann anhand der Kleidung und Schuhe viel über die Person dahinter erfahren. Kein Wunder also, dass Schränke in vielen Geschichten und Träumen vorkommen.

DER NARNIA-TRAUM

Sie finden sich hinten in einem riesigen Schrank wieder, genau wie in der Fantasygeschichte *Die Chroniken von Narnia* von C. S. Lewis. Sie sehen eine Geheimtür und öffnen sie. Dahinter verbirgt sich eine bunte, verlockende Welt. Sie möchten sie gerne erkunden, können das aber nicht.

Aktion Wollen Sie vielleicht gerade der realen Welt entfliehen? Trösten Sie sich mit der Vorstellung eines Zauberschranks, der Sie in eine andere Welt gehen lässt. Finden Sie den Mut, sich den gegenwärtigen Schwierigkeiten zu stellen. Das Blatt wird sich sicher wieder wenden.

OBEN IM SCHRANK STAPELN SICH GESCHENKE

Oben im Schrank liegen eine ganze Reihe eingepackter Geschenke. Sie sind für Sie – oder doch eher für jemand anderen? In Papier eingewickelt liegen hier unendliche Möglichkeiten, aber Sie können nicht glauben, dass es Ihre sind.

Aktion Geschenke stehen für Zuneigung und Aufmerksamkeit und dafür, dass der Schenkende jemandem eine Freude bereiten möchte. Ist Ihnen klar, wie sehr Sie geliebt und geschätzt werden? Warum stellen Sie das infrage? Lernen Sie, die Liebe anzunehmen, und hören Sie auf, sich zu fragen, ob die Geschenke nicht doch für andere gedacht sind.

EIN **VOLLGESTOPFTER KLEIDERSCHRANK**

Der Schrank in Ihrem Traum ist so voll, dass es unmöglich ist, ein einzelnes Teil zu entnehmen. Sie zerren an einem Kleidungsstück, weil Sie es anziehen müssen, doch Sie können es nicht herausziehen.

Aktion Haben Sie sich zu viel aufgebürdet und müssen nun erkennen, dass Sie es nicht schaffen? Dann versuchen Sie, die Last auf ein vernünftiges Maß zu reduzieren. Ihr Traum spiegelt Ihren inneren Druck wider. Er kann auf Unwohlsein hindeuten oder auf Schwierigkeiten, die Sie in Zukunft noch neben Ihrer aktuellen Belastung bewältigen müssen.

DER **LEERE SCHRANK**

In einem leeren Zimmer steht ein leerer Schrank. Sie öffnen eine Tür und die Leere trifft Sie wie ein Schlag. Erinnert der Schrank Sie an ein früheres Leben? Spiegelt seine Leere Ihre derzeitigen Gefühle wider?

Aktion Die Leere im Traum ist ein Symbol für eine Lücke in Ihrem Leben, die es zu schließen gilt. Ein leerer Schrank ist eine Metapher für Trauer oder sogar Depression. Versuchen Sie, die Situation zu verändern. Suchen Sie Wege, um die Leere, die Sie empfinden, zu füllen. Vielleicht könnte mehr Spiritualität Ihr Leben bereichern.

DA IST WAS AUF DEM SPEICHER

Dachböden sind Orte voller Geheimnisse, alter Schätze, aber auch Sperrmüll. Psychologisch betrachtet sind sie ein Symbol für unseren Geist, den Teil unseres Körpers, der der spirituellen Welt nahe ist. Tauchen sie in Träumen auf, hat dies meist größere Bedeutung.

HOLZWÜRMER

Sie entdecken, dass die Dachbalken voller Holzwürmer sind, und machen sich Sorgen, dass sie stark beschädigt werden, wenn nichts geschieht. Ihre Befürchtung ist, dass das Dach einstürzt und das ganze Haus beschädigt wird. Sie denken auch an die hohen Kosten, die eine Instandsetzung der Dachbalken verursacht.

Aktion Finden Sie heraus, was Sie so beunruhigt, sei es bei Ihnen zu Hause oder in Ihnen selbst. Die morschen Balken sind eine Metapher, die andeutet, dass Sie sich selbst und Ihr familiäres Leben schützen müssen. Haben Sie vielleicht Ihre Beziehung vernachlässigt? Haben Sie Ihre Bedürfnisse oder die anderer nicht beachtet? Beobachten Sie sich und Ihr nächstes Umfeld: Wo könnte etwas »morsch« sein? Bekämpfen Sie erste Anzeichen, bevor die negative Entwicklung weitergeht und alles einbezieht.

EIN **FAMILIENALBUM**

Im Traum suchen Sie auf dem Dachboden nach etwas. Da fällt Ihnen ein altes Familienalbum in die Hände. Sie entdecken Familiengeheimnisse, über die Sie bisher nichts wussten, und erkennen, dass eine bestimmte Person Ihre Meinung zu manchen Vorgängen viel stärker negativ beeinflusst hat, als Sie je gedacht hätten.

Aktion Fragen Sie sich, warum dieser Mensch so viel Einfluss auf Sie hatte. Vielleicht müssen Sie das Bild dieser Person für sich ändern. Vielleicht hat sie ein falsches Szenario dargestellt, an dass Sie als junger Mensch geglaubt haben. Heute können Sie die Situation neu bewerten und sich entscheiden, wie Sie die Beteiligten beurteilen. Leben Sie nach Ihren eigenen Regeln, nicht nach denen Ihrer Familienangehörigen.

UNBEKANNTE **TAGEBÜCHER**

Sie träumen, dass Sie einen riesigen Dachboden durchstöbern, er ist voller Kisten, Akten und Schriftstücke. Sie versuchen herauszufinden, woher diese Dinge stammen, finden aber nur die Tagebücher von Unbekannten. Sie erkennen starke Traurigkeit, beschrieben in emotionalen Worten, die Sie zu Tränen rühren. Sie möchten den Menschen, der das geschrieben hat, lange in den Arm nehmen und ihn trösten.

Aktion Haben Sie schon einmal darüber nachgedacht, etwas zu schreiben? Die Wortgewandtheit eines Fremden hat sie tief berührt. Versuchen Sie auf ähnliche Weise mit Sprache umzugehen und verfassen Sie einen eigenen Text. Vielleicht können Sie etwas schreiben, was die Geschichte des Fremden ehrt.

ALTE, LEERE HÄUSER

Ein altes Haus fällt Ihnen auf, weil es so einsam liegt. Möchte dort niemand leben? Ist dort jemand gestorben? Wer wird wohl einziehen und das Haus wieder mit Leben erfüllen? Bei Träumen über leere Häuser geht es oft um das Unbekannte.

SIE WANDERN DURCH LEERE ZIMMER

Die Tür eines Hauses ist Ihnen aufgefallen. Nun gehen Sie durch die Räume: In manchen stehen Möbel, in anderen nicht. Es fasziniert Sie, dass manche Zimmer einfach leer stehen, gleichzeitig macht Sie das traurig. Am liebsten wollen Sie mit Möbeln, Vorhängen und Bildern die Leere füllen.

Aktion Sie selbst sind das Haus. Es steht dafür, wie Sie sich im Moment fühlen. Ist Ihnen noch nicht klar, wie viel Sie erreichen können? Haben Sie nur halb gare Ideen? Nutzen Sie Ihre Kreativität: Die leeren Zimmer müssen auf seelischer Ebene mit Farbe und Wärme gefüllt werden. Erkennen Sie, dass Sie alles haben, um sie einzurichten.

EIN **VERNACHLÄSSIGTES HAUS**

Ein altes Haus wirkt nicht nur leer, sondern auch vernachlässigt. Beim Näherkommen sehen Sie, dass die Farbe an den Fensterrahmen abblättert. Sie stecken einen Schlüssel ins Schloss, drehen ihn und gehen hinein. Das ganze Haus verfällt.

Aktion Das Haus ist eine Metapher für Sie. Geben Sie mehr auf sich Acht und übernehmen Sie Verantwortung für sich selbst. Überlegen Sie, wie unaufmerksam Sie waren. Sie können nicht ewig Raubbau mit Ihrer Gesundheit betreiben. Der Traum warnt Sie: Sie haben den Schlüssel, aber Sie haben die Tür zu einem für Sie besseren Leben noch nicht geöffnet.

UNBEKANNTER **HAUSFLÜGEL**

In einem alten, leeren Haus finden Sie zu Ihrer Überraschung eine Tür, durch die Sie in wunderschöne, unbekannte Räume gelangen. So finden Sie einen ganz neuen Flügel des Hauses und schauen in viele Räume. Sie alle sind leer und Sie wissen, dass dieser Bereich Ihnen gehört.

Aktion Unbekannte Hausflügel bedeuten, dass Ihr Geist Ihnen sagen möchte, dass Sie mehr erreichen können. Ignorieren Sie ihn nicht. Fragen Sie sich, ob Sie all Ihre Talente nutzen oder einige schmählich vernachlässigen. Ihr Traum sagt Ihnen, dass es Zeit ist. Seien Sie also kreativ und statten Sie diese leeren Räume aus. Sie sind noch ungenutzt.

UNANGENEHME **LEERE**

Sie stehen in einem alten, leeren Haus und wissen, dass hier früher viele Menschen gewohnt haben. Überall finden sich Spuren der früheren Besitzer, wie Schatten an den Wänden. Aber jetzt fühlt sich alles leblos und verlassen an und das spiegelt Ihre innere Leere wider.

Aktion Was trägt zu Ihrer inneren Leere bei? Das Haus – also Sie – will mit neuem Leben erfüllt werden. Ändern Sie Ihre Gewohnheiten. Indem Sie beispielsweise mit einem spannenden Hobby beginnen, etwas Neues lernen oder Freunde finden, wird sich die Leere füllen.

BRENNENDE HÄUSER

Ein brennendes Haus hat etwas Bedrohliches. Wurde jemand durch das Feuer verletzt? Ist das Haus völlig ausgebrannt? Gleichzeitig besteht Gefahr für diejenigen, die den Brand zu löschen versuchen. Bedrohung und Mut, das sind die beiden Aspekte, die auch unsere Träume bestimmen.

SIE **BEOBACHTEN, WIE EIN HAUS BRENNT**

Ein schlimmer Brand ist im Gange und Sie beobachten teilnahmslos, wie das Haus niederbrennt. Die Feuerwehr kommt und Sie sehen unbekümmert zu, selbst als Menschen aus dem Gebäude getragen werden, die Hilfe brauchen.

Aktion Was in Ihrem Leben löst diese enorme Distanz aus? Ist sie vielleicht Ausdruck einer Teilnahmslosigkeit, die Sie sich selbst gegenüber verspüren? Das Haus, das Sie symbolisiert, brennt schließlich. Was in Ihrem Leben könnte gerade in Flammen aufgehen? Seien Sie der Feuerwehrmann, der Menschen in Gefahr mutig rettet.

SIE **WERFEN ALTES IN DIE FLAMMEN**

Als das Haus gegenüber brennt, rennen Sie in Ihr eigenes Haus und wollen einige Notizbücher holen, die in einem Schreibtisch versteckt liegen. Ihr Heim ist sicher, aber Sie haben etwas aufgeschrieben, was Sie in die Flammen geben wollen. Sie finden die Bücher mit Ihren Notizen und werfen sie dankbar in die Flammen.

Aktion Was müssen Sie loswerden? Haben Sie sich Ihre Wut von der Seele geschrieben, Wut, die Sie unterdrückt haben? Es ist Zeit, dieses aufgestaute Gefühl herauszulassen, damit es Sie nicht zerstört. Kraftvolle Worte zu verbrennen ist auch im echten Leben ein hilfreiches Ritual.

SIE BEWUNDERN FEUERWEHRLEUTE

Sie bekommen mit, wie Feuerwehrleute einen Brand schnell unter Kontrolle bringen. Das brennende Haus ist ziemlich hoch und durch viele der Fenster schlagen bereits Flammen. Die Feuerwehrleute steigen Rettungsleitern hinauf und begeben sich in Gefahr – Sie bewundern deren Mut.

Aktion Wie furchtsam sind Sie? Würde diese Art von Mut Ihre Fähigkeiten übersteigen oder könnten Sie ein wenig mutiger sein? Das Bild zeigt Ihnen, dass andere Menschen in der Lage sind, sich schwierigen Situationen zu stellen. Der Traum möchte Sie dazu anregen, diesem Beispiel zu folgen.

EIN HAUS BRENNT VÖLLIG AUS

Ein Haus wurde von den Flammen völlig zerstört und fällt in sich zusammen. Voller Entsetzen sehen Sie zu. Zwar wurde niemand verletzt, aber der Anblick schockiert Sie. Das Heim einer lebhaften Familie ist ein Häuflein Asche. Sie fragen sich, was werden wird.

Aktion Dieser Traum handelt von Tod und Erneuerung. Akzeptieren Sie, dass sich Dinge in Ihrem Leben radikal ändern müssen. Das zusammenbrechende Haus ist Symbol Ihres Selbstbilds. Aber es gibt eine positive Entwicklung. Ihr Unterbewusstsein deutet an, dass etwas Neues aus der Asche entstehen wird.

EINSTÜRZENDE MAUERN

Fallende Ziegel, bröckelnde Trockenmauern und Risse in Häusern sind entmutigende Zeichen des Verfalls. Arbeit und Handwerkskunst werden benötigt, um die Schäden zu reparieren. Manchmal deuten Träume auch an, dass es darum geht abzureißen, was noch dasteht.

UM SIE HERUM WERDEN WÄNDE RISSIG

In diesem düsteren Traum bekommen Wände um Sie herum Risse und stürzen ein. Sobald Sie versuchen, eine Wand zu reparieren, geht es an einer anderen weiter. Sie rennen die Treppe hinauf, um zu sehen, was in der ersten Etage passiert. Entsetzt sehen Sie große Löcher in einer Hausecke. Sie fürchten um das Dach. Eigentlich sind die Balken, soweit Sie wissen, gut in Schuss, genau wie die Dachziegel Erdrückt von der Last der auf Sie zukommenden Aufgaben wachen Sie auf.

Aktion Sind Sie in letzter Zeit deprimiert? Dieser düstere Traum gibt Ihre derzeitige Gefühlslage wieder. Wie gut, dass das Dach, also Ihr geistiger Zustand, anscheinend in Ordnung ist. Vielleicht wird es aber Zeit, Ihre Gesundheit überprüfen zu lassen, um alles mal wieder ins Gleichgewicht zu bringen und das metaphorische Haus auf ein stabiles Fundament zu stellen. Sie brauchen etwas, das Ihnen einen positiven Schub gibt, um sich wieder wohl zu fühlen.

DIE GARTENMAUER VERFÄLLT

Sie arbeiten im Garten. Plötzlich fällt Ihnen auf, dass da eine alte Mauer steht, die schon völlig verfallen und nutzlos ist. Sie hält niemanden mehr auf. Ihr schönes Obst und Gemüse könnten zerstört oder gestohlen werden.

Aktion Die Mauer in Ihrem Traum ist Ihre persönliche Grenze, die derzeit zu wenig beachtet wird. Sie sollten die Früchte Ihrer harten Arbeit besser schützen. Verletzen derzeit Menschen Ihre persönlichen Grenzen? Lassen Sie sich von anderen ausnutzen oder kommt Ihnen jemand schlicht zu nahe?

ANGST UM DAS FUNDAMENT

In einer Ecke des Hauses tut sich ein bedrohlicher Riss auf. Im Traum erkennen Sie, dass dies nur eines bedeuten kann: Das Fundament hat sich gesenkt. Verzweifelt laufen Sie um das Haus herum und sehen auch an einer anderen Hausecke solche Anzeichen.

Aktion Das Bild kann auf eine Beziehung oder eine Arbeitssituation hinweisen, die auf wackligen Beinen steht. Verzweifeln Sie aber nicht. Der Traum ist eine Warnung: Kümmern Sie sich wie im Traum um die Anzeichen der Gefahr. Risse müssen gekittet werden! Finden Sie heraus, was Sie tun können, um die sich anbahnende Krise zu verhindern.

FREMDE SCHLÜSSEL

Schlüssel können ein Symbol dafür sein, dass sich bisher verschlossene Türen auftun. Manchmal weisen sie auch auf neue Möglichkeiten hin, die sich plötzlich ergeben. Die genaue Bedeutung hängt von dem Szenario, dem Kontext und den jeweiligen Gefühlen ab.

DIE **SCHLÜSSEL MACHEN SIE UNRUHIG**

Sie sehen einen Bund seltsamer Schlüssel, der Ihnen unbekannt vorkommt. Sie haben keine Ahnung, wozu sie gehören könnten, doch sie scheinen wichtig zu sein. Sie würden gerne wissen, warum. Die Schlüssel sind alt, sodass sie aus der fernen Vergangenheit stammen könnten. Sie verspüren Unruhe.

Aktion Wofür mögen die Schlüssel stehen? Welche verborgenen oder verschütteten Räume Ihrer Erinnerung sollen Sie aufschließen? Vielleicht ist es Zeit, die Schlüssel zu benutzen und sich dem Grund für die Beunruhigung zu stellen. Vielleicht können alte Briefe oder Fotos Ihnen helfen, die Erinnerungen wieder zu wecken. Sagen Sie sich, dass Sie erwachsen sind. Was auch immer los ist, Sie können heute damit umgehen.

DER **SCHLÜSSEL PASST NICHT INS SCHLOSS**

Im Traum haben Sie einen Schlüssel gefunden, der einst die Tür verschloss, die Sie in eine bessere Zukunft geführt hätte. Traurig betrachten Sie den Schlüssel und wünschten, Sie könnten ihn noch einmal benutzen. Aber das bleibt Ihnen versagt. Der Schlüssel passt einfach nicht mehr ins Schloss.

Aktion Der Schlüssel im Traum ist nicht mehr der richtige. Zwar hat er einst gepasst, aber diese Chance haben Sie vertan. Akzeptieren Sie das. Sie haben ja noch andere Schlüssel, können also kommende Gelegenheiten nutzen. Wo liegen Ihre Stärken? Setzen Sie sie ein, um sich zu verwirklichen.

EIN **ALTER SCHLÜSSEL ZU EINER ALTEN TÜR**

Ein riesiger, alter, wunderbar verzierter Schlüssel liegt auf einem Tisch. Sie würden gerne wissen, welches Schloss er öffnet. Plötzlich taucht eine Eichentür auf. Sie stecken den Schlüssel ins Schloss und drehen ihn vorsichtig. Die Tür führt in ein Gewölbe voller alter Geheimnisse. Sie fühlen sich seltsam, aber auch dazu eingeladen, alles zu erkunden.

Aktion Am Anfang des Traums sind Sie sehr misstrauisch. Spiegelt das Ihre Zurückhaltung wider, sich in neue Situationen zu wagen? Es könnten lohnende Entdeckungen warten, jedoch müssten Sie dazu Ihre Ängste überwinden.

SKELETTE **HINTER EINER VERSCHLOSSENEN TÜR**

Mit einem fremden Schlüssel öffnen Sie eine verbotene Tür – und sehen einen Haufen Skelette. Sie schlagen die Tür zu und laufen so schnell weg, wie Sie können. Das Bild der vielen Knochen verfolgt Sie noch, als Sie aufwachen.

Aktion Wofür stehen die Skelette hinter der Tür? Vertrauen Sie Ihrem Unterbewusstsein. Sie müssen sich bestimmten Erinnerungen stellen. Wenn Sie das Gefühl haben, dass Sie dies nicht allein tun wollen, holen Sie sich professionelle Hilfe. Wenn Sie sich mit diesem Traum befassen, könnten die Skelette ganz neue Perspektiven eröffnen.

AUF DER SUCHE NACH DER TOILETTE

Wir alle müssen auf die Toilette, damit unser Körper sich entleeren kann. Die Ausscheidungen sind ein Symbol für psychischen Abfall, die gespeicherten Erinnerungen, die beeinflussen, wie wir reagieren. Träume dieser Art weisen oft auf das Bedürfnis nach Erleichterung hin.

SIE SIND BEI DER SUCHE WÜTEND

In Ihrem Traum sind Sie sehr wütend, denn Sie müssen zur Toilette, können aber keine finden. Es gibt keinen sicheren Ort, an dem Sie sich erleichtern könnten. Also halten Sie ein, während Sie so wütend werden, dass Sie fast platzen. Sie sind verzweifelt und Ihre Wut scheint mit der Verzweiflung, keinen passenden Ort zu finden, zu verschmelzen.

Aktion Fragen Sie sich, warum Sie Ihren Ärger unterdrücken müssen. Finden Sie heraus, was Sie so wütend macht, und sprechen Sie die Themen an, wenn es Ihnen hilft, andernfalls schweigen Sie.

SIE HABEN ANGST VOR EINER PEINLICHKEIT

Im Traum laufen Sie von Zimmer zu Zimmer und können die Tür zur Toilette einfach nicht finden. Sie müssen immer dringender und haben Angst, dass es zu einem peinlichen Malheur kommen könnte. Allein der Gedanke, jemand könnte Sie so sehen, erfüllt Sie mit Scham.

Aktion Offensichtlich haben Sie Angst, sich in der Öffentlichkeit oder auch nur einer bestimmten Person gegenüber zu blamieren. Waren Ihre Eltern vielleicht von schmutzigen Windeln oder anderem Schmutz angewidert, als Sie Kind waren? Arbeiten Sie entschlossen daran zu akzeptieren, dass Unfälle passieren.

SIE SUCHEN VERZWEIFELT NACH EINER TOILETTE

Sie suchen verzweifelt nach einer Toilette, können aber keine finden. Sie wissen, es ist wichtig, aber verwirrenderweise geht es nicht darum, sich zu erleichtern. Dann sehen Sie plötzlich eine Katze, die an einen Strauch uriniert und ihr Territorium markiert. Sofort fühlen Sie eine Verbindung zu dieser Handlung.

Aktion Gibt es einen Bereich, den Sie für sich haben möchten? Ist vielleicht jemand an Ihrem Partner interessiert, an Ihrem Job oder an Ihren Freunden? Überlegen Sie, wie Sie Ihre Interessen am besten schützen können.

FALLSTUDIE: AMY

Amy war Teenager, als ihre Eltern sie eine Woche bei einem engen Freund, einem einsamen Witwer, ließen. Was sie nicht wussten: Er war ein Pädophiler. So versprach er Amy Geschenke, küsste sie und gestand ihr seine Liebe. Sie hatte Angst vor ihm. Er verlangte von ihr, das Geheimnis zu wahren. Sie erzählte es ihren Eltern, die ihr aber beide nicht glaubten. Amy fühlte sich von den drei Erwachsenen betrogen. Der Witwer interessierte sich später für Amys Mutter, als der Vater häufig auf Geschäftsreisen war. Immer öfter kam es zu Streit, da der Vater fürchtete, seine Frau würde ihn verlassen. Er bekam drei Herzinfarkte, von denen der letzte tödlich war.

Lange begrub Amy ihre Wut in sich. Eines Nachts träumte sie von der fruchtlosen Suche nach einer Toilette. Da tauchte ein Kindertöpfchen auf. Sie urinierte hinein und trug den Topf zum oberen Treppenende. Der eigentlich lange verstorbene Witwer hielt sich unten im Flur auf. Befriedigt schüttete Amy ihm den Urin auf den Kopf. All die aufgestauten Gefühle hatten ein Ventil gefunden. Als Amy aufwachte, lachte sie schadenfroh und weinte dann die längst überfälligen Tränen.

FAHREN

Zu fahren ist eine Möglichkeit, von einem Ort zum anderen zu gelangen. Ein Fahrzeug bringt Fahrer und Passagiere von Tür zu Tür, das ist unkompliziert und bequem. Fahren kann aber auch Probleme bereiten, besonders wenn der Fahrer nicht aufpasst. Genau davon handeln viele Träume.

SIE FAHREN RISKANT

In Ihrem Traum fahren Sie völlig unkontrolliert und extrem riskant. Sie sind viel zu schnell unterwegs, genießen den Nervenkitzel und machen sich überhaupt keine Gedanken über die Risiken für Sie und andere.

Aktion Wenn Ihr Fahrstil im Traum der absolute Gegensatz zu Ihren normalen Fahrgewohnheiten ist, handelt es sich wohl um einen Wunschtraum. Es macht nichts, wenn Sie ihn im Schlaf ausleben. Fahren Sie aber tatsächlich so, dann beachten Sie die Warnung und verhalten Sie sich verantwortungsbewusster.

SIE **STECKEN IM STAU FEST**

Im Traum warten Sie ungeduldig in einem Stau. Die Minuten vergehen, aber nichts bewegt sich. Sie sind frustriert, da Sie Ihren Termin nicht einhalten können und keine Möglichkeit haben, jemanden zu verständigen.

Aktion Akzeptieren Sie, dass Verzögerungen passieren. Sie müssen lernen, Stillstände im Leben auszuhalten. Irgendwann geht es weiter. Vielleicht werden Sie ja aus einem bestimmten Grund aufgehalten. Denken Sie an Situationen zurück, als Sie davon überzeugt waren, etwas sei richtig, bis Sie Ihre Meinung doch revidieren mussten. Lernen Sie daraus.

VOR **IHNEN LIEGT NUR DIE STRASSE**

Der Geschäftstermin liegt hinter Ihnen. Sie starten den Wagen und erreichen bald die Autobahn. Sie fühlen sich frei und genießen den Anblick der leeren Straße vor sich. Nach dem erfolgreichen Ausgang des Meetings ist alles andere nicht mehr Ihre Verantwortung. Sie fahren vor sich hin und fühlen sich großartig.

Aktion Gratulieren Sie sich zu der kompetent erledigten Aufgabe, was auch immer es war. Sie haben sich eine Auszeit verdient. Legen Sie einen Kurzurlaub ein.

SIE **LENKEN VOM RÜCKSITZ AUS**

Sie sitzen tatsächlich hinter dem Fahrersitz, halten das Lenkrad und haben große Angst. Am liebsten möchten Sie den Wagen anhalten, aber Sie erreichen mit Ihrem Fuß die Bremse nicht.

Aktion In was für eine unmögliche Position haben Sie sich zu Hause, im Beruf oder in anderen Lebensbereichen gebracht? Warum begeben Sie sich in gefährliche Situationen? Lassen Sie riskantes Verhalten sein, denn sonst wird es auf die eine oder andere Art krachen.

SIE **HABEN EINEN PLATTEN**

Im Traum beginnt Ihr Lenkrad zu schlagen. Das Auto hat einen Platten, aber Sie fahren gerade auf der Überholspur. Als Sie versuchen, auf die Standspur zu gelangen, werden Sie geschnitten und angehupt. Sie haben Angst und stellen dann noch fest, dass Sie Ihr Handy vergessen haben. Plötzlich hält jemand an und hilft Ihnen, sodass Sie weiterfahren können.

Aktion Sie müssen nicht mit jedem Problem allein fertig werden. Vertrauen Sie auf Ihren Instinkt. In der Not finden Sie einen Helfer.

FLIEGEN

Träume übers Fliegen sind meist angenehm, man gleitet sanft durch die Luft oder folgt den Formen der Landschaft. Oft wird durch sie ein Verlangen nach Freiheit und Selbstverwirklichung sichtbar. Manchmal handelt es sich auch um Albträume. Die Empfindungen im Traum helfen bei der Interpretation.

SIE **MÖCHTEN DAVONFLIEGEN**

Sie wollen der Welt entfliehen und in die große, blaue Weite des Horizonts verschwinden. Sie fliegen höher und höher, sind glücklich. Dann sinken Sie und sehen unten Ihr Zuhause. Da verliert das Fliegen all seinen Reiz.

Aktion Warum wollen Sie davonfliegen und Ihrem Leben am Boden entkommen? Können Sie nicht auf Kurs bleiben und eine Veränderung abwarten? Die Flucht vor Verantwortung oder vor emotionalen Problemen hilft nicht weiter.

SIE **KOMMEN DER SONNE ZU NAH**

Im Traum fliegen Sie immer höher. Irgendwann spüren Sie die Hitze der Sonne deutlicher. Sie sind ganz allein und sich Ihrer Fähigkeit zu fliegen absolut sicher. Es mag sein, dass Sie in Gefahr sind, aber Sie glauben fest daran, unsterblich zu sein.

Aktion Denken Sie an Ikarus, dessen Vater Dädalus ihn warnte, der Sonne im Flug nicht zu nah zu kommen, da sonst seine Wachsfedern schmelzen würden. Ikarus ignorierte die Warnung und starb. Erkennen Sie die Überheblichkeit einer Ihrer Subpersönlichkeiten: Arbeiten Sie daran oder leben Sie mit den Konsequenzen.

FALLSTUDIE: TOM

Als Kind brachte sich Tom im Traum das Fliegen bei. Er benutzte seine Willenskraft, um nachts ohne Flügel aufsteigen zu können. Selbst als Erwachsener flog er noch in seinen lebhaften Träumen, brachte andere in Sicherheit oder floh vor Gefahren. Er wusste, dass dies sein Fluchtweg war (schwere Kindheit, alkoholkranke Mutter), war sich aber auch sicher, dass diese Traumfähigkeit wichtig war.

In solchen Träumen spiegelt sich der Glaube alter Zivilisationen an Seelenreisen, bei denen der Astralleib den Körper verlässt und geht, wohin er will. Vielleicht war in Toms DNS das Wissen der Vorväter gespeichert. Es half ihm auf jeden Fall durch schwere Zeiten. Er kann sich an unzählige Flugträume erinnern. In einem Traum ruft er einer Lehrerin, deren Frage er nicht beantworten kann, zu: »Aber ich kann fliegen!«, als sei dies wichtiger als Hausaufgaben.

Toms seelische Entwicklung ist faszinierend. Statt seinem Leben zu entfliehen, nutzt er heute seine Flugfähigkeit in Träumen, um anderen zu helfen, z. B., um sie in Sicherheit zu fliegen. Im echten Leben ist Tom Arzt.

AUF UND DAVON IM FLUG

Im Traum fliegen Sie mühelos immer höher und entschweben. Sie genießen das. Ein Wachtraum wird wahr. Es herrschen perfekte Flugbedingungen, der Himmel ist blau. Sie feiern, etwas extrem Befriedigendes im Leben erreicht zu haben.

Aktion Sie belohnen sich selbst. Denn das ist ein Traum, den Sie hinnehmen können, ohne aktiv zu werden. Aber vergessen Sie nicht, wieder auf den Boden zurückzukehren. Wenn Sie aufwachen, liegt wieder ein voller Tag vor Ihnen.

» TRÄUME KOMMEN VON GOTT. «

FRIEDRICH VON SCHILLER
DIE RÄUBER, 1781. 5 AKT, 1. SZENE

TRANSPORT

Mit dem Schiff oder dem Zug fahren, zu Fuß gehen, reiten oder fliegen, das kommt immer wieder in Träumen vor. Stets ist es mit einer gewissen Energie verbunden, von A nach B zu kommen, ob es sich um eine tatsächliche oder eine emotionale Reise handelt. Träume über Reisen haben oft mit sich im Leben anbahnenden Veränderungen zu tun.

EINE **TURBULENTE BOOTSFAHRT**

Sie sind bei hohem Seegang in einem Boot unterwegs. Riesige Wellen drohen, es zu verschlingen, und das Schaukeln macht Sie seekrank. Das Wasser ist fürchterlich tief, trotzdem haben Sie keine große Angst. Sie sind eher entschlossen dazu, diese Tortur durchzustehen.

Aktion Wellen spülen etwas an die Oberfläche Ihres Bewusstseins, das Sie lange verdrängt haben. Um welches emotionale Problem handelt es sich? Je tiefer das Wasser, desto tiefer ist Ihr Wunsch, sich von dem Verdrängten nicht überwältigen zu lassen. Welches Ereignis der jüngsten Vergangenheit hat den Traum ausgelöst? Versuchen Sie, das Puzzle zusammenzusetzen.

SIE **FLIEHEN AUF EINEM SELBST GEBAUTEN FLOSS**

Sie sind auf einer verlassenen Insel und empfinden die Isolation als schrecklich. Sie möchten nach Hause. Also suchen Sie nach Stämmen und Fasern, um ein Floß zu bauen. Als Sie auf dem Meer unterwegs sind, macht Ihnen das Floß Sorge. Die Stämme und Bindungen scheinen sich zu lösen. Sie fürchten, dass es ein schrecklicher Fehler war, die Insel zu verlassen.

Aktion Sie wissen nicht, ob Sie eine neue Situation bewältigen könnten. Sind Sie sicher, dass Sie die Veränderung – zu Hause, im Beruf oder in der Beziehung – jetzt wirklich wollen? Fragen Sie sich, ob dies wirklich der richtige Zeitpunkt ist.

EIN **BÖSWILLIGER PILOT**

Sie sind Passagier in einem Flugzeug, der Flug gestaltet sich sehr holperig. Sie fragen sich, ob der Pilot Spielchen spielt, seine machtvolle Position ausnutzt, um Ihnen Angst zu machen, und leichtfertig große Risiken eingeht.

Aktion Dieser Pilot sind Sie, der Träumende: Welche Risiken gehen Sie ein? Erkennen Sie, wann Sie andere rücksichtslos beunruhigen. Ist Ihnen Ihre lässige Gedankenlosigkeit selbst zuwider? Wissen Sie, dass Sie sich manchmal so verhalten? Dann sollten Sie sich Gedanken machen, wie sich Ihr Verhalten auf andere auswirkt.

UNFÄLLE

Träume von Unfällen weisen meist auf Verzweiflung, Sorgen und Schmerz hin. Sie spiegeln häufig den derzeitigen Zustand wider, ein Gefühl, dass Gefahr droht. Alles ist angespannt, wie vor einem Zusammenprall, sei er wörtlich oder emotional. Manchmal zeigen sie uns so unsere Ängste, manchmal aber warnen sie uns auch.

EIN **UNFALL AUF DER AUTOBAHN**

Auf der anderen Spur der Autobahn hat sich ein schrecklicher Unfall ereignet. Sie sehen Krankenwagen und Polizeiautos und fragen sich, wie es den Insassen wohl gehen mag und ob sie stark verletzt sind. Sie können nichts tun, sondern müssen in Ihre Richtung weiterfahren.

Aktion Dieser Traum spiegelt Ihre Sorge, dass Fremde mit Ihnen nahestehenden Menschen kollidieren könnten, auch im übertragenen Sinn. Wie im Traum gibt es nichts, was Sie tun können. Sie müssen jedem zugestehen, seine eigenen Fehler zu machen und daraus zu lernen.

IHR **FLUG HAT VERSPÄTUNG**

Die Start- und Landebahn ist nach einem Unfall gesperrt. Ihr Flug kann nicht starten. Im Traum dauert die Verzögerung ewig. Sie bleiben völlig ruhig, setzen sich mit einem Kaffee und einem Buch hin und warten ab. Andere Passagiere werden wütend, aber Sie versenken sich in Ihr Buch. Gegen den verpassten Termin können Sie eh nichts tun.

Aktion Gratulieren Sie sich zu Ihrer Gelassenheit dem Leben gegenüber. Es gibt immer mal Verzögerungen und Sie haben gelernt, schwierige Situationen in der Gewissheit durchzustehen, dass sich irgendwann wieder etwas bewegen wird.

FAHRRADKARAMBOLAGE

Sie fahren mit Freunden Fahrrad. Es geht durch Haarnadelkurven und Sie rasen bergab. Sie fühlen sich selbstsicher wie ein Sieger, obwohl gar kein Wettrennen stattfindet. Doch plötzlich nehmen Sie eine Kurve zu eng und lösen eine fürchterliche Karambolage aus. Ihre Freunde winden sich vor Schmerzen. Sie sind verantwortlich, denn Sie sind vorne gefahren und leichtfertig ein Risiko eingegangen.

Aktion Das rasende Fahrrad ist ein hilfreiches Bild Ihres Selbst. Es warnt Sie vor unnötigen Risiken, durch die Sie andere gefährden. Wo sind Sie zu schnell oder leichtsinnig unterwegs? Vermeiden Sie seelische Karambolagen aus Hybris. Nehmen Sie unübersichtliche Wendungen im Leben mit Bedacht.

SIE **FAHREN GEGEN EINE LATERNE**

Sie radeln durch die Stadt. Dabei lassen Sie sich von den Schaufenstern ablenken und landen an einer Laterne. Einige Passanten fragen, ob Sie in Ordnung sind, andere grinsen. Sie sind einfach nur genervt, weil Sie zu spät zur Arbeit kommen werden. Sie denken sogar darüber nach, ob Sie die Stadt wegen der falsch positionierten Laterne verklagen sollten.

Aktion Fragen Sie sich, was Sie direkt vor der Nase haben, ohne es wahrzunehmen, weil Sie zu sehr abgelenkt sind. Überlegen Sie auch, wie häufig es in Ihren Beziehungen schon zum Zusammenprall kam. Achten Sie im Alltag besser auf sich anbahnende Konflikte. So lebt es sich entspannter.

DER REISEPASS

Ein Reisepass ist ein wichtiges Dokument, das es Ihnen erlaubt, Grenzen zu überschreiten und in andere Länder zu reisen. Er steht für Ihre Identität und für die Möglichkeit, sich von Ort zu Ort zu bewegen. Auch im Traum ist er oft wichtig, symbolisiert aber häufig etwas anderes.

IHR **PASS IST ABGELAUFEN**

Ein Zollbeamter schaut auf Ihren Pass und runzelt die Stirn. Er gibt Ihnen den Pass zurück und sagt, er sei abgelaufen. Sie können nicht weiter. Weder Charme noch Wutanfälle helfen.

Aktion Akzeptieren Sie, was der Traum Ihnen sagt. Es ist zu früh, sich fortzubewegen, sei es privat oder im Beruf. Es ist einfach der falsche Zeitpunkt. Gehen Sie in Gedanken in sich. Fragen Sie sich, was Sie ändern müssen, damit Ihr Pass später wieder gültig gemacht werden kann.

DAS **PASSFOTO ZEIGT EINE ANDERE PERSON**

Sie stehen mit anderen am Flughafen in der Schlange am Passschalter. Alle halten Ihre Pässe bereit und zeigen sie vor. Als Sie an der Reihe sind, stellen Sie plötzlich fest, dass das Passfoto nicht Ihr Gesicht zeigt, sondern jemand anderen. Sie werden abgewiesen und dürfen nicht weiterreisen.

Aktion Dieser Traum handelt von dem Bild, das Sie von sich nach außen zeigen. Es ist an der Zeit, mehr Sie selbst zu sein. Sie mögen Jahre an Ihrer Außendarstellung gearbeitet haben, an Ihrem Aussehen, Ihrer Kleidung, Ihrer Sprache und Ihrem Verhalten, aber Ihr Unterbewusstsein drängt Sie, authentischer zu sein. Schauspielerei trägt irgendwann nicht mehr. Versuchen Sie, andere mehr von Ihrem wahren Selbst sehen zu lassen.

SIE **BEOBACHTEN ANDERE REISENDE**

Sie stehen in der Abflughalle eines Flughafens. Mit Interesse beobachten Sie unzählige Menschen, die auf ihren Flug warten oder schon mit gezücktem Pass am Check-in-Schalter stehen. Sie fragen sich, welche Reiseziele sie wohl haben, in welche Länder sie fliegen und was sie dort erwartet. Plötzlich bemerken Sie, dass Sie Ihren Pass in der Hand halten.

Aktion Der Schlüssel zu diesem Traum liegt in Ihrer Neugierde bezüglich der Reisepläne fremder Menschen. Alles, was Sie benötigen, um sich zu bewegen, halten Sie in Händen. Das symbolisiert Ihr Reisepass. Nehmen Sie den Traum als freundliche Aufforderung, denn Sie sind auch seelisch bereit für Veränderungen.

DER **PASS EINES VERSTORBENEN VERWANDTEN**

Auf der Suche nach Papieren im Schreibtisch eines verstorbenen Verwandten fällt Ihnen dessen Pass in die Hände. Er ist lange abgelaufen und das Foto zeigt ihn jünger, als sie ihn gekannt haben. Völlig unverhofft fühlen Sie sich von dem jugendlichen Gesicht im Pass sehr berührt.

Aktion Wieso träumen Sie jetzt von dem Verwandten? Was in Ihrem Leben hat Sie an ihn erinnert? War die Person glücklich? Das hoffnungsfrohe, junge Gesicht könnte ein Hinweis sein. Oder Sie sollen sich erinnern, wie wertvoll das Leben ist. Vielleicht geht es auch darum, zu schätzen, was Sie haben.

RAUMSCHIFFE UND ALIENS

Seit Jahrzehnten faszinieren uns Filme und Fernsehserien über Besucher aus dem All. Im Internet finden sich zahllose Berichte von Menschen, die behaupten, von Außerirdischen entführt worden zu sein. Die Vorstellung von solch fremden Wesen hat sich festgesetzt und so kommen sie auch in unseren Träumen vor. Oft sind sie ein Symbol für Flucht, die Suche nach Abenteuern oder spiegeln das Interesse am Universum wider.

SIE WERDEN VON AUSSERIRDISCHEN ENTFÜHRT

Gegen Ihren Willen werden Sie von Außerirdischen aufgegriffen und in ein Raumschiff gebracht. Das kalte, gefühllose Verhalten der Aliens entsetzt Sie. Sie fühlen sich völlig hilflos und den Fremden ausgeliefert.

Aktion Betrachten Sie Ihr derzeitiges Leben. Wer oder was vermittelt Ihnen das Gefühl der Machtlosigkeit und des Ausgeliefertseins? Steht die Gefühllosigkeit der Aliens für die Gefühlskälte einer anderen Person? Ist die Antwort offensichtlich, vertrauen Sie sich jemandem an. Vielleicht benötigen Sie Hilfe, um aus dieser ungesunden Situation herauszukommen.

SIE WANDERN ALLEIN ÜBER DEN MOND

Sie halten sich auf der Mondoberfläche auf und genießen es, allein umherzuwandern. Ein Raumschiff hat Sie auf Ihren Wunsch hin zum Mond gebracht und dort abgesetzt. Zu Ihrer Überraschung taucht ein zweites Raumschiff auf und bietet Ihnen die Heimreise an. Sie winken den Außerirdischen dankend zu und sehen, wie sie davonfliegen. Sie sind froh, wieder allein zu sein, und freuen sich, Neues zu entdecken.

Aktion Vermutlich liegt eine große Veränderung hinter Ihnen. Vielleicht sind Sie in eine andere Region gezogen und entscheiden in diesem Traum, dort zu bleiben und die neue Umgebung zu erkunden. Klopfen Sie sich auf die Schulter, dass Sie mutig diesen Schritt gegangen sind und nun in Ihrem neuen Leben ankommen wollen.

AUSSERIRDISCHE IN DER NACHBARSCHAFT

In der Nähe Ihres Hauses ist plötzlich ein Raumschiff aufgetaucht. Die Besatzung bittet Sie und Ihre Familie, an Bord zu kommen. Im Traum sind Sie unsicher, ob Sie gehen sollen oder nicht. Das Raumschiff ist faszinierend. Sie sind versucht, es zu erkunden, zögern aber.

Aktion Wer sind die »Fremden« in Ihrem Leben? Gibt es Menschen in Ihrer Umgebung, die Sie misstrauisch oder unruhig machen? Wäre es zu mutig, ihnen freundlich zu begegnen, oder haben Sie einfach Angst, Neues kennenzulernen? Sie können sich ja später immer noch zurückziehen.

FLUCHT AUF EINEN FREMDEN PLANETEN

Sie reisen mit einem Raumschiff zu einem anderen Planeten. Sie sind aufgeregt und erleichtert, die Erde mit ihrem ganzen Chaos hinter sich zu lassen, und lehnen sich zurück. Plötzlich zeigt ein Bildschirm einen engen Verwandten, der weint, weil Sie gegangen sind. Nun bereuen Sie Ihren drastischen Schritt.

Aktion Auch wenn Sie aus Ihrem Leben fliehen möchten, sollten Sie bedenken, was das für diejenigen bedeutet, die Sie zurücklassen. Vielleicht fühlen Sie sich hin- und hergerissen und Ihnen ist bewusst, welchen Schmerz Sie auslösen würden. Sprechen Sie darüber, was Sie unglücklich macht, um eine Lösung zu finden, die niemanden verletzt.

DUNKLE UNTERIRDISCHE ORTE

Dunkle, unbekannte Orte unter der Erde sind Metaphern für das Unbewusste. Wir wollen sie nicht erkunden, sondern haben Angst vor dem unbekannten Terrain weitab vom Licht des Tages. Doch indem wir diese verborgenen Orte aufsuchen und die Welt in unseren Tiefen ergründen, können wir uns neue Erkenntnisse erschließen.

ERKUNDUNG **EINER UNTERIRDISCHEN HÖHLE**

Gemeinsam mit einem Begleiter erkunden Sie eine Höhle. Zuerst scheint es ein spannendes Abenteuer zu sein. Sie genießen beide das unheimliche Gefühl in dieser unterirdischen Welt. Doch obwohl alles so spannend ist, werden Sie immer unruhiger. Diese Empfindung ist Ihnen vertraut und Sie wünschen sich, Sie hätten diese Unternehmung nie begonnen. Dennoch sind Sie sicher, dass Sie nicht umkehren können.

Aktion Versuchen Sie herauszufinden, was Sie derzeit so unentschieden sein lässt. Dunkle unterirdische Orte sind ein Symbol für unser Unbewusstes. Haben Sie ungewollt angefangen, Ihr Inneres zu erkunden und haben nun Angst davor, was Sie finden könnten? Fahren Sie fort, sei es in einer Therapie oder auf andere Weise, und Sie werden Ihre Furcht beherrschen lernen.

FLUCHT **DURCH EINEN DUNKLEN TUNNEL**

Sie hetzen durch einen dunklen und feuchten Fluchttunnel. Sie möchten nur aus dieser Enge heraus, die sich immer extremer anfühlt. Aber Sie fürchten auch, entdeckt zu werden und wieder dorthin zurückzumüssen, von wo Sie geflohen sind. Das wäre für Sie einfach unerträglich.

Aktion Bedeutet der Traum vielleicht, dass Sie vor einer Konfrontation oder vor einem Partner fliehen möchten? Planen Sie Ihre Flucht, auch wenn sie Gefahren bergen mag. Denken Sie daran, dass das Licht am Ende des Tunnels wartet – wenn Sie sich sicher sind, dass Flucht für Sie die richtige Lösung ist.

SIE SIND IN EINER UNTERIRDISCHEN MINE

Sie finden sich im Gang einer Mine wieder. Als Sie durch das Labyrinth von Tunneln wandern, machen Sie sich Sorgen, welche Gefahren Ihnen und anderen durch das Einatmen der abgestandenen, verschmutzten Luft drohen. Sie wollen möglichst schnell raus aus der Mine.

Aktion Ist die abgestandene, verbrauchte Luft vielleicht ein Symbol für Ihre Arbeitssituation oder doch ein subtileres Bild für ein Problem in Ihrem Privatleben? Unterdrückte Gefühle können die Atmosphäre vergiften, sodass man kaum atmen kann. Wenn dies auf Ihr Privatleben zutrifft, sollten Sie für frischen Wind in Ihrer Umgebung sorgen.

FALLSTUDIE: JACK

Jack träumte, dass er mit anderen Menschen durch Abwasser in einem unterirdischen Kanalsystem lief. Als sie die Hälfte des Weges geschafft hatten, gab es kein Wasser mehr und sie konnten sich ausruhen. Als Jack Spinde an den Wänden sah, wusste er, dass er Schlüssel, Portemonnaie und Handy dort lassen musste. Er öffnete einen der rostigen Spinde und erkannte, dass schon andere ihre Sachen dort hineingelegt hatten. Diese Menschen waren offensichtlich nicht zurückgekehrt. Ungeachtet dieser düsteren Aussicht wusste Jack, dass er weitermusste. Es ging abwärts in einem steilen Tunnel und es wurde immer dunkler. Doch Jack war sich sicher, dass es irgendwann wieder aufwärts gehen und er am Ende ein glücklicheres Leben finden würde.

Später verstand er die Botschaft des Traums. Er war in seiner Beziehung schon lange unglücklich und suchte Hilfe in einer Therapie. Sein Traum gab ihm den Mut, sich den dunklen Geheimnissen seines Unterbewusstseins zu stellen, und wies ihm einen Weg in eine für ihn positive Richtung.

» TRÄUME SIND PRÜFSTEINE UNSERES CHARAKTERS. «

HENRY DAVID THOREAU

ICH BEFUHR EINEN FLUSS BEI GÜNSTIGEN WINDEN: EINE BOOTFAHRT AUF DEM CONCORD UND MERRIMACK

EINE BRÜCKE INS NIRGENDWO

Wir sind es gewohnt, Brücken mit einem bestimmten Ziel zu überqueren. Deshalb hat es etwas Beunruhigendes, wenn eine Brücke nirgendwohin führt. Manchmal verlangt unsere Psyche aber, dass wir uns mit dem Unbekannten und Ungewissen auseinandersetzen. Ein Traum kann uns dabei unterstützen.

SIE FINDEN DEN MUT, ÜBER DIE BRÜCKE ZU GEHEN

Rundum ist es dunkel, aber Sie sind mutig genug, um den Fuß auf eine unbekannte Brücke zu setzen. Ihre Reise hat Sie an diesen Punkt gebracht und es führt kein Weg zurück. Sie haben keine Ahnung, was Sie auf der anderen Seite erwartet, aber Sie wissen, Sie müssen hinüber.

Aktion Dieser Traum zeigt Ihren Mut, Sie können stolz auf Ihren Entdeckerdrang sein. Ist das vielleicht ein Bild für einen emotionalen oder beruflichen Weg, den Sie in Erwägung ziehen? Gehen Sie auch den nächsten Schritt, die Brücke ist auf der anderen Seite fest verankert.

KAPUTTE **STUFEN ZU EINER BRÜCKE**

Sie fühlen sich versucht, die Stufen zu einer Brücke zu erklimmen, ohne zu wissen, wohin sie führt. Fast am oberen Ende angelangt stellen Sie entsetzt fest, dass Sie eine große Lücke überwinden müssen. Aus irgendeinem Grund können Sie nicht zurück, Sie müssen also springen.

Aktion Das Leben macht es Ihnen im Moment nicht leicht. Kaum haben Sie einen Schritt gewagt, tut sich die nächste Schwierigkeit auf. Sehen Sie die Lücke in der Treppe als letzte Herausforderung, die es zu meistern gilt, um relative Sicherheit zu erlangen. Es mag wie ein Sprung ins Nichts wirken, aber die Brücke führt Sie vermutlich an Ihr Ziel. Wagen Sie den Sprung.

AUS **NIRGENDWO WIRD IRGENDWO**

Sie zögern, während Sie eine Brücke überqueren, die ins Nichts führt. Sie schwankt im Wind und das macht Sie unsicher. Sollen Sie weitergehen? Aber Sie bleiben nicht stehen und werden immer neugieriger. Schließlich betreten Sie völlig neuen Boden und erkunden eine unbekannte Umgebung. Sie wirkt frisch und neu, was Ihnen gefällt.

Aktion Freuen Sie sich, trotz Ihrer Zweifel weitergegangen zu sein. Erinnern Sie sich daran, wie es war, als Sie beschlossen haben, Neues zu erkunden. Vielleicht müssen Sie über die metaphorische Brücke noch einmal zurückkehren, um Dinge abzuschließen, bevor Sie ein neues Kapitel aufschlagen können.

UNBEKANNTE WELTEN

Für uns ist es ganz normal, über andere Galaxien und Planeten zu sprechen. Wir lesen darüber oder sehen Dokumentationen über die Raumfahrt und das Konzept von Zeitreisen. Das Unterbewusstsein hat viel Stoff, mit dem es unsere Traumwelten füllen kann. Es gilt, große Rätsel, die uns magisch anziehen, zu entschlüsseln.

FREMDE **WELTEN ERKUNDEN**

Sie finden sich als Forscher auf einem entfernten Planeten wieder. Dort nehmen Sie Proben, untersuchen sie unter dem Mikroskop und sind von Ihren Entdeckungen begeistert. Sie rufen Ihre Kollegen, sich das auch anzusehen, aber plötzlich ist niemand da. Sie sind enttäuscht, Ihre Erfahrungen nicht teilen zu können.

Aktion Haben Sie sich zu stark auf sich selbst konzentriert und andere zurückgelassen, während Sie voranstürmen? Versuchen Sie zu erkennen, wann es wichtig ist, andere mit einzubeziehen. Erklären Sie, warum Sie sich auf Ihre Weise verhalten haben, denn niemand fühlt sich gern ausgeschlossen.

EXOTISCHE **LÄNDER LOCKEN**

Der Traum spielt auf einem Wochenmarkt in einem fremden Land. Aufregende Aromen unbekannter Speisen umwehen Sie, während Sie durch diese sonnige neue Welt streifen. Sie sehen Menschen, die sich mit lauten, freundlichen Rufen begrüßen, während sie ihre Einkäufe erledigen, ganz anders als bei Ihnen zu Hause. Sie möchten mitmachen und fragen sich, ob Sie sich in diese fremde Umgebung einfügen könnten.

Aktion Verlockt Sie in der realen Welt der Gedanke, in einem fremden Land zu wohnen, je exotischer, desto besser? Der Zweifel in Ihrem Traum deutet an, dass Sie noch nicht bereit sind für eine solche Veränderung. Wie können Sie sich langfristig auf einen derart kühnen Schritt vorbereiten? Ihr Unterbewusstsein hat Ihnen einen ermutigenden Vorgeschmack gegeben.

EINE **ZUKUNFTSWELT**

In Ihrem Traum finden Sie sich in einer trüben, futuristischen Landschaft wieder. Überall sind Roboter, fahrerlose Züge und Autos. Die Menschen wirken wie Zombies und am Himmel sind lauter seltsame Fahrzeuge zu sehen. Nirgends gibt es ein Anzeichen von Grün.

Aktion Dieser Traum erfordert keine Handlung. Sie haben im Traum eine Zeitreise gemacht, weil Sie sich vielleicht Gedanken über den Klimawandel machen. Erfreuen Sie sich an der heutigen Welt. Diese Zukunft wird es vielleicht so nie geben. Ihre Sorge hat die Welt im Traum erschaffen.

FALLSTUDIE: ALEX

In einem Traum ging Alex eine ihm bekannte Straße auf dem Land entlang und begegnete alten Freunden bei der Ernte. Er schaute über die ländliche Szene und sah Zugpferde, Wagen und Kleidung wie im 18. Jahrhundert. Die Menschen ernteten mit Sensen Getreide und luden es auf die Wagen. Alex winkte und zwei Männer winkten zurück. Der Traum kehrte noch zweimal wieder, dann blieb er aus. »Es war seltsam, aber es fühlte sich völlig real an«, sagte er. »Ich war dort, in der Sommersonne, roch frisch geschnittenes Getreide und konnte die Vögel hören.«

Einige Wochen vorher hatte Alex nach einem Sturz einige Tage wegen einer Gehirnerschütterung im Krankenhaus verbracht. War sein Gehirn etwa so angegriffen, dass es ihn vorübergehend in eine andere Zeit versetzte? Interessanterweise ist das kein unbekanntes Phänomen. Viele Menschen träumen lebhaft von anderen Jahrhunderten.

KREUZUNGEN

In der Mythologie und im Volksglauben sind Kreuzungen magische Orte zwischen den Welten, an denen wir Kontakt zu übernatürlichen Wesen aufnehmen können. Nüchterner betrachtet treffen dort Wege aufeinander und psychologisch gesehen sind es Momente, in denen wichtige Entscheidungen getroffen werden müssen. Im Traum weisen Kreuzungen oft auf Wendepunkte hin.

UNFALL **AUF DER KREUZUNG**

Als Sie an einer Kreuzung warten, fährt ein anderer Wagen von hinten auf Ihren auf. Sie sind verblüfft, weil der andere Fahrer Sie anbrüllt. Er behauptet, der Unfall sei auf keinen Fall seine Schuld, sondern Ihre! Sie hätten Ewigkeiten auf der Kreuzung gestanden, obwohl Sie hätten fahren können. Er wäre unterwegs zu einem wichtigen Termin gewesen, den Sie ruiniert hätten.

Aktion Sind Sie etwa in vielen Situationen zu unentschieden? Bereiten Sie anderen Unannehmlichkeiten, weil Sie deren Interessen nicht beachten? Überprüfen Sie Ihre Einstellung und akzeptieren Sie, dass es Grenzen im Verhalten gibt, genau wie an der Kreuzung in Ihrem Traum.

MONDLICHT **AUF EINER KREUZUNG**

Sie stehen mitten auf einer Kreuzung. Momentan sind Sie sich über ein emotionales Problem nicht im Klaren. Es ist Nacht und der Vollmond sorgt für verwirrende Schatten. Sie betrachten die Schatten genauer, sind aber immer noch unsicher, was Sie tun sollen. Da bringt der Mond plötzlich Licht ins Dunkel und zeigt Ihnen die dunkle und die helle Seite Ihres Dilemmas. Nun wissen Sie, wo es langgeht.

Aktion Der Mond steht für Ihre intuitive weibliche Seite und Ihr Traum will Ihnen helfen, die richtige Entscheidung zu treffen. Seien Sie froh, denn Ihr Unterbewusstsein hat das Problem anscheinend schon gelöst. Sie sollten nun wissen, was zu tun ist. Auch wenn es verlockend erscheint, ignorieren Sie diesen Rat nicht.

KREUZUNG **DES ZÖGERNS**

Sie stehen an einer vielbefahrenen Kreuzung und können sich nicht entscheiden, welchen Weg Sie einschlagen sollen. Die Wahlmöglichkeiten verwirren Sie, Sie haben aber auch Angst vor einem Unfall, wenn Sie noch länger stehen bleiben. Sie bewegen sich langsam Richtung Rand, ohne sich zu entscheiden.

Aktion Was wollen Sie umgehen, indem Sie sich nicht entscheiden? Begreifen Sie, dass Sie umso eher Schaden nehmen, je länger Sie warten, und zwar durch den Frust anderer. Begeben Sie sich also nicht unvorbereitet in Situationen. Machen Sie sich klar, wie Sie handeln wollen, um andere nicht zu behindern.

ALBTRAUMKREUZUNGEN

Im Traum leben Sie an einer belebten Kreuzung. Die ganze Nacht über blinken die Ampeln, der Krach bremsender und anfahrender Autos unter Ihrem Fenster hört nicht auf, das Licht der Scheinwerfer dringt durch die dünnen Gardinen. An Schlaf ist nicht zu denken. Sie sind verzweifelt.

Aktion Gestehen Sie sich ein, dass Ihr Leben derzeit an einem traurigen Tiefpunkt ist. Akzeptieren Sie aber auch, dass es besser werden kann und wird. In der Zwischenzeit müssen Sie sich mit den unangenehmen Umständen abfinden.

EIN FRÜHERER ARBEITSPLATZ

Mit Orten, an denen wir früher einmal gearbeitet haben, verbinden wir oft schöne Erinnerungen. Manchmal liegt es daran, dass wir uns dort wohl fühlten. So fallen uns eher die guten Zeiten ein, die Kollegen und der Spaß, den wir hatten. Im Traum bildet der alte Arbeitsplatz oft den emotionalen Hintergrund für eine Traumbotschaft.

LIEBESPARTNER **AM FRÜHEREN ARBEITSPLATZ**

An Ihrer alten Arbeitsstätte tanzen Sie mit Ihrem aktuellen Geliebten Walzer. Sie tanzen zwischen den Tischen umher, während die Kollegen Ihnen bewundernd zusehen, wie gekonnt und elegant Sie tanzen. Plötzlich verschwinden alle und Sie beide sind alleine. Alles fühlt sich falsch an und Sie wachen unglücklich auf.

Aktion Die Dinge sind aus dem Lot geraten. Ihre derzeitige Beziehung läuft vielleicht nicht gut, weil Sie noch immer in der Vergangenheit leben. Vielleicht ist Ihnen das nicht bewusst, aber Sie müssen das, was neu wachsen soll, auch zulassen. Schauen Sie nicht zurück, wenn Ihre aktuelle Beziehung gelingen soll.

DER **ARBEITSPLATZ IST VERLASSEN**

Sie sitzen am Schreibtisch gegenüber von einem alten Kollegen. Ansonsten ist das Büro verwaist, außer den zwei Tischen und Computern gibt es keine Möbel. Es sieht aus, als würde das Büro bald abgerissen. Was ist passiert? Sie fragen Ihren Kollegen, aber der weiß auch nichts. Sie fühlen sich wie ein Geist in einem Geisterbüro.

Aktion Handelt der Traum von einem früheren Arbeitsplatz? Sehnen Sie sich nach den alten Zeiten und dem Spaß dabei? Sie können die Vergangenheit nicht wieder aufleben lassen, aber sich neu orientieren, ob im Job oder durch Hobbys. Akzeptieren Sie, dass das, was war, vergangen ist und suchen Sie nach neuen Herausforderungen.

SIE SITZEN WIEDER AN IHREM ALTEN SCHREIBTISCH

Sie sitzen wehmütig an Ihrem früheren Arbeitsplatz. Sie sehnen sich nach den alten Kollegen und Freunden, vielleicht sogar nach einem ehemaligen Liebespartner. Sie wandern durch die Reihen und wünschen sich, Sie würden noch dort arbeiten. Aber niemand erkennt Sie, es ist, als ob Sie nie dort gewesen wären.

Aktion Akzeptieren Sie, dass es vielleicht falsch war, die alte Stelle aufzugeben. Vielleicht können Sie sich ja wieder dort bewerben. Ist das nicht möglich, schauen Sie nach vorn. Überlegen Sie, ob Sie Entscheidungen manchmal zu hastig treffen. Müssten Sie daran arbeiten?

IHRE **KOLLEGEN IGNORIEREN SIE**

Sie sind wie gewohnt bei der Arbeit, aber Ihre Kollegen sehen anders aus, als Sie sie in Erinnerung haben. Sie sprechen freundlich miteinander, aber nicht mit Ihnen – Sie fühlen sich unwohl. Als Sie fragen, warum sich alle so seltsam verhalten, versteht niemand, was Sie meinen, es sei doch alles in Ordnung.

Aktion Möglicherweise waren die Kollegen in letzter Zeit nicht freundlich zu Ihnen. Lassen Sie den Gedanken zu, dass sie Ihre Integrität jeden Tag auf subtile Weise unterwandern. Es könnte bald Zeit sein, zu gehen. Aber jetzt sind Sie klüger und können einen anderen Arbeitsplatz mit echten Freunden finden.

EINE UNBEKANNTE LANDSCHAFT

Unbekannte Landschaften stehen für Territorien, die es noch zu entdecken gilt. Bevor die Sumpfgebiete Amerikas kartografiert wurden, waren sie unbekannt, bevor der Mensch zum Mond flog, war seine Oberfläche unbekannt. Träume von solchen Territorien haben einen Grund. Indem unser Unterbewusstsein einen Traum in eine fremde Umgebung verlegt, sendet es uns eine Botschaft.

EIN **LEERES DORF**

Schulen, Häuser und Straßen sind leer. Das Dorf liegt unheimlich und absolut verlassen da. Sie schauen durch einige Fenster in die Häuser, finden aber kein Lebenszeichen, nur Abfall, als ob die Bewohner eilig geflohen wären. Das Dorf wurde aufgegeben. Sie fühlen sich so einsam, wie die Straßen im Dorf wirken.

Aktion Kommen Sie sich in irgendeiner Weise verlassen, verstoßen und allein vor? Das Dorf in Ihrem Traum ist eine Metapher dafür, wie Sie sich im echten Leben gerade fühlen. Sind Sie im Alltag stark eingebunden? Dann suchen Sie nach Gelegenheiten, bei denen Sie Gemeinschaft und emotionale Nähe erfahren können.

VERLOREN **IN FREMDER UMGEBUNG**

Sie haben sich verlaufen und Ihre Umgebung ist Ihnen völlig unvertraut. Zwar haben Sie Karte und Kompass, aber die helfen Ihnen überhaupt nicht. Weiter weg sehen Sie Menschen gehen. Sie laufen Ihnen hinterher und fragen, wo Sie sind, aber niemand versteht Sie.

Aktion Ein Teil von Ihnen fühlt sich verloren. Sie haben einen Plan, den die Karte im Traum symbolisiert, aber Sie setzen ihn nicht um. Was hält Sie ab? Sie sollten lernen, sich den Menschen, die Sie umgeben, deutlicher mitzuteilen. So finden Sie vielleicht heraus, wo Sie im Leben stehen und wie es weitergehen soll.

EINE **FAHRT INS UNGEWISSE**

Ein Auto stoppt neben Ihnen und der Fahrer bietet an, Sie mitzunehmen. Sie fahren aus der Stadt heraus und finden sich plötzlich in einer wilden Landschaft wieder. Beunruhigt stellen Sie fest, dass Sie hier nichts wiedererkennen. Die Person, die Sie mitgenommen hat, wirkt immer unheimlicher. Als sie an den Straßenrand fährt, befürchten Sie das Schlimmste. Doch sie hat sich nur verfahren! Das Navigationsgerät hat einen Fehler gemacht. Sie holen nun Ihre Landkarte heraus, um den Weg wiederzufinden.

Aktion Der Traum zeigt, wie schnell wir falsche Schlüsse ziehen, wenn wir nur auf unsere eigene Situation achten. Erkennen Sie an, dass auch andere ihre Sorgen haben. Betrachten Sie die Dinge aus mehreren Blickwinkeln, bevor Sie voreilig Urteile fällen. Ihr Unterbewusstsein zeigt Ihnen, dass Sie anderen helfen können.

EINE **STADTLANDSCHAFT**

Angestellte strömen aus den Büros und machen sich auf den Weg zu unbekannten Orten. Sie folgen ihnen. Aber die Umgebung, in die Sie nach einiger Zeit gelangen, gefällt Ihnen nicht. Sie wünschten, Sie wären den anderen nicht nachgegangen. Verloren stehen Sie in einer schmutzigen Gasse.

Aktion Denken Sie nach und verlassen Sie sich auf Ihr eigenes Urteil, statt auf das anderer.

BELASTUNG IM ALLTAG

Das moderne Leben steckt voller Stress: Stress bei der Arbeit, Stress mit dem Geld … die Liste ist endlos. Diese Alltagsbelastung spiegelt sich auch in den Träumen vieler Menschen wider. So finden sich Hinweise darauf, was den Träumenden besonders unter Druck setzt, und vielleicht auch darauf, was er tun kann, um Stress abzubauen.

SIE **KOMMEN MIT DER ARBEIT NICHT NACH**

Der Druck bei der Arbeit ist immens. Sie verpassen wichtige Termine und zu anderen erscheinen Sie im Pyjama. Ihr Chef möchte ein Gespräch mit Ihnen führen, in dem es um Ihre Arbeitsleistung geht. Sie wissen, dass Sie gefeuert werden, wenn Sie nicht mehr Abschlüsse präsentieren können. Schweißgebadet wachen Sie auf.

Aktion So können Sie nicht weitermachen! Wägen Sie das Für und Wider Ihrer Situation ab und gehen Sie im Geiste die Liste Ihrer Aufgaben durch. Vielleicht deutet der Traum auch auf zu viele private Verpflichtungen hin. Auf jeden Fall ist der Druck, der auf Ihnen lastet, zu hoch. Finden Sie Wege, sich zu entlasten.

IHR **SCHREIBTISCH IST VOLL MIT ARBEIT**

Sie sehen, wie die Papierstapel auf Ihrem Schreibtisch so hoch wachsen, dass Sie die obersten Papiere nicht mehr erreichen können. Sie sind verzweifelt. Wenn Sie die Arbeit nicht schaffen, werden andere darunter leiden.

Aktion Sprechen Sie mit demjenigen, der Ihnen die Arbeit zuteilt, und sagen Sie, dass Sie erschöpft sind. Haben Sie keine Angst, Menschen zu enttäuschen. Wenn Sie wegen Krankheit oder Erschöpfung ausfallen, ist das viel schlimmer. Rechnen Sie auf Verständnis oder setzen Sie sich selbstbewusst durch.

SIE **TRAGEN DIE WELT AUF DEN SCHULTERN**

Eine winzige Erdkugel ruht auf Ihren Schultern und Sie schwanken unter dieser Last. Sie hören, wie jemand gequält aufstöhnt, und müssen sich einen weiteren Tag um diese Person und um Dutzende anderer Verpflichtungen kümmern. Gerne möchten Sie die Erdkugel abwerfen, aber sie bleibt, wo sie ist.

Aktion Wie viel müssen Sie im Alltag tatsächlich bewältigen? Vielleicht ist Ihnen die enorme Last gar nicht bewusst und Sie erkennen nicht, dass Sie dies ändern müssen. Suchen Sie Wege, das Gewicht auf Ihren Schultern zu verringern.

PRÜFUNGS-SITUATIONEN

Wenn wir träumen, dass wir an einer Prüfung teilnehmen, fühlt sich das meist bedrohlich an. Nur wenige Menschen finden solche Situationen gut. Manche Tests haben auch mit der Gesundheit zu tun. Dann haben wir keinerlei Kontrolle über den Ausgang und unser Traumszenario ist durch Angst geprägt.

DIE FRAGEN ERGEBEN KEINEN SINN

Sie sitzen im Prüfungszimmer und Ihre Mitstreiter schreiben fleißig ihre Antworten auf. Aber die Fragen und Berechnungen auf Ihrem Bogen ergeben keinen Sinn. Verzweifelt werfen Sie den Stift auf den Tisch und verlassen den Raum.

Aktion Wenn Sie sich weiterbilden oder umschulen wollen, sollten Sie sich fragen, ob der avisierte Beruf der richtige für Sie ist. Haben Sie alles gut durchdacht? Auch wenn der Weg Ruhm oder Geld verspricht: Sind Sie sicher, dass Sie das Zeug dazu haben? Es ist keine Schande, Pläne zu ändern. Im Traum haben Sie verzweifelt den Raum verlassen. Vielleicht war das ein Hinweis.

DAS ERGEBNIS DER UNTERSUCHUNG IST NEGATIV

Ihr Arzt sagt, Sie hätten diverse Probleme, ist aber fest davon überzeugt, dass Sie gesund werden, wenn Sie nur Ihren Lebensstil ändern. Sie wissen aber, dass Sie gesund sind, und verlangen, der Arzt möge seine Diagnose überdenken. Er besteht aber auf seinem Ergebnis.

Aktion Gestehen Sie sich da etwas nicht ein? Wie der Arzt wissen auch Sie, dass Sie von einem anderen Lebensstil profitieren könnten und dass Ihre Gewohnheiten Ihre Gesundheit gefährden. Doch als Patient möchten Sie nicht zu viele Zugeständnisse machen. Gehen Sie in sich und hören Sie auf die weisere Ihrer beiden inneren Stimmen.

DIE **FÜHRERSCHEINPRÜFUNG**

Sie sitzen im Praxisteil Ihrer Führerscheinprüfung hinter dem Steuer. An einer Ampel würgen Sie den Wagen ab und versuchen krampfhaft, ihn wieder zu starten. Das gelingt Ihnen aber nicht. Sie sind aufgewühlt, während der Prüfer gelassen neben Ihnen sitzt. Im Rückspiegel sehen Sie, wie die Fahrer in den anderen Autos ruhig warten, ohne zu hupen. Es ist, als wüssten sie, was Sie gerade durchmachen.

Aktion Sie werden derzeit auf irgendeine Art auf die Probe gestellt und erwarten nicht, dass man Ihnen sehr gewogen sein wird. Diese Angst hat aber wenig mit der Realität zu tun. Arbeiten Sie an Ihrer inneren Einstellung. Gehen Sie positiv an alles heran, vielleicht erleben Sie ja eine schöne Überraschung.

SIE **GEHEN UNVORBEREITET IN EINE PRÜFUNG**

Unruhig betreten Sie den Prüfungsraum und setzen sich an ein Pult. Ihnen graust vor dem Prüfungsbogen, der noch umgedreht auf dem Tisch vor Ihnen liegt. Als Sie ihn umdrehen und anfangen wollen zu schreiben, stellen Sie fest, dass Sie völlig unvorbereitet sind. Ihnen fällt keine einzige Antwort ein und es wird Ihnen angst und bange. Was wird Ihre Familie sagen?

Aktion Sie sind auf die Prüfung im Traum nicht nur unvorbereitet, sondern scheinen sie auch nicht ablegen zu wollen. Für wen machen Sie die Prüfung? Nicht für sich selbst, sonst hätten Sie vorher etwas dafür getan. Hören Sie auf, die Hoffnungen und Erwartungen anderer erfüllen zu wollen. Folgen Sie Ihren eigenen Träumen.

SIE WERDEN VERFOLGT

Die Vorstellung, gejagt zu werden – sei es von einem Tier oder von einem anderen Menschen –, ist eine Urangst. Wir verbinden dies mit Gefahr und der Möglichkeit, getötet zu werden. Dabei kann eine wilde Jagd auch ein Spiel sein, das ganz ohne negative Gefühle im Garten oder im Haus stattfindet. Der Kontext des Traums verrät, worum es geht.

EIN **WILDES TIER KRATZT AN DER TÜR**

Ein riesiges Tier jagt Sie aus dem Wald. Panisch fliehen Sie. Als Sie an der Tür einer Hütte am Wegesrand stehen, schauen Sie sich um und sehen es näherkommen. Sie schlagen die Tür zu und hören dann Klauen am Holz scharren.

Aktion Das Tier ist kein wildes Monster, sondern Ihr Traumverbündeter, der Ihnen helfen will. Finden Sie den Mut, den Traum weiterzuträumen und das Tier hineinzubitten. Was könnte es Ihnen sagen wollen? Will es Sie unterstützen oder stärken? Überlegen Sie, wie kraftvoll ein großes, wildes Tier ist. Sicherlich könnten Sie einen Teil davon gebrauchen.

WARNUNG **VOR EINEM GEFAHRENBEREICH**

Ein Mann ruft aus der Ferne und läuft quer über ein Feld auf Sie zu. Ihnen gefällt sein Aussehen nicht, Sie fliehen. Erst brüllt er weiter, doch dann hört er auf. Plötzlich sehen Sie einen Stacheldrahtzaun und in der Nähe Armeebaracken. Das Rufen war also eine Warnung. Sie sind in ein militärisches Schutzgebiet hineingelaufen.

Aktion Wie der Traum zeigt, können uns Vorurteile den Blick verstellen. Lassen Sie sich künftig weniger von vorgefassten Meinungen oder vom Aussehen der Menschen leiten. Geben Sie sich die Chance, Menschen kennenzulernen.

VOM HAUSTIER VERFOLGT

Ihr Haustier hat sich zum Schlafen eingerollt. Sie möchten mit ihm spielen und wecken es auf. Daraufhin reagiert es genervt und sauer. Es springt knurrend vom Stuhl und jagt Sie durchs Haus. Sie versuchen es zu besänftigen, aber es ist zu spät. Es bleibt den ganzen Tag gereizt.

Aktion Für wen steht das Haustier? Ist es jemand, den Sie kennen, oder vielleicht ein Teil von Ihnen, der sich danach sehnt, sich einzurollen und die Welt auszublenden. Erkennen Sie, dass plötzliches Aufgewecktwerden zu Missstimmungen führt. Tun Sie sich oder anderen den Gefallen, nichts zu überstürzen, sondern Dinge langsam anzugehen.

SCHRITTE IN EINER DUNKLEN GASSE

Sie gehen nach einem Abendessen zügig nach Hause und hören jemanden hinter sich. Je schneller Sie gehen, desto schneller werden die Schritte. Jemand folgt Ihnen und will Ihnen etwas antun! Sie beginnen zu rennen, der Fremde auch. Vor Angst suchen Sie Schutz in einem fremden Hauseingang. Ihr Verfolger holt sie ein, läuft dann aber vorbei. Sie schämen sich.

Aktion Angst lässt uns immer das Schlimmste annehmen. Sind Sie oft ängstlich und stellen sich das Leid von Opfern vor, über die Sie lesen? Viele Menschen haben Angst, dafür muss man sich nicht schämen. Beherrschen Sie Ihre Ängste, indem Sie mit Freunden darüber reden. Dann kehren solche Träume wahrscheinlich seltener zurück.

ZU SPÄT KOMMEN

Wer zu einem Termin zu spät kommt, verspürt meist starken Druck. Träume handeln häufig von der panischen Angst, eine Frist oder einen Termin zu versäumen. Sie bilden die Angst des Träumenden ab, nicht zuverlässig zu sein, sei es privat oder im Beruf. Die Träume darüber können uns helfen, mehr über uns zu erfahren und uns den Herausforderungen zu stellen.

VERSPÄTET **ZUR BEERDIGUNG**

Sie sollen bei einer Beerdigung die Grabrede halten. Die Angehörigen warten, aber Sie stecken im Verkehr fest. Sie werden den Friedhof nicht rechtzeitig erreichen, können aber auch nicht umkehren. Entmutigt stellen Sie den Motor ab, untröstlich, weil Sie die Trauernden enttäuschen müssen.

Aktion Der Traum deutet an, dass Sie sich vielleicht zu stark für die Gefühle anderer Menschen verantwortlich fühlen. Manchmal kann ein Termin nicht eingehalten werden (wie im Traum). Es ist an der Zeit zu lernen, dass Sie nicht alles richtig machen können, auch wenn Sie anderen noch so gern einen Gefallen tun möchten.

ZU **SPÄTES ABHOLEN VON DER SCHULE**

Sie sollen ein Kind von der Schule abholen und unterbrechen dafür Ihre Arbeit. Sie fahren, so schnell es geht. Doch als Sie endlich vor Ort sind, sehen Sie, dass alle Kinder schon abgeholt wurden, nur nicht das eine, das auf Sie wartet. Es weint bitterlich. Sie schämen sich und fühlen sich hilflos, weil Sie so viel Arbeit zu erledigen hatten, dass Sie nun zu spät dran sind.

Aktion Dieser Traum warnt Sie davor, Aufgaben zu übernehmen, die Sie nicht erfüllen können. Lassen Sie in Ihrem Tagesablauf auch immer Platz für Unerwartetes und lernen Sie, Nein zu sagen, wenn es sein muss.

ZU **SPÄT ZUR EIGENEN HOCHZEIT**

Die Gäste und Ihr zukünftiger Ehepartner warten auf Sie. Sie sind zwar für die Hochzeit gekleidet, aber aus irgendeinem Grund können Sie Ihre Füße nicht bewegen. Sie kleben am Boden fest, kommen einfach nicht los. Sie verspäten sich nicht nur, sondern werden wahrscheinlich nie an der Hochzeits-Location ankommen.

Aktion Die Hochzeit steht für eine wichtige Entscheidung in Ihrem Leben. Der Traum zeigt, dass Sie in einer Konfliktsituation gefangen sind: Ein Teil von Ihnen möchte voranschreiten, ein anderer nicht. Ein solcher Zwiespalt kann emotional lähmen. Hören Sie auf Ihre ängstliche Seite, setzen Sie sich mit ihr auseinander und erkennen Sie, was Sie zurückhält.

FALLEN UND STÜRZEN

Die meisten von uns haben schon einmal im Traum das unangenehme Gefühl gehabt, wie ein Stein zu fallen. Dahinter steckt ein Kontrollverlust, den wir als negativ empfinden. Selbst wenn wir uns in eine neue Liebe stürzen, fühlt sich das ähnlich an, weil wir auch dann keine Kontrolle haben.

SIE FALLEN INS WASSER

Sie schwimmen mit Freunden in einem schnell fließenden Fluss. Plötzlich reißt die Strömung Sie mit und Sie stürzen über einen Wasserfall in tosende Wellen. Keinem ist etwas passiert, aber Sie können nichts weiter tun, als mit der Strömung zu schwimmen.

Aktion Gibt es in Ihrem Leben eine Parallele zu diesem Traum? Wenn Sie mit dem Strom schwimmen müssen, akzeptieren Sie das und schauen Sie, wo Sie hinkommen. Alles scheint sicher zu sein. Vielleicht gefällt Ihnen ja, was Sie finden.

STURZ AUS GROSSER HÖHE

Im Traum klettern Sie einen steilen Berg hinauf, um die wunderbare Aussicht zu genießen. Sie lehnen sich vor, damit Sie besser um eine Ecke schauen können. Da verlieren Sie das Gleichgewicht und stürzen in die Tiefe. Sie schrecken aus dem Schlaf auf und sind froh, im Bett zu liegen.

Aktion Sie haben sich im Traum zu weit vorgelehnt. Aber eigentlich ist dieser Traum eine Bilanz Ihres bisherigen Lebens. Sie mögen etwas leichtsinnig sein, aber Sie besitzen die Stärke, um den Berg zu erklimmen und am Aussichtspunkt anzukommen. Vielleicht sollten Sie nun, da Sie diese Höhe und Weitsicht erreicht haben, ein wenig vorsichtiger sein. Die Kombination »Hochmut« und »Fall« kommt einem in den Sinn.

IHR **FALLSCHIRM ÖFFNET SICH NICHT**

Endlich ist der Tag des Fallschirmsprungs gekommen. Ihr Trainer ruft, Sie sollen sich bereit machen, auf sein Kommando springen Sie. Sie fallen. Es wird Zeit, den Fallschirm zu öffnen, aber er entfaltet sich nicht. Während Sie in den gewissen Tod stürzen, ziehen Sie noch einmal verzweifelt an der Reißleine – und der Fallschirm öffnet sich doch noch. Gerettet!

Aktion Gut vorbereitet ein Risiko einzugehen ist eine Sache, dies ohne verlässliche Absicherung zu tun, eine andere. Denken Sie daran, dass es immer hilfreich ist, sich Rat von Experten zu holen und nicht sorglos riskante Wege einzuschlagen – auch emotional.

EIN **KIND STÜRZT**

Im Park sehen Sie, wie Kinder auf einen Baum klettern, und Ihnen fällt ein, wie viel Spaß das gemacht hat. Unbekümmert sehen Sie zu, wie ein Junge auf einen toten Ast klettert, und überlegen nur, was wohl passieren wird. Der Ast bricht ab und der Junge fällt herunter. Doch da kommt ein Erwachsener angelaufen und fängt das Kind auf. Beide landen unverletzt und lachend am Boden. Sie wünschen sich, Sie hätten schneller reagiert.

Aktion Natürlich kommen angesichts solcher Szenen schöne Erinnerungen hoch, in denen man gerne schwelgt. Aber Sie als Erwachsener sollten Kinder, die in gefährliche Situationen geraten, schützen und verantwortlich handeln. Wenn Sie selbst Nachwuchs haben, bedenken Sie, dass Kinder Risiken eingehen müssen, um zu lernen. Geben Sie aber acht auf sie.

SICH DURCH EIN LOCH QUETSCHEN

Sicherlich führt bei der Deutung kein Weg an dem Geschehnis vorbei, das auf der Hand liegt: die Geburt. Unsere Träume können dieses Bild auf vielerlei Art nutzen. So kann es ein neues Lebenskapitel, einen Wendepunkt oder schwierige Umstellungen symbolisieren. All diesen Szenarien haben das Thema Wandel gemeinsam.

SIE **STECKEN IM KANALSCHACHT FEST**

Regengüsse haben zu Überflutungen geführt. Die Wassermassen haben einen Kanaldeckel herausgespült und Sie meinen, Sie müssten sich darum kümmern. Sie klettern in den Kanalschacht und bleiben stecken. Sie wünschen sich, Sie hätten Hilfe geholt, bevor Sie hinabkletterten.

Aktion Wie oft preschen Sie vor und übernehmen Aufgaben, die Sie überfordern? Bevor Sie Risiken eingehen, sollten Sie qualifizierte Hilfe holen. So können Sie viel mehr erreichen.

DER **EINGANG IST ZU SCHMAL**

Ein Sturm zieht auf und Sie suchen Schutz vor dem Unwetter. Als der Regen einsetzt, sehen Sie eine alte Hütte und laufen darauf zu. Die Tür steht halb offen und Sie versuchen, sich durch den Spalt hineinzuzwängen. Doch plötzlich haben Sie das Gefühl festzustecken. Sie kommen weder vor noch zurück.

Aktion Der Sturm – wofür er auch stehen mag – hat Sie in eine Situation gebracht, für die Sie anscheinend noch nicht bereit sind. Warten Sie ab, bis der Sturm sich gelegt hat, und hoffen Sie, dass beim nächsten Mal der schwere Schritt durch den Engpass zu schaffen ist.

SIE SIND ZEUGE EINER SCHWEREN GEBURT

Eine Frau liegt in den Wehen und Sie sehen, dass sich die Geburt schwierig gestaltet. Die Hebamme und die Krankenschwestern wirken nervös. Ein Kaiserschnitt wird vorgeschlagen und Sie wissen, dass die Frau in Not ist. Sie sind in Sorge, vor allem um das ungeborene Kind, dem Sie sich seltsam verbunden fühlen.

Aktion Sie sind der Fötus in diesem Traum: Sie versuchen, Hindernisse in der Außenwelt zu überwinden, die verhindern, dass Sie ein neues Leben beginnen. Entspannen Sie sich und warten Sie geduldig ab. Sie haben es schon einmal geschafft. Die Geburt ist hier ein Symbol, dass Sie auf bessere Zeiten einstimmt.

SIE SIND ZU GROSS, UM DURCH DIE TÜR ZU KOMMEN

Sie befinden sich im Büro und plötzlich stellen Sie fest, wie groß Sie sind. Alle anderen haben eine normale Körpergröße, aber Sie sind ein Riese. Sie möchten mit Ihrem Chef sprechen und gehen zu seinem Büro. Niemandem außer Ihnen fällt Ihre seltsame Größe auf. Und Sie passen nicht mehr durch die geöffnete Bürotür hindurch.

Aktion Es könnte sein, dass Sie aus Ihrem derzeitigen Arbeitsplatz herausgewachsen sind. Sind Sie bereit für größere Herausforderungen? Vielleicht ist es an der Zeit, sich um eine Stelle zu bemühen, die Ihnen intellektuell mehr abverlangt und Ihnen gleichgesinnte Kollegen bietet.

MARATHON LAUFEN

Träume von extremen körperlichen Belastungen geben Einblick in das unbewusste Selbstbild des Träumenden. Sie können auch den Wunsch nach Zuspruch und Ruhm verkörpern. Manchmal deuten sie auf Durchhaltevermögen und Anstrengungen hin.

SIE TRAGEN DIE FALSCHEN SCHUHE

Sie nehmen mit vielen anderen Läufern an einem Bergmarathon teil und merken plötzlich, dass Ihre Schuhe nicht für das Terrain geeignet sind. Sie lösen sich langsam auf, aber im Traum ist Ihnen das egal, Sie laufen weiter. Auch auf nackten Fußsohlen können Sie gut laufen und genießen die Aussicht. Sie erreichen das Ziel als Letzter und werden mit freundlichem Applaus empfangen.

Aktion Anders als die erfolgreichen Läufer haben Sie die Aussicht genossen. Was symbolisiert der Traum-Marathon? Haben Sie das Zeug dazu, eine große Verpflichtung einzugehen? Trotz der falschen Schuhe schaffen Sie die Strecke und können die Herausforderung sogar genießen.

EIN **ARBEITSMARATHON**

Die Massen an Aufgaben, die Sie erledigen müssen, sind ein Albtraum, das alles ist einfach nicht zu stemmen. Sie sollen schwierige Anrufe erledigen, Tausende Wörter schreiben, die Kinder von der Schule abholen und ein Abendessen vorbereiten. Sie sind so verzweifelt und wütend, dass Sie die am nächsten stehende Person schlagen.

Aktion Der Traum zeugt von passiver Aggression! Überlegen Sie, wie häufig Sie sich von anderen ausnutzen lassen, die vielleicht nicht wissen, welche Probleme das auslöst. Sprechen Sie Ihre Bedenken aus, bevor Sie Ihre Wut an anderen auslassen. Finden Sie den Mut, über Ihre Überlastung zu sprechen, und zeigen Sie Ihre Wut gleich. Man wird Ihnen dafür dankbar sein, auch wenn Ihr Verhalten ungewohnt ist.

EIN **RENNEN IM SCHNEE**

Sie haben sich seit Wochen auf einen Wohltätigkeitslauf vorbereitet, doch der Blick aus dem Fenster zeigt verschneite Straßen. Sie wünschen sich, Sie hätten sich nicht angemeldet. All die Trainingsstunden, in denen Sie etwas anderes hätten erledigen können! Dennoch führt der Traum Sie zur Startlinie. Nur wenige Läufer sind da. Sie starten gemeinsam und kämpfen sich zusammen voran.

Aktion Herzlichen Glückwunsch zu Ihrer Entschlossenheit. Trotz ungünstiger Bedingungen weiterzumachen ist ein Talent, auf das man stolz sein kann – ob beim Laufen oder bei den Herausforderungen des Alltags.

SIE **HABEN MÜHE, DIE ZIELLINIE ZU ERREICHEN**

Andere Läufer überrunden Sie. Obwohl Sie das Ziel schon sehen, können Sie es nicht erreichen. Sie kriechen erschöpft in die richtige Richtung, während die Zuschauer langsam abziehen. Das Rennen ist vorbei. Da taucht ein Freund auf, hilft Ihnen auf die Füße und Sie wanken ins Ziel.

Aktion Achten Sie besser auf sich. Setzen Sie sich unrealistische Ziele, ohne sich vorzubereiten? Wie würden Sie sich fühlen, wenn Sie trainiert hätten und wüssten, dass Sie das Ziel sicher erreichen können – wofür der Marathon auch immer stehen mag.

» DAS STUDIUM DES TRAUMES DÜRFEN WIR ALS DEN ZUVERLÄSSIGSTEN WEG ZUR ERFORSCHUNG DER SEELISCHEN TIEFEN-VORGÄNGE BETRACHTEN. «

SIGMUND FREUD
JENSEITS DES LUSTPRINZIPS (1920)

LEISTUNG BEI DER ARBEIT

Der Druck, im Beruf gut sein zu müssen, ist in unseren Köpfen ständig präsent. Die persönliche Leistung bestimmt, ob wir befördert werden – oder entlassen, wenn wir die Erwartungen nicht erfüllen. Unsere Träume spiegeln unsere ständige Angst wider, beleuchten manchmal aber auch Unerwartetes.

SIE **WERDEN FÜR GUTE ARBEIT GELOBT**

In Ihrem Traum beobachten Sie zwei Krankenschwestern, die einen Patienten mit Herzinfarkt wiederbeleben. Eine davon sind Sie. Der Patient kommt wieder zu sich, setzt sich auf und blickt Sie dankbar an. Das umstehende Krankenhauspersonal applaudiert den Schwestern.

Aktion Als eine der Krankenschwestern erhalten Sie die Bestätigung, dass Sie exzellente Arbeit leisten. Sie können auf die Kompetenz und Hingabe stolz sein, mit der Sie Ihre Arbeit verrichten. Vergessen Sie aber nicht, sich für Weiterbildungen und ähnliche förderliche Aktivitäten anzumelden.

IHRE **KONZENTRATION LÄSST NACH**

Sie sind Maurer in einem Bautrupp, der ein Wohnhaus errichtet. Die Arbeit ist monoton und Sie beginnen, hübsche Muster mit den Ziegeln zu mauern. Sie sind so vertieft, dass Sie das Wasser nicht bemerken, dass durch die Löcher des Musters dringt. Zu spät erkennen Sie, dass die Stabilität des Gebäudes gefährdet sein könnte.

Aktion Beobachten Sie sich tagsüber einmal. Achten Sie zu sehr auf Nebensächlichkeiten? Dieser Traum ist eine Warnung. Kreativität ist gut, aber nicht, wenn Sie Ihre Arbeitsstelle oder Ihr Privatleben grundlegend gefährdet.

IHRE **ARBEIT IST NICHT GUT GENUG**

Ihr Chef sagt Ihnen, dass Ihre Arbeit nicht den Anforderungen genügt. Sie sind überrascht, denn Sie dachten, alle seien mit Ihrer Leistung zufrieden. Man macht Ihnen klar, dass Sie gehen müssen, wenn sich das nicht bessert. Dann bietet Ihnen ein Kollege an, Ihnen zu zeigen, wie Sie Ihr Soll erfüllen können.

Aktion Haben Sie die Arbeit ein wenig schleifen lassen? Akzeptieren Sie, dass zwischen Ihrem Eindruck und den Erwartungen eine Lücke klafft, auch wenn Sie das anders empfinden. Der hilfreiche Kollege ist ein Teil von Ihnen. Folgen Sie Ihrer inneren Stimme.

DIE **LANDARBEITER SIND UNFÄHIG**

Landarbeiter treiben Tiere eine Straße entlang. Zuerst scheinen sie die Schweine und Kühe unter Kontrolle zu haben, doch dann wedeln sie doch hilflos mit ihren Stöcken herum. Sie sind über diese Unfähigkeit empört. Einige Tiere sind ausgebrochen und sorgen in den umliegenden Geschäften für Chaos. Sie geben den Treibern die Schuld dafür.

Aktion Dieser Traum sendet eine zweideutige Botschaft. Sie sind sowohl die ausgebrochene Herde als auch ein unfähiger Treiber. Laufen Sie bei irgendetwas aus dem Ruder (wie die Tiere) oder treffen Sie unkluge Entscheidungen (wie die Treiber)? Lösen Sie den inneren Konflikt, sonst wird er schon bald Ihre Arbeitsleistung nach außen hin sichtbar beeinflussen.

NACKT IN DER ÖFFENTLICHKEIT

Zu den peinlichsten Situationen, die sich viele Menschen vorstellen können, zählt, in der Öffentlichkeit nackt zu sein. Doch es kann auch befreiend sein, ohne die Schutzhülle aus Kleidung gesehen zu werden. Träume über Nacktheit können mit Ängsten zu tun haben oder mit Unsicherheit.

SIE STEHEN NACKT AUF DER BÜHNE

Sie stehen auf der Bühne, um einen Vortrag zu halten. Ihre Zuhörer fangen an, hinter vorgehaltener Hand zu flüstern, manche lachen sogar. Da bemerken Sie, dass Sie völlig nackt sind. Dennoch sprechen Sie weiter und am Ende klatscht das Publikum begeistert. Später beglückwünscht man Sie für Ihren Vortrag – nicht für Ihren Mut.

Aktion Nehmen Sie sich diesen Traum zu Herzen. Statt von der Bühne zu fliehen, haben Sie beherzt weitergeredet. Die Botschaft ist klar: Das Publikum war von Ihrem Vortrag so begeistert, dass es Ihnen zugehört hat, statt sich mit Ihrer Nacktheit zu beschäftigen. Ziehen Sie daraus eine Lehre für Ihren Alltag.

SIE SCHWIMMEN NACKT IM SWIMMINGPOOL

Sie springen in einen Pool voller Menschen, die alle Badekleidung tragen. Bevor Sie auftauchen, erkennen Sie, dass alle plötzlich nackt sind. Dann sind alle wieder angezogen, nur Sie nicht. Aber Sie fühlen sich gut dabei.

Aktion Das Wasser steht für das Reich des Unterbewussten. Die meisten Menschen sind noch nicht dazu bereit, ihre äußeren Schutzhüllen abzulegen. Seien Sie glücklich, dass Sie bereits ein inneres Gleichgewicht zwischen Bewusstem und Unbewusstem erreicht zu haben scheinen, das Sie unbekümmert sein lässt.

SIE **GEHEN NACKT EINKAUFEN**

Sie gehen nackt aus einem Geschäft auf eine belebte Straße. Ohne sich etwas dabei zu denken, laufen Sie weiter und betrachten die Schaufensterauslagen. Es macht Sie auch nicht verlegen, als Sie im Spiegelbild sehen, dass Passanten Sie anstarren. Ihnen gefällt Ihr eigenes Spiegelbild und wie befreit Sie sich fühlen.

Aktion Der Traum spiegelt Ihre Selbstsicherheit wider. Seien Sie stolz, dass Sie sich ohne Schutzhülle zeigen können. Sie haben psychologisch ein Stadium erreicht, in dem Sie nicht mehr das Bedürfnis haben, Ihr wahres Ich mit all seinen Fehlern und Unzulänglichkeiten zu verstecken.

FALLSTUDIE: CONNOR

Connor war das zweite Kind in der Familie. Sein Vater war sehr streng, seine Mutter egoistisch. Stets bemühte sich Connor, den beiden zu gefallen, und lernte, seine Wut hinter Wohlverhalten zu verstecken. Alle fuhren damit gut. Auch als Erwachsener hielt er sich an diese Strategie. Zwei Ehen scheiterten, denn seine Partnerinnen mochten es nicht, dass er allein lange Spaziergänge unternahm, und beschwerten sich, er sei unangenehm unterwürfig, aber egoistisch in seiner Rücksichtslosigkeit.

Da hatte Connor einen Traum. Er stand nackt auf dem Cricket-Feld und erwartete unbekümmert den nächsten Wurf – ein Bild dafür, dass er sich der Situation nicht bewusst war. Der Ball traf ihn an der Stirn und warf ihn um. Dann hörte er die Worte: »Begreifst du es jetzt, Dummkopf?«, als ob der gezielte Wurf ihm die Botschaft ins Hirn hämmern wollte. Die Botschaft des Traums traf ihn hart.

Seine nächste Freundin nahm er mit auf die Spaziergänge, er gab sich nicht mehr so unterwürfig und wurde sogar manchmal wütend. Sie sind heute noch zusammen.

FEHLENDE KÖRPERTEILE

Die Vorstellung, Körperteile zu verlieren, ist eine Urangst. Denn früher bedeutete dies, dass die Überlebensfähigkeit eines Menschen eingeschränkt war. Das stimmt in unserer Gesellschaft so nicht mehr, dennoch verbindet sich damit ein Gefühl der Ohnmacht.

IHRE **ARME WURDEN ABGETRENNT**

Sie wachen aus einer Narkose auf und erinnern sich, warum Sie im Krankenhaus sind: Ihre Arme wurden abgetrennt. Entsetzt stellen Sie fest, dass Sie noch nicht einmal nachfühlen können, wo die Wunden sind. Sie haben keine Hände, um zu tasten. Das Gefühl der Ohnmacht überkommt sie. Sie schreien, aber niemand reagiert.

Aktion Was könnte hinter diesem entsetzlichen Traum stecken? Gab es in jüngerer Vergangenheit eine Situation, in der Sie sich verbal nicht verteidigen konnten, und hatten Sie Gewaltfantasien, für die Sie sich geschämt haben? Ihr Unterbewusstsein warnt davor, dass Sie Schaden nehmen könnten. Sie müssen lernen, Konflikte besser zu lösen. Wenn Reden nicht hilft, prügeln Sie doch einfach mal zu Hause auf Ihr Kissen ein.

SIE **SCHNEIDEN SICH DIE HAARE AB**

Sie übernachten mit einer Gruppe von fremden Menschen in einer Art Jugendherberge mit Gemeinschaftsschlafräumen. Plötzlich nimmt eine Person ihre Perücke ab und enthüllt einen kahlen Schädel. Bestürzt greifen Sie zu einer Schere und schneiden sich als Zeichen der Sympathie selbst Ihre Haare ab.

Aktion Sie empfinden Empathie. Aber gleichzeitig sind Sie auch die kahle Person, die ihre Perücke abnimmt. Haben Sie vielleicht Angst, Ihre Haare zu verlieren, und fürchten die Reaktion anderer Menschen? Die Geste mit der Schere wirkt zunächst freundlich, die Botschaft ist aber zweideutig. Würde es der kahlen Person helfen, wenn jemand anderes sich die Haare abschneidet? Denken Sie darüber nach.

IHNEN **FALLEN DIE ZÄHNE AUS**

Sie putzen sich die Zähne. Bestürzt sehen Sie einige ins Waschbecken fallen. Sie heben die Zähne auf und versuchen sie wieder einzukleben, aber sie fallen immer wieder heraus.

Aktion Was passiert gerade in Ihrem Leben, das Sie schlecht verdauen können? Steht eine größere Entscheidung an? Wägen Sie alle Möglichkeiten gut ab. Ist damit ein großes finanzielles oder emotionales Risiko verbunden, könnte der Traum eine Warnung Ihres Unterbewusstseins sein. Erstellen Sie eine Pro-und-Kontra-Liste und überdenken Sie alles. Vielleicht hilft es, ein kleineres Stück abzubeißen, sodass Sie besser kauen können.

FALLSTUDIE: CAMERON

Cameron war Rugbyspieler und begeisterter Golfer. Eines Tages erlitt er einen Schlaganfall und sein rechter Arm war gelähmt. Auch das Gehen fiel ihm schwer, da sein rechtes Bein ebenfalls betroffen war. Nach der Reha konnte er sein Bein jedoch wieder etwas besser benutzen. Dass Cameron die Kraft in seinem rechten Arm verloren hatte, belastete ihn sehr. Schreiben, Autofahren oder Golf spielen konnte er nicht mehr. Dadurch verlor er fast all seine Sozialkontakte und versank in einer Depression.

Eines Nachts träumte er sein Leben im Rückblick: mutiger Kriegspilot, Vater von fünf Kindern aus zwei langen Ehen (seine erste Frau war gestorben) und umtriebiger Lehrer. Doch im Traum war er völlig gelähmt: Beim »Betrachten« seiner Lebensgeschichte wurde ihm zu seinem Entsetzen bewusst, dass er sich überhaupt nicht bewegen konnte. Als er aufwachte, wurde ihm sehr bewusst, dass jetzt ja nur sein rechter Arm betroffen war, es hätte ganz anders kommen können. Der Traum half ihm, seine Situation anzunehmen.

VERLORENE GELDBÖRSE

Eine Geldbörse oder Brieftasche enthält nicht nur Geld und Bankkarten, sondern auch Ausweis, Führerschein, Mitgliedskarten und häufig Erinnerungsstücke. Wer sie verliert, verliert auch einen Teil der eigenen Identität. Das wirkt sich auch auf die Psyche aus. Der Traum von der verschwundenen Geldbörse oder Brieftasche spiegelt die Angst, sich selbst zu verlieren.

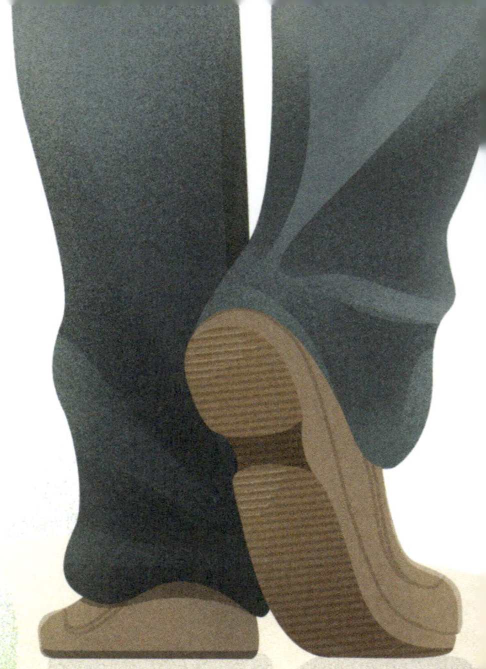

IHRE GELDBÖRSE GEHT AUF REISEN VERLOREN

Sie sind auf einer Zugreise und werden unterwegs gebeten, Ihren Fahrschein vorzuzeigen. Sie greifen nach Ihrer Geldbörse, aber sie ist verschwunden. Sie suchen in allen Taschen, aber sie ist fort. Kein Fahrschein, kein Geld. Erschrocken wachen Sie auf.

Aktion Sie möchten neue Orte erkunden und sehnen sich nach einem Urlaub. Aber Ihr Traum deutet an, dass Sie nicht alles durchdacht haben. Bedenken Sie bei Veränderungen auch immer die finanzielle Seite. Ihr »Fahrschein« steht für alle Eventualitäten, die mit Veränderungen zusammenhängen. Sollten Sie einige Dinge noch einmal durchdenken?

SIE WOLLEN FREUNDSCHAFT KAUFEN

Sie sitzen allein in einer Bar in einer fremden Stadt. Eine große Gruppe von Menschen kommt hinein und alle bestellen Drinks. Um sich beliebt zu machen und Freunde zu finden, geben Sie eine Runde aus. Als der Barkeeper sagt, was das kostet, greifen Sie nach Ihrer Geldbörse. Entsetzt stellen Sie fest, dass sie nicht da ist. Die anderen nehmen ihre Gläser, trinken und unterhalten sich. Niemand beachtet Sie mehr.

Aktion Freundschaft kann man nicht kaufen. Die Personen in der Gruppe haben ihre eigenen Pläne und ihre eigenen Freunde. Niemand beachtet Sie in Ihrer Verzweiflung. Niemand bietet an, die Zeche zu bezahlen. Im echten Leben muss man manchmal warten, bis sich wahre Freunde zeigen – oder man bietet anderen in einer unangenehmen Lage, wie beispielsweise im Traumszenario, Hilfe an.

SIE KÖNNEN IHREN EINKAUF NICHT BEZAHLEN

Sie machen einen Großeinkauf und wählen nur teure Produkte aus. An der Kasse packen Sie alles ein, Ihre Taschen stehen schon bereit. Sie müssen nur noch bezahlen, aber Ihre Geldbörse mit dem ganzen Geld und allen Karten ist weg. Beschämt sehen Sie zu, wie ein Verkäufer Ihre Taschen wegträgt. Auch er ist peinlich berührt.

Aktion Was hat diesen Traum ausgelöst? Geben Sie Geld aus, das Sie nicht haben? Im Traum können Sie vermeintlich kaufen, was Sie sich wünschen – aber ist es das, was Sie wollen? Sie zahlen am Ende vielleicht einen hohen Preis. Ihr Unterbewusstsein zeigt Ihnen, wie peinlich eine solche Einkaufstour enden kann. Sparen Sie lieber erst und kaufen Sie nur, was Sie sich auch leisten können.

»ICH TRÄUME VOM MALEN
UND DANN MALE ICH
MEINEN TRAUM.«

VINCENT VAN GOGH
DIE BRIEFE

GEPÄCK, DAS ZURÜCKBLEIBT

Gepäck zu verlieren, ist unangenehm und lästig. Um weiterreisen zu können, müssen wir unter Umständen unsere Schritte zurückverfolgen oder Geld für Dinge ausgeben, die wir eigentlich schon besitzen. Im Traum kann das Zurücklassen von Gepäck etwas Positives bedeuten, wenn wir uns so von einer Last befreien.

DER KOFFER BLEIBT AUF DEM BAHNSTEIG ZURÜCK

Als der Zug anfährt, bemerken Sie, dass Ihr Koffer noch auf dem Bahnsteig steht. Darin ist Ihre Lieblingskleidung und die Rede, die Sie am Zielort halten sollen. Sie geraten aber nicht in Panik, sondern zucken die Schultern und bestellen sich einen Kaffee.

Aktion Sie haben gelernt mit den Unwägbarkeiten des Lebens umzugehen. Sie werden eine Rede improvisieren und welche Kleidung Sie tragen, ist unerheblich. Gratulieren Sie sich zu der Erkenntnis, dass Wissen und Erfahrung das ist, was zählt.

SIE LASSEN IHR GEPÄCK ZURÜCK

Im Traum sehen Sie, wie Sie die Eingangstür eines Hauses abschließen, und Sie wissen, dies ist das letzte Mal. Die Probleme sind gelöst. Ihre Ängste und Sorgen liegen hinter Ihnen. Sie lassen Ihr emotionales Gepäck in diesem Haus zurück.

Aktion Dieser Traum taucht in vielen Lebenssituationen auf, z. B. am Ende einer Beziehung, beim Verlassen der Heimat oder auch am Ende einer Therapie. Zu wissen, zu welchem Zeitpunkt man gehen sollte, ist ein wichtiger Entwicklungsschritt. Seien Sie glücklich, dass Sie Ihren Weg nun ganz für sich fortsetzen können.

SIE **VERGESSEN IHR URLAUBSGEPÄCK**

Sie und Ihr Partner streiten darüber, was Sie für den Urlaub einpacken wollen. Das Taxi kommt und Sie eilen zum Flughafen. Zu spät bemerken Sie, dass das Gepäck noch zu Hause steht. Sie verpassen den Flug, weil Sie es holen müssen, und verlieren einen wertvollen Urlaubstag.

Aktion Oft streiten wir über Belanglosigkeiten. Wenn Sie sich im Traum über die verlorene Zeit ärgern, lernen Sie daraus und überlegen Sie, was wichtig ist. Kommt es wirklich darauf an, wer was in den Koffer packt? Versuchen Sie, die Wünsche und Marotten des anderen zu akzeptieren.

NICHT ERWÜNSCHT

Niemand ist gerne überflüssig. Das Wort ist durch und durch negativ besetzt. Wir können bei der Arbeit unerwünscht sein oder auch beim Sport oder einem Ausflug, wenn die Anzahl der Plätze nicht reichen. Das hat nicht immer persönliche Gründe. Dennoch schmerzt es, weil es bedeutet, dass man nicht gebraucht wird.

EIN **ROBOTER SITZT AN IHREM PLATZ**

Als Sie nach dem Urlaub zur Arbeit kommen, hat ein Roboter Ihren Platz eingenommen, er erledigt Ihre Arbeit sehr effizient. Sind Sie etwa in Abwesenheit entlassen worden? Sie gehen zu Ihrem Chef, der Ihre schlimmste Befürchtung bestätigt.

Aktion Dieser Traum spiegelt die Angst vieler Menschen wider. Zu häufig hört man, dass jemandem gekündigt wurde, als er am wenigsten damit gerechnet hat. Der Traum zeigt aber nur Ihre Ängste. Fragen Sie sich aber vielleicht, ob Sie technologisch ausreichend mit der Zeit gehen. Die Entwicklung verläuft rasant. Wenn Sie nicht eines Tages mit einem Roboter konkurrieren möchten, bilden Sie sich fort.

SIE BEKOMMEN DIE KÜNDIGUNG

Sie lesen: »Leider sehen wir uns gezwungen, Ihren Arbeitsvertrag zu kündigen …«. In Ihrem Traum stürzt die Welt um Sie herum ein. Dass Sie ihren Arbeitsplatz verloren haben, erfüllt Sie mit großer Scham. Und schon stapeln sich die Rechnungen. Am Ende des Monats werden Sie sich nichts mehr zum Essen kaufen können.

Aktion Seien Sie dankbar, dass das nur im Traum passiert ist. Aber es werden immer wieder Menschen entlassen, damit müssen wir umgehen. Sie können sich vorbereiten und überlegen, was Sie in einer solchen Situation tun würden. Sprechen Sie mit Ihrer Familie, was sich ändern müsste. Vielleicht trifft es Sie nie! Aber der Traum zeigt nicht nur Ihre Ängste, sondern ist eine Warnung, dass es jeden treffen kann. Machen Sie sich klar: Jobverlust ist keine Schande. Sehen Sie ihn eher als unerwartete Chance.

SIE WOLLEN UNENTBEHRLICH SEIN

Sie bemühen sich sehr um Ihre Kollegen. Sie hasten im Traum hin und her, um ihnen Lasten von den Schultern zu nehmen. Sie sind stolz auf Ihre Großzügigkeit und genießen die Dankbarkeit der anderen, doch Sie fühlen sich unglücklich, weil Ihr Arbeitgeber Ihr Engagement noch nicht bemerkt zu haben scheint. Sie arbeiten mehr als notwendig und das alles erschöpft Sie. Dann folgt der Paukenschlag: Sie werden entlassen.

Aktion Wollen Sie sich unverzichtbar machen, weil Sie Angst davor haben, entlassen zu werden? Auch wenn Sie bei der Arbeit engagiert sind, bei einer Entlassung geht es gar nicht immer um Leistung. Manchmal sind Sparmaßnahmen unvermeidbar. Und: Ein neuer Job kann sich als gute Chance für Sie entpuppen.

VERLORENHEITSGEFÜHL

Wenn wir uns im Traum verloren fühlen, durchleben wir unsere Urangst, allein zu sein. Dieses Gefühl ist immer gleich stark, ob der Traum in der Stadt, im Wald oder in der Wüste spielt. Im Wachleben schreit das Baby, wenn es Hunger hat. Bei Erwachsenen geht es eher um das emotionale Überleben.

VERLOREN **IM SUPERMARKT**

Sie sind wieder Kind, stehen im Supermarkt und weinen vor Angst. »Wo ist meine Mama? Ich will zu meiner Mama!«, rufen Sie und suchen die Gänge ab. Sie sind sich sicher, dass Ihre Mama Sie verlassen hat. Fremde versuchen, Sie zu trösten, aber Ihnen ist klar: Sie werden Ihre Mutter nie wiedersehen.

Aktion Warum träumen Sie diesen klassischen Kindertraum jetzt? Läuft in Ihrer aktuellen Beziehung und in Ihren Freundschaften alles rund? Kindheitstraumata wirken in uns weiter bis ins Erwachsenenleben. Denken Sie aber daran, dass Ihre Mutter Sie stets wiedergefunden hat und dann war alles gut.

IN **DER MENGE VERLOREN**

Tausende Menschen sind bei einem Fußballspiel im Stadion. Zuerst ist der Traum spannend, doch dann schlägt die Stimmung um. Die Zuschauer beginnen, sich zu prügeln, und viele drängen nach vorn, um das Geschehen zu sehen. Sie werden mitgerissen, verlieren Ihre Freunde aus den Augen und fühlen sich fürchterlich verlassen.

Aktion Warum glauben Sie, Ihre Freunde würden Sie verlassen, obwohl sie nichts dafür können, dass Sie mitgerissen werden? Wenn Sie im Wachleben schnell enttäuscht sind, betrachten Sie die Dinge aus der Sicht der anderen. Weisen Sie anderen zu schnell Schuld zu?

AUF **SEE VERSCHOLLEN**

Der Ozean ist still. Es geht kein Wind, die Segel hängen schlaff herab. Panik steigt in Ihnen auf. Sie sind auf dem Meer verschollen und niemand weiß, wo Sie sich befinden. Sie wünschen sich, Sie hätten auf die Warnungen erfahrener Segler gehört.

Aktion Sie lieben riskante Unternehmungen? Lassen Sie sich diesen Traum eine Warnung sein. Risiken einzugehen und dabei andere Menschen zu gefährden ist unverantwortlich. Auf See verschollen zu sein kann auch eine Metapher für emotionale Hilflosigkeit sein, für ein fehlendes Gleichgewicht zwischen innerer und äußerer Welt oder für gedankenloses Verhalten.

OHNE SCHUHE

Wer im Traum barfuß läuft, macht vielleicht einfach einen schönen Spaziergang über eine Wiese oder einen Sandstrand. Schuhlosigkeit kann aber auch von dem Widerwillen zeugen, in die Welt hinauszugehen. Ein solcher Traum kann die Angst vor Herausforderungen, denen man sich nicht gewachsen fühlt, unterstreichen. Dahinter könnte eine unterbewusste Weigerung stecken, sich einer beängstigenden Situation auszusetzen.

SIE **GEHEN BARFUSS**

An einem wunderbaren Sommertag laufen Sie durch einen Park. Plötzlich sehen und hören Sie eine Explosion. Menschen fliehen vor der Gefahr aus dem Park. Aber Sie gehen weiter, neugierig, was passiert ist. Dann bemerken Sie, dass Sie barfuß sind. Scharfe Metallstücke und brennende Trümmer liegen auf dem Weg und Ihre Füße sind schwer verletzt.

Aktion Wenden sich gerade in Ihrem Leben viele Dinge zum Schlechten? Ihre Neugierde hat Sie in die falsche Richtung geführt und Sie zahlen nun dafür. Lernen Sie, Ihre Impulse besser zu beherrschen und geduldiger zu sein. Am Ende wird sich alles auflösen.

SIE **HABEN IHRE SCHUHE VERLOREN**

Man hat Ihnen eine neue Stelle angeboten und im Traum bereiten Sie sich auf den ersten Arbeitstag vor. Sollen Sie sich frisieren lassen? Was werden Sie anziehen? Welche Schuhe wollen Sie tragen? Wo sind eigentlich Ihre Schuhe? Sie suchen verzweifelt, finden aber keinen einzigen Schuh. Resigniert nehmen Sie das als Grund, zu Hause zu bleiben.

Aktion Der Traum spricht von Ihrer Angst, sich eine neue Arbeit zu suchen. Er zeigt, dass Sie sich selbst sabotieren und keine berufliche Veränderung zulassen. So legt er Ihre zögerliche Haltung offen. Ersetzen Sie Ihr Zögern durch Mut.

SIE **MÖCHTEN IHRE SCHUHE NICHT AUSZIEHEN**

Sie besuchen einen Tempel und sehen die Schuhe anderer Menschen aufgereiht dastehen: Sandalen, Stiefel, Slipper. Sie wollen Ihre Schuhe aber nicht ausziehen, obwohl man Sie höflich darum bittet. Jemand könnte sie stehlen!

Aktion Sind Sie sehr besitzergreifend? Fällt es Ihnen schwer zu vertrauen? Haben Sie oft Angst, etwas zu verlieren, wo andere gelassen vertrauen können, wie hier die anderen Tempelbesucher? Klammern Sie sich nicht zu sehr an Besitz. Was Ihnen zusteht, kommt zu Ihnen, seien es Schuhe oder vielleicht eine neue Beziehung.

BEISETZUNGEN

Beerdigungen sind ein schweres Thema, vor allem, wenn eine geliebte Person gestorben ist. In der Traumwelt können Beisetzungen aber auch positive Inhalte vermitteln. Sie sind zwar mit Tod und Wandel assoziiert, bedeuten im Traum aber selten das Sterben, sondern künden von Veränderung.

IHRE **EIGENE BEERDIGUNG**

Sie träumen, dass Sie Ihr eigenes Grab schaufeln. Als Sie fertig sind, werden Sie von einer Horde wütender Frauen ermordet und ins Grab gelegt. Dann bedecken sie Sie mit Erde und wollen Sie zurücklassen. Seltsamerweise haben Sie das Gefühl, die Frauen waren zu Recht wütend und hatten einen guten Grund, Sie zu begraben.

Aktion Das ist ein Traum, in dem Ihr Unterbewusstsein Sie auf einen Aspekt Ihrer Persönlichkeit aufmerksam macht, den Sie ignorieren. Vernachlässigen Sie vielleicht Ihre feminine, weichere, intuitivere Seite? Sind Sie übermäßig stolz auf Ihre maskuline Durchsetzungskraft? Ob Mann oder Frau, bei beiden sollten männliche und weibliche Anteile der Persönlichkeit im Gleichgewicht sein. Nehmen Sie die Traumbotschaft an und pflegen Sie auch Ihre weiblichen Qualitäten.

EIN **SCHMETTERLING NACH DER BEISETZUNG**

In Ihrem Traum halten Sie sich nach dem Trauergottesdienst auf dem Friedhof hinter der Kirche auf. Sie sehen, wie Verwandte und Freunde am Grab stehen. Auch Sie fühlen den Verlust schwer. Sie können sich ein Leben ohne den geliebten Menschen nicht vorstellen. Als die anderen Trauergäste schon gegangen sind, sehen Sie plötzlich einen Schmetterling über dem Grab flattern.

Aktion Der Schmetterling ist das Symbol für Wiedergeburt. Er schlüpft aus der Puppe in ein neues Leben. Vielleicht tröstet es Sie, wenn der Traumschmetterling dies andeutet: Es ist ein wunderschönes Bild und dieser Traum ist ein Teil von Ihnen. Millionen von Menschen glauben an ein Leben nach dem Tod.

BEERDIGUNG **EINES PROMINENTEN**

In Ihrem Traum ist eine berühmte Person verstorben, die Sie immer bewundert haben, und Sie sehen sich die Berichterstattung im Fernsehen an. Beim Anblick des blumenbedeckten Sarges weinen Sie, weil der Mensch für immer gegangen ist. Sie wachen auf und weinen immer noch – und Ihnen fällt ein, dass der Prominente nicht tot ist.

Aktion Die berühmte Person steht für Eigenschaften, die Sie gerne hätten. Der Traum handelt also nicht von der Trauer um jemanden, sondern um Eigenschaften oder Fähigkeiten, die Sie nach Ihr eigenen unbewussten Überzeugung nicht mehr erlangen können. Sie haben sie vielleicht sogar, aber Ihnen fehlt das Selbstvertrauen, dies zu erkennen. Wofür bewundern Sie den Prominenten? Könnte es sein, dass Sie ein wenig so sind wie diese Person? Glauben Sie mehr an sich selbst und seien Sie stolz auf Ihre Qualitäten.

VERSTORBENE HAUSTIERE

Haustiere leben leider vergleichsweise kurz und so sterben sie meist vor ihren Besitzern. Jedes Tier hat einen eigenen Charakter, wird geliebt und schenkt Liebe. Sie sind uns ganz nah. Es kann also nicht verwundern, dass wir um unsere geliebten Haustiere tief trauern, wenn sie gehen müssen. Oft kommen sie aber in Träumen mit wichtigen Botschaften zu uns zurück.

FRÜHER **TOD EINES KANARIENVOGELS**

Sie träumen von einem toten Kanarienvogel. Er scheint vorzeitig gestorben zu sein. Hat er etwas Giftiges eingeatmet oder gefressen? Sie legen den Vogel behutsam in einen Karton, um ihn im Garten zu begraben.

Aktion Suchen Sie das Haus nach Schimmel ab. Die Sporen können gesundheitsgefährdend sein. Überprüfen Sie auch die Batterie des Kohlenmonoxidmelders, falls Sie einen besitzen. Ob durch die Erinnerung an ein totes Haustier oder die Tagesnachrichten ausgelöst, sehen Sie den Traum als hilfreiche Warnung.

IHR **HAUSTIER KEHRT HEIM**

Sie träumen von Ihrem Haustier, das vor Monaten verstorben ist. Voller Freude kommt es zu Ihnen nach Hause. Überglücklich breiten Sie die Arme aus, heben es hoch und streicheln es. Plötzlich ist der Traum vorbei. Ihr geliebter Gefährte ist erneut von Ihnen gegangen.

Aktion Freuen Sie sich über das Wiedersehen. Zwar schmerzt der Verlust sehr, aber erinnern Sie sich lieber an die Zuneigung, die Sie während ihrer gemeinsamen Zeit verband. Sie bleibt erhalten, genau wie Energie nicht vergeht.

EIN **HEILSAMER MITTERNACHTSBESUCH**

Im Traum hören Sie nachts ein Kratzen an der Tür – wie von einem Tier, das hereingelassen werden möchte. Sie steigen aus dem Bett und öffnen vorsichtig die Tür. Draußen steht ein Hund, der eigentlich tot ist. Aber da ist er, gesund und lebendig.

Aktion Häufig suchen verstorbene Haustiere Menschen auf, die Beistand brauchen. Fühlen Sie sich unglücklich oder krank? Hat der nächtliche Besuch Ihnen gutgetan, dann sehen Sie ihn als Unterstützung. Seien Sie dankbar, dass der Hund im Traum Ihre Bedürfnisse erkannt und sich im Traum um Sie gekümmert hat.

HAUSTIERE

Manchmal stehen Tiere in unseren Träumen für uns selbst oder für einen Aspekt unserer Persönlichkeit. So symbolisiert ein Pferd etwa Macht und Sexualität, während eine Maus Schüchternheit repräsentiert. Haustiere sind gezähmt. Träume von ihnen können uns verraten, was in uns gezähmt wurde oder vielleicht gezähmt werden sollte.

SIE **WOLLEN IHREN HUND BESCHÜTZEN**

Sie gehen im Traum mit Ihrem Hund spazieren. Ein lautes Geräusch erschreckt Sie beide. Instinktiv versuchen Sie, ihn zu schützen. Panisch und zu Tode geängstigt will er aber nur weg und schnell fliehen. Als Sie aufwachen, tut es Ihnen leid, dass Sie seine Fähigkeiten, sich selbst zu schützen, nicht respektiert haben.

Aktion Instinkt ging im Traum vor Sicherheit. Bedenken Sie immer, dass auch Haustiere ihren Instinkten folgen. Können Sie selbst zu Ihrer intuitiven Seite stehen, die nicht unnötig beschützt werden möchte? Seien Sie stolz auf Ihr unabhängiges Wesen. Lassen Sie es von anderen nicht einschränken.

EINE **KANINCHENFLUT IM HAUS**

Zahme Kaninchen sind ins Haus gekommen. Zuerst lachen Sie über ihre Spielchen und finden die flauschigen kleinen Wesen niedlich. Dann sehen Sie, dass ein Weibchen Junge bekommen hat. Fasziniert sehen Sie zu. Doch dann werden überall Junge geboren, ein wahre Geburtenexplosion findet statt. Das finden Sie nicht mehr lustig und Sie sammeln wütend Tiere ein, um sie nach draußen zu bringen, wo sie hingehören.

Aktion Was in Ihrem Leben wird immer mehr? Sind Ihre Ausgaben aus dem Ruder gelaufen? Haben Sie Schulden und die Zinszahlungen wachsen Ihnen über den Kopf wie die Kaninchenflut? Dann nehmen Sie den Traum ernst. Das Ganze fing harmlos und lustig an, uferte dann aber aus und eskalierte weiter, bis Sie von der Last erdrückt wurden. Lernen Sie, Ihre Gewohnheiten im Zaum zu halten.

SIE HABEN IHREN HUND VERNACHLÄSSIGT

Abfall und ungespültes Geschirr stapeln sich und Sie laufen den ganzen Tag im Schlafanzug herum. Im Traum sind Sie müde und gelangweilt. Ihr Hund, hungrig und vernachlässigt, versucht, Ihre Aufmerksamkeit zu erhaschen. Entsetzt wachen Sie auf. Sie würden ihn nie schlecht behandeln wollen!

Aktion Der Traum spricht von Verwahrlosung. Fragen Sie sich, ob Sie sich selbst vernachlässigen. Stehen das Chaos und die Antriebslosigkeit im Traum vielleicht für Ihr Gefühlsleben? Nach außen mag bei Ihnen alles ordentlich sein und Sie arbeiten hart. Aber Ihr Unterbewusstsein zeigt ein anderes Bild. In Ihrer Innenwelt leiden Sie wie der Hund im Traum, der einen Teil von Ihnen repräsentiert. Schenken Sie Ihrer Seele mehr Aufmerksamkeit und pflegen Sie sie.

» DIE TRAUMDEUTUNG ABER IST DIE VIA REGIA ZUR KENNTNIS DES UNBEWUSSTEN IM SEELENLEBEN. «

SIGMUND FREUD

DIE TRAUMDEUTUNG (1900), GW II/III, S. 613

PFERDE

Pferde begleiten uns Menschen schon seit langer Zeit als Last-, Reit- und Arbeitstiere. Sie sind ein wichtiger Teil der Menschheitsgeschichte. Durch den technologischen Fortschritt hat sich ihre Rolle geändert, heute dienen sie vorwiegend als Reittiere und leisten wertvolle Dienste in der noch neuen Pferdetherapie. In Träumen sind sie kraftvolle Symbole.

EIN **PFERD ÄNDERT SEINE FARBE**

Es erstaunt Sie, Pferde zu sehen, die wie ein Chamäleon anscheinend ganz nach Lust und Laune die Farbe wechseln können. Sie sind völlig verblüfft, wie den Pferden das gelingt, finden diese Unberechenbarkeit aber auch verstörend.

Aktion Der Traum scheint eine Warnung zu beinhalten. Was in Ihrem Leben ist derzeit unberechenbar? Hat das Traumbild für Sie eine Bedeutung? Gibt es eine Person oder eine Situation, die sich als völlig anders herausstellen könnte als erwartet? Seien Sie auf der Hut und glauben Sie nicht alles, was Sie sehen. Lassen Sie sich nichts vom Pferd erzählen!

FLUG **DURCH DIE WOLKEN**

Sie sitzen ohne Sattel auf dem Rücken eines Zauberpferds und fliegen mit ihm durch die Wolken. Es ist wunderbar dort oben und Ihr Ross fliegt auf und ab. Wie Pegasus tragen seine großen, gefiederten Flügel Sie durch die Luft. Dieser wunderbare Ritt erfüllt Sie mit Glück.

Aktion Nehmen Sie diesen Traum als spirituelle Botschaft, als flüchtigen Blick in eine mystische Welt. Pegasus wurde für seine treuen Dienste unsterblich gemacht: Zeus verwandelte ihn in ein Sternbild. Seien Sie dankbar für den Ritt durch die Sterne auf diesem schönen Pferd. Der Traum soll Sie ermutigen. Durch ihn bekommen Sie Anerkennung für Ihre alltäglichen Bemühungen.

EIN **AUFREGENDER RITT**

Sie reiten auf einem tollen Jagdpferd und genießen es, dieses mächtige Tier unter sich zu haben. Das Pferd springt völlig mühelos über Tore und Zäune. Ihr ganzer Körper kribbelt vor Begeisterung für seine Kraft und wie im Rausch lassen Sie sich von der Herrlichkeit des Pferdes mitreißen.

Aktion Dieser sexuelle Traum ist voller ursprünglicher Energie und Erregung. Sind Sie Pferd oder Reiter? In der Komplexität der Traumwelt ist beides möglich, aber der Träumende sehnt sich eindeutig nach einer sexuellen Begegnung. Aber Vorsicht, eine sexuelle Begegnung im wahren Leben reicht vielleicht an den Traum nicht heran. Oder Sie sind dank Ihrer überschüssigen Energie zu erdrückend. Kanalisieren Sie Ihre Energie, um Ihr Liebesleben zu verbessern.

WILDE TIERE

Sie leben in Dschungeln, Sümpfen, Savannen und an Berghängen. Vom Menschen ungezähmt streifen sie frei durch die Natur. Im Traum kann der Überlebenstrieb wilder Tiere symbolhaft für gesellschaftlich nicht akzeptable Dinge stehen, die sich in den tiefen Regionen unserer Innenwelt verstecken.

WÜTENDE LÖWEN BRÜLLEN

Sie sehen eine grasende Herde, die alarmiert die Köpfe hebt, und einen Löwen, der seinen schattigen Platz auf einem Hügel verlässt. Ein junger Löwe nähert sich dem Gebiet des ansässigen Rudels. Es folgt ein fürchterlicher Kampf, als der Eindringling zu nah kommt. Beim Aufwachen hören Sie immer noch das Kampfgebrüll – und sind seltsamerweise wütend.

Aktion Träumen Sie den Traum weiter. Was passiert? Welcher Löwe überlebt? Der alte dominante Löwe oder der junge Eindringling? Welcher Löwe steht für Sie, welcher ist Ihnen sympathisch? Zeigt eines der Tiere vielleicht einen instinktgesteuerten Teil von Ihnen? Gab es in Ihrem Leben Situationen, in denen Sie lieber gebrüllt hätten, dann aber doch geschwiegen haben? Gehen Sie Ihre Zukunft mit Löwenmut an.

WILDE TIERE IM GARTEN

Sie sind in einem unbekannten Haus und sehen durch die großen Fenster einige Haustiere im Garten. Sie gehen hinaus, um sie zu streicheln, doch plötzlich sind es keine Haustiere mehr, sondern wilde Tiere. Erschrocken fliehen Sie ins Haus zurück, erleichtert, dass Sie den Fehler bemerkt haben, bevor etwas passiert ist.

Aktion Sind Sie manchmal zu vertrauensselig anderen gegenüber und öffnen sich, bevor Sie sie wirklich kennengelernt haben? Gehen Sie mit guten Absichten auf andere zu und werden später oft enttäuscht? Ihr Unterbewusstsein deutet in diese Richtung. Trainieren Sie, Menschen genauer zu beurteilen und Gefahren zu erkennen, bevor Sie zu Schaden kommen.

FALLSTUDIE: MILLIE

Als Studentin überlegte Millie, ob sie in den langen Semesterferien nach Südafrika reisen und sich einen Job suchen sollte. Aber sie zögerte, denn sie hatte Angst vor dem unbekannten Land. Ein Traum half ihr, sich zu entscheiden. Darin lief sie durch einen großen Garten, sie wusste, sie war in Südafrika. Als sie zum Tor eines Wildparks kam, stieß sie es auf. Ein riesiger Löwe schoss mit gefletschten Zähnen auf sie zu, bereit sie zu zerfleischen.

Eine Stimme in ihr sagte: »Keine Angst, große Löwen werden zu kleinen Löwen.« Sie hörte auf das, was die Stimme sagte, und sah, wie der Löwe zögerte. Wie von Zauberhand teilte er sich in zwei Löwen, dann in vier, und so weiter. Das Löwenrudel stürzte immer wieder auf Millie zu, aber sie vertraute auf den Rat ihrer inneren Stimme und wich nicht zurück. Da verwandelten sich die Löwen plötzlich in 16 harmlose Löwenkinder und die Gefahr war vorüber. Millie wachte auf und buchte ihren Flug.

REPTILIEN

Ob harmlos oder giftig, Reptilien zählen eher nicht zu den Kuscheltieren. Sie erscheinen als urzeitliche Boten in unseren Träumen. Denken Sie nur an die Schlange in der Bibel oder am Äskulapstab, dem Symbol der Heilkunde. Reptilien können einerseits töten und andererseits heilen.

EIN ALLIGATOR AUF DER STRASSE

Sie gehen eine einsame Straße entlang, glücklich an der frischen Luft zu sein. Plötzlich hören Sie ein Rascheln im Gebüsch. Sie denken an einen Vogel, der Würmer sammelt. Doch das Rascheln wird sehr laut, plötzlich springt ein Alligator aus dem Gebüsch und starrt Sie an. Er ist deutlich gestresst und tut Ihnen leid.

Aktion Spiegelt der Traum Ihre Gefühle? Fühlen Sie sich etwa in einer Situation gefangen und führen ein Leben, dass Ihnen nicht wirklich entspricht? Sollten Sie nicht sofort etwas ändern können, nehmen Sie den Traum als Aufforderung und warten Sie auf den richtigen Moment.

BEDROHUNG MIT GESPALTENER ZUNGE

Ein riesiger Waran läuft über einen Pfad. Seine lange, gespaltene Zunge schießt vor und zurück, während Sie zusehen, wie er nach Beute sucht. Sie sind froh, nicht auf dem Pfad zu sein, werden ihm also nicht direkt begegnen. Dennoch finden Sie das große Tier beunruhigend.

Aktion Die Redewendung »mit gespaltener Zunge sprechen« impliziert Heuchelei und Verrat. Sagen Sie vielleicht gelegentlich nicht die Wahrheit – und sei es nur, um die Gefühle anderer nicht zu verletzen? Manchmal scheint dieses Verhalten richtig zu sein, aber es ist nicht ehrlich. Überlegen Sie, wie Sie vielleicht ohne Hintergedanken behutsam ehrlich sein könnten.

EIN **SCHUTZTIER**

Entsetzt sehen Sie, wie eine große Schlange auf Sie zugleitet. Sie erstarren vor Angst, aber die Schlange zieht sich weit ins Zimmer zurück. Da die direkte Gefahr vorbei zu sein scheint, drehen Sie sich um. Sie sehen, dass die Schlange sich hinter Ihnen eingerollt hat, als ob sie Sie beschützen wollte. Da spüren Sie die Liebe der Schlange und haben keine Angst mehr.

Aktion Ihr Besuch hat eine Botschaft für Sie: Der archetypische weise alte Mann oder die weise alte Frau hat die Form gewechselt und überbringt eine gute Botschaft. Sie besagt: Das, wovor Sie am meisten Angst haben – im Traum die Schlange – ist harmlos und beschützt Sie sogar. Nehmen Sie die Botschaft an und stellen Sie sich Ihren Ängsten.

INSEKTEN

Insekten sind kleine Tiere, daher ist es erstaunlich, wie sehr wir sie als Krabbelgetier fürchten. Bisse, Stiche und Plagen sind uralte Schreckgespenste. In unseren Träumen tauchen Insekten in allen Größen und Formen auf. Sie scheinen einen unserer Urinstinkte anzusprechen und warnen vor Gefahren.

EINE **SPINNE SCHLÄGT ZU**

Im Traum kommt eine riesige Spinne aus ihrem Versteck und inspiziert ihr Netz, das sie zum Beutefang gespannt hat. Dann wartet sie im Schatten. Die Vorstellung, dass ein Beutetier unvorsichtig in die fein gesponnene Falle tappt, lässt Sie erschaudern. Dann passiert es: Die Spinne schlägt zu und zieht ihre Beute mit sich in ihr dunkles Versteck.

Aktion Ihr Unterbewusstsein hat dieses unschöne Bild gewählt, damit Sie sich entweder einer unangenehmen Erfahrung in der Vergangenheit oder Ihren Ängsten stellen. Stalker verhalten sich wie Spinnen, ebenso Sexualtäter. Lassen Sie sich von diesem Traum nicht ängstigen, sondern seien Sie dankbar dafür. Vertrauen Sie sich einem Freund oder Therapeuten an.

VON **EINER ZECKE GEBISSEN**

Im Traum wandern Sie durch wunderbares hohes Gras. Die Zecke, die irgendwann auf Ihrem Schenkel auftaucht, erscheint nebensächlich. Doch dann sehen Sie, wie die Zecke immer dicker wird, bis sie sich voll Blut gesaugt hat und so dick ist wie ein Basketball. Sie ekeln sich, können sie aber nicht entfernen. Das erinnert Sie an ein Gefühl, dass Sie in letzter Zeit hatten.

Aktion Gibt es jemanden, der sie physisch oder emotional aussaugt? Viele Menschen stützen sich unbewusst auf uns, andere nutzen unsere Energie bewusst aus und laugen uns aus. Der Zeckenbiss ist eine Metapher für etwas, das in Ihrem sozialen Umfeld mit Ihnen geschieht. Seien Sie mehr auf der Hut. Es geht nicht um Ihre körperliche, sondern um Ihre geistige oder spirituelle Gesundheit. Wählen Sie Ihre Freunde mit Bedacht.

MARIENKÄFER **ÜBERWINTERN IM SCHLAFZIMMER**

Im Traum befinden sich unzählige Marienkäfer in Ihrem Schlafzimmer und vermehren sich mit jeder Minute. Sie sind in Ihrem Bett und auf Ihrem Gesicht. Es handelt sich nicht um die hübschen Marienkäfer, die wir kennen, sondern um unwillkommene Gäste. Aus Angst, sie könnten in Ihren Mund fliegen, wagen Sie nicht zu schreien.

Aktion Werden Sie von menschlichen Besuchern überrannt und wünschen sich, Sie hätten deutlichere Zeitgrenzen gesetzt? Sind Sie vielleicht zu weichherzig? Seien Sie gewarnt: Manche Menschen überstrapazieren Gastfreundschaft. Setzen Sie feste Termine und seien Sie freundlich, aber resolut.

MADEN IM OBST

Äußerlichkeiten können täuschen, das gilt für saftig aussehendes Obst genauso wie für charmante Fremde. Wann immer sich hinter einer hübschen Fassade etwas zu verbergen scheint, sollten bei uns die Alarmglocken läuten. Unsere Träume helfen uns dabei, kritisch zu sein.

GESCHENK **EINES FREMDEN**

Ein charmanter Fremder schenkt Ihnen viel Aufmerksamkeit. Sie genießen sein Interesse und nehmen von ihm eine reife Frucht als Geschenk an. Als Sie hineinbeißen, sehen Sie die Maden darin. Zum Schock hinzu kommt, dass der Fremde nun anscheinend mehr von Ihnen erwartet als angemessen wäre. Sie werden misstrauisch.

Aktion Das Misstrauen stellt sich zu Recht ein. Denken Sie daran: Der Fremde könnte für Sie selbst oder einen Teil von Ihnen stehen. Was verbergen Sie vor sich (und anderen), das so versteckt ist wie die Maden in der Frucht? Vielleicht verleugnen Sie die dunklere Seite einer Ihrer Unterpersönlichkeiten. Mit großzügigen Geschenken Freundschaft zu gewinnen hat vielleicht bisher funktioniert, ist aber unehrlich. Ihr Unterbewusstsein sagt Ihnen, dass es an der Zeit ist, den verleugneten Persönlichkeitsteil anzuerkennen.

SPÄTSOMMERLICHE **ERNTE**

Es ist Spätsommer und Sie sind mit Freunden in einem Obstgarten. Sie genießen die Zeit und finden noch Obst an den Bäumen. Es fühlt sich nicht nach Stehlen an, eher wie Pflücken am Wegesrand. Sie sammeln auch Fallobst, obwohl Sie wissen, dass in einigen Früchten Maden sein werden. Aber das stört keinen von ihnen.

Aktion Dies ist ein verspielter Traum. Er verbindet die Freuden der Kindheit mit dem Genuss, verbotene Früchte zu essen. Maden, Schimmel und weiche Stellen im Obst sind einfach Teil dieses Abenteuers: Was Sie nicht essen, werden Sie wegwerfen. Findet Ihr Unterbewusstsein, dass Sie zu ernst sind? Das Spätsommerszenario deutet es an. Als Erwachsener gibt es so viel, was man »muss«. Vielleicht sollten Sie ab und zu mal über die Stränge schlagen.

SCHWINDEL **AM MARKTSTAND**

Im Traum wandern Sie über den Wochenmarkt mit lauter verführerischen Ständen. Ein Stand zieht Sie besonders an. Sie kaufen dort Ihr Lieblingsobst und freuen sich darauf, es später zu essen. Beim ersten Bissen merken Sie, dass es voller Maden ist, und werfen es angewidert weg. Sie beschweren sich aber nicht.

Aktion Ist es für Sie normal, auf schlechtes Benehmen nicht zu reagieren? Suchen Sie für das Verhalten anderer lieber eine Ausrede, als sie zu konfrontieren? Natürlich ist manches entschuldbar, aber Ihr Traum deutet an, dass Sie instinktiv lieber zurückstecken. Ändern Sie dies in kleinen Schritten, indem Sie etwa schlechte Waren umtauschen oder andere auf Fehler hinweisen.

» TRÄUME SIND DIE ANTWORTEN VON HEUTE AUF DIE FRAGEN VON MORGEN. «

EDGAR CAYCE

GRÜNE BÄUME

Das Bild einer schönen Baumkrone, deren Blätter an vielen dicken und festen Ästen wachsen, weckt sofort Erinnerungen an lange Sommertage auf dem Land und glückliche Zeiten. Ein Traum von einem Baum, der im vollen Saft steht, mag rein positiv erscheinen, doch das Szenario kann etwas anderes enthalten, das auf komplexere Probleme hindeutet.

SIE **SEHNEN SICH NACH VERGANGENEN ZEITEN**

Der Baum steht frei in der Landschaft. Niemand bewundert seine Schönheit, da er abgeschieden dasteht. Ihnen tut die Einsamkeit des Baumes leid. Wehmütig suchen Sie Trost in Erinnerungen an bessere Zeiten.

Aktion Akzeptieren Sie, dass die alten Zeiten vorbei sind. Lassen Sie Ihre Wehmut los und erinnern Sie sich daran, wie schön die Tage waren. Sie, der Träumende, sind der einsame Baum. Erkennen Sie, wie gut er gedeiht. Finden Sie neue Freunde und schaffen Sie neue Erinnerungen.

IRGENDETWAS **STIMMT NICHT**

Die Landschaft ist trostlos. Sie fühlen sich unbehaglich und befürchten, der Baum vor Ihnen wurde in die falsche Erde gepflanzt, in zu kargen Boden. Trotz aller Widrigkeiten tut er sein Bestes zu gedeihen, aber er benötigt dringend Nährstoffe und Wasser.

Aktion Auch in diesem Traum sind Sie der Baum. Überlegen Sie, wie Sie sich besser pflegen können. Vielleicht haben Sie zu viel Kraft in eine Beziehung oder in Ihre Arbeit investiert, haben sich aufgerieben und bekommen nichts zurück. Vielleicht ist keine drastische Veränderung nötig, aber Sie müssen Ihre Speicher aufladen.

EIN **GRÜNER BAUM ALS SIGNAL**

Ihr Traum fühlt sich rundum gut an. Sie sind an einem sonnigen, warmen Ort und fühlen sich wohl. Das Jahr mag Ihnen einen schwierigen Winter beschert haben, aber nun sagt Ihnen ein üppig grüner Baum – besonders, wenn er Früchte trägt –, dass die Schwierigkeiten vorbei sind oder bald vorbei sein werden.

Aktion Klopfen Sie sich auf die Schulter, denn Sie haben die schlechten Zeiten gut überstanden. Ein Früchte tragender Baum weist auf eine gesunde Entwicklung hin.

SIE **FÜHLEN MIT EINEM BAUM**

Einem prächtigen Baum hat man einen Ast abgesägt und Sie betrauern diesen Verlust. Harz tropft aus der Wunde. Sie ist noch nicht richtig verheilt.

Aktion Spiegelt dieses Bild eine Erfahrung wider, die Sie gemacht haben, einen Verlust oder eine Trennung? Nehmen Sie Ihre emotionale Wunde an. Sagen Sie sich, dass Zeit und Gewöhnung die Trauer erleichtern werden, was auch immer der Grund sein mag.

ENTWURZELTE BÄUME

Ein Baum, der nicht mehr fest verwurzelt ist, stimmt uns eher traurig. Er hat keinen Halt mehr, wurde seiner sicheren Heimat in der Erde entrissen. In der Traumwelt sind auch andere Bedeutungen möglich. Manchmal kann ein solcher Baum auch den Aufbruch in ein neues Zuhause, einen neuen Job oder andere Lebensumstände symbolisieren.

EIN **STURM WEHT BÄUME UM**

Sie träumen von einem kräftigen Sturm, der Bäume umweht und Wälder verwüstet. Tatenlos müssen Sie zusehen, wie die Naturgewalten all die Schönheit zerstören. Sie denken an die Vögel und Wildtiere, die Ihr Zuhause verlieren, und sind darüber traurig, wie es nun ist.

Aktion Hat eine Entlassung, ein drohender Umzug oder eine andere drastische Veränderung diesen Traum ausgelöst? Ein Sturm deutet auf ein Geschehen hin, über das Sie keine Kontrolle haben. Nichts scheint diese bevorstehende Veränderung aufhalten zu können. Stellen Sie sich auf die neue Situation ein.

RAUM **FÜR NEUES**

Ein großer Baum soll gefällt werden, die Baumpfleger rücken an. Die lauten Sägen kappen Äste, bis nur noch der Stamm übrig ist, der ausgegraben wird. Als alle Wurzeln und der Stumpf endlich entfernt sind, fühlen Sie sich auf befremdliche Weise zufrieden und erleichtert.

Aktion In der realen Welt werden Bäume auch gefällt, um Raum für neues Wachstum zu schaffen oder weil sie zu viel Schatten werfen. Passiert dies vielleicht gerade in Ihrem Innenleben? Werfen Sie emotionalen Ballast ab? Wenn ja, begrüßen Sie diese Veränderungen. Ihre Erleichterung im Traum deutet an, dass Sie durch einen positiven Wandel gehen.

NEUE **ANORDNUNG**

Im Traum sehen Sie, wie jemand Ihren liebsten Zierbaum ausgräbt. Zuerst sind Sie wütend, dass jemand anderer die Sache in die Hand nimmt. Wie kann er es wagen? Doch dann erkennen Sie, dass dieser Baum an einer anderen Stelle im Park viel besser gedeihen und harmonischer wirken wird.

Aktion Haben Sie keine Angst davor, Veränderungen auszulösen, statt dies anderen zu überlassen. Der Baum im Traum könnte für Sie selbst stehen. Folgen Sie passiv den Plänen anderer? Wenn es wörtlich um das Versetzen eines Baumes geht, überlegen Sie zuerst genau, wo er am besten gedeihen kann. Dasselbe gilt für Ihr Leben. Finden Sie heraus, was Sie wollen, unterwerfen Sie sich nicht nur den Entscheidungen anderer Menschen.

FALLSTUDIE: KIERAN

Kieran wurde sein Leben lang unterdrückt. Seine unsichere Mutter war immer diejenige, die Aufmerksamkeit benötigte. Ihre unausgewogene Beziehung blieb so, bis er zu Hause auszog. Dann fand er Arbeit als Landschaftsgärtner – und Ella.

Ella wollte eine andere Art der Beziehung. Sie wollte einen aufrichtigen, offenen Mann, der seine eigene emotionale Entwicklung in die Hand nahm. Immer wenn er in alte Gewohnheiten verfiel und sich zurücknahm oder wegduckte, zeigte sie ihren Ärger. Mit der Zeit verstand er, warum sie wütend war. Er lernte, für sich selbst einzutreten und ehrlich gemeintes Lob auch anzunehmen.

Eines Nachts zeigte ihm ein Traum, wie sehr sich sein Innenleben veränderte. Darin schob er eine Schubkarre eine Straße entlang. Die Schubkarre war voll mit saftiger Humuserde. Darauf lag ein entwurzelter Baum, der darauf wartete, eingepflanzt zu werden. Kieran verstand, dass er selbst dieser Baum war, der bereit war, an einem neuen Standort weitab vom zuvor eher kargen Boden zu gedeihen.

FAULENDES OBST

Es ist traurig, wenn zuvor Frisches und Gesundes einfach nicht beachtet wird und verrottet. Das gilt nicht nur für Obst. Alles, was jemand zuerst pflegt und dann vernachlässigt, kann den eigenen Weg nicht mehr gehen. Träume verraten uns mehr über dieses Thema.

HAUFENWEISE VERROTTENDES OBST

Unzählige reife Äpfel und Birnen liegen einfach da und verfaulen. Sie finden das erschütternd und denken an die Menschen, die das Obst dringend benötigen würden. Dann taucht jemand auf und schaufelt das Obst in einen Container. Es wird also doch gebraucht! Sie erkennen, dass auch faules Obst einem Zweck dient, etwa als Kompost oder Winterfutter für Vögel.

Aktion Ziehen Sie keine voreiligen Schlüsse! Ihr Traum zeigt Ihnen, dass der erste Eindruck nicht immer zutrifft. Dieser Haufen verrottender Früchte war für etwas gedacht, allerdings für etwas anderes, als Sie meinten. Passiert Ihnen das im wahren Leben auch? Treffen Sie Annahmen, die dann doch nicht stimmen? Wenn ja, versuchen Sie, das zu ändern. Sie sehen sonst nicht das gesamte Bild.

ÜBERREIFES **OBST**

Sie träumen von einer Gruppe schöner Frauen auf dem Wochenmarkt. Eine von ihnen kauft Obst an einem Stand. Plötzlich ruft sie einer Begleiterin zu, das Obst sei überreif, schon lange schlecht. Sie rät den anderen ab, dieses ihrer Meinung nach faulige Obst zu kaufen, der Händler wehrt sich wütend. Die Frau tut Ihnen leid, denn Sie erkennen, dass das Obst eigentlich nicht ihr Problem ist.

Aktion Können Sie sich mit der Frau identifizieren? Haben Sie Angst, dass Sie Ihr Haltbarkeitsdatum bald überschreiten werden? Nehmen Sie sich den Hinweis im Traum zu Herzen. Sie hatten Mitleid mit der Frau, die das überreife Obst emotional so aus der Bahn warf, weil sie ihre Gefühle auf das frische Obst übertrug. Ihr Unterbewusstsein deutet auf Ihre Angst hin, nicht mehr gut auszusehen. Dabei zählt, wer Sie sind, nicht wie Sie aussehen!

WÜTENDE **MENSCHEN WERFEN FAULES GEMÜSE**

Eine Gruppe Männer und Frauen hält Protestschilder hoch. Sie nähern sich ihr, um zu sehen, was da los ist. Es scheint eine politische Veranstaltung zu sein. Redner betreten die Bühne. Dann wirft jemand faule Tomaten. Die Redner reagieren völlig unbeeindruckt, doch Sie fühlen mit ihnen. Die scheinen aber zu wissen, dass die Menge zu Recht wütend ist.

Aktion Wenn Sie sich in letzter Zeit über eine Ungerechtigkeit geärgert haben, fragen Sie sich, was der Traum Ihnen sagt: Sie möchten Ihre Abscheu ausdrücken, aber die Opfer ärgern sich über die Bestrafung überhaupt nicht. Stellen Sie also die Person, von der Sie sich ungerecht behandelt fühlen, ganz in Ruhe zur Rede. Möglicherweise reagiert sie ja wie die Redner im Traum und Sie können die Situation leicht klären.

EIN VULKAN BRICHT AUS

Viele Vulkane schlafen, der See aus geschmolzenem Gestein in ihrem Inneren liegt ruhig da. Aber wenn sie ausbrechen, sind die Folgen oftmals heftig und es kann sehr gefährlich werden. Die Parallelen zu wütenden Menschen sind offensichtlich: Wenn ihr Temperament überkocht, sind sie unberechenbar. Träume warnen uns häufig vor solchen Ausbrüchen.

SIE **FLIEHEN VOR LAVA**

Sie hören ein Rumoren und dann, als der Vulkan ausbricht, die verängstigten Schreie von Menschen. Mit anderen zusammen laufen Sie davon und versuchen, dem rotglühenden Lavastrom zu entkommen. Instinktiv laufen Sie dorthin, wo die Lava nicht hinfließt, und wissen, das ist der richtige Weg, der in Sicherheit führt.

Aktion Droht in Ihrem Leben eine Eruption? Wenn Sie eine wichtige, lebensverändernde Entscheidung treffen müssen, dann bedenken Sie, wie andere in Ihrer Nähe davon beeinflusst werden. Sie müssen die betreffenden Personen darauf vorbereiten und vielleicht auch warnen, Abstand zu halten, wenn Sie mit Ihrer inneren Glut kämpfen.

EIN **VULKAN** TÖTET MENSCHEN

Im Traum wandern Sie durch die Straßen eines Ortes unterhalb eines Vulkans. Sie sehen unzählige Tote. Es wirkt, als seien sie innerhalb von Sekunden gestorben – mitten in ihrem alltäglichen Tun. Sie erkennen, dass die tödlichen Gase des Vulkans dafür verantwortlich sind. Die Szene verstört Sie.

Aktion Haben Sie Angst, Unheil könnte Sie und Ihre Familie plötzlich treffen? Der Vulkan im Traum steht für die Quelle des Unheils, das im wahren Leben überall lauern könnte. Sie müssen akzeptieren lernen, dass Tragödien passieren. Es gibt aber keinen Grund, warum Sie im Vergleich zu anderen davon besonders betroffen sein sollten. Genießen Sie Ihr Leben, komme was wolle. So leben Sie entspannter.

VULKANAUSBRUCH

Ihre Taschen sind gepackt, Sie haben Ticket und Pass zur Hand und können in den Urlaub fliegen. Da hören Sie im Radio von einem Vulkanausbruch, der Ihre Reise verhindert. Sie sind verzweifelt. Wie kann ein solches Ereignis Ihren lang ersehnten Urlaub vereiteln? Am Boden zerstört haben Sie das Gefühl, jemand müsste doch etwas tun können. Politiker oder Wissenschaftler müssten solche Katastrophen doch verhindern können.

Aktion Natürlich ist das nicht nur unsinnig, sondern sogar unmöglich. Die Natur ist nicht beherrschbar. Sind Sie wütend auf Menschen in Ihrer Nähe, die nichts unternommen haben, um Ihnen Dinge zu erleichtern? Überlegen Sie, wie Sie Ihre Situation verbessern können, statt darauf zu warten, dass andere es tun.

ERTRINKEN

Wasser findet sich fast überall auf der Erde: als schöne Flüsse, mächtige Ozeane, Seen oder Eis. Es hält uns am Leben, kann aber ebenso unseren Tod bedeuten, wenn wir zu viel oder zu wenig davon haben. Kein Wunder also, dass Träume uns seine Macht vor Augen führen.

IN **VERZWEIFLUNG ERTRINKEN**

Das Wasser ist hier eher der Hintergrund als ein nasses Grab. Dieser Traum hat keine wirkliche Geschichte, sondern erzählt von einer depressiven Stimmung, die in der Tiefe lauert. Sie sind ganz allein unter Wasser. Es fühlt sich an, als würden Sie ertrinken, doch Sie wissen dennoch, dass dies nicht das Ende ist.

Aktion Depression kommt in allen möglichen Grauschattierungen vor. Dieser Traum zeigt schlicht, wie Sie sich derzeit fühlen. Wenn diese Stimmung länger anhält, gehen Sie zum Arzt und lassen Sie sich helfen. Oder suchen Sie sich einen guten Therapeuten und besprechen Sie Ihre Probleme und Ihre düsteren Gedanken mit ihm oder ihr.

TIERBABYS **WERDEN ERTRÄNKT**

Jemand erzählt Ihnen, dass Tierbabys ertränkt werden sollen. Man versichert Ihnen, das sei die humanste Art, die Tiere zu entsorgen, denn es gäbe niemanden, der sich um sie kümmern würde. Sie sind bestürzt und wollen die kleinen, hilflosen Geschöpfe retten.

Aktion Diese kleinen, hilflosen Geschöpfe sind ein Bild für einen Teil von Ihnen, der sich ungeliebt und verstoßen fühlt. Eine Ihrer Subpersönlichkeiten identifiziert sich mit den hilflosen Welpen, die nichts gegen ihr Schicksal tun können. Aber: Im Traum werden sie nicht ertränkt, sie hören nur, das sei geplant. Stellen Sie sich also Ihrem Gefühl des Ungeliebtseins und überprüfen Sie, wie die Realität aussieht. Versuchen Sie, Zweifel im offenen Gespräch mit Ihrem Arbeitgeber, Partner oder Freunden auszuräumen. Falls Sie vermittelt bekommen, dass es an der Zeit ist, sich neu zu orientieren, seien Sie dankbar, dass Ihr Traum Sie aus der Passivität geholt hat.

SIE **FALLEN INS WASSER**

Sie fallen in einen Swimmingpool und schaffen es nicht, wieder aufzutauchen. Das Wasser ist eiskalt und Sie schlagen in Panik wild um sich, bekommen keine Luft. Ihre tiefe Angst lässt Sie vergessen, dass Sie mit den Armen aufwärts rudern können. Sie haben das Gefühl, da nie mehr lebend herauszukommen.

Aktion Gibt es ein emotionales Problem, dass Sie überwältigt? Wasser steht in Träumen oft für Gefühle und wenn die übermächtig werden, meinen wir darin zu ertrinken. Wie im Traum können wir nicht mehr rational denken. Versuchen Sie, sich mit ruhigen, tiefen Atemzügen zu beruhigen, und entschlüsseln Sie die Traumbotschaft. Suchen Sie nach dem Grund für Ihre Panik und überlegen Sie, was Sie tun können. Denken Sie an den Hinweis im Traum: Tauchen Sie auf und atmen Sie tief durch.

IM MEER SCHWIMMEN

In das warme Meer einzutauchen ist verführerisch. Es fühlt sich an wie die Sicherheit im Mutterleib oder wie das Sich-Aalen im Badewasser. Der Ozean hat aber, vielleicht wegen seiner Weite, einen noch größeren Reiz, denn er bietet mehr Bewegungsfreiheit. In Träumen kommt er häufig vor.

NACKT **SCHWIMMEN**

Sie träumen, dass Sie Ihre Kleider abwerfen und zum Wasser laufen. Eine andere Person hatte dieselbe Idee und gemeinsam schwimmen sie im herrlich warmen Meer. Es kommt zu einem Hautkontakt, aber der hat nichts Sexuelles. Da sind nur zwei Menschen, die sich an ihrer Freiheit und diesem wundervollen Tag erfreuen. Sie fühlen sich rundum wohl, als ob Sie mit einem alten, vertrauten Freund zusammen wären.

Aktion Es geht darum, wieder Kontakt mit sich selbst aufzunehmen: Der zweite Badende ist Ihr Animus oder Ihre Anima (je nach Ihrem Geschlecht), Ihre zweite Hälfte, die Sie vervollständigt. Wasser steht für unser Gefühlsleben. Dies ist also ein positiver Traum in einer schönen, warmen Umgebung. Sie haben sich mit dem fehlenden Anteil wieder verbunden.

LUSTVOLLES **HERUMTOLLEN**

Die Nacht ist warm und schwül. Sie treiben genüsslich auf dem Rücken im Meer und bewundern die Sterne. Freunde tollen in der Nähe im Wasser, aber achten nicht auf die Sterne. Sie haben einfach nur Spaß. Alles ist perfekt, dennoch fehlt Ihnen irgendetwas zum Glück. Jemand schwimmt zu Ihnen und Sie lieben sich sinnlich im warmen Wasser. Nun haben Sie gefunden, was Sie brauchen.

Aktion Ein gesunder und wichtiger Wunschtraum: Sie scheinen sich in letzter Zeit etwas allein gefühlt zu haben (Sie beobachten die Sterne, nicht Ihre Freunde), Ihre Isolation ist aber selbst gewählt. Wenn möglich, planen Sie einen Urlaub, in dem Sie das Meer genießen können. Der Rest wird sich von selbst ergeben. Ist das nicht möglich, wenden Sie sich wieder mehr Ihren Freunden zu und geben Sie weniger den Außenseiter.

SCHWIMMENDE **KINDER**

Kinder plantschen im flachen Meerwasser, da bemerken Sie, dass ein oder zwei von ihnen sich zu weit hinauswagen. Da das Wasser warm ist, können die Kleinen lange baden, aber Sie fangen an, sich Sorgen zu machen. Irgendwie sind da doch weniger Kinder als vorher. Wo sind die anderen hin? Besteht Gefahr für sie? Sind sie ertrunken? Sie bekommen Panik und wachen angespannt auf.

Aktion Machen Sie sich zu viele Gedanken um andere, die sich um sich selbst kümmern können? Die sich steigernde Angst in Ihrem Traum deutet darauf hin, dass Sie sich vor einigen Dingen in Ihrem Leben fürchten. Diese Angst haben Sie auf die fremden Kinder im Traum übertragen. Sie sind eines dieser Kinder – ein jüngerer Teil von Ihnen, der immer das Gefühl hatte, nicht verhindern zu können, dass schlimme Dinge passieren.

DINGE UNTER WASSER

Was immer sich unter dem Wasser und den Wellen verbirgt, hat den Reiz des Unbekannten, es ist unsichtbar und deshalb geheimnisvoll. Jung zufolge thematisieren wir das Unbewusste, wenn wir uns fragen, was unter der Oberfläche liegt. Unser träumendes Selbst zeigt sich durch die Sprache der Symbole.

WRACK IM KÜNSTLICHEN MEER

Sie beobachten entsetzt, wie ein Schiff schwankt, sinkt und langsam im Wasser verschwindet – wie in einem Kriegsfilm. Da merken Sie, das ist ein Film, alles ist vorgetäuscht, niemand ist in Gefahr. Dann zeigt Ihr Traum ähnlich hochdramatische gestellte Situationen, in denen Stuntmen die gefährlichen Szenen übernehmen. Beim Aufwachen staunen Sie über die perfekte Illusion.

Aktion Gibt es eine Parallele zu Ihrem Leben? Ist eine offensichtliche Katastrophe nichts als Fassade? Ihr Unterbewusstsein sendet Ihnen eine Warnung: Schauen Sie unter die Oberfläche und lassen Sie sich nicht vom Augenschein täuschen.

GEHEIMNISVOLLES **OBJEKT**

Jemand sagt, etwas sei ins Wasser geworfen worden und nun verloren. Er scheint beunruhigt. War der Gegenstand etwa wertvoll? Sie möchten ihn unbedingt finden. Sie tauchen tief ins dunkle Wasser, um zu bergen, was auch immer es ist oder enthält. Das Wasser wirkt dunkel und bedrohlich, aber dann sehen Sie etwas.

Aktion Ihre Psyche deutet an, dass es nötig ist, sich selbst zu erkunden, vielleicht in einer Therapie. Ein tiefes Eintauchen ins Unbewusste ist Teil dieser Arbeit: die Suche nach dem metaphorischen Gegenstand, der in Ihrer Innenwelt verborgen liegt und Antworten liefern wird. Überlegen Sie zuerst, was das sein könnte. Sind es verborgene, schmerzhafte Erinnerungen? Finden Sie dann einen guten Therapeuten.

VERSUNKENES **SPIELZEUG**

Gezeitentümpel erinnern Sie an Ihre Urlaube als Kind und an Spiele mit Schaufel und Eimer. Plötzlich sehen Sie in einem der Tümpel das Modell eines Bootes, mit dem Sie einmal gesegelt sind. Sie ziehen das Boot aus dem Sand und fühlen Emotionen in sich aufsteigen.

Aktion Welche Erinnerungen kommen beim Anblick des Spielzeugboots hoch? Gibt es einen Jahrestag oder ein Ereignis in Ihrem derzeitigen Leben, das in diesem Traum mitschwingt? Was verbinden Sie mit dem Traumgeschehen oder den Emotionen im Zusammenhang mit dem Jahrestag oder dem Spielzeug?

FALLSTUDIE: DYLAN

Dylan war ein schüchterner Junge. Er ging ohne Abschluss von der Schule ab und ergriff dann einen langweiligen Job. Niemand bemerkte seine Intelligenz, bis er eines Tages an der Bushaltestelle mit einem emeritierten Professor sprach.

Die Unterhaltung faszinierte Dylan und er besorgte sich Bücher zu dem Thema, über das sie gesprochen hatten. Als er den Professor wiedertraf, ermutigte dieser ihn dazu, ein Abendstudium zu beginnen. Seine gesamte Perspektive änderte sich, als er durch diese Anregung einen Abschluss machte und eine erfüllende Arbeit fand.

Eines Nachts beobachtete er im Traum, wie ein riesiges Wikingerlangschiff aus dem Wasser gehoben wurde. Er wusste, das Schiff war eine Metapher für ihn selbst: Es hatte lange versunken dagelegen, wurde aber nun an die Oberfläche gehoben. Im Traum stand nahe bei ihm ein alter Mann, ein Senex oder Weiser, und Dylan wusste, dass er all dies dem Professor zu verdanken hatte, der ihn ermutigt hatte, seine Talente zu nutzen.

TSUNAMIS UND FLUTEN

Ein Tsunami im Traum kann eine wichtige Botschaft vermitteln und symbolisch verdeutlichen, wie stark der emotionale Aufruhr des Träumenden ist. Wir wissen, Seebeben stellen eine große Gefahr dar. Sie können sehr stark sein und sind unvorhersehbar. Unsere Alltagssorgen können im Traum so riesig erscheinen wie die davon ausgelösten Wellen.

DER WELLE ENTGEGENTRETEN

Sie sehen einen Tsunami auf sich zurollen und halten sich mit aller Macht irgendwo fest. Die Welle kommt immer näher. Sie klammern sich an etwas, ziehen den Kopf ein und lassen die Welle auf sich niederstürzen. Dann schwappt sie über Sie hinweg – Sie sind sicher.

Aktion Trotz Ihres turbulenten Alltags – das Wasser steht für Emotionen – beweisen Sie im Traum Standfestigkeit. Warum haben Sie das Gefühl, ein Tsunami würde Sie überrollen? Fühlen Sie sich in letzter Zeit sehr vom Leben gebeutelt? Haben Sie das Gefühl, emotional zu ertrinken? Erinnern Sie sich an Ihre innere Stärke. Ihr Traum handelt vom Überleben, vertrauen Sie darauf.

VON **FLUTEN UMGEBEN**

Ihr Haus ist von Wasser umgeben. Wie es scheint, führt kein Weg ins Trockene. Sie fühlen sich hilflos und von anderen Menschen abgeschnitten. Als das Wasser in die untere Etage läuft, beschließen Sie, nach oben zu steigen und irgendwie aufs Dach zu klettern. Von dort sehen Sie Retter in der Nähe. Sie müssen nur geduldig warten.

Aktion Die Flut steht für die Angst vor Bewegungslosigkeit. Der Traum zeigt Ihnen, dass ohne die nötigen Mittel – sei es Ausrüstung, Geld oder Zeit – Warten Ihre einzige Möglichkeit ist. Fluten gehen irgendwann zurück. Was immer Sie derzeit umgibt, ob emotionaler Stress, zu viel Arbeit oder familiäre Sorgen, wird ebenfalls abfließen.

EIN **ZERSTÖRERISCHER TSUNAMI**

Sie träumen von einem Tsunami, der alles, was ihm in den Weg kommt, zerstört. Sie sind mit völliger Verwüstung konfrontiert. Es ist nichts übrig, worauf sich ein neues Leben aufbauen ließe.

Aktion Haben Sie das Gefühl, von Ihren Emotionen verschlungen zu werden? Wenn es nichts mehr gibt, worauf sich ein neues Leben errichten lässt, bedeutet dies positiv gesehen: Sie müssen weiterziehen, Veränderungen erwägen und eine neue Umgebung für sich erschaffen. Wenn eine so starke Erschütterung wie ein Tsunami nötig war, waren Sie vielleicht zu festgefahren. Ihr Traum drängt Sie, das, was vorbei ist, hinter sich zu lassen.

»DER TRAUM IST DER BESTE BEWEIS DAFÜR, DASS WIR NICHT SO FEST IN UNSERE HAUT EINGESCHLOSSEN SIND, ALS ES SCHEINT.«

FRIEDRICH HEBBEL

TAGEBÜCHER, HISTORISCH-KRITISCHE AUSGABE VON R. M. WERNER, 1903–1904. ZWEITES TAGEBUCH, 1844

GLOSSAR

Erklärt werden an dieser Stelle einige gängige Begriffe aus der Psychotherapie, die im Zusammenhang mit der Traumdeutung verwendet werden und in diesem Buch vorkommen.

ANIMA/ANIMUS
Anima und Animus repräsentieren die jeweils unbewusste Seite von Mann und Frau. Dabei ist der Animus die unbewusste männliche Seite einer Frau und die Anima die unbewusste weibliche Seite eines Mannes. Kann ein Mensch diese beiden Seiten in seiner inneren Welt vereinen, erreicht er innere Balance.

ARCHETYP
Die Helden und Götter des griechischen Pantheons lieferten Carl Gustav Jung die Ideen zu seiner Theorie der Archetypen – Vorbilder für Menschen, Persönlichkeiten und Verhaltensweisen, die uns an das erinnern, was wir über die mythologischen Charaktere der Antike wissen. Wenn ein Mensch unserer Zeit sich nach bestimmten klar definierten Charakteristika verhält, wie etwa der Held, der anderen in Not hilft, lebt er eine ursprüngliche Rolle bzw. eine angeborene Tendenz aus, die in seiner Erziehung gefördert wurde, um ihm im Leben zu helfen. Es gibt viele Archetypen, hier nur einige wenige: der Betrüger, der Krieger, die Mutter, der Dieb, der Narr, der Zauberer und die Prostituierte (nicht zu verwechseln mit Sexarbeitern; es geht mehr um die Eigenschaft, sich unter Wert zu verkaufen, wie Menschen, die sich prostituieren, indem sie niedere Funktionen ausüben).

BEWUSSTSEIN
Allgemein ausgedrückt, bedeutet Bewusstsein, dass das wache Selbst sich ständig wandelnder Erfahrungen bewusst ist, während es gemäß seiner Gefühle, Reaktionen und sozialen wie elterlichen Konditionierung funktioniert. Gelangt aus den Tiefen der Psyche Material an die bewusste Oberfläche – was gewöhnlich im Rahmen einer Therapie passiert –, sollte seine Bedeutung anerkannt und in das bewusste Denken der Person integriert werden, sodass das Unbekannte ins Bewusstsein gelangt.

GRANDIOSITÄT
Beschreibt ein übersteigertes Selbstbewusstsein, ein unrealistisches Gefühl der Überlegenheit, bei dem sich jemand für besser hält als andere. Klinisch gesehen ist Grandiosität ein Aspekt der narzisstischen Persönlichkeitsstörung und liegt in einem mangelnden Selbstwertgefühl begründet. Übersteigertes Selbstbewusstsein kann aber bei jedem auftreten. So enthüllen manche Träume, wenn sie etwa von einer Freundschaft mit gekrönten Häuptern oder Berühmtheiten handeln, den Wunsch, etwas Besonderes zu sein. Dies spricht nicht notwendigerweise für eine Persönlichkeitsstörung, sondern für das Bedürfnis, auf irgendeine Art bedeutend zu sein.

HYBRIS
Ein übersteigertes Selbstbewusstsein, das auf Selbsttäuschung beruht, auf dem Glauben, dass wir auf vieles stolz sein können. Es manifestiert sich oft als Arroganz. Unsere Träume deuten es teilweise an. Die Herausforderung ist dann, die Hinweise darauf zu verstehen.

INDIVIDUATION
Der Weg ins Innerste, wie Carl Gustav Jung den Prozess beschreibt, indem das Individuum sich ausprägt, zur unabhängigen, separaten Einheit wird. Man erreicht ein Gleichgewicht zwischen Unbewusstsein und Bewusstsein, um ein völlig integriertes Selbst zu werden. Wer die Individuation erreicht hat, richtet sich nicht länger nach von den Eltern oder der kulturellen Umgebung übernommenen Lebensansichten, sondern ist ein authentisches Selbst. Ab diesem Punkt können wir wirklich als psychologisch erwachsen gelten.

INFLATION
Ähnelt der Hybris und ist der psychotherapeutische Begriff für

Aufgeblasenheit. Sie dient häufig dazu, Gefühle der Unwichtigkeit und der Minderwertigkeit zu kompensieren. Das Verhalten erinnert an männliche Vögel, die sich aufpumpen, um größer zu wirken. Diese angebliche Größe kann nach außen eindrucksvoll wirken, wenn wir uns der Welt mit dieser aufgeblähten, falschen Persönlichkeit präsentieren.

INNENWELT
Wir alle haben eine Innen- und eine Außenwelt. Die Innenwelt unterscheidet sich insofern von der Außenwelt, als dass wir in ihr unseren emotionalen Anteilen begegnen, unserem spirituellen Selbst. Dort wohnt in gewisser Weise unsere Psyche. In ihr entstehen unsere Träume, gestaltet von unserer Psyche, die so viel mehr weiß, als uns in der Außenwelt, in der unser Ego wohnt, zugänglich ist. Die Außenwelt ist der Ort unserer Existenz, in der wir Beziehungen aufbauen, unsere Karriere verfolgen und Verantwortung übernehmen. Meditation kann dabei helfen, die beiden Welten ins Gleichgewicht zu bringen.

METAPHER
Die Metapher ist ein sprachliches Bild, bei dem ein Wort oder eine Handlung aus einem Zusammenhang in einen anderen übertragen wird. So kann beispielsweise ein Mann als Säule der Gesellschaft beschrieben werden. Dies ist natürlich nicht wörtlich gemeint, aber es vermittelt das Bild, dass er eine tragende Rolle für die Gemeinschaft übernommen hat. Metaphern kommen vermutlich deshalb häufig in Träumen vor, weil sie die Kernaussage der Psyche gut zusammenfassen. So wird aus einem länglichen Objekt ein Penis (wenn wir Freuds Denken folgen), ein Haus steht für den Träumenden, wobei der Keller für unbewusste, verborgene Aspekte steht und der Dachboden für jene Themen, die den Geist, das Gehirn und spirituelle Dinge betreffen. Was wir daraus entschlüsseln können, hängt vom Traumszenario, dem »felt sense«, den vorkommenden Personen und der Geschichte ab.

PERSONA
Ursprünglich war eine Persona die Maske eines Schauspielers. Heute beschreibt das Wort eine psychologische Maske, die viele, wenn nicht die meisten Menschen tragen, um ihr wahres Selbst zu verbergen. Das hat nichts Negatives oder Heuchlerisches. Vielmehr trägt es dazu bei, dass wir uns wohlfühlen, ähnlich wie Schminke oder ein neuer Anzug uns helfen, uns der Welt selbstbewusster zu präsentieren. Aus psychologischer Sicht ist die Persona ein Aspekt unseres Charakters, den wir absichtlich (oder unabsichtlich) zeigen. So kann der Clown auf einer Party in Wahrheit ein sehr unglücklicher Mensch sein.

PROJEKTION
Wenn wir einen oder mehrere Aspekte unseres Selbst verleugnen, weil wir sie als unangenehm empfinden, projizieren wir diese häufig auf andere. Träume können dies manchmal enthüllen, indem sie dem Träumenden das Verhalten einer anderen Person als völlig unerhört präsentieren. Gleichzeitig spiegelt sich darin aber wider, wie der Träumer sich insgeheim im Wachleben manchmal selbst fühlt – so als ob er einen Hinweis für ein besseres Verständnis seiner selbst erhielte. Viele Paare neigen zur Projektion, ohne ihr Verhalten zu verstehen und ohne den Schaden zu erkennen, den sie damit anrichten können. Sie sind wütend aufeinander, obwohl die Wut eigentlich zu einem früheren Zeitpunkt hätte gezeigt werden müssen, weil sie vielleicht Mutter, Vater, einem Lehrer oder einem Geschwisterteil gegolten hat. Da Kindern aber verboten wird, Wut zu zeigen, staut sie sich an und findet Jahre später Ausdruck. Dann oft gegenüber dem Beziehungspartner.

PSYCHE
Die Psyche ist die Gesamtheit des bewussten und unbewussten menschlichen Geistes. Carl Gustav Jung glaubte, die

GLOSSAR Fortsetzung

Psyche würde als regulierendes System arbeiten. Wir können dies beispielsweise bei hilfreichen Träumen beobachten, die uns zu unserer inneren Balance führen wollen. Die Psyche wurde aber auch als Seele, Geist und Wesen des Menschen beschrieben.

SCHATTEN

Wie dieser Begriff es andeutet: Alles das, was nicht beleuchtet wird, bleibt im Schatten verborgen. Das trifft auch auf unvorteilhafte, ungeliebte Aspekte unseres selbstbestimmten Ichs zu, die wir nach außen nicht zeigen wollen. Schatten sind Aspekte unseres Selbst, die uns als inakzeptabel oder als zu erschreckend erscheinen, als dass wir sie uns eingestehen könnten. Unsere Schattenseiten treten zutage, wenn ein Geschehen eine unbedachte Reaktion hervorruft, und wir beispielsweise gereizt oder sogar gewalttätig reagieren, bevor wir unsere Emotion wieder unter Kontrolle bekommen.

SUBPERSÖNLICHKEIT

Eine Subpersönlichkeit ist ein abgespaltener Teil der Innenwelt des Hauptcharakters, der gewöhnlich als inakzeptabel oder peinlich betrachtet wird. Ähnlich wie die Archetypen tragen wir viele Unterpersönlichkeiten in uns, z. B. einen Richter, einen Clown oder vielleicht sogar einen potenziellen Mörder. Sie alle sind in unserer Innenwelt eingeschlossen aus Angst, dass sie uns in Schwierigkeiten bringen könnten. Menschen beschreiben oft, dass etwas von ihnen Besitz ergreift, von dem sie nicht wussten, dass es existiert.

Aus Gewohnheit verbergen wir gewöhnlich unsere inakzeptablen, unsozialen Subpersönlichkeiten. Doch wenn wir es am wenigsten erwarten, dann melden sie sich zu Wort, manchmal auch lautstark. Es ist am besten, sie möglichst früh zu erkennen und möglichst genau zu wissen, was passiert, wenn sie auftauchen.

SYMBOLE

Das träumende Selbst nutzt Symbole, um das Offensichtliche zu verdeutlichen: Sie sehen eine Brücke, die für einen Übergang auf die andere Seite steht. Ein Brief bringt Neuigkeiten, ein Polizist steht für Recht und Ordnung, eine Brieftasche für Geld und Identität oder ein Zug für einen Ortswechsel, eine Reise. Ein ganzer Traum kann in Symbolen zu uns sprechen.

LITERATURHINWEISE

Das vorliegende Buch ist stark von C. G. Jungs Lehre beeinflusst, es konzentriert sich auf spirituelle und archetypische Metaphern und Symbole. Weiter Interessierten sei der folgende Lesestoff empfohlen.

Das große Buch vom Schlaf Matthew Walker (Goldmann, München, 2018)

Focusing-orientierte Psychotherapie: Ein Handbuch der erlebensbezogenen Methode Eugene T. Gendlin (Stuttgart: Klett-Cotta, 2018)

Die Praxis der Achtsamkeit: eine Einführung in die Vipassana-Meditation Mahathera Henepola Gunaratana, Kristkeitz, Heidelberg, 1996

Why Can't I Meditate? Nigel Wellings (Penguin Random House, 2015)

Bilder der Seele: Traumarbeit und aktive Imagination Robert A. Johnson, München: Hugendubel 1995

Dreams That Change Our Lives Robert J. Hoss and Robert P. Gongloff, Editors (Chiron Publications Asheville North Carolina, 2017)

The Essential Jung Selected writings introduced by Anthony Storr (Fontana Press, 1983)

Erinnerungen, Träume, Gedanken C. G. Jung, aufgezeichnet und herausgegeben von Aniela Jaffé. Rascher, Zürich/Stuttgart 1962, posthume Autobiografie (Neuausgabe: Düsseldorf, Patmos, 2009)

Intelligente Zellen: wie Erfahrungen unsere Gene steuern Bruce H. Lipton, Dorfen, KOHA, 2016

Edgar Cayce: Die Geschichte eines schicksalhaften Lebens Thomas Sugrue, München, Hugendubel, 1981

Dream Images and Symbols Kevin J. Todeschi (A .R. E. Press, Virginia Beach, 1995)

WEBSEITEN ZU PSYCHOTHERAPIE

Psychotherapeutensuche von Pro Psychotherapie e. V. und therapie.de
https://www.therapie.de/psyche/info/ratgeber/links/verbaende

Deutsche Gesellschaft für Beratung e. V.
https://www.dachverband-beratung.de/wir-ueber-uns/mitgliedsverbaende

Verband psychologischer Berater e. V.
https://vpsyb.org

Deutsche Psychotherapeuten Vereinigung e. V.
https://www.deutschepsychotherapeutenvereinigung.de/der-verband

Berufsverband Psychosoziale Berufe
https://www.dgvt-bv.de/aktuell

NAKOS Nationale Kontakt- und Informationsstelle zur Anregung und Unterstützung von Selbsthilfegruppen
Otto-Suhr-Allee 115
10585 Berlin
www.nakos.de

Broschüre »Psychologische Beratung hilft …« des Bundesministeriums für Familien, Senioren, Frauen und Jugend
Herunterzuladen unter:
www.bmfsfj.de/bmfsfj/service/publikationen/psychologische-beratung-hilft---/96026

ÖBVP Österreichischer Bundesverband für Psychotherapie
www.psychotherapie.at

BÖP Berufsverband Österreichischer Psychologinnen und Psychologen
www.boep.or.at

VÖPP Vereinigung österreichischer Psychotherapeutinnen und Psychotherapeuten
www.voepp.at

FSP Föderation der Schweizer Psychologinnen und Psychologen
www.psychologie.ch

ASP Assoziation Schweizer Psychotherapeutinnen und Psychotherapeuten
https://psychotherapie.ch

QUELLEN

Warum träumen wir?

Matthew Walker, *Das große Buch vom Schlaf*, Goldmann, München, 2018

Ebda. REM-Schlaf und Non-REM-Schlaf

Michael J. Breus, »Why Do We Dream?«, Februar 2015, *Psychology Today*, https://www.psychologytoday.com/us/blog/sleep-newzzz/201502/why-do-we-dream; https://www.thesleepdoctor.com, letzter Abruf: 30.8.2019

Was ist gesunder Schlaf?

J. L. Kavanau, »Sleep, memory maintenance, and mental disorders«, *Journal of Neuropathy and Clinical Neurosciences*. 12 (2): 199–208

Michelle Carr, »What's Behind Your Recurring Dreams« *Psychology Today*, November 2014, https://www.psychologytoday.com/gb/blog/dream-factory/201411/whats-behind-your-recurring-dreams, letzter Abruf: 30.8.2019

Lee Ann Obringer, »How Dreams Work«, *HowStuffWorks*, https://science.howstuffworks.com/life/inside-the-mind/human-brain/dream.htm, letzter Abruf: 30.8.2019

National Sleep Foundation, »What is Circadian Rhythm?«, https://www.sleepfoundation.org/articles/what-circadian-rhythm, letzter Abruf: 30.8.2019

Massachusetts Institute of Technology, *»Animals have complex dreams, MIT researcher proves«*, http://news.mit.edu/2001/dreaming, letzter Abruf: 30.8.2019

Die frühen Traumforscher

Sigmund Freud, *Die Traumdeutung*, Verlag Franz Deuticke, Leipzig/Wien 1899/1900

Anthony Storr, *The Essential Jung Selected Writings*, Fontana Press, 1998

Calvin S. Hall, *The Meaning of Dreams*, Harper & Brothers, New York, 1953

Edgar Casey, Kevin J. Todeschi, *Dream Images and Symbols*, Creative Breakthroughs Inc., 1995

Die Geschichte der Traumdeutung

»Ancient Theories About Dreams«, hochgeladen von Carla Barbe, http://www.academia.edu/3100958

Marcia Malory, »Chinese Dream Interpretation«, http://dreaming.life/interpreting-dreams/ancient-chinese-dream-interpretation.htm, letzter Abruf: 30.8.2019

Joshua J. Mark, »Ancient History Encyclopedia«, April 2014, http://ancient.eu/Akhenaten, letzter Abruf: 30.8.2019

Claire Shofield, »Mother Shipton: The Legend of Yorkshire's Famous Prophetess«, *Yorkshire Post*, Oktober 2018, https://www.yorkshirepost.co.uk/news/mother-shipton-the-legend-of-yorkshire-s-famous-prophetess-1-9422047, letzter Abruf: 30.8.2019

»Nostradamus«, https://de.wikipedia.org/wiki/Nostradamus, letzter Abruf: 30.8.2019

Prophetische Träume

Freud Museum, London, »The Interpretation of Dreams«, https://freud.org.uk/learn/discover-psychoanalysis/the-interpretation-of-dreams/

C. G. Jung, *Erinnerungen, Träume, Gedanken*, aufgezeichnet und herausgegeben von Aniela Jaffé. Rascher, Zürich/Stuttgart 1962, posthume Autobiografie (Neuausgabe: Düsseldorf, Patmos, 2009)

»Remote Viewing«, https://en.wikipedia.org/wiki/Remote_viewing

»Prophetic Dreams«, http://www.dream-interpretation.org.uk/types-of-dreams/prophetic-dreams.htm

Rebecca Turner, »10 Dreams That Changed Human History«, https://www.world-of-lucid-dreaming.com/10-dreams-that-changed-the-course-of-human-history.html

Klarträumen (luzides Träumen)

Lee Ann Obringer, »Recurring Dreams and Nightmares«, *HowStuffWorks*, https://science.howstuffworks.com/life/inside-the-mind/human-brain/dream8.htm, letzter Abruf: 30.8.2019

Stephen LaBerge, *Lucid Dreaming* (Auszug aus einer DVD, mit Jeffrey Mishlove von Thinking Allowed TV), https://www.youtube.com/watch?v=IG-sDcQiqMI, letzter Abruf: 30.8.2019

Sekundärliteratur

Stanley Krippner (Vorwort), Robert J. Hoss und Robert P. Gongloff (Herausgeber), *Dreams That Change Our Lives*, Chiron Publications, 2017

Eugene T Gendlin, *Focusing-orientierte Psychotherapie: Ein Handbuch der erlebensbezogenen Methode*, Stuttgart: Klett-Cotta, 2018

Mahathera Henepola Gunaratana, *Die Praxis der Achtsamkeit: eine Einführung in die Vipassana-Meditation*, Werner Kristkeitz, Heidelberg, 1996

Robert A. Johnson, *Bilder der Seele: Traumarbeit und aktive Imagination*, München, Hugendubel, 1995

PSYCHOLOGISCHE BERATUNG UND PSYCHOTHERAPIE

Manchmal können wiederkehrende Träume, Albträume oder sich häufig ähnelnde Traumgeschichten darauf hindeuten, dass professionelle Hilfe angebracht ist. Viele Menschen sind durch ihre Träume verwirrt, beunruhigt oder auch nur neugierig, ohne zu erkennen, dass sie unbewusst mit ungelösten Problemen ringen. Auf der Suche nach mehr Klarheit können Gespräche mit Therapeuten hilfreich sein.

Was ist der Unterschied zwischen einer Psychotherapie und psychologischer Beratung? Psychologische Berater und Beratungsstellen arbeiten meist innerhalb eines engeren Zeitrahmens und befassen sich mit den Fragen, die ihre Klienten aktuell mitbringen. Psychotherapeuten haben eine höhere fachliche Qualifikation (Diplom-Psychologe oder Psychologe M. Sc. (Master of Science)) und befassen sich länger und eingehender auch mit verdeckten Traumata (selbst kleinste Kindheitsverletzungen können Spuren hinterlassen) und bringen unterdrückte Gefühle zutage, die bisher nicht bewusst wahrgenommen wurden.

Es heißt, psychologische Berater befragten auf der Suche nach Antworten das Bewusstsein, Psychotherapeuten das Unbewusste. Dies soll die wertvolle Arbeit von psychologischen Beratern nicht schmälern, sondern nur erklären, was zu erwarten ist, wenn man sich für die eine oder andere Beratungsform entscheidet.

Wenn aber beunruhigende oder faszinierende Träume zu einer ausgiebigen Beschäftigung mit der Traumwelt ermutigen, empfiehlt es sich, einen Spezialisten aufzusuchen, dessen Ausbildung ihm einen tieferen Einblick in das weite Feld des Unbewussten vermittelt hat. Berufsverbände, Krankenkassen sowie Gesundheitsministerien können bei der Suche nach einem geeigneten Therapeuten helfen (siehe hierzu auch S. 211). Dabei sollte darauf geachtet werden, dass Traumanalyse zum Angebot des betreffenden Therapeuten dazugehört.

Wenn Ihnen eine Gesprächstherapie nicht zusagt, nehmen Sie Kontakt zu einem der Berufsverbände auf. Vielleicht hat jemand vor Ort (beispielsweise ein Jung'scher Psychotherapeut) ja Interesse, Trauminterpretation zu vermitteln. Finden Sie heraus, ob derjenige bereit wäre, einen Workshop zum Thema anzubieten. Mit professioneller Anleitung kann eine Gruppe faszinierende und erhellende Einsichten gewinnen. Dies könnte der Beginn einer psychologischen Reise zu verborgenen Schätzen sein.

REGISTER

U

V

DIE AUTORIN

Rosie March-Smith, UKCP, BCPC und emeritiertes Mitglied der UK Association of Humanistic Psychology Practitioners ist seit fast 30 Jahren Psychotherapeutin. Sie begann ihre berufliche Laufbahn als Zeitungsjournalistin und war später international als Feuilletonistin tätig. Als Tutorin einer Schreibwerkstatt am Denman College im englischen Oxon und an anderen britischen Weiterbildungseinrichtungen unterrichtete sie auch Häftlinge im Gefängnis Reading, jenem Gefängnis, in dem einst der Schriftsteller Oscar Wilde inhaftiert war.

Ihr Interesse für Psychologie (und verborgene Ängste) wurde durch die Schriften ihrer Schüler immer größer und am Ende wurde sie Psychotherapeutin. Über ein Jahrzehnt bot sie in ihrem Haus in Somerset, wo sie heute noch lebt, Workshops für ganzheitliche Lebensführung und kreatives Schreiben an.

Rosie ist Mitbegründerin der The Dorset Association of Counselling and Psychotherapy, die Vorträge, Workshops und Unterstützung für professionelle Therapeuten im Westen Großbritanniens anbietet.

Als Autorin hat sie die beiden Publikationen der Open University Press *Counselling Skills for Complementary Therapists* und *Relationship Therapy* (auch McGraw-Hill Education) veröffentlicht.

DANK

Dank der Autorin

Die Autorin dankt ihren Kollegen Jo Lacy Smith, Julia Penrose, Molly Sobey, Flora Myer, Frances Hatch, Thekla Hickman, Sam Carr und Derek Smith für ihre unschätzbare Hilfe bei der Recherche und für ihre enthusiastische Unterstützung. Der Jung'sche Analyst Matthew Harwood schürte mit seiner Studiengruppe über Jahre ihr besonderes Interesse an der Traumarbeit: tief empfundenen Dank für diese Zeit, das Interesse und die intuitiven Einsichten.

Ein großer Dank gilt James und Mathew March-Smith für ihre prompte Hilfe bei den häufigen Problemen, die der unzuverlässige Computer der Autorin bereitete. Der Firma Pong Cheese gilt der Dank für ihre hilfreichen Informationen dazu, dass Käse je nach seiner Nährstoffzusammensetzung einen positiven oder negativen Effekt auf Träume haben kann.

Viele der Fallstudien stammen von früheren oder heutigen Patienten, die mir alle die freundliche Genehmigung gaben, sie in diesem Buch zu verwenden. Ihnen allen gilt ein herzlicher Dank.

Und schließlich dankt die Autorin der Verlagsredakteurin Emma Hill, die nicht nur dafür sorgte, dass dieses Projekt glatt ablief, sondern sehr angenehm war. Sie bedankt sich wärmstens für ihre Geduld und den sanften Ansporn während des gesamten Projekts.

Dank des Verlags

Der Verlag dankt Matthew Bowes für seine strukturierende Mitarbeit in den frühen Projektphasen, John Friend für das Korrektorat und Marie Lorimer für die Registererstellung.

NOCH MEHR ZU DEN THEMEN ACHTSAMKEIT, SELF CARE UND SELBSTFINDUNG

ISBN 978-3-8310-3645-5
16,95 € (D) / 17,50 € (A)

ISBN 978-3-8310-3841-1
14,95 € (D) / 15,40 € (A)

ISBN 978-3-8310-3799-5
19,95 € (D) / 20,60 € (A)

ISBN 978-3-8310-3671-4
19,95 € (D) / 20,60 € (A)

www.dorlingkindersley.de

W0266166

Matteo Uggeri

Il manuale dell'e-Learning

Guida strategica per la scuola e la formazione aziendale

APOGEO

Il manuale dell'e-Learning

Autore:
Matteo Uggeri

Il Capitolo 9 è stato scritto per la più parte da Laura Barlassina, che ha contribuito anche ai Capitoli 5, 7, 8 e dal 10 al 12 nonché al glossario finale.

Copyright © 2020 Apogeo - IF - Idee editoriali Feltrinelli srl
Socio Unico Giangiacomo Feltrinelli Editore srl
Viale Pasubio 5, 20154 Milano
Centralino: 023596681
libri@apogeonline.com
http://www.apogeonline.com

ISBN: 978-88-503-3543-5

Tutti i diritti sono riservati a norma di legge e a norma delle convenzioni internazionali. Nessuna parte di questo libro può essere riprodotta con sistemi elettronici, meccanici o altri, senza l'autorizzazione scritta dell'Editore.
Nomi e marchi citati nel testo sono generalmente depositati o registrati dalle rispettive case produttrici.
Le fotocopie per uso personale del lettore possono essere effettuate nei limiti del 15% di ciascun volume dietro pagamento alla SIAE del compenso previsto dall'art. 68, commi 4 e 5, della legge 22 aprile 1941 n. 633.
Le fotocopie effettuate per finalità di carattere professionale, economico o commerciale o comunque per uso diverso da quello personale possono essere effettuate a seguito di specifica autorizzazione rilasciata da CLEARedi, Centro Licenze e Autorizzazioni per le Riproduzioni Editoriali, Corso di Porta Romana 108, 20122 Milano, e-mail autorizzazioni@clearedi.org e sito web www.clearedi.org.

IL RAZZISMO
È UNA
BRUTTA STORIA.
razzismobruttastoria.net

Impaginazione:
Marilù Celenza

Redazione:
Francesca Linsalata

Immagine di copertina:
Daniele Morganti

Finito di stampare nel mese
di ottobre 2020
presso Nuovo Istituto Italiano
d'Arti Grafiche - Bergamo

Indice generale

Prefazioni

Ci sono parole "moderne" che, stranamente, invecchiano subito. Per esempio, che fine ha fatto l'informatica, mitologico termine degli anni Settanta e Ottanta? Oggi si parla di "digitale", informatica evoca un mondo di schede perforate e monitor a fosforo verde! La stessa sorte sembra essere toccata all'e-Learning, figlio di un'epoca molto più recente, di quegli anni a cavallo del secolo nei quali abbiamo scoperto Internet e il prefisso *e*-, con o senza trattino.

È piuttosto curioso che, nei mesi del lockdown, tra marzo e giugno 2020, un periodo brevissimo nel quale in molte scuole si sono bruciate le tappe nell'uso degli strumenti digitali, con la potenza di decine di PNSD deflagrati tutti insieme, nessuno abbia usato il termine "e-Learning".

Abbiamo praticato (e inventato) la DaD, Didattica a Distanza. Un termine che praticamente nessuno aveva mai utilizzato prima. Semmai, soprattutto in ambito aziendale e di formazione professionale, si usava la sigla FaD, Formazione a Distanza, non didattica. Le parole sono importanti, sosteneva Nanni Moretti in *Palombella rossa*, anche se non è semplice seguire la loro evoluzione e i significati mutevoli di queste sigle, in un mondo, quello della scuola, così ribollente di novità ma anche di struggente desiderio di tornare alla normalità da far archiviare anche la DaD, a favore della neonata DDI, la Didattica Digitale Integrata.

Integrata, in che cosa esattamente? In una struttura (e relative sovrastrutture) che è intrinsecamente lontana dal mondo digitale, che non a caso ha dovuto attendere una spaventosa crisi mondiale affinché qualcuno si accorgesse delle potenzialità.

Il rischio di voler dimenticare in fretta questa parentesi è alto, come fare dunque per riuscire, al contrario, a capitalizzare questa breve ma intensissima esperienza per migliorare alcuni processi che, con grande evidenza, si trascinano stancamente da anni?

La dicotomia "apocalittici *vs* integrati", quando si parla di digitale nella scuola, è sempre più che adatta a rappresentare un territorio nel quale convivono generazioni ormai lontanissime tra loro. La DaD, con tutti i suoi mille difetti, con l'improvvisazione che ne ha caratterizzato l'esordio, con le difficoltà nel raggiungere tutti (spesso anche a causa di imbarazzanti ritardi infrastrutturali), ha avuto il merito di riavvicinarle: la professoressa vicina alla pensione e il ragazzino in pigiama si sono guardati negli occhi, come forse era raramente accaduto in aula.

Pubblicare, oggi, un *Manuale dell'e-Learning* è un atto coraggioso. Sistematizzare la storia e le fondamenta metodologiche dell'arte di insegnare e imparare online, unendovi un

forte apparato tecnico-didattico, è un contributo importante che può accompagnare insegnanti e formatori in generale in un percorso che non può interrompersi né essere identificato soltanto come la "didattica dell'emergenza".
Pensiamo alle prossime parole, quelle che nasceranno dal dopo Covid e dallo sviluppo, speriamo davvero "integrato", di metodi e pratiche che finalmente possano far sì che anche la scuola e la formazione non guardino più con sospetto il mondo digitale.

Antonio Fini

Un prezioso strumento di orientamento per tutto il mondo della formazione. È questo il contributo che Matteo Uggeri mette a disposizione di progettisti, docenti, formatori coinvolti, improvvisamente, nella sperimentazione della formazione a distanza, con milioni di persone che per la prima volta hanno vissuto un'innovazione prima appannaggio di una minoranza.
Un'accelerazione radicale che ha proiettato gli individui in un mondo nuovo, in una delle varie forme di singularity profetizzate dalle rappresentazioni fantascientifiche di autori del passato.
Il nuovo mondo si presenta come un ecosistema dove l'ibridazione di ambienti di apprendimento fisici e digitali ha creato un "phygital learning environment", che richiede l'apprendimento di un nuovo alfabeto, di attivare e sperimentare nuove pratiche sociali e di lasciarsi alle spalle vecchi schemi e culture.
Una sperimentazione di massa che ci sta portando verso l'evoluzione e l'aggiornamento della didattica. Molti formatori hanno rotto il velo che impediva loro di usare semplici strumenti per operare a distanza e si sono accorti che la soglia di accesso ad alcune tecnologie è molto bassa. L'integrazione tra la didattica tradizionale e l'e-Learning sarà naturale. La formazione d'aula in ambito aziendale non scomparirà ma sarà necessariamente diversa, più breve ed esperienziale.
Sappiamo però che il cambiamento, se non viene ben gestito, rischia di rallentare l'innovazione e per questo è importante guidare bene questi nuovi processi, perché il principale rischio è quello della banalizzazione e della semplificazione, come quello di pensare che sia sufficiente registrare un video o connettersi in videoconferenza per fare didattica a distanza.
Si sta aprendo una nuova stagione di formazione, nelle aziende e nell'insegnamento professionale, dove la parola reskilling caratterizza tutto il dibattito, e i formatori sono chiamati a questa sfida, partendo prima di tutto da se stessi, attivando quel reskilling della professione del formatore in direzione del digitale.
Il manuale dell'e-Learning di Matteo Uggeri si presenta, allora, per il suo rigore e la ricchezza di casi e modelli, come uno degli strumenti più importanti a disposizione per orientare questa evoluzione della professione del formatore.

Franco Amicucci

Ringraziamenti

Con questo manuale ho voluto tentare di dire la mia in un momento così particolare della storia, non solo dell'insegnamento, ma di tutto. In momenti di pericolosa esaltazione mi sono sentito come i Blues Brothers, ossia "in missione per conto di Dio", in altri di cupa preoccupazione mi sono chiesto "chi me l'ha fatto fare, servirà a qualcosa?". Lo giudicherete voi.

Ancora oggi non mi è del tutto chiaro come, dopo i miei studi di design della comunicazione, sia finito a diventare una sorta di "espertone" di innovazione didattica e, in sostanza, di e-Learning. Di certo hanno avuto un ruolo fondamentale le tante persone che ho incontrato lungo il mio percorso formativo e professionale, *in primis* Alberto Colorni, fondatore del Centro METID del Politecnico di Milano, dove nel 1999 la mia vita si è incanalata in questa direzione non pianificata. Dopo di lui Susanna Sancassani lo ha seguito alla guida dello stesso centro, poi mutatosi in "servizio", oggi "task force". Posso dire di aver imparato moltissimo da entrambi, e di dovere loro molto. Altrettanto devo ai tanti colleghi e collaboratori che ho incontrato, in parte all'interno di quella struttura, in parte fuori, e con molti dei quali sono nate imperiture amicizie. Ho voluto farmi affiancare da molti di loro per compensare le tante inevitabili mancanze e gli errori dei quali questo libro ha rischiato (e rischia inevitabilmente tuttora) di essere colpevole. A loro ho affidato infatti la revisione dei capitoli, a seconda delle competenze.

Il primo è Daniele "Camillo" Albricci, esperto videomaker e designer ancora in forze al METID, e pure responsabile della mia assunzione là dentro ai tempi, quando mi segnalò che cercavano "uno per fare dei siti e per insegnare a un master". Lui ha rivisto il Capitolo 7 sui video, assieme a Giorgio Bordiga, anch'egli di analoghe competenze, e più recente e altrettanto prezioso amico. Un grazie anche a Flavio Bacci che nello stesso capitolo si è prestato a fare da modello nelle foto. A Gianfranco Elia, imprenditore digital di Mindly Consulting, ho affidato il Capitolo 6 su webinar e simili, e ammetto che il suo costante entusiasmo per il mio libro è stato corroborante. Altro socio della stessa piccola agguerrita azienda, Gabriele Cristini si è occupato del Capitolo 8 su piattaforme e LMS, in virtù della sua esperienza come Instructional Designer, tutor e tuttofare e-Learning da oltre vent'anni. Su tutt'altro piano, Sara Decalli, Coordinatrice pedagogica presso la scuola dell'infanzia "Maria Immacolata", mi ha aperto nuove strade nell'attenta e impietosa revisione operata sul Capitolo 4, spingendo a un tratto l'intero libro in una nuova direzione. Sempre lei ha inoltre fornito alcune delle strepitose attività suggerite per le Scuole dell'infanzia nel Capitolo 15. Fabio Nascimbeni, Assistant Professor all'Universidad

Internacional de La Rioja, ha smontato e rimontato con me il capitolo fondamentale per "la missione bluesbrothersiana" sull'open education. Simone Malan, designer per METID e musicista per il mondo, ha affrontato la e-Collaboration nel Capitolo 10.
Luca Roncella, game designer del Museo della Scienza e della Tecnologia di Milano, non poteva che occuparsi di raddrizzare il capitolo sulla gamification, il 13. Alessandro Campi, docente di base di dati al Politecnico di Milano, ha messo gli occhi sul Capitolo 11, scovando tra l'altro una madornale inesattezza rispetto a una citazione. Sullo stesso capitolo ha fatto scendere il suo pacifico sguardo esperto Bruno Aliprandi, CEO di Engineering Associates, complice anche di alcune dritte molto geek sugli LMS del Capitolo 8. Pierfranco Ravotto (di AICA e caporedattore della rivista *Bricks* per la scuola) ha rivisto la storia per il Capitolo 2, il mio preferito e quello che più ho amato scrivere. Molte altre persone, ma su tutte Eleonora Pantò (del Comune di Torino) sul ramo scuola e Marco Amicucci (di Skilla) su quello aziendale, mi hanno aiutato nel cruciale Capitolo 15: ricordo tra i supporter i docenti scolastici Dario Ianneci, Silvia Mattioli, Erasmo Modica e Silvia Bertani.
Stefano Menon, Instructional Designer, Project Manager, onnisciente e pragmatico collega di una vita, con me prima a METID e poi alla Fondazione Politecnico di Milano, istituzione agile, atletica e poliedrica per cui dal 2012 lavoro e a cui anche devo davvero tantissimo, ha rivisto il Capitolo 12 sulle valutazioni.
Giulia Spettoli, editor di Apogeo, mi ha accompagnato con fredda e divertita pazienza durante tutta la stesura, facendomi sentire al tempo stesso controllato, guidato e accompagnato. Con Fabio Brivio, responsabile editoriale sempre di Apogeo, ho avuto pochissime interazioni, ma gli sono molto grato per aver scelto me tra i pretendenti – a oggi non so ancora perché. Francesca Linsalata, che mai ho conosciuto, ha impugnato la penna rossa e redatto il libro (chissà che voto mi darebbe, se sarebbe clemente come il Maestro Manzi?). Marilù Celenza, anch'essa sconosciuta, ha impaginato il tutto con rigore e grazia.
Come sarà chiaro anche dal colophon, la persona che più di tutte ha messo mano a questo libro, tanto da diventare, con il suo contagioso e inesauribile entusiasmo, co-autrice di diversi capitoli e revisore di quasi tutti, è Laura Barlassina, che dal 2017 forma, assieme a me e al già citato Stefano Menon, un trio di lavoro consolidato e pronto a tutto. A lei, alla sua pazienza, curiosità e rigore vanno grandi e sentiti ringraziamenti.
Ve ne sono altri verso persone che, bontà loro, con l'e-Learning hanno per fortuna poco a che fare, ma che mi hanno consentito di portare a termine questo lavoro. Paola e Riccardo, che mi hanno ospitato per mesi nella loro meravigliosa casa di Barcaglione, con una generosità rara e apparentemente inesauribile. Come sempre, i miei genitori mi hanno supportato anche in questa nuova impresa, come hanno praticamente fatto in ogni cosa da quando mi hanno messo al mondo nel luglio del 1974. Ma è stata mia moglie Gaia, redattrice presso un altro marchio di questo stesso Gruppo editoriale, che mi ha prima segnalato la chiamata alle armi di Apogeo per trovare un autore a un ancora fumoso *Manuale dell'e-Learning*, per poi mostrarsi molto sorpresa quando ho deciso davvero di propormi, e ancora di più quando sono stato scelto. "Non pensavo proprio ce l'avresti fatta, sai?": i suoi incoraggiamenti (come intuite non esattamente a buon mercato) ma soprattutto la sua inesauribile intelligenza sono stati la guida lungo tutto, ma proprio tutto il percorso di progettazione e stesura del libro. Inoltre ha fatto scendere una severa mannaia redazionale sui Capitoli 1, 3 e 15, il cuore del libro.
Un'ultima parola va alle mie due bimbe, Olivia e Nora, che hanno subìto l'assenza del proprio papà più a lungo del solito, poiché impegnato in mansarda a "scrivere il libro". È

a loro che dedico questo lavoro, proprio perché spero con tutto il cuore che, comunque andranno le cose, l'insegnamento dalla scuola al mondo del lavoro potrà avvenire in modi quanto più possibile relazionali, dove le opportunità del digitale verranno sfruttate per rendere le persone empatiche e non solo efficienti, perché l'innovazione resti al servizio della felicità umana.

Nota conclusiva: sotto la postazione dalla quale ho scritto la più parte del libro, con fortunata vista sull'Adriatico, c'è un vecchio stereo degli anni Settanta, sul quale ho ascoltato le uniche musiche che non mi rendevano la concentrazione impossibile: ISAN, John Fahey, Stereolab, Øyvind Torvund, Don Cherry e Richard Skelton, che altresì ringrazio come subliminali fonti di ispirazione.

Parte I

Scoprire l'e-Learning: storia, metodologie, ruoli

In questa parte

Capitolo 1

Che cos'è l'e-Learning e perché questo manuale

In questo capitolo

Empatia digitale

Vincere la diffidenza verso la formazione online: questo il primo ambizioso passo per costruire ogni corso online. Certo, esistono anche gli entusiasti dell'e-Learning, della formazione a distanza, della "didattica con le TIC", o come si voglia chiamare una delle innumerevoli pratiche che usano il digitale per supportare l'apprendimento. Niente paura, anch'io sono tra quelli che tendono a storcere il naso al suono dei termini appena citati.

Come forse molti di voi, sono stato scottato, annoiato e angariato dai moduli online sulla sicurezza, o legge n. 626, o decreto n. 81, purtroppo divenuti l'emblema di come si possa vessare i lavoratori costringendoli a seguire un corso che ne azzeri l'entusiasmo.

Che dire poi di chi ha subito l'annichilente lezione di quattro ore filate in formato "webinar" da parte del canuto e borioso professore, con tanto di presentazione graficamente orripilante, scritte microscopiche e clip art anni Novanta?

In tempi più recenti, a seguito del lockdown causato dalla diffusione del Covid-19, ho assistito all'invasione digitale nella scuola, nell'università, nella formazione aziendale e nelle nostre vite. Proprio io, vedendo una bimba di 6 anni fare clic con acquisita maestria sulle finestre con i volti dei suoi compagni di classe in una piattaforma di videoconferenza, ho provato al tempo stesso commozione, meraviglia e paura.

Parlare oggi di e-Learning vuol dire infatti fare i conti con esperienze almeno in parte emergenziali di timore, fretta e compensazione di una qualche mancanza di fisicità.

Ma l'e-Learning non è solo questo. Se, da una parte, questo libro vi aiuterà a padroneggiare la terminologia specialistica che tale ambito ha via via costruito per definire e raccontare le proprie pratiche, dall'altra non ci fermeremo alla riduttiva etimologia di "apprendimento elettronico".

E-Learning è infatti molto di più e non serve soltanto a colmare una distanza fisica. Da oltre vent'anni l'e-Learning è una *forma d'innovazione della didattica e della formazione*, è apertura verso il nuovo, scardinamento dell'ordine precostituito, stimolo al miglioramento e all'integrazione fra tecnologia e apprendimento.

Soprattutto, e questo sarà un tema ricorrente in queste pagine, *l'e-Learning non è solo tecnologia*. Non parte da essa e non si ferma lì. Deve partire sempre dalle persone che progettano un percorso didattico e da quelle che ne fanno parte.

Così, gli step per costruire un corso online si intrecceranno sì con tecnicismi e nomi di software, app e piattaforme in continuo divenire, ma avranno sempre e comunque al centro le persone: chi apprende e chi insegna. Poi anche chi assiste, chi progetta, chi aiuta, chi gestisce ecc.

Il requisito che deve tenere a mente chi progetta un corso online, e ogni servizio digitale, è l'*empatia*, ossia la capacità di mettersi nei panni di chi fruirà del servizio, chi insegnerà, chi seguirà il corso. La prospettiva di uno "sguardo da fuori", che forse nella fretta dei "giorni del Covid" è andata smarrita, ma che ora è il momento di recuperare in un'ottica costruttiva e innovativa.

Ricominciamo a pensare al presente e al futuro della didattica scolastica e della formazione aziendale.

Partiamo con dieci punti di riflessione.

1. Chi apprende? A chi mi rivolgo? Chi sono le persone ora, e chi saranno alla fine del percorso che progetto?
2. Che cosa voglio insegnare? Quali sono gli obiettivi di apprendimento?
3. Che contenuti voglio trattare? Che cosa voglio far conoscere, sapere, sperimentare? A che livello? Che competenze voglio sviluppare?
4. Con quali mezzi punto a raggiungere i miei obiettivi? Come posso conoscerli e scegliere i più adatti?
5. Quali caratteristiche deve avere il mio corso? Che forma darò ai miei contenuti? Che esperienze formative voglio far vivere?
6. Come saranno i docenti o i formatori del mio corso? Come interagiranno con gli studenti e con il sistema che vado a costruire?
7. Come renderò il mio corso interessante, appetibile, utile? Quali leve di coinvolgimento metterò in atto per mantenere viva l'attenzione e favorire la memorizzazione di quanto appreso?
8. Come verificherò che i miei utenti avranno imparato, che saranno cambiati?
9. Come renderò sostenibile tutto questo? Di quali risorse necessito? Di che persone e figure professionali avrò bisogno?
10. Come promuoverò, comunicherò, valorizzerò il mio percorso formativo?

I dieci punti potrebbero diventare cento, con postille, sottopunti, esempi, eccezioni. Questo manuale vi guiderà nel rispondere a queste domande fondamentali e nel formulare le altre essenziali rispetto ai vostri obiettivi, in un contesto di gran lunga mutevole, segnato dall'evolversi frenetico delle offerte del mondo digitale.

Affronteremo quindi l'analisi di software specifici disponibili e vi guideremo in comparazioni e disamine per scegliere ciò che fa per voi, per la vostra azienda o la vostra classe

o il vostro gruppo di apprendimento, ma il filo rosso saranno il metodo, i processi e – in definitiva – le forme di buone pratiche che guidano la migliore progettazione, anche quella di un artefatto complesso e avvincente come un corso didattico.
Mettiamoci quindi subito all'opera per definire il contesto e gli obiettivi del vostro corso!

Insegnare online?

In un 2020 di "affanno scolastico" e di e-Learning forzato, la replica alla questione è spesso "se non c'è altra soluzione...". Forse conviene però proiettare lo sguardo verso il futuro e guardare a quanto è stato fatto nel corso dei decenni. Così facendo, una risposta meno condizionata dalla situazione (estrema) contingente dovrebbe riconoscere l'importanza dell'insegnamento online.

1. Perché la tecnologia e la Rete offrono opportunità che possono compensare o migliorare quanto si insegna "tradizionalmente" in aula: *in primis*, la delocalizzazione e lo sfasamento temporale della didattica. In parole povere: insegnare e apprendere dove e quando voglio.
2. Perché con l'e-Learning posso risparmiare tempo e risorse: applicare economie di scala alla formazione è il sogno proibito del mondo aziendale, ma non solo. Suddividere i contenuti in miniblocchi, "pillole formative", microlezioni o quant'altro ne consente vari usi, riassemblaggi.
3. Perché – soprattutto negli anni più recenti – con il digitale posso tracciare la formazione (in termini di partecipazione, apprendimento, coinvolgimento) con un certo agio ed efficacia.
4. Perché posso raggiungere tante persone in contemporanea: nell'impossibilità di formare in aula (per esempio con i MOOC, di cui tratteremo nel Capitolo 14).
5. Perché l'e-Learning facilita l'innovazione nell'apprendimento: con app, siti, formulari, piattaforme e strumenti interattivi posso renderlo più coinvolgente, dinamico, partecipativo, vivace.
6. Perché...

Potremmo andare avanti all'infinito, ora però vi metterò una pulce nell'orecchio, perché paradossalmente i dubbi ci tengono saldi. Ognuno dei punti di forza dell'e-Learning citati nasconde un'insidia, un rovescio che ricorda che parliamo di *potenzialità* dell'online in merito all'apprendimento. Soprattutto nel mondo aziendale i punti sopra diventano diktat volti a realizzare l'utopia di una formazione costante, che arriva ovunque, in qualsiasi momento (1), assemblabile come il Lego ed economicissima (2), controllata, con risultati chiarissimi e misurabili (3) e, infine, immensa, massificata (4). E magari anche innovativa, engaging ecc. (5, qui aggiungete il pregio che vi piace).
Faremo di tutto per darvi gli strumenti per realizzare questa e altre utopie, ma conviene restare con i piedi per terra e affrontare il tutto passo passo.
In questo modo, ci auguriamo, questo libro sarà davvero una *guida strategica*, per scegliere e progettare a lungo termine. Per esempio, una scuola che adotti G Suite for Education si trova una soluzione pronta, completa e affidabile, ma a lungo termine rischia di trovarsi vincolata a Google, che la fornisce secondo le proprie modalità, termini e priorità. E cambiare non sarà facile, tantomeno spostare contenuti, utenze, oggetti didattici. Optando invece per soluzioni open source come Moodle assieme a Big Blue Button per le videolezioni, dovrò forse investire di più in una fase iniziale di progettazione,

personalizzazione e configurazione, ma poi l'e-Learning sarà non solo un'infrastruttura flessibile, modificabile e "mia", ma avrò anche sviluppato le competenze digitali del team del mio istituto. E sarò in tempo per cambiare quando vorrò.

La lezione del Covid: tutti nella mischia!

> Quel giorno un'epidemia di "influenza addominale" (che cosa sia, non lo so) costrinse le scuole di Ramsdale a chiudere i battenti sino alla fine dell'estate.

Humbert Humbert, protagonista del romanzo *Lolita* di Vladimir Nabokov, commenta con annoiato distacco la chiusura delle scuole in un lontano 1947, senza curarsi degli aspetti drammatici della malattia e della sospensione delle lezioni, in una frase che ci fa capire come la chiusura totale delle scuole non sia una novità. Ma molto è cambiato dal '47.

Figura 1.1 Sequenza yoga per rafforzare il sistema immunitario. Fu consegnata agli studenti dell'istituto Iyengar di Pune (India) quando la scuola venne chiusa a causa di una violenta epidemia di influenza (http://yogaforbeginners-andmore.blogspot.com/2014/01/yoga-home-practice-immune-sequence.html).

> Stiamo tutti nella mischia. È il miglior modo per apprendere qualcosa di nuovo! Mercoledì scorso ho tenuto la mia prima lezione di 8 ore su Zoom.
> Ho messo una lavagna a fogli mobili dietro di me, poi mi sono reso conto che mi serviva un pennarello più spesso. Le breakout session sono grandiose: posso creare dei gruppi casuali di studenti per brevi laboratori di tipo... 15 minuti, poi far tornare tutti assieme in plenaria. Penso che ce la siamo cavata alla grande.

Così si esprimeva invece nel 2020 un docente universitario tedesco che, dieci giorni dopo la chiusura della propria università causata dalla pandemia, ha iniziato a insegnare la propria materia, Food Management, *completamente online*.
Dalle sue parole e da quelle di altri che hanno partecipato all'interessante indagine EdDiCo (2020), emergono dati contrastanti: fatica (le 8 ore online sulla piattaforma Zoom), problemi di natura pratica (la dimensione del pennarello, vero, non digitale!), entusiasmo (la possibilità di creare e gestire gruppi di lavoro online nella lezione online, con le breakout room, che vedremo bene nel Capitolo 6) e, infine, soddisfazione: "Siamo stati grandiosi", dice a se stesso e agli studenti.
La peculiarità della chiusura totale di istituti scolastici e universitari nella primavera del 2020 è stata la possibilità di farvi fronte con gli strumenti e le metodologie digitali della formazione a distanza.
In questo 2020 viviamo polemiche, critiche e discussioni sorte nell'ambiente scolastico rispetto a come è stata gestita l'emergenza, dove in molti casi il digitale ha potuto arginare il problema, o affrontarlo. Abbiamo sentito genitori confrontarsi su come la scuola o gli insegnanti dei figli hanno sopperito all'assenza dell'aula: "Mio figlio faceva solo un'ora alla settimana di lezione! Come farà a recuperare?" contro "Le prof. del mio invece sono state grandiose, hanno organizzato lavori di gruppo, lanciato giochi, il mio ragazzo era sempre occupato". E via così, in confronti serratissimi su qualità e quantità dell'offerta didattica a distanza, sulla mole dei compiti, sulle resistenze di insegnanti, ragazzi e genitori.
Nonostante gli interventi di fondazioni, enti e del Ministero stesso, il digital divide ha accentuato le differenze e limitato l'accesso all'istruzione per fasce più svantaggiate: troppi sono rimasti indietro perché poco o mal equipaggiati in termini di strumenti, reti o competenze.
Nel mondo della formazione aziendale è successo di tutto: da chi ha colto l'occasione per sdoganare la formazione online a fasce del personale che per tradizione erano ostili verso tale pratica, fino all'estremo opposto, dove aziende hanno arrancato o addirittura interrotto qualsiasi tipo di formazione perché non pronte e (per esempio alcune banche) impossibilitate a fornire accesso remoto alle reti per ragioni di sicurezza.
Insomma, il lockdown ha, in ogni caso, prodotto un'accelerazione non solo nella diffusione dell'e-Learning, ma anche nella riflessione su di esso e le sue potenzialità. Alcuni docenti scolastici hanno fatto salti professionali impensabili, accrescendo le proprie competenze digitali in poche settimane.
Anche il DigCompEdu, il documento quadro di riferimento europeo sulle Competenze Digitali delle Organizzazioni educative (DigCompOrg), ci permette di capire che una moltitudine di *educators*, nonché i discenti, hanno incrementato il proprio livello di competenza digitale in uno o più campi (Figura 1.2).
Il tutto è stato fatto al 90% in una modalità *learning by doing*, pratica, per tentativi ed errori, buttandosi nella mischia dell'e-Learning senza protezioni e all'improvviso.
Quindi: bene! Siamo stati bravissimi! Complimentiamoci con noi stessi, ringraziamo chi vi si è dedicato con tenacia e impegno. Maestri, formatori, ma anche genitori, bambini, ragazzi, discenti di ogni ordine e tipo. Chiunque, durante il lockdown, ha messo in atto processi di resilienza e di autoapprendimento sul digitale.
Lo stesso MIUR, tramite l'hashtag `#LaScuolaNonSiFerma`, ha raccolto in una rubrica dedicata e sui propri canali social esperienze, storie ed esempi di didattica a distanza dalle scuole italiane.

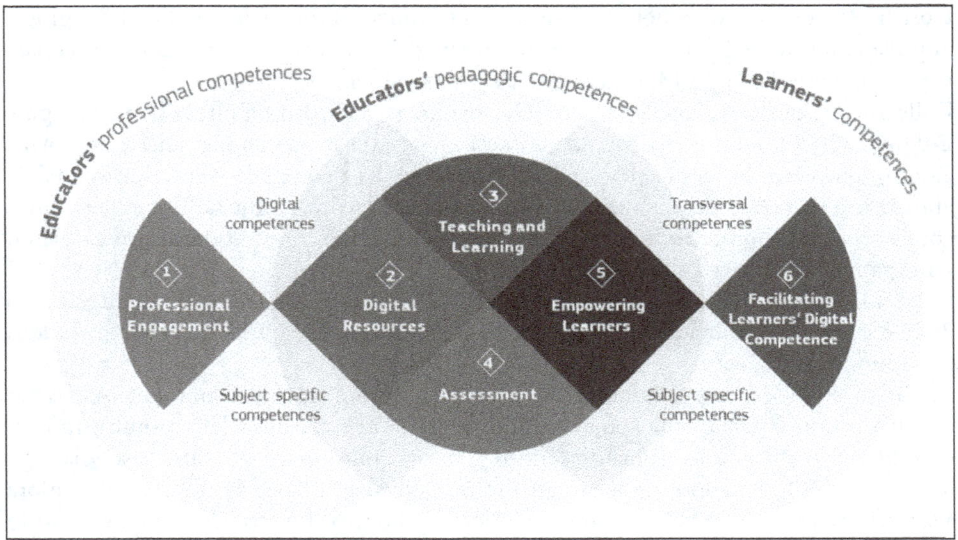

Figura 1.2 Il framework del DigCompEdu.

C'è ancora molta strada da fare, bisogna imparare dai tanti errori, definire strategie e direzioni a ogni livello, anche e soprattutto politico, e occorre fare il punto e capire che cosa è successo. Alcuni lavori pubblicati cercano di farlo, li segnaliamo tra le fonti: "Quando le scuole apriranno di nuovo le loro porte, troveranno il mondo sottosopra", ha detto Elisa Guerra, del Colegio Valle de Filadelfia in Messico, nella pubblicazione Unesco. Ecco, il secondo ambizioso obiettivo di questo manuale è quello di aiutare tutta la comunità di chi insegna e di chi apprende, e quindi diremmo *tutti*, ad affrontare meglio il futuro della formazione, nella convinzione che un fruttuoso equilibrio tra digitale e fisico, tra remoto e presenza, fra tradizione e innovazione, sia possibile.
Imparare a sfruttare le potenzialità del digitale è un'opportunità da cogliere. E mai come oggi è apparso evidente che rinnovare l'apprendimento, a tutti i livelli, è in ogni caso indispensabile. Speriamo quindi di riuscire a sistematizzare quanto appreso o messo in pratica durante l'emergenza Covid, farlo proprio, dargli basi più solide, migliorarlo.
L'e-Learning è tutto ciò che il mondo del digitale può offrire a quello dell'apprendimento. Sta a noi decidere come farlo al meglio.
La nostra speranza è che questo manuale fornisca un valido aiuto a rendere migliore l'uso della tecnologia nella didattica!

Per chi? Per tanti, forse tutti

Questo libro è per tutti, verrebbe da dire. Di sicuro, questo manuale è per chi si approccia all'e-Learning per necessità, curiosità o passione. Mentre scrivevamo queste pagine, pensavamo ad alcune figure particolari, ognuna delle quali potrebbe fare un uso di questo testo secondo le proprie specifiche esigenze.
Tali figure fanno parte del mondo della scuola, da un lato, e di quello aziendale, dall'altro. Abbiamo, in accordo con l'Editore, tralasciato l'insegnamento universitario perché, come

ha dimostrato la situazione del lockdown, le università hanno saputo reagire meglio e con più facilità.

Il libro è diviso in quattro parti, a cui corrispondono specifiche competenze che i lettori acquisiranno nella lettura, anche non totale, tant'è vero che a fine capitolo suggeriamo tre modalità di approccio (Figura 1.3).

Parte 1 *Scoprire l'e-Learning: storia, metodologie, ruoli*	Parte 2 *Fare l'e-Learning: mezzi, strumenti e piattaforme*	Parte 3 *Coltivare le relazioni dell'e-Learning: coinvolgere, osservare, valutare*	Parte 4 *Orientare l'e-Learning: strategie, etica e scenari*
Cap. 1 – 5 • Introduzione • Evoluzione • Metodologie d'apprendimento innovative • Ruoli e figure professionali	**Cap. 6 – 10** • Videolezioni e webinar sincroni • Videolezioni asincrone • Piattaforme e sistemi per la gestione dell'apprendimento • Authoring e creazione di contenuti • e-Collaboration	**Cap. 11 – 13** • Tracciamento e monitoraggio • Valutazione e certificazioni • Engagement, con focus particolare sulla gamification	**Cap. 14 – 16** • Open Education • Scenari attuali su casi esemplari • Risorse per ispirarsi e lanciarsi verso nuove frontiere
So di che si tratta quando si parla di e-Learning e conosco le principali accortezze per passare dalla formazione in presenza a quella online o blended	**Sono in grado di scegliere software, applicativi e componenti sulla base delle mie esigenze e dell'offerta free e a pagamento**	**Padroneggio le dinamiche dell'e-Learning e gli strumenti per osservare e valutare la formazione nell'ottica di favorire un apprendimento coinvolgente ed efficace**	**Osservo quanto fatto da altri anche in discipline diverse dalla mia e so farmi un'idea più precisa di come progettare percorsi di apprendimento in linea con i miei valori**

Figura 1.3 Sommario del libro e relative competenze (da mettere alla prova nella mischia!).

Nella scuola

> Ho iniziato a interessarmi di apprendimento oltre quindici anni fa. Tuttavia ammetto di non aver mai compiuto, prima di ora, un passo concreto in questa direzione. L'e-Learning ha sempre rappresentato un "lusso eventuale", una modalità accessoria di apprendimento (Alberto Odone, docente di Ear Training al Conservatorio di Milano, 2020).

Forse è questo il vostro caso. Mentre scrivevamo pensavamo a voi:

- all'insegnante o alla maestra che ha affrontato spavaldo/a la didattica a distanza al momento dell'emergenza Covid;
- a quello che non ce l'ha fatta e si è sentito in forte difficoltà;
- a chi ha provato con successo metodi e strumenti, ma sa che ce ne sono altri e vorrebbe sperimentarli;
- a chi detesta i computer e la mediazione digitale, ma intuisce che può usarla e forse perfino divertirsi;
- a chi ha realizzato che i suoi studenti ne sanno più di lui sul digitale e sull'e-Learning e vuole mettersi al passo;
- all'animatore digitale che vuole approfondire e migliorarsi nel proprio ruolo;
- al dirigente scolastico che vuole acquisire una visione strategica dell'innovazione ed essere guida per i docenti del proprio istituto;

- ai decisori di altro livello (regioni, comuni, apparati ministeriali ecc.) che hanno intuito le potenzialità della didattica a distanza e vogliono farle fiorire in un modello di scuola alternata o di didattica innovativa;
- al genitore che vuole aggiornarsi anche per aiutare il proprio figlio/a nel seguire le lezioni online;
- e infine, perché no, a qualche studente, magari delle superiori, che si è appassionato a questa modalità didattica.

Nel mondo del lavoro

Nel mondo aziendale, invece, ci rivolgiamo soprattutto (ma non solo) a chi si occupa delle risorse umane:

- gli HR;
- i trainer/formatori e relativi Training Manager;
- gli esperti di digital transformation;
- i professionisti del settore e-Learning stesso;
- tutti quelli che vogliono andare oltre: nella prima parte del libro ci concentriamo sulle basi, ma nelle parti centrali approfondiremo aspetti e strumenti specifici in modo sistematico;
- i Learning Manager o chi ha bisogno di indagare a fondo gli aspetti più complessi dell'e-Learning, per esempio il monitoraggio, l'engagement, le valutazioni;
- quelli che vogliono confrontarsi con gli scenari nell'ultima parte, in cui ritrovare la propria casistica, per poi annusare nuove frontiere che, immaginiamo, non sono dominio di tutti: intelligenza artificiale, neurogaming, realtà virtuale e apprendimento.

Una nota importante: dato che l'ambito della scuola è più aperto e condiviso, e spesso le metodologie, i modelli e anche gli strumenti dell'e-Learning sono gli stessi, il consiglio che do ai Training Manager aziendali è di andare a sbirciare che cosa avviene nell'istruzione pubblica, all'interno della quale fioriscono idee e sperimentazioni dalle quali si può trarre grande ispirazione.

Ovunque ci sia relazione

Al di là dell'"uomo della strada" che magari ha seguito le lezioni di yoga via Zoom ad aprile 2020 per mantenere mente, anima e corpo in forma, o del genitore che ha sbirciato lo schermo dei figli in lezione online, questo manuale è rivolto a tutti coloro la cui professione ha al centro una trasmissione o, meglio, una condivisione di conoscenza, o comunque dove c'è una relazione, uno scambio. In questo senso, il Capitolo 10 sull'e-Collaboration, che consente di spostare il focus dal "learning" e di allargarlo a creatività, cooperazione, scambio, è sicuramente utile. Ecco, per esempio, a chi pensiamo:

- divulgatori scientifici;
- bibliotecari;
- chi lavora in enti pubblici di vario genere (ATS, enti governativi ecc.);
- chi lavora nei mondi dell'arte e dell'intrattenimento, da teatro a cinema, dove gli strumenti che trattiamo per l'apprendimento si prestano a veicolare bellezza, emozioni, storie;

- chi a vario titolo svolge attività incentrate sull'interazione con le persone: penso a psicoterapeuti, logopedisti, consulenti di ogni sorta: anche loro hanno dovuto/potuto far mediare dal digitale il proprio lavoro;
- chi si occupa di comunicazione: tra un webinar, un meeting online, una videoconferenza o un evento pubblico di promozione o perfino un concerto online il confine è sottile, e gli strumenti in uso spesso gli stessi;
- gli *smartworkers*;
- decisori e, perché no?, politici di vario livello: chi definisce le policy per come devono adattarsi l'istruzione e la formazione è bene che conosca le basi di quello che offre il digitale per supportarle.

E via così, certi di aver dimenticato qualcuno.

Per la tua nuova carriera

Nel Capitolo 5, sui ruoli e le professioni dell'e-Learning, ho deciso di dare alcune indicazioni di carattere pratico anche in termini di potenzialità professionali: come purtroppo sappiamo, la pandemia ha aggravato la crisi economica e occupazionale in quasi tutti i settori. Non in questo, dove, al contrario, la richiesta è – al momento in cui scriviamo – cresciuta. Quindi un ulteriore obiettivo di questo manuale è quello di aiutare coloro che tra i lettori intravedono in questo ambito delle potenzialità professionali. Fino a poco tempo fa molti di coloro che lavorano in questo campo arrivavano dai settori della formazione tradizionale, delle risorse umane e – a volte – dell'informatica. Ma tra i tanti colleghi che ho avuto negli anni ci sono stati biologi, architetti, psicologi, perfino glottologi. Quindi, chissà, un giorno non lontano potreste decidere di intraprendere la carriera dell'*Instructional Designer* (non prima di avere frequentato il corso online di cui appunto parliamo nel Capitolo 5!).

Una guida tra le nuvole

Chi vuole guidare qualcuno in un territorio che muta a velocità impressionante non può limitarsi a fornire una mappa: per quanto dettagliata, essa sarebbe ingannevole. Gli strumenti trattati nella seconda parte del libro cambiano a una velocità impressionante. Il concetto di "cloud", ossia di software offerti come servizi in Rete, localizzati su server e gestiti dai relativi fornitori, ha reso tutto ancora più sfuggente. Questa nuvola in cui si trovano i software e i nostri e vostri dati è, per l'appunto, troppo difficile da mappare. Se vogliamo imparare a muoverci attraverso di essa, dobbiamo avere le competenze per orientarci. Questo perché i luoghi, i punti sul territorio si spostano, cambiano forma, nome, caratteristiche. Il concetto di cloud, infatti, presuppone che i programmi che utilizzo (per esempio Google Drive, Edmodo, Zoom, che vi illustreremo) sono resi disponibili in remoto da "qualcuno" (un'azienda, una comunità, un ente pubblico), il quale decide quando e come modificarli... Quindi, in questo libro, troverete descrizioni di che cosa c'è nel territorio/nuvola dell'e-Learning, di come trovarlo, scoprirlo, sperimentarlo. Non mancheranno giudizi aggiornati allo stato delle cose nell'estate 2020. Tuttavia, va ricordato che gli strumenti variano a velocità molto alta in termini di interfaccia, funzioni, diritti d'uso e anche costi: la gratuità con la quale molte piattaforme sono state "offerte" nel periodo del lockdown è l'esempio più lampante. I prodotti si copiano a vicenda: Google Meet a metà giugno 2020 ha annunciato una serie di miglioramenti che, in sostanza, ricalcavano caratteristiche del principale com-

petitor, Zoom. La concorrenza porta a un "allineamento" tra prodotti, anche in termini di prezzi, oppure alla specializzazione di alcuni. Docebo, LMS che nasceva per la scuola e l'università, ora è incentrato sul mondo aziendale.
Di conseguenza, confrontare prodotti per l'e-Learning significa confrontare filosofie di fondo e individuare i tratti distintivi (non le funzioni o *features*!). È per questo che, salvo alcune eccezioni sulle quali ci soffermeremo, per ognuno elenchiamo gli essenziali punti di forza e di debolezza, in schede minimali.

Come usare questo libro

Eccolo qua, il libro è tutto vostro! Imparate quello vi serve davvero. Non è necessario diventare onniscienti dell'e-Learning per usarlo al meglio, e le competenze da acquisire saranno quelle che ognuno si renderà conto di necessitare per il proprio caso specifico. Io e tutte le persone che mi hanno aiutato a scrivere, redazionare, correggere e strutturare questo manuale (che trovate – mai adeguatamente – ringraziate all'inizio) abbiamo avuto tutti dubbi, incertezze, domande irrisolte, pensieri cupi. Ma ci sembra che la cosa funzioni. Vi suggerisco tre modalità di uso del manuale.

1. Per i più coraggiosi: leggerlo dall'inizio alla fine, come un romanzo, magari in una lunga notte d'inverno, corroborati da una bottiglia di buon vino o una tisana rilassante, a seconda dei gusti o dell'umore. Alla fine sarete capitani delle avventure dell'innovazione dell'apprendimento, acerbi guru. O consulenti. O almeno ottimi progettisti e formatori/insegnanti.
2. Per i più pragmatici: sfruttarlo al bisogno, avendolo a disposizione sulla scrivania ogni volta che si avranno dubbi, magari per colmare l'ignoranza durante una telefonata (o videochiamata a camera spenta) su un tema, un argomento. In tal senso il glossario finale non vi deluderà.
3. Per chi deve farsi un'idea in fretta: scorrerlo come un promettente libro-game partendo dal Capitolo 1 per passare al 3, che dà una sorta di sintesi e metodo generale. Saltare tutto il resto, e planare sul 15, dove esplorerete alcune casistiche esemplari (per la scuola e per il mondo del lavoro). A quel punto avrete individuato le vostre esigenze, e quindi potrete tornare ai capitoli centrali del libro, tutti autoconclusivi. Nel Capitolo 15 troverete nel testo riferimenti a strumenti, metodi, pratiche, con l'indicazione del capitolo in cui se ne parla, in modo da potervi "muovere" ipertestualmente tra le pagine.

Adesso, finalmente, buona lettura e... se posso darvi un consiglio, non perdetevi il Capitolo 2!

Fonti

NOTA

Tutti gli URL indicati tra le fonti del manuale, unitamente ad alcuni aggiornamenti e contenuti ulteriori, possono essere raggiunti visitando il sito `http://manuale-elearning.it`.

AA.VV., "Didattica aperta al tempo delle scuole chiuse – Esperienze didattiche nel periodo di chiusura delle scuole per il coronavirus", pubblicazione gratuita sulla rivista

monografica *Bricks* (n. 2, 2020), che raccoglie una serie di articoli scritti direttamente da docenti, dirigenti e animatori digitali su come hanno affrontato l'emergenza.
http://www.rivistabricks.it/2020/06/14/n-2-2020-didattica-aperta-al-tempo-delle-scuole-chiuse/

AA. VV., "Protecting and Transforming Education for Shared Futures and Common Humanity: joint statement by the International Commission on the Futures of Education" (Commissione Internazionale per il futuro dell'Educazione), Unesco, 2020. Cerca di prefigurare i futuri possibili (o auspicabili) a valle di questa situazione.
https://unesdoc.unesco.org/ark:/48223/pf0000373380

Di Blas N., Di Santo B., Torrebruno A., *Voci dalla scuola al tempo del Coronavirus* (ebook), HOC LAB Polimi, 2020. Pubblicazione digitale gratuita curata da HOC-LAB del DEIB del Politecnico di Milano, che raccoglie le testimonianze di oltre 3.000 docenti (dalla scuola dell'infanzia alla secondaria superiore) su come hanno affrontato l'emergenza Coronavirus e il passaggio improvviso alla didattica a distanza. 2020.
https://play.google.com/store/books/details/Nicoletta_Di_Blas_Voci_dalla_scuola_ai_tempi_del_c?id=3LbkDwAAQBAJ

MIUR, hashtag #LaScuolaNonSiFerma
https://www.istruzione.it/coronavirus/didattica-a-distanza_lascuolanonsiferma.html

Odone A., "Didattica musicale a distanza", *Bricks*, n. 3, 2020.
http://www.rivistabricks.it/wp-content/uploads/2020/07/2020-03-05_Odone.pdf

"Promoting Effective Digital-Age Learning: A European Framework for Digitally-Competent Educational Organisations" (http://europa.eu/!dV98uF) della Commissione Europea, Joint Research Centre © European Union, 2015. Versione italiana: Earp J., Bocconi S., "Promuovere un apprendimento efficace nell'era digitale. Il quadro di riferimento europeo DigCompOrg sulle competenze digitali delle organizzazioni educative", Istituto per le Tecnologie Didattiche, Consiglio Nazionale delle Ricerche (CNR), 2017.

Sancassani S., Brambilla F., Marenghi P., Menon S., *E-Collaboration. Il senso della Rete. Metodi e strumenti per la collaborazione online*, Apogeo, Milano, 2011.
http://www.apogeoeducation.com/9788838786815-e-collaboration-il-senso-della-rete.html

"Supporting the Development and Certification of the Digital Competences of Educators – EdDiCo", https://eddico.eu/. La citazione è tratta dal documento "Needs and expectations of higher education teachers on digital competences (before and during the COVID-19 outbreak)", aprile 2020.

Uggeri M. (a cura di), "Gioco, arte, musica e sport a scuole chiuse: iniziative e progetti tra digitale e sudore", *Bricks*, n. 3, 2020.
http://www.rivistabricks.it/2020/07/16/n-3-2020-gioco-arte-musica-e-sport-a-scuole-chiuse-iniziative-e-progetti-tra-digitale-e-sudore/

Capitolo 2

Breve storia di (quasi) tutto l'e-Learning

In questo capitolo

- L'evoluzione della didattica a distanza
- Diffusione dell'e-Learning
- Fonti

L'evoluzione della didattica a distanza

Perdonate la parafrasi di uno dei miei autori preferiti, Bill Bryson, il cui *Breve storia di (quasi) tutto* costituisce un libro che consiglio a chiunque ami un approccio di carattere storiografico alla conoscenza. Nel nostro caso si tratta di una storia breve ma, come tutti i campi che si intrecciano con le tecnologie, estremamente densa e in continua accelerata. I più praticoni, come sempre, potranno saltare ai capitoli successivi, ma chi invece si soffermerà su questo avrà modo in poche pagine di avere un'anticipazione di (quasi) tutti i temi che toccheremo nei prossimi capitoli.

Ottocento: gli albori

In uno degli ultimi capitoli del libro vedremo le connessioni dell'e-Learning con etica e politica: caratteristica notevole dell'innovazione didattica è la spinta che sin dagli inizi è arrivata da movimenti per l'inclusione e la giustizia sociale.

Negli USA gli studi universitari a distanza nascono con l'obiettivo di ridurre le discrepanze socio-culturali tra i soggetti appartenenti alle classi economicamente svantaggiate e quelli più agiati: "Si trattava di interventi basati essenzialmente su corrispondenza cartacea e caratterizzati da un'interazione studente-docente generalmente limitata alla spedizione di elaborati" (Bontempelli, 2005). Se ci riflettiamo, è una forma di istruzione molto più student-centered di molte altre a seguire, secondo un modello moderno. Ripercorriamo le date significative.

- 1837 – In Gran Bretagna, Isaac Pitman dà vita al primo corso di stenografia per corrispondenza, dove docenti e studenti instaurano una comunicazione bidirezionale attraverso la posta. Soddisfatto, fonda la Phonographic Correspondence Society.
- 1873 – Anna Ticknor crea un'altra associazione: la Society to Encourage Studies at Home a Boston. Fornisce possibilità d'istruzione da casa a donne di ogni classe sociale.
- 1883 – Lo Stato di New York autorizza le lauree per corrispondenza del Chautauqua Institute, che dal '74 conduce esperimenti educativi non profit di quel che chiamano "vacation learning".
- 1892 – L'Università di Chicago diventa la prima a offrire corsi di corrispondenza grazie al linguista William Harper, che istituisce un programma di affiliazione con diversi college e università regionali con l'intento di ridurre la dispersione dell'istruzione. Molti docenti di Chicago non apprezzano, poiché il programma richiede loro lavoro aggiuntivo senza annesso compenso extra. Dopo la morte di Harper nel 1906, il programma è gradualmente sospeso, fino all'estinzione nel 1910. La reticenza di molti docenti ad abbracciare l'innovazione didattica resterà un tema centrale dell'e-Learning per gli anni a venire.

Queste molteplici esperienze, tuttavia, alimentano successive sperimentazioni che applicano all'istruzione nuove mirabolanti tecnologie della comunicazione disponibili.

Primi del Novecento: imparare al telefono e alla radio

Nei primi anni del Novecento la BBC inglese, utilizzando le trasmissioni radio, propone un programma di lezioni integrative dei corsi scolastici. Radio Canada inserisce nella propria programmazione trasmissioni educative rivolte agli agricoltori perché possano migliorare e aggiornare le tecniche professionali senza esser costretti ad abbandonare il luogo di lavoro. Sempre in quegli anni l'Università dell'Iowa organizza un insegnamento via telefono per studenti disabili (Bontempelli, 2005).

- 1920 – Il corpo dei Marine degli Stati Uniti inizia ad arruolare e formare soldati per corrispondenza.
- 1922 – Il Pennsylvania State College trasmette alcuni dei suoi corsi alla radio.

1950-1960: dopo la guerra, verso la TV

Parlando di soldati, chiaramente la seconda guerra mondiale crea nuovi scossoni anche nel mondo dell'istruzione, e di quella a distanza è ora difficile seguire le tracce. Sappiamo che la Francia, durante quegli anni, predispone un servizio di scolarizzazione primaria e secondaria via radio, strumento che si va sempre più affermando per usi didattici anche nel dopoguerra. Si salta così agli anni Cinquanta e Sessanta in un batter d'occhio, quando l'avvento della tecnologia audiovisiva permette di registrare lezioni e di diffonderle con sempre maggiore facilità, favorendo la libertà di organizzazione dell'apprendimento.
Inoltre, il paradigma del comportamentismo (vedi Capitolo 4) stimola negli Stati Uniti la nascita del CAI (Computer Aided Instruction) e dei concetti di "istruzione programmata lineare", fornendo quelle che saranno le primitive basi teoriche agli approcci più meccanicistici dell'e-Learning (basati su sequenze reiterate di stimoli e risposte). Li ritroveremo cinquant'anni dopo nel mondo degli smartphone e del mobile learning.

Figura 2.1 Una pubblicità "di quei tempi" della Scuola Radio Elettra, riportata nell'interessante articolo che citiamo nelle risorse. La scuola esiste ancora, in formato essenzialmente... e-Learning: www.scuolaradioelettra.it.

- 1951 – Su iniziativa di Vittorio Veglia e Tomasz Carver Paszkowski nasce la Scuola Radio Elettra di Torino, che sopravviverà fino alla metà degli anni Novanta, formando a distanza oltre un milione e mezzo di tecnici (anche all'estero). Il modello pedagogico era di tipo pratico (per corrispondenza venivano inviate le dispense ma anche i componenti che servivano a costruire le radio), ma molto addestrativo-dirigistico (Figura 2.1).
- 1953 – L'Università di Houston offre i primi corsi universitari televisivi in USA.
- 1959 – La RAI lancia un programma TV destinato all'insegnamento della lingua italiana agli analfabeti chiamato "Non è mai troppo tardi". Con un formato perfettamente in linea con quanto predicheremo nel Capitolo 7 sulle videolezioni, prevede tre appuntamenti di 30 minuti l'uno ogni settimana, nel tardo pomeriggio. Sempre

in ottica di quella che oggi chiamiamo *digital inclusion* (Capitolo 14), chi possiede un televisore assiste individualmente da casa, mentre per tutti gli altri vengono disposti duemila posti d'ascolto sparsi in numerose parti d'Italia, soprattutto in luoghi privi di strutture scolastiche. In otto anni il programma consente a un milione di analfabeti di ottenere la licenza elementare (Bontempelli, 2005).

NOTA

Il mitico Maestro Manzi: io stesso l'ho scoperto per la prima volta tramite i miei zii, che ne hanno un ricordo fervido e ancora estremamente positivo. Di certo alcuni dei lettori hanno avuto la fortuna di poterlo vedere all'opera. Essendo i suoi metodi espositivi e valutativi così originali da risultare avveniristici, lo ritroveremo nei Capitoli 7 e 12, dedicati rispettivamente a videolezioni e a valutazioni. Per ora diciamo solo che non andava molto d'accordo con il Ministero (Figura 2.2).

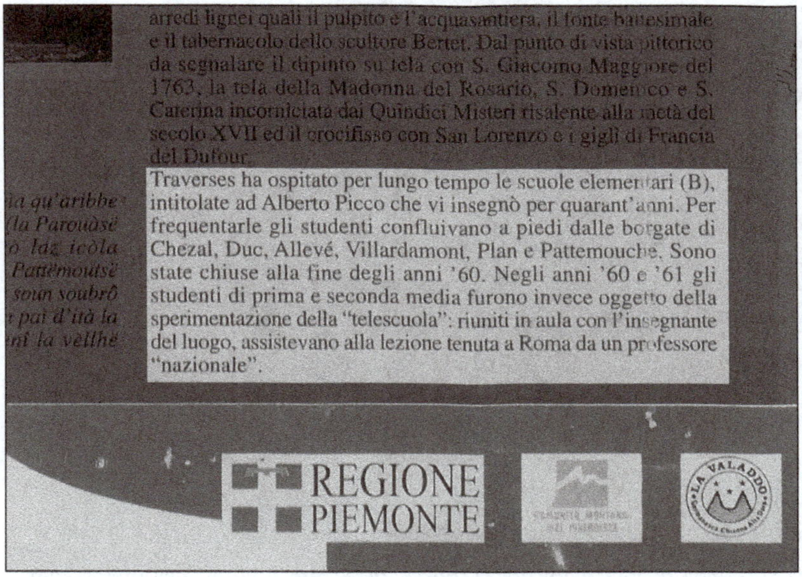

Figura 2.2 Un dettaglio del cartello a Traverses, isolato paesino sui monti del Piemonte, dove ancora oggi si parla la lingua patois occitana. Il testo illustra fieramente i primi esperimenti di "telescuola" negli anni Sessanta. Indoviniamo facilmente chi è tale professore "nazionale".

- 1960 – Come detto, si diffondono i computer. Ben nove anni prima che l'embrione di Internet faccia capolino nel mondo, l'Università dell'Illinois crea una intranet locale per i suoi studenti: un sistema di terminali informatici collegati in cui gli studenti possono accedere al materiale del corso e ascoltare le registrazioni delle lezioni.
- 1963 – Negli USA nasce l'Instructional Television Fixed Service (ITFS), per riservare frequenze di trasmissione a istituzioni che vogliono divulgare corsi via televisione.
- 1964 – Ancora negli USA Charles Wedemeyer, la cui biografia vi invito a esplorare, sostiene che studio per corrispondenza, educazione aperta, insegnamento radiotelevisivo e apprendimento individualizzato vadano instradati in iniziative congiunte. Fonda così

l'Articulated Instructional Media (AIM), progetto che vuole integrare diversi media (corrispondenza, TV, radio, cassette audio, libri, audioconferenze via telefono) in un unico percorso educativo. Potremmo definirlo il precursore del concetto di LMS (Capitolo 8).

- 1965 – Nonostante l'ambito medico sia ancora oggi citato come uno di quelli in cui la formazione "tradizionale" è indispensabile, uno dei primi programmi di apprendimento a distanza telefonici è proprio per medici (è dell'Università del Wisconsin). Spero che non includesse lezioni pratiche di neurochirurgia.
- 1969 – Nasce nel Regno Unito la Open University (OU), un'università pubblica specializzata nell'insegnamento a distanza, nonché tra le più grandi università UK. Nel corso dei suoi primi cinquant'anni si vanta di aver consentito a "oltre 2 milioni di studenti di ricevere un'istruzione, altrimenti loro negata nelle università con sede nel campus". È ancora un punto di riferimento nella formazione a distanza: `http://www.open.ac.uk/` (Figura 2.3). Fa oggi parte del più ampio movimento ODL (Open Distance Learning), che pone l'accento sui due aspetti: la distanza e l'apertura, intesa come maggior flessibilità dei percorsi didattici, di libertà del discente, di tempi in cui svolgere le attività.

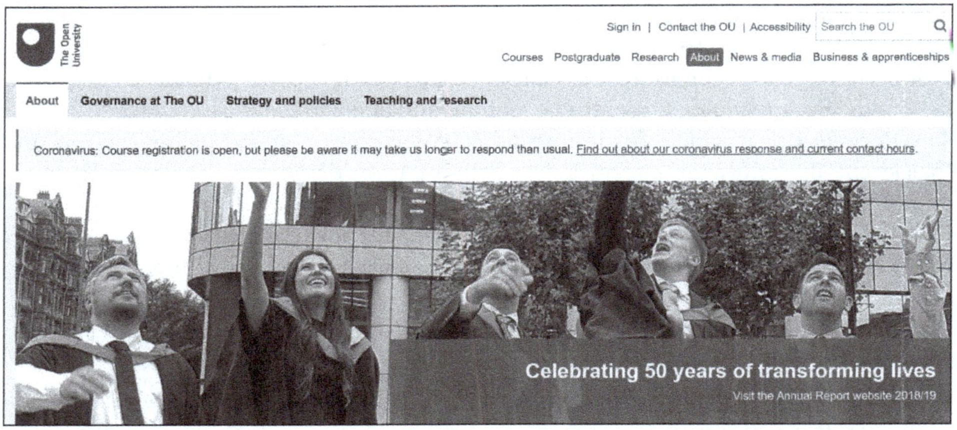

Figura 2.3 Happy birthday, Open University!

1970-1980: verso Internet, passando dai floppy

Tra la fine degli anni Sessanta e i primi anni Settanta nasce e si sviluppa ARPANET, un'iniziativa del Ministero della Difesa statunitense volta a connettere delle reti di computer. È a tutti gli effetti il progenitore di Internet, che però in Italia arriverà solo nel 1986, proprio anche grazie ai finanziamenti della Difesa americana.

Proseguono e si diffondono le telelezioni in tutto il mondo, man mano affiancate da timidi esperimenti "in Rete" che iniziano ad apparire in tutti gli Stati Uniti man mano che la percentuale di accesso a Internet nelle case cresce.

Alcuni primi prodotti informatici "fisici" pensati per l'autoistruzione, contenenti informazioni strutturate e strumenti per l'autoverifica in forma di floppy disc, iniziano a diffondersi.

- 1970 – Bernard Luskin (del Coast Community College californiano) ridefinisce il concetto di "telecorso", cominciando a spingere per una didattica meno puramente trasmissiva ma che riesca anche a introdurre elementi di tracciamento e valutazione a distanza degli studenti. Nella sua carriera diventerà anche presidente di Philips Interactive Media, e collaborerà con i Paramount Studios, ma forse nel nostro contesto interessa più sapere che è tra i primi a sostenere la diffusione di CD-ROM didattici interattivi, che troveranno poi diffusione dalla fine degli anni Ottanta.

- 1976 – Il Coastline Community College diventa il primo "college virtuale" in America, senza campus e con tutti i corsi trasmessi secondo i media disponibili.
- 1982 – Il National University Teleconferencing Network trasmette via satellite a quaranta istituzioni universitarie.
- 1986 – L'Electronic University Network (EUN), con la missione di aiutare college e università USA ad ampliare la disponibilità di corsi online, offre in epoca preworld wide web il suo primo corso online nel 1986. Vi si può accedere con computer DOS e Commodore 64 e viaggia su linee telefoniche.

1990: l'e-Learning è maturo

Internet si afferma per il largo pubblico e appare il *world wide web*, che segna "un decisivo passaggio nella storia dei *media* da tecnologie centriche e monofunzionali, che vedono il soggetto come fruitore sostanzialmente passivo rispetto a un centro erogatore del messaggio, a tecnologie acentriche, polifunzionali e partecipative" (Calvani, 2009). Tim Berners-Lee, il principale ideatore del WWW, definisce questa "più un'innovazione sociale che un'innovazione tecnica. [...] Il fine ultimo del Web è migliorare la nostra esistenza reticolare nel mondo" (Berners-Lee, 1999).
In questi anni emerge un ambito di riflessione teorica sulla formazione in Rete, indicato con varie espressioni (*online education, online learning, e-Learning, computer mediated distance learning, web-based learning*), sino al prevalere indiscusso del termine "e-Learning" (ancora Calvani, 2009).
I CD-ROM didattici sono ormai affermati, spesso con elementi di interattività sempre più spinti, giochi inclusi. Sono forse i primordi della gamification (Capitolo 13).

- 1991 – Nasce il Consorzio Nettuno: tramite trasmissioni satellitari, mette a disposizione di tutti i cittadini, gratuitamente, migliaia e migliaia di videolezioni in televisione, collegate a numerosi corsi di laurea di diverse facoltà. Esiste ancora oggi (Figura 2.4).

Figura 2.4 Home odierna del Consorzio Nettuno: www.consorzionettuno.it.

- 1997 – L'Interactive Learning Network (ILN) viene creato e rilasciato in più scuole e università: alcuni la definiscono la prima piattaforma di e-Learning.
  Nasce l'LMS Blackboard, ancora oggi utilizzato in molte università, tra cui la Cattolica di Milano, per gestire i corsi online.
- 1999 – Il Dipartimento per l'educazione americano fonda il Distance Learning Education Demonstration Program.

Anni Duemila: e-Learning 2.0

La maggior parte delle principali università americane inizia ad aggiungere corsi online al proprio curriculum, comprese alcune lauree offerte interamente online.
Arriva il cosiddetto *Web 2.0*, sorta di nuova era della Rete nella quale regna la possibilità di rendere dinamici i contenuti dei siti. Pare strano pensarci oggi, ma fino ai primi anni Duemila l'idea di caricare contenuti su un sito o di interagire con essi in qualsivoglia maniera non era certo la norma. "Gli utenti diventano in misura maggiore soggetti-autori in un contesto di condivisione o collaborazione; Internet è sempre meno un luogo in cui si ricercano informazioni e sempre più un luogo in cui si costruiscono contenuti personali con strumenti come i blog e i *wikis*, si condividono risorse e si comunica in forme più coinvolgenti tramite strumenti come *instant messager*, *podcast*, servizi di condivisione di foto o filmati. Il web 2.0 è caratterizzato dal cosiddetto *social networking*" (Calvani, 2009).

- 2000 – L'Unione Europea, con il Consiglio di Lisbona, avvia una serie di iniziative con l'ambizioso obiettivo di rendere l'UE "la più competitiva e dinamica economia basata sulla conoscenza".
- 2000 – Il Politecnico di Milano lancia la prima laurea interamente online del Bel Paese. Si tratta di un'innovazione unica in Italia e tra le prime in Europa (assieme alla citata Open University inglese e alla UOC spagnola). Il software utilizzato per gestire tutto il corso è Lotus Learning Space (poi acquisito da IBM), che nella sua forma iniziale non prevede neppure la comunicazione audio in real-time, poi implementata nella seconda versione. Ancora nessuna webcam né video allora, causa la minore potenza delle reti, poiché nella maggior parte delle case si viaggiava quasi solo con lenti modem da 56 kbps.

NOTA

Per la serie "io c'ero": nel 1999 inizia la mia carriera nell'e-Learning, proprio al Centro METID (Metodi e Tecnologie Innovative per la Didattica, fondato dal prof. Alberto Colorni) dell'ateneo milanese, dove tale corso di laurea online in ingegneria informatica è sviluppato (Figura 2.5). Ricordo con chiarezza la diffidenza da parte dei docenti, quasi tutti peraltro di ambito tecnologico. Alcuni insegnanti si adattano subito alla presenza del microfono, altri si trovano in difficoltà. La scarsa dimestichezza con i tool di Learning Space spinge il METID a effettuare sessioni di tutoraggio per i professori. Resta celebre il caso di un professore che, per la prima volta di fronte alla piattaforma, accanto all'assistente del METID, dieci minuti prima che la lezione abbia inizio declina l'invito a impossessarsi del mouse: "La ringrazio, ma io quello non lo uso. Faccia pure lei, faccia lei".

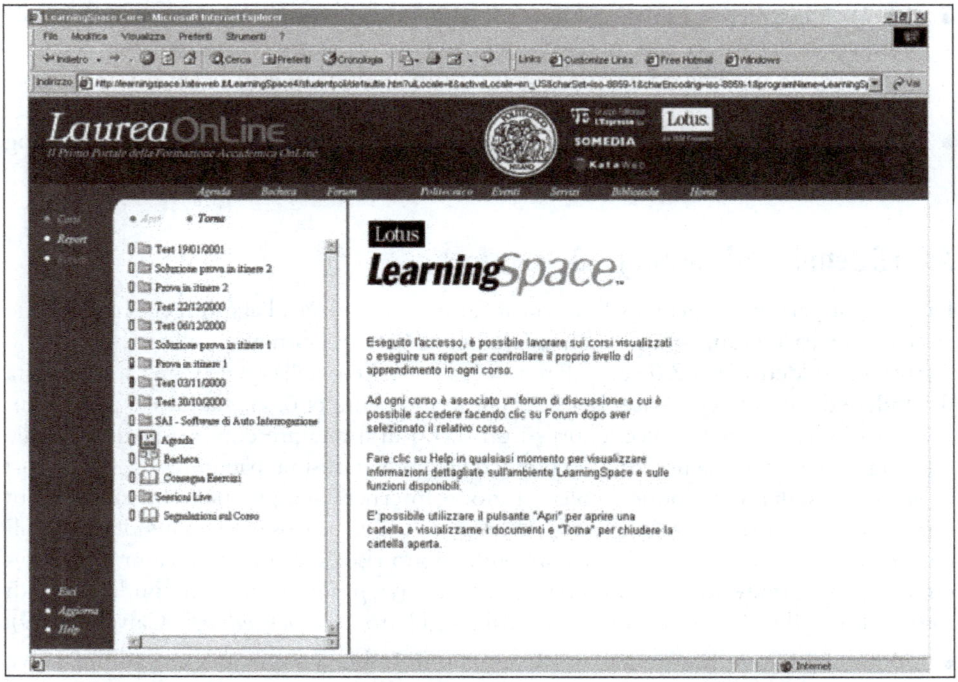

Figura 2.5 L'interfaccia non molto accattivante dell'LMS Learning Space.

- 2002 – In Italia l'allora Ministero per l'Innovazione e le Tecnologie (MIT) interviene con un decreto per favorire l'utilizzo del software a codice aperto (*open source*) nella Pubblica Amministrazione.
  Un altro MIT, il Massachusetts Institute of Technology, inizia a offrire lezioni e materiale didattico online attraverso il suo progetto OpenCourseWare (Figura 2.6), la più parte dei quali gratuita. L'obiettivo è offrire questi materiali per tutti i corsi del MIT. Tuttavia, i problemi di proprietà intellettuale presentano ostacoli non indifferenti finché i materiali non sono rilasciati sotto una licenza Creative Commons (Capitolo 14). A partire dal 2010, il MIT offrirà materiali per oltre 2000 corsi: `https://ocw.mit.edu/`.
- 2002 – Nasce Moodle (acronimo di Modular Object-Oriented Dynamic Learning Environment), l'LMS open source per eccellenza (Capitolo 8), creato dall'australiano Martin Dougiamas, una cui foto è nascosta all'interno di questo libro (vi sfidiamo a trovarla).
- 2003 – Viene varato il decreto sulle università telematiche, noto come *Legge Moratti-Stanca*, che stabilisce norme severe per la certificazione degli atenei online, ma consente a nuove istituzioni di lanciare corsi di laurea online. Si accende sin dall'inizio un vivace dibattito, poiché la CRUI (Conferenza dei Rettori delle Università Italiane) "esprime una netta contrarietà all'inserimento nel sistema universitario italiano di un canale parallelo che, non opportunamente disciplinato, potrebbe condurre al proliferare di soggetti mossi da prevalenti interessi economico-commerciali" (Calvani, 2009). Le diatribe si protrarranno negli anni più recenti (i curiosi vadano a esplorare in Rete quelle relative al decreto ministeriale 23 dicembre 2019, n. 1171, poi ritirato a inizio 2020).

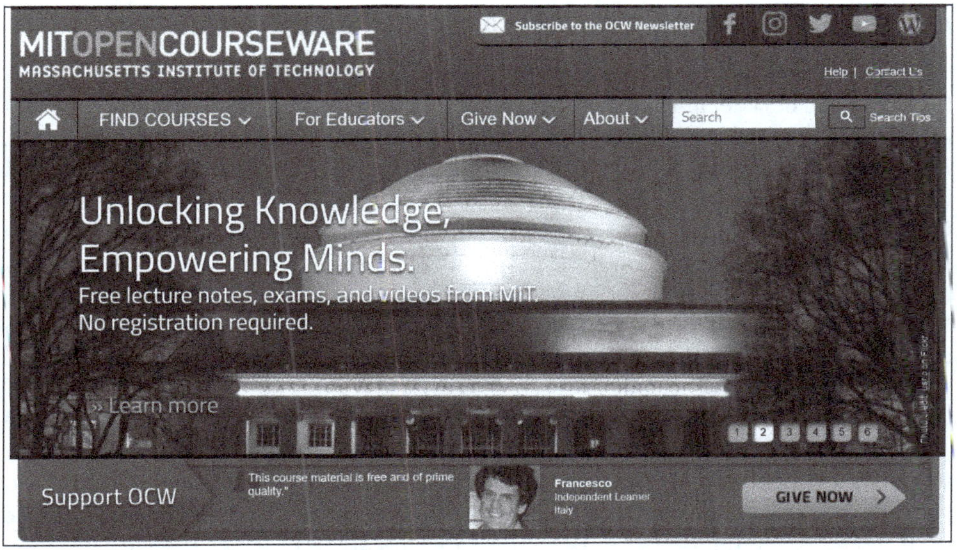

Figura 2.6 L'odierna homepage del digitalmente mastodontico MIT OpenCourseWare.

- 2004 – Viene emanata in Italia la legge sull'accessibilità, volta a adeguarsi agli standard W3C (World Wide Web Consortium) per favorire l'accesso dei soggetti disabili agli strumenti informatici (Capitolo 9). Sancisce il diritto di ciascun individuo a usufruire di tutte le fonti informative nell'ambito della Pubblica Amministrazione. Questa scontenta solo i grafici, costretti a salti mortali per rendere visivamente decenti i siti accessibili, ai tempi impresa ardua.
- 2004 – Al convegno "La riforma della scuola: stato di attuazione e prospettive", a Milano, Maruja Gutierrez Diaz, allora a capo della DG Istruzione e Cultura dell'Unione Europea, annuncia che il programma di finanziamento EU per l'e-Learning sarebbe stato chiuso di lì a poco. Il messaggio era che *tutti* i programmi di finanziamento sull'istruzione e la cultura avrebbero dato per scontata una componente tecnologica all'interno delle loro politiche.
  Tim O'Reilly, attivista del movimento open source (vedi Capitolo 14), conia il già menzionato termine "Web 2.0" a una conferenza.
- 2005 – Stephen Downes introduce il termine "e-Learning 2.0".
- 2006 – Apple introduce iTunes U, piattaforma basata su quella che lo stesso colosso americano usa per la distribuzione musicale. La "U" sta per "University" e il sistema, tuttora esistente, offre lezioni su uno sterminato elenco di argomenti disponibili per chiunque sia disposto ad acquistarli. È uno dei grandi passi verso la commercializzazione dell'e-Learning.
  Nasce d'altronde nello stesso anno anche la Khan Academy, organizzazione educativa senza scopo di lucro creata da Salman Khan, ingegnere statunitense originario del Bangladesh, che offre online servizi e materiali gratuiti per l'istruzione (Capitolo 14).
- 2007 – L'acronimo MOOC, Massive Open Online Courses (Corsi Massivi Online Aperti), è utilizzato per la prima volta in Canada da Dave Cormier e Bryan Alexander dell'Università di Manitoba per riferirsi al corso "Connectivism and Connective Knowledge" di George Siemens e Stephen Downes della Athabasca University.

Anni Dieci: oltre i MOOC e verso le Corporate Digital Academy

Calvani continua ad accompagnarci: "Il concetto di *lifelong learning*, l'idea cioè di una formazione al di là dei limiti spazio-temporali tradizionalmente imposti dai sistemi educativi estesa durante tutto l'arco della vita, [...] si impone come una sorta di paradigma. L'educazione 'una volta sola', su cui ha poggiato il sistema scuola, appare sempre più inadeguata dinanzi alle recenti istanze sociali".

Gli effetti del movimento open source si fanno sentire anche sullo sviluppo di piattaforme e-Learning, dove a Moodle se ne aggiungono altre, tra cui Docebo (Capitolo 8) e Atutor, per citare alcuni degli esempi più noti.

In ambito aziendale l'e-Learning ha una diffusione sempre più capillare, e nascono importanti società in Italia che, con gli anni, diventeranno tra i punti di riferimento del settore anche all'estero.

Grosse aziende come FIAT, Telecom, Vodafone e molte banche lanciano le Corporate Academy, scuole di formazione realizzate dalle aziende al proprio interno e dedicate non solo al reclutamento di giovani risorse ma anche e soprattutto alla loro crescita attraverso percorsi didattici mirati. La maggior parte di esse affianca alla formazione d'aula anche un uso sempre più diffuso dell'e-Learning, specialmente in modalità mobile.

- 2010 – Prende vita Mosaicoelearning, che nasce come blog nel 2010 per poi diventare distributore italiano di uno dei software di authoring più diffusi, Articulate (Capitolo 9).
- 2011 – Amicucci formazione, attiva nella formazione aziendale d'avanguardia già da dieci anni, lancia Skilla, prima corporate library italiana sulle soft skill. Dal 2005 aveva iniziato a produrre le Pillole Formative®, oggetti per creare percorsi di formazione aziendale che porteranno poi al microlearning (Capitolo 4).
- 2011 – I MOOC si diffondono su scala mondiale a partire dall'autunno quando a fine anno la Stanford University eroga gratuitamente un corso postlaurea di intelligenza artificiale (Capitolo 14). Raggiunge quasi 160.000 iscrizioni da parte di studenti provenienti da 190 Paesi diversi.
- 2011 – Viene lanciato Duolingo, un servizio online che, da sito di traduzioni condivise, diviene presto un'app per cellulari tra le più diffuse nel mondo. Il suo slogan è "Free language education for the world", e offre corsi per decine di lingue secondo un modello gamificato. Scegliamo questo come emblema del sempre maggiore diffondersi del mobile learning.
- 2012 – Udacity e edX, sempre in USA, aprono e offrono centinaia di corsi universitari in formato MOOC.
- 2014 – POK (Polimi Open Knowledge) del Politecnico di Milano è il primo portale MOOC universitario italiano a offrire corsi online gratuiti e aperti per studenti e semplici appassionati; prende vita sotto la spinta ancora del METID e della relativa direttrice, Susanna Sancassani, e si concentra sui momenti di transizione dalla scuola all'università, al mondo del lavoro.
- 2015 – Prima edizione a Milano, nell'anno dell'Expo, di "eXploring e-Learning", evento cruciale a livello nazionale sull'e-Learning per le imprese.
- 2016 – Il MIUR accetta la proposta, varata da un consorzio di università, di finanziare EduOpen (art. 11 del D.M. 4 novembre 2016, n. 815). Si avvia a essere la prima piattaforma per l'erogazione di MOOC da parte di un network di atenei italiani e di un insieme di partner selezionati. Negli anni aderiranno altre istituzioni dell'ambito scientifico e culturale.

- 2016 – Con i fondi dell'Unione Europea nasce EMMA (European Multiple MOOC Aggregator): ha come obiettivo quello di fornire "un sistema per erogare corsi aperti e gratuiti – in modalità multilingue – prodotti da università europee e istituzioni della cultura per aiutare a preservare e a promuove la ricchezza culturale, educativa e linguistica dell'Europa".
- 2019 – A metà dicembre a Wuhan, nella provincia di Hubei, in Cina, si manifesta per la prima volta un nuovo virus, che viene chiamato Covid-19. Non è un virus informatico, e potrebbe non c'entrare nulla con la nostra storia, ma finirà per contagiare quella di (quasi) tutto.

Il 2020: la rivoluzione spinta dal lockdown

Non è più storia, ma cronaca. O forse Storia con la S maiuscola. Insomma, tra febbraio e marzo 2020 il suddetto virus fa la sua comparsa anche in Italia, per poi diffondersi rapidamente in tutta Europa e poi nel mondo, al punto che l'Organizzazione Mondiale della Sanità dichiara la pandemia.
Tra le misure di contenimento, come credo qualunque lettore sappia, viene attuata dalla più parte dei governi una quarantena forzata, e la chiusura di tutti i servizi ritenuti pericolosi perché favorirebbero la diffusione. Scuole e università sono tra le prime a chiudere, e così poi anche gli uffici con la loro formazione aziendale.
Per correre ai ripari ci si rivolge all'e-Learning. È un periodo di difficile e forzato aggiornamento digitale per maestri, insegnanti scolastici di ogni ordine e grado, docenti universitari, formatori aziendali, bambini, genitori e per il popolo tutto.
Nello stesso 2020 esce il manuale che avete davanti agli occhi, che nelle prossime pagine si propone di dare un supporto a tutti coloro che per necessità, piacere, opportunità e voglia fanno parte del mondo dell'e-Learning, tornando di tanto in tanto alla spinta impressionante che questo ha subito per la quarantena.

Diffusione dell'e-Learning

Non amo le statistiche, né quelle ansiogene e vaghe sulla diffusione del virus che hanno atterrito la popolazione mondiale, né quelle finanziarie sui guadagni delle compagnie IT che hanno in qualche modo beneficiato della situazione.
Tuttavia, può essere significativo riportare qualcosa in termini numerici sulla diffusione dell'e-Learning, anche a prescindere dal lockdown.
A oggi pare che oltre il 90% delle università americane eroghi in modalità a distanza o blended. In Italia vengono fatte poche indagini sistematiche, ma tra queste segnaliamo quella, ormai datata (2006), attuata dalla CRUI all'interno del progetto ELUE (E-Learning and University Education), secondo la quale il 64% delle 59 università interpellate (il 75% del totale) dichiarava di avere "una politica universitaria sull'e-Learning".
Nello stesso rapporto CRUI, però, leggiamo che "il processo di diffusione delle nuove metodologie didattiche che ricorrono all'uso di ICT sta prendendo piede in massima parte attraverso processi di tipo *bottom up* che danno vita all'interno delle università a una pluralità di esperienze spesso scaturite dalla spinta innovatrice di singoli docenti" (CRUI, ELUE, 2006, p. 138).
Secondo altre ricerche su spettro più ampio, di carattere internazionale e meno datate, ma comunque non aggiornatissime (2015), effettuate dal NCES americano e da e-Learning Industry (Figura 2.7), emergono queste cifre, che riportiamo a titolo di esempio:

- percentuale di studenti che hanno frequentato almeno un corso di apprendimento a distanza: 27,1%;
- numero di studenti che hanno frequentato esclusivamente corsi online: 2.659.203;
- entrate annue per il mercato globale dell'e-Learning: 107 miliardi di dollari;
- valore di mercato del settore dell'apprendimento mobile, incluse molte app di apprendimento a ritmo personale: 8,7 miliardi di dollari;
- percentuale di aziende che utilizzano MOOC per formare i propri dipendenti: 8%;
- percentuale delle aziende statunitensi che offrono corsi di sviluppo professionale online ai propri dipendenti: 77%.

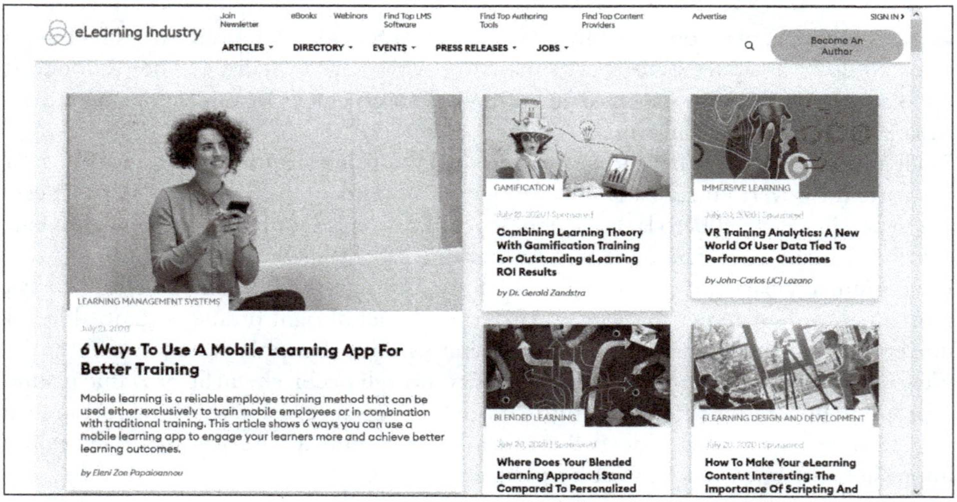

Figura 2.7 Il sito e-Learning Industry, a cui rimandiamo i lettori per vari approfondimenti su tendenze, statistiche e altro.

Lo stesso sito riportava a settembre 2019 altre statistiche, più di carattere economico, che tralasciamo. Per ora riportiamo questa, "preCovid" (Figura 2.8).

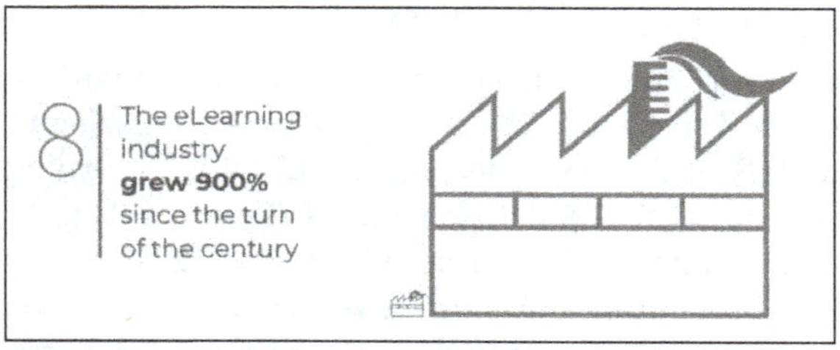

Figura 2.8 Se l'industria dell'e-Learning è aumentata così tanto al cambio di secolo, chissà al cambio di epoca successiva al 2020.

Fa ridere leggerla adesso, alla luce di un 2020 che appunto ha visto l'esplosione anche di alcuni software e app di settore che sono diventate di colpo generaliste.

Per esempio, durante il secondo trimestre 2020, Zoom ha infranto il precedente record delle app più scaricate su Apple Store stabilito da TikTok, ormai strumento di "social video" top per i ragazzini. Mentre TikTok ha registrato 67 milioni di download negli Stati Uniti nel primo trimestre, Zoom ha raggiunto quasi i 94 milioni nel secondo (dati di SensorTower)! Ma, in generale, basta uno e un unico grafico (Figura 2.9), che riprendiamo da Apptopia e che è ormai virale nel mondo e-Learning: impietoso, anzi spietato, mostra la data del 29 febbraio [Nota: quanti hanno ripetuto l'adagio "anno bisesto anno funesto"?]. È quella della prima morte riconosciuta in USA per Covid-19. In questo manuale cercheremo di capire meglio come sono fatti i software che così tanto hanno beneficiato della situazione, ma soprattutto come noi possiamo usarli al meglio.

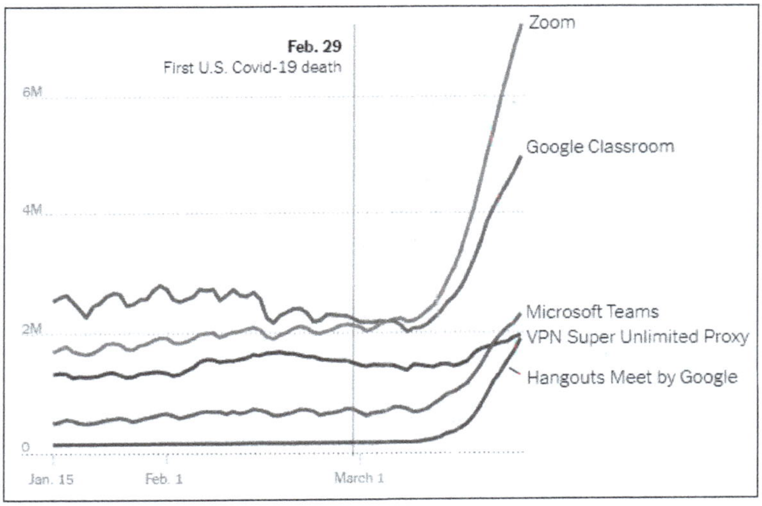

Figura 2.9 Popolarità dell'app Zoom sull'iOS Store tra febbraio e marzo 2020: non credo servano ulteriori commenti.

Fonti

Berners-Lee T., *Weaving the web: the original design and ultimate destiny of the world wide web*, Harperbusiness, Londra, 1999 (trad. it. *L'architettura del nuovo web. Dall'inventore della rete il progetto di una comunicazione democratica, interattiva e intercreativa*, Feltrinelli, Milano, 2001).

Bontempelli S., "Dall'istruzione per corrispondenza all'e-learning le tre generazioni della formazione a distanza", Università di Bergamo – Facoltà di lettere e filosofia, Corso di informatica per le discipline umanistiche, Bergamo, 2005.

Bryson B., *A Short History of Nearly Everything*, Broadway Books, New York, 2003 (trad. it. *Breve storia di (quasi) tutto*, Collana Biblioteca della Fenice, Guanda, Milano, 2006).

Calvani A., *Rete, comunità e conoscenza*, Erickson, Trento, 2005.

Calvani A., *Dall'educazione a distanza all'e-learning*, Treccani, Roma, 2009.

Centro studi e progettazione ENDO-FAP (a cura di), "Teorie dell'apprendimento", Roma, 2010.

CNIPA (a cura di), "Vademecum per progetti formativi in modalità e-learning", *I quaderni*, 2004.

CRUI, ELUE, "L'università verso l'e-learning: Finlandia, Francia e Italia a confronto", Roma, 2006.

Dario N., "E se la TV non fosse sempre 'cattiva maestra'?", Sansalvo Mare, 2020.
https://www.sansalvomare.it/news/la-storia/6587-e-se-la-tv-non-fosse-sempre-%E2%80%9Ccattiva-maestra%E2%80%9D.html

Garito M.A., *L'Università nel XX secolo tra tradizione e innovazione*, McGraw-Hill Education, Milano, 2015.

"Getting Connected: A Brief History of Online Education", Online School Centre, USA.
https://www.onlineschoolscenter.com/history-of-online-education/

INDIRE Comunicazione, "Laurearsi via Internet con le università telematiche", 11 settembre 2003.
http://www.indire.it/content/index.php?action=read&id=46

Keegan D., *Foundations of Distance Education*, Routledge, New York, 1990.

"La riforma della scuola: stato di attuazione e prospettive", aprile 2004, archivio MIUR.
https://archivio.pubblica.istruzione.it/eventi/convegni/280404.shtml

Marino F., "App più scaricate su Apple Store: Zoom supera TikTok nei download", *Digitalic*, luglio 2020.
https://www.digitalic.it/tecnologia/app/app-piu-scaricate-su-apple-store

O'Reilly T., "What Is Web 2.0", O'Reilly Network, 2004.
https://www.oreilly.com/pub/a/web2/archive/what-is-web-20.html

Paolinelli P., "C'era una volta la Scuola Radio Elettra", *Via Po – Conquiste del Lavoro*, supplemento al n. 200, 2017.
http://www.scuolaradioelettra.it/articolo.pdf

Roberto M.G. , "E-Learning: storia ed evoluzione", Università di Salerno, 2009.

Romano G., "Le Corporate Academy in Italia: le ragioni dietro il loro successo", Docebo, 2019.
https://www.docebo.com/it/blog/le-corporate-academy-italia-le-ragioni-dietro-il-loro-successo/

Riferimenti delle statistiche

https://www2.crui.it/
http://www.worldwidelearn.com
http://www.saycampuslife.com
https://nces.ed.gov
http://elearningindustry.com
https://www.onlineschoolscenter.com
https://sensortower.com/
https://apptopia.com/

Capitolo 3

Gli step per creare un corso online

Che cosa cambia tra insegnare in aula e in Rete

Per il neofita dell'e-Learning che vuole strutturare un corso online spesso il punto di partenza è la propria esperienza in aula: si tratta di una predisposizione naturale a cercare di trasformare una pratica consolidata e conosciuta per trasferirla in un nuovo contesto, con nuovi mezzi. Tuttavia, il passaggio nasconde molte insidie...

L'esempio più comune è relativo alla durata di una lezione. Se in aula il docente/formatore può reggere 4 ore filate di lezione *ex cathedra*, e così anche i suoi studenti, un webinar online della stessa durata rappresenta una prova di resistenza alla quale pochi vorrebbero essere sottoposti. Questo vale sia per webinar interattivi, sia per lezioni registrate. Immaginate di vedere un film: per quanto ben fatto, con i vostri attori preferiti, raramente vorreste che durasse più di 3 ore senza interruzioni (non ne abbiano a male i fan del *Signore degli Anelli* o *Barry Lyndon*)!

A livello di contenuti possono esserci casi molto diversi: per alcuni corsi le possibilità offerte dal digitale costituiscono un'evidente opportunità (come in un corso di informatica), mentre in altri l'impossibilità per docenti e studenti di sedersi l'uno accanto all'altro può rappresentare un grosso limite (un corso di disegno, o altri tipi di lavori manuali).

Posto che la compresenza in uno stesso spazio fisico e condiviso ha dei portati sensoriali, sociali e culturali che è quasi impossibile replicare online, occorrono fantasia e pensiero laterale per saperla compensare

In questo capitolo

con pratiche nuove e interattive. Ma dopo un po' di esercizio cominciano a emergere le possibilità dell'innovazione digitale: per esempio pensate quanto può essere curioso inserire in un corso online di disegno dei filmati su come impugna la matita un famoso artista, magari recuperandoli da repository di risorse educative aperte e gratuite (OER), come vedremo nel Capitolo 14 (Figura 3.1).

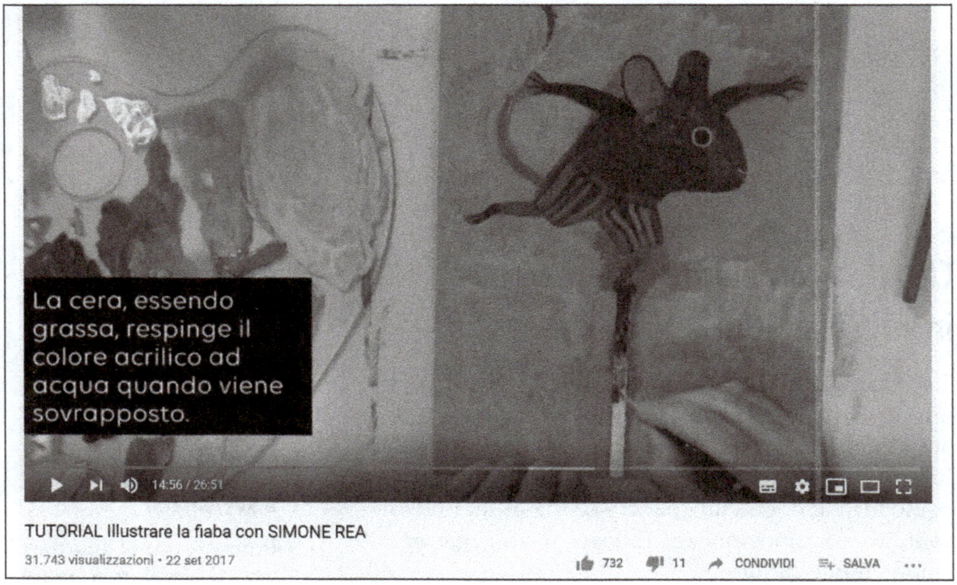

Figura 3.1 Un fotogramma dal video Illustrare la fiaba con Simone Rea realizzato dalla Scuola Romana dei Fumetti.

Riprendiamo ora l'approccio metodologico già esposto, delineando gli step per progettare e costruire un corso di e-Learning.

1. Conoscere gli studenti/formandi: individuare il target con precisione per costruire un percorso formativo empatico e accogliente, centrato sulle persone e rispettoso dei diversi stili di apprendimento.
2. Soddisfare i bisogni formativi, e capire come farli crescere tramite la formazione.
3. Individuare un chiaro obiettivo formativo: capire che cosa devono imparare e chi vogliamo che diventino e quindi dedurre i risultati di apprendimento attesi, la valutazione finale e il formato delle eventuali certificazioni conseguibili.
4. Valutare lo sforzo e le tempistiche perché apprendano con successo in termini di durata e impegno.
5. Scegliere le metodologie di apprendimento più consone al contesto, individuando le leve di coinvolgimento più adatte.
6. Costruire un team di lavoro adeguato che copra tutti i ruoli necessari affinché la formazione abbia luogo in maniera sostenibile ed efficace.
7. Individuare, sperimentare e infine adottare gli strumenti digitali (e non) più consoni.
8. Strutturare, progettare e infine realizzare i contenuti, e con essi le modalità di interazione tra tutti gli attori del percorso formativo.

9. Monitorare entrambe le facce del percorso formativo (*learning* e *teaching*), ossia operare accurate azioni di tracciamento che consentano di valutare l'andamento della formazione, consentendo di ritararla e affinarla progressivamente.
10. Capire come comunicare il "funzionamento" (nonché l'esistenza, in termini promozionali e di marketing, se siamo in contesto aziendale) del percorso: fornire istruzioni all'uso, ma soprattutto costruire forme di accoglienza verso docenti e discenti. Il lancio del percorso andrebbe fatto prima su pochi utenti, e poi a scalare verso tutti e/o su una parte dei contenuti.

Per chi si intende di formazione, si tratta perlopiù di noti passaggi chiave alla base di un *qualsiasi* percorso di apprendimento. Tuttavia, è meglio ricordare che:

a. non tutti coloro che si accingono a progettare e creare un corso online conoscono a menadito le teorie della formazione (sulle quali infatti faremo un piccolo excursus nel Capitolo 5);
b. chi le conosce potrebbe doverle spesso riconsiderare alla base del nuovo contesto digitale in cui si vanno a inserire;
c. molti dei punti dell'elenco sopra, potremmo dire più o meno dalla metà in poi, coinvolgono il digitale, e dovrebbero essere la ragione stessa per la quale avete tra le mani (o su uno schermo) questo manuale.

NOTA

Questo libro si trova a correre sui due binari di scuola e azienda, quindi parleremo di "studenti" (scuola) e "formandi" (azienda), ma anche di "discenti" (termine che li comprende entrambi); in inglese il termine "learner", ormai usato comunemente anche in Italia, a volte facilita le cose. "Utenti" si presta in genere al solo contesto digitale, con valore più ampio. Discorso poi analogo per "docenti/insegnanti" *vs* "formatori".

Le fasi essenziali

In breve, le fasi per la realizzazione di un corso online si possono riassumere in quelle del metamodello ADDIE, forse un po' semplificativo ma valida proposta dall'ambito degli Instructional Designer che possiamo adottare con qualche adattamento. Ne esistono molti altri, letteralmente a centinaia (Modello ASSURE, di Gerlach ed Ely, MRK, F-V-P ecc.), alcuni come evoluzioni dell'ADDIE, altri indipendenti. Scegliamo questo per la sua semplicità e versatilità.

NOTA

Il modello è molto generico, si applica alla formazione (online o meno), al problem solving e altri campi. Pare che sia stato proposto durante la seconda guerra mondiale, quando l'esercito americano aveva bisogno di formare rapidamente un alto numero di persone su compiti complessi. Negli anni Settanta alla Florida State University ripresero il modello per la realizzazione di percorsi formativi, chiamati Interservice Procedures for Instructional Systems Development (IPISD). Tale metodologia, usata fino ai nostri giorni e sviluppata da Robert Branson e Gail Rayner, presentava già nella prima versione le cinque fasi di ADDIE.

ADDIE è un acronimo che sta per:

1. A – Analysis (analisi). Comprende la definizione del piano di lavoro operativo e l'approfondimento della conoscenza del target della formazione tramite incontri in/formativi tra i soggetti interessati, la messa in opera di momenti di co-progettazione, la raccolta di dati usando sondaggi ecc. In questa fase possono essere anche effettuate osservazioni puntuali sui corsi erogati in presenza per capire meglio come "trasformarli" in online;
2. D – Design (progettazione). Include molti elementi e impatta sulle dotazioni tecnologiche che si deciderà di utilizzare. Tra gli aspetti inclusi nel processo di progettazione ricordiamo:
   a. l'individuazione degli obiettivi formativi e delle modalità per valutarne il raggiungimento;
   b. la scelta dei modelli di apprendimento a cui ispirarsi;
   c. la definizione della struttura del corso (moduli, lezioni ecc.);
   d. i contenuti in termini dei formati in cui costruirli;
   e. i tipi di test/prove/esami da proporre;
   f. il tracciamento e il monitoraggio che si vogliono effettuare;
   g. i tipi di assessment/valutazioni e accreditamenti;
3. D – Development (sviluppo). Si tratta della scelta e progettazione degli strumenti – per esempio quali piattaforme usare e se possibile testare, con eventuali plug-in ed estensioni, quale sistema di videolezione sincrona adottare... La vera e propria realizzazione dell'infrastruttura del corso comprende quindi:
   a. la messa in opera della piattaforma e altri strumenti correlati, con la propria impeccabile (si spera) interfaccia utente;
   b. la concretizzazione dei contenuti, per esempio se si è scelto di inserire dei video si va dalla realizzazione degli storyboard fino al montaggio e la messa in Rete, oppure tutto quello che concerne gli articolati strumenti di authoring, di cui parleremo nel Capitolo 9;
4. I – Implementation (implementazione). È la messa in pratica, e comprende lo sviluppo di una procedura per preparare i facilitatori e gli studenti del corso, con anche:
   a. testing del sistema in tutti i suoi lati, tecnici e non;
   b. formazione all'uso e affiancamento;
   c. erogazione, punto cruciale di tutto il processo, in cui "si va in scena" e inizia l'apprendimento e tutti i processi di interazione a esso collegati;
   d. follow-up e mantenimento;
5. E – Evaluation (valutazione), cui noi aggiungiamo "monitoraggio". Riguarda l'osservazione attenta e la valutazione in tutti gli aspetti dell'offerta formativa:
   a. raccogliere feedback dagli utenti;
   b. tracciare i risultati e comportamenti;
   c. trarre conclusioni in termini quanto più possibili olistici per operare degli aggiustamenti.

Come ogni modello, teoria, pratica e strumento che illustriamo in questo manuale, non solo l'efficacia del modello ADDIE, ma anche il significato dei termini dell'acronimo sono dibattuti e soggetti diversi li usano in modo diverso (a una superficiale esplorazione in Rete ve ne accorgerete da soli).

Tuttavia, ci pare un buon punto di partenza per "smontare" il processo in unità e fasi ben concatenate, che peraltro avvengono non per forza in modo sequenziale, a volte accavallandosi e andando in parallelo o a zig-zig, tornando sui propri passi di continuo.

In questo capitolo affrontiamo in modo più approfondito il punto 1 di analisi iniziale, poiché tutti i successivi verranno sviscerati e scomposti nel corso del libro, alla fine del quale riprenderemo il discorso tramite alcune schematizzazioni che – ci auguriamo – renderanno chiaro al lettore tutto il processo.

NOTA

L'intero modello si presta alla strutturazione di percorsi completi e complessi; laddove invece, specie in casi emergenziali, ci si troverà ad affrontare situazioni molto più "in piccolo" offriremo quattro casistiche di base. Starà ai lettori semplificare il processo e sfrondarlo di ciò che non serve rispetto alla propria esperienza.

Analisi: conoscere e avvicinarsi

Progettare un corso online per certi versi somiglia alla progettazione di altri servizi: va sempre tenuto a mente a chi è rivolto, e quindi occorre capire chi sono le persone con cui devo interagire.
Nel caso della scuola, il target è ben definito, di norma piuttosto omogeneo quanto meno dal punto di vista anagrafico, e bene o male conosciuto nelle sue caratteristiche essenziali.
Nel caso delle aziende, o di altri tipi di realtà, le variabili sono molto più numerose.
Si parte da quelle anagrafiche, come fasce di età e genere. Man mano però posso dover approfondire:

- livello di conoscenza pregressa dei contenuti: mi indirizzerò a tutti, o solo a chi ha delle carenze in un determinato campo?
- inquadramento professionale: voglio formare manager, impiegati, determinati reparti?
- occupazione/ruolo: voglio sviluppare delle competenze per qualche categoria professionale molto specifica e particolare?

NOTA

Pensate a target estremi: giudici, astronauti, analfabeti ecc. Sono tutti casi che, come potete immaginare, hanno caratteristiche tali da dover poi affrontare la progettazione della formazione con una cura diversa, probabilmente andando oltre ai modelli che qui proponiamo.

Se fin qui l'analisi non si discosta molto dall'organizzare un "normale" corso in presenza, per l'online è essenziale indagare altri aspetti fra cui:

- livello di alfabetizzazione informatica: i miei formandi conoscono almeno l'uso della email, la suite di Office? Oppure sono degli "smanettoni"?
- conoscenza degli strumenti specifici che userò nella formazione: se voglio attivare lavori di gruppo collaborativi su documenti condivisi in Drive, hanno dimestichezza con lo strumento?

A seconda delle risposte alle domande esemplificative dell'elenco sopra, dovrò prevedere un'eventuale formazione allo strumento, oppure usare dotazioni digitali quanto più possibile semplici e conosciute. Anche il caso in cui i miei formandi sono dei superesperti del digitale presenta criticità: "Perché avete scelto Moodle in questo corso? C'è Docebo che funziona così bene!" potreste sentirvi chiedere una volta avviato un corso. Oppure il suo esatto contrario!

Il nostro consiglio non è di fare scegliere agli utenti le piattaforme, ma in alcuni casi conviene adattare la propria offerta al contesto e agli strumenti già in uso piuttosto che voler forzare le cose per farle come riteniamo siano migliori.
Sarà chiaro anche a dirigenti e insegnanti come un approfondimento delle competenze digitali degli studenti possa essere fondamentale. Il lockdown ha inoltre evidenziato la rilevanza, per Scuole dell'infanzia e primarie, delle competenze "familiari", da parte dei genitori ma anche di nonni e fratelli che vengono coinvolti.

Come conoscere il target?

Ci sono molti strumenti più o meno semplici da usare a seconda del contesto, dei tempi e dei costi.
È inoltre necessario valutare quanto la formazione a distanza può essere una necessità per l'azienda o l'istituzione, prendendo in esame alcune variabili (Corti, 2020):

- distribuzione della popolazione lavorativa sul territorio;
- tempo disponibile da dedicare all'aggiornamento in funzione del ruolo coperto da ciascun discente;
- impatto del cambiamento a livello tecnologico, psicologico, culturale;
- rapporto tra il flusso di informazioni relativo alla formazione e altri flussi di comunicazione professionale.

In sostanza, serve fare un'analisi molto dettagliata sulle persone destinatarie della formazione (target), ma anche su quelle che opereranno in forma di docenti, esperti di contenuti, tutoraggio ecc. Concentriamoci sulla prima e centrale di queste figure, il nostro "learner".

Questionari

Ai formandi si possono porre domande a risposta aperta o chiusa. In Figura 3.2 trovate un esempio di questionario che potete adattare alle vostre esigenze, ampliandolo o rendendolo più stringato. Quasi sempre è indispensabile per avere il polso delle conoscenze di base dei propri formandi e dà risultati quantitativi chiari, e qualitativi (spesso più difficili da utilizzare, specie su grossi numeri).

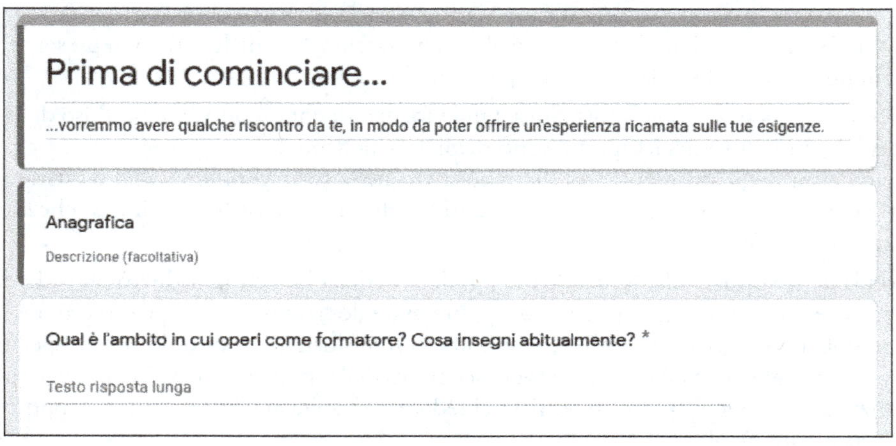

A chi si rivolge in genere la tua offerta formativa o i laboratori che organizzi? *

Testo risposta lunga

Tecnica

Descrizione (facoltativa)

Qual è la tua dimestichezza con l'e-Learning o la formazione online? *

- Scarsissima: ne ho solo sentito parlare
- Bassa: so di che si tratta ma non ho mai praticato né da fruitore né da insegnante
- Buona: ho seguito alcuni corsi online
- Molto buona: ho seguito alcuni corsi e io stesso ho qualche esperienza come insegnante
- Ottima: ho insegnato online più volte

Qual è la tua dimestichezza con l'e-collaboration? *

- Scarsissima: ne ho solo sentito parlare
- Bassa: so di che si tratta ma non ho mai praticatc
- Buona: uso alcuni strumenti come Google Drive, Dropbox o Box, ma non nella mia professione
- Molto buona: uso alcuni strumenti come Google Drive, Dropbox o Box, anche professionalmente, ma solo i ...
- Ottima: mi destreggio molto bene tra gli strumenti e le pratiche di e-collaboration

Qual è la tua dimestichezza con la gamification? *

- Scarsissima: ne ho solo sentito parlare
- Bassa: so di che si tratta ma non ho mai sperimentato nulla
- Buona: uso da tempo pratiche ludiche nella mia professione
- Molto buona: l'ho sperimentata più volte come fruitore e formatore
- Ottima: me ne occupo da tempo

Figura 3.2 Esempio di un questionario (realizzato con Google Moduli) per apprendere le conoscenze pregresse di un gruppo di formandi.

Interviste individuali

Avviare una fase preparatoria di approfondimento tramite semplici interviste di 30-40 minuti ad alcuni degli attori in gioco (insegnanti e discenti) può rivelarsi utilissimo e ha anche la doppia valenza di iniziare a coinvolgerli nella progettazione del corso e delle future attività. Vincere la resistenza verso l'e-Learning è uno dei primi e più difficili passi da compiere, e parlare con le persone che dovranno fruirlo o erogarlo è sempre un buon modo per renderle partecipi e, a volte, entusiaste.

NOTA

Entrare in contatto diretto con i formandi, o quantomeno con alcuni di essi, è utilissimo, specie se si riesce, tra loro, a identificare gli entusiasti e i volenterosi a sperimentare l'innovazione. In molti percorsi, in ambito scolastico e aziendale, si possono identificare degli ambassador (ambasciatori) da formare per primi. Questi, in un secondo momento, potranno diventare tutor o formatori per i successivi corsi a cascata da effettuare con i colleghi.

Focus group

Meno facile da organizzare delle interviste, il focus group è un incontro di gruppo (da un minimo di 6 a un massimo di 10-12) volto a indagare la situazione di un certo contesto. Il moderatore conduce l'intervista per esplorare in modo approfondito le opinioni, gli atteggiamenti o i comportamenti di una certa collettività e per approfondire dinamiche, propensioni ecc.

Possono essere condotti in presenza oppure online; nel secondo caso con le opportune accortezze legate agli strumenti di videoconferenza adottati (vedi Capitolo 6).

Permettono di raccogliere informazioni da formatori e formandi e soprattutto realizzano un dialogo tra i partecipanti e facilitano la nascita di proposte e idee. A livello motivazionale sono spesso dirompenti per la capacità di rivelarsi veri e propri laboratori progettuali.

NOTA

Immaginate un corso della Protezione Civile per migliaia di volontari. Dopo i focus group, che vedono coinvolti alcuni rappresentanti delle Forze dell'Ordine, delle associazioni di volontariato, formatori e docenti scolastici e rappresentanti istituzionali, gli stessi soggetti poi partecipano alla realizzazione dei corsi con videointerviste o alla produzione di contenuti.

Infine, nei focus group si chiede ai partecipanti di lavorare e produrre elaborati (fisici o digitali) che illustrino alcuni aspetti della formazione online, utili in altre fasi, per esempio nella comunicazione, oppure per riportarli ai committenti dell'iniziativa, assieme a degli statement significativi estratti dai dialoghi (Figura 3.3).

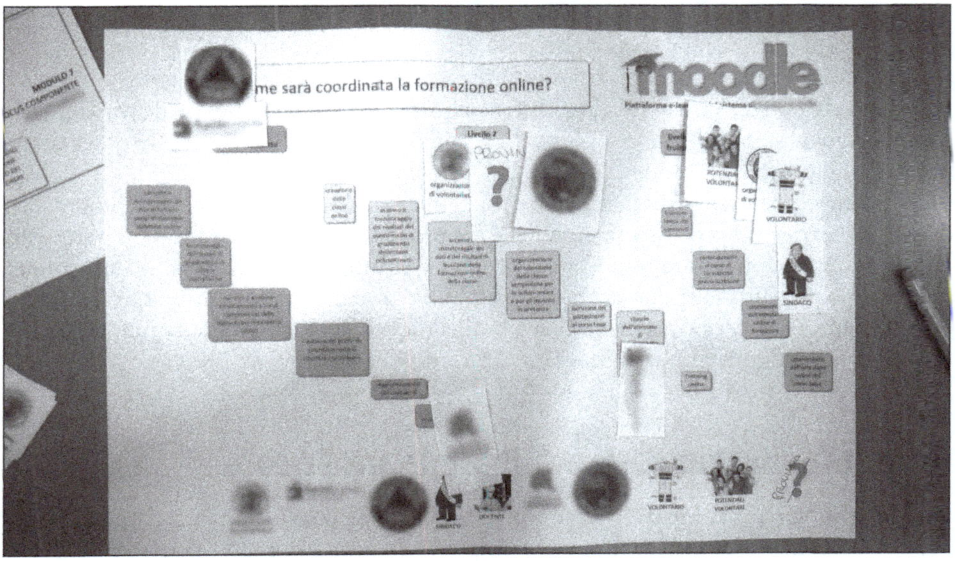

Figura 3.3 Esempio di elaborato realizzato in un focus group.

Il target scolastico

Nella scuola il discorso è diverso; tuttavia, perché non coinvolgere i ragazzi, o anche i bambini? Oltretutto, oggi le fasce più giovani della popolazione si dimostrano molto più smart dal punto di vista digitale di tanti docenti, con tutti i problemi e le opportunità del caso. Infatti esistono sempre più casi di progettazione didattica partecipativa, in particolare nella scuola superiore, in cui docenti e ragazzi si mettono al lavoro per creare assieme contenuti o scelgono e gestiscono gli strumenti per farlo (se siete curiosi potete andare al Capitolo 15).
Il mondo della scuola è estremamente variegato e complesso. Parlare di "analisi del target" riferendosi a bambini o ragazzi potrebbe sembrare improprio, ma, per quanto ci si possa appellare a teorie e modelli pedagogici affermati, è comunque necessario affrontare nuove sfide didattiche con un approfondimento dei bisogni degli studenti. In particolare, quando si parla di corsi online e di tecnologie innovative, bisogna valutare quale sia l'effettivo digital divide, cioè identificare le competenze digitali e le dotazioni classe per classe. In più, la progettazione partecipativa è fondamentale con i giovani, non solo per coinvolgerli appieno nei percorsi didattici, ma anche per valorizzare l'esperienza e la conoscenza che hanno di alcuni strumenti.
Infine, ancor più a seguito del lockdown 2020, sono in atto molteplici iniziative di formazione ai docenti e al personale avente a che fare con la scuola in senso allargato (educatori, insegnanti di sostegno, dirigenti ecc.), per le quali le indicazioni riportate pensiamo si adattino piuttosto bene.

I bisogni formativi

Quando avrete raccolto dati e informazioni su chi volete formare, dovete cercare di individuare e rilevare i bisogni didattico-formativi di queste persone. L'analisi dei bisogni formativi serve per individuare la differenza tra ciò che un gruppo di persone sa (conoscenze) o sa fare (competenze) e ciò che si dovrebbe sapere o saper fare e per progettare interventi che possano colmarla. Si tratta quindi, per chi si accinge a realizzare un corso di qualsiasi tipo, di focalizzarsi su quali gap andare a colmare, sulla base dei quali stabilire poi contenuti, modalità formative, strumenti di erogazione, monitoraggio e valutazione.

Per progettare percorsi formativi online è fondamentale considerare come le competenze digitali rientrino nel processo, sia in termini di problematiche (i miei formandi/studenti dovranno avere o acquisire dimestichezza con gli strumenti e le dinamiche dell'online) sia come potenzialità (alla fine del percorso si può assumere che avranno acquisito anche, quantomeno fatto propri, tali strumenti e dinamiche). Ancora una volta, un approccio sistemico e a lungo termine premierà in termini di risultati finali.

Progettazione: guardare avanti e iniziare a creare

Definire i bisogni e gli obiettivi determina la struttura del corso e implica un cambiamento rispetto a quanto avveniva in aula. Per esempio, si dividono in modo diverso i moduli o la frequenza degli interventi con cui avrà luogo il processo formativo: nel Capitolo 14 parleremo di MOOC, la cui fruizione può essere *self-paced* (quindi stabilita dai formandi, che fruiscono del corso quando e come possono) oppure *paced* (ritmata, con step fissati settimana per settimana, o giorno per giorno).

Importante sarà trovare il giusto equilibrio blended (misto, tra online e presenza) in termini di proporzioni e tipo di formazione: per esempio in aula gli aspetti applicativi, laboratoriali e progettuali, con didattica a distanza le parti più teoriche.

Per procedere con coerenza nella progettazione vi consigliamo di tenere traccia dell'avanzamento del lavoro che guiderà le fasi successive tramite:

- la documentazione del progetto formativo, comprendente un disegno strategico visuale e tecnico;
- la definizione delle strategie formative in base ai modelli di apprendimento scelti, in linea con gli obiettivi di apprendimento attesi (in termini cognitivi, affettivi e – se possibile – anche psicomotori);
- l'albero dei contenuti e relativo storyboard delle singole lezioni, sia che vengano realizzate con adeguati strumenti di authoring, sia che si tratti di videolezioni, webinar interattivi ecc.;
- un wireframe (modello iniziale di rappresentazione di un sito web), mock-up (modello illustrativo) e impianto grafico per la definizione delle interfacce e le esperienze degli utenti nella navigazione e nella fruizione del corso, se decideremo di realizzare noi stessi una piattaforma *ad hoc* o di customizzarne una esistente (nel Capitolo 8 vedremo LearnDash o Moodle);
- un workflow (diagramma di flusso) delle opzioni di navigazione da parte dei diversi utenti (Figura 3.4).

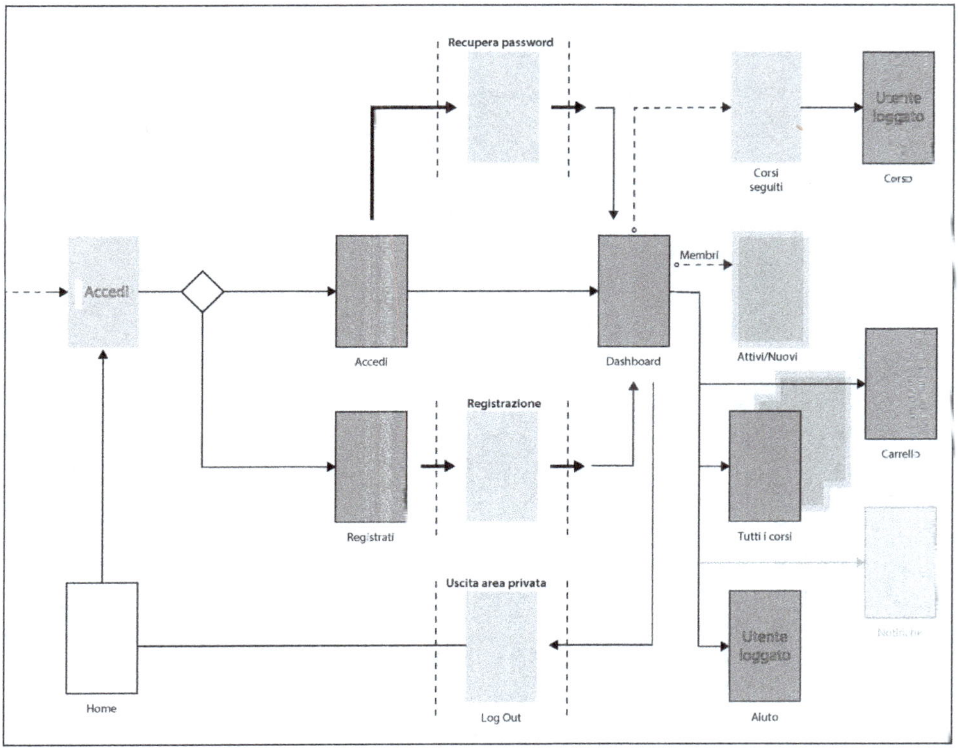

Figura 3.4 Esempio di workflow per la progettazione di un sito/piattaforma atto a vendere corsi e-Learning.

Gli strumenti necessari alla creazione di un singolo intervento formativo, di un breve corso o l'adozione di un complesso sistema di gestione della formazione sono diversissimi, e nell'ultimo caso arriviamo a un cambiamento d'approccio al processo formativo nel suo complesso (Corti, 2020).

Vi invitiamo a confidare nelle vostre capacità di progettazione formativa, e di ricerca nelle pagine di questo manuale dei suggerimenti che fanno al caso vostro.

Obiettivi formativi e valutazione

Sono perlopiù gli obiettivi formativi a definire la struttura, le modalità di erogazione, i meccanismi di interazione con e tra gli utenti e i criteri di valutazione stessi.

Esiste una vasta letteratura che tratta l'argomento, e in parte approfondiremo il discorso nei Capitoli 4 e 12. Per chi volesse esplorare in autonomia, a prescindere dal focus sull'online, suggeriamo di studiare la "Rosa dell'apprendimento di Bloom", spesso impiegata in psicologia dell'educazione per definire le fasi dell'apprendimento e progettare i percorsi educativi (Bloom, 1956).

Figura 3.5 La "Rosa di Bloom", un modello che descrive le fasi di acquisizione e familiarizzazione con insiemi di informazioni o teorie e definisce gli obiettivi formativi. Si dipana lungo 6 aree e 3 domini: cognitivo, affettivo e psicomotorio. La osserveremo prendere altre forme nel Capitolo 12 (https://commons.wikimedia.org/wiki/File:Blooms_rose.svg).

Nel Capitolo 12 vedremo nel dettaglio come il digitale e la distanza influiscano sugli obiettivi formativi e sulla valutazione.

In questa sede, facciamo due esempi agli antipodi per considerare la relazione tra gli obiettivi formativi e la valutazione:

1. un corso obbligatorio di formazione professionale, come possono essere quelli soliti, famigerati sulla sicurezza o quelli più articolati di ambito finanziario o legale;
2. un percorso articolato sulle competenze trasversali come il time management.

Nel primo caso avremo un certificato di valutazione "chiuso", univoco, con requisiti definiti da standard esterni alla mia organizzazione. Nel secondo, un importante scatto in termini di acquisizione di competenze, consapevolezza, cambio di comportamento. In termini di valutazione finale, se nel primo potrò cavarmela con il classico quiz a risposte

chiuse, nel secondo mi converrà strutturare una valutazione che includa non solo risposte aperte, ma elementi di osservazione, storytelling e peer assessment.
Molti ricercatori (Robinson e Robinson, 1998) da tempo sostengono che la formazione sia integrata, che passi cioè per un ambito esperienziale e di risultati (performance, nel mondo aziendale) che basano i propri processi su una formazione orientata ai risultati misurati *non* nel percorso formativo ma *nella pratica lavorativa*. In questo senso, l'acquisizione di conoscenze e competenze è il mezzo per conseguire un obiettivo pragmatico (lavorare meglio, generare più profitto ecc.) che si manifesta sulla performance.
Nell'ambito della scuola, parlare di "performance" è improprio oltre che sgradevole. Tuttavia, se anche nella scuola di ogni ordine e grado vogliamo abbracciare prospettive meno legate alla mera acquisizione di nozioni e al curriculum, e perseguire dei percorsi che formino bambini e ragazzi quali cittadini del mondo e lavoratori "felici" (o almeno non frustrati), ha senso allargare il raggio degli aspetti da considerare negli obiettivi formativi e di conseguenza nella valutazione, comprendendo – per esempio – proprio le competenze trasversali.

Contenuti

Una delle più false chimere dell'e-Learning vuole che piattaforma e strumenti digitali si possano scegliere a prescindere dai contenuti. È una posizione sostenuta anche dai produttori di piattaforme, per i quali offrire un software in cloud che vada bene per insegnare tanto analisi matematica, quanto nanotecnologie o improvvisazione teatrale significa poter conquistare ampie fette di mercati diversi. Pur essendo vero che prodotti commerciali come Blackboard o Docebo, così come altri open source quali Moodle, hanno ormai una quantità di variabili adattabili a moltissime situazioni, chi progetta un corso in e-Learning deve poter strutturare il corso che deve erogare a seconda di *che cosa* deve insegnare.
Partire dall'indice dei contenuti di un corso che andiamo progettando ci suggerirà se è più adatto usare video, oppure presentazioni, o far vivere esperienze condivise ecc.
Nel capitolo sulle metodologie didattiche, nonché in quelli sugli strumenti, e in particolare quello relativo proprio a quelli per la costruzione di contenuti digitali, approfondiremo questi concetti.
Una volta che avremo un'idea più chiara sui contenuti (dagli esperti/docenti/formatori) dovremo distribuirli nei vari moduli e riprogettare in termini di durata, linguaggio e comunicazione visiva, considerando la possibilità di inserire attività didattiche collaborative, coinvolgenti o comunque formati e metodologie diverse a seconda del microcontesto.

Durata e impegno

Una delle barriere più spaventose di fronte alle quali di norma viene colto chi si accinge a progettare un corso online, specie se viene da anni di insegnamento "tradizionale" di quegli stessi contenuti, è relativa alle durate.
Durante il lockdown del 2020, scuole, università e aziende hanno dovuto passare di colpo da un modello di *face 2 face* a uno brutalmente online. Ogni ambito formativo ha reagito a proprio modo. L'università ha avuto una reazione in genere pronta e massiva,

e in molti casi, dopo una fase sperimentale di assestamento, i professori si sono trovati a insegnare per un monte ore quasi pari a quello in presenza, con conseguente stress diffuso per molti, costretti (specie nelle sessioni di esame) a interminabili ore di videolezione, come del resto gli spossati studenti.

Nella scuola si sono avute reazioni diversissime, spesso determinate anche da decreti regionali e perfino a dimensione locale. C'erano bambini con un paio di ore a settimana di DaD "live" in videolezione, e altri con quattro al giorno, a volte nella stessa scuola. Questo perché, al di là delle disponibilità di mezzi, tempo e competenze di personale scolastico e famiglie, ognuno ha avuto un suo modo di operare delle forme di riduzione dell'orario scolastico "tradizionale".

Nel mondo aziendale si è passati dalla sospensione totale di formazione interna ad accelerate che hanno sdoganato il digital learning a lungo coltivato. In più, metodologie legate al microlearning rendono il rapporto tra durata di un corso in presenza e quello online più difficile.

Come si calcola il tempo della formazione?

Nella formazione a distanza, al tempo di fruizione dei contenuti va sommato quello che l'utente dedica alla valutazione (quiz, esami ecc.). Inoltre, molte attività didattiche possono essere svolte anche fuori dalla piattaforma, per esempio fruendo di contenuti in formato open (OER) o anche solo video su YouTube o Vimeo. E i contenuti caricati in piattaforma possono essere letti o visti offline, scaricando documenti o file multimediali.

Quindi come si possono quantificare i tempi?

Esistono strumenti per fare ragionevoli stime e previsioni, assegnando a ciascuna attività didattica un valore temporale medio calcolato in base ai criteri definiti.

Come valutare e prevedere dunque la durata ideale, corretta, sensata del percorso online che vado progettando?

Per l'e-Learning alcune regole cercano di quantificare l'impegno a partire dai tempi di lettura. Per esempio, un documento di 4.000 caratteri (pari a circa una pagina e mezzo) corrisponderebbe a 16 minuti di formazione. Per citare un caso reale, il Progetto TRIO della Regione Toscana (sistema che "mette a disposizione, in forma gratuita, prodotti e servizi formativi su argomenti trasversali o specialistici") utilizza come parametro di base il tempo per la lettura veloce dei testi (PAM = parole al minuto), in funzione della risorsa didattica misurata (testo, multimedia, interazioni e altro).

Altri provider di corsi online, pur utilizzando il PAM, applicano valori diversi (per esempio 150 parole al minuto).

Una sorta di regola aurea dell'e-Learning suggerisce di dividere per 4 o per 3 la durata di un corso in presenza quando lo si deve portare online, a prescindere dai formati mediali e dalle metodologie che si useranno.

Non sentitevi smarriti: con il tempo, la pratica vi permetterà di stimare con sempre maggiore precisione la durata più sensata e come ripartire i tipi di formati didattici dei vostri corsi online o blended.

Figura 3.6 La pagina del sito di TRIO che elenca le aree tematiche dei corsi offerti.

Come organizzare un corso online

Suggeriamo una tabella che funge da strumento agile e relativamente semplice da usare per aiutarvi a strutturare i contenuti di un corso online, dividendolo in moduli e step successivi.

È utile anche per definire una durata approssimava dell'impegno a seguire un corso online, appunto uno dei punti critici sui quali spesso di può cadere in errore, e potrete intrecciarne l'uso con quella per lo storyboard del Capitolo 7.

Modulo	Titolo	Contenuti	Data	Modalità di erogazione	Materiali o strumento "tecnico" utilizzato	Durata (prevista) di fruizione (in minuti)	Durata di tempo per portare a termine la consegna	Riconoscimento
1	Modulo introduttivo	Introduzione al corso (potrebbe essere pubblico)	Settimana 1		TOT DURATA MODULO			
1.1	Introduzione	Introduzione generale al tema/teaser		Video				
1.2	...	Mappa dell'intero percorso		Pagina				
1.3				Quiz				
1.4	...	Video introduttivo agli argomenti e alle modalità di fruizione e assessment		Video + Slide				
1.5				Quiz				
1.6	...			Video				
V0	Valutazione di sola fruizione (non c'è vero apprendimento a questo livello preliminare)			Test a risposta multipla OBBLIGATORIO PER PROSEGUIRE	Test che fornisce un riscontro generale sul livello di coinvolgimento e attenzione ai contenti del formando > dà anche un'indicazione del proprio livello di engagement a inizio percorso			BADGE BASICS
2	Fondamenti di ...		Settimana 2		TOT DURATA MODULO			
2.1	Parte 1	...		Video + Slide				
2.2		Domande a scelta multipla sul video		Quiz				
2.3	Parte 2	...		Video + Slide				
2.4		Domande a scelta multipla sul video		Quiz				
2.5	Parte 3	...		Webinar Live				

Modulo	Titolo	Contenuti	Data	Modalità di erogazione	Materiali o strumento "tecnico" utilizzato	Durata (prevista) di fruizione (in minuti)	Durata di tempo per portare a termine la consegna	Riconosci-mento
2.6		Domande a scelta multipla sul video		Quiz				
2.7	Parte 4	...		Video + Slide				
2.8	Contenuti di supporto			Link, PDF ecc.				
V1	Valutazione di apprendimento			Test a risposta multipla OBBLIGATORIO PER PROSEGUIRE	Test a risposta multipla per dimostrare di aver acquisito i fondamentali del Modulo			BADGE KNOWLEDGE
S1	Sfida/Assignment per il corsista (facoltativo)	Introduzione alla sfida che segue; viene data una consegna con un piccolo obiettivo pratico e personale, sui temi affrontati, da conseguire in una settimana		Pagina				BEHAVIOUR BADGE
	STESSA STRUTTURA PER I MODULI SUCCESSIVI...							
3	Conclusione del percorso		Settimana 3					
3.1	Recap	Ricapitolazione di quello che abbiamo appreso, momento motivazionale a farlo diventare prassi, e introduzione all'ultima esercitazione		Video + Slide				
S3	Restituzione finale				Repository condiviso (integrato nell'LMS)			
V3	TEST FINALE			TEST	Test finale			ATTESTATO FINALE
					TOT DURATA in minuti			

Sviluppo: scegliere e definire

Definiti i bisogni formativi (A) e stabilito come erogarli (D), occorre realizzare i contenuti (seconda D). Difficilmente la stessa persona potrà occuparsi di tutto quanto. In situazioni su piccola scala, anche individuali (per esempio un divulgatore scientifico che, da battitore libero, si trovi a organizzare seminari online), è possibile procedere in autonomia, ma in genere dei fiancheggiatori sono necessari. In altri termini occorre dotarsi di un team allargato (dentro e fuori dalla mia organizzazione) che copra le competenze necessarie, soprattutto tecnologiche. Bisogna arruolare qualcuno capace di individuare e sperimentare gli strumenti digitali (e non) più adeguati.

Rispetto a questo, preme sottolineare un aspetto importante: spesso le persone che approcciano l'e-Learning sono terrorizzate all'idea di dover acquisite *tutte* le competenze necessarie a farlo funzionare. Il numero di pagine di questo manuale, come detto, potrebbe scoraggiare i più. Invece, ci sentiamo di poter dire che, all'interno del processo che stiamo descrivendo, ognuno può trovare la propria strada e la propria scala, la direzione verso cui approfondire il suo contributo. Una volta compreso il proprio contesto, a un maestro potrebbe essere utile "specializzarsi" nella realizzazione di videolezioni, o di piccoli giochi didattici. A un formatore aziendale invece saper progettare e proporre contenuti efficaci ed efficienti, approfondendo l'authoring.

Il passo successivo nel percorso ADDIE è proprio quello di strutturare, progettare e infine realizzare i contenuti, e con essi le modalità di interazione tra gli attori del percorso formativo. Poiché a questo punto l'e-Learning differisce così sensibilmente da caso a caso, e gli scarti in termini di dimensioni e scala si fanno così sostanziali, vi proponiamo una semplificazione, che corrisponde a quattro casi fondamentali, dal micro al macro, che vedremo uno a uno:

a. singolo intervento formativo di tipo "spot";
b. minicorso di poche lezioni su un argomento definito;
c. corso complesso dipanato su più moduli;
d. sistema di e-Learning completo inclusivo di tutte le esperienze di apprendimento.

A. Intervento formativo "spot"

Pensate alle centinaia di convegni ed eventi non solo formativi, che avrebbero dovuto avere luogo nel 2020 in anfiteatri, aule, istituti, teatri, scuole, biblioteche, palazzi ecc. Quasi tutti gli organizzatori sono corsi ai ripari sfruttando le possibilità della Rete.

In questo caso, una volta affrontati l'analisi e la progettazione del nostro ADDIE il processo consiste in:

- valutare gli strumenti esistenti, tipicamente quelli per le videolezioni sincrone (Capitolo 6);
- sceglierne uno e progettarne l'utilizzo;
- effettuare una prova in condizioni "protette" con i formatori/docenti e magari alcuni utenti (veri o fittizi, come colleghi o amici);
- scegliere eventuali strumenti di corredo: plug-in ed estensioni, per sostenere l'interazione con l'utenza (domande, quiz, sondaggi, raccolta di feedback ecc.) o tra gli utenti (per esempio aprendo spazi di discussione online con strumenti come Discord, che vedremo nel Capitolo 10).

Alcuni hanno scelto soluzioni asincrone, mettendo online materiale che i destinatari fruiscono in autonomia e quando vogliono. In questi casi si possono realizzare contenuti statici in formato di documenti o presentazioni, oppure video. In tal caso, per realizzarli serviranno storyboard, il girato, il montaggio e la messa in Rete.
Infine, una possibilità potrà essere quella di sfruttare gli articolati strumenti di authoring di cui parleremo nel Capitolo 9 per creare una minilezione di tutto rispetto.

B. Minicorso su un argomento definito

Per "minicorso" intendiamo un corso di breve durata, dai 4 agli 8 "incontri online" (webinar) su un determinato filone, tipicamente indirizzati a un target specifico (educatori di un'area geografica, dipendenti di un settore aziendale ecc.). Normalmente sono rivolti a 20-50 persone.
In questo caso, bisogna realizzare una strutturazione più attenta:

- definire bene la sequenza degli interventi;
- stabilire orari che scontentino il minor numero possibile di partecipanti (di norma è meglio tenere sempre lo stesso orario e giorno della settimana);
- usare una piattaforma di riferimento, magari anche solo un sito e non per forza un LMS complesso (Capitolo 8), che faccia da collettore delle informazioni, nonché da repository dei materiali dei docenti, delle eventuali registrazioni degli interventi. Se non si hanno risorse per adottare un LMS, potrebbe avere senso adottare uno spazio di e-Collaboration (Capitolo 10);
- stabilire modalità strutturate di comunicazione con i corsisti, dalla newsletter all'uso di strumenti *ad hoc* di eventuali piattaforme;
- predisporre luoghi per permettere ai corsisti di collaborare, specialmente se, come suggeriamo, i docenti proporranno attività tra un incontro e l'altro. Tali "luoghi virtuali" potranno prestarsi anche alla creazione di artefatti digitali, come consentono la suite di Google Drive o altri smart tool come Padlet (Capitolo 10).
- operare una piccola formazione all'uso del sistema per i docenti o formatori, con alcune brevi sessioni di test (vedi paragrafo successivo).
- per quel che riguarda i contenuti, a questo livello di solito si tratta delle slide dei docenti, delle registrazioni dei webinar e di quelli eventualmente costruiti dai corsisti stessi;
- il tracciamento delle partecipazioni avviene normalmente in maniera "empirica" tramite il check dei presenti ai webinar;
- raramente si offre un attestato finale che non sia di partecipazione, ma si può decidere di effettuare un test/esame finale in forma piuttosto semplificata, magari usando Google Moduli.

NOTA

Per i microcorsi rivolti a più di 30 partecipanti, poiché la possibilità di individuare orari e giorni buoni per tutti si riduce, si può pensare di "raddoppiare l'offerta", proponendo le stesse lezione due volte in orari e giorni diversi.

Come altro tipo di minicorso si può prevedere anche un'offerta asincrona, per la quale si dovrà adottare uno spazio online/piattaforma dove caricare i materiali realizzati, e per farlo si dovrà ricorrere a un software di authoring (Capitolo 9), decidendo quale standard adottare per gli oggetti didattici che verranno prodotti, messi in Rete e in sequenza. La loro fruizione potrà essere tracciata e monitorata in modo automatico (Capitolo 11). Per fare tutto questo sarà necessario servirsi di una piattaforma adeguata: vediamo come nel prossimo caso.

C. Corso complesso su più moduli

Arriviamo ora al punto in cui la messa in opera di una piattaforma e altri strumenti correlati diventa indispensabile. In questo caso potrò:

1. scegliere un prodotto "fatto e finito", totalmente in cloud, che potrà essere gratuito (con ovvie limitazioni), quale è Edmodo (pensato per la scuola), gratuito in alcuni casi (per esempio Google Suite for Education per le scuole) o a pagamento (per esempio Docebo, tendenzialmente in ambito aziendale);
2. optare per la creazione di un "mio" spazio didattico appoggiandomi a sistemi esistenti. Per la scuola la soluzione più spesso adottata è Moodle, che è anche open source (vedi Capitoli 8 e 14), in ambito aziendale possiamo pensare a LearnDash, una sorta di estensione di WordPress (strumento diffusissimo per la realizzazione di siti web). In questo secondo caso il nostro lavoro sarà comprensivo della progettazione dell'interfaccia utente e della user experience, di norma con persone specializzate in tali compiti. A questo punto infatti difficilmente potrò prescindere dall'organizzare un team (interno o esterno all'organizzazione, tipicamente a cavallo tra le due soluzioni) che mi supporti nella progettazione e realizzazione. Confidiamo che la lettura del Capitolo 5 su ruoli e professionalità dell'e-Learning sia di grande aiuto in questo senso.

In entrambi i casi, per quel che riguarda i contenuti ci troviamo di fronte a un'utenza ancora più allargata, dalle 100 alle 500 persone, quindi dovrò:

- definire le modalità di accesso a lezioni e moduli (per esempio si potrà procedere solo dopo aver completato il "pezzo" precedente, o in modo libero...);
- disporre delle modalità articolate di tracciamento e relativo monitoraggio delle prestazioni di discenti e docenti;
- mettere in campo forme di valutazione (test, giochi, domande aperte ecc.) più o meno articolate e vincolanti, tenendo in considerazione il feedback da dare agli utenti in merito ai loro risultati;
- permettere ai corsisti di conseguire riconoscimenti *in itinere* (per esempio badge) o alla fine del percorso (vedi Capitolo 12);
- fruire di spazi di comunicazione, interazione e luoghi per la collaborazione creativa inclusi/incorporati nel sistema, anche se si sfrutteranno strumenti esterni;
- individuare strategie di coinvolgimento (come quelle basate sulla gamification, che vedremo nel Capitolo 13) per limitare il drop-out.

Avete già intuito che in casi simili l'investimento per l'e-Learning – in termini di risorse e di tempo – è consistente e ponderato bene. Le competenze digitali dell'organizzazione che deciderà di adottare tale approccio (scuola o azienda che sia) andranno valutate e supportate in parallelo con l'adozione di metodologie e strumenti. Anche qui il confine con il prossimo e ultimo caso si fa sottile: andiamo a vedere in che cosa si differenzia.

D. Sistema di e-Learning completo

Parliamo di progetti ad ampio respiro, con utenze dai 300 partecipanti in su, oppure anche per meno utenti in contemporanea ma distribuiti su molteplici edizioni. Inoltre, ci riferiamo a vasti "ecosistemi" formativi, all'interno dei quali gli utenti dovranno essere in grado di orientarsi con facilità. Andrà quindi previsto anche di:

- individuare i livelli di utenza del sistema: amministratori, direttori didattici, coordinatori, docenti/formatori, tutor, Community Manager, help-desk ecc.;
- calendarizzare l'offerta formativa, per quanto possibile in linea con le esigenze del mio target;
- disporre di strutturati sistemi di automatizzazione per le iscrizioni alla piattaforma e ai singoli corsi, per le notifiche sugli step didattici e i reminder;
- adottare estensioni, plug-in o vari strumenti esterni per favorire le interazioni con e tra gli utenti, costruendo interattivi e creativi, per il mantenimento della preziosa relazione alla base dell'apprendimento;
- garantire un tracciamento accurato e ad ampio raggio, predisponendo *learning* e *teaching analytics* dettagliate per monitorare i corsi e rifinire di volta in volta l'offerta (Capitolo 11);
- prevedere meccanismi di accoglienza, accompagnamento e formazione per il personale docente e relativi "fiancheggiatori" (vedi prossimo paragrafo).

Come nel caso precedente, potrò affidarmi a un prodotto "chiavi in mano", per esempio TalentLMS o Docebo, con la relativa assistenza da parte dell'azienda a cui mi rivolgerò, oppure costruire il mio sistema in autonomia o con un team *ad hoc*, per esempio con Moodle. Ne commenteremo i costi più avanti nel corso del libro.

NOTA

Se alcuni degli acronimi o dei termini vi sono oscuri prima di essere esposti nei prossimi capitoli, segnaliamo la presenza del glossario a fine libro.

Implementazione: sperimentare, erogare e accompagnare

Eccoci arrivati alla messa in pratica, la prova sul campo, la I del modello ADDIE, i cui punti sono stati esposti a inizio capitolo ma che qui riprendiamo nel dettaglio, sempre cercando di perseguire una modalità accogliente e quanto meno possibile brusca, comprendendo lo sviluppo di una procedura per preparare i facilitatori e gli studenti del corso (cosa che, come sappiamo, è drammaticamente mancata durante il lockdown 2020).

Testing

La fase di testing dovrà comprendere non solo gli aspetti tecnici, ma anche quelli di fruizione dei contenuti, inclusa la cosiddetta UX – User eXperience (esperienza dell'utente). È importante essere certi che la navigazione, il reperimento delle informazioni, l'orientamento (il sapere dove ci si trova, quanti progressi si sono fatti ecc.) siano quanto più possibile ottimali, sperimentandoli e controllandoli a fondo.

Ideale, soprattutto quando si lavora su grandi numeri, è scegliere una popolazione di persone motivate per effettuare i test, che come detto possono anche poi fungere da "ambasciatori" per le fasi successive, comunicando ai propri pari la propria esperienza, o perfino diventando formatori all'uso nella fase successiva o co-progettisti del percorso didattico.

Formazione all'uso

La formazione al sistema e l'affiancamento sarebbero sempre necessari, ma a volte sono irrealizzabili, e si viene "buttati nella mischia". Durante questa formazione le persone coinvolte nel corso online (non solo docenti/formatori ma anche tutor, help-desk, Community Manager ecc.) sperimentano il sistema sotto la guida di chi lo ha progettato per ambientarsi tramite tutorial o in veri e propri momenti di accompagnamento.
Li chiamano *train-the-trainer* (formazione formatori), e vengono svolti in modalità laboratoriale.

Erogazione

È il punto cruciale di tutto il processo, in cui "si va in scena" e iniziano l'apprendimento e tutti i processi di interazione a esso collegati. È la "E" finale di ADDIE, durante la quale fanno capolino anche elementari processi di engagement volti alla "chiamata" dei partecipanti, tramite notifiche per l'enrollment (iscrizione) a un corso, magari con contorno di informazioni su come sarà strutturato, l'impegno previsto per concluderlo. Vedremo nel Capitolo 11 come questa vada tracciata e monitorata, per essere certi che le cose procedano per il meglio o per ritararle.

Follow-up e mantenimento

Con follow-up e mantenimento si intendono di norma la gestione e il mantenimento del portale e dei corsi (help-desk tecnico e di contenuti, hosting, back-up). Si tratta di un punto che viene volentieri e colpevolmente dimenticato quando un'azienda compra un servizio di e-Learning da un provider, sia che si tratti di una grande azienda come Docebo, sia che ci si rivolga a un piccolo studio di consulenza che realizza un prodotto *ad hoc*. Tutti sognano che un corso online sia "per sempre". Invece, sia dal punto di vista tecnico-informatico sia da quello umano (le persone che ci lavorano), se non viene costantemente sostenuto (pagando il server che ospita dati e fa girare i servizi, per esempio, o una persona che garantisce un minimo di help-desk), va alla deriva o a fondo come una nave senza equipaggio né carburante.

Valutazione e monitoraggio: accogliere, accompagnare e concludere

In questo caso saranno i Capitoli 11 e 12 a trattare a fondo l'argomento. Qui basti sottolineare alcuni aspetti cruciali:

- la valutazione deve essere effettuata sia sui discenti sia sui docenti, tramite quelle che vengono chiamate learning e teaching analytics;

- dovrebbe essere sia formativa (in ogni stadio del processo) sia sommativa (test progettati per abilità specifiche e criteri relativi riferiti a oggetti con feedback agli utenti);
- meglio se comprende stime di tipo formale e informale, tenendo conto delle reazioni delle persone coinvolte (compresi tutor, Community Manager ecc.) ai processi che abbiamo messo in atto.

In termini di apprendimento, si potranno valutare la consapevolezza acquisita, le conoscenze, le competenze, le variazioni di comportamento con test, quiz, interrogazioni, o giochi nel caso si sia ricorso a elementi di gamification, oppure si potranno vagliare i prodotti delle eventuali attività laboratoriali e creative.

Rimandiamo appunto al resto del libro per approfondire gli aspetti legati a tracciamento, monitoraggio e valutazione dell'apprendimento, mentre qui affrontiamo in modo un po' empirico e forse "leggero" gli errori da non fare per non vedere bocciato il proprio lavoro di realizzazione di un corso e-Learning.

Gli errori più comuni dal corso tradizionale all'online

"C'è vita nella relazione online", ha dichiarato Pier Giuseppe Rossi dell'Università di Macerata all'evento "eXploring eLearning 2020".

Che cosa intendeva sottolineare? Che anche nella relazione online c'è un corpo del discente e di chi insegna e che c'è uno spazio dove essa ha luogo (la casa, l'ufficio, il co-working). Dare per scontato che la relazione online sia fredda e vuota è un errore da evitare. A distanza di secoli, asincrono come non mai, Dante insegna molte cose con la *Divina Commedia*! Siamo ancora in relazione con lui.

Ciò può accadere se i corsi online sono fatti ad arte. Certo, non forse con il genio dantesco...

Sia chiaro: chi scrive non è certo un fan dell'e-Learning a tutti i costi, e sono conscio che l'online rischia di privarci di una parte vitale dell'apprendimento, eppure sono altrettanto convinto che con gli strumenti della Rete si possono costruire relazioni forti e fruttuose.

Ora fate un bel respiro e lasciatevi consigliare sui principali errori da evitare *in partenza*.

- Presumere di conoscere il vostro target prima di aver posto qualche domanda (a voi stessi o ai discenti).
- Sperare che un approccio *one size fits all* (grossomodo "a taglia unica") possa funzionare: la formazione va tarata quanto più possibile sulla base delle persone che insegnano e apprendono.
- Scegliere prima gli strumenti digitali e poi progettare il corso sulla base di quello che consentono di fare: si tratta purtroppo di uno degli approcci più comuni, in alcuni casi per forza (magari l'ente per cui si lavora ha adottato una certa piattaforma e non la si può cambiare), in altri per dolo (qualcuno si innamora di un LMS senza considerare le alternative).
- Trascurare le competenze digitali di tutte le figure professionali che parteciperanno al progetto formativo, quindi anche tutor, Community Manager ecc.
- Sottovalutare il "fattore fatica", sia di chi insegna sia di chi impara: spesso l'online, specie nelle fasi di adozione iniziale, può aggiungere stress da adattamento.
- Sottostimare i costi di investimento: sviluppare un corso e-Learning, soprattutto in modalità asincrona, richiede uno studio, una progettazione, uno sviluppo e una fase di testing che comportano spese elevate. I costi verranno ammortizzati con il tempo,

con il riuso del materiale (e la mancata necessità di dover pagare docenti, tornare in aula ecc.), ma bisogna tenerne conto.

- Ignorare le problematiche legate all'aggiornamento dei corsi: molti contenuti, soprattutto quelli legati a leggi e normative oppure a strumenti informatici, invecchiano in fretta. Quindi alcune parti andranno riviste e aggiornate. Talvolta è semplice (modificare una frase nel testo), ma ci si potrebbe anche trovare di fronte alla necessità di dover registrare di nuovo un audio o rigirare e montare un intero video.

Se vogliamo però sottolineare un aspetto cruciale spesso dimenticato, tornerei alla citazione di Rossi. La relazione di cui parliamo è a mio avviso l'aspetto centrale della formazione. Durante il lockdown del 2020, presi dalla paura, dall'urgenza, dall'emergenza, l'errore più comune è stato quello di concentrarsi sulla continuità (nella scuola in particolare) dell'offerta didattica in termini di nozioni, di conoscenze, di programma. In realtà ciò che mancava ai bimbi, ai ragazzi e così anche ai docenti, era la relazione, o almeno *quel* tipo di relazione umana che è davvero la linfa del processo di apprendimento inteso come crescita della persona (anche di chi insegna). Come padre più che come "esperto di e-Learning" ho sofferto nel rendermi conto che, spesso, la relazione andava quasi perduta, o sopravviveva a stento nei momenti informali delle lezioni: nei saluti introduttivi o finali delle lezioni su Zoom, nello sbirciare stanzette, cucine, divani alle spalle degli "utenti", nei messaggi che bambini e ragazzi si mandavano tra loro con i telefoni, nelle videochiamate per aiutarsi a fare i compiti a distanza. Vedevo la relazione perdersi nelle connessioni difettose, di chi tentennava all'impugnare il mouse, nella pagina strapiena di materiali e ingestibile, nel buio delle sagome sgranate in controluce delle webcam, nella fissità delle immagini "freezate" o nel silenzio del microfono che inspiegabilmente oggi non va, ieri chissà perché funzionava, io non ho fatto niente, chi mi dà una mano? Volevo rianimarla, quella relazione, ecco perché, da circospetto progettista dell'e-Learning e da curioso di digitale, ho deciso di scrivere queste pagine. Perché sono più che convinto che si possa sempre migliorare l'e-Learning, e aiutare chi opera in questo campo a sostenere, nella maniera più empatica possibile, la consistenza di queste indispensabili relazioni. Con una certa consapevole retorica, mi verrebbe da dire che l'e-Learning andrebbe fatto con amore.

Il prossimo capitolo, l'unico di stampo pedagogico del manuale, ci aiuterà un po' in questo.

Fonti

Bloom B.S., *Taxonomy of Educational Objectives. The Classification of Educational Goals*, Handbook I, Cognitive Domain, Longman, Londra, 1956.

Brinkerhoff R., "Evaluating Effectiveness of Performance Improvement Projects", in *Performance Consulting*, di Robinson D.G., Robinson J.C., 1998, Berrett-Koehler Publishers, Oakland, 1996 .

Corti P., "Implementare un sistema di e-learning", Apogeonline.com, 2020.
`https://www.apogeonline.com/articoli/implementare-un-sistema-di-e-learning-paola-corti/`

Decreto legislativo n. 62/2017, recante norme in materia di valutazione e di certificazione delle competenze, Gazzetta Ufficiale della Repubblica Italiana, 13 aprile 2017, n. 62.
`https://www.gazzettaufficiale.it/eli/id/2017/05/16/17G00070/sg`

"La protezione civile chiama a raccolta coi nuovi corsi online", *Lecco Online*, giugno 2020.
https://www.leccoonline.com/articolo.php?idd=53397&origine=1&t=La+protezione+civile-chiama+a+raccolta+coi+nuovi+corsi+online

Progetto TRIO – Sistema di web learning della Regione Toscana
https://www.progettotrio.it/

Rossi P.G., "Connecting Minds – Imprese, Università, grandi Academy e Education best practice. Tutte le connessioni che creano valore", intervento durante il convegno "eXploring eLearning", Skilla, 2020.
https://www.exploring-elearning.com/connecting-minds/

Capitolo 4

Modelli innovativi di apprendimento

In questo capitolo

- Questo non è un manuale di scienze della formazione
- Teorie dell'apprendimento
- Modelli innovativi diffusi
- Verso una ridefinizione dei ruoli
- Fonti

Questo non è un manuale di scienze della formazione

Come anticipato nei capitoli iniziali, non è nostra intenzione addentrarci nei meandri delle scienze della formazione, *in primis* perché rischieremmo di smarrire il focus di questo manuale, che vuole essere uno strumento quanto più possibile pratico e applicativo, e in seconda battuta perché potremmo perderci tra teorie che sono spesso dibattute, soggette a mode, filoni di pensiero, e sulle quali, ancor più che sugli strumenti digitali, rischieremmo di generare controversie. Forse pavidamente, facciamo una dichiarazione di sostanziale agnosticità: non vogliamo sposare ideologie né batterci a favore di un approccio piuttosto che del suo opposto. Il nostro interesse è quello di aiutarvi ad acquisire le competenze necessarie per poter progettare, realizzare e gestire interventi non in generale nel campo della formazione e dell'educazione, ma in quello dell'innovazione che, per agire al meglio, può sfruttare le moderne tecnologie digitali, mantenendo bene in mente il focus sulla *relazione* indispensabile all'apprendimento che abbiamo illustrato alla fine del capitolo precedente.

Fatta questa ennesima premessa, è chiaro che, se l'intenzione è di guidare chi ci legge, lo faremo dando consigli e operando delle scelte, soprattutto di carattere metodologico. Proprio per questo una trattazione estremamente succinta (ma speriamo non superficiale) che affronti il prismatico e cangiante spettro delle metodologie didattiche e formative, è necessaria, soprattutto prima di affrontare la pletora di quegli strumenti digitali di cui, immaginiamo, non vedete l'ora di scoprire i più reconditi segreti. Come detto quindi in chiusura al capitolo precedente, consigliamo i più vivaci "smanettoni" di non saltare a piè pari questo capitolo che citerà canuti pensatori, poiché – una volta capito bene la natura e i bisogni di chi apprende, e messo a fuoco che cosa insegnare loro – è indispensabile progettare anche un *come*.

Il processo di apprendimento è definito comunemente come "il processo di acquisizione e di modificazione di capacità e abilità comportamentali degli organismi viventi animali e umani, nel corso delle esperienze nell'ambiente" (Treccani, 2020). A noi interessa porre l'accento su tale *ambiente*, nella sua declinazione legata all'innovazione, specie (ma non necessariamente) se favorita dal digitale.

Così facendo, ci concentreremo su alcune metodologie che oggi trovano applicazione nell'e-Learning a vari livelli. Alcune di esse si possono dire specifiche del digitale, o quantomeno formalizzatesi grazie a esso, altre invece affondano le radici in tempi antichi (per esempio il collaborative learning). Altre ancora hanno nomi coniati di recente, ma non necessitano del digitale a tutti i costi per prendere corpo, sebbene sia con esso che sono fiorite (è il caso della flipped classroom).

I nostri obiettivi sono:

- aiutare chi non ha competenze di scienze della formazione e non mastica i modelli di apprendimento innovativi a conoscerli e applicarli;
- fornire una piccola guida a chi pure ha competenze di questo tipo, ma che si trova spiazzato nel campo che le vede mischiarsi al digitale;
- fornire spunti, consigli, idee su pratiche da mettere in atto nei propri corsi onde renderli avvincenti, efficaci e fruttuosi;
- guidare all'interno di un campo vasto e in costante evoluzione, sul quale non di rado avvengo conflitti ideologici (dai quali appunto ci teniamo prudentemente a distanza!).

In questo percorso, iniziamo da un accenno brevissimo alle basi delle scienze della formazione, per poi addentrarci nell'innovazione didattica più mirabolante.

Teorie dell'apprendimento

I più esperti spero perdoneranno l'approccio forse un po' superficiale, però – come leggerete – questi modelli trovano applicazione (a volte involontaria, inconsapevole, altre volte perfino pericolosamente sinistra) nel più moderno e-Learning. Inutile dire che esistono altre correnti, precedenti, parallele e successive a queste (connessionismo, associazionismo ecc.) che non tratteremo.

Comportamentismo (e dipendenza da smartphone)

Principali interpreti del comportamentismo (o behaviorismo) sono Ivan Pavlov, Edward Thorndike, John Watson e infine Burrhus Skinner, i quali, tra la fine dell'Ottocento e la metà del Novecento hanno sviluppato una serie di esperimenti che hanno portato a questo tipo di approccio. Parliamo di leve, pulsanti, scatole, reazioni che dal comportamento animale a quello umano individuano dei modelli essenzialmente legati a stimoli e risposte.

L'apprendimento è inteso come modifica del comportamento, e avviene fornendo opportuni stimoli allo studente, per ottenere le risposte desiderate. I comportamenti desiderati devono poi essere opportunamente rinforzati, secondo Skinner. Le domande che deve porsi chi sviluppa un sistema didattico sono quindi: quale comportamento vogliamo incentivare? Di quali rinforzi possiamo disporre?
Questo sistema ben sembra sposarsi con quello del mondo dei computer, quindi ha lungamente influenzato il campo dell'e-Learning, secondo un modello in cui l'insegnamento può esser spezzato in una serie di processi brevi. Le teorie di Skinner hanno influito molto sul modo di definire gli obiettivi didattici proposti da altri, tra cui Bloom, che riprenderemo nei prossimi paragrafi.
Nonostante sia il modello più datato, trova ampia applicazione anche quando parliamo di engagement, sfide, gamification, poiché molte di queste metodologie sono utilizzate per ottenere proprio quelli che in gergo sono chiamati *behavioural changes*, cambi di comportamento, per esempio nell'ambito della sostenibilità ambientale.
Infine, sempre parlando di tecnologie, è molto interessante notare come gli esperimenti condotti da Pavlov con i cani e quelli di Skinner con topi e piccioni nelle gabbie sono oggi spesso richiamati quando si parla di dipendenza da smartphone. Skinner dimostrò che il suo piccione in gabbia poteva essere "addomesticato" premiandolo con distribuzioni di crocchette, in modo da indurlo a fare certi specifici movimenti (Figura 4.1). Questa serie di ripetuti, piccoli stimoli gratificanti è in effetti alla base anche di molti meccanismi "addicting" delle applicazioni per smartphone, dai messaggi WhatsApp ai like che otteniamo sui social network. Ricordiamocene quando parleremo di mobile learning!

Figura 4.1 Uno dei video con Skinner, piccione e assistente: in Rete si trovano molti filmati del ricercatore inglese che mostra, in uno stile televisivo assai accattivante, come insegna al piccione a compiere delle rotazioni (https://www.youtube.com/watch?v=TtfQlkGwE2U).

Cognitivismo: verso un apprendimento attivo

La psicologia cognitiva e il cognitivismo nascono, come si può immaginare, in opposizione al comportamentismo. Questo modello andrebbe oltre, sostenendo che dalle risposte che gli individui danno in seguito a diversi stimoli si possono evincere informazioni sulla natura dei processi intellettivi interni che generano le risposte osservate. Quindi l'apprendimento avviene mentre si elabora l'informazione, cosa che accade nell'uomo e certamente meno nel piccione, e difatti i seguaci di questo modello (Urlich Neisser *in primis*) hanno un approccio neurofisiologico. Neisser propose il modello HIP (Human Information Processing), secondo cui gli individui possono conoscere il mondo attraverso le funzioni mentali come la percezione, l'attenzione, la memoria, il pensiero.
Nell'e-Learning, questa teoria viene spesso considerata quando si parla di ritenzione delle informazioni, ossia quando chi progetta e realizza un corso online si pone il problema di quanto i formandi conservano di ciò che apprendono e quanto realmente lo sanno applicare. Approcci come il learning by doing sono abbastanza in linea con questa corrente psicologica. Nell'active learning, come vedremo, lo studente non è passivo, ma procede alla ricerca attiva di informazioni funzionali per i suoi bisogni e interessi, mettendo in atto creatività e altre competenze evolute.

Costruttivismo e gli approcci learner-centered

Il costruttivismo è una corrente che ha tra i suoi fondatori, a vario titolo, John Dewey (in realtà legato allo strutturalismo, diciamo uno step precedente), Lev Vygotskij e Jean Piaget, fondatore dell'epistemologia genetica, ma spesso considerato parte o comunque tra coloro che hanno posto le basi di questa corrente. I costruttivisti allargano ulteriormente lo spettro di aspetti di cui l'essere umano è costituito che vanno presi in considerazione quando lo si osserva. Per Dewey l'esperienza educativa deve partire dalla quotidianità nella quale il soggetto vive. Fattori esterni come l'ambiente e le interazioni sociali possono favorire o meno lo sviluppo della persona, secondo Piaget, e per Vygotskij ne sono addirittura la causa.
Il costruttivismo segna il passaggio a un approccio soggettivistico, learner-centered si direbbe oggi, dove l'accento non è più posto sulla conoscenza e i contenuti (approccio oggettivistico). In e-Learning, tutti i progetti che mettono al centro l'esperienza dell'utente, e meno i contenuti stessi (e chi li produce o li racconta), in sostanza tendono a seguire tale approccio, secondo l'idea che ogni sapere è un sapere personale, frutto della ricostruzione delle proprie esperienze.
Nel capitolo in cui vedremo le figure professionali dell'e-Learning, scopriremo come il ruolo del docenti si stia spostando verso quello di un learning facilitator, poiché l'apprendimento deve avvenire tramite attività di collaborazione in un contesto quanto più possibile stimolante, dove chi è esperto dei contenuti è anche guida.

Connettivismo (e nuvole di nonni)

Il salto rispetto alle teorie precedenti è considerevole, e ci proietta in epoca già digitale: George Siemens formula questa teoria incentrandola sul concetto delle reti, poiché trovava le tre teorie sopra esposte limitate nello spiegare gli effetti dell'uso delle tecnologie sul nostro modo di vivere, di comunicare e apprendere. La Rete e i suoi nodi di informazioni e individui sono la metafora che spiega il processo di apprendimento e

creazione di conoscenza. Uno dei punti più interessanti è che, secondo il connettivismo, l'apprendimento può risiedere in applicazioni non umane.
Sebbene, come ogni teoria, sia stata oggetto di forti critiche, volte soprattutto a calmare gli entusiasmi di coloro che sembrano sostenere che "basta mettere in Rete le persone per creare conoscenza", sottovalutando così l'importanza – per fare un esempio – del background culturale di ognuno, è tuttavia vero che, nel nostro mondo iperconnesso, secondo molti questa è la teoria più adatta a descriverlo in termini di apprendimento, e certamente viene sovente richiamata nell'ambito dell'e-Learning.
Per esempio, alcuni dei famigerati MOOC (Capitolo 14) si affidano a tale approccio: i cMOOC (connective Massive Open Online Courses) coinvolgono gruppi di persone che imparano insieme, al punto da essere considerati discenti e insegnanti allo stesso tempo.
"Un corso connettivista: i partecipanti apprendono in quanto immersi in una comunità che condivide un preciso insieme di azioni, pensieri e valori; apprendono le pratiche dimostrate dai docenti ma anche da altri partecipanti; i problemi e le soluzioni circolano liberamente attraverso una rete di connessioni peer-to-peer anziché attraverso lo schema centralizzato insegnante-allievi" (Formiconi, Federici, 2013).
In alcuni casi la figura del docente è del tutto sostituita dai learning facilitator (o mentor), non necessariamente esperti dei contenuti. Questo tipo di piattaforme in genere comprende comunità di apprendimento, blog e altri strumenti atti a promuovere l'interazione attiva, fino ad appoggiarsi, in alcuni casi, ai social media.

Figura 4.2 Un'immagine dal sito del Granny Cloud lanciato da Mitra: se vi incuriosisce, consiglio di leggervi le Granny Tales.

NOTA

La nuvola dei nonni: il celebre ricercatore indiano Sugata Mitra ha saputo portare all'estremo questo approccio con la Granny Cloud, che si basa sulla diffusa convinzione che ciò che più conta per l'apprendimento di un bambino è la motivazione, il restituire a qualcuno ciò che si è appreso, l'avere uno stimolo a condividere il proprio percorso di conoscenze con qualcuno che si mostri interessato. Un mentore, un facilitatore, un supporter, un fan. Ha quindi connesso anziani e bambini tramite collegamenti online, facendo sì che i primi, spesso con difficoltà a ingannare il tempo e piuttosto soli, si rendessero utili ad "adottare" a distanza un bimbo affiancandolo nei compiti a casa, chiedendo loro "che cos'hai imparato oggi?", magari condendo il tutto con tanti "Ma dài? Ma che bravo!" (Figura 4.2).

Modelli innovativi diffusi

Abbiamo scelto di raccontare in modo molto sintetico alcuni modelli e metodologie di stampo pedagogico o meramente pratico. Ce ne sono mille altri, ma qui ci soffermiamo su quelli più diffusi e, a nostro avviso, fruttuosi per chi si occupa di e-Learning.

NOTA

Come vedete, nella più parte dei casi utilizziamo i nomi in inglese. Questo non per una qualche filo-anglofonia, ma solo perché in questo ambito molto spesso si usa questa modalità. Non me ne vogliano gli autarchici della lingua di Dante e Manzoni. Anche in questo caso si tratta solo di ragionevole, pavido agnosticismo. A noi va bene sia parlare di classe capovolta che di flipped classroom. Avremo modo di schierarci per fazioni quando affronteremo i capitoli finali su etica e movimento open education... *pardon*: educazione (o istruzione?) aperta. Rispetto al valore del nostro Paese in questo campo, ci piace invece fare solo un cenno preliminare in merito alla corrente di studi sul legame fra neuroscienze e educazione che si sta facendo strada in questo ultimo decennio, rispetto ai quali in Italia è di spicco Daniela Lucangeli. Si tratta di una corrente di studi che vi invitiamo a esplorare attraverso i riferimenti a fine capitolo o ai numerosi video divulgativi che trovate in Rete.

Blended: il giusto equilibrio

"Equilibrio e perfezione, le due anime del blend", recita lo slogan di una notissima marca di caffè (naturalmente italiana!). Prosegue poi vantando "un dialogo equilibrato tra note acide e amare, fiorite e fruttate, caramello, pan tostato, cioccolato, sentori di mandorla e miele che infine creano una sensazione dolce". Ecco, senza correre il rischio di vedervi abbandonare il libro per correre verso il vostro bar di fiducia, ci interessa sottolineare in questa sede come il termine "blend" ("miscela", da cui deriva *blended learning*) sia in effetti, quando praticabile, la soluzione. Si riferisce chiaramente alla possibilità di utilizzare, in un percorso formativo, sia la modalità in presenza sia quella online. Può riferirsi a volte anche all'uso in aula di strumenti digitali, alla compresenza di mobile learning e e-Learning più "classico" (via computer).
Sussistono casi nei quali l'opzione non è fattibile, per cui si deve operare in una situazione detta fully online, ma intrecciare le due possibilità offre appunto una situazione che potremmo dire di "dialogo equilibrato", come per il nostro caffè.

Per dare dei consigli pratici a questo proposito, riportiamo i punti seguenti:

- molto spesso l'e-Learning viene abbracciato con l'intenzione di contenere i costi di una formazione che prevede viaggi, utilizzo di aule, tempistiche contingentate: anche se l'obiettivo strategico di un passaggio all'online è questo, consigliamo di prevedere, se possibile, degli incontri in presenza in fasi cruciali del percorso formativo, per esempio all'inizio e/o alla conclusione;
- parlando di conclusione, spesso il blended si concretizza in un percorso del tutto a distanza, dove la valutazione finale avviene faccia a faccia per ragioni legate soprattutto alla verificabilità dell'identità degli studenti;
- il blended si verifica a volte in modo "inconsapevole" in tutti i casi in cui, nella didattica tradizionale, vengono utilizzati strumenti digitali per la collaborazione a distanza, fuori dall'aula, tra gli studenti; è quindi in sostanza molto più comune di quanto si possa pensare in contesti scolastici e aziendali (e praticamente in tutte le università anche preCovid, di qui in parte il perché gli atenei in generale hanno saputo affrontare il passaggio in modo meno traumatico).

NOTA

Il lockdown ha estremizzato l'equilibrio di cui parliamo, forzando moltissime situazioni a un fully online che ha mostrato con evidenza limiti e frustrazioni in chi insegna e in chi apprende. Rispetto alle valutazioni finali, nel capitolo dedicato vedremo come oggi si può (per chi vuole o ne è costretto) ovviare anche al problema dell'identità degli esaminandi con mezzi informatici. In situazioni "normali" è preferibile evitarlo.

Active learning

> Non è possibile fornire definizioni universalmente accettate per tutto il vocabolario dell'apprendimento attivo [active learning] poiché diversi autori del settore hanno interpretato alcuni termini in modo diverso. Tuttavia, è possibile fornire alcune definizioni generalmente accettate e mettere in evidenza le distinzioni nell'uso dei termini comuni. L'apprendimento attivo è generalmente definito come qualsiasi metodo didattico che coinvolge gli studenti nel processo di apprendimento. In breve, l'apprendimento attivo richiede agli studenti di svolgere attività di apprendimento significative e pensare a ciò che stanno facendo [...] in classe (Prince, 2004).

Come dire: tutto e niente. In teoria, tutte le metodologie che seguiranno da qui in avanti nel capitolo possono a tutti gli effetti essere considerate active learning a vario titolo. In pratica, sia attività brevi e semplici come tenere un diario, discutere in coppia, sia altre più articolate come lanciare dibattiti o giochi di ruolo sono degli esempi di active learning. Ancor più pleonasticamente: dove il discente non è passivo ascoltatore/fruitore di contenuti, abbiamo apprendimento attivo. In tal modo viene posto al centro il *processo* di apprendimento e non il *prodotto* (ossia il *risultato del processo*). Quando si decide di utilizzare questa metodologia (che ne comprende tante altre) l'obiettivo principale non è tanto apprendere delle conoscenze, ma *apprendere ad apprendere*, in un'ottica di profonda crescita dell'individuo. Il discente ha un ruolo attivo rispetto al quale l'educatore/insegnante/formatore assume il ruolo da regista per guidare il discente anche in processi di *metacognizione* che lo rendono maggiormente consapevole del proprio processo di apprendimento, per esempio supportandolo nella scelta delle strategie da utilizzare per raggiungere l'obiettivo prefissato.

Ancora da sottolineare è che tramite queste forme avviene in modo più o meno naturale o guidato anche uno sviluppo delle competenze trasversali dell'individuo, così centrali oggi nel mondo del lavoro e spesso ritenute scarse in molti *new workers* che si affacciano a esso. Infine, svariati strumenti digitali oggi disponibili possono essere validamente di supporto a pratiche e metodi di active learning.

NOTA

I progetti europei eLene4Work ed eLene4Life affrontano l'importante tema dello sviluppo delle soft skill nel delicato passaggio che va dal mondo dell'istruzione a quello del lavoro. I risultati, che tra le altre cose comprendono un MOOC su tali argomenti, sono disponibili sui siti `http://elene4work.eu/` e `http://elene4life.eu/` (Figura 4.3).

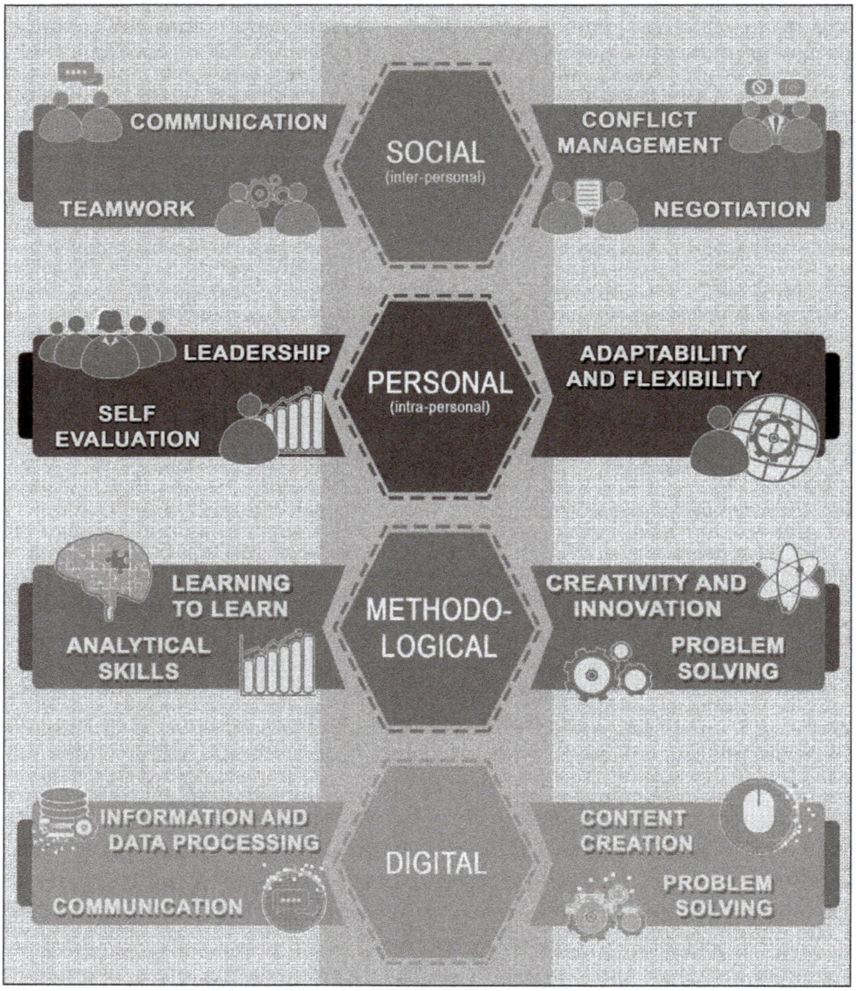

Figura 4.3 Il quadro delle soft skill come definito dal progetto europeo eLene4Work: la più parte dei modelli di apprendimento citati in questo capitolo consente, a diverso titolo, lo sviluppo di queste competenze fondamentali nel mondo del lavoro.

Collaborative learning

Saltiamo allegramente di palo in frasca per tornare su un tipo di metodologia che, di per sé, prescinde dal digitale. Anzi: al momento della diffusione della formazione a distanza, i seguaci del collaborative learning spesso sostenevano che questo non avrebbe potuto avere luogo in tale modalità. Per fortuna, forse possiamo affermarlo, si sbagliavano. L'apprendimento collaborativo (questa la traduzione) è ormai al centro della più parte dei (buoni) corsi online, per non parlare di quelli blended.

In sostanza si rifà alle teorie del già citato Vygotskij, e fa riferimento a metodologie e ambienti in cui gli studenti vengono coinvolti su una determinata serie di attività comuni, appunto collaborando per portarle a termine.

Il concetto base del collaborative learning è incentrato sui termini di "zona di sviluppo prossimale" di Vygotskij e di "scaffolding", termine introdotto invece da Bruner e che in psicologia e pedagogia indica l'aiuto dato da una persona a un'altra per svolgere un compito. Spiegato in parole poverissime, la zona di sviluppo prossimale è intesa come la possibilità del discente di raggiungere un maggiore livello di sviluppo/acquisizione di competenze grazie al fatto di apprendere in un contesto collaborativo fra pari (anche di diverse età e di diversi livelli di competenza). In tal modo chi apprende costruisce la propria conoscenza con gli altri.

Il termine "scaffolding" letteralmente significa "impalcatura" e "sostegno": si riferisce al ruolo del tutor (adulto o pari, ma più esperto) che crea appunto un'impalcatura che aiuta a emancipare il discente nel suo processo di apprendimento.

Chiaramente questo tipo di approccio può essere messo in atto in un laboratorio "fisico", oppure tramite strumenti digitali a distanza. In questo caso si va dalle normali email o messaggistiche interne a qualsivoglia piattaforma, fino ai più elaborati strumenti di e-Collaboration (che vedremo nel capitolo *ad hoc*) o ad ambienti di realtà virtuale.

Molto spesso viene chiesto ai formandi di realizzare dei veri e propri artefatti digitali e non (documenti, presentazioni, mappe ecc.) come output finali di lezioni o corsi in questa modalità: ne è un esempio la game jam, sorta di gara a squadre volta alla creazione di videogame di natura didattica che vedremo nel Capitolo 13 (Figura 4.4).

Figura 4.4 Healty Quest, un serious game realizzato in modo collaborativo da un gruppo di cinque ragazzi in una game jam con finalità formative per il progetto europeo JamToday, nel 2017.

Se i fan delle valutazioni quantitative e dei voti si stanno chiedendo come effettuare degli assessment affidabili in contesti di questo tipo, possiamo dire che tra i metodi più comuni si annovera anche l'analisi statistica del discorso e delle conversazioni. Inoltre, nei casi in cui vengono presentati dei progetti, chiaramente la valutazione si sposta su di essi e sui processi che hanno portato alla loro realizzazione.
Sebbene la classica didattica frontale e trasmissiva sia ancora enormemente diffusa, diciamo che ormai è quasi difficile immaginare un buon corso a distanza che non contempli attività collaborative!

Cooperative learning

In che cosa si differenzia dall'apprendimento collaborativo? Mentre questo richiede l'impegno reciproco di tutti i partecipanti parallelamente a uno sforzo coordinato per raggiungere un determinato risultato, l'apprendimento cooperativo richiede in più ai discenti di assumersi la responsabilità di una sezione specifica del lavoro comune, e poi coordinare le rispettive parti (Kyndt e altri, 2013). Distinzione molto sottile, secondo alcuni inutile, tuttavia il termine sembra essere usato di più con i bambini e meno nella formazione di ragazzi e adulti, ma in sostanza, per quel che riguarda il nostro contesto, non ci interessa approfondire oltre.

Social learning

Chi mastica scienze della formazione conosce il termine grazie alle teorie di Albert Bandura, psicologo canadese noto anche per la bambola Bobo e il relativo esperimento sull'aggressività infantile per imitazione. Bandura evidenziò come l'apprendimento non implicasse esclusivamente il contatto diretto con gli oggetti, ma avvenisse anche attraverso esperienze indirette, sviluppate attraverso l'osservazione di altre persone e tramite un processo di acquisizione delle informazioni provenienti da altri individui.
Nel nostro approccio forse troppo pragmatico ma incentrato sul contesto digitale, inseriamo qui questo termine perché, dimentichi di Bobo e Bandura, oggi molti progettisti di percorsi di apprendimento lo utilizzano in riferimento a pratiche imitative e di apprendimento di gruppo facilitate dagli strumenti di varie piattaforme. Nel Capitolo 8 vedremo per esempio Edmodo, proposto appunto come "Social Learning Platform", anche se in casi come quello poco resta del modello dell'apprendimento per imitazione, ma la socialità è più intesa come un favorire le interazioni orizzontali tra utenti.
Più rilevanti, invece, nel mondo aziendale e ultimamente in quello dei giovanissimi (ma non nella scuola) le intersezioni tra il microlearning e il social learning, che vedremo a fine capitolo.

NOTA

Per chi si fosse incuriosito: nell'esperimento di Bandura del 1961 con la bambola Bobo un gruppo di bambini osservava degli adulti in una stanza che picchiavano una bambola con tale nome; dopodiché, senza che il loro comportamento venisse commentato, molti di loro quando entravano nella stanza picchiavano per imitazione il pupazzo Bobo. Lo abbiamo molto semplificato, e per chi volesse approfondire rimandiamo alla relativa pagina su Wikipedia: `https://it.wikipedia.org/wiki/Esperimento_della_bambola_Bobo`.

Problem based learning

Non a caso il problem solving fa parte del framework di competenze citato in precedenza, ed è una delle soft skill più richieste nel mutevole (e problematico) mondo del lavoro di oggi. Imparare a risolvere problemi inaspettati è – a dir poco – cruciale per tutti. Il problem based learning (PBL, apprendimento basato sul progetto) è un approccio pedagogico che spinge gli studenti a condurre ricerche, integrare teoria e pratica e applicare conoscenze e abilità per sviluppare una soluzione praticabile a una domanda/problema definito, autentico e complesso.
Ottimo se usato con piccoli gruppi, si adatta però anche su grandi numeri (a differenza di molti altri metodi qui esposti) e individualmente.
Chiaramente è cruciale identificare il problema (vero o fittizio) dalle potenzialità formative e porre la giusta domanda. Bisogna trovare il giusto grado di complessità che rappresenti uno stimolo per gli studenti ma, allo stesso tempo, non una "missione impossibile": non deve generare frustrazione nel trovare la soluzione.

Inquiry based learning

Un passo oltre rispetto al precedente è rappresentato dall'apprendimento basato sull'investigazione (inquiry), dove l'asticella è posta leggermente più in alto.
Una volta lanciata la quest, gli studenti si accorgono man mano di aver bisogno di nuove conoscenze per comprenderla e affrontarla collaborando, diventando in questo modo consapevoli del proprio apprendimento e dell'importanza delle conoscenze che vanno acquisendo. Anche in ambito aziendale questa pratica si presta benissimo ad affrontare situazioni concrete, in un momento a cavallo tra il brainstorming, la formazione e il lavoro in senso più stretto.
In termini di valutazione dei risultati, come in altri casi qui esposti, non ci si deve limitare a valutare i prodotti finali (report, infografiche, presentazioni, videopitch ecc.) ma "prendere in considerazione altri elementi quali la qualità dell'attività esplorativa e di indagine dei gruppi (tramite l'osservazione attenta del loro processo di investigazione), la natura della collaborazione all'interno dei gruppi, l'accuratezza delle argomentazioni esposte in fase di discussione di classe, il livello di conoscenza dei contenuti" (Mangiarotti, Mapelli, 2019).
In molti casi viene chiesto ai discenti di autovalutarsi, processo che può fornire numerosi e articolati feedback.

Project based learning

Stessa sigla, ahimè, del problem based (PBL), l'apprendimento basato sul progetto richiede appunto ai discenti di realizzarne uno connesso all'attività formativa. Meglio (ma non necessario) se si tratta di un problema reale e non fittizio. Come i precedenti metodi fratelli si basa tendenzialmente su costruttivismo e costruttivismo sociale e si appoggia su metodi di valutazione simili.
L'esempio delle game jam citato sopra appartiene a pieno titolo a questo tipo di approccio, così come al prossimo sotto.

Game based learning

"La prima e indispensabile forma di apprendimento nella vita è il gioco". Non è una citazione colta ma una sorta di adagio che ci ricorda come, da bambini, l'attività ludica costituisce una delle prime forme di contatto con il mondo e presa di coscienza di molti suoi aspetti. Da soli o in compagnia, giochiamo da che veniamo al mondo, per poi spesso man mano perdere in parte questa naturale modalità di apprendimento. Dedicheremo un intero capitolo, il 13, a engagement e gamification, termini dal suono sgradevole ma che sono entrati a tutti gli effetti nel gergo sia della scuola sia del mondo aziendale, anche nelle sue più perverse derivazioni nel marketing. In questo contesto ci soffermeremo su serious/applied game, game jam e game storm. Ma ogni cosa a tempo debito.

Learning by doing

Esiste un movimento di Attivismo Pedagogico che sostiene, tra le altre cose, l'apprendimento tramite il fare (alcuni sottolineano: preceduto dal riflettere e pensare) e che affonda le radici nel già citato Dewey. Pur se pensato per il bambino, con tanto di accento sull'importanza dell'infanzia (tanto da parlare di "puerocentrismo") e focalizzato sullo sfruttare la naturale "intelligenza operativa" dei piccoli, tramite attività laboratoriali, ha trovato terreno molto fertile in ambito aziendale, dove formazione e lavoro si vorrebbero naturalmente compenetrati.

Essenziale in ambito di competenze trasversali e – ancor di più – digitali, prevede il confrontarsi con situazioni reali (in un'ottica di evoluzione dei precedenti PBL, IBL ecc.) ma con applicazioni reali. Spinge in modo naturale verso l'apprendimento collaborativo o cooperativo (bisogna chiedere aiuto ai compagni/colleghi, a chi ne sa di più) e, in linea con le teorie costruttiviste, è applicabile in innumerevoli contesti.

Quando in questo stesso libro vi diremo "andate e provate" gli strumenti digitali di cattura schermo per capire quale di questi vi sarà utile nel creare le vostre videolezioni, abbracceremo in qualche modo questo approccio. Che peraltro si riallaccia a quel "buttarsi nella mischia" citato nel primissimo capitolo.

Learning (& training) on the job

Imparare lavorando: specialmente nel mondo aziendale sta diventando un imperativo assoluto, secondo un modello forse efficientista che punta a un connaturarsi tra apprendimento e lavoro. Mentre i modelli citati finora si applicano grossomodo in tutti gli ambiti formativi, questo si è sviluppato nel mondo della formazione aziendale, tant'è vero che si parla più spesso di "training on the job".

La definizione che ne dà Wikipedia (inglese) è gustosamente ricorsiva (`https://en.wikipedia.org/wiki/On-the-job_training` – Giugno 2020):

> Aiuta a sviluppare la carriera dell'individuo e la crescita prospera dell'organizzazione. La formazione sul lavoro è fornita sul posto di lavoro. Durante la formazione, i dipendenti hanno familiarità con l'ambiente di lavoro di cui faranno parte. I dipendenti fanno anche esperienza pratica nell'uso di macchinari, attrezzature, strumenti, materiali ecc.

Oltre che per imparare a destreggiarsi tra macchinari e attrezzature, chiaramente, oggi questo tipo di approccio è utilizzato per far esperire ai formandi le dinamiche lavorative, mettere in atto le competenze trasversali più volte citate, confrontarsi con situazioni reali. Nel capitolo sull'assessment approfondiremo alcuni di questi aspetti legati alla valutazione dell'apprendimento connessa ai livelli di performance aziendale.

Peer learning

Apprendimento tra pari: sempre più diffuso anche questo a scuola come in azienda, con finalità di ogni tipo, dal passaggio di consegne lavorative alla condivisione di esperienze significative, fino ad arrivare a esempi di reverse mentoring in cui nuove leve sono chiamate a formare i "vecchi" dell'azienda, per esempio sulle competenze digitali, in cambio di conoscenze inveterate.
Nell'e-Learning, utilizzando per esempio meccanismi di peer feedback, è usato anche nella valutazione, oppure in modi tra i più disparati (che in parte affronteremo nel capitolo sull'engagement) con lo storytelling.
Le comunità di pratica (CoP, Community of Practice) sono una delle più diffuse manifestazioni di questo approccio collaborativo, e per molti anni sono state proposte come "soluzione definitiva" alle difficoltà di far circolare le conoscenze tra gruppi omogenei di individui (per esempio categorie professionali o docenti stessi). Tuttavia, per esperienza mutuata dai tantissimi progetti europei che hanno tentato di costruire delle comunità online su determinati temi, spesso usando dei forum di piattaforme LMS, ci si accorge che la motivazione a scambiare informazioni poggia su delle leve non sempre prevedibili ed è difficile da incentivare, se non con strumenti quali un serrato tutoraggio o altri meccanismi più complessi.
Quando sorgono in maniera naturale, invece, le CoP funzionano alla grande, come dimostrano i tanti forum/siti di stampo tecnologico in cui nerd di ogni sorta si aiutano a vicenda, spesso su problemi molto contingenti e pratici, ma coltivando anche un più o meno genuino spirito di gruppo.
In ambito scolastico oggi è usata online per la prevenzione di comportamenti socialmente negativi (come il bullismo) attraverso meccanismi di influenza sociale e facendo leva sulla potenza dell'empatia.

Learning by teaching

Perché l'acronimo di learning by teaching è LdL? Non me ne vogliano (di nuovo) gli autarchici del linguaggio, ma deriva dal tedesco *Lernen durch Lehren* (apprendere tramite l'insegnamento), abbreviato in LdL. Questo perché il metodo è stato introdotto per la prima volta negli anni Ottanta da un francese, Jean-Pol Martin.
Be', un francese che ha lavorato per molti anni in Germania, dove ha avuto il coraggio di diventare professore di grammatica tedesca!
Il metodo prevede un'interessante inversione di ruoli, dove agli studenti è richiesto appunto di diventare insegnanti, preparando loro stessi le lezioni per i propri compagni. Si tratta quindi in sostanza di una branca del peer learning, molto di moda da anni in ambito aziendale, che ha tra i suoi vantaggi quello di sviluppare in modo naturale alcu-

ne competenze trasversali dei discenti coinvolti (per esempio la capacità di presentare e comunicare).
Il metodo è adottato comunemente in Germania nelle scuole superiori e università dagli anni Novanta, e ora è diffuso in molti altri Paesi.
Chiaramente oggi, con il digitale e l'e-Collaboration, ha diffusione ampia in ambito scolastico: pensate anche banalmente al far realizzare una lezione multimediale a gruppi di ragazzi con la suite gratuita di Google Drive.
Nelle scuole italiane si registrano parecchi esperimenti con questo metodo, che porta perfino alla realizzazione di notevoli artefatti che possono, se diffusi, diventare interessanti materiali didattici open. Un immenso mondo in divenire è infatti rappresentato dalle varie iniziative volte non solo a condividere appunti, ma a trasformarli in veri libri di testo collaborativi e condivisi.
L'iniziativa WikiToLearn, lanciata da alcuni studenti dell'Università della Bicocca di Milano nel 2015, è uno degli esempi più ammirevoli (Figura 4.5).

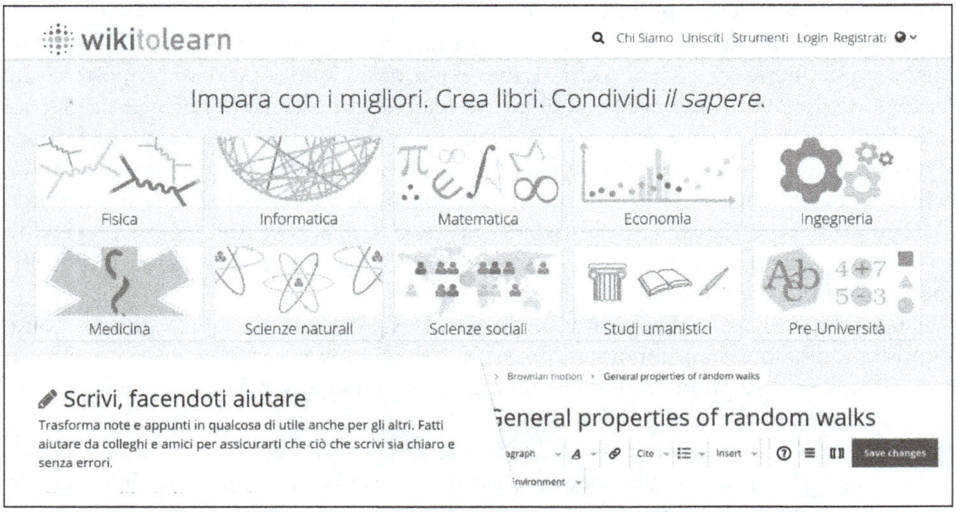

Figura 4.5 La homepage di WikiToLearn, che fornisce libri di testo liberi, collaborativi e accessibili realizzati da studenti e docenti: approfondiremo il tema nel Capitolo 14 sull'open education.

Flipped classroom ("classe capovolta")

L'idea-base della *flipped classroom* è che la lezione diventa compito a casa mentre il tempo in classe è usato per attività collaborative, esperienze, dibattiti e laboratori. In questo contesto, il docente non assume il ruolo di attore protagonista, diventa piuttosto una sorta di facilitatore, il regista dell'azione didattica.
Nel tempo a casa viene fatto largo uso di video e altre risorse digitali come contenuti da studiare, mentre in classe gli studenti sperimentano, collaborano, svolgono attività laboratoriali (`http://innovazione.indire.it/avanguardieeducative/flipped-classroom`).

Figura 4.6 La pagina del sito INDIRE dedicata alla flipped classroom.

Niente di meglio che il sito stesso di INDIRE (Istituto Nazionale di Documentazione, Innovazione e Ricerca Educativa) per descrivere efficacemente quello che da metodologia innovativa è diventato un vero movimento con adepti in tutto il mondo, e che in Italia ha appunto tra i sostenitori il Movimento Avanguardie Educative del suddetto istituto (Figura 4.6).

Come prevedibile, si tratta di una metodologia che trova applicazione soprattutto nell'ambito scolastico, ma che, in realtà, si usa (spesso con altri nomi) anche in altri settori, non ultimo quello aziendale, nel quale l'idea di "perdere tempo in lezioni frontali" è da tempo soggetta a revisioni, e la formazione in presenza basata su momenti esperienziali, contrapposta a "pillole formative", spesso in formato video, è prassi abbastanza comune.

"È importante che le risorse utilizzate dallo studente nel tempo a casa siano di qualità elevata, oltre a essere calibrate sul livello di conoscenza fino a quel momento raggiunto dal giovane. Una libreria di contenuti integrata con video online vagliati in base a qualità e accessibilità è il miglior punto di partenza per ottenere un buon risultato finale", prosegue il testo sul sito di INDIRE, che vi invitiamo ad andare a visitare, unitamente al gruppo Facebook "La Classe Capovolta" (promosso dal network Flipnet), che conta a oggi quasi 80.000 membri: `https://www.facebook.com/groups/laclassecapovolta/`.

Per esplorare invece esperienze internazionali, oltre a numerosi progetti europei, c'è il sito `https://flippedlearning.org/`, che propone attività pratiche e molti video tutorial, anche legati all'uso di specifici ambienti digitali di apprendimento come Edmodo (che vedremo nel capitolo sugli LMS).

Ai tempi delle scuole chiuse nel 2020 non si è (purtroppo) parlato molto di flipped classroom, ma si è discusso della mole di compiti che tanti ragazzi e perfino bambini si sono trovati a dover fare. Molti genitori hanno inveito contro i docenti, specie se delle primarie, chiedendo l'abolizione dei compiti. Altri, spesso impegnati nel telelavoro, li hanno trovati fondamentali non solo per proseguire i percorsi curriculari, ma anche per mantenere occupati i propri figli.

La flipped non presuppone l'abolizione dei compiti a casa, ma un percorso ternario così strutturato:

1. fase preparatoria (in classe): il docente lancia la tematica, fornisce il framework concettuale, assegna compiti e modalità di restituzione;
2. fase operativa (a casa): lo studente studia, ricerca, analizza, sintetizza... (fa i compiti) e riporta in classe quanto prodotto;
3. fase valutativa e riflessiva (nuovamente in classe): il docente controlla, migliora, aiuta a finalizzare e per finire incoraggia a riflettere sul percorso fatto.

In questo modo è possibile far emergere criticità e positività, attivare processi metacognitivi di riflessione su quanto fatto, il tutto nella logica di una probabile riproposizione del processo per altri contesti (trasferibilità di competenze). In questo modello il docente è quanto mai un facilitatore di conoscenza, un mentore, secondo modelli già esposti prima.

Microlearning

Prima di chiudere il capitolo, in parziale o apparente contrasto con gli approcci illustrati finora, ne inseriamo anche uno che afferisce al mondo della formazione aziendale e lì trova sempre più frequenti applicazioni. Il microlearning implica la progettazione e successiva somministrazione dei contenuti in unità brevi e autoconcluse, con l'obiettivo di rendere i percorsi flessibili e "assemblabili" dagli Instructional Designer (Capitolo 5), dai docenti/formatori o dai discenti stessi.

Sfruttato per l'apprendimento delle conoscenze pratiche, ma più spesso per sviluppare le competenze trasversali, viene considerato un approccio olistico che implica strategie molto focalizzate e a breve termine, spesso concentrate sulla proposta di attività strutturate attraverso "micropassaggi" negli ambienti dei media digitali. Tali attività possono idealmente essere integrate nelle routine e nei compiti quotidiani di studenti o lavoratori. Nel Capitolo 9, dedicato ai contenuti, faremo un cenno ad alcuni repository basati su modelli di questo tipo, molto in voga ora in ambito e-Learning, ed efficaci soprattutto quando questa tipologia di piccoli moduli/attività proposte va a intrecciarsi a modelli di social learning e apprendimento tra pari: alcune piattaforme oggi propongono, per fare un esempio, delle playlist non dissimili da quelle di ambito di distribuzione musicale, che possono essere condivise tra pari (colleghi di uno stesso reparto, ragazzi di una scuola) e poi seguite, imitate, replicate ecc.

Tra i trend più curiosi che vedono commistioni e sfregamenti tra entertainment ed educazione spicca TikTok (Figura 4.7), il quale ha destinato un fondo da 50 milioni di dollari per i "teacher", identificabili come la fetta di utenti che creano i contenuti ("creator") destinati a insegnare qualsiasi cosa, dalle lingue alla danza, passando dalla matematica a come si costruisce un missile in giardino. Il punto è che i "teacher" che creano queste pillole didattiche da un minuto sono spesso ragazzini adolescenti. Non solo: sono ragazzini che passano ore su tale medium, rispetto ai quali esso rappresenta la forma primaria di fruizione digitale di informazioni. Non saranno stati rari i momenti, in tempi di quarantena, in cui genitori spazientiti avranno cercato di reindirizzare i propri figli da TikTok a WeSchool (o altre piattaforme e-Learning): in un futuro assai prossimo potrebbe non essere più così netta la distinzione. Guidare l'apprendimento in un mondo così frammentato e complesso non sarà facile, neppure per docenti e formatori, ma ci riusciremo. Bei tempi, direte, quelli del piccione di Skinner!

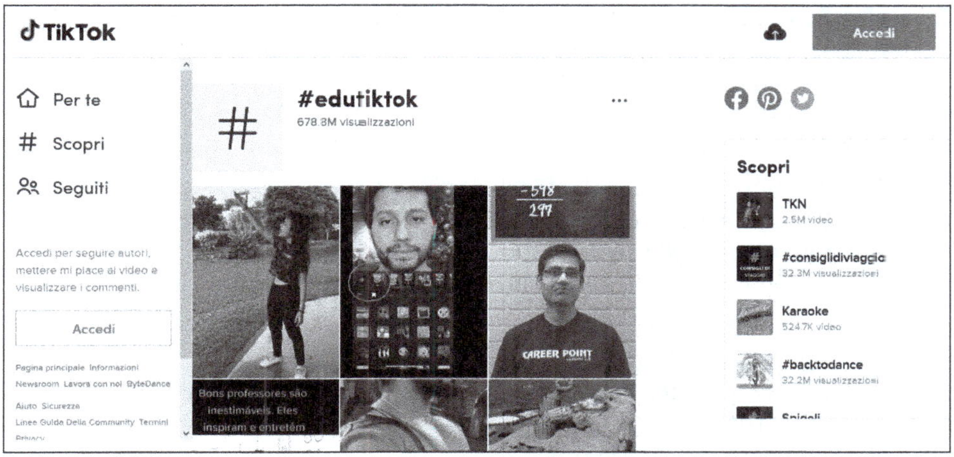

Figura 4.7 La schermata dell'hashtag #edutiktok: il counter delle visualizzazioni parla piuttosto chiaro.

Verso una ridefinizione dei ruoli

Tutte queste metodologie innovative, attive, centrate sul discente, richiedono da parte del docente/formatore una grande padronanza e una consapevolezza del proprio ruolo, che essendo meno "direttivo" e non "unidirezionale" è in realtà più complesso da gestire. Esso assume il ruolo di facilitatore, regista, osservatore attento e analitico delle dinamiche, sostenitore del processo. La conoscenza del gruppo di apprendimento e dei singoli discenti diventa un fattore fondamentale: conoscere le dinamiche della classe o del team, i punti di forza e di debolezza dei singoli alunni/formandi dal punto di vista emotivo e cognitivo è un grande aiuto nella scelta del modello d'apprendimento e nella strutturazione del percorso.

Sarà chiaro a questo punto come l'e-Learning porti a una ridefinizione dei ruoli nei percorsi di apprendimento, mischi le carte, inverta posizioni in una scacchiera complessa, all'interno della quale si affacciano nuove pedine, nuovi attori, nuove figure professionali. Sono quelle che stiamo per esplorare nel prossimo capitolo, prima di tuffarci a capofitto negli strumenti tecnologici che contribuiscono a premere il piede sull'acceleratore del cambiamento nel mondo dell'apprendimento, dalle Scuole dell'infanzia alle corporate academy.

Fonti

Bandura A., *Autoefficacia: teoria e applicazioni*, Edizioni Erickson, Trento, 2000.

Bruner J.S., *Il processo educativo. Dopo Dewey*, Armando Editore, Roma, 1999.

Bruner J.S., *La cultura dell'educazione. Nuovi orizzonti per la scuola*, Feltrinelli, Milano, 2001.

Dewey J., *Democracy and Education: An Introduction to the Philosophy of Education*, Macmillan, New York, 1916.

Formiconi A.R., Federici G., "Il primo cMOOC italiano: un laboratorio di tecnologie internet per la scuola", all'interno di "Didattica in mondi virtuali", *Bricks*, n. 3, 2013.
http://www.rivistabricks.it/2017/08/02/bricks-n-3-2013/

Kyndt E., Raes E., Lismont B., Timmers F., Cascallar E., Dochy F., "A meta-analysis of the effects of face-to-face cooperative learning. Do recent studies falsify or verify earlier findings?", *Educational Research Review*, 2013.

Limone P., Parmigiani D. (a cura di), *Modelli pedagogici e pratiche didattiche per la formazione iniziale e in servizio degli insegnanti*, Progedit, Bari, 2017.
https://www.progedit.com/upload/PDF/9788861943407.pdf

Lucangeli D., *Cinque lezioni leggere sull'emozione di apprendere*, Edizioni Centro Studi Erickson, Trento, 2019.

Mangiarotti A., Mapelli R., "Esperienze di apprendimento STEAM: pensare oltre il fare", *Bricks*, 2019.
https://www.rivistabricks.it/2019/09/08/esperienze-di-apprendimento-steam-pensare-oltre-il-fare/

Martin J.-P., *Zum Aufbau didaktischer Teilkompetenzen beim Schüler : Fremdsprachenunterricht auf der lerntheoretischen Basis des Informationsverarbeitungsansatzes*, Narr Francke Attempto, Tübingen, 1985.

Prince M., "Does Active Learning Work? A Review of the Research", *Journal of Engineering Education*, 2004.

Roncella L., Uggeri M., "Un videogioco per imparare: ideare e costruire insieme un videogame per raccontare e raccontarsi", all'interno di "Gamification per la scuola e oltre: strumenti, esperienze e metodologie", *Bricks*, n. 5, 2018.
http://www.rivistabricks.it/wp-content/uploads/2017/08/BRICKS_5_2018.pdf

Vygotskij L., *Storia dello sviluppo delle funzioni psichiche superiori*, Giunti, Firenze, 1974, 2009.

Vygotskij L., *Pensiero e linguaggio. Ricerche psicologiche*, a cura di L. Mecacci, Laterza, Roma-Bari, 1990 (nona edizione del 2001).

Capitolo 5

I ruoli e le figure professionali dell'e-Learning

In questo capitolo

- **Ruoli rinnovati**
- **Nella scuola**
- **In azienda**
- **Fonti**

Ruoli rinnovati

Quello che chiamiamo e-Learning è una branca dell'ambito della formazione e della didattica. Però la "e" sulla quale richiamiamo continuamente l'attenzione fa sì che si tratti anche di una branca dell'informatica o, meglio, della progettazione di prodotti e servizi digitali. Abbiamo visto nei precedenti capitoli come nel primo dei due ambiti, quello storico e consolidato, si assista a delle trasformazioni di ruoli, in cui anche le due figure più centrali del processo, docente/formatore e discente, si posizionano diversamente a seconda dei modelli didattici adottati, modificando le competenze che devono mettere in campo nel mutuo processo di scambio su cui si dipana l'apprendimento. Dal secondo ambito, quello digitale, vediamo inserirsi nel processo formativo figure che invece "arrivano da fuori": un UX Designer (spiegheremo sotto chi è e che cosa fa) non esisteva prima di qualche decennio fa, anche se le sue funzioni di "progettista dell'esperienza", a voler esser pignoli, erano naturalmente prese a carico da altri. Inoltre, si tratta di una figura professionale che riguarda il campo tutto della realizzazione di artefatti digitali, dal web design alla progettazione di software gestionali.

Infine, ricordo che questo manuale si trova a ondeggiare tra scuola e azienda, e quindi, come in tutti i capitoli del libro, ma in particolare in questi cinque iniziali, troverete di continuo cose che afferiscono a entrambi i campi o a uno solo dei due: non esiste Animatore Digitale in azienda, non c'è Project Manager a scuola (almeno per ora, almeno in Italia!). Tuttavia, sottolineo di nuovo come una sana osmosi tra i due mondi in termini di idee ed esperienze possa diventare molto fruttuosa per i progettisti di percorsi formativi. Per quel che riguarda il mondo aziendale, inoltre, l'e-Learning va a intrecciarsi con tutto il mondo delle risorse umane, e quindi anche HR Manager o People Operation sono figure che ne fanno parte, anche se abbiamo ritenuto superfluo trattarle qui.

Non esiste una classificazione univoca delle figure professionali dell'e-Learning e, quindi, i nomi che troverete sotto possono essere dibattuti, discussi e risultare inesistenti ai più. Spesso si intrecciano tra loro, o allo stesso termine corrispondono, in contesti diversi, cose diverse.

Per questo preferiamo parlare di "ruoli" in luogo di "figure professionali", poiché ci sembra più corretto.

Fatte queste premesse, non useremo distinzioni di gruppo nell'enumerare i vari ruoli che intervengono nel processo di progettazione, implementazione, erogazione e mantenimento di servizi di e-Learning, preferendo un approccio meno tassonomista con il solito obiettivo dichiarato di aiutarvi a strutturare al meglio le vostre attività di formazione e didattica innovativa. C'è però un obiettivo aggiuntivo in questo capitolo, che ha a che vedere anche con il tema del lavoro più in generale, in un mondo dove i tassi di disoccupazione sono alti in modo preoccupante: ho voluto qui affrontare i ruoli anche in un'ottica "che cosa farò da grande". Essendo la formazione online un mondo in espansione, anche le possibilità di trovare lavoro in esso non sono così remote come in altri settori. Quindi, a fine paragrafo, in molti casi ho pensato di inserire qualche piccola dritta in tal senso.

L'insegnante e il formatore

Prima di applicare una suddivisione tra mondo aziendale e scolastico, partiamo dalla figura centrale del processo di insegnamento. Abbiamo già visto più volte come il ruolo dell'insegnante può cambiare radicalmente rispetto a quello che abbiamo in mente, anche nella formazione in aula. Nell'e-Learning è richiesto che un formatore o docente abbia anche delle competenze digitali che gli siano di aiuto non solo a realizzare i materiali didattici, ma anche nel dialogare con le altre figure di cui parliamo qui. Inoltre è sempre più fondamentale che un docente online sia in grado di destreggiarsi in modo naturale tra i modelli di apprendimento descritti nel capitolo precedente e gli strumenti di cui parliamo in quelli che seguono. Non significa essere dei tuttologi, ed è un qualcosa che si apprende in modo graduale (lo state, spero, facendo anche leggendo questo manuale), ed esiste non solo un'ampia letteratura in merito, ma anche corsi e progetti europei che possono essere di grande aiuto. Tra questi segnalo EdDiCo (`https://eddico.eu/`), già menzionato nel capitolo di apertura.

Il progetto fa riferimento al già citato DigCompEdu, il quadro di riferimento delle competenze digitali per gli educator (ossia tutti i docenti e formatori della filiera dell'apprendimento), che è stato adottato anche nell'Agenda Digitale del MIUR (Figura 5.1). Da tale importante quadro e altri annessi è nato anche il progetto Riconnessioni (Capitolo 16), un programma di innovazione per le scuole avviato ufficialmente nel 2017 che mette al centro la competenza digitale di cittadini, docenti e organizzazioni.

	Newcomer (A1)	Explorer (A2)	Enthusiast (B1)	Professional (B2)	Expert (C1)	Pioneer (C2)
1. Professional Engagement	Making **little use**; Being **unsure**	Being **aware**; **Basic tool use**	**Effective** use; **Responsible** use; Experimentation	**Structured**; **Creative**; **Responsive**; **Transparent**; **Reflected** practice	Critically, Strategically: **Evaluating**, **Discussing**, **Reflecting**	**Re-designing**, **Innovating**
2. Digital Resources	Making **little use**; Being **unsure**	Being **aware**; **Basic tool use**	**Basic criteria**; **Basic strategies** Some advanced features	**Advanced strategies**; **Complex criteria**; Creating resources	**Comprehensively** using **Advanced tools**; Publishing resources	**Professionally** creating & publishing
3. Digital Pedagogy	Making **little use**; Being **unsure**	Being **aware**; **Basic tool use**	Integrating & Implementing **meaningfully**	**Enhancing**, **Scaffolding**	Orchestrating; **flexibly** adapting; **strategically**; **purposefully**	**Innovating** teaching
4. Digital Assessment	Making **little use**; Being **unsure**	**Basic tool use** within traditional approaches	Employing digital tools to **enhance traditional** approaches	**Strategic**, **Effective** use	**Comprehensive**, **Critical**, **Reflective** practice	**Innovating** assessment
5. Empowering Learners	Making **little use**; Being **unsure**	Being **aware**; **Basic tool use**	**Addressing** learner empowerment	**Strategically** using a **Range of tools** to empower	**Comprehensively**, **Critically** **Enhancing**	**Innovating** strategies
6. Learners' DC	Making **little use** of strategies for learners' DC	**Encouraging** learners to use digital tools	**Implementing** activities fostering learners' DC	**Strategically** using a **range** of strategies	**Comprehensively** and **critically** fostering learners' DC	Using **innovative formats** for fostering learners' DC

Figura 5.1 Le keyword che indicano i livelli di padronanza nel quadro DigCompEdu.

Nella scuola

Un qualsiasi docente proattivo di scuola dell'obbligo, quando leggerà i paragrafi che seguono sul mondo aziendale, riconoscerà probabilmente se stesso nella quasi totalità dei ruoli professionali: specialmente durante il lockdown del 2020, molti insegnanti hanno saputo improvvisarsi Learning Manager, Instructional Designer, tutor, help-desk e quant'altro. Qui però ci atteniamo a ruoli più definiti, istituzionalizzati.

Animatore Digitale

Figura controversa, introdotta dal MIUR con i decreti ministeriali n. 851 del 27 ottobre 2015 e n. 435 del 16 giugno 2015, l'Animatore Digitale ha assunto con l'andare del tempo un ruolo sempre più cruciale, fino a una sua "esplosione" nei tempi del Covid-19. Il sito MIUR ancora oggi recita: "Ogni scuola avrà un "animatore digitale, un docente che, insieme al dirigente scolastico e al direttore amministrativo, avrà un ruolo strategico nella diffusione dell'innovazione a scuola, a partire dai contenuti del PNSD [Piano Nazionale per la Scuola Digitale]" (`https://www.istruzione.it/scuola_digitale/prog-animatori-digitali.shtml`).

Si è anche molto scherzato, inizialmente, su questa figura, che suona un po' come un bislacco alter ego dell'animatore da club vacanze trapiantato nelle mura scolastiche. Inoltre, vista una certa apertura (o vaghezza) dei compiti inizialmente identificati per esso, è stato in alcuni casi mal sfruttato.

Il sito Elpass offre un corso online per 350 euro, in cui elenca, tra le cose che si apprenderanno:

- applicare i principi di navigazione, collaborazione online e di sicurezza informatica;

- utilizzare il coding come metodo didattico nelle materie curricolari;
- produrre testi, fogli di calcolo e presentazioni con gli applicativi Microsoft Office, e creare ebook con ePubEditor;
- conoscere le possibilità offerte dal crowdfunding e le modalità di realizzazione di una campagna di raccolta fondi online;
- comprendere i principi della didattica con il digitale, utilizzando strumenti utili anche in caso di didattica a distanza;
- creare e ammodernare siti internet con WordPress, utili per la comunicazione della scuola ma anche in applicazioni didattiche;
- realizzare attività di storytelling con applicazioni per creare fumetti, podcast, video e storie interattive;
- riconoscere e identificare i fenomeni del bullismo e del cyberbullismo, le tecniche di prevenzione e intervento.

Fonte: `https://it.eipass.com/corsi-online/animatore-digitale/`, sito EiPass, luglio 2020.

Équipe Formative Territoriali

Sempre in ambito scuola, sono nate (grazie all'art. 1, commi 725 e 726, della legge 30 dicembre 2018, n. 145) anche le Équipe Formative Territoriali (EFT), la cui funzione primaria è quella di supportare le scuole della propria regione nell'attuazione delle azioni del Piano Nazionale per la Scuola Digitale.
Un gruppo di 120 docenti italiani selezionati dal Ministero stesso per capacità di innovazione è incaricato quindi di favorire la diffusione di azioni legate al PNSD, promuovendo la formazione del personale docente e il potenziamento delle competenze degli studenti sulle metodologie didattiche innovative. Si tratta di persone esonerate dall'insegnamento che per due anni si dedicano a tempo pieno a queste attività e contribuiscono a rilanciare e portare avanti le azioni sul tema del digitale.
Le azioni esplicate sul sito del Ministero si articolano in queste aree:

1. sostegno e accompagnamento all'interno delle istituzioni scolastiche del territorio per lo sviluppo e la diffusione di soluzioni per la creazione di ambienti digitali con metodologie innovative e sostenibili;
2. promozione e supporto alla sperimentazione di nuovi modelli organizzativi, finalizzati a realizzare l'innovazione metodologico-didattica, e allo sviluppo di progetti di didattica digitale, cittadinanza digitale, economia digitale, educazione ai media;
3. supporto e accompagnamento per la progettazione e realizzazione di percorsi formativi laboratoriali per docenti sull'innovazione didattica e digitale nelle istituzioni scolastiche del territorio, anche al fine di favorire l'animazione e la partecipazione delle comunità scolastiche, attraverso l'organizzazione di workshop e/o laboratori formativi;
4. documentazione delle sperimentazioni in atto nelle istituzioni scolastiche, nel campo delle metodologie didattiche innovative, monitoraggio e valutazione delle azioni formative adottate.

Fonte: `https://www.istruzione.it/scuola_digitale/equipe_formative.shtml`, sito MIUR, luglio 2020.

Insomma, se io fossi il Learning Manager di una qualsiasi azienda e volessi reclutare un consulente per l'e-Learning che sappia spaziare su tutto o quasi lo scibile dell'ambito, andrei forse a cercare all'interno di queste EFT!

In azienda

Passiamo appunto al mondo aziendale: a seconda delle dimensioni, la formazione può avere diverse declinazioni, anche se, di norma, afferisce ai reparti di gestione risorse umane (HR). Da tempo si parla spesso anche di L&D, ossia Learning & Development, specie appunto per imprese di grosse dimensioni.
Nello scrivere questo libro non vogliamo dimenticare anche i tanti che della formazione fanno un mestiere, e che quindi offrono servizi di questo tipo (online o in aula) a terzi. I ruoli che seguono, quindi, possono essere presenti o meno, avere nomi diversi, intrecciarsi tra loro.

Project Manager e Learning Manager

Forse potremmo tralasciare di spiegare il ruolo del Project Manager, la cui responsabilità è quella di gestire tutto il progetto all'interno del quale, spesso, la formazione a volte è solo uno dei tanti aspetti. Il PM si trova a interpretare le esigenze dell'eventuale committente o dei propri responsabili (CEO, HR ecc.), coordinare le diverse attività e – purtroppo per lui – "stare nel budget" che gli è stato affidato (o che si è conquistato con enorme fatica). Meno scontato può essere sottolineare come anche nella Pubblica Amministrazione troviamo figure con questo ruolo (spesso con nomi diversi), e sovente anche nell'ambito della scuola, specie quando si devono affrontare progetti di formazione agli insegnanti.
Learning Manager può essere considerato in sostanza il modo in cui vengono chiamati i PM specializzati nella formazione. Nelle aziende che abbracciano questo tipo di definizione, e che magari hanno un reparto di Learning & Development (L&D), di norma parliamo di persone che hanno funzioni di tipo più strategico, che per esempio devono:

- gestire e rivedere i piani di formazione annuali (e relativi budget) per assicurarsi che riflettano le esigenze aziendali;
- programmare e ampliare i programmi di formazione;
- sviluppare programmi di induction e onboarding (diciamo accoglienza, inserimento e integrazione dei nuovi dipendenti in azienda) efficaci;
- gestire il team di formatori;
- ecc.

Come intuirete, non è necessario che si tratti di una persona con competenze digitali legate alla famosa "e", ma spesso deve acquisirle poiché nell'e-Learning include tra i propri compiti anche:

- scegliere la piattaforma (per esempio LMS) da utilizzare nella formazione;
- comunicare e negoziare con gli implementatori della piattaforma e dei servizi connessi (è quello che si sente continuamente dire dai programmatori: "Questo non si può fare");
- gestire delle figure professionali che seguono questo paragrafo (e quindi trovare la mediazione con i programmatori per capire come farlo lo stesso).

Education Analyst

La sua funzione spesso è assolta da quella del paragrafo precedente, o – ahimè spesso – da nessuno. È la persona che analizza tutti i punti che abbiamo elencato nel primo capitolo per affrontare la conoscenza dettagliata del target, dei suoi bisogni, che focalizza gli obiettivi formativi, magari utilizzando le tecniche esposte nel terzo capitolo (focus group ecc.) e – se possibile – appoggiandosi ai modelli di apprendimento del quarto.
Il fatto stesso che questo termine sia poco usato (se non in ambito accademico, dove però ha un altro significato) rende l'idea di come di frequente si affronti la formazione saltando nelle fasi iniziali (e combinando disastri).

Esperto di contenuti (Subject Matter Expert)

Ok, nella scuola abbiamo maestri e insegnanti, quindi fa strano in quel contesto sentir parlare di "esperti di contenuti". Nell'e-Learning, però, troviamo proprio una figura che può essere di contorno ai formatori e docenti, oppure del tutto autonoma rispetto a essi, specie nel mondo aziendale, dove a conoscere il contenuto sono quelli che "operano" fattivamente nel settore, e per i quali l'insegnamento è un passo successivo legato a, per esempio, un passaggio di competenze.
Parliamo dell'"esperto di contenuti", in inglese detto anche Subject Matter Expert (SME). Anche nella Pubblica Amministrazione si tratta di colui che detiene la conoscenza su un certo argomento, ma non necessariamente lo ha mai insegnato, né magari aveva previsto di farlo. Nel 90% dei casi va affiancato da Instructional Designer e tutor in modo che la sua conoscenza possa essere (ri)strutturata in contenuti adatti alla formazione online, in un lungo processo di analisi delle conoscenze, raccolta di materiali, a volte interviste, affiancamento ecc. Vedremo meglio questo processo nel Capitolo 9 sui contenuti.

Instructional Designer

Si tratta di colui che, esplorati i contenuti dalla figura precedente, contribuisce fortemente a strutturare il percorso sulla base dei bisogni formativi del target e del contesto. Inoltre, può anche essere la persona che "fisicamente" realizza i moduli didattici a partire dai contenuti, magari usando software di authoring come Articulate Storyline (che vedremo nel Capitolo 9) e affiancando gli esperti di contenuti/docenti. Spesso, in contesti come le piccole aziende, svolge infatti entrambe le funzioni.
Il modo forse migliore per farsi un'idea delle competenze che sono richieste all'Instructional Designer è di vedere il corso proposto dal Udèmy (una specie di MOOC con più di 100.000 video di corsi di svariata natura) per abbracciare questa professione: `https://www.udemy.com/course/instructional-design-for-elearning` (Figura 5.2).
Troverete da "applicare la tassonomia di Bloom e i tre domini di apprendimento", "definire gli obiettivi di apprendimento", "autoprodurre video, podcast e vodcast", "gestire elementi di gamification e giochi" fino a "conoscere le linee guida per creare contenuti in standard SCORM" (lo vedremo nel capitolo sugli LMS), e perfino "collaborare con le PMI per raccogliere contenuti e selezionare le informazioni appropriate per un corso". Insomma, dal macro al micro e ritorno.

Noi possiamo affermare che le quattro aree su cui può dipanarsi la professionalità dell'ID sono:

- analisi dei bisogni formativi;
- progettazione del corso;
- progettazione e sviluppo del materiale didattico;
- strutturazione dei meccanismi di valutazione.

Dovrebbe essere il ruolo chiave prima, durante e dopo l'intervento di formazione. A ogni modo, pare che ci sia un'esplosione della richiesta di ID nel 2020.

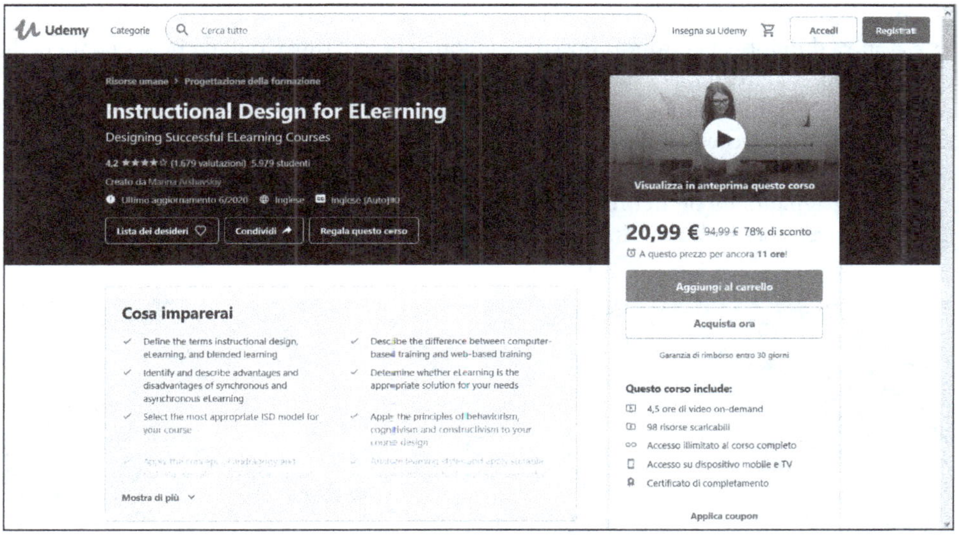

Figura 5.2 La pagina del corso di Udemy per diventare Instructional Designer: poco più di 20 euro per un lavoro che si direbbe assai affascinante...

Content Developer

A seguito della raccolta e selezione dei contenuti e della loro strutturazione secondo un percorso didattico sensato, per determinarne il formato e la tipologia, unificando i vari elementi (audio, video, immagini, animazioni, interazioni ecc.), a meno di non puntare su semplici dispense PDF o PPT, potrà rivelarsi necessario saper sfruttare degli strumenti digitali più o meno avanzati per far sì che questi diventino parte di un corso e-Learning, come una piattaforma LMS o uno strumento di authoring. Perché un prodotto formativo sia anche funzionale e visivamente equilibrato e coerente, è auspicabile che una figura di questo tipo abbia competenze di tipo grafico e di UX/UI, che vedremo spiegati più sotto. In questo contesto, la padronanza di software "accessori" a quello di sviluppo (ci riferiamo soprattutto al pacchetto Adobe, che comprende software per fotoritocco, impaginazione, montaggio video) porterà un valore aggiunto alla qualità e alla varietà dei contenuti presentati. Questo ci consentirà di uscire da soluzioni preconfezionate, applicando una maggiore personalizzazione dei contenuti (vedi Capitolo 9).

NOTA

Esiste anche un Content Editor: in ambito web è colui che tratta a tutto tondo i contenuti, dal lato strategico a quello di scrittura. In ambito e-Learning, sebbene possa anche includere quello, ci si riferisce invece a questa figura in termini più di redazione di contenuti, sia per quel che riguarda le informazioni riportate su una piattaforma LMS (quindi in un'ottica anche di marketing) sia per i contenuti stessi delle lezioni.

Videomaker/editor

Se poi un corso si incentra sulle videolezioni, che affronteremo ampiamente nel Capitolo 7, non va dimenticata l'importanza del videomaker e di tutto lo staff che si occuperà di progettare, preparare, filmare e montare i contenuti multimediali di un corso. Il METID del Politecnico di Milano, i cui MOOC sono nella più parte dei casi video-based, ha un intero staff di professionisti specializzati che, pur senza entrare nel merito degli svariati contenuti dei tanti corsi, supportano i docenti nella realizzazione degli storyboard e li accompagnano anche nel realizzare delle idee visuali simboliche o particolarmente efficaci per rendere i filmati dinamici e accattivanti (Figura 5.3).

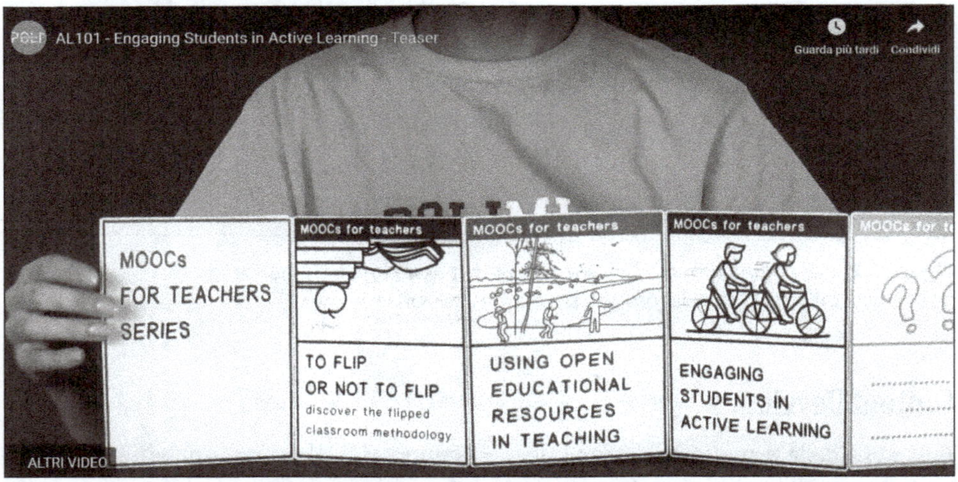

Figura 5.3 Un fotogramma da Engaging Students in Active Learning, uno dei tanti MOOC del Politecnico di Milano (POK: https://www.pok.polimi.it): è chiaro come la progettazione e realizzazione del video hanno incluso attività molto elaborate.

UX Designer

Poche cose nel mondo del Web sono più irritanti del non sapere dove fare clic, del sentirsi persi in un ginepraio di link o non riuscire a passare allo step successivo nella compilazione di un formulario online, magari vitale per ottenere un rimborso su un pagamento effettuato. Immaginate tutto questo all'interno di una piattaforma e-Learning, e magari immedesimatevi in un ragazzo che deve portare a termine un esame entro un tempo stabilito ed è costretto a trascorrere decine di minuti nell'ermeneutica di un'interfaccia mal progettata. L'UX (User eXperience) Designer, ossia il progettista dell'esperienza utente, è la persona che si occupa di far sì che tutto questo non avvenga. Chiaramente non è una figura che afferisce solo al mondo della formazione online, ma interessa qualsiasi artefatto digitale, dalle app per cellulari ai social network più evoluti. Il termine è di uso recente e ha avuto diffusione grazie a Donald Norman, studioso di scienze cognitive e di psicologia, ora barbuto ricercatore americano, di cui potete trovare online fior di illuminanti filmati, spesso a tema "design e felicità" (Figura 5.4).

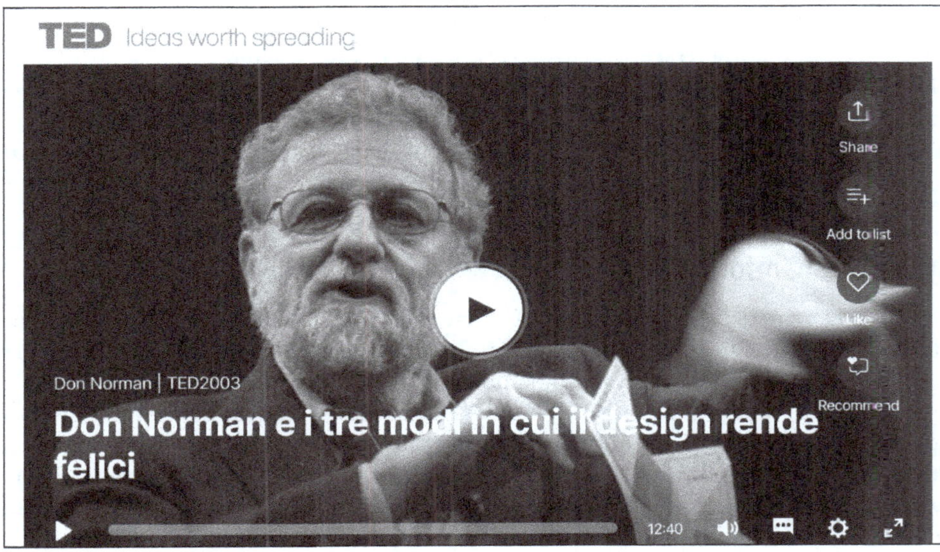

Figura 5.4 Ecco uno dei più celebri interventi di Don Norman: https://www.ted.com/talks/don_norman_on_design_and_emotion/.

In termini pratici, l'UX design stabilisce le regole per la corretta implementazione delle funzioni e degli elementi che, nel nostro caso, una piattaforma, i suoi servizi e contenuti dovrebbero avere per incontrare il gradimento del pubblico. Si intreccia però anche con altri aspetti legati al marketing come SEO (Search Engine Optimization, ossia quanto il vostro sito è trovabile nei motori di ricerca), social media ecc. e chi se ne occupa dovrebbe masticare di psicologia, visual design, scienze sociali, appunto marketing e molto altro. Quando in un sistema operativo il pulsante per spegnere il computer è in basso a sinistra e, per raggiungerlo, bisogna prima fare clic su *Start* (inizia), è colpa sua (sì, stiamo parlando dell'interfaccia di MS Windows).

NOTA

Se volete avviarvi a questa professione, potete seguire un corso online che per 2.500 dollari vi spiega come rendere felici gli utenti delle vostre interfacce: `https://www.uxdesigninstitute.com/`. La pagina stessa del corso è un esempio estremo di UX design: non c'è nulla su cui fare clic, in sostanza, se non il pulsante per iscriversi al corso o quello per andare al form per "esprimere interesse". Però ci dicono più volte che saremo pagati benissimo se faremo questo lavoro. Per la cronaca, è più o meno quello che ho studiato io stesso, ma non è il lavoro che faccio (quello lo svelo a fine capitolo).

UI Designer

A un livello diciamo meno strategico ma più operativo si colloca lo User Interface Designer, ossia il progettista di interfacce, che si occupa del modo con cui un artefatto digitale si presenta in termini visivi e come interagisce con chi ce l'ha di fronte. La distinzione rispetto al precedente è a volte sfumata, perché anche qui parliamo di esaminare e poi guidare l'interazione tra uomo e dispositivo per rendere più invitante la navigazione, in genere tenendo conto anche dello stile della comunicazione, per esempio anche del brand aziendale.
Per una cifra simile al precedente, Talent Garden offre un corso online di UI design: `https://talentgarden.org/it/innovation-school/italy/ui-design-master/`.
Nel paragrafo precedente abbiamo detto che per spegnere un computer è necessario premere *Start*... ma ormai non c'è più nessuno *Start* sullo schermo! Perché? È stata modificata la UI (eliminando la scritta, ormai inutile, lasciando il logo Microsoft) basandosi sull'ormai consolidata esperienza utente. Questo spiega perché spesso si parla di UX/UI, nell'insieme.

Sviluppatore informatico

Con questa figura (in inglese *developer*) dovremmo concludere quelle di stampo più "tecnico". Anche qui si tratta di un ruolo che non appartiene solo all'e-Learning ma esiste da che esistono i computer. Programmatori, sviluppatori, developer, "smanettoni": non è la sede giusta per descriverne funzioni e caratteristiche, ma sono senza dubbio figure di cui tenere conto quando si adotta una piattaforma digitale in qualsiasi contesto. Per quel che compete noi, la rilevanza di questa figura riguarda soprattutto la piattaforma (per esempio LMS) o altri software su cui il corso si appoggerà. Le opzioni principali, come vedremo nei prossimi capitoli, sono di usare servizi in cloud, dove la parte tecnologica è "altrove", ossia non ho dei miei server su cui installo degli applicativi che poi vanno gestiti e mantenuti, oppure decido di usare mie risorse sia in termini di infrastruttura sia di persone, quindi devo avere dei miei sviluppatori a cui affidarmi.
In termini di sviluppo tecnico nell'e-Learning si presentano in genere tre opzioni possibili:

1. per esempio posso acquistare un LMS in cloud come TalentLMS, metterci il mio logo, strutturare i miei corsi, caricare i miei contenuti, ma quella piattaforma è e resta quella di cui pago il servizio, senza che io possa (o voglia) occuparmi di nessuno o quasi degli aspetti tecnici;
2. oppure posso acquistare uno spazio server, installare Moodle o LearnDash, ma avrò bisogno delle persone che mi aiutino a farlo e che customizzino e mantengano il servizio secondo le mie richieste;
3. il caso più estremo è quello in cui, nonostante l'ampia offerta di piattaforme sul mercato, io decida di realizzare da zero la mia. In quel caso, dovrò avere fior di programmatori, UX e UI Designer, sistemisti ecc. ma è un caso molto raro, che credo si applicherà a pochi dei lettori.

Nel Capitolo 6 e in particolare nel Capitolo 8 vedremo meglio di che cosa parliamo.

Tutor

Elemento assolutamente indispensabile nella formazione online, in particolare se è prevista una qualsiasi forma di interazione tra gli utenti, ma non solo. Il tutor, in alcuni

casi, svolge anche funzioni simili a quelle dell'Instructional Designer, nel processo di realizzazione dei contenuti digitali, affiancando chi detiene la conoscenza nel renderla trasmissibile. Anche nella formazione tradizionale esiste un "tutor d'aula" che, a seconda dei casi, è considerato alla stregua di un bidello con funzioni evolute (prende le presenze, apre e chiude l'aula, accende il PC della cattedra), oppure un indispensabile collettore di anime, ossia colui che aiuta i corsisti a restare agganciati alla formazione e i docenti a lavorare in maniera armoniosa, efficace, coerente e incisiva.
Nell'online, come detto, è fondamentale e diventa spesso la persona di riferimento per chi apprende e chi insegna, finendo in alcuni casi per diventare il vero e proprio riferimento umano del corso online. Spesso è la figura chiave anche nel contenimento del tasso di abbandono dei corsi, al punto che per i corsi dove la quantità di studenti supera certe soglie, e quindi si deve rinunciare a questo ruolo (a meno che non si disponga di risorse molto consistenti), i risultati di apprendimento rischiano di decadere e alzarsi il tasso di drop-out. È il caso, per esempio, dei tanti MOOC nella cui progettazione non si è tenuto conto di questo fattore e non si sono progettate delle altre modalità di engagement e collegamento tra pari.
L'USR della Regione Toscana, solo per fare un esempio, dedica parecchie risorse e corsi a questa figura: `https://www.toscana-istruzione.it/lms/index.php`.
Esiste inoltre l'ANITeL, Associazione Nazionale Insegnanti Tutor e-Learning, che si definisce come una "community non profit di docenti esperti che condividono dal 2002 le loro competenze acquisite nella prassi didattica quotidiana" (Figura 5.5).

Figura 5.5 La homepage del sito dell'ANITeL, Ente accreditato per la formazione dei tutor e-Learning dal MIUR.

NOTA

Attenzione: se volete seguire questa professione dovete essere avvisati del fatto che i tutor si deve relazionare con decine di persone diverse, saper mediare, negoziare, avere una pazienza infinita. Non è un mestiere per tutti.

Mentor

Con un ruolo che abbiamo già più volte citato, in particolar modo quando accennavamo all'evoluzione di quello del docente, il mentore è una figura che affonda le radici nell'antichità, al punto che Wikipedia ci illumina riferendoci che "in greco antico Μέντωρ è un personaggio della mitologia greca, figlio di Alcimo. Citato nell'Odissea, è l'itacese a cui Ulisse affida il piccolo Telemaco prima di partire per la guerra di Troia". Senza scomodare gli Dèi dell'Olimpo, questo riferimento ci serve comunque a focalizzarci su una funzione quasi "paterna" del mentor, che guida, assiste, contribuisce alla crescita dei suoi protetti. Nell'innovazione didattica diviene centrale soprattutto nelle situazioni in cui l'apprendimento avviene in modo attivo, laboratoriale, quindi quando si seguono metodologie come il learning by doing, in cui gli studenti "fanno" e il docente/mentore aiuta, facilita, conduce, consiglia.
Nel mondo aziendale è un tipo di figura sempre più cruciale, tanto che si vanno affermando pratiche come il reverse mentoring, che consiste in una fruttuosa inversione dei ruoli tra nuovi arrivati e senior manager. In casi come questi vengono sfruttate le nuove leve, le quali portano in azienda competenze fresche (spesso digitali) ed entusiasmo (si spera) e le si mette a contatto con azzimati quadri, spesso molto meno smart in termini digitali, ma certamente più esperti sulle dinamiche lavorative.

NOTA

Nel 2016 Vodafone ha sperimentato l'iniziativa "Digital Ninja" nella quale, dopo un breve periodo di induction aziendale, alcuni giovani "nativi digitali" hanno affiancato il management di Vodafone Italia, con l'obiettivo di aggiornarlo nella rapida evoluzione dell'ecosistema digitale: `https://www.uominiedonnecomunicazione.com/vodafone-dai-digital-ninja-agli-hackaton-allo-smart-working/`.

Community Manager

Abbiamo accennato nel capitolo precedente alle Comunità di Pratica (CoP), emerse in ottica di connettivismo. Il Community Manager ha un ruolo assolutamente centrale in tali sistemi, stimolando l'apprendimento tramite la comunicazione e collaborazione tra i corsisti. Si tratta di una figura che, dall'avvento del cosiddetto Web 2.0 e con l'esplosione dei social network, non ha certo applicazione solo nell'ambito dell'e-Learning, ma che in esso trova una nuova vita, forse meno ardua del suo equivalente specializzato nella gestione di gruppi su Facebook o altre piattaforme generaliste.
Anche in un MOOC, comunque, potrà capitare di dover sedare dei flame, gestire studenti problematici, rianimare discussioni mosce su temi noiosissimi.
La più parte dei corsi che trovate online è per "normali" Web Community Manager, e tra questi possiamo segnalare quello dell'Università degli Studi di Roma Unitelma Sapienza, che ci ricorda anche che "il Web Community Manager è uno dei profili di competenze professionali normati dalla norma UNI 11621-3 ed è la figura professionale del settore Marketing & Comunicazione digitale che si occupa di gestire comunità virtuali presenti sul Web" (`https://www.unitelmasapienza.it/it/contenuti/novita/un-corso-formare-esperti-del-community-management`).
Costa 600 euro e dà diritto a 30 CFU: il fatto che sia così istituzionalizzato ci fa comprendere come questa professione sia più strutturata e conosciuta di altre di cui parliamo qui.

Ambassador

Nel primo capitolo abbiamo messo in evidenza come la difficoltà di adozione di soluzioni innovative digitali rappresenti uno dei principali ostacoli alla diffusione dell'e-Learning. In molti contesti il "passaggio all'online" non è visto di buon grado, quindi vanno attuate delle strategie per introdurlo gradualmente e, se possibile, farsi degli alleati. Se si attuano dei processi di analisi dei bisogni formati come quelli appunto affrontati nel terzo capitolo, specialmente focus group, o meglio ancora se si riesce a coinvolgere alcuni dei futuri formandi nei processi di progettazione didattica e digitale, si potranno individuare degli "entusiasti" dell'innovazione, e sfruttarli non solo come primi tester dei corsi, ma anche come divulgatori all'interno dell'organizzazione. Non parliamo di sinistri stalker, ma semplicemente di quel gruppo di persone la cui propensione per il cambiamento e/o per il digitale è sopra la media. A volte si possono anche effettuare dei processi formativi a cascata, in cui questi primi a entrare in contatto con l'e-Learning faranno a loro volta da formatori dei propri colleghi.

Help-desk

Se il tutor e il Community Manager hanno delle brutte gatte da pelare in termini di relazioni con docenti e formandi, le persone che si occupano dell'help-desk devono avere nervi saldi e la pazienza di un monaco tibetano. Forse non al livello di un amico che fa da help-desk in ambito assicurativo, che mi raccontava divertito come le sue giornate procedessero spesso a ritmo di insulti telefonici, ma anche nel ramo della formazione si può incappare in situazioni difficili, specie su grandi numeri. È un lavoro in ogni caso importante e qualificato, per il quale anche le competenze di problem solving sono indispensabili. Molto spesso si distingue tra help-desk organizzativo e help-desk tecnico. Il primo è assolto anche dal tutor, il secondo è più relativo all'uso degli strumenti digitali che insegnanti e utenti hanno a disposizione. Oltre ad accogliere infinite richieste di aiuto di base (per esempio "Non ricordo più la password", "Come faccio a caricare un PDF in piattaforma?"), a volte è l'unico dell'organizzazione in grado di raccogliere istanze più evolute, di rilevare bug reali o quantomeno di rilevare la ricorrenza di determinati problemi. Se l'80% dei formatori ha difficoltà a caricare dei PDF in piattaforma, il problema potrebbe essere come questa è progettata: quindi magari è il caso di informare il Learning Manager che il problema sussiste e di chiedere all'UX e UI Designer di rivedere l'interfaccia.

NOTA

La figura dell'help-desk è, sempre più spesso, tra quelle nel mirino delle liste di "professioni che rischiano di scomparire". Vedremo nel Capitolo 16, quando accenneremo all'uso delle intelligenze artificiali nell'e-Learning, come i chatbot, ossia i robot digitali programmati per conversare con gli utenti, abbiano sempre più frequente applicazione come appunto "risponditori automatici" degli help-desk, specie se tecnici. Ora si stanno sperimentando anche quelli più evoluti con funzione di tutoraggio, che possono dare feedback alle risposte aperte dei corsisti... Non è tra gli scenari che prediligiamo, ma anche opzioni di questo tipo vanno tenute in considerazione.

e-Learning Consultant e Strategist

Il consulente e-Learning: lo metto a conclusione del capitolo essenzialmente per due ragioni:

1. parliamo della persona in genere chiamata a dare dei sani consigli sulla progettazione di articolati percorsi di e-Learning e che deve aiutare chi lo paga a far sì che il corso funzioni al meglio, possibilmente scegliendo gli strumenti digitali migliori e spendendo il meno possibile;
2. è la dicitura che, assieme ad altre forse meno roboanti, trovate in calce alla mia firma email e sul mio profilo LinkedIn in questo periodo della mia vita. Dovrebbe quindi essere anche la persona adatta a scrivere un manuale che, tra le altre cose, guidi i lettori attraverso il complesso e mutevole mondo dei software per l'e-Learning, argomento nel quale ci tuffiamo dal prossimo capitolo.

Fonti

AA.VV., "Animatori Digitali", *Bricks*, n. 4, 2017.
`http://www.rivistabricks.it/2017/08/02/bricks-n-4-2016/`

Cocco A., Cossu C., Falchi S., Ortum C., "L'unione fa la forza. La formazione dei docenti ai tempi del COVID19", all'interno di "Didattica aperta al tempo delle scuole chiuse", *Bricks*, n. 2, 2020.
`http://www.rivistabricks.it/wp-content/uploads/2020/06/2020_02_10_Cocco.pdf`

Krug S., *Don't make me think. Un approccio di buon senso all'usabilità web e mobile*, Tecniche Nuove, Milano, 2014.

Norman D.A., *The psychology of everyday things e The design of everyday things*, Basic Books, New York, 1988 (trad. it. *La caffettiera del masochista. Psicopatologia degli oggetti quotidiani*, Giunti, Firenze, 2009).

Norman D.A., Draper S.W. (a cura di), *User centered system design. New perspectives on human-computer interaction*, Lawrence Erlbaum Associates, Hillsdale (New Jersey), 1986.

Ravotto P., "DigComp versione 2.1 e DigCompEdu", all'interno di "Educazione alla cittadinanza digitale, all'uso della rete e dei social network", *Bricks*, n. 3, 2017.
`http://www.rivistabricks.it/wp-content/uploads/2017/09/SET2017_15_Ravotto.pdf`

"Vodafone: dai 'digital ninja' agli hackaton e allo smart working", *Uomini e Donne della Comunicazione*, ottobre 21, 2016.
`https://www.uominiedonnecomunicazione.com/vodafone-dai-digital-ninja-agli-hackaton-allo-smart-working/`

Parte II

Fare l'e-Learning: mezzi, strumenti e piattaforme

In questa parte

Capitolo 6

Webinar e videolezioni sincrone

L'e-Learning che tutti conoscono

"Non ti sento. Tu mi senti? Mi sentite? Vi scrivo in chat allora? Provo a uscire e rientrare, ok? Oppure passiamo a Skype?"
Un dialogo del genere, ahimè, rappresenta l'incipit più probabile di una buona percentuale di meeting online, videolezioni o webinar (seminari online, dalla contrazione di "web-seminar"). In inglese si usa l'espressione "Is it at my end or at your end?" per chiedersi se il problema è dall'uno o dall'altro capo di un ipotetico filo, come quello telefonico di un tempo. Insomma, molto spesso, in una trasmissione, specialmente se si è solo in due e non c'è modo di avere un terzo osservatore, è difficile individuare non solo l'origine di un problema, ma da quale parte dei soggetti comunicanti si trova.
A tal proposito, per sentirsi meno abbattuti e farsi due risate la prossima volta che si incorrerà in questi problemi, consiglio vivamente la visione di questi due filmati della coppia di geniali attori (e oggi professionisti dell'e-Learning!) Tripp & Tyler, che ironizzano con raro acume sui problemi tecnici e umani delle videoconferenze: *A Conference Call in Real Life* (`https://www.youtube.com/watch?v=kNz82r5nyUw`) e *A Video Conference Call in Real life* (`https://www.youtube.com/watch?v=JMOOG7rWTPg`) (Figura 6.1).
A prescindere dallo strumento che sceglieremo e del nostro setting, è quasi impossibile che non si verifichino situazioni difficili, ma ci sono oggi molti modi e dotazioni che riducono al minimo i rischi e la dispersione di energie.

In questo capitolo

Figura 6.1 Uno screenshot da uno dei video di Tripp & Tyler: simula le situazioni disfunzionali delle videoconferenze, riportandole a come sarebbero "nel mondo reale". Qui sopra, il classico momento "Mi senti? Non ti sento".

Come scegliere la piattaforma

Orientarsi nella scelta di una piattaforma per videolezioni è, come detto, compito assai difficile. L'emergenza del Covid ha spinto i produttori della più parte di esse a offrirne i servigi in via gratuita, in un'ottica di marketing vicina alla strategia degli spacciatori di droga: le prime dosi sono in omaggio, dopodiché, quando non potrai farne più a meno, ti toccherà pagare. È chiaro che, se per ora tralasciamo questo sinistro (ma del tutto comprensibile) aspetto, possiamo dire di aver goduto in molti per alcuni mesi della possibilità di assaggiare e sperimentare diverse soluzioni, e quindi operare dei confronti. Nella scelta finale, posto che avremo seguito i consigli più volte richiamati nel primo capitolo e nel quarto sull'analisi dettagliata di discenti, obiettivi formativi ecc., dovremo fare i conti essenzialmente con questi aspetti delle piattaforme:

- funzionalità e prestazioni;
- privacy e sicurezza;
- costi.

Inutile anticiparvi che i succitati punti non solo finiscono per collidere, ma sono spesso inversamente proporzionali gli uni agli altri. Questo significa ancora una volta focalizzare in anticipo le mie priorità e progettare con cura la formazione prima di scegliere uno strumento, in modo da non dover rinunciare a qualcosa che è fondamentale per la riuscita del mio corso o della mia lezione.

Per esempio, in ambito di scuola dell'obbligo avrò in tutta probabilità delle situazioni estremamente eterogenee in termini di dotazioni informatiche degli studenti. Quindi devo optare per un prodotto che sia disponibile per mondo PC e Mac e che funzioni bene su mobile a prescindere dai sistemi operativi. In questo caso, le prestazioni in termini di qualità audio e video possono tranquillamente passare in secondo piano.

Per un corso aziendale rivolto alla mia forza lavoro, nel quale ho bisogno di puntare su forti meccanismi di engagement per catturare l'attenzione dei miei utenti e al tempo stesso probabilmente conosco la loro dotazione informatica (o posso addirittura uniformarla, fornendo a tutti gli stessi PC o tablet), magari punterò su piattaforme particolarmente evolute. Se poi sono all'interno di una rete aziendale, magari di una banca, anche la questione sicurezza diverrà rilevante, per mantenere i miei dati blindati.
Come capita anche in altri settori, alcuni prodotti sono nati come generalisti, per specializzarsi per via di alcune scelte progettuali o di marketing. Cisco WebEx, per esempio, pare essere molto utilizzata negli USA nei settori sanitario e finanziario perché tra le poche a offrire una crittografia end-to-end, che in parole povere significa sicura su tutti i passaggi dei dati.
Può sembrare un'affermazione esagerata, ma la più parte delle piattaforme di videolezione e videoconferenza offre grossomodo le stesse funzionalità di base. Tuttavia, le modalità con cui queste sono declinate cambia piuttosto radicalmente e varia anche tra le diverse versioni di uno stesso servizio (banalmente tra quella gratuita, professional business ecc.) e nel tempo. Tra aprile e giugno 2020, per esempio, alcune funzionalità di Google Meet sono cambiate più volte (con conseguente disorientamento o gioia degli utenti).
Come vedrete, l'offerta è variegata e mutevole, tuttavia non è impossibile proporre dei criteri di scelta sensati, che riassumiamo ancora una volta per domande che vi conviene porvi prima di cominciare la vostra analisi ed esplorazione:

- Che livello di interazione voglio avere con gli studenti? Punto più a una lezione frontale "classica", o a costruire laboratori online interattivi?
- In questo secondo caso, voglio che gli strumenti che userò siano inclusi nella piattaforma, o posso contare su altri esterni?
- Che cosa significa per me "interagire"? Porre domande aperte? Voglio stimolare vere discussioni a voce, permettendo di intervenire con il microfono a tutti? O mi basta la chat? O voglio costruire dei piccoli elaborati come mappe concettuali, schemi?
- Che dotazioni hanno i miei studenti? Sono omogenee? Le posso conoscere? Devo cercare una piattaforma molto adattabile per raggiungerli tutti con successo?
- Quali competenze digitali hanno? Sono costretto a usare poche funzioni perché altrimenti si confonderebbero?
- A quanti utenti mi rivolgo per ogni sessione/stanza/classe? Voglio vederli tutti in faccia, almeno una volta?
- Che necessità ho in termini di tracciamento (vedi anche il Capitolo 11) e valutazione? Desidero registrare le sessioni? Che cosa ne farò delle registrazioni? Ho bisogno di un registro delle presenze accurato e affidabile (per esempio per i corsi obbligatori)?

Sulla base delle risposte che posso dare a queste domande (o ad altre che mi verranno in mente), opterò per esempio per soluzioni più generaliste (Meet), eventualmente scalabili con componenti aggiuntive in un secondo momento, oppure per prodotti molto attrezzati da subito (Connect). O magari ancora, se per me è centrale la chiarezza in termini di privacy, GDPR e accessibilità, potrei optare per soluzioni anche eticamente diverse, come Big Blue Button (BBB) o Jitsi, magari rinunciando a qualche feature.
La premessa è che esiste una distinzione che, in linea di massima, vede due modalità.

- Webconference: collaborativo, con un numero ristretto di partecipanti.
- Webinar: divulgativo, con un alto numero di partecipanti.

Molti dei tool che menzioneremo, come Zoom, MS Teams e WebEx, hanno proprio due modalità diverse (e a volte prodotti diversi, come GoTo) per gestire webconference o webinar.
Ora vediamo più in dettaglio quali altre variabili presentano.

Funzioni e prestazioni

Audio e video

Oggi la qualità media delle trasmissioni audio-video via Internet è piuttosto alta se si dispone di connessioni dalla ADSL in su, ma il problema principale è che la catena di passaggi dei segnali è lunga, ed è difficile identificare il punto in cui si verifica un problema. Essendo il segnale che viene trasmesso in streaming compresso secondo varie modalità, è chiaro che colossi come Google o Cisco possono proporre servizi di qualità maggiore in questo senso. Le soluzioni open, come Jitsi e Big Blue Button, faticano a competere e possono in alcuni casi rendere "scattosi" i video se tanti utenti sono collegati in contemporanea, poiché di norma si devono appoggiare sui server dell'ente formativo che ha deciso di adottarli. In alcuni casi conviene che chi partecipa come studente spenga il proprio video e lasci solo il presenter/docente a farsi vedere.
Ora alcune piattaforme sono però in grado di gestire il carico di dati per ciascun utente in modo indipendente (compreso Big Blue Button). In parole povere: se io dispongo di una connessione con fibra ottica e un computer potente, ma un altro dei partecipanti ha una connessione lenta, a quest'ultimo il software proporrà video e audio più compressi (meno dati trasmessi = minore qualità), ma entrambi potremo continuare a seguire il tutto senza problemi.

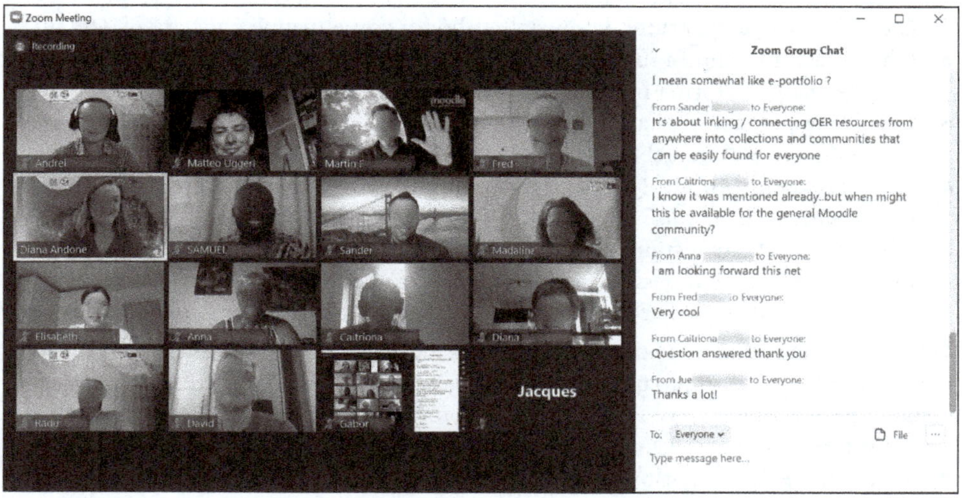

Figura 6.2 Una tipica schermata di Zoom, con le camere attive sulla sinistra e la chat aperta a destra. Nel riquadro scontornato viene evidenziata la persona che sta parlando.

Il numero di webcam attive contemporaneamente nelle versioni base delle piattaforme cambia da prodotto a prodotto: andiamo per esempio dalle poche di MS Teams (9) alle tantissime (1.000) di Zoom. È chiaro che numeri così elevati rendono impossibile comunque vedere tutti i partecipanti, e più significativo è il numero di quante se ne possono vedere per singola pagina (quindi senza dover scorrere). Sempre Zoom ne conta fino a 49 in questo caso (Figura 6.2).
Una funzione molto utile che riduce al minimo i problemi audio e video dei partecipanti è quella di test. Zoom e BBB, per esempio, la propongono ogni volta che si entra in una "stanza", offrendo così ai partecipanti un agile strumento per accertarsi di poter sentire e farsi sentire una volta entrati.

NOTA

La didattica online, come detto più volte, complica l'aspetto "umano" di interazione tra chi apprende e chi insegna. Poter vedere in faccia i propri interlocutori è utilissimo per farsi un'idea del loro livello di interesse (o noia!). Posto che vederne 200 in contemporanea serve a poco, ma su una classe delle tipiche 25-30 persone è invece estremamente utile a mantenere vivo anche il feedback di sguardi, posture e gesti, anche senza i banchi e le sedie.

Condivisione schermo

Si tratta di una funzione offerta da praticamente tutte le piattaforme. Da considerare come elementi invece distintivi solo di alcune sono la possibilità di:

- condividere lo schermo mentre anche il video è attivo;
- condividere lo schermo indistintamente oppure scegliere di condividere solo una specifica finestra o un certo tab del browser. Se per esempio avete scelto di condividere PowerPoint con la vostra presentazione, non rischiate di mostrare la vostra posta nel caso passiate inavvertitamente a Outlook!;
- condividere anche l'audio del proprio computer (per esempio quello di un video che voglio mostrare, o una musica che sto riproducendo con Media Player). In certi casi questo avviene senza possibilità di scelta, in altri è un'opzione selezionabile quando decido di condividere delle specifiche applicazioni.

NOTA

Occhio alla banda e alle competenze digitali! Se prevedo utenze con connessioni deboli, o docenti poco avvezzi al digitale, ricordiamoci che la condivisione schermo occupa molta banda ed è ricca di insidie.

Condivisione file

Molte piattaforme consentono di caricare dei file di qualche formato (tipicamente `.doc`, `.pdf` o `.ppt`) per mostrarli ai partecipanti. Si tratta di un'opzione utile perché, per esempio, per mostrare una presentazione fatta con PowerPoint posso condividere l'applicazione, oppure caricare il PPT o il PDF relativo e scorrere le slide (diapositive) man mano. Il secondo caso è preferibile, perché occupa meno banda, quindi riduce la latenza (il tempo di reazione ai miei input, ossia tra quando faccio clic su "avanti" e quando la diapositiva cambia) e aumenta la qualità dell'immagine che i partecipanti vedono.

Inoltre, se condivido un file con i partecipanti, posso decidere anche a un certo punto di lasciare a qualcuno di loro il controllo, e quindi per esempio far proseguire una presentazione a un collega in remoto senza interruzioni.
Il rischio, se non si sta attenti ai diritti di condivisione, è di consentire a tutti di sfogliare la presentazione e perderne il controllo, con conseguente imbarazzo!
Un software ben strutturato in questo senso è MS Teams.

NOTA

Alla fine anche le classiche slide hanno il loro perché online: specie per corsi tradizionali, o comunque con formatori/docenti non particolarmente "smart", la possibilità di incentrare la lezione su classiche presentazioni (se possibile ben fatte graficamente e ben leggibili, *ça va sans dire*) è importantissima.

Whiteboard (lavagne interattive)

Questa funzione è un poco meno comune di altre, quindi solo alcune piattaforme la comprendono nel pacchetto base; tra queste ci sono Adobe Connect, Jitsi e BBB.
In altre, come G Meet, se ne possono trovare diverse come app/servizi cloud che integrano il software di base: Jamboard ha, nel tipico stile Google, un'interfaccia molto minimale e chiara, che consente di inserire post-it virtuali, scrivere a mano, disegnare, costruire schemi ecc. Utilizzabile anche in modo asincrono, si presta per esempio per sessioni di brainstorming aziendale così come per l'uso a scuola, specie se su schermi touch di tablet o LIM (Figura 6.3).

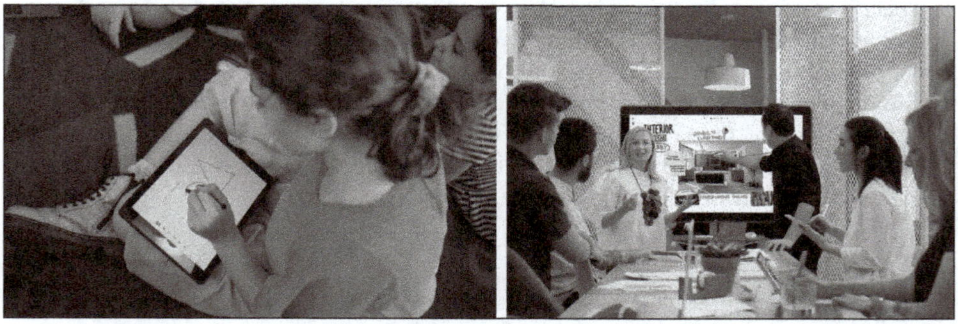

Figura 6.3 Due usi delle whiteboard nel contesto scolastico e aziendale, rispettivamente con tablet e schermo touch.

NOTA

Creiamo interazione, quando possiamo: se le mie lezioni vogliono adottare approcci engaging ed essere meno frontali e più interattive, una buona lavagna condivisa è praticamente indispensabile.

Ruoli

Vengono chiamati in modi diversi a seconda dei software, ma grossomodo possiamo distinguere i seguenti.

- Administrator (amministratore): è colui che gestisce tutte le istanze di una piattaforma per la quale si è acquistato il servizio e che, a cascata, determina i diritti di utilizzo degli utenti secondo queste stesse categorie.
- Host/Organizer (ospitante/organizzatore): crea le cosiddette "stanze", o sessioni di videolezione/conferenza, manda gli inviti di partecipazione, in alcuni casi può definire in diretta anche le funzioni messe a disposizione degli utenti.
- Presenter/Teacher (presentatore/insegnante): può scorrere la presentazione o condividere lo schermo, ma spesso è anche l'unico a poter attivare audio e video quando vuole e/o fare lo stesso con i partecipanti.
- Tutor/Supervisor (supervisore): di norma è un utente con gli stessi diritti del docente, ma la cui funzione è di supporto a esso. È utilissimo, se non indispensabile, per gestire la classe quando ci sono molti partecipanti e si desidera che possano intervenire, poiché svolge funzioni di moderatore, tipicamente dando un'occhiata alla chat mentre il formatore si concentra sulla presentazione.
- Attendee/Participant (spettatore/partecipante): a seconda del tipo di contesto/evento, i diritti assegnati possono variare molto. Per esempio, specie con una popolazione di discenti poco abituata alle videolezioni, come sono stati quasi tutti i bambini e ragazzi delle scuole durante il lockdown, conviene che all'inizio della lezione tutti si ritrovino con i propri microfoni in modalità *mute*, silenziata, per ovviare l'inevitabile baraonda di tante voci che si sovrappongono a quella del docente. Zoom, per esempio, ha due modalità di funzionamento: come videoconferenza e come videomeeting. Nel primo caso il docente può agilmente togliere la voce a tutti i partecipanti in un sol colpo, per poi concederla man mano, nel secondo no. Inutile dire che la versione gratuita non consente tale utile opzione.

NOTA

Le persone sempre al centro: nel progettare un corso online devo avere ben presente chi sarà coinvolto, dal principio alla fine, e conoscere bene i ruoli che devo assegnare, se possibile senza scontentare nessuno, dall'amministratore del sistema a chi apprende, tenendo ben conto anche della sinergia che deve instaurarsi tra loro.

Chat

Superfluo spendere troppe parole su questa funzione, che tuttavia presenta diverse variabili.

- Privata e pubblica: quasi tutti i prodotti offrono la possibilità di comunicare a tutti o in privato a un utente alla volta, o a categorie di utenti (per esempio tutti i presenter), ma in alcuni casi è molto facile da gestire (Zoom), in altri, per questioni di interfaccia poco chiara, può generare spiacevoli incidenti, tipo il classico commento sulla noiosità del prof. che si pensava indirizzato all'amico, invece postato a tutti, docente compreso!
- Visibilità chat: a seconda del prodotto, la notifica di un nuovo messaggio in chat può avvenire con un segnale audio, un pallino rosso sopra la relativa icona, una finestra pop-up, o non avvenire affatto (rischiando così di perdersi qualcosa). Ancora più determinante è la possibilità di avere la chat aperta mentre si presenta. Quando questa manca, è impossibile per il docente fare domande aperte chiedendo di rispondere in chat.

- Salvataggio chat: in alcuni prodotti (Teams) avviene in automatico, ma non si può scaricare. In molti altri (Zoom, WebEx) può essere abilitato un salvataggio automatico che genera un file `.txt`. Di norma come default la chat viene però cancellata.
- Invio file: non tutte le piattaforme consentono di scambiarsi file via chat. Quando lo consentono, in alcuni casi generano una preview, in altri no.

> **NOTA**
>
> La chat è spesso lo strumento più adatto per ottenere feedback immediati dai partecipanti, coinvolgerli con semplici domande aperte, essere interrotti da chi chiede spiegazioni o segnala un problema. Non sottovalutate la user friendlyness della chat quando dovete scegliere il vostro prodotto.

Registrazione

Tipicamente è la funzione che non viene offerta nel pacchetto base ma solo in quelli a pagamento (o più costosi). Le variabili sono le seguenti.

- Una volta effettuata, la registrazione diviene un file video `.mp4` che l'organizzatore può scaricare e poi mettere a disposizione degli utenti tramite altri servizi (per esempio YouTube).
- Quando la piattaforma è già integrata con altri software, come accade per Meet di Google, il file viene caricato in automatico in uno spazio *ad hoc*, che può essere o meno reso accessibile agli utenti (in questo caso G Drive).
- In altri casi, la stessa piattaforma di videolezione crea un file fruibile in streaming. Teams per esempio lo fa, ma con un altro applicativo della suite di Office 365, MS Stream. Il file è quindi visibile solo da chi appartiene all'organizzazione (per esempio azienda) che ha acquistato il servizio, ma non da esterni.
- Altri prodotti hanno una propria "galleria video", come Cisco WebEx, a cui poi gli utenti possono accedere da link diretto, anche inviabile via email a valle dell'evento. Questo consente anche un monitoraggio delle visioni della registrazione da parte degli utenti, buono per le finalità di tracciamento, quindi specialmente in contesti aziendali e/o di corsi obbligatori.
- Anche che cosa registrare può variare: di norma viene registrato tutto, ma alcune versioni di Zoom consentono di scegliere un layout di registrazione, in cui decidere se escludere i video dei partecipanti dalla registrazione.

> **NOTA**
>
> Meglio avere idee molto chiare su che cosa fare di una registrazione: devo chiedermi non solo a chi è destinato ciò che registro ma anche perché lo registro, se è davvero necessario farlo, o se mi creerà problemi di privacy o simili. Devo decidere quanto dovrà essere diffuso (o non diffuso) il mio video, chi davvero vorrebbe vederlo... Spesso, l'unico motivo rilevante è quello di poter offrire la possibilità di vedere il webinar in differita per chi in diretta aveva altri impegni. In qualunque caso, se decido di registrare, è importante che rimanga traccia del consenso dei partecipanti alla registrazione. Talvolta le piattaforme di videoconferenza fanno comparire un disclaimer che segnala ai partecipanti l'inizio della registrazione della sessione. Potrebbe però essere opportuno, una volta avviata la registrazione, condividere a schermo l'informativa sulla privacy (con evidenziati i fini didattici della registrazione e la normativa di riferimento) in modo da dichiarare che la partecipazione alla lezione implica il consenso alla registrazione.

Meccanismi di feedback

Ciò che più manca nel passaggio all'online è chiaramente la fisicità, che si traduce anche in gesti, occhiate, risate e perfino applausi. Non sottovalutate quindi le maniere, più o meno spinte, per sopperire a queste assenze (Figura 6.4).

- Alzare la mano: funzione in genere indispensabile per moderare gli interventi, ma in molti prodotti non sempre chiarissima, specie per il docente che, se l'interfaccia non è ben progettata, rischia di non accorgersi di mani alzate, oppure di faticare molto a capire la sequenza delle persone da far intervenire. In moltissimi casi, ricordatevi che gli studenti lasciano la mano alzata anche quando non serve più e sono già intervenuti. In gergo vengono chiamate "mani fantasma".
- Emoticons: c'è chi ne abusa nelle chat su WhatsApp, Skype o altro, chi li detesta e preferisce scrivere "ahhahahah!" al posto di :-), fatto sta che, per chi insegna, vedere una serie di faccine sorridenti accanto ai nomi utente dopo aver fatto una battuta dà una bella soddisfazione. Pare tuttavia che molti progettisti di interfacce tralascino questo aspetto, e – forse per eccessivo amore di semplicità – risparmino in opzioni e rendano poco visibili gli emoticons. Con una certa nostalgia, segnaliamo come una delle più diffuse piattaforme per webinar dei primordi, chiamata Centra, fosse ben progettata in questo senso.
- Go slower/Go faster: utile funzione per chiedere al relatore di cambiare la propria velocità di presentazione (Zoom è tra i prodotti che possono includerla).
- Sondaggi, questionari, area Q&A e quiz: alcuni prodotti, come Connect, consentono di crearli anche in tempo reale (funzione utile soprattutto se il docente dispone di aiutanti/supervisor), molti altri costringono a prepararli prima (Meet, tramite Google Moduli). In ogni caso, lanciare dei sondaggi o dei piccoli quiz durante le lezioni, anche le più frontali, di certo aumenta l'engagement.

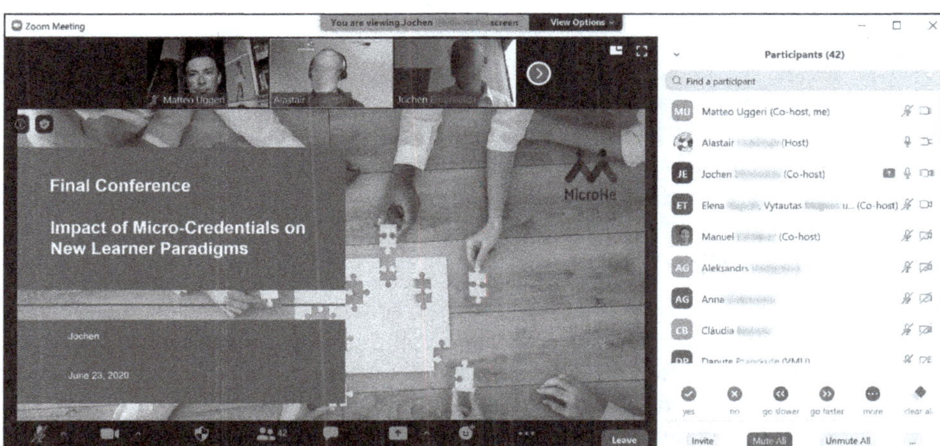

Figura 6.4 Schermata di Zoom con condivisione schermo e strumento per i feedback di base da parte dei partecipanti.

NOTA

Scegliere in che direzione portare l'interazione: posto che avere una platea che si esprime per emoticons mentre tengo una lezione sul time management o le Crociate non è l'ideale, resta importante non sottovalutare l'utilità di dare ai partecipanti la possibilità di esprimersi a più livelli e di essere consultati anche in modo "leggero".

Breakout room e sale d'attesa

Per spingere l'interazione e favorire l'engagement, meglio lavorare in piccoli gruppi. Alcuni prodotti consentono la creazione di breakout room (salette indipendenti) in cui suddividere gli utenti. Questo può essere fatto in vari modi:

- l'host o il docente della lezione sceglie come suddividere i gruppi (in anticipo o durante), oppure si creano delle stanze (per esempio a tema) e si consente agli utenti di scegliere dove andare;
- i gruppi vengono formati in modo casuale dal software stesso (utile per evitare scontenti di sorta);
- la durata delle sessioni di lavoro parallele può essere predeterminata; in questo modo a un certo orario si può tornare in plenaria.

Poche piattaforme consentivano inizialmente questa funzione, ma man mano la stanno implementando in tanti: Zoom e BBB le gestiscono assai bene. Tuttavia, come spiegheremo nel capitolo sull'e-Collaboration, in molti casi nulla ci vieta di "mandare" temporaneamente i nostri studenti a lavorare in sottogruppi usando altri sistemi, come WhatsApp stesso o il più "smart" Discord (anche con tutto il suo corredo di faccine).
Alcuni prodotti offrono anche l'opzione "sale d'attesa": nei tempi morti (o prima dell'inizio della lezione) gli utenti vengono intrattenuti da un video; in alcuni casi viene visualizzato un counter che dice quanto manca all'inizio. Ideale chiaramente per grossi eventi, specie di ambito aziendale, come convegni di lunga durata.

NOTA

In piccoli gruppi si lavora meglio: se la mia intenzione è di proporre attività laboratoriali, per esempio volte a sviluppare le competenze trasversali dei partecipanti, mettendoli alla prova su delle attività progettuali, poterli dividere in gruppi con le breakout room può essere fondamentale.

Meccanismi di controllo e tracciamento

Anche in aula capita di vedere i formandi con lo sguardo fisso sui propri computer, e quindi chiedersi se stanno davvero prendendo appunti o consultando la posta, o giocando. Un docente scolastico può proibire l'uso di telefoni e computer digitali (magari rinunciando a delle opportunità molto interessanti, come illustra il numero di *Bricks* "Gli smartphone in classe: nemici o strumenti di apprendimento?", n. 1, 2020), e in un corso di formazione aziendale la cosa è ancor più delicata.
Altro punto critico è il controllo rispetto al copiare compiti, da cui anche il mondo corporate non è esente (alzi la mano chi non ha mai almeno pensato di farsi passare le risposte a un quiz finale sul Corso per la sicurezza!).
Online ci sono problemi analoghi, spesso amplificati dalla portata potenziale della "scopiazzatura": via chat con WhatsApp uno studente può passare le risposte a un'intera classe o istituto.

Inoltre, anche avere la certezza che una persona sia "lì" fisicamente non è scontato, specie se non viene attivato il video. E se è lì, il dubbio che intanto faccia altro sorge ancor più che in aula.
Tra gli strumenti di controllo che i software di videoconferenza offrono ci sono:

- registro presenze: non tutti lo offrono, e spesso solo per i piani a pagamento. Può segnalare solo l'ingresso generico in una lezione, oppure dire quando un utente è entrato e poi uscito. Non è raro anche sentire degli "appelli" alla vecchia maniera in lezioni online, dalla A alla Z;
- rilevamento finestra attiva: se l'utente lascia la videolezione sullo sfondo e per esempio sbircia la posta elettronica, il sistema lo rileva. A oggi pochi prodotti offrono questa funzione, per esempio non Zoom (da cui è stata rimossa, vedi più avanti) né Meet, invece GoTo Webinar sì;
- sistemi di proctoring: il termine suona male, e indica la possibilità di verificare l'identità e l'integrità di un esame. In ambito universitario ha avuto un'esplosione in tempi di lockdown, per ovvie ragioni, ma in questo contesto non lo approfondiremo. In questa sede basti dire che è quanto di più sinistramente vicino a un Grande Fratello orwelliano si possa pensare in ambito educativo.

NOTA

Controllare solo ciò che è davvero necessario: evitare la paranoia da controllo quando si passa all'online non è facile. Abbandonate l'illusione di poter certificare anche la presenza spirituale, ricordandovi che anche lo studente in aula rapito in prima fila potrebbe pensare all'aperitivo con la fidanzata che l'aspetta quella sera.
Se invece l'esigenza è reale, per corsi obbligatori che danno accesso a categorie professionali, considerate *in primis* l'opzione blended, se percorribile, e poi i prodotti che effettivamente fanno dei check approfonditi di presenze. La qualità dell'offerta didattica resta però la vera e principale motivazione all'attenzione.

Disponibilità e adattabilità

La più parte dei prodotti di cui parliamo funziona sia in modalità browser-based (ossia all'interno di un normale browser), sia come applicativi da installare sul proprio computer. Infine, data la sempre maggiore rilevanza del mobile learning, quasi sempre è prevista un'app per Android e iOS. Non tutti i prodotti però hanno tale adattabilità. Va inoltre sottolineato come quasi tutti sconsiglino l'uso puro via Web, perché la grande varietà dei browser e delle loro versioni rende improbabile il pieno funzionamento di applicativi così complessi. Meet, appartenente al mondo Google, suggerisce vivamente l'uso di Chrome, senza il quale a volte per esempio la condivisione schermo non si attiva. Teams, di Microsoft, è pensato per chi usa Windows e la suite di Office. Questo non significa che non si possa usare tranquillamente su iPad o iPhone: solamente, quando avvengono aggiornamenti dall'una o dall'altra parte, possono verificarsi degli inciampi nelle compatibilità.
I prodotti invece che hanno la loro forza nell'essere pensati essenzialmente per il Web, come Jitsi e Big Blue Button, sono ottimi nei contesti dove gli utenti hanno restrizioni sui diritti di installazione delle loro macchine, come capita spesso nella Pubblica Amministrazione, ma anche in tante aziende.

Quelli che sono progettati per arrivare ovunque e rendere al meglio anche da mobile sono ideali per "formare le masse" e raggiungere utenti con dotazioni tecnologiche (e connessioni) diversissime.
Per alcuni prodotti non è nemmeno necessario disporre di uno smartphone per partecipare a una videolezione, ma si può chiamare un numero di telefono generato *ad hoc* dalla piattaforma (per esempio ancora Zoom).

Estensibilità e integrabilità

Come detto, alcuni prodotti vengono forniti con un pacchetto definito (e scalati a seconda dei piani), mentre altri sono arricchibili con altre componenti dell'azienda che li produce (per esempio Teams, che attinge a tutta la suite di Office 365 e oltre), o di altri (Meet, per il quale il Chrome Web Store o il G Suite Marketplace offrono innumerevoli estensioni).
Anche le piattaforme open hanno spesso questo tipo di opzioni aggiuntive, prodotte dai tanti utenti che le sviluppano all'interno delle relative comunità. Big Blue Button è una di queste, e ha anche sviluppato una maggiore integrabilità con diversi LMS, con un focus particolare, in questo caso, per Moodle.
Altri si connettono con prodotti proprietari: è il caso di Jitsi con Slack, strumento pensato essenzialmente per la comunicazione smart aziendale.

NOTA

Progettare olisticamente: a meno che non vi interessi solo realizzare un paio di webinar "spot", conviene sempre pensare in termini di sistema all'interno del quale le mie lezioni si andranno a inserire, e quindi considerare, al momento della scelta, di che cos'altro avrò bisogno e se o in che modo il prodotto che scelgo potrà essere connesso ad altri che ne compensano le funzioni.

Sicurezza, dati e privacy

Si potrebbe scrivere un capitolo intero solo su questo argomento, ma preferiamo in questa sede riportare solamente le informazioni essenziali, senza scomodare avvocati o esperti di cybersecurity. Ci perdonino quindi costoro se peccheremo di una qualche superficialità e se le informazioni che riportiamo saranno lacunose.
Detto ciò, sulla sicurezza conviene essere preparati, tant'è vero che, proprio nella primavera del 2020, durante il lockdown quasi globale, si sono verificati casi clamorosi riguardanti nello specifico Zoom, di cui si è quindi occupata perfino la stampa generalista. Noi preferiamo in merito invece riferire direttamente le parole di Cybersecurity360, un sito piuttosto affidabile sulla materia.

> Gli utenti hanno iniziato a segnalare abusi del servizio di videoconferenza, il quale permetteva a ospiti indesiderati e non invitati di 'imbucarsi' nelle chat e nelle riunioni. Inoltre, è stato confermato che tale app inviava i dati dei suoi utenti in Cina e le sue registrazioni video risultavano esposte in un database online non protetto. [...]
> Per rispondere alle critiche, Zoom ha annunciato una serie di nuove misure di sicurezza e funzionalità come password attivate di default per le nuove riunioni, nonché riunioni istantanee, riunioni programmate e riunioni con ID dedicato (15 aprile 2020).

Cerchiamo di capire come evitare situazioni di questo tipo.

Gestione delle partecipazioni

Nei famigerati casi di zoombombing è accaduto per esempio che degli hacker si intrufolassero in videolezioni e riunioni di vario genere per lanciare messaggi offensivi, a volte anche pornografici o razzisti. Questo accadeva perché, per accedere a una chiamata/lezione/stanza di Zoom, bastava averne il link. Se questo, per esempio, veniva condiviso su dei social (anche per delle ragioni sensate), era virtualmente pubblico e quindi poteva intrufolarsi chiunque lo avesse.

Proteggere l'accesso con una password è possibile, ma non garantisce la sicurezza fino in fondo.

In seconda istanza, l'host di una stanza su Zoom può rimuovere un partecipante fastidioso in qualunque momento, ma a volte gli zoombombing sono organizzati da gruppi di più persone e quindi difficili da arginare. A causa di frequenti attacchi, spesso ai danni di organizzazioni di musulmani ed ebrei, lo Stato di New York decise che tale piattaforma non era adatta all'uso durante il lockdown della primavera 2020. Un interessantissimo articolo del *New York Times* (Lorenz, Alba, 2020) racconta anche come l'FBI si sia dovuta interessare alla faccenda Zoom, con relative conseguenze.

È curioso sottolineare come l'articolo riporti il fatto che, per organizzare gli zoombombing, gli infiltrati usassero il già citato Discord, software per la comunicazione tra gruppi di lavoro nato in ambito gaming, di cui parleremo nel capitolo sull'e-Collaboration.

Altri prodotti più articolati di Zoom, meno aperti al pubblico e quindi venduti come pacchetti ad aziende/organizzazioni, possono consentire all'host di decidere chi dall'esterno della propria azienda può partecipare direttamente alle riunioni e chi deve aspettare in attesa che qualcuno lo lasci entrare. Questo non vuol dire che solo le persone dell'ente/azienda che ha acquistato le licenze possono partecipare a riunioni o lezioni, perché si possono comunque invitare degli "ospiti" a cui dare determinati diritti, mantenendo il controllo della situazione. È il caso di MS Teams, forse da questo punto di vista uno dei software migliori al momento in cui scriviamo.

Crittografia

Il livello di sicurezza dei dati che vengono trasmessi tra un punto della Rete e un altro dipende essenzialmente dalla crittografia operata nei vari punti di passaggio. Nel caso di Zoom, per esempio, i video inviati al server vengono *in primis* criptati, poi decriptati presso il server, infine di nuovo criptati quando vengono trasmessi agli altri partecipanti. Questo fa sì che chiunque controlli il server potrebbe potenzialmente carpire le chat e intrufolarsi nel sistema. Altri prodotti più sicuri, come Jitsi, pur utilizzando lo stesso tipo di crittografia, propongono anche soluzioni più sicure, in cui, per esempio, quando i dati transitano sul server vengono immediatamente cancellati per ridurre al minimo le intromissioni.

Al momento, pare che Cisco WebEx sia la soluzione più affidabile se è la sicurezza al centro delle vostre preoccupazioni, poiché, in una delle soluzioni offerte, può utilizzare crittografia end-to-end, grazie alla quale anche il secondo passaggio per il server di cui sopra non è vulnerabile. Il contraltare è che, in questo caso, si deve rinunciare ad alcune funzioni di condivisione.

Dati richiesti

Anche in termini di dati che vengono richiesti per poter fruire del prodotto esistono diversi gradi: nel caso di Jitsi, solo l'indirizzo IP (o il numero di telefono se connesso in tal modo) del partecipante viene registrato. Le altre informazioni (nome, foto profilo e indirizzo email) sono opzionali e vengono condivise solo con gli altri partecipanti alla riunione e distrutte al termine di questa. Anche BBB consente di partecipare in modo del tutto anonimo. Meet, richiedendo l'iscrizione ai servizi di Google, potenzialmente può poi operare un tracciamento dei dati molto approfondito sulle altre attività che effettuo con gli altri servizi di tale provider.

Gestione delle registrazioni

Anche qui le variabili da considerare sono molteplici.

- Se l'host decide di registrare una lezione, i partecipanti vengono informati; in alcuni casi, il sistema può anche chiedere loro il permesso di farlo.
- Una volta effettuate, le registrazioni possono essere conservate sui server del sistema fino a quando non vengono caricate sul cloud indicato dall'utente (per esempio Dropbox per Jitsi), oppure stare sul server stesso della piattaforma ed essere poi riviste da lì in streaming (Connect).
- A volte, le registrazioni sono gestite da prodotti connessi a quello di videolezione: è il caso di MS Stream per Teams o di Google, che per Meet, con la licenza Enterprise, salva le registrazioni di default su G Drive.
- Sempre Google offre un servizio aggiuntivo, chiamato G Vault, atto ad archiviare, conservare, cercare ed esportare i dati. È disponibile a chi ha acquistato G Suite for Education, ed è pensato nello specifico per amministratori legali (!) che abbiano esigenze di eDiscovery, ossia di identificare e fornire dati che possono essere utilizzati come prove in casi legali.

NOTA

Come valutazione di carattere generale, conviene sempre chiedersi quanto la propria organizzazione (azienda, scuola, studio ecc.) è appetibile per i "malintenzionati" e quanto è vulnerabile. Chiaramente, grosse organizzazioni come ministeri o multinazionali, così come altre più piccole ma molto caratterizzate (in termini per esempio religiosi o razziali), finiscono più facilmente nel mirino. Quindi, per esse, consigliamo di valutare il grado di sicurezza di un prodotto di videolezione con grande cura, e magari rivolgersi a esperti di cybersecurity nello scegliere.

Per gli altri, più spesso può bastare una buona dose di buonsenso e certe accortezze di base, come quelle che riportiamo per il caso di Jitsi più avanti.

Costi

La premessa fondamentale sui costi la possiamo rubare a un buffo adagio che recita: "Tutti vogliono sempre sapere quanto costa una soluzione e-Learning. Ci sono due notizie, una buona e una cattiva. Quella buona è che conosciamo già bene la risposta. Quella cattiva è che la risposta è: 'Dipende'".

Scherzi a parte, il punto è, ancora una volta, che parliamo di un mondo mutevole e anche decisamente scalabile. Partiamo quindi dai principali criteri rispetto ai quali vengono proposti i costi delle piattaforme.

- Edu *vs* business: se lavorate per un ente di istruzione (non per forza pubblica), spesso i costi sono minori, o in alcuni casi i prodotti sono forniti perfino gratuitamente. Per dimostrare che siete "edu" può bastare a volte essere iscritti in un registro pubblico (per esempio se avete una email `@istruzione.it` del MIUR non dovreste avere problemi, così come per quelle delle maggiori università), oppure si deve fare richiesta (in genere senza troppe difficoltà).
- Numero di utenze mensili o annuali: di norma a scaglioni, il costo aumenta a seconda di quanti utenti volete formare. Ma spesso, se per esempio pagate per 500 e vi ritrovate con 537, non pagherete l'intero scaglione successivo da 500 a 1.000 ma, in accordo con il provider della piattaforma, in proporzione ai 37 per cui avete sforato.
- Numero di utenti per stanza/sessione/webinar ecc.: anche in questo caso di norma si va a scaglioni con il criterio di cui sopra.
- Feature/funzionalità: per i prodotti che propongono più versioni si può dover pagare a seconda di quanto si desidera usare quelle più avanzate o basic.

Per chi volesse – lecitamente – delle cifre precise, nei paragrafi dedicati ad alcune soluzioni scelte indicheremo i costi dichiarati dai produttori (che cambiano rapidamente, ma almeno daranno un'idea di massima).

NOTA

Considerate diversi livelli di budget e di successo: nel caso di corsi e-Learning aziendali è sempre meglio identificare diversi scenari di sviluppo. Bisogna farsi un'idea di che cosa è necessario per un primo step di avvio, e stabilire un budget, ma anche considerare gli scenari di successo, in cui magari avrò molti più utenti e anche bisogno di funzionalità più spinte (per esempio di tracciamento). Questo perché a volte i passaggi di scaglione non seguono una logica proporzionale, ma a salti assai bruschi, con l'ovvio obiettivo di catturare un cliente nella fase di scelta iniziale e poi caricarlo una volta a regime.

Prodotti valutati

Come anticipato, questi che trattiamo qui sono solo alcuni dei prodotti in circolazione, e le loro caratteristiche cambiano di continuo. Quindi indicheremo solo i punti di forza e le debolezze, in modo piuttosto generico, approfondendo i cinque che ci sembrano, in questo momento, i più interessanti in termini di qualità e costi, per poi fornire degli accenni ad altri tre comunque validi.

NOTA

Forse sembrerà inutile ripeterlo, ma essendo questo un manuale ci aspettiamo che possa essere letto anche a spizzichi e bocconi, saltando da una parte all'altra. Quindi, di nuovo: parliamo di software/servizi che mutano incessantemente. Tra il tempo in cui scriviamo e quello in cui leggerete, molto sarà cambiato, e più di tutto, probabilmente, prezzi e condizioni di utilizzo. Senza contare che, in alcuni casi, i servizi passano di proprietà o vengono acquistati. Quindi: prendete tutte le informazioni qui presenti come indicazioni.

Adobe Connect

https://www.adobe.com/products/adobeconnect.html

Soluzione professionale tra le più "antiche" in commercio e prodotta da Adobe, la cui suite professionale per grafica, montaggio video, impaginazione, fotoritocco e altro è la più nota al mondo, Connect è un ottimo prodotto per chi vuole investire su controllo, tracciamento e flessibilità, anche su grandi numeri di utenze.

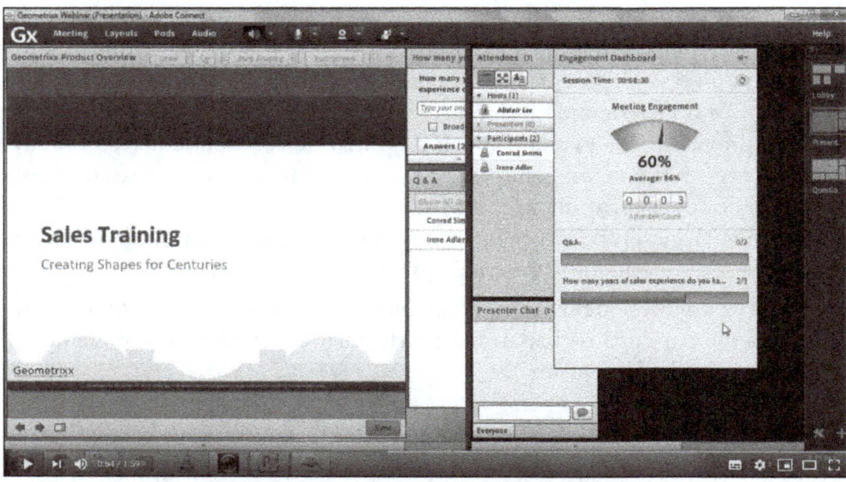

Figura 6.5 L'Engagement Dashboard di Adobe Connect.

Punti di forza

- L'interfaccia si può modellare con facilità sulle proprie esigenze, e anche cambiare durante una stessa sessione per passare, per esempio, da modalità lezione frontale a collaborativa.
- Le funzionalità di "accoglienza" per testare audio e video sono utilissime e così anche la gestione da remoto di questi parametri da parte dell'host.
- Dispone di molte app ed estensioni che aggiungono funzionalità dal *Randomizer* per scegliere un utente cui dare un premio o fare una domanda a *Vantage Point* per vedere più di 100 partecipanti su un secondo monitor o *Stage Lights*, timer per tenere a bada i chiacchieroni che sforano nelle tavole rotonde.
- Buona per il tracciamento e la reportistica: con funzione Engagement Dashboard, si può rilevare in tempo reale l'ingaggio degli utenti durante la sessione, sulla base della finestra attiva, sulla partecipazione attiva nelle Q&A e altri parametri (Figura 6.5).

Debolezze

- Pur essendo browser-based, richiede l'installazione di un plug-in (quello di Flash), che, per quanto diffuso, può mettere in difficoltà alcuni utenti (specie quelli del mondo Apple, da tempo in lotta con Adobe per ragioni che vi invitiamo a esplorare se siete curiosi).
- L'interfaccia ha un aspetto forse meno appealing di quella di altri prodotti.
- È piuttosto caro e dunque adatto soprattutto al mondo corporate.

Costi

Connect si presenta in tre modalità, ognuna delle quali ha dei prezzi proporzionali al numero di partecipanti. In alcuni casi, per scoprirli è necessario entrare in contatto con l'azienda, quindi qui riportiamo cifre indicative, che peraltro cambiano spesso in base alle richieste di mercato e strategie di Adobe.

- Meetings – 50 euro/mese per un massimo di 25 partecipanti: offre (tra le funzioni base) breakout room e layout dell'interfaccia modificabile sulle proprie esigenze.
- Webinars – stessa cifra di partenza del precedente, si passa poi da 130 euro al mese per 100 posti fino 534 euro per 1.000: comprende un'area "backstage" e strumenti più evoluti di reporting e analisi con sistemi di tracciamento dei partecipanti e customizzabilità più spinta.
- Learning – fino a 370 euro/mese: aggiunge altri servizi a quelli sopra, in particolare sul tracciamento e l'interazione, nonché una migliore usabilità su mobile, e consente un numero di classi illimitato per un massimo di 200 partecipanti.

Big Blue Button

`https://bigbluebutton.org/`

Sostenuto da una grossa comunità di attivisti "smanettoni", è forse la soluzione open source più completa e diffusa (Figura 6.6). In un'ottica inclusiva, BBB ha anche un'attenzione particolare per l'accessibilità, e negli ultimi tempi gli sviluppatori stanno cercando di implementare interessanti funzioni per aumentare l'engagement degli studenti, con nuovi emoji, funzioni di poll, lavagna multiutente e altro, tra cui una che permette di "sorteggiare" un utente tra tanti partecipanti per porgli una domanda (un po' come l'apertura di una pagina a caso in un libro ai tempi della scuola).

Anche il livello di integrazione con gli LMS è molto alto, in particolare con un'attenzione verso l'integrazione anche delle analitiche di tracciamento.

Esistono anche altri applicativi che rendono l'uso e l'installazione di BBB più facile, tra cui Greenlight (`https://bigbluebutton.org/2018/07/09/greenlight-2-0/`).

Per chi volesse provarlo, è disponibile un demo server aperto all'indirizzo del sito.

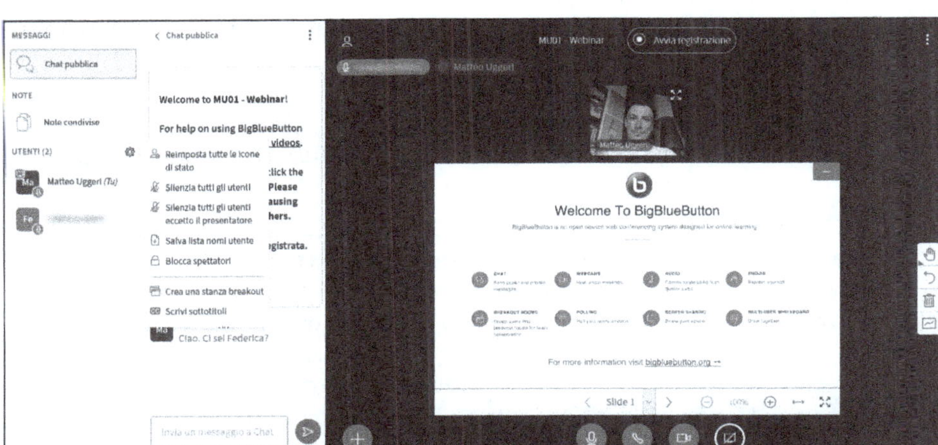

Figura 6.6 Una schermata base di benvenuto di Big Blue Button.

Punti di forza

- Open source, senza costi né di licenza, né di attivazione.
- Molto versatile grazie all'accesso via browser (senza distinzioni né plug-in), ed è multipiattaforma essendo basato su HTML5.
- L'uso della banda ottimizzato consente un adattamento delle prestazioni in base alla connessione di ciascun utente: è un requisito importante in termini di inclusione digitale per non sfavorire chi ha connessioni lente.
- Scalabile (da pochi utenti a tantissimi).
- Non richiede account specifici e può essere interfacciato con software proprietari e non, quindi anche con LMS come Moodle.
- Può girare su server proprietari o meno (cosa rilevante per i minori di 12 anni), slegato dai server proprietari (vedi il caso antiZoom che faceva girare immagini per il mondo con i minori).
- Nato specificamente per la didattica online (a differenza di altri come Connect, Meet o Teams).
- Ha un'ottima gestione dei partecipanti con breakout room temporizzate e la moderazione che consente di bloccare per esempio microfono o webcam sia all'ingresso sia durante la conferenza/lezione.
- In termini di sicurezza, gli utenti possono fare un login direttamente dall'LMS della scuola/università/azienda, così da tutelare i dati personali degli studenti (specie se minorenni) mantenendoli al sicuro sul server di chi eroga la formazione.
- È inclusivo: è multilingue e permette di attivare una modalità di risparmio dati che agevola la partecipazione a chi non ha in casa una linea ADSL rapida o la fibra ottica.

Debolezze

- Esistono servizi che lo offrono in cloud (per esempio OpenDidattica), ma altrimenti per installarlo servono una buona connessione e ampia disponibilità di banda con server Linux – tuttavia grandi fornitori di servizi offrono macchine a noleggio (VPS, Virtual Private Servers) di cui a volte le scuole possono fruire tramite i crediti di cui spesso dispongono per tali soluzioni.
- L'assistenza, essendo open source, è più frammentaria di quella offerta da qualsiasi azienda.
- È meno immediato nell'uso rispetto ad altri prodotti.
- È pensato per il mondo dell'istruzione scolastica e universitaria, forse meno adatto all'ambito aziendale.

Costi

- Se si dispone di un proprio server e dei tecnici per gestirlo, è virtualmente gratuito.

NOTA

È forse la scelta più "indipendente" che si possa fare, specie se la si vuole integrare con altri sistemi open in termini di LMS (Moodle) e contenuti (H5P), che vedremo poi. Certamente ottimo per la scuola, al punto che il movimento Scuola Libera, di cui parleremo più ampiamente nel Capitolo 14, vi dedica un'intera pagina in cui sono elencate tutte le (validissime) ragioni per cui andrebbe adottato nella scuola italiana (mentre invece non è stato tra quelli suggeriti dal MIUR in tempi di crisi Covid): `https://scuolalibera.continuity.space/bigbluebutton`. Da tale pagina è raggiungibile anche quella che mette a disposizione un'istanza gratuita e aperta di BBB da testare liberamente: `https://bigbluebutton.comeinclasse.it/b`.

Google Meet

`https://meet.google.com/`

Un tempo chiamato Hangouts, di cui per un po' è stato la "versione aziendale", Meet è divenuto particolarmente celebre nella primavera del 2020 per la decisione dell'azienda di Mountain View di renderlo gratuito nella sua versione base per un periodo che – al pari dell'emergenza di cui molto si è già detto – si è prolungato. Grazie alla forza economica del colosso che lo sostiene, Meet è stato aggiornato e migliorato a passi rapidissimi. Ed è un bene, poiché non era partito alla grande.

Integrato con la G Suite (che vedremo nel capitolo sugli LMS), fino alla pandemia era necessario avere un account con essa, ma ora è disponibile per chiunque si registri a Google (Figura 6.7).

Figura 6.7 Schermata di Meet all'interno del "suo" browser Chrome.

Punti di forza

- Assieme a Zoom, è al momento la soluzione gratuita più semplice e immediata da adottare.
- L'interfaccia è relativamente semplice, sebbene meno ben fatta di quella dei maggiori competitor.
- Sul Chrome Web Store e nel G Suite Marketplace sono a disposizione decine di estensioni di parti terze per aumentarne le funzionalità (ma non è facile destreggiarsi in mezzo a esse). Inoltre, è importante sottolineare che, non essendo gestite direttamente dalla casa madre – Google – possono generare problemi di compatibilità, malfunzionamenti in seguito ad aggiornamenti, ma anche dispersione dei dati personali. Come spesso accade in ambito informatico, più "accessori" vengono aggiunti e più ci si espone a una serie di rischi, siano essi di natura tecnica o di privacy.
- Avendo alle spalle i server del colosso della Rete, ha pochi (ma comunque non così rari) problemi di prestazione.
- È assai adattabile: a differenza di altre piattaforme non richiede alcun client installato (su mobile è necessaria un'app).
- È ottimamente integrato con G Drive, per esempio con il calendario.
- Con l'account G Suite si può partecipare a riunioni audio con il telefono.

Debolezze

- Come per tutti i prodotti Google, rispetto all'uso dei dati manteniamo alcune perplessità che è difficile fugare appieno.
- La versione base, ma anche quelle Business ed Edu, mancano di molte funzionalità utili (per esempio quella di vedere tutti i partecipanti a una chiamata): è vero che le molte app aggiuntive consentono quasi tutto, ma il loro funzionamento va testato di volta in volta e si possono creare disparità tra i partecipanti a una stessa lezione/riunione poiché ognuno può averne installate di diverse.
- È pensato per funzionare al meglio su Chrome, quindi può costringere alcuni utenti a cambiare browser, e richiede un account Google per accedere.
- Tali app chiedono l'accesso ai propri dati, cosa non sempre gradevole da accettare.

Costi

Essendo integrato con G Suite, vedremo le caratteristiche di dettaglio nel capitolo sugli LMS, mentre qui indichiamo solamente i costi per utenza.

- Versione base – temporaneamente gratuita, poi a 4,48 euro/mese: consente di avere un solo host, 100 partecipanti massimi; le chiamate gratuite per riunioni non hanno limiti di tempo ma a fine emergenza dovrebbero esser limitate a 60 minuti.
- Business – 9,36 euro/mese/utente: aggiunge la possibilità di registrare e molto altro, ma lo vedremo appunto poi nel Capitolo 8.
- Enterprise – 23 euro/mese/utente.
- For Education è gratuito per le scuole e Google dichiara che rimarrà tale.

NOTA

Ottimo (ma relativo) equilibrio prestazioni/costi: va bene per chi necessita di una soluzione rapida e a buon mercato, oppure onnicomprensiva, scalabile, integrabile e sostenibile. Ma che non ha paura di mettere le mani della propria formazione in quelle del colosso digitale americano.

Jitsi

`https://jitsi.org/`

Jitsi Meet è un progetto open source che permette di effettuare videochiamate semplicemente aprendo un URL tramite browser, senza installare programmi, senza registrarsi.

Punti di forza

- Open source (non vuol dire che sia di tutti: è della Californiana 8×8) e gratuito.
- Illimitato (in teoria) numero di utenti.
- Iniziare una sessione è estremamente immediato, chiede solo un nome da dare alla stanza.
- Consente un'interazione diretta con YouTube per condividere un video durante la lezione da un lato e poi fare streaming della lezione dall'altro.
- È integrabile con altri strumenti (come Slack).
- Flessibile: lo si può scaricare e installare sul proprio server (per esempio aziendale); oppure, in alternativa, lo si può utilizzare mediante la versione via browser Jitsi Meet.
- Il client è disponibile via Web, oppure come app per iOS e Android.

- Buona sicurezza: ogni stanza (ogni lezione/meeting) viene creata al momento che il primo partecipante si unisce e viene distrutta quando l'ultimo partecipante se ne va. Consigliamo di scegliere con cautela il nome della stanza, per evitare che con un nome semplice venga identificato e qualcuno si intrufoli.
- Privacy: qualsiasi informazione che gli utenti scelgano di inserire (nome, foto profilo, l'indirizzo email) è puramente opzionale e viene distrutta al termine della riunione.

Debolezze

- Non supporta ancora una crittografia completa end-to-end.
- Arranca in termini di prestazioni, per esempio se si usa condivisione schermo più video, oppure se partecipano tanti utenti in contemporanea (di qui quell'"in teoria" del secondo punto sopra!).
- Alcune funzioni a volte non vanno proprio (per esempio la condivisione video YouTube), e spesso dipende dal browser usato.
- In tal senso, il limite principale è che Firefox è del tutto escluso dai giochi se usa Jitsi, che funziona invece bene con Chrome ed Edge, un paradosso per un programma open source.

Costi

Come per BBB, parliamo di un prodotto open source che quindi necessita l'installazione su un proprio server, a meno che non si voglia usare la versione gratuita, che però ha limiti di prestazioni.
Alcuni provider, anche italiani (per esempio Aruba), prevedono delle procedure facilitate di installazione e forniscono dei tutorial con tutti i passaggi per farlo in autonomia.

Zoom

`https://zoom.us/`

Forse ora la più famosa (e famigerata) piattaforma per videolezioni sincrone, conferenze e convegni di ogni sorta (Figura 6.8).

Figura 6.8 Schermata di Zoom nella modalità che privilegia la vista di uno dei presenter.

Punti di forza

- Facilità di accesso in diverse modalità:
  - completamente libera (basta conoscere l'indirizzo della stanza);
  - protetta da password;
  - subordinata all'identità (l'organizzatore raccoglie email e nomi degli invitati, e poi il sistema li riconosce quando questi si collegano).
- Ottima e chiarissima interfaccia utente, flessibile "il giusto" senza confondere: poter per esempio passare dalla vista speaker (che mostra solo il presenter in grande) a quella gallery (per vedere tutti) è comodissimo.
- Grande scalabilità delle funzioni e buona possibilità di integrare con altre app.
- Sempre maggiore interoperabilità con altri sistemi (LMS ecc.).
- Con il passare del tempo gli sviluppatori propongono versioni specifiche per altri campi, da quello dell'eGovernment alla telemedicina, alla finanza.
- Anche la registrazione è flessibile, si può decidere di concedere ai presenter e host di registrare sul proprio computer o in cloud.
- Piuttosto economica.

Debolezze

- Lo zoombombing ne ha messo in luce le criticità in termini di sicurezza, e così anche le voci sui dati transitati sui server cinesi. Il fatto stesso che si diffonde sempre più la rende appetibile per hacker e malintenzionati di ogni sorta, ma l'azienda che la gestisce corre ai ripari con una certa solerzia, rinforzandola.

Costi

- Basic free account: consente l'uso gratuito per sessioni di 100 partecipanti fino a 40 minuti, però con lo sgradevole effetto che dopo tale tempo la sessione si interrompe. Durante il periodo di picco di diffusione del Covid questo limite è stato rimosso per le scuole. Include anche funzionalità abbastanza avanzate come le breakout room.
- Pro - 13,99 euro/mese/ospitante: pensato per piccoli team, con lo stesso limite di 100 partecipanti del free; in sostanza non ha limiti di tempo e ha molte più funzioni di amministrazione e gestione delle utenze.
- Business – 18,99 euro/mese/ospitante: il numero dei partecipanti arriva fino a 300, aggiunge un supporto telefonico dedicato e funzionalità tipo indirizzo personalizzato (Vanity URL) delle stanze, il company branding e soprattutto il single-sign on, fondamentale se lo si vuole integrare in un LMS o altra piattaforma.
- Enterprise – 18,99 euro/mese/ospitante: come sopra, ma si arriva a 500 o anche 1.000 partecipanti e spazio illimitato di storage in cloud delle registrazioni. In realtà il costo può variare perché per acquistare questo piano bisogna sensatamente entrare in contatto con la divisione Sales di Zoom.

Cisco WebEx

www.webex.com

In realtà è specializzata per videomeeting e per la collaborazione in team, quindi non per l'e-Learning. Tuttavia, poiché viene usata anche per quella finalità, abbiamo voluto includerla perché è quella che offre il più alto grado di sicurezza (tra le poche a offrire anche la crittografia di tutti i passaggi dei dati, tanto da essere usata in ambito legale e medico) e uno dei più alti livelli di qualità audio-video (anche perché Cisco produce apparati hardware di quel tipo, come vedremo in uno dei capitoli finali).

I costi sono piuttosto alti, e rendono WebEx una soluzione tendenzialmente adatta al mondo corporate.

GoToMeeting, GoToWebinar e GoToTraining

`www.gotomeeting.com/it-it/webinar; www.gotomeeting.com/it-it/training`

Si propongono come leader di mercato in ambito corporate, e offrono tre livelli di software dalle prestazioni (e costi) crescenti.

In tutti e tre i casi abbiamo un'ottima interfaccia, anche lato backend, e molte funzionalità. In GTW, per esempio, è presente l'Attendee Report, che include anche il livello di interesse, calcolato in base al tempo di collegamento, alla partecipazione attiva alla lezione (Q&A) e alla presenza del webinar come prima finestra.

Per la gestione di corsi interi in videolezione e relativo tracciamento delle attività degli utenti, Training è certamente molto ben strutturato.

Come costi citiamo solo quelli di GTW: si va da 90 euro/mese (100 utenti) a 200 euro (500), a 430 euro (1.000) per i tre livelli di uso standard, per poi passare all'Enterprise (fino a 5.000) che prevede il contatto con l'azienda produttrice. Per GTT partiamo da 107 euro per arrivare a oltre 300 euro/mese.

Microsoft Teams

`www.microsoft.com/it-it/education/products/teams/default.aspx`

Viene definito come "l'hub per il lavoro di team di Office 365". Non è pensato specificamente per la formazione, ma a essa si è piegato fino a sviluppare una versione apposita all'interno di Office 365 Education, anche questa a oggi gratuita per le scuole. A mio personale giudizio, si tratta di una soluzione ottima per l'ambito aziendale, soprattutto per chi ha abbracciato l'onnipresente suite di Office. Tuttavia, come molti prodotti MS, soffre di un'interfaccia piuttosto rigida e inferiore, in termini di user experience, ad altri prodotti. Le prestazioni audio-video per contro sono in genere molto buone e così la fruibilità da diversi device, ma la fruizione via browser (ottimizzata per le ultime versioni di Edge) non consente l'uso di alcune funzionalità di base come lo screen sharing nella più parte dei browser. I costi piuttosto elevati lo rendono una soluzione adatta soprattutto a università (è in uso al Politecnico di Milano) e aziende di medie-grosse dimensioni (Figura 6.9).

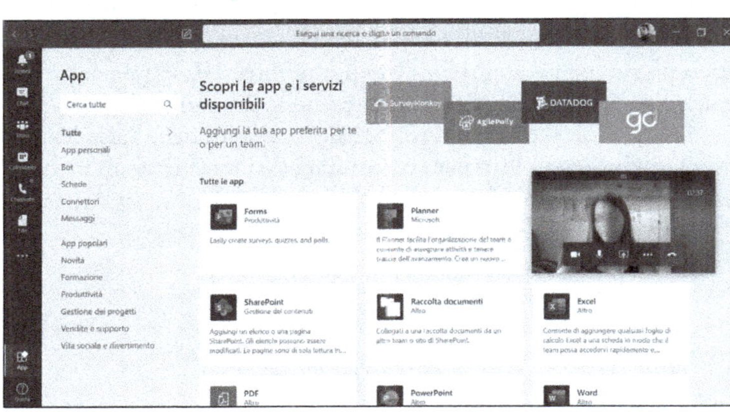

Figura 6.9 Una piccola parte delle molte app aggiuntive che si possono utilizzare unitamente a MS Teams.

Consigli per il webinar perfetto

Quale sia lo strumento che si decide di adottare, anche il più navigato formatore d'aula può trovarsi spaesato nell'insegnare di fronte a uno schermo. Il webinar perfetto non esiste, ma vorremmo dare alcuni consigli, alcuni forse ovvi, altri meno.

- Collegatevi sempre almeno 15 minuti prima, e/o effettuate dei test con le stesse dotazioni che userete nel webinar. Le incognite sono infinite.
- Fate spegnere i microfoni a tutti quando partite, o fatelo voi se lo strumento lo consente.
- Badate a come vi posizionate rispetto alla webcam: attenzione alla luce e allo sfondo (vedremo maggiori dettagli su audio e video nel prossimo capitolo).
- Un supervisor/tutor è sempre utile: per il formatore è difficile e faticoso parlare, sfogliare le slide, tenere d'occhio la chat o le Q&A tutto da solo. In questo, molti dei maestri e docenti di scuola che si sono tuffati nelle videolezioni nella primavera 2020 sono stati semplicemente eccezionali. Ma se ci sono le risorse, meglio investire nella compagnia del tutor.
- Preparate la claque: stimolare la discussione in chat o con le Q&A con le cosiddette "domande spontanee" può essere utile per scaldare l'audience.
- Rendete interattiva la lezione, specie se è più lunga di un'ora: immaginate momenti di interazione, anche *fuori* dalla piattaforma, per esempio chiedendo di costruire mappe mentali o schemi, eventualmente con altri prodotti come Jamboard o Padlet.
- Quando possibile, spingete i partecipanti ad attivare i propri video: spesso le persone sono timide in merito, o preferiscono nascondere il fatto che vanno e vengono dal computer, ma se l'atmosfera e le connessioni ve lo consentono, considerate che vedere le facce e le espressioni di chi vi ascolta è utilissimo (specie quando si fa una battuta).
- Anche le pause non sono tabù: anche se temete che i partecipanti ne approfitteranno per fuggire, correte il rischio!
- Create gruppi: cercate di spezzare una lunga lezione con dei momenti di gruppo. La creazione si può fare a caso, oppure chiedendo ai partecipanti. In un laboratorio online in cui si prevede di dividersi per esempio in quattro gruppi di discussione, dopo averli presentati si può chiedere ai partecipanti di indicare in chat il loro interesse. Alcuni, dove la piattaforma consente di farlo, chiedono anche di rinominare il proprio user anteponendo il numero della stanza in cui vogliono andare ("4 – Mario Rossi") per sondare in anticipo dove si indirizzeranno i partecipanti.

Come strumento pratico, proponiamo questo modello di storyboard da usare per preparare una propria videolezione. Chi organizza corsi (per esempio Training Manager) può sensatamente chiedere ai propri formatori di preparare gli storyboard delle varie lezioni per poi raccoglierli e valutarli insieme a loro per conferire magari una certa omogeneità e co-progettare con loro la proposta formativa.

Tabella 6.1 Modello di storyboard per preparare una videolezione.

Titoli/temi	Costruire un sommario del webinar dettagliato e chiaro (più di quello della lezione in presenza).
Parole/concetti chiave	Eventualmente da evidenziare nelle slide, magari usando immagini di richiamo.
Testo	Può essere il testo completo che poi bisognerà solo leggere o l'articolazione dei punti che si intendono toccare. In questo caso durante il webinar dovremo stare molto più attenti al messaggio e ai tempi.
Eventuali immagini	Se il webinar verrà registrato e messo in Rete, attenzione ai copyright!
Interazioni previste	Se penso di fare una domanda all'audience, come la voglio porre? Tramite quale strumento? La devo preparare prima o la genero in tempo reale? Voglio proporre un gioco, un dibattito, un sondaggio? Voglio "far uscire" dalla classe temporaneamente i formandi (per esempio dando loro un link)? Li dividerò in gruppi di lavoro laboratoriali usando le breakout rooms?
Persone coinvolte	Quasi sempre ci vuole un aiuto, un supervisore, un "Panelist" che mi aiuti a gestire le domande in chat e gli eventuali inghippi... Ma posso aver bisogno di altri fiancheggiatori?
Durata/e delle parti	Predefinire quanto tempo si intende dedicare a ogni contenuto aiuta a definire anche priorità, snodi e complessità. Se si useranno le breakout room, prevedere con cura le tempistiche prima di far tornare in plenaria.

Fonti

AA.VV., "Gli smartphone in classe: nemici o strumenti di apprendimento?", *Bricks*, AICA, n. 1, 2020.

http://www.rivistabricks.it/2020/03/11/n-1-2020-gli-smartphone-%E2%80%A8in-classe-nemici-o-strumenti-di-apprendimento/

Lorenz T., Alba D., "'Zoombombing' Becomes a Dangerous Organized Effort", *New York Times*, 3 aprile 2020.

Mischitelli L., "App di videoconferenza, le più sicure e pro privacy (non Zoom) per lo smart working", Cybersecurity360, aprile 2020.

https://www.cybersecurity360.it/soluzioni-aziendali/app-di-videoconferenza-tra-sicurezza-e-privacy-le-migliori-oltre-a-zoom-per-lo-smart-working/

Moriondo F., "Big Blue Button, uno strumento *open* per la didattica a distanza", intervista su Wikimedia Italia, 20 aprile 2020.

https://www.wikimedia.it/big-blue-button-uno-strumento-open-per-la-didattica-a-distanza/

Capitolo 7

Videolezioni asincrone e podcast

Una vecchia avanguardia

> Durante le sue lezioni allo Johanneum, spesso il professore si fermava di colpo, lottava contro una parola recalcitrante che non voleva proprio arrivargli alle labbra, una di quelle che resistono agli inviti della memoria, si amplificano e si gonfiano fino a uscire nella forma poco scientifica della bestemmia.

È difficile parlare con scioltezza, esporre fluentemente, insegnare bene. Se poi veniamo anche registrati, rischia di restare traccia di tutto ciò che diciamo, e come lo diciamo.

Basterebbe il sopra citato estratto dal notevole classico *Viaggio al centro della Terra*, che Jules Verne scrisse nel 1864, per convincere tutti quelli che sognano di trasformare dei webinar estemporanei in videolezioni. Oppure anche coloro che sottovalutano le difficoltà di fare lezione dietro a un microfono e/o una telecamera.

Audio e videolezioni, come abbiamo appreso nel Capitolo 2, sono vecchie ormai di secoli, e hanno avuto rinnovati momenti d'oro ogni volta che nuovi potenti media hanno fatto la loro comparsa nella storia delle comunicazioni: telefono, radio, televisione, supporti fonografici di sorta, cassette (anni Ottanta e Novanta) e CD/CD-ROM su tutto, fino ai podcast e lo streaming odierno, sorta di vettore ormai privilegiato di intrattenimento e videoformazione della Rete.

Sempre partendo da Adamo ed Eva, come piace a me per irritare i lettori più impazienti (siete autorizzati a saltare al prossimo paragrafo, non mi offendo),

In questo capitolo

ricordiamo di nuovo il "mito" di Alberto Manzi, che dal 1959 iniziò a condurre il programma "Non è mai troppo tardi" con la RAI, che ha fatto capolino nel Capitolo 2 e tornerà ancora qui e altrove.

> Si è calcolato che il programma abbia permesso il conseguimento della licenza elementare a quasi un milione e mezzo di persone. Proprio per questo nel 1961 l'Unesco lo considerò uno dei programmi meglio riusciti per diffondere l'alfabetizzazione e nel 1965 'Non è mai troppo tardi' vinse il premio internazionale a Tokyo come migliore trasmissione che aveva contribuito alla lotta contro l'analfabetismo. Il successo fu grandioso e diversi Paesi ne acquistarono i diritti prendendone lo stile e il metodo per adattarlo alla loro realtà (Bontempelli, 2005).

Prendendomi il rischio di essere accusato di vetero-campanilismo, trovo molto utile ritornare su questo esempio per la semplice ragione che molte delle caratteristiche che tale videocorso aveva sono rimaste quelle che ancora oggi si consigliano quando si progetta un analogo calato nel 2020 (sempre che si tratti di formazione trasmissiva).

Progettare e realizzare video

Il nostro Manzi, oltre a microfoni e telecamere, pare utilizzasse pochi e semplici oggetti: "una lavagna luminosa e un grosso blocco di carta montato su un cavalletto, sul quale il maestro scriveva con un carboncino. A supporto delle lezioni televisive, la casa editrice della RAI (ERI) pubblicava materiale ausiliario come per esempio quaderni e brevi libri di testo", ci ricorda ancora la Bontempelli.

Gli strumenti ora si arricchiscono molto, anche se il modello resta lo stesso, e abbiamo deciso in sostanza di trattare tutti quelli che, a vario titolo, concorrono in questo processo. Vale la pena ricordare ancora una volta, in termini metodologici, che oggi i corsi in formato video non devono essere per forza costituiti solo da lezioni frontali, ma possono includere anche interviste, presentazioni di casi studio, estratti da documentari e anche video di fiction, o possono essi stessi presentarsi in forme ibride, diciamo un minimo "spettacolarizzate". Pur cercando di non scadere in eccessi e fare la figura dei pagliacci, nel tentare di offrire dei concetti, dei contenuti, o di trasmettere delle competenze, un approccio narrativo e – come si dice ora – storytelling-based è spesso consigliabile. Quindi aspettatevi che i tool che elenchiamo sotto si possano prestare a usi di questo tipo, in alcuni casi anche in modalità interattive di scambio tra discenti e docenti tramite il medium del video.

Per questa e altre ragioni, il presente capitolo ha una struttura diversa dagli altri che costituiscono il cuore "tecnologico" del libro, con le indicazioni su come produrre una videolezione *prima* di parlare degli strumenti per produrla, modificarla e diffonderla.

In più tratteremo nel capitolo, brevemente, anche le audiolezioni, non tanto diverse anch'esse da quelle via radio degli albori o dalle cassettine per imparare le lingue, ma con il modello distributivo del podcast che oggi gode di un rinnovato successo.

Consigli per la videolezione perfetta

È quella del Manzi, ovviamente!

Si scherza, certo, ma ancora una volta un aneddoto "di quei tempi" ci viene in aiuto.

> Si racconta che Manzi durante il provino per il programma rifiutò di leggere il copione, lo strappò e improvvisò la lezione a modo suo. [...] Perciò gli chiesero di scrivere le lezioni in modo che potessero essere controllate, ma lui rispose: 'Posso anche scrivere la lezione, voi l'approvate, ma poi io faccio come mi pare, vado a ruota libera'. Allora gli chiesero di registrare le puntate, ma rifiutò per non rinunciare alla sua spontaneità (Dario, 2020).

Vediamo che consigli darvi per essere all'altezza del Maestro.

Storyboard

Trovate il giusto equilibrio tra strutturazione e spontaneità: il consiglio è quello di predisporre uno storyboard di massima, come quello in tabella (simile al suo omologo per i webinar), se possibile evitando di leggere del testo durante una lezione. Se proprio dovete farlo, usate un programma di teleprompting, come quello suggerito nel capitolo, e mantenete un tono naturale: ricordatevi che state parlando a qualcuno. Anzi, di nuovo, se potete avere al di là dell'obiettivo un umano disposto ad ascoltarvi, meglio.
Dividete lo storyboard in diversi blocchi, perché è meglio effettuare tante piccole registrazioni separate che una sola filata.
Questa tabella può essere duplicata e compilata per preparare i vostri storyboard.

Tabella 7.1 Modello per la preparazione dello storyboard di una videolezione.

Titoli/temi	Costruire un sommario della videolezione dettagliato e chiaro (più di quello della lezione in presenza).
Parole/concetti chiave	Eventualmente da evidenziare nelle slide, magari usando immagini di richiamo. Spesso potranno anche servire ai montatori dei video per inserire delle scritte in sovraimpressione.
Testo	Può essere il testo completo o l'articolazione dei punti che si intendono toccare. Di norma anche questo è utile per creare materiali di compendio (PDF o pagine web).
Eventuali immagini, schemi, diagrammi, altri brevi video...	Attenzione ai copyright *in primis*, e anche qui ricordarsi che il materiale potrà essere usato nell'editing video per vivacizzare il tutto.
Interazioni previste	Anche nei video asincroni si possono prevedere dei test, dei piccoli quiz oppure l'invito a visitare un link esterno.
Persone coinvolte	Posso aver bisogno di altri fiancheggiatori? Intervengono testimonial, voci esterne per vivacizzare la lezione? Penso di avere illustrazioni? Quindi forse dovrei disporre di un illustratore oltre che di un bravo grafico?
Durata/e delle parti	Predefinire quanto tempo si intende dedicare a ogni contenuto aiuta a definire anche priorità, snodi e complessità.
Domande dei test	Iniziare a pensare in questa sede quali possono essere le domande di fine lezione/fine modulo o che sono da porre durante il filmato stesso, se lo strumento lo consente (per esempio Articulate e H5P sì).

Scrivere il testo

Potete scrivere tutto il testo, e questi sono i vantaggi che ne derivano.

- Per sottotitolare, anche in ottica di accessibilità.
- Per tradurre tali sottotitoli.
- Per poter creare dispense.
- Con il testo di fronte, spesso si è più fluenti nell'esporre.
- Leggere il testo ad alta voce aiuta a testare la durata complessiva.
- In caso di successive revisioni dei materiali funziona come ottimo punto di partenza.

Come avete visto, si più usare un software di teleprompting.

Uso della voce

Rispetto all'uso della voce, questi sono alcuni accorgimenti.

- Parlate piano ma non troppo: individuate una giusta velocità di esposizione.
- Non mangiatevi le parole (è un classico), specie i finali.
- Ricordatevi che, come di persona, possiamo disporre delle forme di comunicazione paraverbale e non verbale: concedetevi di gesticolare (ma non dondolate!).
- Enfasi, ma senza esagerare, quindi – ancora – siate naturali.

NOTA

Per quel che riguarda il gesticolare, c'è un "trucco" che consiste nel gesticolare immaginando di avere le mani e gli avambracci in una scatola invisibile all'altezza della vita, così il movimento rimane contenuto. Ce lo consiglia Rosa Carnevale nel MOOC del Politecnico su *Elementi di public speaking*: `https://youtu.be/nSDLxtnlGlE?t=391`.

In autonomia o in compagnia

Una fondamentale distinzione riguarda la differenza tra videolezioni effettuate in autonomia e altre in studi più o meno professionali. La distinzione non è sempre netta: una persona può disporre di videocamere di ottima qualità a casa o decidere di procurarsi dei buoni microfoni. Ciò che è determinante comunque non consiste più di tanto nella qualità dei device (di chi insegna o dell'ente che erogherà il corso), ma nel supporto in fase di progettazione, registrazione e di montaggio: per fare un esempio, un docente che realizza dei MOOC per un'università ben attrezzata, sarà seguito (si spera!) da valevoli professionisti che lo aiuteranno a definire lo storyboard, a posizionarsi nel modo corretto davanti alla telecamera, disporranno il "gobbo" (vero o virtuale), effettueranno degli articolati montaggi con alternanza di schemi, immagini, video di repertorio ecc.

Inoltre, alcune università e aziende consentono ai propri docenti di registrarsi autonomamente, limitandosi a fornire dei vademecum, per poi effettuare montaggi e audioediting in postproduzione in modo professionale. Insomma, i casi sono molti e variegati, e dai confini non così netti, ma noi cerchiamo come sempre di supportarvi nell'orientarvi anche in questo sfaccettato ambito.

Apparecchiature e setting

Se si deve registrare in autonomia, questi sono i principali accorgimenti di cui tenere conto.

- Scegliete il device casalingo più performante che avete: non necessariamente è il PC, magari lo smartphone di vostra figlia di 10 anni è meglio (e lei vi può aiutare degnamente a filmarvi!).
- Se non avete figli da schiavizzare come cameramen, né mogli/mariti o amici, effettuate comunque varie prove e assicuratevi che il device che usate sia immobile e ben puntato.
- La risoluzione ottimale sarebbe un bel full HD a 1920×1080: se anche così non fosse, impostate comunque quella massima del vostro dispositivo.
- L'audio spesso rappresenta un problema più critico del video: fate un po' di prove almeno per capire che volume di voce tenere.
- Chiudete finestre, spegnete ventilatori o condizionatori (ok, a meno che non faccia troppo caldo!). Il messaggio è: attenzione alle fonti di disturbo sonoro.
- Scegliete una location adeguata all'interno della casa/studio: non preoccupatevi troppo se sullo sfondo si intravede un quadro di Degas o la foto di vostra suocera, ma una scenografia "spontanea" o neutra (libreria, parete vuota) è meglio.
- Evitate di avere una finestra o delle fonti di luce che vi farebbero apparire come una sagoma nera (è un caso frequentissimo, anche nei webinar).
- Pur senza essere Luca Bigazzi, badate all'inquadratura, che consigliamo essere come quella in Figura 7.1 (potete stare in piedi o seduti).
- Se usate un PC con webcam incorporata (tipicamente in mezzo in alto sopra lo schermo), cercate di evitare l'effetto dittatore, ossia di guardare dall'alto in basso, quindi mettete un paio di libroni sotto al PC per sollevarlo e alzare la webcam e di conseguenza il punto di vista.
- La distanza dalla camera è importante: a nessuno piace vedere i vostri punti neri sul naso.
- Se usate un telefono, impostate l'inquadratura orizzontale, salvo casi molto specifici.

Figura 7.1 Come vedete, il docente non è al centro ma un po' a sinistra (l'area da cui tra l'altro il nostro occhio "occidentale" parte per iniziare a leggere). Mettere il soggetto un po' di lato è preferibile non solo perché lascia lo spazio per aggiungere eventuali loghi o immagini, ma anche perché porta il peso visivo di lato. Inoltre, la testa deve stare un po' sopra l'incrocio delle diagonali, per non lasciare troppo spazio sopra.

Non vogliamo però spaventarvi: anche docenti e formatori soffrono di digital divide, e io stesso possiedo un vetusto Huawei con il quale mi vergogno anche a filmare i gattini. Tuttavia, a volte un piccolo investimento può migliorare di molto la qualità.

NOTA

Vi state chiedendo chi è Luca Bigazzi? Detiene il record di vittorie del David di Donatello per il miglior direttore della fotografia. Potreste averne goduto il talento in decine di film di Soldini, Kiarostami, Amelio, Francesca Comencini, Sorrentino... (`https://it.wikipedia.org/wiki/Luca_Bigazzi`).

Le cose cambiano leggermente a volte, come detto, se si è totalmente in autonomia o se qualcuno si occuperà di montaggio e postproduzione. Nel secondo caso, il team che vi supporterà non avrà bisogno del presente manuale per realizzare il tutto al meglio: la cosa più importante in tal caso sarà stabilire una relazione fruttuosa tra formatori/docenti e gli esperti di registrazione e montaggio video. Una forte dose di umiltà da parte dei primi e tanta esperienza e pazienza per i secondi sono forse i presupposti fondamentali affinché la collaborazione riesca al meglio.
Gli aspetti da tenere in considerazione, anche nelle situazioni diciamo "da studio" sono moltissimi, ma in questa sede prendiamo in considerazione, a titolo di esempio, il caso dell'abbigliamento, piuttosto esemplare (Figura 7.2). Sovente, quando si registra in uno studio professionale, vengono usati i green o blue screen. Detta anche chroma key, è una delle tecniche usate per realizzare effetti di sovrapposizione di due diverse immagini o video. Si filma con un colore di fondo (tipicamente il verde, oppure il blu, da cui il nome), e poi lo si sostituisce con qualsiasi altra immagine/video, tipo grafici, loghi ecc. In tal caso, i suggerimenti sono questi:

- anche se è il colore che più vi dona, non indossate indumenti verdi (o blu), altrimenti farete come Caccamo;
- evitate anche quelli con texture fini, tipo quadrettature, creano bizzarri effetti ottici;
- anche il bianco puro non va bene, perché può riflettere il verde dello sfondo.

In più, chroma key o meno, attenzione a tutto ciò che luccica, perché può creare riflessi fastidiosi (anche gli occhiali!) o tintinna, tipo bracciali di metallo, perché interferisce con l'audio.

NOTA

Chi era Caccamo? Popolare personaggio televisivo interpretato dal comico Teo Teocoli, attraverso la cui cravatta si vedeva il mare del golfo di Napoli quando appariva in TV per le proprie ridicole telecronache sportive. Cercatelo in Rete, perché purtroppo per ragioni di copyright non possiamo includere l'immagine, che varrebbe più di mille parole.

Figura 7.2 Forse non è indispensabile arrivare a questo punto, in cui il formatore emula il protagonista di Matrix, in kimono da karate, ma osare un po', anche con ironia, e sconfinare nel mondo della fiction non può far male. Va bene anche se preferite la classica giacca e cravatta.

Tempi

Per quanto lungo, consistente, complesso, affascinante sia l'argomento che trattate, trovate il modo di mantenere la durata del video tra i 5 e i 10 minuti al massimo, oppure di spezzettarlo in sottolezioni/moduli di tale durata. I vantaggi sono innumerevoli, ma tra tutti:

- se fate degli errori, è più facile rifare solo un pezzo da 5 minuti che da 30 minuti, o dover impazzire nel montaggio per "coprirli";
- la capacità di attenzione dell'utente medio è bassa, andategli incontro;
- sarà più facile inserire i video nella piattaforma, indicizzarli e organizzarli;
- quando l'anno prossimo dovrete modificare/aggiornare un contenuto, potrete intervenire solo su *quel* pezzetto.

Altre accortezze: lasciate alcuni secondi di vuoto prima di iniziare a parlare e alla fine di un discorso, sono sempre utili in fase di montaggio. Se invece siete in totale autonomia, e non potete concedervi il montaggio (o non lo sapete fare) vale l'opposto.
Lo sappiamo: il Manzi faceva tre lezioni di 30 minuti ciascuna, e come durata di una lezione complessiva è perfetto, ma aveva comunque la RAI a disposizione e l'utenza era abituata ad altri ritmi di fruizione.

Prodotti valutati

Come detto, questo capitolo presenta strumenti spuri e più eterogenei, che abbiamo deciso di suddividere sommariamente in alcune macrocategorie che non hanno nulla di ufficiale.

Registrazione ed editing video

Inutile (o troppo difficile) indicarvi con quale software registrarvi, alzo bandiera bianca, poiché ogni computer o telefono ha il suo, e/o potete usare macchine apposite. Altro discorso per come modificare ciò che avrete registrato. In quel caso, oltre ai riferimenti professionali di settore, come Adobe Premiere o Apple Final Cut, che consigliamo agli esperti e a tutti coloro che devono produrre video professionali (che possono anche andare oltre, con tanto di "effetti speciali", per esempio con Adobe After Effect), elenchiamo qualcosa di più smart che può fare al caso dei neofiti, premettendo anche che sia su piattaforma Windows sia Mac sono di norma disponibili dei software di default discreti per svolgere tali funzioni.

- Windows Movie Maker: da poco ritirato nelle ultime versioni di Windows (dalla 10) era (è, per chi ancora ce l'ha) un discreto software per il montaggio video elementare. Ora è sostituito dall'app "Foto" fornita con Windows 10, la cui più recente versione, a detta di Microsoft, "include la possibilità di creare e modificare video con musica, testo, movimento, filtri ed effetti 3D".
- iMovie: molto intuitivo con buone funzioni di base, e in più un insieme di effetti di livello più avanzato; inoltre consente di usare degli stili predefiniti per realizzare trailer e montaggi a tema.

Gli altri programmi che riportiamo fanno parte di una pletora di soluzioni più o meno gratuite, rispetto alle quali abbiamo scelto solo quelli che ci sembravano emergere e/o esser più centrati sul tema della formazione e della didattica.

Video Toolbox

`http://videotoolbox.com`

Per essere un software web-based è piuttosto completo, infatti consente di tagliare e unire i video, estrarne l'audio e integrare sottotitoli e watermark. Analizza tutte le informazioni inerenti al tipo di file e permette di convertirne i formati. È inoltre possibile registrare video da una webcam o da qualsiasi dispositivo di input. Essendo uno strumento così ricco, potrebbe spaventare i neofiti, ma sul sito si ha la possibilità di attivare la funzione "Per principianti", sicuramente semplificata rispetto al livello "Advanced".

Costi: gratuito.

Kizoa

`http://kizoa.com`

Programma online ben strutturato che consente di creare video/slideshow con foto, video, testi statici o animati e aggiungere effetti e musica. Il file potrà essere scaricato in formato video, masterizzato su DVD e condiviso via email e sui principali social network. Si può partire da un modello precostituito (scegliendolo dalla vasta libreria) e poi personalizzarlo completamente.

Costi: è gratuito solo fino al primo minuto di video (!). Vengono proposte varie soluzioni Premium, tutte con pagamento *una tantum* che va da 29,90 euro a 299,90 euro. Le funzionalità si aggiungono man mano: aumento della durata dei singoli video, possibilità di aggiungere il proprio logo, disponibilità di uno spazio di archiviazione sempre più ampio (Figura 7.3).

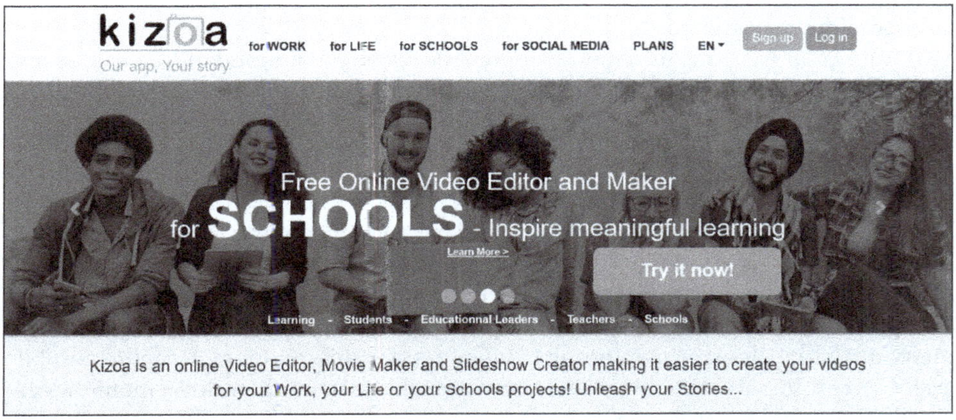

Figura 7.3 Kizoa, software dalle tante possibilità ma con cui si può fare poco senza aprire il portafoglio.

Flipgrid

`https://info.flipgrid.com`

Si tratta di una piattaforma di social learning acquisita da Microsoft, che consente di discutere, mostrare, confrontarsi su quello che si sta imparando, leggendo, su che cosa si sta facendo esperienza diretta e a che cosa si sta giocando. Si possono inoltre condividere video che includono testi, whiteboard e altri strumenti utili per dare maggior forza ai propri lavori. Le grid sono il luogo d'incontro per la classe, la scuola o una qualunque comunità di pratica.

Costi: completamente gratuito per gli insegnanti.

Teleprompting

Se dovete appoggiarvi a un testo mentre registrate la vostra lezione, vi potrebbe servire né più né meno che il caro vecchio "gobbo" virtuale, in questo caso un software che fa scorrere il testo di riferimento o da leggere su uno schermo. Ne esistono parecchi, al punto che ora anche Pages di Apple ha una funzione del genere, ma noi ne indichiamo uno molto easy. Chissà che ne avrebbe detto il Manzi?

Teleprompter

`https://promptr.tv/`

Andate sulla pagina al link sopra, e probabilmente, dopo aver fatto clic sull'icona in alto a destra di *Play*, resterete a bocca aperta o sorriderete. Non dico altro, perché fa tutto quello che serve in modo egregio e funzionale.

Costi: gratuito.

Registrazione e cattura schermo

Soprattutto se dovete creare videolezioni in autonomia, molto spesso avrete bisogno di catturare ciò che avviene sul vostro schermo, da slide che scorrono a software di cui illustrate il funzionamento.
Se si utilizza un Mac (ma da tempo è disponibile anche per il mondo PC, anche se non di default), è possibile utilizzare in alternativa Quicktime.

Kaltura Education

`https://corp.kaltura.com/it/world/istruzione/`
Kaltura è una soluzione molto professionale, sia per il mondo universitario sia per quello aziendale, con un'ampia gamma di soluzioni per migliorare la comunicazione, la collaborazione e la formazione degli studenti o dei dipendenti. Si possono creare e organizzare video direttamente sulla piattaforma del provider, quindi in cloud, aggiungendo momenti interattivi, domande, sottotitoli e indicizzazione dei contenuti. È inoltre possibile gestire eventi live e videoconferenze e sfruttare gli strumenti di analisi e monitoraggio per rilevare i dati di fruizione relativi ai vari canali utilizzati (Figura 7.4).

Costi: non dichiarati sul sito, è necessario contattarli. Si può disporre comunque di 30 giorni di prova gratuita.

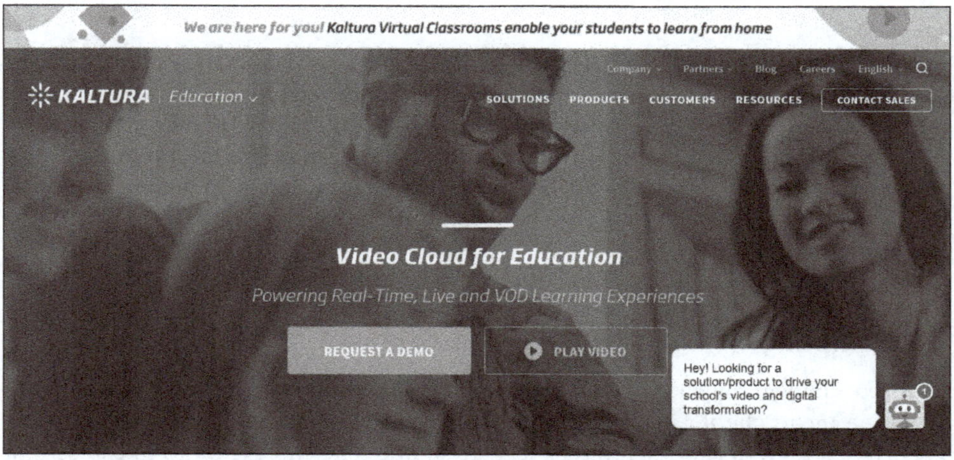

Figura 7.4 Consigliamo di guardare il video nella home del sito per farsi "catturare" da tutte le potenzialità del software, davvero intriganti. Il prezzo un po' meno.

PowerPoint

`https://www.microsoft.com/it-it/microsoft-365/powerpoint`
Definito "un'agonia" da un esponente del Ministero della Difesa USA, questo notissimo software dispone di una funzionalità per registrare la propria voce mentre si fa scorrere una presentazione. Se siete dei detrattori dei PPT, vi consigliamo la lettura integrale di "We Have Met the Enemy and He Is PowerPoint", l'articolo che il *New York Times* dedicava nel 2010, in piena guerra in Afghanistan, al famigerato software di Microsoft.

Per risolvere alla radice il problema, alcuni comandanti americani hanno deciso di proibire l'utilizzo di PowerPoint e di altri software simili. "È pericoloso perché può creare l'illusione della comprensione delle cose e l'illusione di averne il controllo" (riportato da *Il Post*, 27 aprile 2010; Figura 7.5).
Noi non gli vogliamo così male, ma ammettiamo che questo "classico" può essere male utilizzato o risultare contorto in alcune sue funzioni, come molti altri software Microsoft. Nel Capitolo 9 troverete alcuni consigli pratici per creare dei contenuti efficaci e quindi sfruttarlo al meglio. In questo contesto ci focalizziamo semplicemente sulla sua utilissima funzione di cattura schermo, che registra anche i commenti audio e i movimenti del mouse o della penna. La registrazione rimane "incastrata" dentro lo stesso PowerPoint, ma si potrà poi salvare il file come `.mp4` per poter condividere un vero e proprio video.

Costi: l'acquisto del singolo software costa 135,00 euro, ma è più frequente l'acquisto del pacchetto completo Microsoft365, il cui piano Personal costa annualmente 69,00 euro. Per gli utilizzi aziendali rimandiamo direttamente al sito MS.

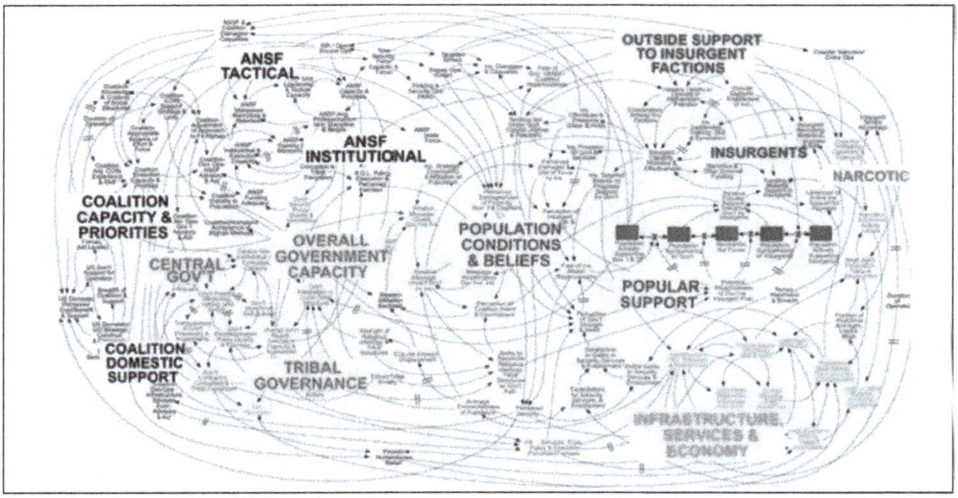

Figura 7.5 Continuiamo a infierire (giocosamente) su PPT, riportando l'immagine e la didascalia stessa dell'articolo del NY Times: "Un diagramma di PowerPoint inteso a rappresentare la complessità della strategia americana in Afghanistan che ha sicuramente raggiunto questo obiettivo". Se non riuscite a leggere non è grave.

Camtasia

`https://www.techsmith.com/store/camtasia`

È un software che include sia la registrazione del proprio audio e dello schermo, sia il montaggio (di file prodotti internamente, ma anche di file esterni). In termini di editing propone funzionalità efficaci ma semplificate rispetto a strumenti più professionali. Permette inoltre l'inserimento di domande interattive; crea in automatico un indice navigabile dei contenuti (integrato nel proprio player preconfigurato) e consente l'esportazione in standard SCORM, quindi potremo "tracciare" la fruizione del video (vedi Capitolo 9). Si tratta dunque di uno strumento molto versatile e funzionale, utile soprattutto per una creazione "rapida" di videolezioni e tutorial.

Costi: è ottimo se si vuole investire, costa circa 269,05 euro (a cui aggiungere un eventuale mantenimento di 53,75 euro annuali).

Apowersoft Free Online Screen Recorder Online

`https://www.apowersoft.com/free-online-screen-recorder`

Per usarlo è sufficiente collegarsi al sito sopra indicato, scaricare il launcher del programma facendo clic su *Start recording* e poi iniziare a registrare (audio, schermo e webcam) utilizzando la semplice toolbar che apparirà sullo schermo. Al termine della registrazione è possibile salvare il file in locale o caricarlo automaticamente in cloud sulla piattaforma cloud di Apowersoft, oppure in propri spazi su Dropbox o Google Drive. È previsto anche un piccolo video editor che permette tuttavia solamente di tagliare l'inizio e la fine del video (Figura 7.6).

Costi: la versione gratuita prevede l'installazione del launcher che poi attiva la funzione in remoto; non ha limiti né temporali né di quantità di registrazioni effettuate. Il software completo include più funzionalità (tra le quali un video editor più professionale) e costa 39,95 dollari/anno.

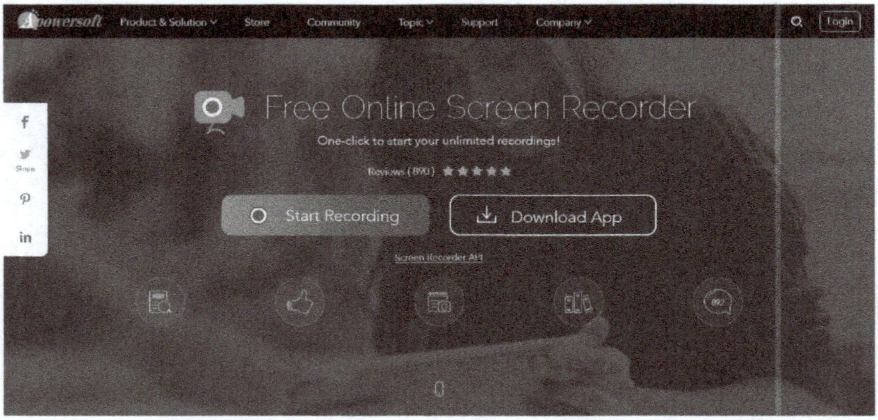

Figura 7.6 Sembra più immediato di quanto non si riveli in realtà, poiché sia il sottoscritto sia alcuni collaboratori hanno riscontrato qualche inciampo per l'utilizzo iniziale, ma il prodotto di Apowersoft poi funziona egregiamente.

OBS (Open Broadcast Software)

`https://obsproject.com/`

Altro software completamente gratuito, ma poco intuitivo in avvio. È nato per il gaming, quindi dedicato a cosiddetti "smanettoni", dunque presenta una miriade di possibili impostazioni (la maggior parte delle quali ignote agli utenti meno esperti). Anche solo attivare la registrazione della webcam può diventare un passaggio "complesso" da compiere. Tuttavia, le possibilità che offre sono tali da averlo reso molto diffuso e apprezzato proprio in ambito e-Learning. Diciamo che, se volete darlo in utilizzo a una schiera di docenti/formatori, una fase iniziale di accompagnamento e/o un tutorial ben fatto sono più che consigliati.

Non è prevista alcuna possibilità di videoediting integrato.

Costi: completamente e fieramente free e open. Ecco il perché della sua diffusione!

Pubblicazione e streaming

Il termine "streaming" è ormai entrato talmente tanto nel linguaggio comune da rappresentare un ambito di cui si dà per scontata l'esistenza. Tuttavia, poiché in termini tecnologici presuppone delle infrastrutture hardware (server) e software non indifferenti, resta un nodo non sempre facile da districare per i progetti di e-Learning. Di conseguenza, non di rado anche aziende molto grosse e con capitali a disposizione consistenti non trovano conveniente optare per soluzioni protette e "in house", per esempio caricando i video su dei propri server, ma si affidano, come gli "utenti comuni", alle piattaforme generaliste, di cui qui trattiamo le due più universalmente conosciute.

Vimeo

`https://vimeo.com/`

La piattaforma video più professionale per archiviare e catalogare al meglio i propri contenuti. Ordinata e intuitiva, permette di *settare* i video con moltissimi parametri, tra i quali la possibilità di rendere un file privato per alcuni utenti o visibile solo su alcuni siti (in cui il video verrà caricato tramite codice embed generato da Vimeo); oppure dare o meno la possibilità agli utenti di scaricare il contenuto; ancora, attivare la modalità revisione, in cui è possibile aggiungere commenti a minutaggi precisi per rendere fluido il processo collaborativo. Inoltre, si ha la possibilità di "brandizzare" i propri video con il logo e i colori aziendali. Le analytics di fruizione sono molto dettagliate ed è anche la più usata piattaforma per "vendere" la possibilità di fruire di determinati video, soprattutto nell'ambito del cinema non-mainstream, poiché consente un alto livello di protezione dell'accesso ai video/contenuti, cosa che YouTube per esempio non consente. Rispetto a esso, per esempio, evita la dispersione data dalla pletora di video suggeriti che, nella sua modalità gratuita, il colosso di Google propone, consentendo di far visualizzare ai propri utenti i video all'interno solo ed esclusivamente della propria piattaforma (di cinema o e-Learning o altro).

Costi: sono disponibili diversi piani: il più economico – e limitato – (6 euro/mese) prevede un solo utente editor, 5 GB/settimana di upload e 250 GB/anno di storage; l'abbonamento Pro (16 euro/mese) prevede 3 editor, 20 GB/settimana di upload e 1 TB/anno di storage; la versione Business (40 euro/mese) non pone limiti di upload settimanali e alza a 10 il numero di utenti editor e a 5 TB gli storage totali. Infine, la versione Premium è unlimited con il solo vincolo di 7 TB di storage totali. Quest'ultimo pacchetto è l'unico che permette anche eventi live illimitati.

NOTA

Alcuni dei siti che durante il lockdown globale 2020 hanno offerto gratuitamente la possibilità di vedere film online fuori dai circuiti generalisti di Netflix, Amazon Prime o DisneyPlus (che comunque hanno fatto la gioia della famiglia del sottoscritto e immagino di tanti di voi) si appoggiavano a Vimeo. Tra questi il mio preferito era lo strepitoso My French Film Festival (`https://www.myfrenchfilmfestival.com/it/`).

YouTube

https://www.youtube.com/

Lo conoscono e lo utilizzano praticamente tutti. È così diffuso per la sua semplicità di utilizzo e perché è completamente gratuito. Creare un proprio canale YouTube in cui organizzare (per playlist) i propri contenuti lo può fare e lo fa anche un bambino, con i pro e contro (tanti) del caso. È tuttavia possibile rendere i contenuti privati, in modo che possano essere visibili solamente a chi dispone del link (ma non si possono proteggere tramite una password, a differenza di Vimeo).

Essendo proprietà di Google (che conosce fin troppo bene gli utenti), dispone delle analytics inerenti al numero di visualizzazioni e al tempo di fruizione, ma lascia trapelare anche molti altri dati rilasciati "in modo inconscio" dagli utenti.

Il vantaggio di caricare dei propri video didattici su YouTube, al di là delle suddette facilità e gratuità (in termini economici), è di renderli indicizzati all'interno di quello che è al momento il più vasto repository di contenuti video della Rete, quindi sono virtualmente trovabili da moltitudini di utenti. Tuttavia, ciò avviene in genere solo grazie a un grosso lavoro di promozione. Per contro, inoltre, può non essere gradevole sapere che gli utenti vedranno la propria videolezione sulla gender equality in ambito accademico seguita da un video di Justin Bieber o un tutorial sul twerking.

Costi: gratis. Passare alla versione Premium è utile in termini di fruizione, dal momento che consente di eliminare gli annunci pubblicitari, di scaricare i video sul proprio dispositivo e di permettere la riproduzione anche in background. Il costo è di 11,99 euro/mese.

TeacherTube

https://www.teachertube.com/

In Rete esistono non pochi luoghi dedicati a videolezioni, ma tra questi ci sentiamo di contemplare in particolare TeacherTube, che ha tra i suoi vantaggi quello di essere appunto dedicato solo alla didattica (poco alla formazione aziendale, ma su quello vedremo il prossimo paragrafo), intesa davvero "a tutto tondo". Ci sono macroargomenti, categorie e collezioni, il tutto focalizzato a un'indicizzazione accurata dei contenuti, in modo che gli utenti possano scovare ciò che interessa loro. Il fatto che tra le principali categorie figuri Educational Song fa intuire come il target per una volta sia anche quello dei più piccoli, a torto o ragione spesso esclusi dall'e-Learning.

Figura 7.7 Varrà la pena di investire questi 11 centesimi al mese per l'account Pro di TeacherTube?

Costi: è gratuito in termini di fruizione (però ci si deve sorbire le pubblicità), ma per un uso "serio" è necessario passare alla versione Pro, che per i dichiarati "Less than 11 cents a day" consente di rimuovere gli add e caricare file fino a 2 GB, scaricare video e visualizzare analitiche dettagliate sui propri video caricati (Figura 7.7).

EdPuzzle (e alcuni repository video didattici)

https://edpuzzle.com/

Specifico per il mondo della scuola, si tratta di una validissima opzione per caricare propri video (rendendoli pubblici o ad accesso riservato) oppure sfruttarne di esistenti da repository generalisti o specializzati in didattica. La cosa più valida, che lo avvicina a un programma di authoring, è che con esso è possibile rendere interattivi i video, aggiungendovi domande aperte e chiuse o quiz (Figura 7.8). Questi verranno valutati in automatico ed è possibile per il docente includere un feedback in caso di risposta corretta o sbagliata. Le note (ma anche le domande) possono essere formattabili e includere link a risorse esterne. Si può operare un basilare montaggio video e anche aggiungere un voiceover proprio, registrando la propria voce.

Una volta preparato il video lo si può assegnare come compito da svolgere a un gruppo di studenti, che può avere una data di consegna. I voti sono raccolti in un registro della classe. Molte scuole italiane lo adottano, e se vi registrate potete entrare direttamente nello spazio di quella a cui afferite. Volendo, si interfaccia con Google Classroom. È un programma davvero consigliato, che funziona *in toto* su browser e che invitiamo chiunque a sperimentare: anche se pensato per la scuola, si adatta bene per altri tipi di contesti, anche solo come oggetto per sperimentare la creazione di contenuti in un workshop in presenza o online.

Costi: il piano Basic è gratuito e di uso individuale fino a 20 video; il Pro Teacher costa 11,50 dollari al mese e ha spazio illimitato e funzioni di tracciamento; quello Schools & Districts ha costi su richiesta specifica e consente, tra le altre cose, un alto livello di sicurezza e protezione.

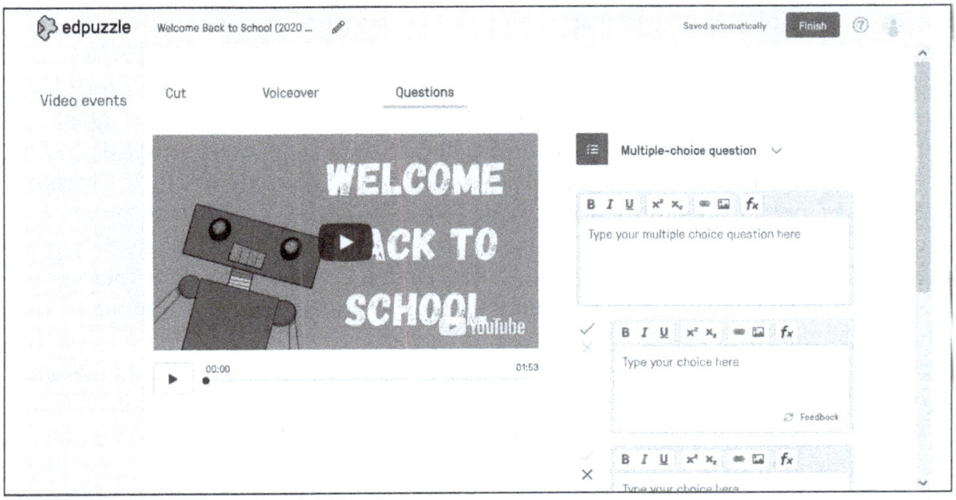

Figura 7.8 La schermata di EdPuzzle per l'editing delle domande da inserire in un video.

Riportiamo in questa sede i repository sopra citati (da cui EdPuzzle può attingere, ma che potete usare anche senza di esso) come ulteriore informazione su dove trovare contenuti video utili che si appoggiano comunque al solito (dannato!) YouTube:

- Veritasium (`https://www.veritasium.com/`): è un canale di video sulle "STEM" con esperimenti, interviste a esperti, demo interessanti e discussioni con il pubblico su tutto ciò che riguarda la scienza e l'ingegneria;
- Numberphile (`https://www.numberphile.com/`): lo dice il nome stesso, e tratta tutto ciò che ha a che vedere con i numeri, non solo matematica. Prodotto dal video giornalista Brady Haran, include stelle dello spettacolo, matematici e altri ospiti da tutto il mondo;
- CrashCourse (`https://thecrashcourse.com/`): indirizzato ai bambini di varie età, dai piccolissimi agli studenti delle medie, propone interi corsi in formato di tante piccole videolezioni da parte di ottimi formatori, ben fatte e corredate da valide illustrazioni, su argomenti svariati, dalla storia alla proprietà intellettuale, all'anatomia.

A questi si aggiungono Khan Academy, National Geographic e TED Talk. Per chi non lo sapesse, TED (`https://www.ted.com/`, "Ideas Worth Spreading") è un'organizzazione senza scopo di lucro dedita alla diffusione di idee, solitamente sotto forma di discorsi brevi e potenti (18 minuti o meno). I video trattano tecnologia, intrattenimento, scienza, business, questioni ambientali, sottotitolati in più di 100 lingue. Con uno di essi chiuderemo il nostro libro.

NOTA

I ragazzi di una classe vogliono tutti fare i calciatori, le ragazze ambiscono a diventare veline, e tutti si sentono dei futuri youtuber o TikTok star? Dicono che i giovani non vedono altro che quello o la TV? Il nostro amato e già citato Sugata Mitra suggerisce di sottoporli a trattamenti intensivi di video TED e vedere che cosa succede. Lui l'ha fatto e si è trovato di fronte degli aspiranti geologi, editori, scrittori, semiologi ecc.

Video portali

Ho sentito in molte conferenze parlare di "netflixazione dell'apprendimento". La parola stessa, se pronunciata, rischierebbe di far partire una delle bestemmie di cui accennavamo a inizio capitolo, e un po' anche il concetto che esprime. L'idea di trasformare la formazione in un megacatalogo di video online tra cui scorrere per scegliere quelli che più ci aggradano fa abbastanza paura, ma è anche vero che, se ben progettati, dei portali di questo tipo possono funzionare molto bene. Intrecciati con metodologie di *social + microlearning*, per esempio, in cui gli utenti (per esempio i dipendenti di un'azienda) si creano delle proprie playlist di contenuti, specialmente se pillole formative, come abbiamo accennato nel Capitolo 4 (in cui accennavamo anche alla "TikTokkazione" dell'apprendimento, o qualcosa del genere!), i risultati possono essere molto interessanti ed estremamente validi.

Non sono molti i provider di servizi di questo tipo, poiché generalmente per funzionare devono appoggiarsi a una rete di Content Delivery Network (CDN), ossia piattaforme di server altamente distribuite che aiutano a minimizzare il ritardo nel caricamento dei contenuti delle pagine web, in sintesi riducendo la distanza fisica tra il server e i tanti utenti potenziali, che così possono visualizzare gli stessi contenuti anche in HD senza rallentamenti (se hanno una buona Rete propria!).

Inoltre, oggi trovano diffusione alcune piattaforme che aiutano anche a strutturare interi eventi live (come conferenze che si dipanano lungo un'intera giornata, o anche su più giorni) includendo sia video asincroni sia presentazioni in real-time.

WeTell

`https://altaformazione.it/we-tell/`

Alta Formazione, l'azienda proprietaria di tale piattaforma, la descrive così sul proprio sito web: "WeTell è la prima video library in lingua Italiana, un grande contenitore di storie per allenare la creatività, la flessibilità e la divergenza di pensiero, skills indispensabili per affrontare la trasformazione 'disruptive' portata dal digitale e promuovere l'innovazione nelle aziende". È quindi un vero e proprio repository di contenuti indirizzati alla crescita personale e professionale delle persone, secondo "temi e indicazioni ispirati dal Future of Jobs Report del World Economic Forum", ossia le competenze trasversali più volte citate nel libro. Il modello è quello dello storytelling tramite testimonial più o meno eccellenti, organizzati secondo un vero e proprio piano editoriale (Figura 7.9).

I contenuti possono essere esportati e personalizzati su qualsiasi LMS con standard SCORM oppure fruiti dal palinsesto stesso di WeTell come ambiente digitale (Full Service in Cloud), tramite il quale è accessibile da qualunque device e permette di creare playlist personali.

Costi: è necessario entrare in contatto con il provider per conoscerli. Anche per comprenderne i reali termini di servizio immaginiamo che sia necessario stabilire un contatto con il personale di Alta Formazione, peraltro per esperienza personale in genere molto disponibile.

Figura 7.9 Ecco come si presenta il portale di WeTell nella modalità cloud: sono ben visibili alcuni dei temi trattati nei video.

Teyuto

`https://teyuto.com/`

Si tratta di un'altra eccellente piattaforma italiana di VOD (Video On Demand), fruibile da qualunque dispositivo e anche esplicitamente ispirata a Netflix, Prime, HBO ecc. Teyuto supporta anche dirette e video quiz e la creazione di una community attorno al proprio canale, inviando messaggi personalizzati e newsletter. È largamente personalizzabile, sia per quanto riguarda i colori e l'identità aziendale, sia in termini di catalogazione e organizzazione dei contenuti (Figura 7.10). La funzionalità di riproduzione video è alimentata da una rete CDN, con qualità di riproduzione fino a 4K.

Costi: si va dal (limitato) piano gratuito allo Starter a 119 euro/mese, al Platinum a 229 euro/mese. Crescono progressivamente il numero di utenze/amministratore e di sessioni/utente, lo spazio di archiviazione e le possibilità di personalizzazione e altre opzioni (alcune delle quali sono addirittura disponibili soltanto nella versione personalizzata su richiesta).

Figura 7.10 Il modo in cui Teyuto propone l'interfaccia brandizzabile del proprio "impero video", come viene definito da loro stessi sul sito.

Audiolezioni e podcast

Di recente sono stato a trovare una cara amica in ospedale: sebbene sia una persona dallo spirito vigoroso, è comprensibilmente affaticata dalle cure e dalla malattia, al punto che non ama leggere né vedere video di sorta. Trova invece gran conforto nell'ascoltare "storie" di qualsivoglia natura, anche lette da amici e spedite via WhatsApp, oppure scovate nella Rete, in qualcuno dei tanti podcast che oggi hanno grande diffusione. Non solo persone nella sua condizione, ma anche chi viaggia molto, in treno o auto per esempio,

ama sfruttare questa possibilità, anche per formarsi. Si tratta in pratica di una delle più accessibili modalità veicolate dal mobile learning.
Durante il lockdown 2020, inoltre, non solo molte maestre della Scuola dell'infanzia, ma anche tante biblioteche e alcune case editrici hanno messo in piedi piccoli palinsesti di letture di fiabe e racconti per i bimbi delle proprie classi. Infine, proprio durante i tempi duri del 2020 si è verificato "Il caso Barbero": i podcast di questo studioso classe 1959, esperto di Storia medievale, così come i tanti video di cui è protagonista su YouTube, sono stati definiti dal *Post*:

> un prodotto piuttosto unico nel panorama culturale italiano [poiché] non sono distribuiti da alcun canale ufficiale – nella maggior parte dei casi sono registrati in maniera amatoriale, come i concerti delle rock band negli anni Sessanta – [e] non sono promossi da giornali o case editrici. Quindi finiscono per godere di un culto trasversale diffusosi con il passaparola.

Insomma, è la qualità (e forse il formato) che fa la differenza.
Vediamo in breve che cosa ci serve, oltre a molta buona volontà e una voce stentorea, per creare e mettere in Rete delle audiolezioni, anche se forse non saranno allo stesso inimitabile livello di Barbero. Per approfondire consigliamo il testo di Crognali, *Podcast. Il nuovo Rinascimento dell'audio. Come raccontare, pubblicare, promuovere storie da ascoltare* (Roi Edizioni, 2020).

Prodotti valutati

Considerandomi io stesso prestato al meraviglioso mondo dell'e-Learning, ma essendo a tutti gli effetti un musicista e sound designer più o meno frustrato, mi sarei volentieri dilungato molto più a lungo sui software di stampo sonoro/musicale. Tuttavia, l'economia mondiale e l'editore mi spingono sensatamente a limitare narcisistiche divagazioni, e quindi ecco alcuni software che possiamo considerare i basilari per chi volesse creare podcast più o meno casalinghi. Per il livello professionale ci basta dire che, come per l'editing video, esistono alternative professionali in quello audio come Pro Tools, Logic, Cubase. Per chi, come me, volesse anche destreggiarsi nel mondo dei sequencer o delle DAW (Digital Audio Workstation), il mio consiglio spassionato è di usare Ableton Live (`https://www.ableton.com/`).

Audacity

`https://www.audacityteam.org/`

Curiosamente forse più conosciuto in ambito educational che musicale, proprio per il fatto di essere gratuito e open source, Audacity rappresenta una sorta di standard per chiunque abbia a che fare con l'editing audio e non voglia o possa investire denaro nelle più costose e performanti soluzioni sopra accennate (Figura 7.11). Come non di rado per software open, a renderlo interessante è anche un accento sul tema dell'accessibilità nell'uso, cosa che ci fa giustamente ricordare come i podcast siano anche un fondamentale mezzo di conoscenza per i non vedenti.
Un'alternativa leggermente più performante, non open ma il cui uso è gratuito senza particolari limitazioni, è lo storico Goldwave (`https://www.goldwave.com/`).

Costi: completamente gratuito e open source.

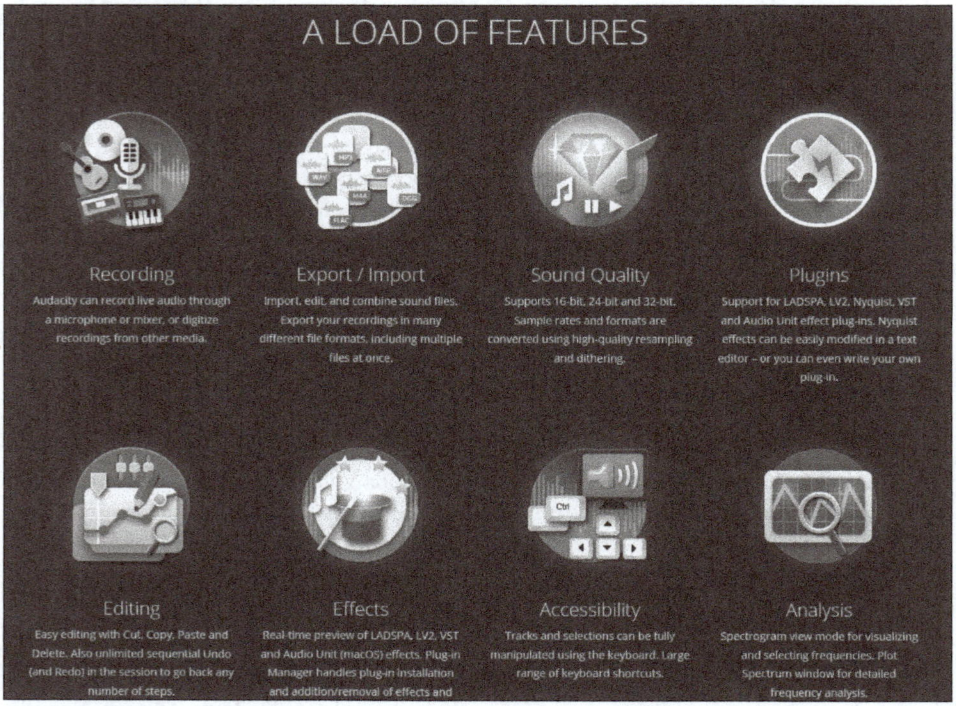

Figura 7.11 La schermata sul sito di Audacity che segnala la varietà di funzioni disponibili.

SoundCloud

`https://soundcloud.com/`

Per pubblicare le mie fiabe o audiolezioni, posso scegliere anche questo social network per musicisti, non di rado ormai appunto usato da molti utenti che non hanno pretese artistiche. Supporta uno streaming audio molto valido e performante, e i costi sono molto contenuti finché non si necessita di spazio aggiuntivo.

Costi: sono riferiti essenzialmente al lato fruitore – 5,99 euro/mese per non avere pubblicità e salvare le tracce offline, 9,99 euro/mese per audio in alta qualità. Il fatto che questa seconda opzione sia scontata del 50% per gli studenti ci fa intuire non solo che il target è giovanile, ma anche che l'utilizzo in ambito edu è affermato.
Come "Creator" di contenuti (musica o lezioni) il prezzo da pagare è per SoundCloud Pro Unlimited a 8,25 euro/mese (per i tanti dettagli rimandiamo a: `https://checkout.soundcloud.com/pro?ref=t406`).

Spreaker

`https://www.spreaker.com/`

La soluzione ideale per pubblicare il vostro podcast, a meno che non vogliate passare per le complicate maglie di iTunes di Apple o, peggio, cedere all'orrore di Spotify. Lo stesso mitico Barbero trova meritatamente spazio nella home della piattaforma (Figura 7.12), che vi consigliamo quindi di andare a esplorare sia per capire come funziona come medium per distribuire i vostri contenuti, sia per esplorare quelli esistenti e formarvi mentre guidate o viaggiate in treno.

Costi: Spreaker si vende poco modestamente con il claim "Abbiamo un Piano per portarti al successo – Non importa se stai iniziando o hai già un podcast: abbiamo ciò che serve per trasformare la tua passione in qualcosa di più". Per farlo, dovete sborsare 6 euro/mese per il piano On-Air Talen oppure (passando per diversi gradi) arrivare al livello Anchorman per 45 euro/mese. Comunque, il piano Free Speech, gratuito, consente di capire come può andare.

Figura 7.12 Ecco quanto appare su Barbero in Spreaker. Da notare che non è il divulgatore stesso ad aver creato il canale, i cui proventi (non ne siamo certi) sembrano finire nelle tasche di qualcuno che gestisce il canale sulla piattaforma.

Zencastr

`https://zencastr.com/`

La cosa particolare di questa piattaforma è il fatto di essere incentrata sulle interviste, e quindi tecnicamente strutturata per realizzare dei "dialoghi" online, registrarli e pubblicarli in streaming. Poiché anche in ambito formativo la modalità dialettica e/o l'intervista all'esperto di turno è una di quelle più interessanti e potenzialmente engaging e fruttuosa, la consideriamo un'opzione di cui tenere certamente conto.

Costi: 20 euro/mese per la versione professionale, vi permette di andare oltre le 8 ore mensili di registrazione con un massimo di due ospiti e accedere a funzioni di audio-editing in cloud (comunque fattibili anche con Audacity, in caso si volesse risparmiare).

NOTA

Riporta sempre il mitico *Post*, fonte preziosa di informazioni per molti anche in tempi di Covid, che ancora oggi Barbero sostiene di non spiegarsi il successo delle sue conferenze, e di non essere interessato a commenti e recensioni degli ascoltatori: "Finirei per concentrarmi solo sui commenti critici. Meglio starne alla larga", ha detto a *Repubblica*. Alla successiva domanda dell'intervistatore sul perché non apre un canale ufficiale o monetizzi in qualche modo il suo successo, Barbero ha risposto: "Ho troppe cose da fare".

Fonti

Crognali D., *Podcast. Il nuovo Rinascimento dell'audio. Come raccontare, pubblicare, promuovere storie da ascoltare*, Roi Edizioni, Macerata, 2020.

"Da dove arriva Alessandro Barbero. Storia e storie sul professore torinese di storia medievale diventato oggetto di un piccolo culto grazie a un podcast artigianale", *Il Post*, 26 luglio 2020.

https://www.ilpost.it/2020/07/26/alessandro-barbero/

"Dall'istruzione per corrispondenza all'e-learning le tre generazioni della formazione a distanza", di Simona Bontempelli, Università di Bergamo – Facoltà di lettere e filosofia, Corso di informatica per le discipline umanistiche, 2005.

Dario N., "E se la TV non fosse sempre 'cattiva maestra'?", Sansalvo Mare, 2020.

https://www.sansalvomare.it/news/la-storia/6587-e-se-la-tv-non-fosse-sempre-%E2%80%9Ccattiva-maestra%E2%80%9D.html

Onelia S., "Come creare un podcast", Italian Indie, 2019.

https://italianindie.com/come-creare-un-podcast/#h.3knyt4cpczm5

Verne J., *Viaggio al centro della Terra*, Giunti, Firenze, 1864, 2011.

Capitolo 8

Le piattaforme e i Learning Management System

In questo capitolo

- **Definizioni di base**
- **Come scegliere la piattaforma**
- **Prodotti valutati**
- **Consigli per un LMS open ed economico**
- **Sviluppo di un corso online basato su un LMS**
- **Fonti**

Definizioni di base

Iniziamo con una distinzione fondamentale tra piattaforme e-Learning e LMS. Letteralmente la traduzione di Learning Management System è "sistema per la gestione dell'apprendimento". Di conseguenza si adatta a una miriade di strumenti (volendo anche non virtuali!) che possono essere utilizzati in qualsiasi situazione didattica, da quelle prescolari ai corsi di ricollocamento per chi perde il lavoro. Nella pratica, però, con LMS si considerano tendenzialmente solo quei sistemi software progettati nello specifico per la didattica a distanza e che supportano l'uso dei Learning Object, nell'ottica di una interoperabilità, ossia consentono di spostare i contenuti tra un sistema e un altro.

Si parla spesso invece di piattaforme e-Learning (in inglese *platform*) per indicare più genericamente tutti i sistemi che supportano l'apprendimento. Quindi, potremmo anche considerare gli LMS come un sottoinsieme delle piattaforme. Wikipedia definisce LMS i "software per l'amministrazione, documentazione, tracciamento, report, automazione ed erogazione di corsi di istruzione, programmi training, apprendimento o sviluppo" (luglio 2020), e ci piace.

In definitiva, in questo capitolo trattiamo tutti quegli applicativi, in cloud o meno, che contengono al loro interno *molteplici* strumenti adatti a ricreare online quel tipo di interazione che di norma avviene in un ambiente d'aula, che per la più parte sono LMS; ma uno di quelli su cui ci dilungheremo di più è Google Classroom, che, nonostante permetta la collaborazione e la fruizione asincrona dei contenuti,

non ci sentiamo di definire un LMS poiché prescinde da altre funzioni che rientrano per definizione in un sistema per la gestione dell'apprendimento.
La differenza sostanziale incide molto a livello strategico sulla scelta del prodotto: potremmo generalizzare dicendo che gli LMS come Docebo o Moodle, appoggiandosi a degli standard per includere e organizzare i contenuti, sono meno vincolanti di Edmodo, WeSchool o G Classroom, perché, se un giorno deciderò (o avrò necessità) di spostare il mio corso su un altro sistema, potrò farlo con molto più agio.
Qui proponiamo un approccio di base volto a conoscere le funzionalità essenziali delle piattaforme, con un occhio di riguardo per gli LMS e conoscerne qualcuno più in dettaglio, come sempre per guidarvi nelle scelte.
Nati in ambito accademico, gli LMS da tempo trovano diffusione in scuole e in aziende, che li utilizzano per gestire i propri programmi di formazione. Per esempio, coloro che si occupano di rete vendita ricorderanno i software per il CRM (Customer Relationship Management); i team HR conosceranno software HRIS (Human Resource Management System). Oggi questi sistemi, che di norma, come altre tecnologie che abbiamo già visto, funzionano in cloud, a volte vengono resi interoperabili.
Di solito, nelle piattaforme convergono apprendimento formale, sociale ed esperienziale; includono strumenti di tracciamento, valutazione e accreditamento. Sempre più spesso, in accordo con gli approcci active e social learning esposti nel Capitolo 4, consentono agli utenti di collaborare tra loro, oppure di entrare in contatto con tutor/mentor/esperti/ninjia di varia sorta, non solo per porre domande e collaborare, ma anche per condurre attività complesse e creative.
Oggi l'e-Learning è diventato una merce di scambio, e dunque molti LMS vengono utilizzati anche nell'ottica di vendere corsi sia in modalità B2C sia B2B (Business to Client/Business to Business). Oppure, gli LMS vengono usati per erogare formazione ai propri clienti da aziende di software e apparati meccanici o tecnologici, per fare in modo che gli utenti possano utilizzare i loro prodotti in modo ottimale.
Parliamo di software generalmente proprietari, ossia progettati, sviluppati e messi in commercio da aziende. Alcuni di questi sono (o sono stati) legati ai colossi del mondo dell'istruzione, come Pearson (Fronter/LearningStudio), ma più spesso di quello delle tecnologie, vedi il caso di IBM/Lotus (che con Learning Space abbiamo visto nel Capitolo 2, ai primordi della diffusione dell'e-Learning), o Google, la cui Suite for Education ha permeato il mercato mondiale della scuola, in particolare in Italia, con un picco nel periodo del lockdown 2020. Come già accennato, il MIUR stesso ha suggerito alcune piattaforme per la "gestione dell'emergenza", e le vedremo tutte in questo capitolo.
Il movimento open source (Capitolo 14) ha permesso anche in questo campo la nascita e lo sviluppo di sistemi aperti e gratuiti, su tutti il conosciutissimo Moodle, ormai quasi uno standard nel mondo della scuola. Altre piattaforme gratuite, ma non open source, come Edmodo e WeSchool, hanno di recente preso piede, per non contare dell'uso dei social come Facebook "piegati" a piattaforme didattiche, con i tanti utenti che hanno usato dei gruppi FB come classi.
Sussiste infine anche il caso di realtà didattiche, soprattutto università, che decidono di sviluppare il proprio ambiente didattico online. Tra queste è da segnalare il caso della UOC (Universitat Oberta de Catalunya), che non solo ha una propria piattaforma ma ha fatto in modo che questa possa interfacciarsi con altri software disponibili in Rete, come per esempio Dropbox o Google Drive. L'integrazione con strumenti esterni è infatti uno degli aspetti più interessanti e in evoluzione da esplorare, ma prima affrontiamo gli aspetti di base.

Come scegliere la piattaforma

Ogni capitolo di questo libro nasconde delle insidie, per voi che leggete, ma anche per me che scrivo. Nello specifico, il mondo degli LMS, oltre a essere vasto e complesso (si stima ne esistano circa 700, ma è una cifra ipotetica), si intreccia con quello degli altri applicativi che trattiamo nei capitoli prima e dopo di questo.
Inoltre, la differenza tra il mondo della scuola e quello aziendale qui si fa marcata: è difficile che si parli di *retention* alle elementari, anche se il concetto ("l'insieme di attività messe in atto da un'impresa per trattenere i propri clienti nel tempo") non è poi lontano da quello della prevenzione della dispersione e dell'abbandono scolastico. Cercheremo di usare un linguaggio neutro, o adattabile caso per caso, consci del fatto che un maestro di scuola avrà poco interesse ai tool di e-commerce e un HR snobberà le funzioni per inserire formule matematiche nei quiz.
Come criterio generale di scelta, però, le opzioni saranno in sintesi legate a queste domande:

- Mi serve una piattaforma per il mondo della scuola o per quello aziendale?
- Voglio una soluzione chiavi in mano, senza dovermi occupare per nulla degli aspetti tecnici di implementazione?
- Voglio una soluzione in cloud oppure dispongo di miei server per installare (o fare installare da un'azienda *ad hoc*) un LMS?
- Per quali numeri di utenza voglio disporre l'LMS? Un centinaio, circa 300-500 oppure migliaia?
- Che genere di tracciamento, valutazioni e certificazioni voglio ottenere, con quale livello di controllo?
- Che tipo di contenuti avrò? Saranno tutti prodotti da me? Con quali strumenti di authoring o altro? Se non saranno prodotti da me, da dove verranno?
- Prediligerò un modello di formazione classica, frontale, o esperienziale?
- Avrò bisogno di puntare su elementi di engagement, come giochi, notifiche personalizzate?
- Vorrò seguire un modello di social learning in cui le interazioni tra gli utenti saranno il vero motore del processo di apprendimento?
- Se ho già in uso degli strumenti e-Learning di altro tipo (per esempio piattaforme come Zoom), come li integrerò nell'LMS?

Come intuite, da un lato servirebbe un ripasso (o un approfondimento) dei temi trattati nel Capitolo 3, dall'altro dovrò maneggiare bene anche degli aspetti tecnici non indifferenti. E poi, resterà comunque l'ultima, grande, tetra domanda: quanto mi costa tutto questo? Ma andiamo per gradi, come sempre.

Funzionalità principali

Utenti e ruoli

Tipicamente gli LMS prevedono la presenza di ruoli diversi per gli utenti. Quelli di Moodle, piuttosto emblematici di tutti gli LMS, sono i seguenti.

- Manager: può creare e modificare corsi.
- Creatore di corsi: ruolo specifico per chi creerà corsi.

- Docente: può gestire corsi e valutare gli studenti.
- Docente non editor: può valutare gli studenti ma non modificare le attività dei corsi, quindi non agisce sui contenuti.
- Studente: può fruire dei corsi assegnati.
- Ospite: può vedere i corsi pur non essendo iscritto.
- Utente autenticato: ruolo comune a tutti gli utenti autenticati.

Altre piattaforme usano anche ulteriori nomenclature:

- Tutor o Community Manager.
- Assistenti.
- Amministratori di corso/i.

Potremmo perderci anche in questo mondo, ma, per tenerci aggrappati alla realtà, ricordiamo che di norma i ruoli vengono definiti all'interno di un contesto, tipicamente un corso, ma potrebbe essere anche una homepage o altro. Poi ci sono ruoli "globali", per cui il legame utente-ruolo è valido su tutto il sito indipendentemente dal contesto, come manager e creatori di corsi che sono slegati dal contesto specifico.
Poi ci sono gli amministratori di sistema: coloro che tutto possono dal punto di vista anche dei settaggi della piattaforma (Figura 8.1).

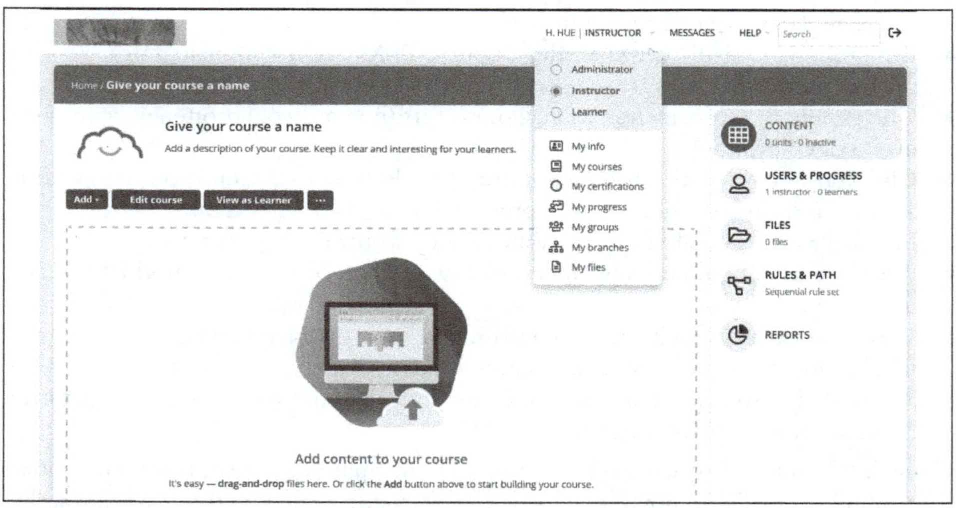

Figura 8.1 Il menu di gestione utenze nella dashboard di TalentLMS per la creazione corsi, in totale modalità drag & drop. I livelli di utenza che distingue di default sono Administrator, Instructor (docente/formatore/ecc.) e Learner.

Generalmente avremo una lista dei ruoli, nella quale potremo aggiungere o togliere utenti da tali ruoli. Nella loro gestione possiamo definire il contesto in cui un ruolo è assegnabile, seguendo questa gerarchia:

1. system (livello globale);
2. front page (pagina iniziale);
3. categorie;
4. corsi;

5. moduli;
6. blocchi o attività;
7. utenti.

Questo sistema offre grande flessibilità, consentendo a un utente di essere, per esempio, docente di un corso e studente di un altro. Se non basta, si può magari aggiungere un nuovo ruolo con dei privilegi specifici.

La gestione delle utenze è spesso critica nelle piattaforme, poiché si può avere l'esigenza di caricarne centinaia in una volta sola, importarle da un file Excel o un database complesso, farle iscrivere autonomamente, raggrupparle, inserirle in classi, rimuoverle. Gli LMS (per esempio Docebo o lo stesso Moodle) che consentono agli amministratori di automatizzare attività ricorrenti/complesse come queste non sono così comuni.

NOTA

Dimenticare un ruolo è uno degli errori più tipici e comuni quando si parte con la progettazione di un corso. Il Capitolo 5 potrebbe essere, almeno in parte, di aiuto per ricordarsi di tutte le figure che interverranno nel mio corso.

Contenuti

Un LMS contiene tutti i corsi e-Learning e i relativi materiali formativi e consente di "connetterli" e combinarli tra loro a seconda delle esigenze del gestore. Gli amministratori possono creare e gestire facilmente corsi e cataloghi, per erogare una formazione mirata, ma le caratteristiche di base da valutare quando si sceglie un LMS sono le seguenti.

- Interoperabilità e standard: vedremo in dettaglio nel prossimo capitolo come il mondo dell'e-Learning si appoggi a degli standard, che favoriscono il passaggio e l'interoperabilità di contenuti tra piattaforme diverse, come SCORM, AICC e xAPI.
- Inclusione di materiali esterni: non tutti i contenuti formativi sono creati internamente, quindi certi LMS consentono di integrare anche interi corsi da altrove. Ce ne sono di aperti, come le OER (Capitolo 14), o altri di natura commerciale, come possono essere quelli venduti da provider globali OpenSesame (`https://www.opensesame.com/`) e LinkedIn Learning (`https://www.linkedin.com/learning/`).

Vedremo anche questi nel prossimo capitolo in cui approfondiremo il tema dei contenuti.

Alcune piattaforme supportano la creazione di contenuti multimediali al loro interno, o permettono l'integrazione con degli online tool dedicati, senza quindi richiedere l'utilizzo di un software di authoring. In questo caso bisogna fare attenzione allo standard in cui viene salvato il contenuto: se si tratta di una codifica specifica per quella piattaforma, dobbiamo essere consapevoli che quel contenuto non potrà mai migrare su nessun'altra.

NOTA

Non di rado capita di trovare anche gli acronimi di LCMS (Learning Content Management System), ossia un sistema più focalizzato sui contenuti, e CMS (Content MS), laddove si intende un sito generico non necessariamente sviluppato per la didattica ma adatto alla raccolta e diffusione di determinati contenuti (anche, per esempio, i prodotti di un'azienda). Anche PLE (Personal Learning Environment) e VLE (Virtual LE) sono sigle frequenti, nate soprattutto per differenziare l'offerta da parte dei provider.

Strumenti di interazione

Praticamente tutte le piattaforme includono (o possono includere con delle estensioni) le funzionalità più "arcaiche" di comunicazione tra gli utenti, così come altre più recenti:

- integrazione con strumenti di videolezione come Zoom, Big Blue Button ecc. più raramente propongono un proprio tool, a eccezione dei colossi come G Suite che si porta con sé il solito Meet;
- chat di piattaforma (è in realtà sempre meno usata);
- forum per le comunicazioni asincrone;
- lavagna elettronica virtuale (whiteboard).

In questa sede non riteniamo approfondire oltre, poiché quanto trattato nei capitoli che precedono o seguono questo dovrebbe illustrare sufficientemente bene alcune delle tante possibilità che si hanno di "aumentare" il livello di interattività di base di una piattaforma.

Adattabilità e design responsive

I contenuti formativi dovrebbero essere accessibili in qualsiasi momento, ovunque, indipendentemente dal dispositivo utilizzato. I moderni LMS consentono ormai quasi tutti di accedere ai contenuti usando qualsiasi browser e tramite dispositivi mobile. Non tutti però ci riescono allo stesso modo, magari perché sono pensati per determinati contesti. G Suite, per esempio, spinge l'utente a usare il browser Chrome.
A volte i settaggi corretti per far sì che i miei contenuti si vedano bene sia su smartphone sia su PC sono ardui da trovare e, se usiamo dei software di authoring (Capitolo 9), potremmo avere delle situazioni nelle quali capire se una pagina diventa illeggibile perché non si adatta alla finestra del browser sarà molto difficile.
In termini generali, il consiglio è sempre quello di effettuare molti test prima di "andare in onda" con un corso, perché la responsività totale è un miraggio.

Personalizzazione e customizzazione

Le chiamano "white-labeling" e "personalizzazione del brand" indispensabili per rendere "nostro" l'ambiente di apprendimento. Chiaramente è un discorso che alla scuola pubblica interessa poco, ma in azienda è fondamentale nei suoi intrecci con il marketing. Alcuni LMS (LearnDash, per esempio, non a caso una sorta di estensione avanzata di WordPress) devono il loro successo alla possibilità di interagire con i "siti vetrina" delle aziende, e di creare un ambiente di formazione online allineato al brand, così da essere familiare e accessibile a dipendenti, partner e clienti.

Report e tracking

Si tratta delle funzionalità che consentono di monitorare e tracciare le performance degli utenti attraverso report personalizzati e dashboard con misurazioni sulle attività degli utenti stessi. Anche Moodle con gli anni è migliorato in termini di customizzazione grafica, e oggi si possono trovare siti dall'aspetto molto curato e moderno (Figura 8.2).

Figura 8.2 Power You Digital, nato su iniziative dello Human Age Institute di Manpower. Il sito, ben fatto e accattivante, è interconnesso con la piattaforma Moodle che viene poi usata nei corsi proposti.

Vedremo questo argomento più in dettaglio nel Capitolo 11, ma in generale possiamo dire che le funzionalità base degli LMS includono:

- completamenti del corso;
- date di iscrizione del corso;
- ultimo accesso da parte degli utenti;
- tempo totale dedicato a corsi e piani formativi;
- corsi attivi;
- corsi più visualizzati;
- punteggi di test/valutazioni;
- sessioni di formazione con istruttore (ILT);
- dati sulle transazioni e-commerce;
- report per i piani formativi;
- report per le attività degli utenti;
- report per gamification (per esempio, badge e concorsi);
- report per le certificazioni;
- report per attività di formazione esterna;
- report personalizzati basati su specifiche esigenze formative.

Sempre per tornare alla connessione con i sistemi di authoring per la creazione dei contenuti, è importante verificare la corretta interpretazione dei dati da parte dell'LMS.

Notifiche

Le notifiche automatiche permettono di avere sotto controllo in tempo reale progressi, completamento, certificazioni, obiettivi, commenti, contenuti generati dagli utenti e molto altro. Sono strettamente connesse ai sistemi di tracciamento e valutazione, oltre che alla normale calendarizzazione dei corsi e dei relativi eventi.

Le notifiche vengono difatti da alcuni incluse tra i meccanismi di engagement, poiché tanti corsi le usano per "mantenere il contatto" con il formando, ricordando loro non

solo gli appuntamenti fissati nel calendario (inizio lezioni, prove *in itinere* ecc.) ma anche per richiamare all'ordine coloro che si perdono per strada.
In molti LMS posso decidere di inviare notifiche agli utenti che stanno restando indietro, e al tempo stesso inviare al gestore del corso, e/o al docente, un report sull'andamento della formazione. Così, se a poche settimane dalla fine del corso mi accorgo che il 70% dei corsisti è ancora fermo al secondo modulo, forse devo correre ai ripari e aiutarli a procedere.

Gamification ed engagement

Vi dedichiamo un capitolo intero, ma vorremmo dedicarvici un libro, anche per smontare un po' l'idea trita della gamification come pura competizione. Da LearnDash a Moodle, ormai praticamente tutti gli LMS promettono "strumenti per esperienze di engagement gamificate", che però, nel 90% dei casi, si traducono in classifiche e punteggi per sfruttare quella che sul sito di Docebo troviamo descritta come "la natura competitiva dei dipendenti". Noi crediamo che favorire un apprendimento tramite delle pratiche ludiche sia un gioco sottile che va condotto con degli accorgimenti particolari, considerando anche leve di coinvolgimento come la creatività e la voglia di condividere, magari raccontando storie. Approfondiremo il tutto nel Capitolo 13.
In questa sede, accenniamo al fatto che le piattaforme spesso puntano a incrementare il coinvolgimento degli utenti e la retention delle conoscenze attraverso punteggi, badge, premi o ricompense di varia sorta, cosa comunque molto interessante, a mio avviso, più in termini di tracciamento che di stimolo ad apprendere.

Social learning

Più e più volte citata, questa modalità di apprendimento tra pari, basata sull'interazione tra corsisti (che in molti casi oggi mutua strumenti e metodi dal mondo dei social network), attualmente è supportata da molti LMS per promuovere le attività di formazione informale. In questi casi, la piattaforma include funzionalità a supporto di collaborazione, mentoring e condivisione delle conoscenze, come quelle per la creazione condivisa di documenti, mappe o altri artefatti digitali, anche in ottiche di project based learning.
Le comunità di pratica di cui si è più volte parlato sono un altro esempio di social learning, che in termini concreti può essere supportato da "classici" forum oppure integrazioni con spazi social come LinkedIn.
Per social learning si intendono anche i meccanismi di scambio di "playlist formative" tra utenti cui abbiamo accennato nel capitolo precedente. In quei casi, per esempio, un impiegato seleziona i propri "Top 10 Learning Video Tips" nella piattaforma, e la sua classifica può fungere da ispirazione ad altri suoi colleghi (tipicamente aventi le stesse mansioni) interessati a formarsi su argomenti affini.
I casi più estremi, come Edmodo, si spingono a emulare l'interfaccia e l'esperienza utente dei social generalisti come Facebook (Figura 8.3).

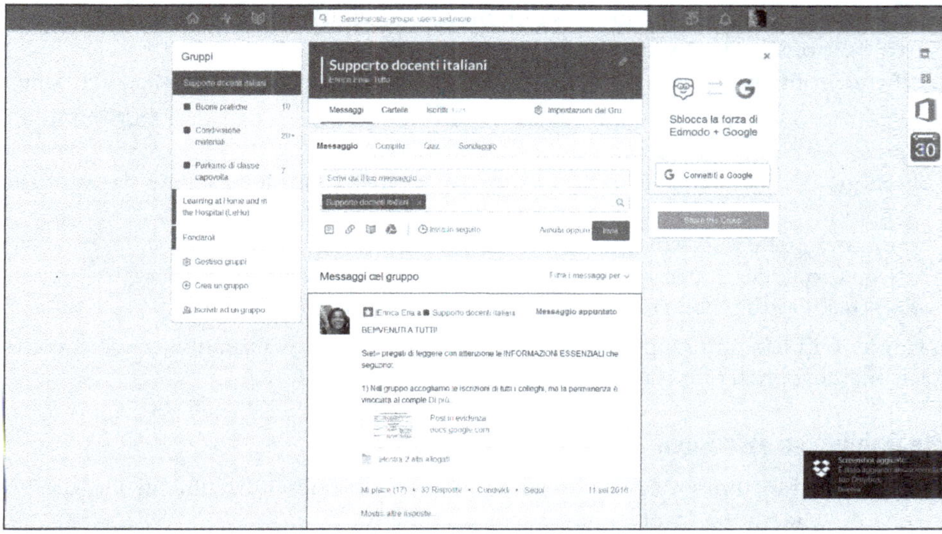

Figura 8.3 No, non è Facebook, ma è l'interfaccia di Edmodo, come appariva fino al 2016. Ora, come vedremo, Edmodo si è evoluto in maniera molto interessante e ha abbandonato questa attitudine imitativa a livello grafico.

Valutazione e certificazione

Anche per questo rimandiamo al Capitolo 12, in cui approfondiremo, non solo in un'ottica LMS, questi aspetti complessi sia dal punto di vista metodologico/pedagogico sia tecnologico. Qui possiamo accennare al fatto che in qualunque percorso di formazione gestito su piattaforma LMS è possibile impostare criteri di valutazione di un test e di conseguimento di un attestato finale. Inoltre, alcuni LMS più virati all'ambito aziendale ora hanno anche funzioni specifiche per gestire le casistiche di training ricorrenti/aggiornamenti continui/programmi di compliance, ossia di adeguamento a nuove leggi o normative. Qualunque HR di banche e compagnie di assicurazione, e così anche chi lavora nella Pubblica Amministrazione, sa bene di che cosa parliamo. Tali occorrenze vengono definite in gergo "retraining".

e-commerce

Accenneremo nel Capitolo 15 ad alcune leve interessanti per chi vende formazione online, sia individualmente sia per *training providers* aziendali. Qui possiamo dire in poche parole che un'integrazione con piattaforme come Shopify e con i più diffusi servizi di pagamento tramite carta di credito o altro, come PayPal e Stripe, è in genere indispensabile, soprattutto in un'ottica B2C (Business to Client, ossia verso il cliente individuale). Docebo e LearnDash (integrato con WordPress e Woocommerce) offrono tale possibilità in modo assai facilitato.

Supporto alla formazione d'aula

Come già sottolineato nel Capitolo 4, il modello spesso vincente è quello blended. Spesso gli LMS sono di supporto alla formazione d'aula, sia nel mondo aziendale sia in quello

della scuola o dell'università, in questi ultimi due casi a volte interagendo anche con i registri elettronici o i software di ateneo.
In generale, soprattutto per il mondo aziendale, possiamo identificare queste potenzialità:

- pianificazione delle sessioni d'aula, in termini di orari, classi e diverse edizioni di un corso;
- gestione dei formandi in termini di presenze, frequenza, formazione di eventuali gruppi ecc.;
- monitoraggio e tracciamento;
- assegnazione dei docenti/trainer ai corsi/progetti formativi/gruppi;
- eventuale hosting delle registrazioni video delle lezioni in aula.

In tal modo l'LMS potrà supportare con efficacia l'apprendimento, attraverso una combinazione di approcci formali e informali.

Integrabilità ed estensioni

A tutte queste funzioni se ne possono poi aggiungere altre, tramite strumenti che variano di volta in volta, spesso specifici di particolari contesti.
Tipicamente, nel mondo scolastico può servire di poter disporre di spazi di interazione visuale più avanzati per le materie come il disegno, oppure di componenti per inserire formule di matematica, chimica e fisica. In questo Moodle è probabilmente l'LMS più adatto, vista anche la comunità di sviluppatori open source che lo anima e che creano estensioni nuove in continuazione (non sempre facilissime da scovare e poi da integrare e usare).
I prodotti più orientati al mondo aziendale possono invece, tramite le API (Application Programming Interface), interrelazionarsi con i database di altre piattaforme, come CRM o sistemi di gestione del personale, o dei budget, come i prodotti di SAP. Docebo è tra queste.
Praticamente tutte consentono, a vari livelli, integrazione tra strumenti di videoconferenza (per esempio Moodle con BBB), altri software e applicazioni terze.

Privacy, GDPR e sicurezza

Per fare in modo che questo libro non raggiunga le dimensioni della *recherche* proustiana, ma che di quel capolavoro della letteratura mantenga più il potere evocativo dell'episodio delle madeleine che ne costituiscono il celebre incipit, ci troviamo costretti a sorvolare su alcuni argomenti. Abbiamo toccato lo spinosissimo tema della privacy, del GDPR e della sicurezza per i software di videolezione, rispetto ai quali gli accorgimenti in ambito LMS sono per certi aspetti simili.
Possiamo dire che, dall'introduzione della legge sul GDPR del 25 maggio 2018, tutti i fornitori di piattaforme e-Learning hanno fatto in modo di adeguare i propri prodotti a questo complesso sistema.
Voi potete, al momento della scelta, cercare per esempio di sincerarvi che l'LMS che andate a scegliere disponga di un sistema di gestione della sicurezza delle informazioni. Si chiama Information Security Management System (ISMS, ossia Sistema di gestione della sicurezza delle informazioni) e aiuta le aziende a individuare le misure tecnologiche e organizzative che consentono di proteggere il cosiddetto "patrimonio informativo" da qualsiasi minaccia. Se è certificato ISO 27001, meglio. In questo contesto, per esempio Docebo ha definito un programma completo per la sicurezza delle informazioni, per

garantire che l'azienda stessa, in qualità di fornitore di servizi in cloud, gestisca in modo sicuro i dati dei clienti e che i controlli di sicurezza implementati dall'azienda siano efficaci nel proteggere i dati degli utenti, fornendo un'adeguata copertura dell'art. 32 del GDPR. Sul tema privacy, per esempio Moodle consente di far comparire un'informativa sulla privacy a tutti gli utenti al momento in cui si loggano per la prima volta, in modo che essi possano "flaggare" il documento e accettare le condizioni di uso dei dati fornite dal gestore del corso e-Learning in questione.

Dotazione tecnologica di base

Se decidiamo di non affidarci a un provider esterno che fornirà l'LMS sulla base delle nostre richieste, possiamo decidere di installarne uno, per esempio un'istanza di Learn-Dash. In tal caso, un esempio di dotazione tecnologica per un corso da 300-500 utenti prevedrebbe:

- server dedicato;
- CPU 4-6 core;
- memoria 14 GB;
- spazio SSD 60 GB;
- PHP versione 7.3.16 o superiore;
- DB MySQL;
- phpMyAdmin versione 4.7.3 o superiore.

Lasciamo agli "smanettoni" più esperti l'interpretazione dei dati che, per tutti gli altri lettori, costituiscono solo delle astruse sigle e cifre. Per ora ci fermiamo qui.

Costi

Come avrete intuito, vista l'estrema vastità dell'offerta disponibile, il discorso sui costi si fa particolarmente complesso. Vedremo prodotto per prodotto quali sono le cifre in ballo, anche se pure questo non è molto facile, poiché alcuni dei seller di piattaforme non dichiarano le cifre sui propri siti, ma è necessario entrare in contatto con i relativi uffici commerciali per valutare caso per caso i costi.
Ciò che possiamo ricordare ai lettori è la triade di opzioni che si può presentare, in termini generali.

a. Se ho intenzione di ridurre a zero i costi, potrò usare spazi online gratuiti come Edmodo o WeSchool e approfittare di ciò che mi offrono: si tratta di una soluzione percorribile per una scuola ma difficilmente per un'azienda.
b. Se la mia azienda/istituzione dispone di personale (sistemisti, programmatori) e infrastrutture (server), potrà decidere di installare una piattaforma (per esempio LearnDash), anche open source (per esempio Moodle), e ridurre o azzerare i costi di acquisto, facendo appunto invece leva sulle proprie risorse.
c. Se preferisco affidarmi a un provider esterno, opterò per una soluzione in cloud, la quale potrà essere:
    1. del tutto *delegata* al fornitore, come accade per esempio per soluzioni chiavi in mano e automatizzate sul tipo di TalentLMS;
    2. oppure *acquistata* da un'azienda come Docebo, che seguirà tutto il processo e mi aiuterà anche nella progettazione, ed eventualmente anche nella realizzazione dei contenuti;

3. *gestita* da un'azienda di intermediazione (per esempio studi di design o aziende di consulenza IT) che mi supporti nella realizzazione di un prodotto *ad hoc*, tarato sulle mie esigenze e co-progettato con tale azienda, che a sua volta installerà un'istanza di una piattaforma come LearnDash.

A mio giudizio, spesso l'ultima delle soluzioni proposte è quella più facilmente percorribile per tutte le situazioni di piccole e medio-grandi dimensioni, diciamo (con molta approssimazione) fino a un migliaio di utenti distribuiti su una cinquantina di corsi.
Escludiamo ormai quasi *in toto* l'opzione di fare da sé partendo da zero, anche se software house o altri operatori del mondo IT possono agire indipendentemente con le proprie risorse e competenze in una strategia di coraggiosa autarchia.

Prodotti valutati

Docebo

`https://www.docebo.com/`

A tutti gli effetti quella che potremmo indicare come un'"Eccellenza italiana nel mondo". Si pronuncia "Docebo" e non "Dosibo", all'inglese, perché è un nome latino e gli autori di questo eccellente sistema sono italiani. Stiamo parlando di un prodotto ora adatto specificamente per l'azienda, anche se nato nel 2005 in modalità open source e per l'istruzione scolastica e universitaria.
Si tratta di una piattaforma in cloud eccellente e molto completa che si presta, *in primis*, a situazioni in cui l'azienda ha la possibilità di investire cifre non indifferenti, laddove poi ci sia l'intenzione di costruire percorsi didattici in cui la componente online ha un grosso peso (Figura 8.4).

Punti di forza

- Una soluzione completa, flessibile ed efficiente.
- Il team di Docebo segue il cliente in tutte le fasi del percorso e-Learning, offrendo già in partenza diverse soluzioni a seconda degli approcci che si vogliono seguire, che possono essere più incentrati sul mobile, il social learning o altro.
- Si presenta come un sistema articolato e complesso, al cui interno l'LMS (Docebo-Learn) è solo una parte. Altri prodotti sono:
  - *Docebo Discover, Coach & Share*, secondo un modello diciamo di "social-learning-on-the-job", dove gli utenti possono contribuire con i propri contenuti, scoprirne di nuovi, creare playlist personali e condividere domande e risposte;
  - *Extended Enterprise*, indirizzato soprattutto a chi vuole vendere/fornire formazione a partner o clienti.
- Offre integrazioni con molti altri ambienti, come CRM, in particolare Salesforce (`https://www.salesforce.com/it/` per la forza vendita), e molti altri sistemi quali:
  - HCM & HRIS (gestione personale);
  - E-Commerce & gateway di pagamento (per esempio PayPal o Shopify);
  - connettori SSO (Single Sign-On, per interagire con i siti/portali di cosiddetta "identità aziendale");
  - integrazioni di contenuti provenienti da content provider come LinkedIn Learning, Sesame o l'italiana Skilla con le sue "Pillole Formative®";

- authoring di contenuti, ossia Elucidat e Lectora, che vedremo nel prossimo capitolo;
- videoconferenza, con Zoom, i vari GotTo e altri.

- Tracciamento dettagliato, tramite lo strumento ForMetris, per misurare l'efficacia della formazione.
- Presenta funzioni di intelligenza artificiale.

Debolezze

- Poco adatto alla scuola: difficilmente oggi un'istituzione scolastica vi si affiderebbe.
- Proprio in virtù della vastità di soluzioni proposte, su alcuni Docebo può creare un effetto di smarrimento.
- È un prodotto che punta sempre più in alto, forse ora adatto soprattutto ad aziende medio-grandi.
- È certamente adattabile e customizzabile; tuttavia, trattandosi ormai di un colosso, non è adatto a chi cerca una soluzione snella, personale e affidabile per il proprio e-Learning.
- Anche se i prezzi non sono indicati, per esperienza sappiamo che, rispetto ad altri tipi di soluzioni, forse più modeste ma comunque efficaci, è spesso più caro.

Costi: lo smarrimento di cui sopra viene facilmente stemperato dalla possibilità di descrivere il proprio caso al team Docebo nella pagina relativa ai piani/prezzi (`https://www.docebo.com/it/piattaforma-lms-elearning-docebo-prezzi/`), dove campeggia la scritta "Facci sapere di cosa hai bisogno, al resto penseremo noi".

NOTA

Semplicemente la soluzione ideale per chi può investire in un LMS performante e affidabile proprietario. Per la cronaca, il suo antenato open esiste ancora e ha generato, tra gli altri, FORMA LMS (`https://www.formalms.org/`), per il quale è stato usato lo stesso codice sorgente di quando Docebo era open ed è un'ottima piattaforma.

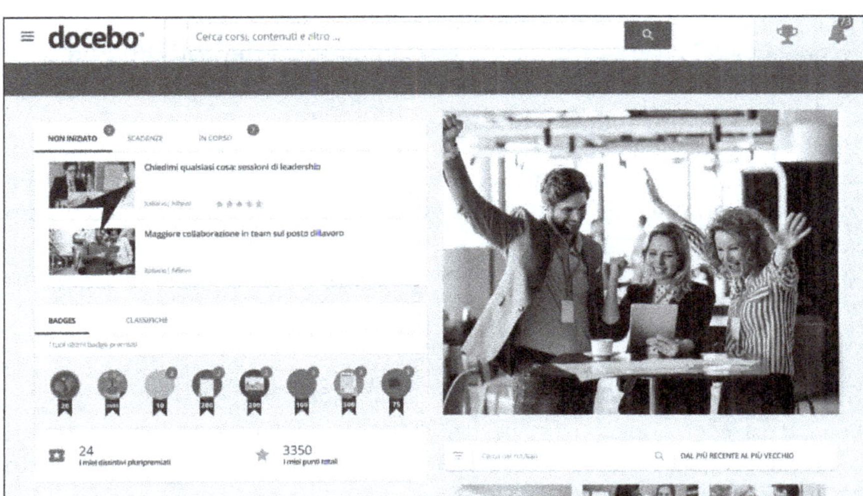

Figura 8.4 Uno screenshot dal video che presenta Docebo (https://www.youtube.com/watch?v=G81bfLLL2q0).

Edmodo

https://www.edmodo.com/

Piattaforma di social learning per eccellenza, pensata per il mondo della scuola.

Ora non ricorda più Facebook in modo così smaccato, ed entrando, gratuitamente, ci si accorgerà che in realtà l'ambiente è assai pulito e ben organizzato per l'apprendimento (Figura 8.5). Edmodo è, a tutti gli effetti, una piattaforma gratuita e a disposizione di chiunque voglia creare delle classi virtuali: funziona in cloud, non necessita di installazione e consente di accedere come docenti, studenti o genitori al momento della registrazione. I primi possono poi creare delle piccole classi virtuali, le quali saranno contraddistinte da un codice, che Edmodo raccomanda in modo molto chiaro di *non* condividere fuori dalla propria classe, onde evitare intrusioni. Il codice fornisce la chiave univoca di ingresso all'interno di una specifica classe virtuale, tipicamente la vostra 1D, 4C o altro, ma più spesso un gruppo o una materia di una certa classe. Per fare un esempio, un docente di matematica della 3F può creare il proprio spazio online dove far accedere solo i propri studenti, fornendo loro il codice di persona in classe oppure anche invitandoli online tramite un'ulteriore apposita funzione ("join URL", ossia dando loro l'indirizzo web della classe). Il sistema preferisce esprimersi appunto in termini di "gruppi" e non classi. Questo per svariate ragioni, per esempio un docente di una determinata materia può creare uno spazio online relativo alla propria disciplina, facendovi accedere studenti di classi "reali" diverse. Si possono perfino generare degli small group funzionali a lavori di 3 o 4 studenti assieme e inviare notifiche specifiche per ogni raggruppamento. Questa funzione è utilissima per esempio se in una sezione si vuole lavorare su argomenti interdisciplinari: in quel caso torna molto utile anche la possibilità di affidare la composizione di un gruppo a diversi co-docenti.

Si può individuare e monitorare chi ha accesso al proprio gruppo, creare delle cartelle all'interno delle quali caricare documenti o creare link da altri sistemi, come la suite di Office 365 di Microsoft, azienda con la quale – è importante dirlo – Edmodo ha stretto rapporti commerciali molto solidi, così come con Google (infatti anche i file di G Drive sono facilmente integrabili in Edmodo), e inoltre ogni utente può collezionare in una propria library oggetti digitali di ogni tipo, per poi eventualmente condividerli.

Edmodo si presta molto bene a "realizzare interventi didattici strutturati come processo (di collaborazione, produzione, aggregazione e condivisione) da realizzarsi con l'impiego combinato di più strumenti/tecnologie" (Troia, 2015).

Va sottolineato come (cosa comune) l'interfaccia di studenti e insegnanti differisca in modo sostanziale. In quella dei docenti, per esempio, troveremo la gestione dei sistemi di valutazione, all'interno di una funzione chiamata *Registri*, che permette anche l'uso dei badge e di certificati.

Come detto, molti professori in Italia usano già questo interessantissimo ambiente di apprendimento online, dove tra l'altro l'interfaccia è disponibile in molte lingue, tra cui l'italiano.

Punti di forza

- Molto semplice da usare.
- Possibilità di partecipazione da parte dei genitori, con i quali può servire, da parte del corpo docente, di gestire l'informazione sulle attività didattiche in modo strutturato e protetto.
- Per gli studenti esiste un tool di "zainetto" (backpack) dove nessun docente può ficcare il naso ed è uno spazio digitale illimitato, ottimo per caricare presentazioni, musiche, filmati.

- Oltre alle funzionalità di base è possibile integrare app aggiuntive che consentono, per esempio, la realizzazione del proprio avatar personalizzato sino ad applicazioni specifiche per materia o ambiti di lavoro (interessante la sezione sulla special education che raccoglie anche giochi per dislessici).
- Quasi tutte le applicazioni aggiuntive sono gratuite.
- Fornisce toolkit e tutorial a supporto dei docenti, tra cui un'utile guida postCovid-19.
- Rispettosa della privacy: non richiede email agli studenti (a docenti e genitori sì) per l'iscrizione ma un semplice codice fornito dal docente.
- Particolarmente apprezzata dai docenti dell'infanzia primaria proprio per il suddetto motivo.
- Dispone di una app mobile ben fatta, quindi è usabile su smartphone e riduce il digital divide.

Debolezze

- È gratuita, ma contiene pubblicità a volte invasive.
- Se si hanno molte classi può divenire caotica.
- La semplicità d'uso si paga con un numero limitato di funzionalità.
- Edmodo è piuttosto orientato al modello anglosassone. Non ci interessa addentrarci nei meandri di una discussione sui modelli educativi, ma ricordiamoci che i sistemi a quiz che spesso sono proposti in queste piattaforme non sono (a giudizio di chi scrive) il massimo in termini didattici.

Costi: completamente gratuita, e proprio per questo un po' inquietante.

NOTA

Edmodo è supportato da molte comunità di docenti proattivi, anche in Italia. Quindi, se vi affacciate per la prima volta a questo mondo, connettersi a una di esse può fare al caso vostro: `https://new.edmodo.com/groups/supporto-docenti-italiani-8663023`.

Figura 8.5 L'interfaccia odierna (luglio 2020) chiara e minimale di Edmodo.

Google Classroom

`https://classroom.google.com/`

Rientra nella G Suite for Education: `https://edu.google.com`.

Per sottolineare la nostra partigiana preferenza accordata ai movimenti open, ci permettiamo di prendere di peso la descrizione che l'enciclopedia aperta per eccellenza fa di questo sistema:

> Google Classroom è un servizio web gratuito sviluppato da Google per le scuole e le università che mira a semplificare la creazione e la distribuzione di materiale didattico, l'assegnazione e la valutazione di compiti on line. Lo scopo principale di Google Classroom è quello di semplificare il processo di apprendimento degli studenti attraverso la condivisione di contenuti tra insegnanti e studenti. È stata introdotta come funzionalità di G Suite for Education il 6 maggio 2014, e pubblicata il 12 agosto 2014. Nel marzo 2017, Google ha aperto Classroom per consentire a qualsiasi utente personale di Google di partecipare alle lezioni senza l'obbligo di avere un account G Suite for Education, e in aprile è diventato possibile per qualsiasi utente personale di Google creare ed erogare una lezione.

Come si può notare, l'accento è posto sulla "semplicità", fattore che, unito alla familiarità che quasi tutti hanno ormai con i prodotti Google, rende effettivamente questo strumento una piattaforma estremamente diffusa. Suggerita, non senza polemiche, anche dal nostro MIUR durante il lockdown 2020, tutta la G Suite ha trovato ampia diffusione presso scuole, per le quali è gratuita, e altri tipi di istituzioni pubbliche e private.

Dotata appunto di un'interfaccia estremamente minimale e piuttosto chiara, nella sua versione base offre quanto necessario a un docente per gestire una classe senza eccessive difficoltà. L'integrazione con Meet (*Aggiungi Meet al tuo corso*) e in generale con tutto il pacchetto Google, permette una comoda gestione dei documenti condivisi e uno spazio in cloud sempre disponibile (Figura 8.6).

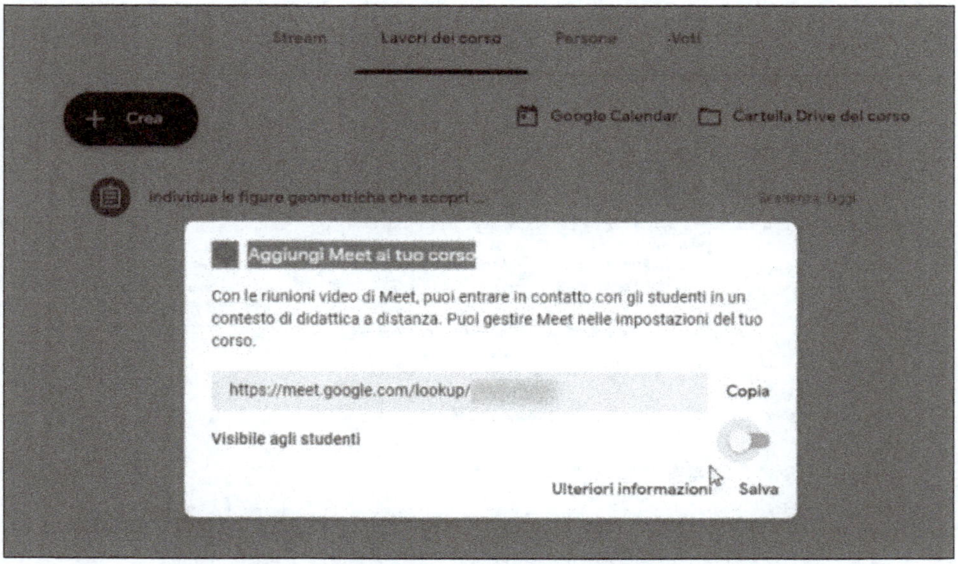

Figura 8.6 La finestra per "agganciare" Meet a una classe, operazione decisamente semplice.

Necessita di un account specifico per accedere, che di solito viene generato dalla scuola (o dall'azienda, nel caso della licenza Enterprise) al momento dell'iscrizione. Classroom si può quasi considerare più un'estensione di Google Drive.
In termini di sicurezza sussiste qualche problema di chiarezza: contrariamente ai servizi commerciali di Google, Google Classroom, come parte di G Suite for Education, non mostra alcun annuncio pubblicitario nella sua interfaccia per studenti, docenti e insegnanti e i dati degli utenti non vengono sottoposti a scansione o utilizzati a scopi pubblicitari. Tuttavia, nel 2020, lo Stato americano del New Mexico ha intentato una causa contro Google per violazione della legge sulla protezione della privacy online dei bambini. Google è stato accusato di aver raccolto e archiviato dati degli studenti come la cronologia e le posizioni di navigazione (Singer, Wakabayashi, 2020). Le critiche in termini di privacy a Google Classroom sono spesso associate a critiche su Chromebook (un dispositivo hardware con sistema operativo Chrome di Google, spesso ottimizzato per l'apprendimento) e G Suite.

Punti di forza

- Facile da usare, accessibile da qualsiasi device.
- Se si usa Chrome, è possibile incrementare le funzioni con le tante estensioni disponibili che ogni utente può o meno installare.
- Permette al docente di controllare le applicazioni che gli studenti possono usare.
- Consente di fruire in differita dei contenuti dei webinar condotti in Meet, funzione utile in ottica digital divide, per favorire gli utenti che, anche momentaneamente, potrebbero avere una banda debole.
- Consente la realizzazione di siti integrati in G Suite, gestibili direttamente da quello della classe, funzionalità ottima anche per far fare siti agli studenti.
- È estremamente performante, poiché ha alle spalle la potenza di calcolo, la velocità e la sicurezza dei server Google.
- L'estrema diffusione fa sì che in Rete si trovino miriadi di esperienze, consigli d'uso e buone pratiche (si rischia a volte di perdersi).
- Viene aggiornato e migliorato di continuo.
- È gratuito per le scuole.

Debolezze

- Spinge l'utente a usare il browser Chrome di Google.
- Non si possono gestire le iscrizioni ai corsi: la "classe" viene già creata con i partecipanti all'interno, a cui vengono date delle credenziali di accesso.
- Non è possibile preconfigurare dei percorsi di apprendimento, per esempio subordinando degli elementi didattici ad altri (per esempio, non posso dare accesso al test finale in seguito alla visione di tutti i contenuti precedenti).
- Non è possibile aggiungere file secondo lo standard SCORM (vedi Capitolo 9).
- Non considera valutazione e tracciamento: non c'è un registro né report.
- La gestione di test e compiti è forse meno immediata che in altre piattaforme, poiché non è automatizzata. Per questo e i punti precedenti non lo si considera un vero LMS.
- Supporto limitato o assente per file o servizi esterni.
- Mancanza di chat dal vivo che possono aiutare nelle attività di feedback.
- Studenti e docenti soffrono la scarsa possibilità di personalizzazione del layout, semplice sì, ma perfino semplicistico e poco attraente nel suo apparire neutro (Figura 8.7).

- Il suo essere continuamente aggiornato e migliorato come servizio cloud fa anche sì che a volte gli utenti si ritrovino spiazzati dai cambiamenti e a volte anche impotenti di fronte allo strumento che si modifica sotto i loro occhi. Senza dubbio alcune delle informazioni qui riportare saranno obsolete al momento in cui leggete.
- È uno strumento proprietario di una multinazionale che ha, tra i propri obiettivi, quello di "conquistare" il mercato dell'istruzione.

Costi

- G Suite for Education – gratuita per le scuole, e Google assicura sul sito che "resterà tale". Comprende:
  - email a livello di istituto grazie a Gmail;
  - calendari condivisi;
  - spazio di archiviazione sulla cloud illimitato;
  - collaborazione di classe con Google Classroom;
  - conferenze video e voce con Meet;
  - accesso tramite telefono alle riunioni (solo per gli Stati Uniti);
  - assistenza di base.
- G Suite for Enterprise for Education – per gli istituti che acquistano licenze individuali, il prezzo di vendita annuale consigliato dal produttore è:
  - 48 dollari/utente/anno per i docenti e il personale;
  - 48 dollari/utente/anno per gli studenti;
  - questa versione è acquistabile tramite i partner di Google, contattabili tramite un formulario apposito: `https://edu.google.com/intl/it_it/products/gsuite-for-education/editions/contact/?modal_active=none`;
  - la versione include tutte le funzionalità di G Suite for Education e offre in più strumenti premium come sicurezza avanzata, maggiore controllo e riunioni video stabili, inoltre:
    - possibilità di arrivare fino a 250 partecipanti per le sessioni live di Meet;
    - live streaming fino a 100.000 "spettatori";
    - registrazione di tali eventi live;
    - ricerca intelligente in tutti i prodotti G Suite con Cloud Search;
    - assistenza avanzata;
    - una serie di funzioni di sicurezza, tra cui il controllo degli accessi di token, rapporti di amministrazione complessi e associati a Gmail, strumenti di indagine sulla sicurezza, rilevamento delle anomalie (per ora in beta) e altro.

NOTA

La soluzione ideale per chi gestisce una scuola e non vuole avere troppi pensieri, e magari è costretto ad adottare l'e-Learning di fretta... come quasi tutti nella primavera 2020. Ora che c'è (forse) più tempo per valutare e approfondire, conviene decisamente considerare le alternative.

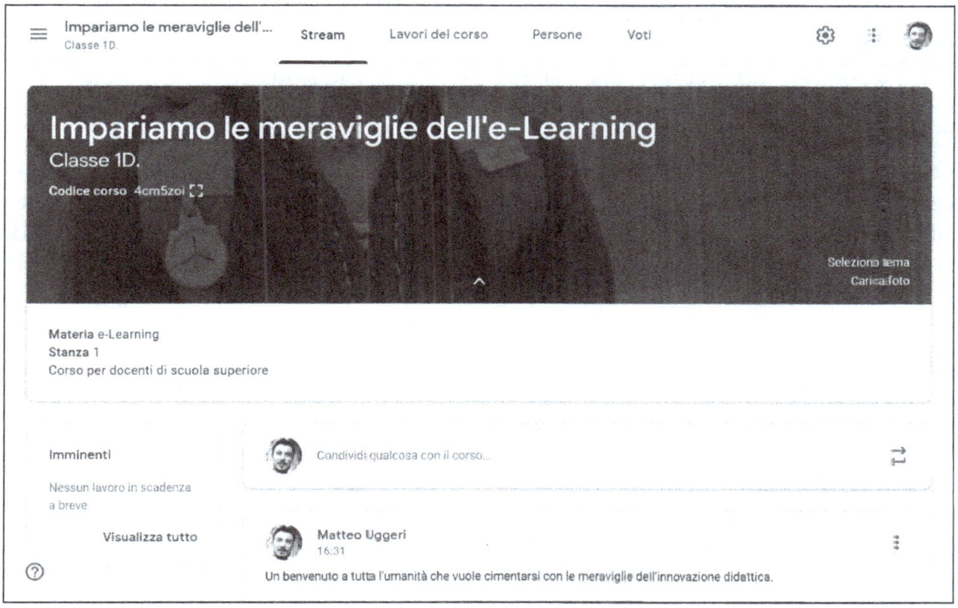

Figura 8.7 La neutra e chiarissima interfaccia home di un corso in Classroom.

Moodle

`https://moodle.org/`

Cambiamo mondo, cambiamo paradigma e gettiamoci nell'open source. Moodle (acronimo di Modular Object-Oriented Dynamic Learning Environment) è stato creato da Martin Dougiamas, un ex amministratore web alla Curtin University, in Australia, che, con alle spalle due lauree in informatica e scienze dell'apprendimento, ha in qualche modo rivoluzionato il mondo dell'e-Learning. Moodle può anche essere considerato un verbo che "descrive il processo di improvvisazione nel fare le cose che debbono essere fatte, un modo di fare che porta spesso all'intuizione e alla creatività", definizione che compariva nella pagina di Wikipedia fino al 2012. Oggi vi si trova una descrizione diversa e forse più fredda.

NOTA

Dougiamas è un tipo assai disponibile e aperto, che ho avuto modo di conoscere a Open Education Global nel 2019 (ne parliamo nel Capitolo 14), e posso in qualche modo confermare che l'orientamento militante della sua organizzazione non sembra essere tradito né dai modi né da quanto l'australiano afferma in pubblico e in privato. Certo, non si può mai sapere, ma l'idea è che ci sia una certa autenticità in ciò che porta avanti da tanti anni.

È decisamente più orientato verso le aspettative di chi insegna in una scuola e non di chi fa formazione professionale, sebbene ora trovi ampia diffusione anche nel mondo corporate. La grafica, inizialmente un grosso punto debole, che costringeva UI e UX Designer ad acrobazie per rendere un'istanza di Moodle appealing, negli anni è molto migliorata rispetto alle versioni iniziali. Volendo metaforizzare in modo piuttosto ardito, la differenza che passa tra Docebo e Moodle è pressappoco quella che passa tra un buon hotel e un onesto agriturismo. C'è chi preferisce l'uno o l'altro, ma è anche vero che a seconda di dove ci troviamo cambia ciò che meglio si inserisce nel paesaggio. Le feature di Moodle sono all'incirca le stesse di molte altre piattaforme come appunto Docebo, e di recente si può dire che anche gli strumenti di assessment e tracciamento dei percorsi degli studenti, che una volta erano decisamente inferiori rispetto ai concorrenti "proprietari", oggi sono altrettanto elaborati e completi. Infatti, similmente ad altri programmi open source, anche per Moodle vale la regola che la comunità di sviluppatori progetta e mette a disposizione diversi plug-in e funzioni per allargare le potenzialità della piattaforma.

Districarsi in mezzo alle numerose possibilità offerte da Moodle non è così facile. Il problema principale per l'utenza è proprio che se si desidera usare Moodle è comunque necessario installarlo su un server e gestire il programma dal lato amministrativo-informatico. Cose entrambe non particolarmente costose né in termini economici né di tempo e risorse, ma che comunque prevedono delle competenze che raramente fanno parte di quelle dell'"utente comune" o del docente. Di conseguenza è la scuola (o l'università, o l'ente) a doversi far carico di questo tipo di sforzo, al fine poi di mettere a disposizione l'ambiente didattico alla comunità di docenti e studenti.

Il nostro consiglio è comunque quello di "smanettare" un po' con Moodle usando le possibilità di versioni demo che il sito mette a disposizione:

- Mount Orange School, un esempio di sito scolastico con tanto di vari corsi, attività e utenti fittizi;
- Moodle Sandbox, un sito Moodle completamente vuoto a nostra disposizione per sperimentare ciò che si può fare a partire da una *tabula rasa*.

Il primo caso è, a nostro avviso, il più interessante, perché vi permette di "interpretare" diversi ruoli: docente, studente, genitore, manager del sito ecc. In tal modo vi potete fare un'idea di come funziona l'intero sistema senza pericolo di far danni (Figura 8.8).

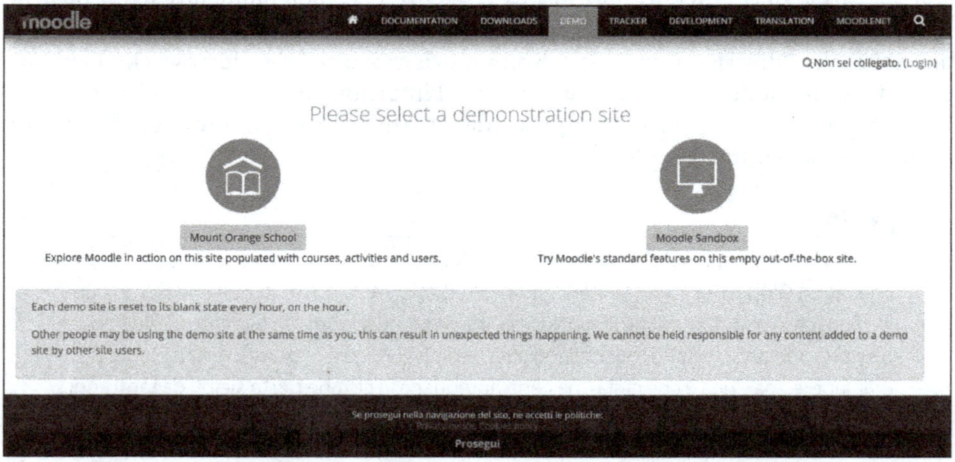

Figura 8.8 Il sito di Moodle consente di sperimentare l'LMS tramite delle istanze "demo".

Nelle vesti di Barbara Gartner, studentessa fittizia che vi viene proposto di interpretare, potrete sperimentare di tutto, e stessa cosa come docente, Jeffrey Sanders:

- postare un messaggio nel forum e allegare un file, caricare un'immagine e inserire un video come elementi di prova;
- compilare degli esercizi in modo indipendente all'interno di una lezione;
- vedere le ultime novità e le comunicazioni da parte dell'insegnante alla classe;
- accedere a una cartella di risorse;
- aprire una presentazione di PowerPoint messa a disposizione della classe;
- accedere a un oggetto di apprendimento gamificato;
- vedere i vostri badge;
- controllare gli eventi del calendario e aggiungerne uno;
- fare un quiz con sezioni e le domande condizionali;
- inviare un compito (individuale o di gruppo) e ottenere un voto con feedback da parte dell'insegnante, con tanto di dichiarazione al momento dell'invio, per "garantire" che il lavoro è il proprio;
- ecc.

In tutte le modalità di demo suddette si tratta in sostanza di avere accesso a spazi virtuali messi a disposizione da Moodle stesso e che vengono "ripuliti" ogni ora, quindi tutto quello che ci farete scomparirà nel giro di qualche decina di minuti, ma almeno potrete farvi un'idea di come funziona (oppure mostrarlo al vostro dirigente scolastico per convincerlo ad adottare questo LMS per la vostra scuola!).

Punti di forza

- Soluzione eticamente ottima in termini di open education.
- È supportato da un'immensa comunità.
- Se si dispone di infrastrutture e professionisti adeguati, è virtualmente gratuito.
- Potenzialità infinite in termini di customizzazione (non semplicissima) e funzionalità.
- Sono disponibili componenti *ad hoc*, di cui alcuni, per esempio, per specifiche materie, come quelli necessari alla visualizzazione delle formule chimiche o di fisica, e sono sviluppati da appassionati o dai tanti Moodle Partners, ossia aziende specializzate che si occupano di implementare tutto ciò che nella versione di base manca.
- Gli stessi Moodle Partners possono essere contattati come fornitori di servizi per l'installazione di istanze Moodle.
- Essendo open source, se ho bisogno di "far fare qualcosa" alla piattaforma che non è previsto, posso realizzarlo per conto mio, o farlo implementare da degli specialisti.
- Come molte altre piattaforme, ora l'LMS è corredato di molti altri "prodotti", tra cui segnaliamo il recente Moodle Educator Certification (MEC), ossia un curriculum completo di insegnamento e apprendimento progettato per aiutare i docenti a sviluppare conoscenze e competenze digitali.
- Viene spesso usato anche per realizzare MOOC (per esempio in Italia `www.ariannascuola.eu`).

Debolezze

- In termini di UX, non possiamo dire di trovarci di fronte al prodotto più usabile e immediato.
- La customizzazione è meno facile che in altri prodotti, a meno che non si disponga di bravi professionisti UI (Figura 8.9).

- L'articolazione complessa di tutte le opzioni che offre rende complessa anche la gestione del menu di amministrazione, rendendo talvolta difficile districarsi nella miriade di opzioni e di settaggi di ogni modulo.
- Le integrazioni offrono spesso dei costi e dei compromessi da definire.

Costi

- Self-hosted (ossia installato sul proprio server) – gratuito, seguendo le istruzioni qui: `https://download.moodle.org/`.
- MoodleCloud (ospitato su un server di Moodle) – sono molto articolati e vanno dagli 80 dollari all'anno per 50 utenze con 200 MB di storage massimo (piuttosto poco) fino ai 1.000 dollari all'anno per la soluzione Medium for School, con 500 utenti e 1 GB di storage. Le funzionalità a disposizione aumentano. Oltre le 500 utenze va contattato il fornitore.
- Rivolgersi a partner Moodle certificato (o meno) – il sito offre la possibilità di trovarlo a questa pagina: `https://moodle.com/it/partner/`.

Nel complesso, si tratta secondo noi della soluzione più sensata.

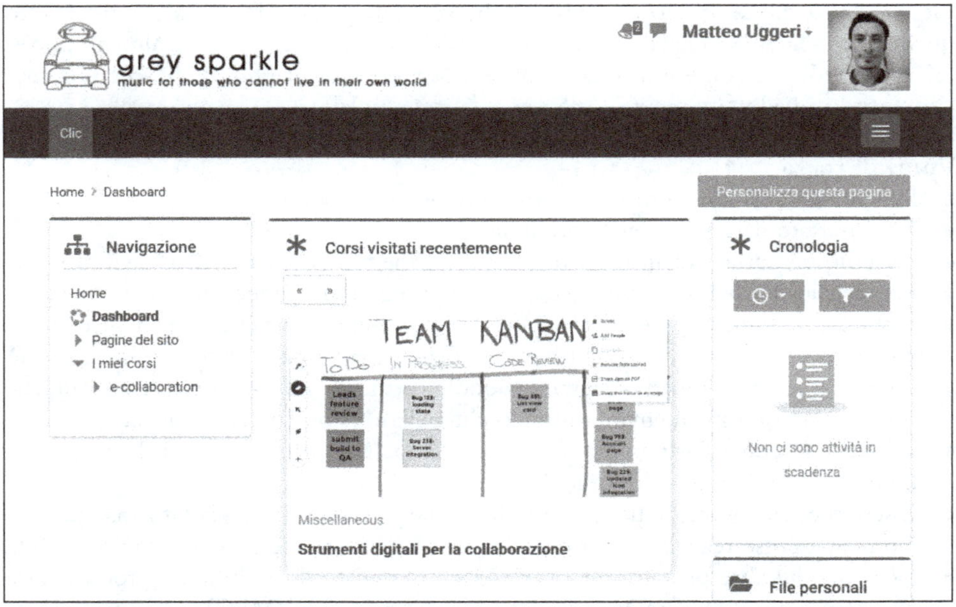

Figura 8.9 Ecco come si può presentare la dashboard di Moodle con un basso livello di customizzazione.

> **NOTA**
>
> Potremmo dire che Moodle è la soluzione ideale per chi ha uno spirito indipendente, per chi ha risorse adeguate in termini IT, oppure che preferisce investire nel supporto di un'azienda del ramo che costruisca una piattaforma secondo le proprie esigenze, affidabile, sicura e completa. Inoltre, tra le risorse utili in Rete su Moodle, consigliamo vivamente quella offerta dal caro vecchio sito `html.it`, punto di riferimento storico per gli "smanettoni"

della rete "Moodle Learning Platform, la guida": https://www.html.it/guide/moodle-learning-platform-la-guida/. Oppure esplorate le buone pratiche esposte nel numero delle rivista *Bricks* dedicato a questo eccellente prodotto, "Moodle a supporto della didattica": http://www.rivistabricks.it/2019/12/10/n-4-2019-moodle-a-supporto-della-didattica/.

WeSchool

https://www.weschool.com/

Nata su iniziativa di Marco Rossi nel 2016 come repository open di materiali per studenti (si chiamava OilProject), oggi è usata da milioni di persone, ospita 7.000 lezioni e fornisce una serie di funzionalità vicine a quelle dei prodotti sopra. Con alle spalle diversi sponsor privati, *in primis* TIM, e tra quelle consigliate dal MIUR al momento dell'emergenza coronavirus (ancora oggi presente sul sito del Ministero, assieme a G Suite e Microsoft Office Education 365: https://www.istruzione.it/coronavirus/didattica-a-distanza.html), è certamente una piattaforma interessante e ben strutturata, di sicuro molto ben comunicata. Ci piace lasciare a WeSchool stessa il piacere di presentarsi, quindi carpiamo dal sito alcune frasi:

> Non riesci a trovare lo strumento per la didattica da usare sia in preparazione alle lezioni frontali, sia durante, sia dopo? Utilizza Wall, Board e Test per preparare le tue lezioni e lascia che siano i tuoi studenti a creare nuovi contenuti. Prepara verifiche in classe e compiti a casa in pochi clic. Combina strumenti, siti web e contenuti di qualsiasi tipo. Trova il mix perfetto.
> [...]
> Ti piace la Flipped Classroom ma trovi difficile integrare le attività in classe con quelle a casa? Assegna ai tuoi studenti esercizi e approfondimenti da svolgere prima della lezione in aula. In classe concentrati su dubbi e domande. Stimola il dibattito utilizzando la stessa piattaforma su cui gli studenti si sono preparati. Prova a capovolgere un corso intero!

Sono dichiarazioni roboanti, ma che in sostanza corrispondono a ciò che offre, sebbene il tutto lasci spazio ad alcune perplessità.

Punti di forza

- È gratuita per tutti.
- L'interfaccia è di uso molto chiaro e immediato, similmente a Classroom, ma con molto più appeal grafico.
- È italiana.
- Viene offerta già con l'integrazione con Jitsi, che abbiamo visto essere un ottimo tool open source per la didattica in real-time.
- È pensata in modo molto sensato per una didattica blended e per modelli di flipped classroom, come dichiarato sopra.
- Consente di integrare contenuti didattici da svariate fonti: YouTube, Dropbox, Google Drive, e alcuni social come Instagram.
- Non richiede, come G Suite, un'autorizzazione della scuola ma qualunque docente in pochi minuti può attivarla e dare i codici di accesso agli studenti.
- Dispone di un buon numero di funzionalità (molte più di Edmodo, meno di G Suite ma più focalizzate sull'insegnamento/apprendimento).
- Esiste una app essenziale, priva di pubblicità e ben realizzata.

- Include la funzionalità *Registro* molto utile per uno sguardo di insieme delle attività svolte con gli alunni.
- La funzione di *Registro* è ottima per il tracciamento degli studenti e delle loro attività.
- Creare verifiche ed esercizi è molto facile.
- Al momento di loggarsi si viene accolti egregiamente grazie a una serie di tutorial d'uso ed esempi di corso molto chiari (Figura 8.10).

Debolezze

- È partecipata da Telecom, quindi adottarla significa comunque legare la scuola al mondo del privato.
- Il sistema di notifiche è un po' rudimentale.
- Jitsi, come detto nel Capitolo 6, presenta alcuni limiti in termini di prestazioni.
- Il linguaggio usato per promuoverla (ma questa è una pura opinione di chi scrive) ha dei toni forse eccessivamente commerciali per un prodotto destinato alla scuola.

Costi: è del tutto gratuita, sebbene il supporto dei capitali privati generi alcune perplessità.

NOTA

Forse la soluzione ideale per la scuola se non si può investire e si desidera conservare un grado minimo di autonomia, mantenendo grande facilità d'uso, immediatezza nell'attivazione e un buon livello di protezione della privacy degli utenti. Il plus dei tanti materiali didattici mutuati da OilProject non è da poco.

Figura 8.10 L'accoglienza di WeSchool al momento del primo login come docenti.

Altri prodotti

Blackboard

`https://www.blackboard.com/it-it`

Concorrente diretto di Docebo nel mondo aziendale, molto diffuso in quello universitario, Blackboard è un vero colosso LMS cui non manca praticamente alcuna funzione. In Italia può essere interessante dare un'occhiata al sito dell'Università Cattolica del Sacro Cuore, la quale ha affidato tutti i propri corsi proprio alla piattaforma americana a partire dal 2000.
Si tratta di una scelta molto interessante, ma anche discutibile, poiché spesso tali sistemi sono progettati pensando al sistema scolastico d'oltreoceano, il quale è diverso dal nostro. Ciò detto, è anche vero che Blackboard è uno strumento estremamente flessibile e quindi con tutta probabilità l'Università Cattolica avrà avuto modo di configurarlo secondo le proprie specifiche esigenze.
I costi sono piuttosto alti, e per conoscerli conviene entrare in contatto con Blackboard stessa.

TalentLMS

`https://www.talentlms.com/`

Solo ragioni di spazio fanno sì che questo eccellente LMS non sia trattato al pari dei primi quattro sopra. La facilità d'uso è strepitosa, grazie a un lavoro di UX design di altissimo livello. Le opzioni offerte già nella modalità base sono sufficienti a creare fino a tre corsi completi e la loro gestione.
I livelli di utenza sono chiarissimi e, nella modalità free, si può passare dall'uno all'altro in modo fluido ed elementare, facendosi così un'idea di che cosa vuol dire gestire dei corsi e-Learning. L'accoglienza per i nuovi utenti è eccezionale e costruita secondo le modalità tipiche dei software di e-Collaboration, step-by-step per opzioni, come vedete nella Figura 8.11.

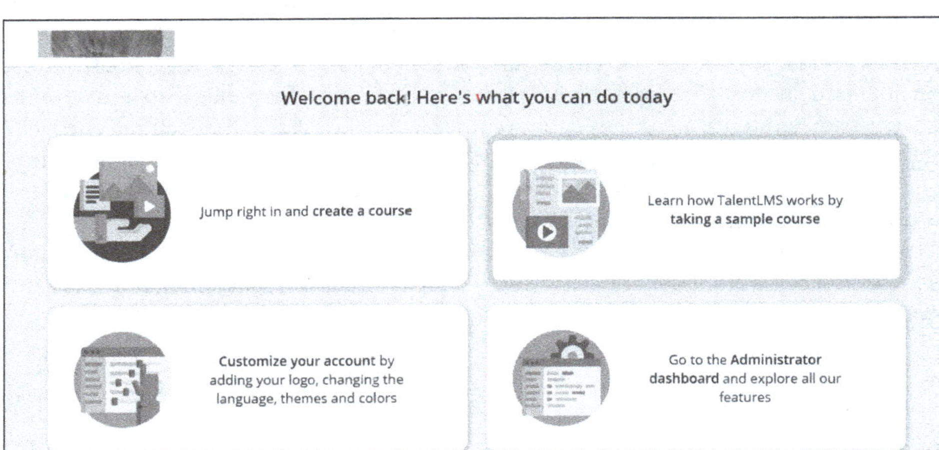

Figura 8.11 Le quattro macro-opzioni proposte al momento del login.

Anche la customizzazione di un proprio corso test fila liscia come l'olio e l'esplorazione delle tante funzioni di tracciamento, valutazione, caricamento materiali e quant'altro è quanto di più immediato e graficamente eccellente si possa immaginare.
Sì, lo ammetto: il mio background di studi di design fa battere il cuore per questo prodotto e rinuncio all'imparzialità (come fosse la prima volta!).
Il costo va dalla totale gratuità per 5 utenti, fino a 10 corsi, con varie opzioni scalate su diversi piani standard: 40 utenti (59 dollari/mese), 100 (129 dollari/mese), 500 (249 dollari/mese) fino alla Premium, fino a 1.000 utenti a 429 dollari al mese. Poi si passa ai piani Active, simili ma più flessibili in termini di numero di utenze, ossia con proporzioni variabili a seconda di ogni nuovo user, cosa che la rende perfetta per chi vende corsi online. Come sempre l'opzione "massiva" Enterprise richiede il contatto con il provider.

NOTA

La soluzione che consiglierei a tutti coloro che vogliono provare a costruire ed erogare uno (o dieci) corsi online, cercando di capire come si fa, in autonomia e totale gratuità. I costi piuttosto contenuti lo rendono anche un'ottima soluzione da adottare per piccole e medie aziende, ma non lo scarteremmo neppure per quelle grandi.

TesTeach Blendspace

`https://www.tes.com/lessons`

Oggi si parla anche molto spesso di "aggregatori" di contenuti; ossia i repository non contengono in sé i materiali del corso, ma fanno da aggregatori di materiale che è già presente altrove in Rete. Per esempio, spesso le piattaforme forniscono la possibilità anche semplicemente di creare un link a un video presente su YouTube e mostrarlo al proprio interno come fosse perfettamente integrato. Una di queste, assai diffusa nel mondo della scuola, è Tes Blendspace.
Tra le app integrabili in Edmodo ci si può imbattere in TesTeach Blendspace, un tool elementare ma dalle potenzialità interessanti. Si tratta di un aggregatore di contenuti di ogni tipo: video, pagine web, file personali e perfino risorse presenti su repository didattici, generalmente del mondo scolastico USA; quindi poco usabili da noi. Consiglierei TesTeach Blendspace a chiunque voglia approcciarsi all'e-Learning per la prima volta, o meglio ancora a chi volesse farlo usare direttamente dagli studenti: a volte, infatti, viene sperimentato in modalità learning by teaching. Tutto ciò che è richiesto è di trovare in Rete risorse interessanti su un dato argomento per poi raccoglierle all'interno della propria lezione, dove compariranno delle preview che gli utenti potranno scorrere leggendo, ascoltando, vedendo e imparando (Figura 8.12).
Se poi questo si possa chiamare LMS o ambiente di apprendimento online non sapremmo più dirlo, in gergo tecnico è appunto un *aggregatore di contenuti*. Ciò che può fare la differenza è la fantasia di chi lo usa nel saper selezionare, organizzare e mostrare i contenuti stessi.

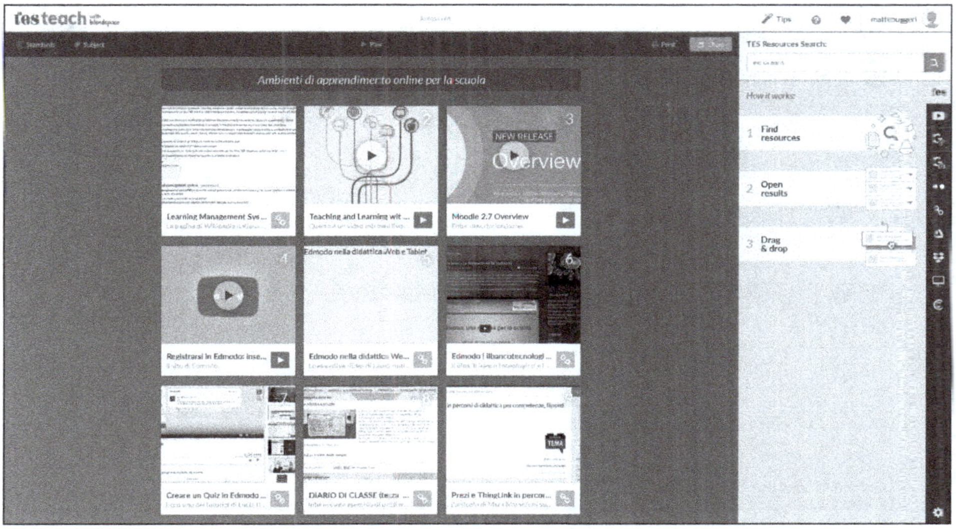

Figura 8.12 Contenuti assemblati con TesTeach Blendspace: i 9 riquadri puntano a video YouTube e altre risorse sparse nella Rete, qui semplicemente aggregate in una sorta di lasca unità didattica.

Claroline

`https://claroline.net/`
La nostra simpatia per l'open source ci fa segnalare Claroline, piattaforma collaborativa disponibile con licenza GPL. Sfruttata da centinaia di istituzioni in tutto il mondo, soprattutto università, ma anche scuole, aziende, associazioni, è un ottimo prodotto per creare e gestire corsi e spazi di collaborazione sul Web.
Il download di Claroline è gratuito e la piattaforma è utilizzata in più di 100 Paesi, anche in virtù del fatto che è disponibile in 35 lingue.
La sua sostenibilità è legata a fondi pubblici, nello specifico del sostegno finanziario della Regione Vallonia per il suo sviluppo attraverso il programma WIST. È nata nel 2000 grazie alla UCL Università cattolica di Lovanio, in Belgio.

LearnDash

`https://www.learndash.com/`
Soluzione perfetta per chi ha molto a cuore il branding della piattaforma e ha esigenza di integrarla con un proprio sito, specie se fatto in WordPress, del cui software LearnDash è diretta emanazione in forma di plug-in e-Learning.
Per chiunque desideri vendere formazione online tramite un prodotto di facile gestione, ottimo design e con moltissime funzionalità di default (gamification, tracciamento con standard xAPI ecc.), più tante altre aggiuntive o realizzabili in proprio, LD è decisamente in ascesa in termini di popolarità. Nella pagina del sito *Esempi* (`https://www.learndash.com/case-studies/`) potete farvi un'idea di quante facce diverse possa assumere un'istanza di questa piattaforma. In Italia è utilizzata dalla celebre Ninja Academy (Figura 8.13).

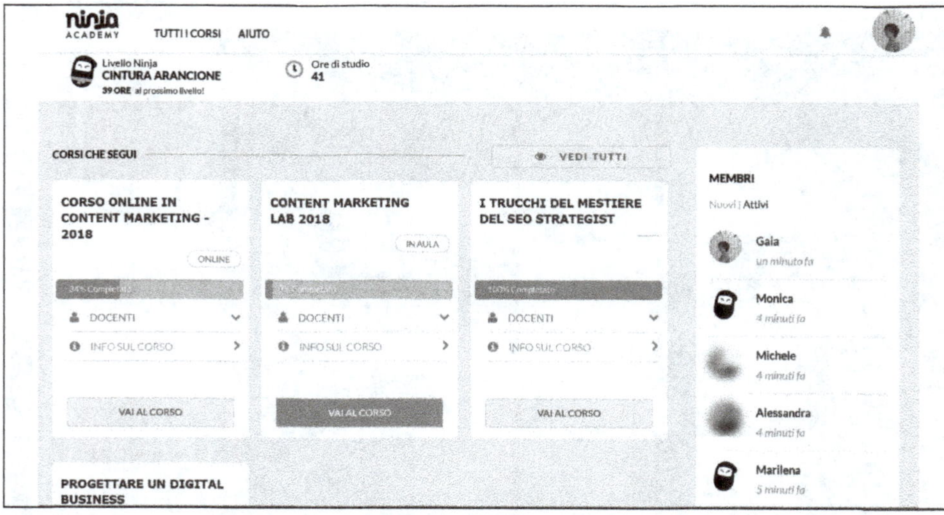

Figura 8.13 La dashbaord LearnDash di un utente in Ninja Academy, dove è mostrata in modo molto chiaro la sua "posizione" e il livello di completamento dei corsi cui è iscritto.

Microsoft Office 365 Education A1

`https://www.microsoft.com/it-it/microsoft-365/academic/compare-office-365-education-plans?market=it`

Suggerita anch'essa dal MIUR in tempi di lockdown, tra molte polemiche, è gratuita per le scuole fino al 30 settembre 2020 (al momento in cui scriviamo) e consente la creazione, collaborazione e condivisione di contenuti. Il sito stesso del Ministero riporta in termini poco neutri le caratteristiche:

> Riunisci conversazioni, contenuti, attività e app in un unico posto con **Microsoft Teams**. Crea classi collaborative, collegati a comunità di apprendimento professionale e comunica con i colleghi, tutto grazie a un singolo strumento. [...] Per creare automaticamente un account Office 365 per la scuola di appartenenza il dirigente dovrà solo accedere a questa pagina, cliccare su "Inizia Gratuitamente" e seguire queste istruzioni. In 5 minuti avrete una piattaforma Office 365 attiva, con 5000 licenze A1 per studenti e 5000 licenze A1 per Istituti di istruzione (da usare per insegnanti).

Consente di interfacciarsi con tutta le ricca suite MS 365, la stessa del celeberrimo Word, fatto che ne determina l'evidente quasi indispensabilità, ma che non ci spinge ad associarci al MIUR nel consigliarla per la scuola.
Si tratta tuttavia di un'ottima e performante soluzione i cui applicativi, appunto, hanno vasta diffusione nel mondo aziendale e universitario.

Consigli per un LMS open ed economico

Non paghi di quanto detto finora e del tifo piuttosto evidente per le soluzioni open, riportiamo alcune istruzioni di base per "cavarsela da soli" in ottica open, con tre opzioni che riguardano Moodle.

1. Si può acquistare un servizio, comprensivo di hosting su un server, che già offre Moodle come piattaforma disponibile preinstallata. Molti provider, come anche Aruba, offrono questa possibilità (`https://hosting.aruba.it/cms-hosting/moodle.aspx`) che consente anche a organizzazioni che non hanno uno staff di informatici di potersi poi confrontare solo con gli aspetti di customizzazione e gestione di Moodle, lasciando al provider (Aruba o altri) quelli di amministrazione del sistema. I costi sono più alti delle soluzioni seguenti, ma comunque affrontabili: 20 euro + IVA per il primo anno e poi 50 euro + IVA dal rinnovo in avanti.
2. Se invece l'istituzione/azienda/scuola ha le risorse e le competenze necessarie, può scegliere di installare una macchina Linux e fare tutte le relative configurazioni e installazioni dei pacchetti necessari. Il primo passo è acquistare un server web e una linea di connessione adeguata o, ancora più semplicemente, affittare uno spazio. In termini strutturali, sono necessari i seguenti strumenti.
   - LINUX: il sistema operativo di appoggio da usare per una soluzione open. Una versione molto usata di Linux è Ubuntu, che offre anche una release chiamata Edubuntu pensata apposta per le scuole.
   - Apache: il server web, cioè il software di base per far funzionare altre applicazioni, in questo caso l'LMS.
   - Moodle: la piattaforma suggerita, idealmente associata a Big Blue Button per le lezioni sincrone.
   - PHP: il linguaggio per sviluppare applicazioni web, non solo open, più diffuso; anche Moodle è basato su PHP e in questo linguaggio andranno prevalentemente scritti eventuali moduli aggiuntivi o di personalizzazione.
   - MySQL: il Database Management System da utilizzare, o in alternativa PostgreSQL. In questo caso, affidando a un buon tecnico/piccola azienda sia l'installazione sia il servizio di supporto, si potranno installare tutti i servizi necessari senza spendere niente per le licenze software.
3. Una via di mezzo ben percorribile è infine quella di scaricare immagini di server già pre-configurati con Moodle che possono poi essere utilizzate su servizi in cloud quali Amazon o Azure (per esempio `https://bitnami.com/stack/moodle/virtual-machine`), sia per fare dei test sia per server da utilizzare in "produzione". In questo caso si salta una buona parte dei punti precedenti e si riesce a contenere i costi pur senza dover disporre di personale tecnico altamente specializzato.

Sviluppo di un corso online basato su un LMS

Come già detto, è difficile pensare a un'idea platonica del corso o progetto e-Learning per la quale enumerare e descrivere tutti gli step necessari. Tuttavia, è arrivati a questo punto che forse è opportuno citare nuovamente il modello ADDIE. Per comodità del lettore ripetiamo qui le cinque fasi per realizzare un corso e-Learning trattate ampiamente nel Capitolo 3:

- Analysis (analisi);
- Design (progettazione);
- Development (sviluppo);
- Implementation (implementazione);
- Evaluation (valutazione).

Poiché per corsi o progetti complessi di formazione a distanza o blended questi step gravitano attorno alle piattaforme e-Learning e alla loro scelta, ci sentiamo di dedicare un piccolo spazio proprio in questa sede, dettagliando il tutto secondo un Gantt che, a titolo di puro esempio, riportiamo qui sotto (Figura 8.14). Si tratta di un caso del tutto reale, lo sviluppo tecnico di un corso online completo basato su un LMS (nello specifico si tratta di LearnDash) che comprende anche un sistema di videolezioni e consente il tracciamento esperienziale secondo lo standard xAPI (che vedremo nel prossimo capitolo).

	Nome	
	Progettazione corso e Produzione Contenuti	
	⊟ **Progettazione portale LMS**	
	Definizione dei requisiti (modalità di accesso, acquisto, fruizione, certificazione ecc..)	
	Definizione dei tools di integrazione (streaming platform, webinar platform, ecc..)	
	Definizione di processi di engagement che richiedono tool di piattaforma	
	Definizione Diagramma di flusso funzionale	
	Sviluppo Wireframe	
	Progettazione UX/UI e sviluppo Mockup e output HTML	
	⊟ **Implementazione portale LMS - (STAGE)**	
	Hosting Setting degli ambienti di Stage e Produzione	
	Installazione e setting CMS + LMS + e-commerce	
	Installazione e Configurazione LRS (Learning Record Store)	
	Implementazione e setting delle funzionalità di Piattaforma	
	Integrazione e Setting Webinar Tool	
	Implementazione grafica sulla base della progettazione UX/UI e dei mockup	
	Definizione dei profili e dei ruoli di Piattaforma	
	⊟ **Progettazione dell'ambiente di corso**	
	Configurazione e setting del corso (ruoli, permessi, timing, gestione avanzamenti, ecc.	
	Pubblicazione dei materiali (video, contenuti, link esterni, ecc..)	
	Configurazione e setting dei moduli di valutazione di corso integrati nell'LMS	
	Configurazione e setting dei moduli di interazione aggiuntivi	
	Configurazione e setting notifiche automatiche users	
	Setting Certificazione di corso (layout e validità)	
	⊟ **Testing & Debug**	
	Attivazione dei ruoli di test	
	Testing e debug di piattaforma (UX/UI, funzionalità di piattaforma, ecc..)	
	Testing e debug di Corso	
	Verifica e correzione bugs, fine tuning	
	⊟ **Formazione delle risorse che gestiranno la piattaforma e il corso**	
	Definizione e setting dei profili	
	Formazione back office LMS (gestione sezione pubblica, setting dei corsi, reportistica)	
	Formazione per i Ruoli di corso (Docente, Tutor, Editor)	
	Lancio	

Figura 8.14 Le voci di un Gantt per lo sviluppo di una piattaforma e-Learning.

Fonti

AA.VV., "Organizzare la didattica con Edmodo", *Bricks*, dicembre 2015.
http://www.rivistabricks.it/2017/08/02/bricks-n-4-2015/

Acquaviva M., "Learning Management Systems Open Source a confronto", *Il Giornale dell'e-Learning*, anno 1, numero 4, 2015.

Berengo F., Masseroni M., Petruzziello L., Terenghi M., "Quasi 20 anni di classi virtuali all'ITSOS di Cernusco", *Bricks*, 16 marzo 2012.

Bicciolo A., "Moodle 2: nuova generazione e nuovi scenari", *Bricks*, 16 marzo 2012.

Dalsgaard C., "Social software: E-learning beyond learning management systems", Institute of Information and Media Studies, University of Aarhus.

Dimartino L., "Le 8 migliori piattaforme per la scuola: una selezione dei sistemi di gestione dell'apprendimento online più efficaci: accessibili e senza costi per gli utenti", Ischool Education, aprile 2016.
https://ischool.startupitalia.eu/education/53640-20160419-elearning-piattaforme-open-source

Fornaciari C., "ISMS: cos'è, a cosa serve e come strutturare un Information Security Management System", Cybersecurity360, gennaio 2020.
https://www.cybersecurity360.it/soluzioni-aziendali/isms-cose-a-cosa-serve-e-come-strutturare-un-information-security-management-system/

"Moodle a supporto della didattica", *Bricks*, n. 4, 2019.
http://www.rivistabricks.it/2019/12/10/n-4-2019-moodle-a-supporto-della-didattica/

Onori E., "Piattaforme Didattiche: quale scegliere tra Edmodo, We School e G Suite?", Design Didattico, febbraio, 2019.
http://www.designdidattico.com/piattaforme-didattiche-quale-scegliere-tra-edmodo-we-school-e-g-suite/

Pappas C., "The Top 8 Open Source Learning Management Systems", e-Learning industry (stesso articolo di Dimartino, 2016, ma in inglese), dicembre 2015.

Paradisi V., "Utilizzare Blendspace per creare competenze: l'esperienza all'I.C. 'G. Leopardi' di Saltara (PU)", *Bricks*, ottobre 2014.

Powell M., "Come Docebo LMS è conforme al GDPR", Docebo, 2016.
https://www.docebo.com/it/blog/come-docebo-lms-e-conforme-al-gdpr/

Singer N., Wakabayashi D., "New Mexico Sues Google Over Children's Privacy Violations", *New York Times*, 20 febbraio 2020.

Troia S., "Educare alle competenze digitali: costruire esperienze d'apprendimento in Edmodo", *Bricks*, dicembre 2015.

Capitolo 9

Contenuti: standard e strumenti di authoring

In questo capitolo

- **Instructional design e sviluppo dei contenuti**
- **Come scegliere lo strumento di authoring**
- **Prodotti valutati**
- **Piattaforme di distribuzione di contenuti**
- **Consigli per creare i contenuti perfetti**
- **Fonti**

Instructional design e sviluppo dei contenuti

Nella didattica e nella formazione tradizionali, creare il contenuto di un corso significa andarne a costruire il cuore pulsante. Un cuore che viene alimentato non soltanto dagli specifici argomenti che andremo a trattare, ma anche dalla loro forma (testi, video, schemi, elementi interattivi, giochi, quiz) e tipologia (concetti, metodi, buone pratiche, esempi, casi studio), dal loro ordine di apparizione (deduttivo, induttivo, temporale, esplorativo) e dal livello di interazione e di analisi che lo studente dovrà applicare per comprenderli. Ciò che è importante tenere a mente è che la creazione dei contenuti, la loro strutturazione e messa in opera, è finalizzata al raggiungimento degli obiettivi formativi, o dei RAA (Risultati di Apprendimento Attesi, per chi lavora in ambito accademico; vedi anche il Capitolo 12), tenendo alta l'attenzione del fruitore, coinvolgendolo e variando le sue possibilità di azione.

È innegabile che la fruizione di un corso online può essere faticosa e demotivante poiché, rispetto alla presenza, vengono a mancare il contesto reale e l'interazione diretta. Risulta fondamentale la definizione di un percorso di apprendimento strutturato in microunità facilmente "digeribili" con formati variabili e momenti stimolanti per l'utente, che può diventare parte attiva. I contenuti vanno quindi riprogettati in quest'ottica e poi concretizzati tenendo conto dei principi grafici e di usabilità: meno sforzi aggiuntivi chiediamo all'utente di compiere, più si potrà concentrare sull'apprendimento. Proviamo a pensare a quelle slide ricche di testo tipiche di tante, troppe presentazioni, sulle quali impacciati speaker o docenti parlano con tediosa lentezza. Ci sentiamo disorientati e non sappiamo bene come comportarci: leggiamo o ascoltiamo? È importante supportare visivamente quanto viene spiegato, ma non si può chiedere all'utente di leggere una spiegazione mentre ne ascolta un'altra (che più o meno dice le stesse cose, ma in modo diverso). Conviene sempre indicare concretamente ai discenti la strada per apprendere facilmente il contenuto, se possibile utilizzando grafici, icone, parole chiave: elementi visivi a supporto, appunto, della spiegazione che non siano elemento di disturbo, ma al contrario contribuiscano a fissare i concetti fondamentali.

NOTA

Prima di affrontare il complesso mondo degli strumenti di authoring, spendiamo due parole sui contenuti "vecchio stampo" come documenti PDF o diapositive. Con quale strumento creare i contenuti di supporto delle proprie lezioni (siano esse sincrone o asincrone, in presenza o da remoto)? Si possono usare semplici, ma validi strumenti come il pacchetto Microsoft Office o la suite Google Drive, ma esistono anche programmi dedicati – più ampi e complessi – come Adobe InDesign. A prescindere dallo strumento scelto, ci preme sottolineare come le slide, affinché siano veramente di supporto, andrebbero create nel modo corretto:

- evitando i "muri di testo": non dobbiamo scrivere il riassunto della nostra lezione, né usarla come gobbo per la nostra spiegazione, ma scriviamo solamente i concetti chiave;
- mostrando i contenuti, anziché raccontandoli: usiamo il più possibile le immagini e il linguaggio iconografico.

Per quanto riguarda invece la creazione di schemi, grafici e infografiche, il software più professionale è sicuramente Adobe Illustrator, ma esistono numerosi tool online, molto semplificati, che permettono di ottenere risultati gradevoli in pochi clic, che esploreremo nel Capitolo 10.

Come scegliere lo strumento di authoring

Un corso online può essere visto come un puzzle i cui tasselli devono essere correttamente assemblati. Un sistema di authoring è proprio quello che ci permette non solo di incastrare queste tessere, ma di definire le dimensioni e il formato del puzzle stesso, seguendo canoni e standard ben precisi.
I software che vi andremo a presentare hanno subìto un processo di evoluzione che è ancora in corso e ogni aggiornamento aggiunge funzionalità utili che fino a qualche tempo prima era difficile trovare. La tendenza a convergere, per contendersi il mercato, è, come in tutti i settori, molto forte. È inoltre importante tenere presente il proprio livello di adattabilità e il feeling personale che si possono instaurare con un altro software, oltre al livello di dimestichezza informatica che può essere determinante per l'utilizzo fluido degli strumenti più complessi.

Funzioni e prestazioni

Player dell'oggetto didattico

Iniziamo delineando i confini fisici del contenuto: che forma avrà la cornice? Quali sono gli elementi ricorsivi che dobbiamo sempre rendere disponibili agli utenti come delle vere e proprie ancore? In che modo vogliamo rendere unico e riconoscibile il corso?
Il player dell'oggetto didattico può essere incorporato nell'LMS, oppure nell'oggetto didattico, e quindi includere tutte le funzioni basilari per consentire all'utente di muoversi all'interno del contenuto: cambiare pagina progressivamente o "skippare" sfruttando il menu di navigazione; mettere in pausa un video, farlo ripartire, regolarne il volume e attivare i sottotitoli; aprire una libreria di documenti aggiuntivi o un glossario e così via. L'aspetto del player (la forma, il colore di sfondo e dei pulsanti, il font scelto e le sue dimensioni, la disposizione degli elementi) va a definire gran parte dell'identità visiva del corso. Considerando il player parte integrante dell'aspetto grafico dei contenuti, si può non solo rendere più armonioso il corso in tutti i suoi elementi, ma si va a definire la riconoscibilità del corso stesso. Il rischio è infatti che tutti i corsi online possano apparire, a prima vista, molto simili tra loro, specie se sviluppati con il medesimo strumento di authoring. Andando a lavorare sulla personalizzazione grafica della cornice e sulla brandizzazione, si garantiscono degli elementi di continuità in più.
Il player dell'oggetto didattico è il primo strumento attivo che lo studente si troverà a utilizzare e deve quindi essere intuitivo, senza richiedere sforzi cognitivi per comprenderne il funzionamento. È consigliabile dunque sottostare alle convenzioni che sono ormai entrate nell'uso comune, per esempio il posizionamento del tasto di chiusura in alto a destra, l'uso di tre lineette (o tre puntini) per mostrare/nascondere il menu di navigazione e così via.

NOTA

Le piattaforme LMS consentono di utilizzare un loro player predefinito. A volte è consigliabile disattivare questa funzione per poter sfruttare appieno le possibilità che i sistemi di authoring offrono, ma è importante verificare che il tutto venga correttamente interpretato dalla piattaforma stessa.

Progettazione grafica

Organizzare i contenuti seguendo delle griglie di progettazione per rispettare la gerarchia degli elementi, sottostando a specifici stili di colore, carattere e paragrafo sono le regole auree di un buon prodotto grafico. Un aspetto curato della rappresentazione dei contenuti didattici non significa solo "rendere esteticamente bella" una slide, ma si traduce nel veicolare con efficacia l'apprendimento.
Forse, avendo io una formazione Visual Designer, sono particolarmente sensibile al tema, ma è risaputo che un supporto visivo appropriato garantisce un coinvolgimento maggiore e un miglior trasferimento dei concetti. Gli strumenti di authoring ci vengono in aiuto, dando la possibilità di creare delle pagine "mastro", che definiscono una serie di strutture base adattabili in seguito a seconda dei diversi contenuti. Come in una presentazione PowerPoint, in cui si possono definire diversi layout a seconda che siano presenti solo testo, una o più immagini, una tabella oppure un elenco puntato ecc.

Allo stesso modo, risulta importante scegliere da subito i colori e i font che verranno utilizzati, cosa che ci permetterà di risparmiare tempo quando andremo a creare i singoli elementi: caselle di testo, pulsanti, grafici verranno creati in automatico dal programma con gli stili prescelti.
Ricordiamoci che una buona progettazione iniziale richiede di investire un po' più di tempo all'inizio del processo, ma consente di risparmiare tempo durante il flusso di lavoro.

NOTA

Sempre per rimarcare l'importanza che la grafica riveste in un prodotto digitale come un corso a distanza, si consiglia di individuare un colore di sfondo chiaro, che non interferisca nella lettura dei contenuti (è sconsigliabile però il bianco abbagliante che stanca la vista), e due colori "portanti" ben distinguibili che possano poi essere declinati in sfumature più chiare (o più scure) a seconda delle esigenze. Per quanto riguarda la scelta dei font, meglio non abusarne: uno o al massimo due sono più che sufficienti. Solitamente, sul Web si tende a utilizzare caratteri lineari (sans serif) piuttosto che romani (graziati) poiché rendono più agevole la lettura a schermo e risultano chiari anche in dimensioni ridotte, come potrebbe capitare fruendo di un contenuto da mobile.

Infine, ma non meno importante, molti software di authoring consentono di attingere a una loro libreria interna di immagini, icone e character, ossia figure-guida (illustrate o fotografiche) che possono dare un valore aggiunto al corso, contribuendo a spezzare il ritmo. Possono per esempio comparire nei momenti salienti o possono essere utilizzati per ricreare storie e scenari dinamici. Infine, se progettati pensando al target di riferimento (in termini di vestiario, azioni e movenze), consentono di stabilire con questo una certa forma di "relazione", generando un senso di immedesimazione.

NOTA

Se ci vogliamo sbizzarrire con la creazione di un contenuto originale e *ad hoc*, possiamo utilizzare software di animazione per la creazione di personaggi animati che accompagnano il percorso didattico (Figura 9.1). Tra questi citiamo Adobe Character Animator (utilizzabile nella Suite Adobe Creative Cloud), che permette di sincronizzare l'audio con il movimento della bocca del personaggio e aggiungergli movenze e gestualità per renderlo più naturale. Addirittura, può registrare i movimenti del nostro corpo attraverso la webcam e trasporli sul personaggio virtuale.

Un riferimento al copyright in questo contesto è doveroso: se attingiamo dalle librerie dei software in questione, non avremo nessun problema, ma se riutilizziamo del materiale trovato in Rete è fondamentale citarne la fonte (e verificare anche se questa è modificabile e/o riutilizzabile in altri contesti). Approfondiremo questi aspetti nel Capitolo 14 di questo libro. I contenuti digitali hanno maggiori possibilità di "essere sgamati" rispetto a quanto accade all'interno di un'aula di formazione.

Figura 9.1 La mascotte di Duolingo, un gufo verde, è un buon esempio di personaggio-guida all'interno di un percorso e-Learning: compare al raggiungimento di un obiettivo, dà consigli o messaggi di incoraggiamento. Non nascondiamo che si può arrivare a odiarlo quando compare con troppa frequenza nelle notifiche push.

Audio e video

Gli elementi multimediali possono in parte essere creati internamente ai sistemi di authoring, come nel caso della registrazione dello schermo e della voce, o a parte con strumenti quali quelli illustrati nel Capitolo 8. Le possibilità di editing in questo caso sono di solito molto limitate e non paragonabili alle prestazioni di un software professionale pensato appositamente per il lavoro di fino su audio e video. È consigliabile quindi usare gli editor interni soltanto per piccole modifiche in corso d'opera e affidarsi quindi a registrazioni (schermo, audio e riprese video) professionali, in modo da alzare la qualità del corso.

A livello di importazione dei file, solitamente è consentito includere file con le più comuni estensioni (`.wav`, `.mp3`, `.mp4`, `.flv`) mentre altre possono essere lette e convertite in `.mp4` direttamente dal software in uso.

NOTA

Non viene quasi mai mantenuto il collegamento diretto con il file sorgente, ma questo viene "incorporato" all'interno del pacchetto dell'oggetto didattico. Ciò implica che un aggiornamento del file audio o video non ricade quasi mai a cascata nel contenuto del corso, ma andrà sostituito manualmente.

Interazioni

Sempre per richiamare i concetti di coinvolgimento attivo degli utenti, è importante sfruttare al massimo la possibilità di creare interazioni per far scoprire contenuti in prima persona e introdurre delle domande di autovalutazione o di anticipazione, che portino cioè il discente a ragionare su un concetto che ancora non è stato esplicitato.

Deve sempre apparire chiaro che cosa si può/si deve fare e in che modo l'utente può trascinare un oggetto, attivare un bottone, far chiudere un pop-up e così via. Per evitare che i fruitori si trovino nella condizione di chiedersi "Come faccio ad andare avanti?

Come nascondo questa finestra?" bisogna avere la possibilità di attivare diversi "stati" degli elementi interattivi: mouseover, selezione attiva, contenuto bloccato o già visionato ecc. questi semplici accorgimenti ci aiuteranno a migliorare l'usabilità dell'oggetto formativo. All'interno dei software di creazione dei contenuti, possiamo trovarci a scegliere tra un'ampia gamma di differenti tipologie di interazione:

- pop-up;
- drag & drop;
- drop-down;
- multiple choice (scelta multipla);
- multiple answer (risposta multipla);
- pick one ("scegline uno");
- fill in the blank ("riempi gli spazi vuoti").

Altre potremo anche generarle noi stessi, con un po' di creatività e di conoscenza di quelli che vengono chiamati trigger, che consentono di innescare azioni differenti in seguito a comportamenti e variabili.

NOTA

Ricordiamoci che, quando trattiamo valutazioni formative, è di grande importanza fornire un feedback che non solo indichi se la risposta data è corretta o sbagliata, ma che sia anche accompagnato da una piccola spiegazione, in modo da supportare l'apprendimento.

Quiz

Collegandoci al paragrafo precedente, è possibile combinare una serie di domande, poste nei differenti formati elencati in precedenza, per creare un vero e proprio quiz di valutazione formale, per esempio alla fine di un modulo.
Si tratta di un momento formale rispetto ai precedenti quiz di autovalutazione, che di norma non precludono l'accesso a moduli o lezioni successive e non conferiscono certificati, e deve pertanto poter includere:

- un punteggio minimo di superamento;
- un tempo massimo di svolgimento;
- un numero preciso di domande estratte in modo casuale da un ampio ventaglio;
- l'ordine casuale delle domande e delle risposte;
- la possibilità di revisionare il test prima di inviarlo;
- la possibilità, a test concluso, di sapere quali risposte sono state sbagliate;
- la possibilità di ritentare il quiz.

Quali vantaggi ci sono a creare un quiz su uno strumento di authoring rispetto alla classica sessione di test caricata direttamente su una piattaforma LMS? Le risposte sono molteplici.

- Gli utenti si sono abituati, durante la fruizione, alla grafica e alle possibilità di interazione del nostro corso. Proponendogli le stesse funzionalità e lo stesso assetto, gli chiederete di compiere uno sforzo cognitivo in meno e permetterete che si concentrino solo sulle risposte, senza essere assaliti da preoccupazioni del tipo: "Come funziona questo? Che cosa devo fare adesso? Come si fa a concludere la sessione?".

- Includendo nel test finale alcune delle domande già poste durante il corso, risparmiate tempo voi nella produzione (vi basterà fare un copia-incolla) e gli utenti, avendo già visto quella domanda, potranno associare visivamente i concetti.
- Potete creare un numero maggiore di tipologie di domande differenti. Le piattaforme LMS infatti a volte prevedono una limitata possibilità di interazioni dinamiche e sono talvolta anche poco appealing. Rendere "piacevole" anche il processo di valutazione contribuisce a mettere i discenti a proprio agio.

Di contro, questa modalità potrebbe generare problemi di compatibilità e una lettura dei dati più complessa da parte della piattaforma stessa. In primo luogo, è fondamentale che il test e la piattaforma siano impostati con i medesimi criteri di superamento, ma, in seguito, deve comunque essere effettuata una serie di verifiche prima di rendere disponibile un esame di questo tipo agli utenti.

Navigazione

In base al tipo di corso che stiamo progettando dovremo avere la possibilità di creare un tipo di fruizione del tutto libera e accessibile a chiunque in qualunque momento, ma potremmo anche dover applicare una navigazione forzata, subordinata cioè alla visualizzazione dell'intero contenuto, in modo da poter verificare l'effettivo completamento del corso.

Un'altra possibilità che possiamo avere nel progettare la navigazione del percorso è l'avanzamento automatico delle slide al completamento della traccia audio-video precedente. In caso contrario, sarà l'utente a premere il tasto *Avanti* a ogni pagina.

È utile fornire al discente un indicatore di pagina, per avere sempre chiaro a che punto della lezione è arrivato: all'interno del menu di navigazione si potrebbe far comparire una spunta accanto al titolo della pagina visualizzata oppure si potrebbe evidenziare con un altro colore la pagina aperta e/o quelle visionate; un'altra soluzione può prevedere l'inserimento in ogni slide del numero di pagina corrente affiancato dal numero totale.

Output e standard in uso

Dopo aver compiuto tutte le attività specificate nelle pagine precedenti, che cosa otteniamo in concreto? Come trasformiamo il corso sviluppato sul software di authoring in un prodotto fruibile online? Dobbiamo "pubblicare" il nostro contenuto in un pacchetto `.zip` che prenderà il nome di Learning Object (spesso abbreviato in LO). Questo può essere scritto dal software con linguaggi e standard differenti, a seconda dei dati che ci interessa ottenere e delle specifiche esigenze di codifica della piattaforma LMS sulla quale andremo a caricare l'oggetto didattico.

Un Learning Object è una unità di apprendimento autoconsistente, modulare (poiché può far parte di un learning path, un "percorso", più ampio), reperibile (in quanto contiene una serie di metadati che lo rendono identificabile e classificabile), riusabile e interoperabile, dal momento che può essere sfruttato in diversi contesti ed erogato su piattaforme differenti.

I dati di fruizione sono la cosa che più interessa a chi eroga corsi e-Learning: vuole sapere chi ha visionato il corso, per quanto tempo, che punteggi ha ottenuto, quanto tempo ci ha messo e tutta una serie di altre informazioni utili per certificare l'effettivo completamento (che, come in aula con il controllo delle presenze, spesso non è solo legato al "semplice" superamento di un test di apprendimento delle conoscenze). Per raccogliere questi dati, sono stati definiti diversi standard di codifica, evolutisi poi con il passare degli anni.

- Lo standard AICC, il cui nome deriva dall'organizzazione che lo ha sviluppato, non viene più utilizzato dal 2014, quando lo stesso ente si è sciolto. È possibile però che alcune aziende eroghino ancora "vecchi" corsi basati su questo sistema, che devono quindi essere letti correttamente dalle piattaforme LMS.
  È comunque importante ricordare che proprio AICC ha gettato le basi per la standardizzazione e l'interoperabilità dei contenuti e-Learning.
- SCORM (acronimo di Shareable Content Object Reference Model), essendo più preciso e completo del precedente, è diventato lo standard più utilizzato. Ci sono state alcune versioni di SCORM rilasciate nel corso degli anni, ma due sono quelle ancora rilevanti e valide: 1.2 (del 2001) e 2004, che presenta alcune funzionalità migliorative sulla lettura dei dati.
- xAPI (ex TinCan) è uno standard più evoluto e moderno del precedente e consente la registrazione delle attività anche al di fuori della piattaforma LMS, tenendo in considerazione quelle effettuate anche offline e da qualunque dispositivo. Si appoggia infatti su un applicativo esterno all'LMS, che prende il nome di Learning Record Store (LRS), il quale può raccogliere statistiche di apprendimento in qualunque momento e in qualunque luogo (fisico o virtuale). La "x" sta per "experience" e si sta sempre più affermando come modalità di tracciamento dell'esperienza utente dentro e fuori dalla piattaforma.
- CMI-5 è lo standard più recente ed è ancora in via di sviluppo, ma è possibile che in futuro andrà a sostituire lo SCORM. Per ora si pone a supporto dello standard xAPI definendo una specifica complementare per organizzare in modo più efficiente la struttura dei file che compongono un corso.

Di solito, i sistemi di authoring permettono di esportare l'oggetto didattico anche in semplice formato HTML, che può comunque essere caricato su piattaforme LMS, ma che non può verificare il tracciamento dei dati.
Talvolta viene anche data la possibilità di esportare i contenuti (slide, quiz, note) in documenti PDF o Word, utili in fase di revisione da parte di docenti, esperti di contenuti o del committente, ma anche per consegnare al discente il trascritto del corso, unito agli schemi grafici creati e alle risposte dei test.

Responsive design e accessibilità

L'apprendimento online non deve porre vincoli, ostacoli, barriere, ma deve essere un'opportunità per tutti. Deve essere adattabile alle diverse esigenze e ai diversi contesti. Ormai viviamo con "il mondo in tasca" e anche la formazione deve diventare mobile e potersi muovere con noi, ma questo non basta. Qualunque persona, con qualunque esigenza fisica o cognitiva differente, deve risultare autonoma nel proprio percorso, anche quando deve dipendere da tecnologie assistive (per esempio i lettori di schermo o i display Braille).
L'accessibilità rappresenta un tema trasversale a tutti i prodotti digitali. Nel nostro caso, include le piattaforme LMS, i contenuti, le attività di interazione. Nella produzione di contenuti accessibili è importante tenere in considerazione alcuni aspetti.

- Per consentire l'accesso e la lettura dei contenuti ai software assistivi è importante che:

  - qualunque contenuto testuale non sia stato convertito in immagine o non sia scansionato;
  - il testo deve essere formattato nel modo corretto tramite l'uso di stili di paragrafo adeguati per i titoli, i contenuti, le note ecc.
- Bisogna dare la possibilità all'utente di ridimensionare il contenuto.
- Progettare per una responsività dei contenuti sia con orientamento orizzontale sia verticale (Figura 9.2).
- Scegliere font di facile leggibilità.
- Definire una palette colori adeguata, sia per lo sfondo sia per i testi.
- Dare la possibilità di attivare i sottotitoli per i video e i contenuti audio.
- Fornire un testo alternativo per le immagini (solo per quelle che hanno un contenuto rilevante; gli elementi decorativi non vanno considerati).
- Consentire la navigazione della pagina attraverso la tabulazione e, in generale, i comandi da tastiera (anche nel caso di azioni da compiere, come per esempio drag & drop o altre interazioni).
- Le informazioni e i feedback non devono mai essere forniti unicamente attraverso i colori (per esempio verde-positivo e rosso-negativo), ma ci deve essere un rinforzo di tipo audio e/o testuale e/o grafico.
- Modulare il linguaggio ricordandosi di non dare mai nulla per scontato: "in alto a destra" non va bene; "fai clic sul bottone tondo" nemmeno.

NOTA

I criteri di riferimento sono elencati nel WCAG 2.1 (Web Content Accessibility Guidelines) rilasciato dal W3C. L'Accessibility Act europeo impedirà, a partire dal 2025, di immettere sul mercato prodotti digitali non accessibili, per cui tutte le aziende dovranno adeguare i propri siti web e qualunque applicativo digitale (come un corso e-Learning).

Figura 9.2 Esempio di contenuti responsive su PC, tablet e smartphone.

Costi

In questo caso, la grossa differenza sui costi si verifica in base a quante licenze (e quale grado di interoperabilità vogliamo applicare tra esse) vogliamo acquistare, ma anche a quanti prodotti sono inclusi nel pacchetto. Il singolo software può avere un costo più o meno elevato in base al produttore e alla sua affermazione sul mercato, una licenza "team" può però essere molto vantaggiosa per quelle aziende con più sviluppatori che possono anche attivare processi di e-Collaboration con disponibilità di spazi in cloud. Spesso, inoltre, sono integrati diversi tool a supporto del lavoro dello sviluppatore e-Learning, che può adattarsi con facilità al contesto di utilizzo sfruttando tool differenti e librerie di contenuti e template.

Prodotti valutati

Articulate Storyline

`https://articulate.com/360/storyline`

È il più famoso e diffuso, certo non a caso. Ben progettato in termini di interfaccia e usabilità e quindi relativamente semplice da imparare (almeno nelle sue funzioni principali). A che cosa è dovuta questa sua semplicità? Al fatto che, sotto molti aspetti, assomiglia a PowerPoint. Ragiona per slide, la cui costruzione è davvero molto simile al famoso software Microsoft. Permette di importare (senza praticamente perdere dati né impostazioni) le slide PPT già create, "ammorbidendo" il processo di produzione nel caso in cui si abbia già del materiale precostruito.

Dispone inoltre di una piattaforma virtuale in cui caricare i corsi in via di sviluppo per permettere a chiunque del team (non solo ai designer, ma anche ai collaboratori o al committente) di inserire dei commenti di revisione accanto a ogni pagina.

Punti di forza

- Interfaccia moderna e intuitiva.
- Facile gestione dei layout grafici e delle pagine mastro.
- Disposizione progressiva degli elementi su una timeline degli eventi, come in un software di montaggio video (Figura 9.3).
- Vasta libreria di template, immagini, icone, character.
- Editing audio limitato, ma integrato.
- Numerose tipologie di interazione e quiz disponibili, ampiamente personalizzabili e possibilità di crearne di nuovi (impostando manualmente stati degli oggetti, azioni degli elementi e punteggi).
- Possibilità di integrare documenti esterni (per esempio file `.pdf`).
- Inserimento feedback personalizzati per ogni domanda.
- Possibilità di visualizzare la struttura ad albero del corso.
- Responsive automatico dei contenuti.
- Possibilità di personalizzazione e brandizzazione del player.
- Supporta lingue arabe e orientali.
- Supporta molte funzioni per la creazione di corsi accessibili.
- Pubblicazione dei contenuti in standard SCORM, xAPI, CMI-5, HTML5, Word, video (`.mp4`).

- Il programma è in inglese, ma supporta tantissime lingue per erogare in automatico il corso con le "etichette" corrette (*Glossario*, *Risorse*, *Volume*, *Avanti* ecc.).

Debolezze

- Si tratta di sicuro di un software semplice (almeno nelle sue funzioni di base), ma comunque bisogna avere una buona dimestichezza per muoversi liberamente e bisogna avere tempo per esplorare tutte le sue funzionalità, molte delle quali risultano essere un po' nascoste.
- Pur consentendo un alto livello di personalizzazione, alcuni aspetti grafici sono comunque precostituiti.
- La responsività dei contenuti è sì automatica, ma può presentare dei problemi di visualizzazione sia nel dialogo con la piattaforma LMS, sia per alcune opzioni che non sono previste in modalità mobile e ne limitano la fruizione.

Costi

Le funzionalità dei due piani previsti sono le medesime; il pacchetto pensato per le aziende mette a disposizione uno spazio in cloud illimitato, la possibilità di collaborare sui progetti e consente di ottenere un canale preferenziale per le richieste di supporto.

- Personal plan – 999 dollari/anno/utente.
- Teams plan – 1.299 dollari/anno/utente.

Dello stesso pacchetto (con entrambi i piani) fanno parte altri due utili strumenti: Rise, web-based, pensato per lo sviluppo di corsi interamente mobile, e Studio360, un'estensione di PowerPoint che permette di trasformare una semplice presentazione in un corso e-Learning.

NOTA

In Italia è distribuito dai tipi di Mosaicoelearning, con il cui servizio di vendita e customer care vi consigliamo di interfacciarvi non solo per acquistare licenze ma anche per scoprire qualcosa di più su corsi e altro del mondo che gravita attorno ad Articulate.

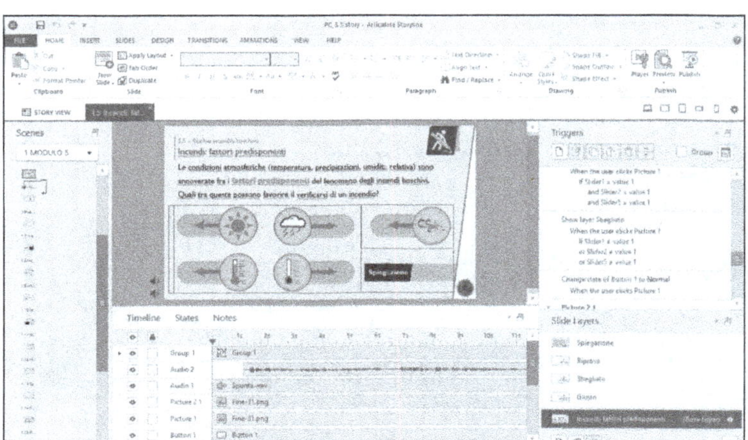

Figura 9.3 Questa schermata di Articulate Storyline ci presenta un esempio di un quiz configurato manualmente: tramite l'impostazione di una serie di variabili e una consistente personalizzazione grafica, accendendo/spegnendo i bottoni con la giusta combinazione, verrà mostrato il feedback "Giusto" o "Sbagliato".

Adobe Captivate

https://www.adobe.com/it/products/captivate.html

Prodotto dalla casa per eccellenza dei software di design, presenta notevoli differenze con essi, prima di tutto nell'interfaccia. I programmi Adobe si assomigliano un po' tutti, in termini di aspetto e strumenti. Captivate invece somiglia pure lui (anche se molto più vagamente di Articulate) a PowerPoint e non dispone di quella flessibilità e immediatezza della suite Creative Cloud.

Punti di forza

- Facile impostazione e personalizzazione dei layout, font e colori.
- Disposizione progressiva degli elementi su una timeline degli eventi, come in un software di montaggio video.
- Vasta libreria di layout, immagini, icone, character.
- Registrazione webcam/audio/schermo integrata.
- Editing immagini, audio e video grazie all'integrazione con Adobe CC (bisogna disporre della Suite).
- È possibile inserire file SVG e convertirli in pulsanti.
- Integrazione con PowerPoint che permette di importare slide precostruite.
- Possibilità di creare manualmente nuove interazioni (Figura 9.4).
- Inserimento feedback personalizzati per ogni domanda.
- Possibilità di inserire contenuti immersivi VR e aggiungere interazioni con essi.
- Possibilità di personalizzare e brandizzare il player.
- Supporta la pubblicazione di corsi accessibili.
- Pubblicazione dei contenuti in standard SCORM, HTML e PDF.

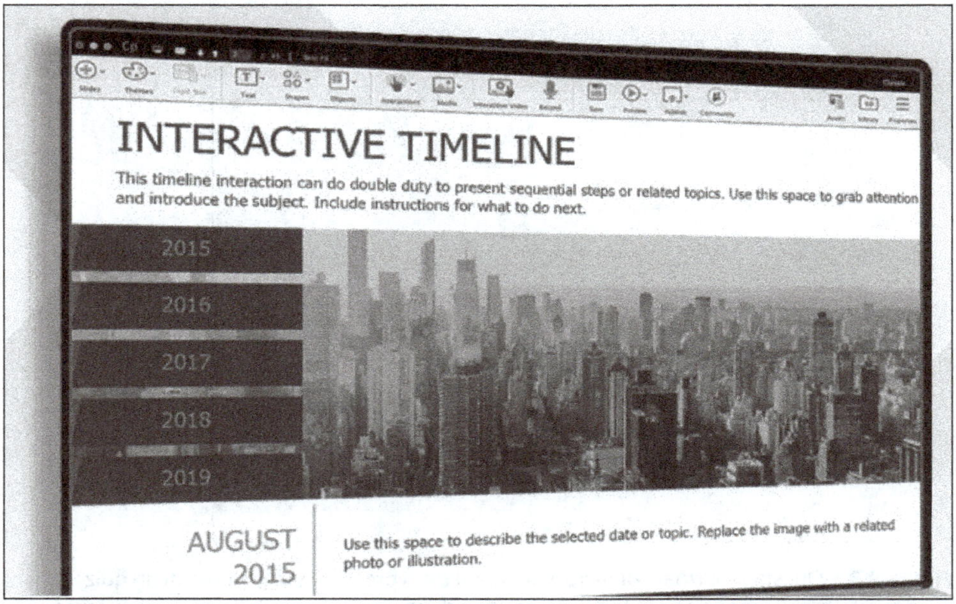

Figura 9.4 Questo screenshot preso dal sito Adobe mostra la possibilità di creare interazioni sfruttando le opzioni presenti sulla toolbar in alto.

Debolezze

- Limitate tipologie di quiz e interazione preimpostate.
- La responsività dei contenuti va gestita in modo non automatico.

Costi: il prezzo della licenza perpetua è 1.584,78 euro. Sono previsti piani agevolati per docenti e studenti. L'aggiornamento si acquista separatamente (l'ultimo è di 608,78 euro).

Trivantis Lectora

`https://www.trivantis.com/products/lectora-desktop`
Promosso come "eLearning Brothers Authoring Suites" e con un linguaggio molto "rock & roll", è pensato per essere inclusivo di tutto il possibile in termini di creazione di contenuti.

Punti di forza

- Player molto personalizzabile, ma bisogna costruirlo tutto manualmente.
- Libreria di layout, interazioni, pulsanti, immagini, icone, character.
- Integrazione con CenarioVR (`https://cenariovr.com/`), un software di realtà virtuale con modelli 3D e audio immersivi.
- Supporta la creazione di corsi accessibili.
- Esiste anche la versione online in cloud, per collaborare più facilmente.

Debolezze

- Poco intuitivo.
- Non è previsto un layout base dei contenuti né la palette colori, va tutto impostato manualmente di volta in volta.
- Molte funzioni sono da costruire manualmente andando a impostare criteri con una struttura informatica.
- Responsive non automatico: bisogna effettuare una progettazione specifica per ogni device e orientamento.
- Tipologie di quiz non numerosissime e scarsamente personalizzabili.
- Non è possibile creare in automatico una navigazione forzata.
- Il player dell'oggetto va costruito manualmente.
- Pubblicazione dei contenuti in standard SCORM e HTML.

Costi

- Gold Suite – 1.299 dollari/anno/utente.
- Platinum Suite – 1.599 dollari/anno/utente; comprende CenarioVR.

iSpring Suite

`https://www.ispringsolutions.com/ispring-suite`
Diventa parte integrante di PowerPoint: dopo averlo installato, in alto nel menu del software di casa Microsoft comparirà una nuova voce dedicata a iSpring. Risulta quindi essere molto semplice e accessibile a qualunque tipo di utente. La sua parola chiave è infatti "rapidità": partendo da un contenuto preesistente (un `.ppt`, appunto) è possibile aggiungere quiz e interazioni in maniera immediata. Si può anche accedere a una vasta

libreria di template e immagini. La responsività dei contenuti è garantita in modo automatico e supporta standard SCORM, xAPI e CMI-5.

Costi: 770 dollari/anno/utente. I servizi di libreria contenuti (con template grafici e character), spazio in cloud e assistenza istantanea sono acquistabili separatamente.

Elucidat

https://www.elucidat.com/

Pratico strumento online che permette a chiunque di creare contenuti interattivi basandosi su schemi precostituiti e in modo completamente guidato. Ottimo per chi non ha particolare esigenze in termini di varietà dei formati e non pretende una produzione elaborata, bensì una semplice, coerente, automatica. Non è ampiamente personalizzabile, ma offre buone varianti basilari e la possibilità di scegliere i propri loghi e colori aziendali per avere, in qualche modo, un prodotto "dedicato". Anche le possibilità di interazione appaiono più limitate e non se ne possono creare di nuove approcciando trigger e variabili, ma si ferma a funzionalità basiche e standard. Permette di collaborare online con altre persone, assegnando diritti differenti: autore, designer, revisore. A livello di output, produce file in standard SCORM, xAPI e HTML.

Costi: non dichiarati sul sito.

H5P

https://h5p.org/

Supportato da un'ampia comunità di sviluppatori, nonché da alcuni provider di LMS, come per esempio Blackboard, è la soluzione open source ideale per chi volesse optare per uno strumento aperto e adattabile.

Il nome stesso suggerisce come il sistema sia basato su HTML5, soluzione che lo rende particolarmente adattabile per essere multipiattaforma e responsive. Un elaborato interattivo realizzato con H5P può essere utilizzato sulle principali piattaforme LMS, ma anche essere "embeddato" all'interno di un sito web (realizzato anche con WordPress). Si possono creare quiz, video interattivi (Figura 9.5), costruire grafici o realizzare giochi a diversi livelli di complessità. Se si dispone di qualcuno con buone capacità di programmazione HTML5, certamente la soluzione ideale. Oppure, ci si può rivolgere a uno dei vari provider di servizi che sono raggiungibili dal sito: https://h5p.org/h5p-service-providers. Si tratta di aziende che forniscono servizi di sviluppo e progettazione relativi a H5P, dalla creazione e personalizzazione di tipi e applicazioni di contenuti, alla creazione di plug-in H5P per piattaforme di pubblicazione nuove ed esistenti. In Italia sembrano non figurarne di "ufficiali", ma enti come il GARR (la rete nazionale a banda ultralarga dedicata alla comunità dell'istruzione e della ricerca: https://learning.garr.it/) erogano corsi online su questa formidabile tecnologia: https://learning.garr.it/enrol/index.php?id=83.

Costi: completamente open source.

Figura 9.5 Il video editor interattivo di H5P consente di creare interazioni all'interno di un video caricato su qualunque sito web.

Piattaforme di distribuzione di contenuti

Quando produco un contenuto, posso avere tre opzioni per distribuirlo:

1. metterlo nella mia piattaforma o LMS;
2. caricarlo e offrirlo tramite un repository altrui, di settore o generalista;
3. fare entrambe le cose.

Abbiamo visto piuttosto ampiamente il caso 1, qui facciamo un accenno ad alcuni luoghi della Rete dove si può optare per il 2 o il 3.

Spazi per caricare i propri contenuti e diffondere i propri corsi, ma anche per prendere ispirazione, ecco un piccolo cenno a un paio di grosse piattaforme di ambito per lo più aziendale. Molti sono video, ma si trova anche altro, e vale la pena di esplorare per farsi un'idea di quanto offrono "il mercato" e suoi operatori.

OpenSesame

`https://www.opensesame.com/it/`

Fondata nel 2011, OpenSesame, a detta di quanto compare in homepage, si propone di aiutare le aziende a "sviluppare le più forti e produttive lavoratrici del mondo". L'accento sul femminile ci fa intuire che il traduttore automatico cui si affidano abbia qualche curiosa velleità di gender equality. Battute a parte, sembra in effetti vero che i temi di "Diversity, Equity, & Inclusion" siano centrali per questo ampio repository di materiali di formazione, in cui troviamo da corsi su come gestire l'ansia (per la assai modica cifra di 25 dollari, circa un quarto di una seduta di psicoterapia a Milano, poi bisogna vedere quanto è efficace; Figura 9.6), a corsi per HR, guida sicura (di auto, non di aziende), cybersecurity e molto altro. Perfetto per curiosare attraverso le sette categorie di contenuti forniti da decine e decine di provider (chiamati "Editori") tra i quali troviamo anche Pearson, Spexx e il celebre TED.

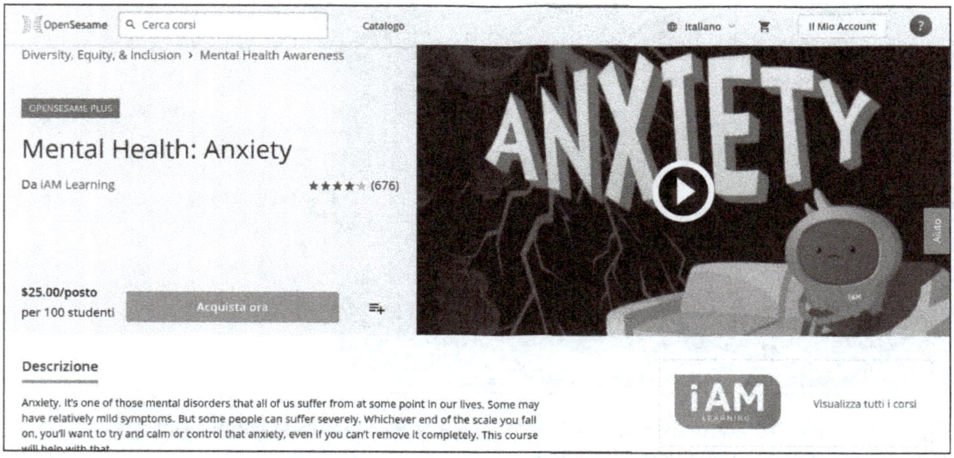

Figura 9.6 Il suddetto corso per contenere l'ansia (come quella che può derivare alla vista della mole del catalogo di OpenSesame).

Pillole Formative® Skilla

`https://www.skilla.com/`

Con un modello del tutto diverso dagli altri due qui presentati, Amicucci Formazione propone Skilla, un eccellente catalogo di Pillole Formative® sulle soft skill per il management e l'azienda. Si tratta di una serie di completi corsi multimediali molto brevi che affrontano una competenza in modo completo. Il provider in questo caso si fa carico anche di un certo "rigore" dei contenuti, avendo un background nell'ambito della ricerca nel settore dell'apprendimento e delle competenze trasversali. L'obiettivo delle pillole è di consentire all'utente di focalizzare in pochi minuti i concetti fondamentali di una determinata competenza, aprendo così la strada a nuove chiavi di lettura, e stimolando l'approfondimento. I titoli sono "solo" 250 ma, come potete capire, di altro genere rispetto ai repository generalisti qui trattati. A essi si affiancano altre attività, tra cui un blog per il quale ho modo talvolta di scrivere articoli sugli stessi argomenti che trovate in questo manuale.

LinkedIn Learning

`https://www.linkedin.com/learning/me`

Costola didattica del celebre "social network" per il networking lavorativo, LinkedIn Learning ha scatenato grandi dibattiti quando è stato lanciato nel 2015, in realtà come appropriazione del più antico `Lynda.com`, sito che dal 1995 distribuiva contenuti di stampo essenzialmente tecnologico-digitale in tutto il mondo. Per oltre 26 milioni di dollari se l'è poi pappato tutto Microsoft. I suoi oltre 16.000 corsi sono ora a pagamento, e si possono acquistare individualmente o per i propri team aziendali. LMS come Docebo consentono di "pescare" all'interno del repository per erogare formazione già pronta, ma da assemblare, ai propri dipendenti/clienti, e lo stesso può avvenire anche per i due casi citati sopra e altri grandi repository come OfCourseMe (`https://ofcourse.me/`), ottima proposta nostrana.

Provare LinkedIn Learning per un mese non costa nulla, ed è un buon modo per farsi un'idea di contenuti di solito ben fatti, essenziali ed efficaci, generalmente in formato video.

Consigli per creare i contenuti perfetti

Come detto a inizio capitolo, ricordiamo che la progettazione di contenuti (o il suo assemblaggio, se li peschiamo da altrove) dovrebbe delineare la strada più semplice e funzionale per il raggiungimento dei risultati di apprendimento.
È fondamentale quindi:

- organizzare i contenuti per agevolare il processo di apprendimento;
- variare il ritmo alternando formati e metodologie differenti;
- scegliere la modalità più appropriata per il trasferimento dei singoli argomenti: per alcuni contenuti è utile una spiegazione frontale, per altri può essere meglio sperimentare direttamente con un'esercitazione e altri ancora potranno facilmente essere schematizzati in un'infografica.

Alcuni suggerimenti presentati in questo capitolo potranno sicuramente essere utili ai docenti e ai formatori che si vogliono approcciare in modo più consapevole al mondo dell'innovazione didattica, ma sono di solito alla base del lavoro degli Instructional Designer. Di norma infatti non è necessario che il formatore/docente sia in grado di svolgere in autonomia tutti gli step elencati in questo capitolo (anzi!). Sarà necessario un team con competenze sempre più specifiche e complementari a seconda del livello e del risultato che si vogliono ottenere: tornate quindi al Capitolo 5, come nel gioco dell'oca. Oppure passate al Capitolo 10, per scoprire le meraviglie dell'e-Collaboration e i suoi strumenti mirabolanti per coinvolgere gli utenti nel processo di apprendimento.

Fonti

Piras V., Reyes M.C., Trentin G., *Come disegnare un corso online. Criteri di progettazione didattica e della comunicazione*, FrancoAngeli, Milano, 2020.

"Progettare l'Innovazione Didattica", MOOC Polimi Open Knowledge, METID, Politecnico di Milano, 2020.

Sancassani S., Brambilla F., Casiraghi D., Marenghi P., *Progettare l'innovazione didattica*, Pearson, Milano, 2019.

Scano R., *Accessibilità: erogazione di servizi ed informazioni fruibili a tutti*, Webinar Skilla, Amicucci Formazione, 2020.
https://www.youtube.com/watch?v=pjIK9l3inpU&feature=youtu.be

Capitolo 10

e-Collaboration per l'apprendimento

In questo capitolo

- Strumenti per l'e-Collaboration
- Come scegliere
- Prodotti valutati
- Trincee digitali per la resistenza attiva
- Fonti

Strumenti per l'e-Collaboration

Il mondo dell'e-Collaboration meriterebbe un libro a parte, anzi, se l'è già meritato, ed è stato già citato. Il sottotitolo è *Il senso della Rete*, e definisce il proprio oggetto:

> il tratto distintivo di un nuovo modo di lavorare, studiare e gestire il tempo libero. È lo stile di chi utilizza le opportunità della Rete per raggiungere obiettivi e risolvere problemi insieme con gli altri (Sancassani *et al.*, 2011).

Tutto ancora vero, ma sono passati quasi dieci anni, e la velocità di questa Rete è, come sappiamo, impressionante. Gli strumenti e le pratiche si sono evoluti, e noi qui non vogliamo riprendere il discorso dalla base, ma solo integrare il nostro manuale con una breve carrellata di strumenti digitali che, approssimativamente classificati, possono essere di supporto all'innovazione didattica a scuola e in azienda.
Una definizione diversa che potremmo dare, più tecnica, è "collaborazione che si basa su una comunicazione mediata da strumenti informatici e dalla Rete in grado di garantire la condivisione di artefatti digitali e la loro elaborazione cooperativa, anche contemporaneamente". Cercheremo di supportarvi da un lato a capire come usare tali strumenti diversi per ottenere la stessa cosa che offrono gli LMS strutturati, dall'altro a integrare quelli "propriamente detti" per l'e-Learning con altri spesso complementari.
Si tratta di passare a un nuovo modello dove non è importante quale nuova soluzione o funzione sviluppare (in termini di programmazione e design) ma

scoprire qual è quella che più corrisponde alle nostre esigenze tra quelle che già esistono, per poi piegarla ai nostri bisogni, se possibile spendendo poco o nulla – in genere a seconda del nostro numero di utenze o di quanto vogliamo personalizzare lo strumento. Un approccio di questo tipo può essere utile ai docenti e formatori che volessero introdurre l'e-Learning secondo una modalità più morbida, graduale, e soprattutto che passi attraverso i "mondi" che i propri studenti e formandi già conoscono.
Le possibilità sono sconfinate, e vanno da quelle di base per realizzare pagine per raccogliere le audiofilastrocche per una classe della Scuola dell'infanzia (Padlet; vedi anche il Capitolo 15) alla creazione di una virtual escape room con zero costi usando Google Drive, come ha fatto per il suo progetto (Escape: A Game) Anthony BL Smith: `https://docs.google.com/document/d/1pGhX4uWFLJYsymO9nAydlZP1oZ8rBT-QutlYZXm5z4U/edit`.

Come scegliere

Parlando di tool molto eterogenei, i criteri di scelta sono decisamente diversi da quelli che enumeriamo negli altri capitoli. Soprattutto, in questo caso, la domanda che vi dovete porre è: "Di che cosa ho bisogno?". Oppure il suo opposto: "Bello questo strumento, come lo potrei sfruttare nel mio contesto?".
Esistono però delle funzionalità piuttosto generiche, come sempre con le loro variabili, di cui conviene tener conto.

Disponibilità e adattabilità

Questi strumenti puntano spesso a essere di uso agile e veloce, per tutti. Tuttavia, non tutti i meravigliosi tool che illustriamo funzionano ovunque. Quindi, al momento della scelta, cerchiamo di accertarci che siano, perlomeno:

- multipiattaforma;
- mobile/responsive (magari ora considerando anche la possibilità watch, ossia che funzionino sugli orologi smart);
- multibrowser.

Prezzo e scalabilità

Il cosiddetto Web 2.0, alla base dell'e-Collaboration, nasceva spesso anche in un'ottica di "libera interattività nella Rete", sotto la spinta di movimenti open source, connessi a una certa gratuità. Tuttavia, quasi tutto ciò che illustriamo qui ha dei costi. Considerate quindi:

- che cosa permette di fare la versione base, spesso gratuita: a volte è pochissimo;
- quanto sale il prezzo se dovete poi scalare verso l'alto, secondo quali criteri (numero di user, di progetti, condizioni di esportabilità ecc.);
- licenza d'uso di ciò che creo.

Privacy e dati

Il vecchio adagio afferma: "Se è gratis, allora il prodotto sei tu". La più volte richiamata guerra dei dati fa sì che, spesso, dietro alla gratuità si nasconda la problematica dei dati che ognuno di noi, più o meno consapevolmente, "regala" al provider di turno. WhatsApp e Facebook ne sono gli esempi più eclatanti. Per i nostri tool qui chiediamoci:

- È free, ma a che prezzo, che cosa "prende" da me?
- Che uso fa dei dati o delle cose che creo?
- Qual è il livello di sicurezza delle informazioni che passano attraverso un certo software?
- Come faccio a capire quale livello di privacy è connesso al servizio?

Interfaccia

Più facile da valutare è l'interfaccia d'uso: parliamo di programmi che io darò in pasto ai miei studenti o formandi, magari nerd di generazione millenial o attempati contabili vicini alla pensione e lontani dal mondo digitale. Un'app che abbia alle spalle un'ottima progettazione UI e UX (vedi il Capitolo 5) è fondamentale per:

- ottenere una buona facilità e rapidità d'uso;
- ammorbidire la curva di apprendimento;
- mantenere una certa stabilità nel tempo, poiché i servizi in cloud, come detto, cambiano spesso, e a volte danno la sensazione di far mancare la terra sotto i piedi agli utenti.

Customization

Spesso la si paga: per rimuovere watermark o pubblicità, per mettere il proprio logo e usare i colori aziendali ecc. Nello scegliere, cerchiamo da subito di avere un'idea di quanto controllo avremo (o quanto pagheremo per averlo) su:

- branding;
- font, colori, volumi di ingombro degli elementi dell'interfaccia;
- quanti template disponibili avrò e la loro "qualità"; non di rado vedremo nei prodotti che poter disporre di ottimi template può essere ciò che ci spingerà ad aprire il portafoglio.

Output

Parliamo di programmi che servono per collaborare, comunicare ma soprattutto creare: che cosa posso fare dei miei capolavori didattici digitali? Valutiamo allora:

- i metodi di condivisione e pubblicazione sul Web, per esempio sharing button, codice di embedding per "includere" in modo armonioso i miei prodotti in un sito o su un social network ecc.;
- possibilità di download e tipologie di formati in cui posso esportare, dal classico PDF ad altri vettoriali, spesso le restrizioni della versione base si concentrano anche su queste possibilità.

Collaborazione

Last but not least, la funzione principe di tutto questo:

- Come funziona il co-editing dei prodotti?
- Quante persone posso far collaborare?

- Di quanti livelli di utenza dispongo (autore, revisore, ospite in pura visualizzazione)?
- Che modalità ho per moderare la collaborazione?
- Come possono far comunicare tra loro i miei utenti?

E via così... ma ora andiamo a vedere nella pratica alcuni delle migliaia di tool che, quantomeno in un manuale di e-Learning, ci è parso sensato trattare.

Prodotti valutati

Li abbiamo suddivisi in macrocategorie che ammettiamo essere un po' pretestuose, ma speriamo utili a orientarvi, sebbene molti di essi si prestino a più usi diversi.
A differenza degli altri capitoli, dove trattiamo strumenti specifici per l'e-Learning, o il cui uso è piuttosto univoco (per esempio quelli di videoediting), poiché qui trattiamo di tool pensati per usi più generalisti, suggeriamo per ciascuno una o più "miniesercitazioni" con cui sperimentarne l'uso in termini di apprendimento – collaborativo, *ça va sans dire*!

Multifunzione generalisti

Parliamo di quelli dedicati allo storage di file di piccole e grandi dimensioni e alla creazione di "semplici" documenti, presentazioni, fogli di lavoro, calcoli ecc.
Per il puro storage o per il passaggio di file, elenchiamo i più noti, che lasciamo al lettore da approfondire:

- Office 365;
- Box;
- Dropbox;
- G Drive;
- WeTransfer (una cui alternativa meno conosciuta è Smash).

Ancora una volta è Google a meritare una trattazione approfondita, seguendo il percorso iniziato nel Capitolo 6, dove avevamo incontrato Meet, nel Capitolo 7, dove c'era YouTube, e nel Capitolo 8, con la G Suite for Education, di cui a tutti gli effetti è parte. Che ci piaccia o no, il colosso di Larry Page e Sergey Brin offre opportunità molto interessanti.

Google Drive

`https://drive.google.com/`

Google Drive, già Google Docs fino al giugno 2012, e nell'antichità Writely, prima che i due sopra nominati se lo comprassero nel 2006, consente la condivisione di svariati tipi di documenti in un formato cloud proprio, nonché in quelli "classici" (`.doc`, `.pdf`, `.odf` ecc.), fogli di calcolo (`.xls` ecc.), disegni, formulari e molto altro.
Una volta creato un account di posta (non necessariamente targato Gmail, poiché è possibile associare anche il proprio indirizzo personale) si possono creare o caricare dispense, ricerche, compiti, ma anche condividerli con altri utenti, in modo da creare elaborati collaborativi scritti a più mani ed eventualmente pubblicabili in Rete per essere messi a disposizione di altri.
Le potenzialità di Google Drive per l'e-Learning sono immense: anche a una sommaria ricerca in Rete troverete esempi che vanno dal creare calendari condivisi con Google Calendar per la prenotazione delle aule, al generare quiz con Google Moduli, realizzare

fumetti con la funzione Presentazioni (l'equivalente di PowerPoint) oppure studiare geografia con il supporto di Google Maps (Figura 10.1).
Tutto quanto, come intuite, è possibile anche con la suite Microsoft 365, con la differenza che qui parliamo di uno strumento gratuito a disposizione di tutti e più semplice da usare. Soprattutto la possibilità di collaborare agilmente su uno stesso file in tempo reale, facilitati anche dalla funzione di chat, è impagabile.

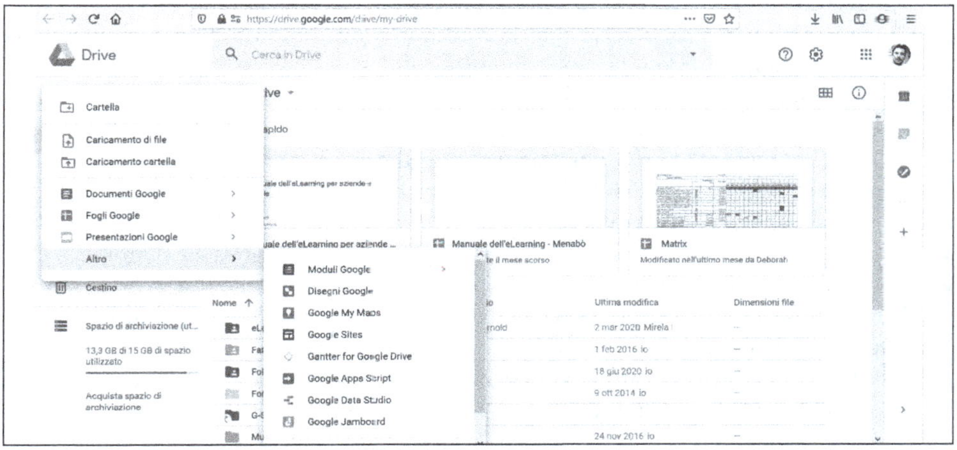

Figura 10.1 Ecco come si presenta la dashboard di G Drive; nel menu che abbiamo aperto si notano anche alcuni applicativi supplementari a disposizione per default. Si tratta di un vero mondo quasi sconfinato, fruttuoso e in alcuni casi insidioso allo stesso tempo.

Punti di forza

- Senza dubbio il più diffuso sistema di condivisione documenti.
- Nella sua forma essenziale include strumenti per:
  - documenti/fogli di lavoro/presentazioni;
  - moduli;
  - disegni.
- Conserva lo storico dei documenti (non si rischia mai o quasi di perdere del lavoro pregresso).
- Ci dice chi li ha modificati e quando (è pressoché impossibile "rovinare" in modo definitivo il lavoro altrui).
- La possibilità di chattare mentre si lavora assieme, in tempo reale, è utilissima.
- Su documenti, presentazioni ecc. si può commentare, assegnare compiti redazionali e gestirli con agio.
- Consente di scansionare documenti (da telefono) e archiviarli, ottimo per ridurre il digital divide di chi non ha dotazioni adeguate per farlo altrimenti.
- Sempre in ottica diciamo "inclusiva", consente di lavorare anche offline.
- Incorpora una funzione di traduzione automatica sempre più evoluta (che temo renda infelici gli insegnanti di lingue).
- Consente di esportare in vari formati.
- Quando acquistato con la G Suite permette di gestire gruppi di lavoro.
- Si arricchisce anche di centinaia di altre app, anche di terze parti per fare di tutto.

Debolezze

- Sebbene di utilizzo facile e intuitivo, richiede comunque allenamento e una guida competente per lavorare in modo collaborativo senza generare confusione.
- Mantenere ordinato il proprio Drive richiede un certo sforzo (più che la normale gestione delle cartelle del Finder di iOS e del Gestione Risorse di Windows, per fare un esempio).
- L'applicativo installabile sul proprio PC o Mac per sincronizzare i file può rallentare le macchine meno performanti, ed espone a rischi in termini di sicurezza.
- Come per gli altri prodotti Google, la continua evoluzione è sì foriera di miglioramenti, ma anche di frequente spaesamento.
- Le app di terze parti sono una ricchezza, ma anch'esse presentano problemi di sicurezza e chiedono l'accesso ai nostri dati per funzionare.
- Il fatto che consenta la sincronizzazione con device mobile è positivo, ma a volte, specie per chi usa Android, si ha la percezione che il "sistema" di Google diventi assai invasivo e permei la nostra vita.
- Come tutto il mondo Google, tende a spingerci all'uso del browser Chrome.
- Poiché molti giovani/bambini non fanno uso di email, la necessità di avere un indirizzo di posta elettronica costituisce a volte uno scoglio (si è verificato spesso in tempi di lockdown).
- 15 GB per la versione gratuita sembrano tanti, ma lo storage è condiviso con i file di Gmail e di G Foto, e quindi tende a saturarsi con una certa rapidità.

Costi: completamente gratuito (in termini puramente economici) fino a 15 GB; oltre, il tariffario è così strutturato (costi al mese):

- 100 GB: 1,99 euro;
- 200 GB: 2,99 euro;
- 2 TB: 9,99 euro.

Esercitazioni di base suggerite

1. *Ricerche*: fate svolgere una miniricerca per gruppi su un qualsiasi tema, da Napoleone al Knowledge Management dell'azienda, e chiedete come output di consegna un documento condiviso in G Drive realizzato da ciascun gruppo.
2. *Grafici*: sfruttate Google Moduli o il più recente Data Studio per far creare dei grafici su dei dati di qualsivoglia natura. È stato per esempio usato durante la pandemia per dare una lettura critica dei grafici riportati dai media, facendo realizzare diagrammi ai ragazzi di una scuola incentrati sulle statistiche riportate dalla stampa.
3. *Gamification*: chiedete ai vostri utenti di creare un "libro game" o una escape room con i documenti linkati tra loro a costruire storie ramificate, oppure spingetevi fino a organizzare un game storm su un determinato argomento, appoggiandovi ai tool di G Drive (ne accenniamo più compiutamente nel Capitolo 13).

Mappe, lavagne, schemi

Un metodo utile per avviare un progetto, per trovare lo stimolo giusto, per evitare "l'ansia da pagina bianca" di qualunque processo creativo è quello di creare un'associazione di

pensieri, anche in apparenza inutili e sconnessi tra di loro, e scriverli tutti insieme, in un unico spazio, in modo da avere una visione generale di "quel caos" che sta prendendo forma. Si può usare un semplice pezzo di carta, una lavagna a fogli mobili se ci troviamo in una sala riunioni, dei post-it appiccicati su un tavolo o su una parete oppure... possiamo utilizzare qualche strumento digitale, soluzione utilissima se ci troviamo a lavorare da remoto o se vogliamo attivare il pubblico di una lezione o un evento online.
Di seguito trovate alcuni suggerimenti di alcuni web tool semplici e intuitivi da usare, requisito fondamentale se non vogliamo bloccare il nostro stream of creativeness.

C-Map Tools

`https://cmaptools.it.uptodown.com/windows`
Uno degli strumenti più datati, sia in termini di interfaccia sia di funzionalità. Può essere utile per creare mappe concettuali. Non crea prodotti molto accattivanti, ma può tornare utile per spiegare concetti complessi e delinearne i vari collegamenti (in modo semplice, collaborativo e gratuito, *of course*).

Costi: il fatto che sia del tutto gratuito e che non si impossessi dei nostri dati può valere lo sforzo di installare l'applicativo e capire come funziona.

Jamboard

`https://edu.google.com/intl/it_it/products/jamboard/`
Il Grande Gigante Google (non me ne voglia Roald Dahl) ritorna ancora una volta, con uno strumento che, provato su un PC, sembra utile, ma comunque limitato: permette di inserire testi, post-it e linee tracciate a mano. È tuttavia pensato per le scuole da utilizzare come una sorta di *tabula rasa*, una jamboard (e questa volta non ci stiamo riferendo al software), uno smart display che consente l'interazione diretta tra chi spiega e chi ascolta, in cloud (Figura 10.2).

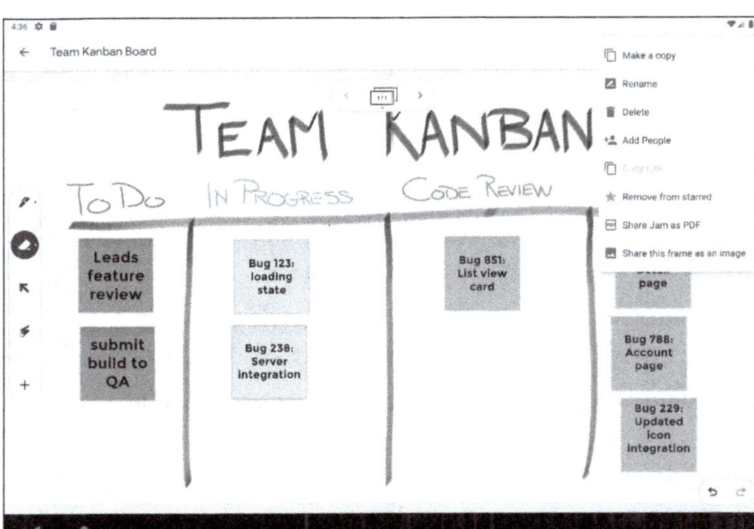

Figura 10.2 Google presenta Jamboard con questa immagine sul suo Play Store. Il prodotto di una sessione secondo il celebre metodo Kanban per la gestione dei progetti, realizzato con Jamboard.

Costi: a pagamento, sebbene durante il periodo di lockdown sia stato resto gratuito da Google. L'impressione è che la strategia del Gigante in questo caso sia di puntare sull'hardware, ossia vendere delle sorte di LIM evolute, chiamate anch'esse Jamboard.

Miro

`https://miro.com`
Uno degli strumenti più utilizzati, soprattutto in ambito aziendale e di eventi online, grazie alla sua versatilità. Offre infatti diverse soluzioni di collaborazione e co-creazione di schemi, mappe concettuali, storyline, tavole di pianificazione e progettazione ecc. Una serie di template predefiniti supportano l'utente nella predisposizione del proprio schema: si tratta di una delle vere ricchezze del programma, poiché fornisce una guida eccellente per strutturare in modo collaborativo le proprie informazioni (Figure 10.3 e 10.4). Scelto un layout, si potranno poi inserire testi, immagini, note, commenti, collegamenti, disegni e molto altro.

- Più orientato alla collaborazione business di altri prodotti simili.
- Template disponibili molto vari e graficamente "belli" .
- Offre più strumenti di disegno e creazione di oggetti digitali rispetto ad altri.
- Nella versione a pagamento ha delle funzioni aggiuntive come:
  - voti (per decidere quale box/post-it ha più preferenze, per esempio);
  - timing (per un brainstorming);
  - videochat.
- È possibile installarlo come app sui propri device.
- È in grado di tenere uno storico delle attività degli utenti.

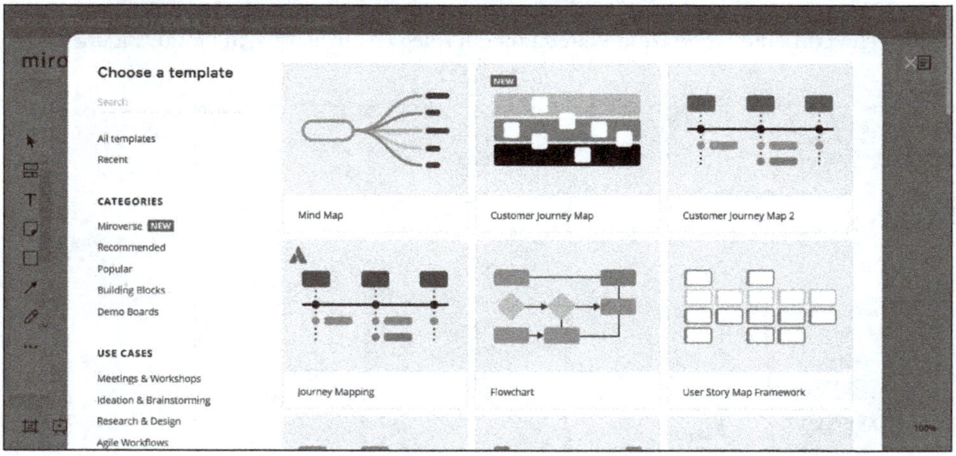

Figura 10.3 I vari template in cui è possibile inserire le proprie informazioni in Miro.

Costi: nella versione gratuita molte funzioni sono inibite ed è possibile creare solo tre "board", quindi difficile sfruttarlo senza investire. Si parte dagli 8 dollari/mese/utente (versione Team), con cui sono disponibili le funzioni di base (per esempio schede illimitate, editor di board anonimi, visualizzatori e commentatori di board esterni illimitati ecc.).

Le versioni Business (16 dollari) ed Enterprise (da contrattare con il provider) consentono, tra le altre cose, il Single Sign On con altri applicativi, parecchie funzioni in più sulla gestione dei dati e della sicurezza.

Esercitazione di base suggerita: coinvolgete i vostri studenti o colleghi nel fare brainstorming tramite Miro nell'ottica di rendere più sostenibile, in termini ambientali, la classe o l'azienda.

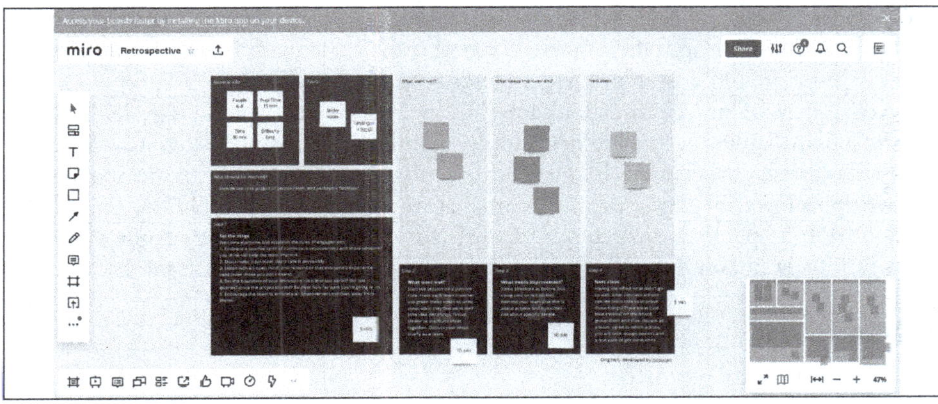

Figura 10.4 L'interfaccia pulita e chiarissima di Miro, un esempio da imitare in termini di UI e UX.

Mural

`https://www.mural.co/`

Altro strumento semplice ed efficace in fase di brainstorming o di pianificazione delle attività. Permette infatti di creare mappe concettuali, schemi e tabelle e di collaborare aggiungendo testi, post-it virtuali. È uno strumento molto vasto, che permette di scegliere la configurazione più adatta del documento a partire da una vasta libreria di template. Prevede diversi piani di abbonamento, privati, per scuole o aziende. Si integra con diverse piattaforme di collaborazione, tra cui Slack, Microsoft Teams e Google Drive.

Costi: 12 dollari/utente/mese (fino a 50 membri, funzioni limitate), 20 dollari (sempre 50 membri, ma più funzioni); oltre i 50 va contattato il provider.

Padlet

`https://it.padlet.com/`

Si tratta di un'applicazione web-based che permette di creare una bacheca virtuale organizzata per colonne, liste, griglia, conversazione, mappa e timeline. Permette l'inserimento di testi, post-it, immagini e frecce per costruire collettivamente una moodboard, un elenco di parole chiave, un brainstorming, ma anche per presentare in modo semplice e schematico alcuni concetti. È poi possibile condividere il proprio lavoro attraverso un QR code generato in automatico, il che lo rende molto versatile e adatto per un uso rapido da mobile.

- Semplice, efficace.
- Non necessita di registrazione da parte dei partecipanti (buono per uso "live" e per la scuola).

- I vari layout disponibili (wall, canvas, list, grid, columns, timeline) sono molto chiari.
- È ben personalizzabile (branding) e con facilità.
- Esporta in formato immagine, PDF ed Excel.

Esercitazioni di base suggerite

1. *Parole chiave*: usando il layout per colonne, individuate una decina di aspetti relativi a un problema, e poi chiedete a un gruppo di studenti/formandi di inserire delle parole chiave sotto ciascuna macrovoce.
2. *Creazione di gruppi di interesse*: sempre con il menu a colonne, proponete dei temi di ricerca o riflessione, poi domandate ai partecipanti di segnare il proprio nome sotto di essi, esprimendo così le proprie preferenze di interesse.
3. *Raccolta materiali*: in tempi di lockdown molte insegnanti delle Scuole dell'infanzia hanno usato Padlet per creare dei minisiti in cui raccoglievano fotografie, file audio con filastrocche, brevi video. In questo caso l'uso era quello di aggregatore di materiali. Purtroppo in molti casi le pagine erano "sature" con troppi contenuti e quindi ben poco fruibili, specie da smartphone. È il chiaro esempio che mostra come Padlet sia ottimo ma la libertà di utilizzo necessita spesso di qualche forma di guida.

Lucid Chart

`https://www.lucidchart.com/pages/`

Uno spazio di lavoro virtuale utile non solo per condividere idee e creare schemi e mappe concettuali, ma anche per progettare layout di applicazioni e software. Offre l'accesso a una vasta libreria di template che possono guidare l'utente in una strutturazione chiara dei contenuti (Figura 10.5). Essendo orientata al management aziendale, presenta diverse strutture per la creazione di Gantt, analisi SWOT, grafici di domanda/offerta e così via. Si integra con la G Suite, Office e Slack e offre diverse soluzioni di abbonamento (tra cui quella gratuita).

Costi: si parte da 6,95 euro per l'uso individuale fino ad arrivare agli 8 euro per 3 utenti, dopodiché si passa alla versione Enterprise.

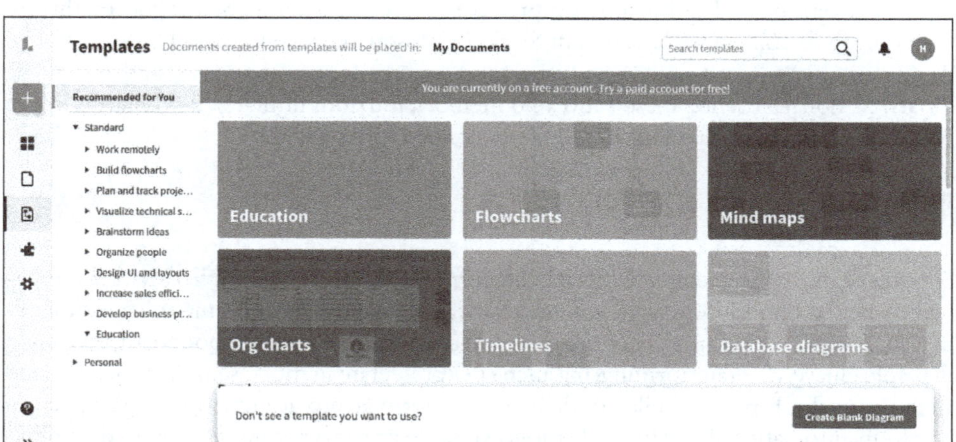

Figura 10.5 La pagina di scelta tra i template di Lucid Chart: come vedete, per usarli è necessario passare alla versione a pagamento.

Design e progettazione di artefatti digitali

In alcuni casi si tratta di aggregatori di materiale multimediale, piuttosto semplici, come per Thinglink, ma dalle grandi potenzialità. In altri casi parliamo invece di strumenti anche molto articolati e complessi, in uso nel campo del design, dell'e-commerce e del web design. Nel nostro contesto, possono tornare utili come tool per lanciare delle esercitazioni creative, ma anche come veri e propri software a supporto della progettazione di servizi e-Learning, per esempio per definire l'UI e UX di un LMS.
Ne esiste una pletora, ma ci viene in auto il sito My Creative Toolkit (`https://www.mycreativetoolkit.com/`), che è un valido repository di strumenti online, utili per la creazione di artefatti digitali (Figura 10.6). Per definizione propongono *solo* strumenti free, che tuttavia spesso hanno anche possibilità di fare abbonamenti, senza i quali a volte è possibile fare poco, come vedremo. A ogni modo le risorse proposte sono gratuite e classificate per tipologia di licenza.

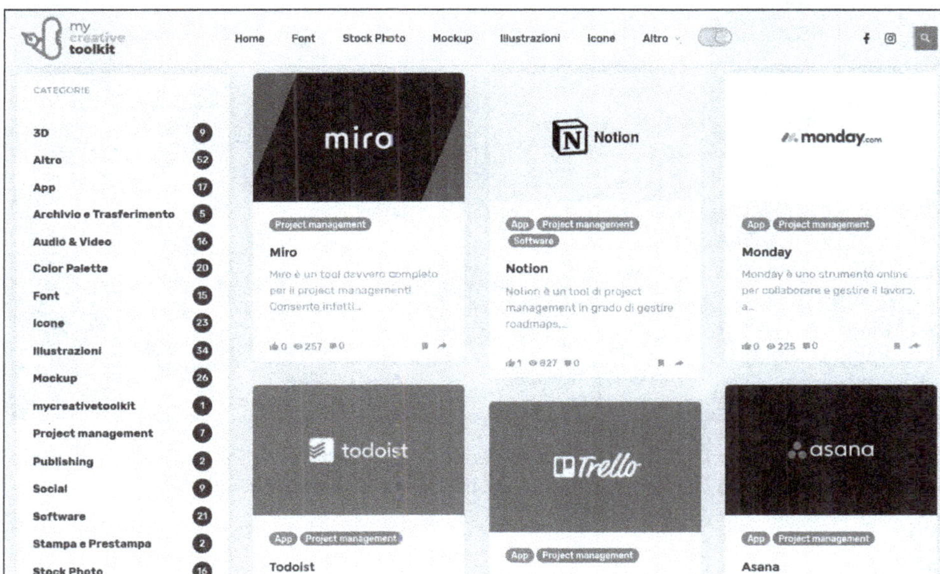

Figura 10.6 My Creative Toolkit, un ennesimo mondo (free) in cui perdersi.

Thinglink

`https://www.thinglink.com/`

Thinglink permette di aggregare contenuti digitali utilizzando un'immagine come principio organizzativo delle informazioni. È molto semplice da usare e permette risultati interessanti, anche perché suscita spesso entusiasmo negli studenti. Estremamente interessante è la funzione di "remix", termine derivato dal gergo musicale ma che spesso viene usato in tema di OER (risorse didattiche aperte, Capitolo 14): in questo caso consiste nel dare la possibilità agli studenti di intervenire sul "thinglink" preparato dal docente o dai compagni e aggiungere altri link/elementi, commenti, oppure anche modificarne in parte la struttura (Figura 10.7).

Esercitazioni di base suggerite

1. *Maieutica*: chiedete agli studenti di descrivere se stessi a partire da una propria foto o disegno.
2. *Lingue*: chiedete di utilizzare un'immagine per illustrare il significato di una parola, creando collegamenti a foto, video, pagine web che arricchiscano la comprensione, dove si può anche aggiungere un file audio con la pronuncia corretta.
3. *Arte animata*: chiedete agli studenti di registrare delle proprie storie inventate a partire da opere d'arte visuale conosciute, e collegare le proprie registrazioni a esse con Thinglink.
4. *Oppure* seguite quanto racconta in questo esempio la docente Mara Masseroni: `http://www.rivistabricks.it/wp-content/uploads/2017/08/2_Masseroni.pdf`.

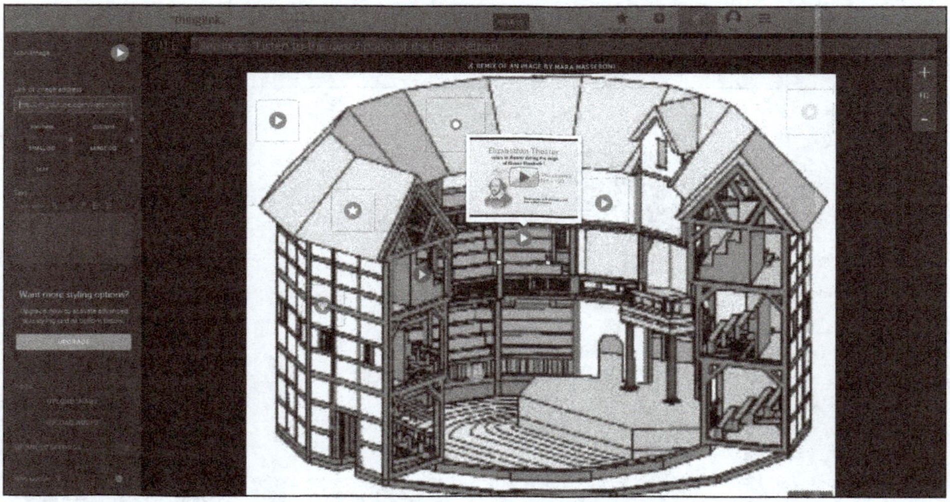

Figura 10.7 L'interfaccia di Thinglink: come vedete si possono creare link in un video YouTube ai punti di un'immagine (http://www.thinglink.com/scene/464484122706837506).

Carrd

`https://carrd.co/`

Minimale prodotto che permette di creare siti web responsive su una singola pagina basandosi su template esistenti, organizzati in macrosezioni:

- Profile (CV);
- Landing;
- Form;
- Portfolio.

Sembra una sciocchezza, ma proprio la sua estrema semplicità e il minimalismo estremo cui spinge l'utente sono il suo punto di forza. A fine capitolo racconteremo alcune interessanti applicazioni che Carrd e G Drive hanno avuto nel 2020 su temi di resistenza sociale e lotta politica.

Costi: la versione Pro offre più scelta e ha un costo di 19 dollari/anno.

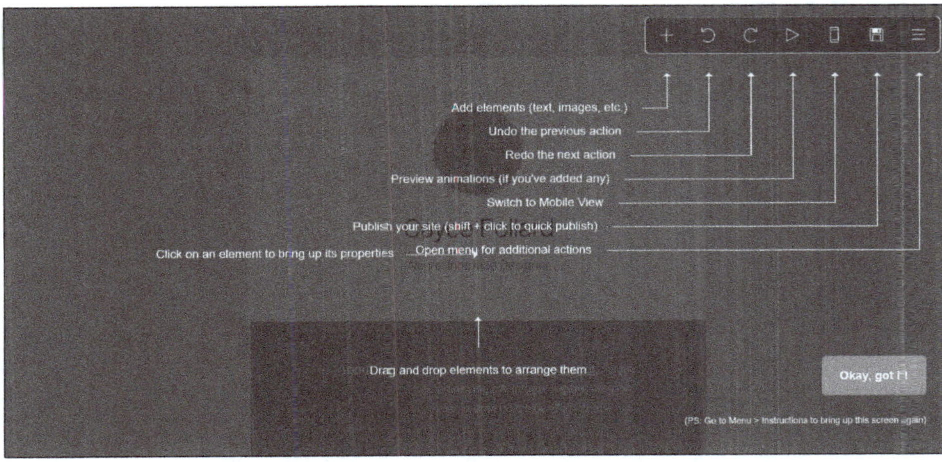

Figura 10.8 L'accoglienza, molto chiara, delle dashboard di Carrd, come vedremo molto apprezzata dalla Resistenza 2020.

Invision

`https://invisionapp.com`

Si tratta di una piattaforma pensata per il Design System (DSM), ossia uno strumento pensato per designer di "oggetti digitali" e non (Figura 10.9).

- Molto flessibile, dal brainstorming alla prototipazione.
- Permette di interagire e connettersi ad altri software (per esempio Adobe).
- Ottimo per la progettazione multidevice (anche per watch).

Costi: gratuito fino a 10 membri per team e 3 documenti ("prototypes, boards, or free-hands"), poi da 8 dollari al mese per user e poi oltre si entra in contatto con il provider.

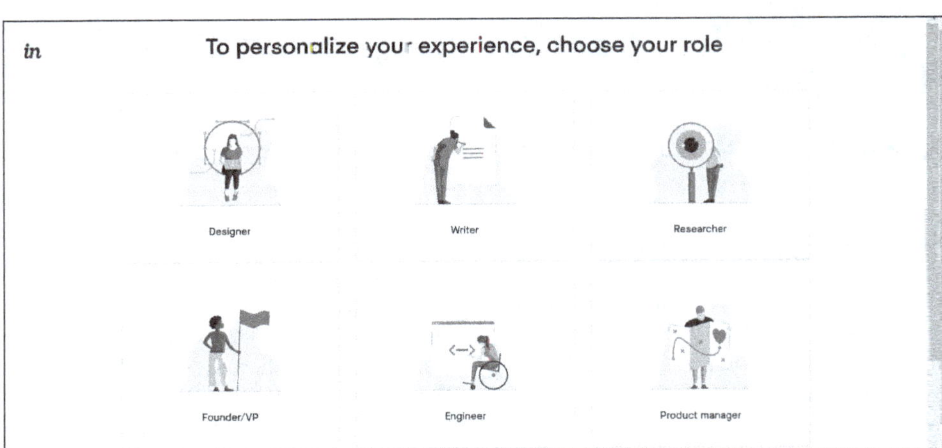

Figura 10.9 Ciò che più è apprezzabile in Invision è la modalità di accesso alla dashboard, in cui si viene condotti passo passo a seconda delle proprie esigenze. Graficamente poi è assolutamente impeccabile!

Canva

https://www.canva.com

Appartiene alla categoria delle "visual communication solution". Semplice strumento di progettazione grafica (lo slogan è "Your secret weapon for stunning design"), utile per creare poster, moodboard, biglietti da visita, volantini, infografiche ecc. Sebbene sia orientato più al mondo aziendale, nel mondo della scuola è piuttosto diffuso e conosciuto. Un'alternativa altrettanto valida è PikToChart (https://piktochart.com/).

- Diversi template disponibili (Figura 10.10).
- Libreria di immagini e icone.
- Co-editing dei progetti.

Costi: il pacchetto gratuito ha delle limitazioni; la versione Pro costa 8,99 euro/mese per persona.

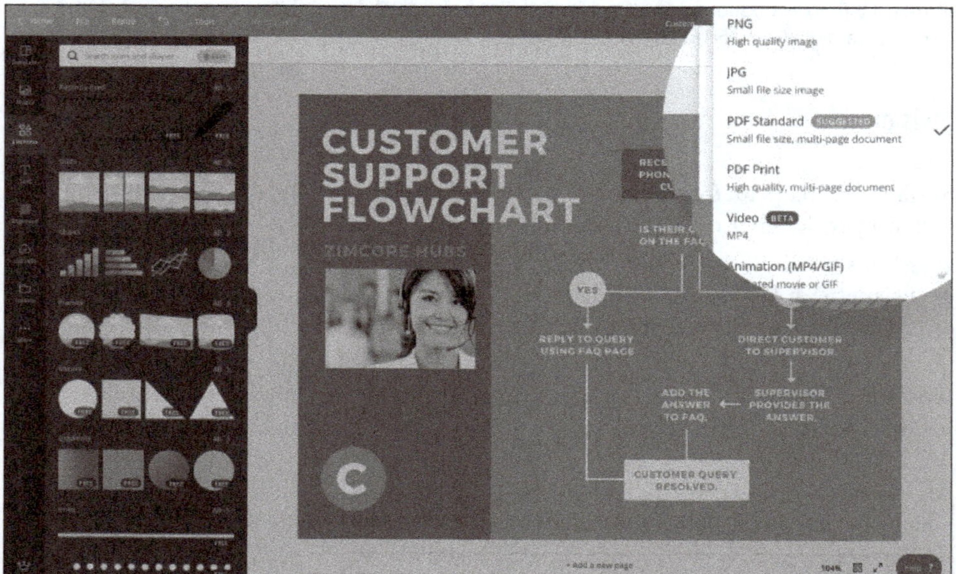

Figura 10.10 La ricchezza di Canva in termini di template è molto apprezzabile.

Presentazioni interattive

Alcuni strumenti che abbiamo visto nel paragrafo precedente possono essere usati anche nel caso di quelle che definiamo "presentazioni interattive" in un evento live. Pensiamo a come coinvolgere i pareri del pubblico invitandolo a scrivere liberamente delle parole o un pensiero su una board (tramite il loro smartphone o PC) per poi analizzarne in diretta i risultati. Richiede pochi minuti e consente di attivare l'attenzione dello spettatore. Due strumenti utili in questo senso sono i già citati Miro e Padlet. Lasciamo alla vostra fantasia saperli sfruttare al meglio in base all'argomento trattato, al contesto, alla numerosità della platea e a tutto ciò che gravita attorno alla vostra presentazione.

Potete poi anche pensare di guidare maggiormente le risposte del pubblico (inteso in senso ampio: in classe, a una conferenza o in un meeting di lavoro) sottoponendo un sondaggio o un quiz a risposta multipla. Si possono anche innescare momenti *gamificati* o, se ci troviamo in classe, far svolgere degli esercizi didattici in questa modalità.

Sondaggi

Mentimeter

https://www.mentimeter.com/

Gli utenti, utilizzando il proprio smartphone, si possono connettere a un indirizzo relativo alla lezione (o presentazione) a cui stanno partecipando per rispondere a un set di domande. Le risposte si possono visualizzare in tempo reale, creando un'esperienza interattiva. Una volta terminato il tutto, si possono condividere ed esportare i risultati per ulteriori analisi e confrontare i dati nel tempo per misurare i progressi dei partecipanti.

Costi: parte da gratuito con funzioni di base per poi passare a 9 euro per la Basic (funzioni di esportazione/importazione) e 24 euro per la Pro (customizzabile graficamente). Per l'Enterprise si deve contattare il servizio commerciale.

Google Moduli

https://www.google.it/intl/it/forms/about/

Google e la sua Suite tornano in aiuto anche qua, fornendo un semplice e intuitivo strumento per creare formulari, sondaggi o, volendo, anche quiz. Pur mantenendo la sua tipica interfaccia minimale, Google permette una leggera personalizzazione in termini di immagini e colori. Completamente responsive, permette di visualizzare in tempo reale grafici dei dati aggregati.

Costi: utilizzabile già nel pacchetto gratuito.

Quiz

Come anticipato, anche Google Moduli può essere utilizzato per fare dei quiz, ma non è possibile tracciare in modo completo i dati degli utenti, a meno che non si chieda loro di inserire manualmente il loro indirizzo email. Preferiamo comunque presentarvi alcuni tool specifici pensati proprio con il fine di valutare, innescare sfide e stilare classifiche.

Kahoot

https://kahoot.it/

Kahoot è una game-based learning platform che permette di creare e condividere giochi di apprendimento in modo rapido. È possibile scegliere la tipologia e il numero delle domande, ma anche aggiungere video, foto e schemi. Per accedere al gioco viene fornito un codice di accesso e i partecipanti potranno rispondere dai loro dispositivi. Oltre ai giochi in tempo reale, è possibile anche proseguire le sfide in modo asincrono, sfruttando dei compiti interattivi per allenarsi a distanza.

Costi: parte dal piano standard a 10 euro/mese/host, che prevede un massimo di 20 partecipanti; 25 euro/mese/host per 50 partecipanti; 40 euro/mese/host per 2.000 giocatori e infine 60 euro/mese/host, che in più fornisce un tracciamento dettagliato e una maggiore flessibilità nella creazione dei quiz (compreso il branding).

Socrative

`https://www.socrative.com/`
Permette di creare quiz interattivi anche sotto forma di una vera e propria gara a punti, single-player o a squadre. Completamente responsive, genera un riscontro immediato dei risultati.

Costi: è gratuito fino a 50 studenti; all'aumentare del costo del piano, cresce il numero di attività contemporanee che si possono tenere e si va da 59,99 dollari/anno (pensato per le scuole) a 99,99 dollari (per il mondo aziendale).

QuestBase

`https://www.questbase.com/`
Si tratta di un pratico strumento di formazione, apprendimento, valutazione (con relativa certificazione) sviluppato da un'azienda italiana che si occupa di social learning – Fidenia (`https://www.fidenia.com/`) – che ha anche implementato una piattaforma per la gestione di classi virtuali. QuestBase consente di erogare il questionario sia online, sia di stamparlo e sottoporlo in versione cartacea. Permette di fissare un limite di tempo e di tentativi, l'ordine delle domande, un vincolo temporale e/o di punteggio minimo per il superamento del test. L'accesso da parte degli studenti può avvenire tramite password e si può impostare o meno la richiesta dei dati personali al loro accesso (a seconda che si tratti di un test o un questionario). Inoltre, consente di aggiungere altre persone come editor del questionario. Sono disponibili diverse tipologie di domande, che forniscono feedback immediato, sia agli studenti (riguardo alla correttezza o meno della risposta), sia al docente (elaborando punteggi e grafici). Le risposte e i dati di tracciamento sono esportabili in `.xls`, `.pdf` e altri formati. L'interfaccia ricorda molto quella del noto *Esplora risorse* di Windows e non è personalizzabile, ma è intuitiva nel suo utilizzo.

Costi: la versione Standard è gratuita e permette di creare test illimitati con un massimo di 35 domande/test e 500 utenti registrati/mese. Questi numeri crescono progressivamente nelle versioni Bronze (149,95 euro/anno) e Silver (299,95 euro/anno), rispettivamente 50 e 75 domande/test; 1.000 e 1.500 utenti/mese). La versione Gold non pone vincoli numerici e permette di aggiungere il proprio logo e il proprio dominio nel link di accesso.

Comunicazione sincrona (e non)

Difficilmente i lettori di questo libro non conosceranno Skype o altri software analoghi, e alcuni meno giovani ricorderanno come me con piacere il caro vecchio ICQ o Trillian. Gli stessi noti WhatsApp o Messenger di Facebook svolgono le medesime funzioni, ma esistono alcune alternative slegate dai colossi del digitale (almeno per ora) ed estremamente valide in termini di comunicazione in real-time via chat e audio-video.

Discord

`https://discord.com/`

Da pochissimo (luglio 2020) viene presentato come:

> Il tuo posto per parlare – Che tu faccia parte di un club scolastico, gruppo di videogiocatori, comunità artistica mondiale, o semplicemente di un piccolo gruppo di amici che vuole passare il tempo assieme, Discord rende più facile chiacchierare ogni giorno e ritrovarsi più spesso.

Si tratta di una piattaforma VoIP (Voice over IP, ossia che si appoggia al protocollo IP di Internet per veicolare contenuti vocali) creata nel 2015 in ambito gaming, così come OBS, visto nel Capitolo 7. In comune hanno il fatto che sono proposte totalmente multipiattaforma e responsive (tablet, mobile ecc.), quindi adattabili per tutti, molto duttili e ottime per proporre lavori di gruppo senza spese di sorta (Figura 10.11).
Si possono creare dei "server", ossia dei "luoghi di comunicazione", all'interno dei quali invitare utenti/studenti/formandi tramite uno specifico link, che (se tenuto segreto) consente un notevole livello di privacy e protezione. Ci si può distribuire, una volta entrati nel server, in gruppi, dove ogni gruppo dispone di un canale audio-video e una chat.

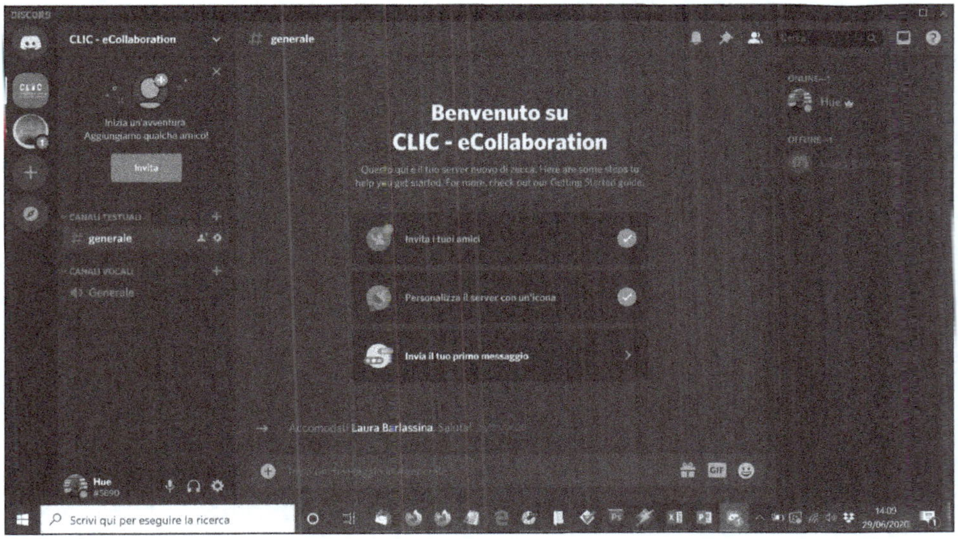

Figura 10.11 L'interfaccia di Discord. È nera, ma solo per caso, ed è davvero ben studiata.

Costi: totalmente gratuito nelle sue funzioni base, più che sufficienti per tutti. La versione Nitro consente di migliorare le emoji (parte fondamentale delle ardite comunicazioni dei gruppi), caricare file di maggiori dimensioni e promuoversi all'interno della piattaforma, che assume anche connotati social che qui non vogliamo esplorare oltre.

NOTA

Pare che Discord goda di una sinistra fama nelle cerchie di estrema destra, specie in connessione con i famigerati fenomeni di zoombombing di cui abbiamo parlato nel Capitolo 6. È in gruppi/server Discord che alcuni simpaticoni hanno organizzato le irruzioni simultanee in videoconferenze altrui. Il *Times* tratta il tema da parecchio tempo, diciamo preCovid, e ha segnalato gruppi dai gustosi nomi come National Socialist Army e Führer's Gas Chamber. Tuttavia, io stesso consiglio vivamente l'uso di Discord per lasciar gestire comunicazioni di gruppo a discenti per laboratori online.

Slack

`https://slack.com/intl/en-it/`

Diffusa soprattutto in ambito corporate, e spesso proposta come "il WhatsApp per il lavoro di gruppo in azienda", offre uno spazio di lavoro in cui è possibile organizzare le comunicazioni di gruppo attraverso strumenti come:

- canali;
- menzioni;
- messaggi privati (Figura 10.12);
- videoconferenze;
- condivisione di documenti (anche attraverso integrazioni con Google Drive, Dropbox e WeTransfer).

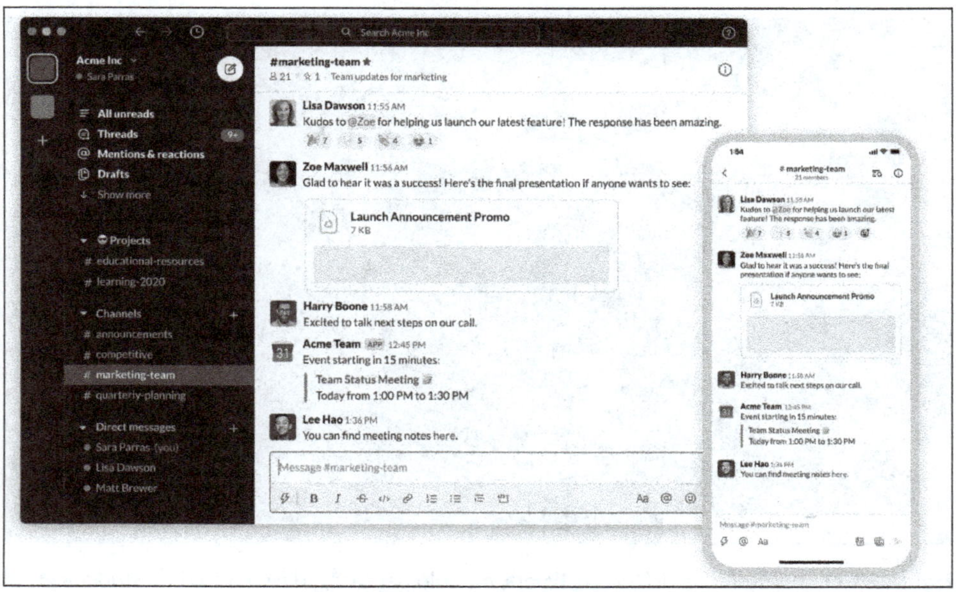

Figura 10.12 Ecco come il sito di Slack si presenta in modalità full responsive agli utenti.

Usato anche in ambito universitario (nella ricerca e in parecchi progetti europei), è meno intuitivo di altri analoghi nell'uso, poiché la strutturazione per "canali" è un po' inusuale per gli utenti medi.

Costi: il piano Standard (per piccole e medie imprese) prevede un costo di 6,25 euro a persona al mese.

Trincee digitali per la resistenza attiva

La natura militante del manuale che state leggendo vi sarà ormai chiara, ma per sottolinearla ulteriormente e darvi altro di quel "food for thought" che speriamo renda le vostre offerte formative digitali più accattivanti ed eticamente consapevoli, chiudiamo il capitolo con uno spunto che deriva dall'articolo "How Google Docs became the social media of the resistance" della *MIT Technology Review*. Tale articolo, acutissimo, riporta valide considerazioni rispetto alla contrapposizione tra la volatilità dei social network (Twitter e Facebook *in primis*) e la persistenza degli artefatti creati con Google Drive o altri strumenti di e-Collaboration qui riportati (Carrd sopra tutti). Inoltre l'articolo fa riferimento alla politicizzazione spinta dei "social", che in epoca di trumpismo li ha resi, quantomeno agli occhi e agli encefali dei normodotati, delle piattaforme considerate ben poco affidabili in termini di news e contenuti di varia sorta. "Le persone vogliono un artefatto persistente", afferma Clay Shirky, il Prorettore per la tecnologia educativa alla New York University, le cui parole sono riportate nell'articolo.

> Se fai parte di una rete orientata all'azione, hai bisogno di un artefatto per coordinarti con quelli al di fuori delle chat e della piattaforma che stai utilizzando, in modo da poter effettivamente uscire dal feed e fare qualcosa di concreto.

In questo senso ci piace quindi mettere in evidenza come Google Drive, Carrd o altri strumenti di e-Collaboration abbiano enormi potenzialità ancora non del tutto espresse come tool per pubblicare contenuti, sia in ambito didattico/formativo sia perfino politico (Figure 10.13 e 10.14).

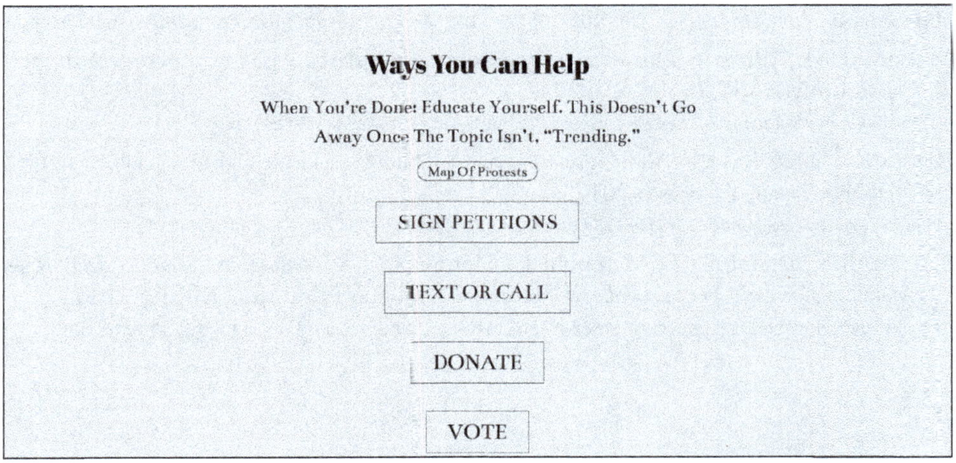

Figura 10.13 La pagina di un sito minimale realizzato con Carrd per sostenere il movimento a favore di Black Lives Matter.

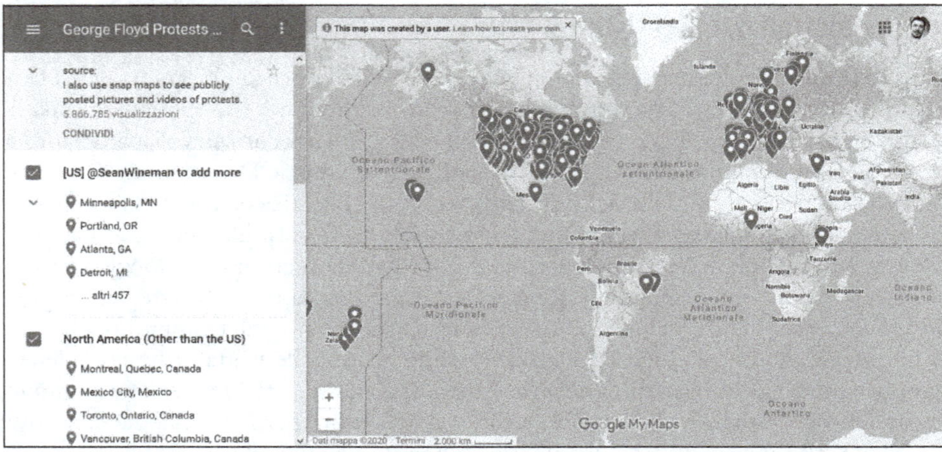

Figura 10.14 Una mappa dinamica delle proteste a sostegno del movimento Black Lives Matter nel mondo, realizzata e diffusa tramite Google Map, parte della suite di G Drive. Un colosso digitale piegato al sostegno della cultura della Resistenza (almeno per ora).

Fonti

Basu T., "How Google Docs became the social media of the resistance.Facebook and Twitter might have the bells and whistles, but the word processing software's simplicity and accessibility have made it a winning tool", *MIT Technology Review*, 6 giugno 2020.
https://www.technologyreview.com/2020/06/06/1002546/google-docs-social-media-resistance/

Masseroni M., "Prezi e ThingLink in percorsi di didattica per competenze, flipped classroom e EAS", *Bricks*, n. 3, 2014.
http://www.rivistabricks.it/wp-content/uploads/2017/08/2_Masseroni.pdf

Roose K., "This Was the Alt-Right's Favorite Chat App. Then Came Charlottesville", *New York Times*, 15 agosto 2017.
https://www.nytimes.com/2017/08/15/technology/discord-chat-app-alt-right.html

Sancassani S., Brambilla F., Marenghi P., Menon S., *E-Collaboration. Il senso della Rete. Metodi e strumenti per la collaborazione online*, Apogeo Education, Milano, 2011.
http://www.apogeoeducation.com/9788838786815-e-collaboration-il-senso-della-rete.html

Parte III

Coltivare le relazioni dell'e-Learning: coinvolgere, osservare, valutare

In questa parte

Capitolo 11

Tracciamento e monitoraggio

In questo capitolo

- **Come rilevo se i miei utenti stanno imparando?**
- **Tracciamento e raccolta dei dati**
- **Monitoraggio e analisi dei dati**
- **Valutazione della qualità del percorso di apprendimento**
- **Fonti**

Come rilevo se i miei utenti stanno imparando?

Anche insegnando in aula, alla vecchia maniera, sarà capitato a molti di voi di porsi atroci domande come: stanno seguendo? Stanno imparando? Hanno voglia di proseguire o lo fanno per forza? Si ricorderanno quello che insegno? Lo sapranno mettere in pratica? Se l'uditorio è silente e con gli occhi bassi, chiaramente il timore che le risposte siano dei sonori "no" cresce, ancor più oggi quando ragazzi o manager sono celati dai monitor dei propri portatili. Se poi sono nascosti dietro a un'intera infrastruttura tecnologica e mi seguono online, il timore può diventare paura. Affinché non sconfini nel terrore, negli anni le piattaforme di ogni sorta hanno sviluppato degli strumenti utili a rilevare tutto questo in modo quantitativo e qualitativo. I due aspetti che si riferiscono a questo ambito sono quelli del tracciamento e del monitoraggio, che ci sentiamo di definire come segue.

- *Monitoraggio*: osservazione e comprensione attenta dell'andamento di un percorso formativo. Può avvenire con osservazione diretta (soprattutto su piccola scala) oppure in maniera sistematica tramite i dati di tracciamento.
- *Tracciamento*: raccolta e rappresentazione dei dati funzionali al monitoraggio.

I due aspetti sono strettamente correlati e si applicano sia all'insegnamento sia all'apprendimento.

Urge ora una nota rispetto all'ambito scolastico, che in questi capitoli finali inizia a mostrare divergenze sempre più marcate rispetto a quello aziendale (nel prossimo, sulle valutazioni, la cosa sarà ancora più evidente). Il mondo della scuola si trova ad affrontare problematiche non indifferenti in termini di tracciamento e monitoraggio, ma spesso regolamentate da fattori sui quali dirigenti scolastici e insegnanti possono fare poco. Essenzialmente gli strumenti di supporto sono connessi al mondo del Registro Elettronico in adozione, che di norma traccia ogni fase dell'attività scolastica (assenze, ritardi, uscite anticipate), occupandosi anche della comunicazione scuola-famiglia, con delle importanti ricadute sulla riorganizzazione innovativa della didattica. In questa sede ci limitiamo a indicare alcuni tra i principali strumenti disponibili nel nostro Paese.

- Argo ScuolaNext: `https://www.portaleargo.it/`
- Spaggiari: `https://web.spaggiari.eu/home/app/default/login.php`
- Madisoft Nuvola: `https://scuoladigitale.info/registro-elettronico/nuvola-registro-elettronico/`
- Axios: `https://axiositalia.it/accesso-registro-elettronico/`

Diverso è il caso della DaD (Didattica a Distanza) a cui la Scuola (con la S maiuscola) è stata forzata dal lockdown 2020, specie se si tratta di lezioni sincrone, dove verificare l'effettiva presenza di bambini e ragazzi al di là degli schermi ha rappresentato un problema molto serio. Per esempio, alcune scuole (o classi, o insegnanti) richiedevano obbligatoriamente di tenere accesa la webcam durante le lezioni, altre lasciavano la cosa a discrezione degli studenti. Abbiamo in parte affrontato l'argomento nel Capitolo 6, e vi torneremo anche nel prossimo. Qui ci limitiamo a considerare il tracciamento e il monitoraggio la cui gestione è ormai sedimentata all'interno del mondo dell'e-Learning, ricordando però che, per le scuole che adottano LMS come Moodle, valgono all'incirca le stesse considerazioni.

NOTA

Cari docenti delle scuole, non disperate: nel prossimo capitolo farà ritorno per l'ennesima (ultima) volta il nostro eroe, il Maestro Manzi.

Tracciamento e raccolta dei dati

Abbiamo accennato a questo tema in tutti i capitoli di stampo più "tecnico", ossia quelli dal 6 al 9, poiché tutte le categorie di software che abbiamo trattato consentono, a vario titolo, di tracciare quanto avviene al loro interno, o nelle interrelazioni tra di esse. Parlando di connessioni, è evidente che c'è la necessità che tali sistemi siano in grado di "dialogare" tra loro, e per far questo esistono gli standard a cui abbiamo accennato nel Capitolo 9, che sono alla base del tracciamento e, in parte, della user experience, poiché è fondamentale sottolineare come rilevare che cosa un utente ha fatto all'interno di un sistema digitale è funzionale non solo a chi gestisce il sistema (amministratore, tutor, Learning Manager, HR, direttore scolastico o chi altri) ma anche all'utente stesso. È tramite i sistemi di tracciamento che egli può, per esempio, vedere visualizzata chiaramente la propria posizione e i propri progressi nella dashboard di una piattaforma e avere una percezione più o meno chiara di dov'è, come sta andando e dove andrà.

Anche per i docenti/formatori, chiaramente, poter accedere a una overview dei progressi di studenti/formandi è utilissimo (Figura 11.1). La relazione, sulla base della quale fa perno il processo di apprendimento e che tanto abbiamo sottolineato nel Capitolo 4, nel mondo digitale passa (anche) di qui. Monitoraggio può richiamare il tema del controllo, della sorveglianza, ma noi preferiamo invece focalizzarci sull'osservazione e l'accompagnamento. Per esempio, gli strumenti per prevenire il drop-out passano attraverso il tracciamento e il monitoraggio. Iniziamo ora dall'affrontare i mezzi tecnologici di base, fino a giungere a suggerimenti per delle forme di osservazione più fantasiose.

	A	B	C	D	E	F
1	**In aula**		**Modulo 1 - Lezione 1**		**Modulo 1 - Lezione 2**	
2	Completato (raggiunta la sufficienza)	venerdì, 29 novembre 2019, 21:26	Completato	sabato, 30 novembre 2019, 17:39	Completato	sabato, 30 novembre 2019, 17:48
3	Completato (raggiunta la sufficienza)	venerdì, 29 novembre 2019, 21:26	Completato	lunedì, 2 dicembre 2019, 20:10	Completato	lunedì, 2 dicembre 2019, 20:19
4	Completato (raggiunta la sufficienza)	venerdì, 29 novembre 2019, 21:26	Completato	martedì, 3 dicembre 2019, 20:59	Completato	martedì, 3 dicembre 2019, 21:14
5	Completato (raggiunta la sufficienza)	venerdì, 29 novembre 2019, 21:26	Completato	lunedì, 2 dicembre 2019, 09:31	Completato	lunedì, 2 dicembre 2019, 09:38
6	Completato (raggiunta la sufficienza)	venerdì, 29 novembre 2019, 21:25	Completato	domenica, 1 dicembre 2019, 18:21	Completato	domenica, 1 dicembre 2019, 18:31
7	Completato (raggiunta la sufficienza)	venerdì, 29 novembre 2019, 21:25	Completato	sabato, 30 novembre 2019, 18:54	Completato	sabato, 30 novembre 2019, 19:10
8	Completato (raggiunta la sufficienza)	venerdì, 29 novembre 2019, 21:25	Completato	lunedì, 2 dicembre 2019, 16:43	Completato	lunedì, 2 dicembre 2019, 16:51
9	Completato (raggiunta la sufficienza)	venerdì, 29 novembre 2019, 21:25	Completato	lunedì, 2 dicembre 2019, 23:34	Completato	lunedì, 2 dicembre 2019, 23:47
10	Completato (raggiunta la sufficienza)	venerdì, 29 novembre 2019, 21:25	Completato	martedì, 3 dicembre 2019, 21:06	Completato	martedì, 3 dicembre 2019, 21:15
11	Completato (raggiunta la sufficienza)	venerdì, 29 novembre 2019, 21:26	Completato	lunedì, 2 dicembre 2019, 11:40	Completato	lunedì, 2 dicembre 2019, 11:49
12	Completato (raggiunta la sufficienza)	venerdì, 29 novembre 2019, 21:26	Completato	mercoledì, 4 dicembre 2019, 09:41	Completato	mercoledì, 4 dicembre 2019, 09:50
13	Completato (raggiunta la sufficienza)	venerdì, 29 novembre 2019, 21:26	Completato	venerdì, 29 novembre 2019, 23:42	Completato	venerdì, 29 novembre 2019, 23:49
14	Completato (senza raggiungere la sufficienza)	venerdì, 29 novembre 2019, 21:26	Non completato		Non completato	
15	Completato (raggiunta la sufficienza)	venerdì, 29 novembre 2019, 21:26	Completato	lunedì, 2 dicembre 2019, 20:01	Completato	lunedì, 2 dicembre 2019, [illegible]
16	Completato (raggiunta la sufficienza)	venerdì, 29 novembre 2019, 21:26	Completato	lunedì, 2 dicembre 2019, 17:18	Completato	lunedì, 2 dicembre 2019, 17:23
17	Completato (raggiunta la sufficienza)	venerdì, 29 novembre 2019, 21:26	Completato	domenica, 1 dicembre 2019, 20:00	Completato	domenica, 1 dicembre 2019, 20:09
18	Completato (raggiunta la sufficienza)	venerdì, 29 novembre 2019, 21:26	Completato	lunedì, 2 dicembre 2019, 23:12	Completato	lunedì, 2 dicembre 2019, 23:19
19	Completato (raggiunta la sufficienza)	venerdì, 29 novembre 2019, 21:26	Non completato		Non completato	
20	Completato (raggiunta la sufficienza)	venerdì, 29 novembre 2019, 21:26	Completato	lunedì, 2 dicembre 2019, 17:49	Completato	lunedì, 2 dicembre 2019, 17:58
21	Completato (raggiunta la sufficienza)	venerdì, 29 novembre 2019, 21:26	Completato	lunedì, 2 dicembre 2019, 21:50	Completato	lunedì, 2 dicembre 2019, 21:05
22	Completato (senza raggiungere la sufficienza)	venerdì, 29 novembre 2019, 21:26	Non completato		Non completato	
23	Completato (raggiunta la sufficienza)	venerdì, 29 novembre 2019, 21:26	Completato	mercoledì, 4 dicembre 2019, 11:21	Completato	mercoledì, 4 dicembre 2019, 11:27
24	Completato (raggiunta la sufficienza)	venerdì, 29 novembre 2019, 21:26	Completato	mercoledì, 4 dicembre 2019, 07:54	Completato	mercoledì, 4 dicembre 2019, 08:13
25	Completato (raggiunta la sufficienza)	venerdì, 29 novembre 2019, 21:26	Completato	domenica, 8 dicembre 2019, 20:40	Completato	lunedì, 9 dicembre 2019, 21:41
26	Completato (raggiunta la sufficienza)	venerdì, 29 novembre 2019, 21:26	Completato	venerdì, 29 novembre 2019, 22:38	Completato	venerdì, 29 novembre 2019, 22:51
27	Completato (raggiunta la sufficienza)	venerdì, 29 novembre 2019, 21:28	Completato	venerdì, 6 dicembre 2019, 18:56	Completato	venerdì, 6 dicembre 2019, [illegible]
28	Completato (raggiunta la sufficienza)	venerdì, 29 novembre 2019, 21:28	Completato	domenica, 1 dicembre 2019, 12:27	Completato	domenica, 1 dicembre 2019, 12:35
29	Completato (raggiunta la sufficienza)	venerdì, 29 novembre 2019, 21:28	Completato	venerdì, 13 dicembre 2019, 15:45	Completato	venerdì, 13 dicembre 2019, 15:54
30	Completato (raggiunta la sufficienza)	venerdì, 29 novembre 2019, 20:40	Completato	domenica, 1 dicembre 2019, 11:10	Completato	domenica, 1 dicembre 2019, 11:17

Tracciamento - corso blended

Pronto

Figura 11.1 Non è sadismo verso gli ipovedenti: sebbene ci rendiamo conto sia di assai diffici e lettura, l'estratto dal foglio di calcolo che "vedete" sopra è quanto abbastanza tipicamente si estrae in una prima forma grezza in termini di tracciamento per quel che riguarda il completamento di un modulo (e relative lezioni) da parte degli utenti.

SCORM: i dati base dell'e-Learning

Come anticipato nel Capitolo 9, i contenuti SCORM (ma il discorso vale anche per gli altri standard) contengono una serie di dati di fruizione che possono essere letti, interpretati e rielaborati dalle piattaforme e-Learning. Per evitare "incomprensioni" tra i due sistemi, è importante impostare nella maniera corretta tutte le opzioni presenti sia sul software di authoring che li genera, sia sulla piattaforma stessa, in modo che siano allineati. Se, per esempio, si desidera verificare che l'utente fruisca effettivamente di una lezione, si dovranno impostare dei criteri di completamento in piattaforma. La stessa cosa dovrà essere fatta per ogni pacchetto SCORM creato e caricato.

Se si desidera verificare che lo user fruisca della lezione nella sua interezza o che ne veda una parte, si potrà impostare il rilievo così:

- sul 100% della visualizzazione;
- su una sua parte (un tempo minimo);
- su un numero di pagine/slide/capitoli.

Per verificare il superamento di un test creato attraverso un authoring tool per la creazione di pacchetti SCORM, si possono impostare dei criteri legati, per esempio:

- alla soglia minima di risposte esatte;
- all'assegnazione di punti o di un valore percentuale;
- al numero dei tentativi a disposizione.

Come vedete, ci sono dunque una serie di decisioni da prendere, l'importante è mantenere la coerenza con quanto impostato nel pacchetto e le impostazioni date alla piattaforma. Delle sessioni di verifica/user test sono fondamentali per assicurarsi che tutto funzioni correttamente: può succedere che, anche se i parametri ci sembrano tutti corretti, qualcosa non torni... Dopodiché, i dati che possiamo ricavare per ogni utente riguardano:

- progressione nel corso (a che punto è arrivato e da dove può riprendere);
- quali pagine sono state viste;
- per quanto tempo si è soffermato su una pagina;
- l'esito di un test di fine corso/modulo (superato, fallito, punteggio ottenuto);
- risposte globali corrette e sbagliate;
- in caso di risposte aperte, quali sono state date;
- tempo totale impiegato per il completamento.

Rimanendo nell'ambito della lettura dei dati di uno SCORM (che, come anticipato, è lo standard più diffuso) ci sembra opportuno fare una precisazione tra due sue versioni: 1.2 e 2004. Quest'ultima è la più recente, ma la più utilizzata risulta comunque essere la 1.2, che risale a vent'anni fa. La scelta della versione utilizzata impatterà direttamente sulla quantità di dati ricavati dal tracciamento. La 2004 supporta una maggiore quantità di dati della precedente, la quale fatica a gestire il tracciamento in alcune situazioni anomale, ma non infrequenti. Spesso gli utenti continuano a chiudere e rientrare più volte in un corso: con il vecchio standard, l'LMS non è sempre in grado di inserire un "segnalibro digitale" e mostrarlo all'utente, che dunque dovrà ricordarsi di andare a cercare manualmente il punto in cui era arrivato. Con lo standard recente, l'utente può essere invece indirizzato al momento del login al punto in cui aveva interrotto il percorso. Inciampi simili con SCORM 1.2 possono accadere per altre variabili implementate nel corso che subiscono delle modifiche durante la fruizione e influire sulla user experience.

Un altro vantaggio della versione 2004 è che permette di estrarre il report di un test realizzato con un software di authoring includendo il testo completo delle domande e delle risposte. Sembra una cosa banale, ma la versione 1.2 genera report con i testi codificati e quindi illeggibili per analizzare i dati nel dettaglio.

Perché ci si ostina a usare la versione 1.2? È più facile da implementare nelle piattaforme. Moodle stessa ancora non prevede la lettura della versione 2004 (`https://docs.moodle.org/35/it/Attivit%C3%A0_SCORM`). Comunque, per un tracciamento "classico" sulla fruizione di un corso, si può tranquillamente utilizzare la versione più vecchia ed eventualmente implementare altri sistemi di codifica dei dati o strumenti aggiuntivi per migliorare il tracciamento e le conseguenze che esso ha sulla fruizione da parte degli utenti.

xAPI: tracciare le esperienze dentro e fuori dalla piattaforma

L'API Experience (o xAPI) è una specifica più recente di SCORM che sta prendendo molto piede nel mondo aziendale, soprattutto per andare incontro all'esigenza, sempre più diffusa, di tracciare l'apprendimento formale e informale che avviene fuori dai più volte citati sistemi e-Learning più o meno classici.

La "x" sta per "eXperience" e consente di raccogliere dati sulla vasta gamma di esperienze che una persona mette in atto, sia online sia offline. API è l'acronimo di Application Programming Interface, ovvero interfaccia di programmazione delle applicazioni, quindi il set di definizioni e protocolli con i quali vengono realizzati e integrati tra loro qualsivoglia software. La pretesa, non da poco, di xAPI è quella di permettere l'acquisizione di dati, in un formato coerente e standardizzato, sulle attività di una persona o di un gruppo, tracciandoli

a partire da un numero virtualmente illimitato di "spazi digitali". Sistemi molto diversi sono in tal modo in grado di comunicare secondo modalità sicure catturando e condividendo il flusso di attività usando il "vocabolario" di xAPI.
Per funzionare, xAPI si appoggia su un applicativo esterno all'LMS, che prende il nome di Learning Record Store (LRS), il quale può raccogliere statistiche di apprendimento in qualunque momento e in qualunque luogo (fisico o virtuale).

> Apprendimento mobile, simulazioni, mondi virtuali, serious games, attività nel mondo reale, apprendimento esperienziale, apprendimento sociale, apprendimento offline e apprendimento collaborativo sono solo alcune delle cose che ora possono essere riconosciute e comunicate bene con l'API Experience.

È quanto afferma il sito dell'azienda software Rustici, che ha lanciato questo standard, il punto di riferimento per capire meglio come funziona (Figura 11.2). È da lì che ci permettiamo di rubare per voi le informazioni di base su questa affascinante tecnologia (`https://xapi.com/overview/`).
Tra le altre cose, ci spiega che, adottando xAPI, possiamo godere di questi vantaggi.

- Oltre che dai contenuti, gli utenti imparano dalle interazioni tra loro, poiché xAPI rileva le "azioni" da loro compiute. Queste possono avvenire ovunque e segnalare un evento in cui l'apprendimento potrebbe avvenire. Per ovunque si intende la lettura di un articolo su un blog, la visione di un video in Rete, una domanda posta su un forum ecc
- Quando un'attività deve essere registrata, l'applicazione invia "statement" sicuri sotto forma di "Sostantivo, verbo, oggetto" o "Ho fatto questo" al suddetto (LRS).
- L'LRS registra tutti gli statement e può condividere dichiarazioni con altri LRS, di norma (ma non necessariamente) all'interno di un LMS.

Il sito Rustici elenca anche "Le libertà dell'API Experience".

- Libertà delle istruzioni: la struttura degli statement che utilizzano nomi, verbi e oggetti consente di registrare quasi tutte le attività secondo una modalità semplificata descrivibile come l'affermazione (un po' infantile) "L'ho fatto".
- Libertà storica: l'API Experience consente agli LRS di dialogare tra loro. Gli LRS possono condividere dati e trascrizioni tra loro e le esperienze possono seguire l'utente da un LRS (o organizzazione) a un altro. Gli studenti possono persino avere i loro "blocchi dati personali" con le loro informazioni di apprendimento personali al loro interno.
- Libertà del dispositivo: qualsiasi dispositivo abilitato può inviare istruzioni API Experience, ossia smartphone, simulazioni, giochi, perfino robot o CPR dummy (l'elenco potrebbe continuare).
- Libertà del flusso di lavoro: il monitoraggio degli eventi di apprendimento non deve iniziare o terminare in un LMS, può iniziare ovunque lo studente sia e su qualsiasi dispositivo scelga di utilizzare. Il contenuto non è legato a un LMS.

NOTA

Non sapete che cos'è un CPR dummy? Nemmeno io prima di scoprire l'xAPI. "Cardio-Pulmonary-Resuscitation" è l'estensione dell'acronimo, e si tratta di quei manichini che servono per esercitarsi a far il massaggio cardiaco o altro. Immaginate quindi che con questo mirabolante xAPI anche le vostre performance di salvataggio di infartati possono essere agevolmente tracciate. Se lo trovate inquietante siete del tutto normali.

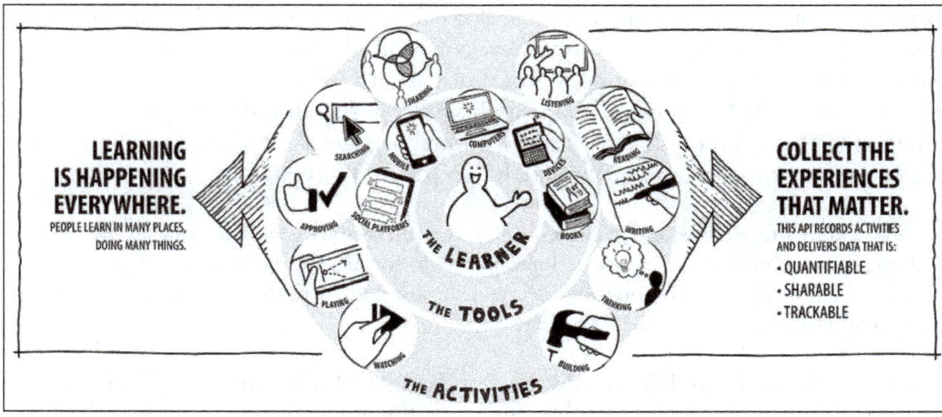

Figura 11.2 Il grazioso ed efficace schema a fumetti del sito di Rustici su xAPI.

Analizzare l'attività online

Lasciamo ora da parte l'affascinante (per molti, forse non per tutti) mondo degli standard e-Learning, e passiamo a cercare di capire che cosa fare dei dati raccolti, per esempio per effettuare valutazioni. I dati ricavati dalla piattaforma su cui abbiamo creato le attività (un LMS, una cartella condivisa, una chat all'interno di una videoconferenza) sono visibili in qualunque momento e ci dicono: chi, quando e quanto ha partecipato a un forum, un sondaggio, una chat, ha caricato un compito o revisionato il lavoro di altri. Un valutatore potrà a quel punto stimare la qualità dell'attività svolta, non solo in termini quantitativi, ma anche *come* è stata svolta, qual è stato il linguaggio utilizzato, quanto è accurato e approfondito un lavoro ecc.Vediamo quali sono i dati più tipici di cui disporre, tralasciando le meraviglie esperienziali spinte di xAPI e relativi manichini.

Reportistica "classica" in un LMS

Nel Capitolo 8 abbiamo già trattato l'argomento, che qui riprendiamo in parte, elencando i dati che una piattaforma raccoglie come, diciamo, default:

- numero di sessioni per ogni utente;
- tempo speso in piattaforma;
- progressione nel corso/stato di completamento;
- elementi visualizzati;
- completamento attività previste (assignment);
- risultati dei test;
- certificazioni (badge, attestati) conseguite;
- partecipazione ai forum;
- device utilizzato.

A chiunque abbia a vario titolo avuto a che fare con sistemi informatici, risulterà chiaro come si tratti di dati comuni a tutto, non sono all'e-Learning, dove invece gli LMS, tipicamente, raccolgono anche questi altri dati che afferiscono a misurazioni di carattere formale e informale (per esempio social learning):

- report per le attività di peer review;
- report per le attività di specifici canali;
- like e dislike per le risposte, per coloro a cui piace il modello Facebook;
- classifica redatta dagli utenti stessi in base alla qualità delle risposte ricevute sui propri quesiti;
- risposte più rapide degli utenti;
- risposte contrassegnate come "migliore risposta";
- valutazione sui contenuti generati dagli utenti;
- attività di condivisione;
- visualizzazioni dei contenuti.

In alcuni casi gli LMS offrono componenti aggiuntivi per far questo, come Coach Share di Docebo, dalle cui funzionalità abbiamo appunto attinto per l'elenco sopra. Sempre lo stesso LMS consente di creare dei report personalizzati, scegliendo quali dati inserire, su quali periodi, rispetto a quali gruppi di utenza ecc. nonché poi di esportarli nei formati "classici" interpretabili da altri sistemi (`.exl`, `.csv` ecc.) e inviare in automatico tali report ad alcuni utenti scelti (Figura 11.3). Moodle dispone di una funzione che assolve compiti analoghi e che è molto incentrata sulle comunicazioni "orizzontali" tra gli utenti come quelle che avvengono su un banale forum, dal quale si può estrarre una relazione di sintesi che fornisce dati preziosi relativi a tutte le attività del forum per ogni studente:

- numero di discussioni che ogni utente ha avviato;
- le risposte date agli altri;
- gli allegati inclusi;
- il conteggio delle parole;
- i post più recenti;
- ecc.

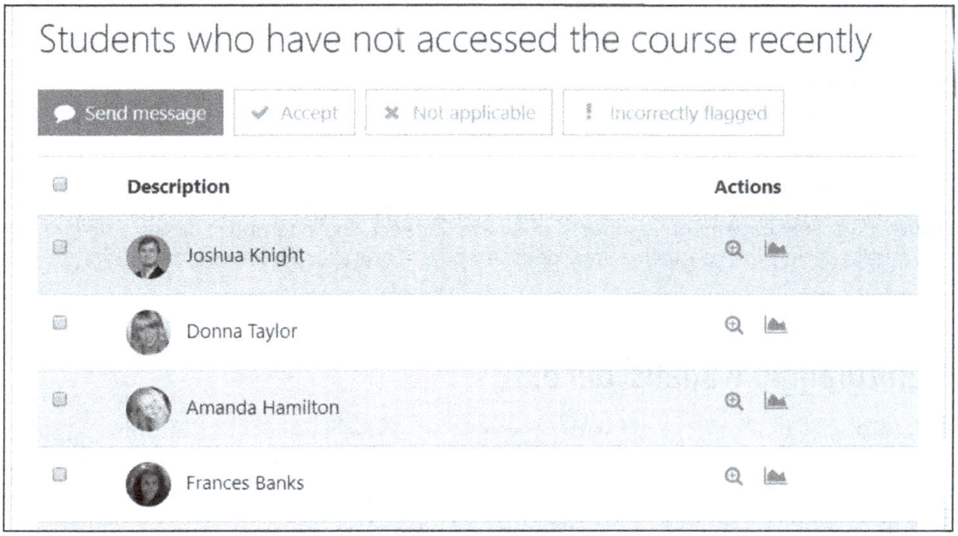

Figura 11.3 La pagina di Moodle che illustra, a fronte del tracciamento, gli studenti da (volendo) castigare perché non accedono da un po' al corso.

Esistono corsi in cui la partecipazione al forum è un aspetto chiave dell'apprendimento al punto che Moodle stesso include da qualche versione un "voto" per il forum basato sul rapporto di sintesi che fuoriesce dal suddetto tracciamento.
Anche se deciderete di usare degli LMS diversi da quelli qui citati a titolo di esempio, vi consigliamo di dare un'occhiata alle relative pagine che raccontano le modalità con cui le reportistiche possono essere generate e gestite, segnalate a fine capitolo tra le risorse.
Non sono rari i casi in cui gli LMS si appoggiano a sistemi ancora più specializzati su tracciamento e relativi report, soprattutto per valutare l'impatto sul "sistema azienda" stesso, come Formetris (`https://www.formetris.com/`), il cui slogan "Improve Your Learning Initiatives With a Robust Evaluation Platform Centered on Learning Impact" parla abbastanza chiaro.
Anche nella formazione sincrona esistono sistemi di rilevamento automatico del livello di partecipazione con tracciamento della finestra attiva, interazioni nella chat e nei sondaggi, di cui abbiamo parlato ampiamente nel Capitolo 6. Adobe Connect ne è un esempio virtuoso (Figura 11.4).

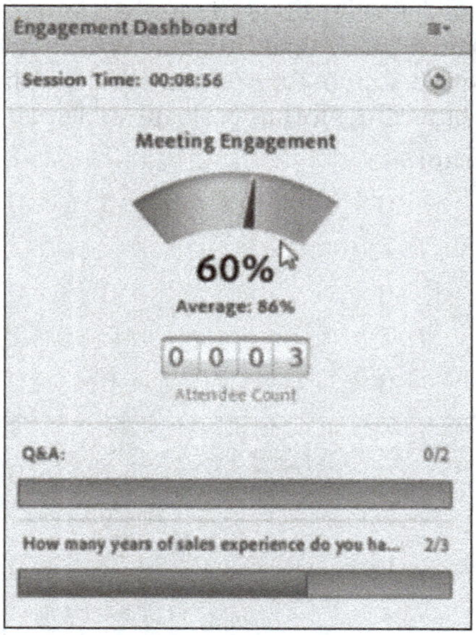

Figura 11.4 L'engagement Dashboard di Adobe Connect, che in tempo reale cerca di dare una misura del livello di partecipazione degli attendee a una lezione/conferenza.

Monitoraggio e analisi dei dati

L'ambito accademico è particolarmente attivo sul tracciamento e il monitoraggio, e a questo proposito può essere interessante esplorare alcuni progetti internazionali sul tema, tra cui Learn2Analyze, che si definisce come un "Academia-Industry Knowledge Alliance per migliorare le competenze degli Instructional Designer e dei trainer aziendali in Educational Data Analytics". Il progetto propone anche un corso online in formato MOOC, a cui suggerisco di iscriversi tutti coloro che vogliono approfondire l'argomento.

Learn2Analyze ha sviluppato un'interessante proposta per un quadro di competenze per chi si occupa dell'analisi dei dati di tracciamento, che si dipana lungo 6 dimensioni di competenza e 17 sottocategorie e, poiché presenta anche 3 case study incentrati sul mondo della scuola, aziendale e universitario, è decisamente ideale per esplorare a fondo in maniera sistematica e ben documentata l'argomento (Figura 11.5).

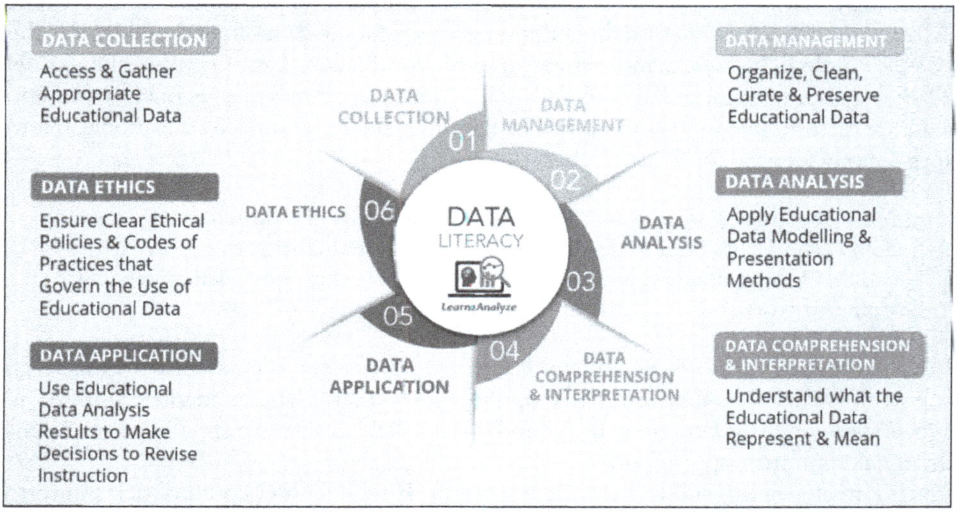

Figura 11.5 Il framework introdotto dal progetto Learn2Analyse. Non abbiamo seguito il loro corso online in formato MOOC, ma al momento in cui scriviamo è aperto e lo consigliamo come interessante via per esplorare questo mondo articolato.

In questo capitolo, volutamente più breve di altri di questo manuale, affronteremo i due aspetti principali del monitoraggio e dell'analisi dei dati, afferenti alle due figure principalmente coinvolte nel processo di apprendimento.

- Learning analytics: definiamo "l'analitica dell'apprendimento" come la raccolta, l'analisi, l'uso e la diffusione appropriata di dati generabili dai discenti, attuabili allo scopo di creare un adeguato supporto cognitivo, amministrativo ed efficace. Esso è incentrato sugli studenti/formandi e sui loro comportamenti di apprendimento, al fine ultimo di migliorare il successo nell'apprendimento (Oblinger, 2012).
- Teaching analytics: si intende il processo volto ad analizzare, valutare e, si spera, migliorare la progettazione delle attività didattico-formative, includendo i metodi e gli strumenti che mirano a supportare questo processo di miglioramento.

Tuttavia, un'importante premessa prima di affrontare in profondità che cosa si vuole fare di queste analisi, ci sembra doverosa.

Etica e dati

I più attenti noteranno come il quadrante relativo alla Data Ethics, nello schema della Figura 11.5, sia un tema fin qui non affrontato, e di enorme attualità, sul quale vale la pena soffermarci brevemente.

Esistono parecchi studi e progetti in merito, che sottolineano spesso come, benché resti valida l'ipotesi intrinseca legata secondo cui la conoscenza del comportamento di uno studente è vantaggiosa per l'individuo, il formatore/docente e il fornitore di istruzione, sussistano delle problematiche ancora inesplorate. La raccolta di dati e il loro utilizzo devono affrontare una serie di sfide etiche, tra cui l'ubicazione e l'interpretazione dei dati, il consenso informato, la privacy e identificazione dei dati nonché la classificazione e la gestione dei dati. Gli approcci adottati per comprendere le opportunità e le sfide etiche dell'analisi dell'apprendimento dipendono necessariamente da molte ipotesi ideologiche ed epistemologiche, affermano per esempio Sharon Slade e Paul Prinsloo, che già nel 2013, in tempi in cui scandali come quello di Cambridge Analytica ancora non si erano manifestati, sottolineavano l'emergere di tali problematiche in ambito educational. Il loro approccio evidenzia con lucidità che:

> il ruolo del potere, l'impatto della sorveglianza, la necessità di trasparenza e il riconoscimento che l'identità degli studenti [sono] un costrutto transitorio, temporale e legato al contesto. Ognuno di questi influisce sulla portata e sulla definizione dell'uso etico delle learning analytics.

I due autori propongono sei principi come quadro per considerazioni per guidare gli istituti di istruzione superiore (ma si applicano facilmente anche ad altri contesti) ad affrontare le questioni etiche nell'apprendimento delle analisi e le sfide in modi dipendenti dal contesto e appropriati.
Poiché, avrete capito, questo manuale è sorretto da un afflato etico e politico piuttosto marcato (senza il quale altrimenti forse non sarebbe valso lo sforzo di redigere questa mole di pagine), ci dilunghiamo oltre e riportiamo tali principi, parafrasandoli per il nostro contesto ed epurandoli, per pietà verso il lettore, degli accurati riferimenti bibliografici che i più pignoli troveranno nel ricco articolo dei due ricercatori americani.

- Principio 1 – Learning analytics come pratica morale.
  L'analisi dell'apprendimento non dovrebbe solo concentrarsi su ciò che è efficace, ma anche mirare a fornire indicazioni pertinenti per decidere ciò che è appropriato e moralmente necessario. Learning analytics è quindi una pratica morale.
- Principio 2 – Studenti come agenti.
  Valutare gli studenti come agenti attivi, fare delle scelte e collaborare con l'istituzione nel costruire le loro identità (per quanto transitorio), può inoltre essere un utile (e potente) antidoto alla commercializzazione dell'istruzione nel contesto dell'impatto delle relazioni di potere basate su monitoraggio e sorveglianza.
- Principio 3 – Identità e prestazioni degli studenti sono costrutti dinamici temporali.
  I dati raccolti attraverso l'analisi dell'apprendimento dovrebbero pertanto avere una durata e una data di scadenza stabilite, nonché meccanismi per gli utenti per richiedere la cancellazione dei dati in base a criteri concordati.
- Principio 4 – Il successo dei discenti è un fenomeno complesso e multidimensionale.
  Sebbene l'analisi dell'apprendimento offra enormi opportunità per acquisire una comprensione più completa dell'apprendimento degli studenti, i dati per loro natura sono incompleti e "sporchi" e le analisi vulnerabili a errori di interpretazione e distorsione.
- Principio 5 – Trasparenza.
  Chi eroga formazione ha l'obbligo di proteggere i dati dei partecipanti sulla piattaforma/LMS istituzionale e anche di informare gli utenti sui possibili rischi quando l'insegnamento e l'apprendimento avvengono al di fuori dei confini della giurisdizione istituzionale.

- Principio 6 – L'istruzione superiore non può permettersi di non utilizzare i dati. Le istituzioni sono responsabili, che si tratti di azionisti, governi o studenti stessi.

Al di là di quest'ultimo punto, specifico del mondo universitario e quindi al di fuori del campo del presente manuale, ci sembra che gli altri principi siano molto utili da tener presenti per rispettare l'etica dell'apprendimento, ma anche banalmente per evitare potenziali rogne. Per chi volesse andare oltre, consigliamo anche le ricerche condotte dall'interessante progetto europeo TeSLA ("Trust-Based Authentication & Authorship E-Assessment Analysis" – `https://tesla-project-eu.azurewebsites.net/`), che si sofferma anche su altri elementi relativi all'etica del monitoraggio connessi agli aspetti di empatia tra il discente e il sistema in cui si svolge l'apprendimento, nell'ottica anche di limitare le sempre più evidenti manifestazioni di ansia connesse agli ambienti e-Learning e alla sensazione di "sentirsi osservati" che questi generano. Uno degli obiettivi ultimi di TeSLA è facilitare e garantire la fornitura di informazioni agli studenti assicurando che abbiano preso almeno una volta atto di tutte le informazioni relative al trattamento dei loro dati personali.
Detto ciò, vediamo che cosa possiamo fare di questi famigerati dati.

Sfruttare dati e misurazioni della formazione

"Torturati a sufficienza, i dati diranno ciò che vuoi tu", afferma Darrel Huff nel sempre attuale (è del 1954) *Mentire con le statistiche.* E ha probabilmente ragione soprattutto oggi. Nel nostro contesto, il numero delle misurazioni che un LMS può tracciare conta ben poco se non si è in grado di sfruttare queste misurazioni per ricavare valutazioni strategiche, essenziali per migliorare l'efficacia del proprio programma didattico o di formazione. Le misurazioni relative alle competenze in ingresso e in uscita sono senza dubbio strumenti preziosi, ma afferiscono principalmente ai temi della valutazione, che tratteremo nel prossimo capitolo.
Qui concentriamoci maggiormente sull'utilizzo su base regolare di report sulle performance della formazione che possono aiutare a comprendere l'efficacia dei corsi ma anche il livello di engagement degli utenti lungo tutta la catena dell'apprendimento.

Learning analytics

Il termine viene definito come "la scienza relativa all'esaminazione dei dati con l'obiettivo di trarre conclusioni che, se utilizzati nel processo decisionale, possono servire a presentare percorsi didattici o linee di azione" (Picciano, 2012).
Una risorsa molto esaustiva che consigliamo per chi volesse approfondire è la pagina `https://docs.moodle.org/35/en/Analytics`, mentre qui riportiamo gli aspetti fondamentali.
I tipi di "learner data" sono in genere dati dinamici fondamentali per costruire o aggiornare i profili dei singoli corsisti e, come più volte detto, sono utilissimi per migliorare l'intero progetto di e-Learning messo in campo. Questi comprendono, tipicamente:

- engagement/impegno nelle attività di apprendimento: per esempio i progressi compiuti da ogni studente nel completamento di determinate attività;
- prestazioni nelle attività di valutazione: per esempio punteggi di valutazione formativi o loro sommatorie;
- interazione con risorse didattiche, strumenti e tutor: per esempio quali risorse educative vengono visualizzate/utilizzate da ogni studente;
- dati emotivi: per esempio stress, noia, ansia ecc.

Quest'ultimo dato, immaginiamo, può far saltare sulle sedie. Poiché l'argomento va a toccare tecnologie all'avanguardia connesse ai temi dell'Artificial Intelligence ("AI","Intelligenza Artificiale"/IA, come preferite), rimandiamo all'ultimo capitolo alcuni piccoli spunti. Qui ci preme essenzialmente sottolineare come tali stati emotivi dei learner non sono certo parte secondaria dell'apprendimento, e – ancora senza scomodare l'AI – sono tracciabili spesso tramite i feedback raccolti da tutor e docenti di un corso, non solo ovunque vi siano domande con risposte aperte, questionari, discussioni in forum o chat, ma anche con la cara vecchia osservazione diretta. La difficoltà, in questi casi, è la quantificazione e la schematizzazione di tali rilievi, ed è qui che – volendo – interviene l'AI. Qui possiamo dire che le tecnologie di Educational Data Analytics comprendono, di base, i seguenti aspetti di analisi.

1. Descrittivo: che cosa è già successo – analisi collegate al riepilogo e visualizzazione dei dati esistenti/passati.
2. Predittivo: che cosa accadrà – analisi collegate all'elaborazione di dati esistenti per la sollecitazione di risposte dell'utente, e servono anche a produrre stime delle tendenze future.
3. Prescrittivo: che cosa dovremmo fare – analisi legate alla generazione di raccomandazioni a supporto delle decisioni per le azioni da intraprendere.

I learning analytics report forniscono suggerimenti (insight) utili su molti aspetti, per esempio suggerendo quali sono gli studenti che hanno maggior probabilità di abbandono, definendo anche i parametri rispetto ai quali giudicare tale rischio (per esempio se non seguono le lezioni live, se non fanno quiz, se non accedono alla piattaforma da X tempo). Questo può rivelarsi utile perfino a individuare dei corsi che rischiano di non iniziare perché la quantità di studenti che dovrebbe accedervi non riuscirà a passare quelli propedeutici a essi. Moodle – ma anche altre piattaforme si stanno attrezzando – consente poi di impostare modalità automatiche ("action") relative a che cosa fare in certi casi: inviare un reminder a tutti gli studenti "in pericolo", oppure segnalare la cosa ai tutor o ai docenti ecc. (Figura 11.6).

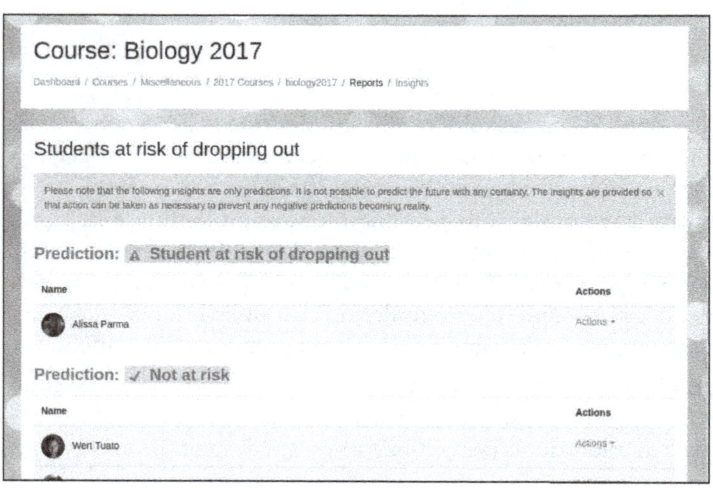

Figura 11.6 Ecco come Moodle rappresenta gli studenti a rischio drop-out, a cui si può anche decidere di inviare in automatico una email per "chiedere come va".

Idee e spunti per un monitoraggio engaging

Quanto esposto finora afferisce essenzialmente a delle forme di tracciamento piuttosto rigorose. Tuttavia, per un rilievo del livello di apprendimento da parte di un formando può essere utile mettere in atto anche altre modalità forse meno quantificabili e meno oggettive ma non meno utili. Alcune verranno approfondite nel Capitolo 13, ossia tutte quelle che a vario titolo poggiano su modelli di gamification, mentre qui ne trattiamo altre le quali, in parte, portano già su binari di stampo ludico.

Travel journal/diario di viaggio

Una possibilità interessante è quella di far tenere agli studenti/formandi un diario di viaggio nel quale appuntare i propri progressi lungo un percorso di apprendimento. La cosa funziona particolarmente bene (o è l'unica attuabile) in alcune situazioni nelle quali il percorso è autodeterminato dagli studenti stessi, i quali sono invitati a scegliere da soli le fonti di conoscenza da cui apprendere. Poiché nel diario ha senso riportare delle proprie impressioni e rilevare i propri cambiamenti, si applica in particolar modo all'ambito delle competenze (saper fare) più che delle conoscenze.
Si tratta di una modalità piuttosto comune nell'ambito delle OER che vedremo nel Capitolo 14: fissato un obiettivo formativo o un contenuto da approfondire, si forniscono dei riferimenti su dove andare a cercare del materiale interessante, dopodiché i formandi apprendono in autonomia. Idealmente, delle forme di self-assessment pre e postformazione completano il percorso.

Sfide nel mondo reale

Molti corsi oggi puntano a operare dei cambiamenti di comportamento ("behavioural change") negli individui, un obiettivo chiaramente piuttosto ambizioso ma non impossibile da raggiungere, specialmente se supportato da motivazioni intrinseche. Si tratta in molti casi di instaurare nuove abitudini. È il caso tipico dell'ambito della sostenibilità ambientale, i cui 17 SDG (Sustainable Development Goals) sono il tema più comune, con il quale anche molte aziende si confrontano a livello sistemico, chiedendo ai propri dipendenti di formarsi.
Poiché si tratta di obiettivi molto concreti, sia a livello macro sia micro (individuale), rilevare quanto una persona sta formandosi per rendere la propria vita privata e in azienda più sostenibile non è facile. Una soluzione può essere quella di suggerire ai corsisti di darsi dei propri obiettivi in un arco di tempo più o meno definito. Per esempio, alla conclusione di un modulo su Consumo e produzione responsabile (Obiettivo 12) si può proporre, nell'arco di un paio di settimane, di mettere in pratica alcuni consigli in merito. Alla fine di tale periodo, la piattaforma proporrà un semplice test che chiederà al corsista quanto è riuscito nella sfida.

Giorno 1	Giorno 2	Giorno 3	Giorno 4	Giorno 5	Giorno 6	Giorno 7
1	1	1	1	1	1	1
2	2	2	2	2	2	2
3	3	3	3	3	3	3

Ciò che viene chiesto è:"Segna una 'X' per ogni giornata in cui riesci a svolgere almeno 3 pratiche tra quelle proposte dal trainer. Per ogni esercizio svolto metti una 'X' nella tabella segnapunti. La sfida è da considerarsi completata al 100% se svolgi almeno 3 esercizi al giorno tra quelli proposti dal trainer in 10 giornate".
Oppure si può tentare di misurare il livello di consapevolezza rispetto a un tentato cambio di comportamento, ponendo la domanda "Quante volte hai eseguito il compito suggerito?", la cui risposta può dipanarsi così:

1	2	3	4	5
Mai, non mi è neppure venuto in mente.	Ci ho pensato, ma non sono mai riuscito a farlo.	L'ho fatto qualche volta.	L'ho fatto spesso.	È diventata una nuova (buona) abitudine.

Insomma, si tratta di una serie di idee che speriamo possano darvi degli spunti per uscire dall'ottica più classica del monitoraggio e rendere più coinvolgente l'apprendimento e la sua valutazione, anche in modo quantitativo: i risultati raccolti possono dare vita a statistiche e report interessanti per corsisti, formatori e amministratori del corso.
Un'altra modalità "sfidante", che si intreccia a quella del diario esposta sopra, meno misurabile numericamente, prevede di tenere traccia nel corso di un periodo di quante attività si sono messe in pratica tra quelle suggerite da un formatore.

Giorno della settimana	Attività svolta	Risultato ottenuto	Note
Lunedì			
Martedì ecc.			

Storytelling

Raccogliere statement, dichiarazioni, sensazioni, racconti da parte dei corsisti è utilissimo non solo per rilevare quanto hanno appreso, ma anche per avere il polso di come il corso sia percepito, quali siano gli ostacoli, i feeling, le percezioni ecc. Purtroppo, su grandi numeri è molto arduo riuscire a dare un feedback, ad ascoltare i racconti, anche se brevi, a meno di non avere un esercito di tutor o dei bot dall'intelligenza artificiale particolarmente sviluppata (temo che ci stiamo arrivando).
Una modalità è quella di dividere in gruppi i corsisti e, in un'ottica di peer/social learning, fare in modo che si raccontino le esperienze tra loro, possibilmente tramite dei modelli guidati. In quel caso i tutor possono intervenire a campione, più come moderatori, con il doppio scopo di monitorare l'andamento del corso e al tempo stesso raccogliere statement interessanti che possono poi servire per un report conclusivo, tipicamente utile, in ambito aziendale, a convincere chi ha investito nella formazione che ne valeva la pena. Per chi vende e-Learning si trasformano in un utile strumento di marketing.

Teaching analytics

Come detto, non solo le attività dei discenti sono da monitorare, ma anche quelle del corpo docente o del team di formatori necessitano di un'analisi attenta, che non di meno deve essere anche delicata.

Le cosiddette "teaching analytics" tipicamente possono essere analizzate tramite:

1. autoriflessione e miglioramento da parte del formatore/docente stesso; questo prevede:
   - focus sugli elementi (diciamo argomenti trattati e loro strutturazione) di un piano didattico-formativo e il suo allineamento/coerenza agli standard degli obiettivi educativi;
   - valutazione della consistenza della progettazione del piano formativo;
2. condivisione con colleghi o tutor per ricevere feedback; questo aspetto prevede:
   - supportare il processo di condivisione di un piano di lezioni con colleghi o tutor, consentendo loro di fornire feedback attraverso commenti e annotazioni;
3. co-progettazione e co-riflessione con i colleghi; questo prevede:
   - consentire ai colleghi di analizzare e annotare congiuntamente il piano didattico-formativo comune al fine di consentire la co-riflessione.

Tutte queste attenzioni sono volte anche a consentire una valutazione della qualità del percorso formativo, che ora vediamo.

Valutazione della qualità del percorso di apprendimento

Tutto quanto raccontato finora ha, tra gli scopi ultimi, quello di fornire elementi importanti in termini di valutazione della qualità di un percorso di apprendimento, in modo che questo possa poi essere ritarato o riprogettato in alcuni dettagli (si spera) o in maniera strutturale.
Come si può capire se un corso è stato efficace e se i formati non solo hanno compreso quanto spiegato, ma saranno anche in grado di applicarlo? E come è andata questa edizione del corso rispetto alla precedente (se c'è stata)? Come farò a far andare meglio la prossima? L'analisi di monitoraggio ci fornisce dati quantitativi e qualitativi affinché questo sia possibile.

Valutazione quantitativa

Tiene conto del numero di partecipanti iscritti, di quanti di questi hanno portato a termine il percorso e con che voto, quanti non hanno superato il test finale, qual è stato il tempo impiegato per lo svolgimento dell'intero corso, quanto sono stati attivi, proattivi e partecipativi durante le esercitazioni online e offline ecc. Riassumendo: dati numerici. È importante relazionare questi dati e prenderne atto. Hanno sempre partecipato tutti alle lezioni e alle attività, ma in pochi hanno superato il test finale? Forse questo aveva attese superiori rispetto alla preparazione fornita. In un percorso facoltativo inizialmente i partecipanti erano molto numerosi e via via si sono persi per strada? Forse hanno reputato i miei contenuti poco utili o di un livello non appropriato alla loro preparazione. E così via.

Valutazione qualitativa

In questo caso si tratta di qualcosa di più difficile da misurare. Nel caso di un percorso blended, è importante l'osservazione diretta dell'aula, per capire se i formandi stanno sviluppando abilità trasversali, come la capacità di comunicare i concetti appresi, di collaborare tra loro scambiandosi idee e opinioni. Quando si propongono delle attività (virtuali o reali), teniamo d'occhio il livello di partecipazione (nel primo caso, saremo supportati dalle analytics della piattaforma, nel secondo caso, ancora una volta, vale il concetto di "osservazione diretta").

Un altro importante aspetto che concerne la valutazione qualitativa è la somministrazione di questionari di gradimento (a fine corso, ma possibilmente anche a metà). In questo modo si ribaltano i ruoli e sono gli studenti stessi a valutare:

- chiarezza, utilità e qualità dei contenuti;
- capacità di coinvolgimento e interazione;
- qualità di valutazione (giudizi) e feedback ricevuti;
- varietà ed equilibrio delle metodologie didattiche;
- percezione dell'andamento del corso in termini di gestione del tempo e carico di lavoro;
- difficoltà e valutazione complessiva dell'esperienza formativa.

Possono includere domande inerenti al contesto in cui si svolge la formazione:

- funzionalità della piattaforma online,
- usabilità dei contenuti condivisi;
- problematiche nel caricamento degli assignment;
- qualità degli spazi e dell'infrastruttura in cui si sono svolte le lezioni in presenza;
- bilanciamento tra momenti in aula e online.

Conviene poi lasciare anche almeno uno spazio in cui esprimere il giudizio personale (per il resto bastano le risposte chiuse).

Dopodiché si possono analizzare i risultati emersi, per esempio confrontando i valori numerici sulla qualità sintetica e approfondendo i commenti e i suggerimenti raccolti.

Nel caso in cui siano stati messi in atto alcuni dei modelli di monitoraggio engaging di cui sopra, avremo come detto anche altri importanti dati e statement che ci daranno un'idea più ampia di come sono andate le cose.

In ogni caso, ponendo il focus sulla percezione dell'allievo, potremo migliorare la qualità del nostro insegnamento. Nel prossimo capitolo vedremo invece di affrontare l'annoso tema della valutazione, intesa come giudizio, dell'apprendimento.

Fonti

Bonora N., *Content Design. Progettare contenuti web che fanno incontrare persone e aziende*, Apogeo, Milano, 2019.

Cooch M., "Utilizzo di Moodle Learning Analytics e reportistica per aumentare il coinvolgimento degli studenti", Moodle.com, ottobre 2019.
`https://moodle.com/it/news/analisi-moodle-learning-aumento-studente-engagement/`

"Creare Report Personalizzati", Docebo, 2020.
`https://www.docebo.com/it/knowledge-base/elearning-come-craere-e-gestire-report-personalizzati/`

DeVos N., Knockaert M., "Consent and Biometric Data", UNamur, TeSLA Project, 2019.
`https://tesla-project-eu.azurewebsites.net/consent-biometric-data/`

Dirksen J., *Learning design. Progettare un apprendimento efficace*, Pearson, Milano, 2017.

Henderson T., "Teaching Data Ethics: We're going to ethics the heck out of this", CEP 19: Proceedings of the 3rd Conference on Computing Education Practice, 2019.

Huff D., *How to Lie with Statistics*, Pollinger Ltd, Londra, 1954 (trad. it. *Mentire con le statistiche*, Monti & Ambrosini Editori, Pescara, 2005).

Oblinger D.G., "Let's Talk... Analytics", *EDUCAUSE Review*, Boulder, 2012.

Picciano A.G., "The Evolution of Big Data and Learning Analytics in American Higher Education", *Journal of Asynchronous Learning Networks*, 16(4), 2012.

https://www.researchgate.net/publication/258206917_The_Evolution_of_Big_Data_and_Learning_Analytics_in_American_Higher_Education

"Progettare l'Innovazione Didattica", MOOC Polimi Open Knowledge, METID, Politecnico di Milano, 2020.

Sancassani S., Brambilla F., Casiraghi D., Marenghi P., *Progettare l'innovazione didattica*, Pearson, Milano, 2019.

Slade S., Prinsloo P., "Learning Analytics: Ethical Issues and Dilemmas", *American Behavioral Scientist*, SAGE Publications, 2013.

Trentin G., *Didattica con e nella rete. Dall'emergenza all'uso ordinario*, FrancoAngeli, Milano, 2020.

Capitolo 12

Valutazioni e certificazioni

In questo capitolo

- Le insidie della valutazione
- La tassonomia di Bloom e i descrittori di Dublino
- Metodi e strumenti per la valutazione e l'accreditamento
- Specifiche forme di accreditamento online
- Fonti

Le insidie della valutazione

> Chiamasi *vengavenga* quella forma di tortura che gli insegnanti sadici esercitano sugli allievi facendo scorrere il dito avanti e indietro sul registro delle interrogazioni dicendo: "Venga... venga".

La citazione è tratta da *La Compagnia dei Celestini*, a mio giudizio il miglior libro scritto da Stefano Benni. Sebbene io lo abbia letto più di vent'anni fa, ho voluto recuperare questa frase che mi aveva particolarmente colpito da allora perché ben rappresenta il senso di ansia dell'interrogazione, momento cruciale della valutazione dell'apprendimento. Quindi questo è il capitolo ansiogeno del libro, anche da scrivere. Racchiude in sé diverse insidie, prima tra tutte la necessità, maggiore che in altri contesti, di distinguere tra il mondo della scuola e quello aziendale. Nel primo le forme di valutazione sono definite dall'alto, da lontano, dal Ministero, e non a caso generano da decenni dibattiti, discussioni e rimostranze presso docenti, genitori e alunni. Variano abbastanza radicalmente tra una nazione e l'altra, sono diversificate per fasce di età/livello scolastico e talvolta presentano delle diversificazioni un po' più marcate a partire dalla scuola superiore/secondaria di secondo grado. Tuttavia, nonostante i paletti e i confini definiti, agli insegnanti è lasciata ancora (per fortuna) una certa libertà nei metodi con cui valutare gli allievi. Rimandiamo quindi al sito del MIUR per approfondimenti su questo argomento (`https://www.miur.gov.it/valutazione`), aggiungendo che proprio mentre scriviamo sono attive alcune discussioni sull'opportunità di ulteriori cambi in merito.

Nel mondo aziendale il termine "assessment" tende a sostituire la valutazione, per fortuna raramente si parla di voti e giudizi, e sussiste invece una varietà di metodi, approcci, teorie e pratiche da far girare la testa.
Distingueremo volta per volta le differenze tra i due ambiti sebbene, come più volte ricordato, i punti di contatto siano frequenti e potenzialmente forieri di approcci creativi, quindi il capitolo non ha sezioni separate, anche per ragioni di sintesi. Inoltre, i due mondi tendono a convergere, specie per gli istituti tecnici, ma anche in generale nell'ottica dell'alternanza scuola-lavoro, per cui operare delle distinzioni troppo nette non è funzionale agli obiettivi di questo manuale. Confidiamo quindi che per gli uni e gli altri (dirigenti e docenti di scuola *vs* manager/HR/trainer aziendali) sbirciare nei mondi altrui rappresenti un'opportunità per idee e spunti.
Concludiamo la premessa sottolineando come parte di quanto leggerete pesca nel mondo universitario, poiché è lì che le teorie sulla valutazione sono più spesso esplorate tra ricerca pedagogica, scienze della formazione ed e-Learning stesso, che è poi ciò che qui più ci interessa.

La tassonomia di Bloom e i descrittori di Dublino

Quando si tratta di valutare i risultati di apprendimento degli utenti di un percorso, un singolo corso o anche una lezione o un seminario (online, blended o in presenza), la prima e più importante riflessione deve essenzialmente includere:

- la definizione di che cosa si vuole valutare;
- lo scopo effettivo del percorso/intervento di apprendimento;
- l'obiettivo che si presume debbano conseguire gli studenti/formandi;
- le conoscenze che devono acquisire;
- i comportamenti che desideriamo veder mutare in loro;
- le competenze che devono poi saper mettere in campo.

In ambito universitario si parla di Risultati di Apprendimento Attesi (RAA), termine che si adatta, volendo, anche ai nostri contesti. I più attenti si staranno tuttavia chiedendo come mai parliamo a volte di obiettivi e altre di risultati. Potremmo specificare la distinzione in questo modo.

- Gli obiettivi educativi si focalizzano su ciò che il formatore/docente si prefigge di raggiungere: è il termine con cui tende a esprimersi Bloom, che approfondiremo a breve.
- I risultati di apprendimento attesi sono quelli che il formatore/docente si impegna a far raggiungere ai discenti: questa seconda prospettiva, sostenuta da Biggs, è maggiormente in linea con la figura del "facilitatore dell'apprendimento" emersa nei Capitoli 4 e 5, poiché in questo caso esso si pone in un'ottica di active learning.

L'importanza di definire in modo corretto obiettivi e/o risultati è tale per cui si potrebbe perfino criticare il fatto che questo capitolo è tra gli ultimi del libro. Molti infatti sostengono che quanto più questi sono definiti in modo dettagliato e ben focalizzato dall'inizio, tanto più sarà facile progettare tutti gli altri aspetti del percorso didattico e creare un ambiente di apprendimento funzionale e – se necessario – attivo.
Esiste una serie di teorie nelle discipline pedagogiche che spiegano il modo in cui obiettivi di apprendimento e risultati attesi debbano essere formulati. Ancora una volta non ci addentriamo nel dettaglio delle specifiche caratteristiche, ma ci sembra opportuno citare, per completezza di informazioni, gli strumenti logici più affermati per la loro definizione: i descrittori di Dublino e la tassonomia di Bloom.

I descrittori di Dublino sono stati redatti nell'ottica di formalizzare e uniformare la formazione universitaria di livello equivalente nei vari Paesi d'Europa, ma sono comunque interessanti da citare anche qui poiché si focalizzano efficacemente su alcuni aspetti che servono a esplicitare i risultati in modo che questi possano essere esaustivi, classificabili e confrontabili con altri percorsi educativi affrontando molteplici azioni chiave del processo di valutazione. Secondo questi, i formandi/studenti che partecipano a un percorso educativo dovrebbero essere in grado di:

- descrivere le conoscenze che verranno apprese;
- associarle alle abilità di applicazione che saranno sviluppate;
- focalizzare i risultati in termini di sviluppo del pensiero critico;
- specificare in che modo verranno sviluppate le capacità comunicative delle conoscenze apprese;
- esplicitare le competenze legate all'apprendimento autonomo che si possono sviluppare.

Anche la tassonomia degli obiettivi educativi che il suddetto Bloom ha esposto per la prima volta nel 1956 ha ancora una sua interessante applicabilità nei nostri contesti, ed è stata elaborata a partire non da un paradigma teorico, ma da una lunga e complessa indagine empirica: seguendo una delle prime delle sue tante versioni, si può effettuare una distinzione tra obiettivi educativi di tipo cognitivo, affettivo e psicomotorio.
In seguito a studi e approfondimenti, Bloom è arrivato a definire una piramide che pone alla base la tipologia di apprendimento legata alla conoscenza e alla comprensione, per poi salire all'applicazione, analisi e sintesi e, infine, alla valutazione (Figura 12.1).

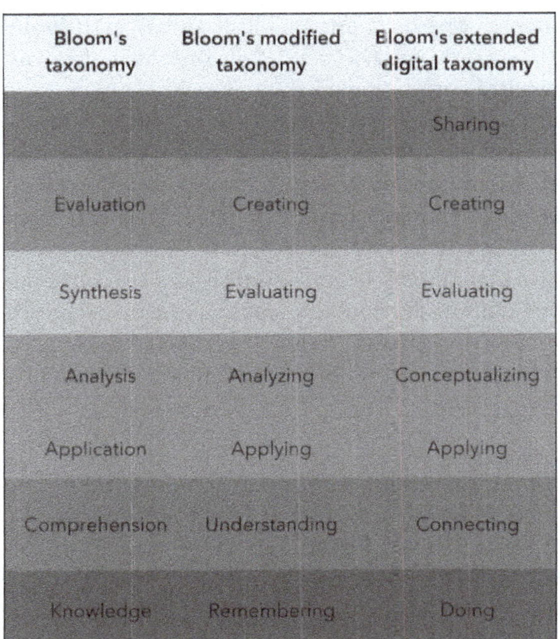

Figura 12.1 Ecco una delle comparazioni sull'evoluzione del lavoro di Bloom filtrato da altri, creata dai colleghi di Fractus Learning (https://www.fractuslearning.com/), la cui dichiarata missione è "Creare contenuti per aiutare insegnanti e genitori a educare e crescere ragazzi felici e a tutto tondo". Vi invito poi a cercare la famosa "rosa", che gioca con il significato in inglese del cognome del ricercatore ("to bloom" = "sbocciare").

La Piramide di Bloom è stata rivisitata da molti, in particolare da Krathwohl e Anderson, i quali hanno spostato il focus sulle prestazioni (ed ecco già un termine che piace al mondo aziendale, molto meno a quello scolastico!) del discente, aggiungendo anche un ulteriore livello legato alle abilità creative (che piace forse ai docenti scolastici).
Ma, tornando all'e-Learning, c'è chi giustamente ha voluto inserire la componente digitale nel discorso, nello specifico prima Andrew Churches (2008). Per ora ci fermiamo qui, ci basti considerare che queste molte declinazioni restano una base solida per valutare l'apprendimento a tutti i livelli, come vedremo poi.

Metodi e strumenti per la valutazione e l'accreditamento

È innegabile come un processo di apprendimento incentrato sullo studente porti frutti migliori, dei quali tuttavia sapore e consistenza non sempre sono dati facilmente oggettivabili. Confinare in rigide tabelle il successo o l'insuccesso di uno studente o formando è rischioso, anche perché potrebbe essere "colpa nostra" se non siamo stati in grado di trasmettere i contenuti in maniera efficace. Oppure potremmo accorgerci che la griglia di valutazione presenta delle falle, o non si adatta al contesto.
Prima di tutto è dunque importante chiedersi se, per esempio, si vuole valutare l'effettiva capacità acquisita di mettere in pratica delle competenze o la ripetizione di una definizione. Bisogna quindi essere in grado di distinguere quanto puntiamo su sapere, saper fare o saper essere. Le valutazioni intermedie e finali possono quindi focalizzarsi di volta in volta su aspetti diversi, mentre troppo spesso, quando si pensa alla valutazione di un percorso formativo, di norma la mente corre a un test conclusivo, una "valutazione sommativa", per dirla con un termine di settore. Questa è, per definizione: finale, formale, lunga, ampia, strutturata e focalizzata sulla didattica tradizionale.
È però consigliabile, prima di arrivare a quel punto, supportare i discenti con delle verifiche intermedie tramite "valutazioni formative" utili sia per monitorare i loro progressi sia per verificare l'efficacia delle lezioni (ed eventualmente aggiustare il tiro), affrontando conoscenze e competenze Questo allenamento costante prevede feedback frequenti basati su piccoli quiz, esercitazioni o lavori di gruppo nell'ottica di una valutazione costruttiva, la quale è bene non si basi esclusivamente su dati numerici. Con l'osservazione e il confronto tra pari si possono infatti innescare meccanismi di scambio e apprendimento reciproco che non solo aumentano il livello di conoscenze apprese, ma anche competenze (pratiche e trasversali) che devono sempre rientrare in un processo di apprendimento di qualità.

NOTA

La valutazione reciproca è molto usata nei MOOC (Capitolo 14), nei quali, a volte, rientra nelle attività obbligatorie da svolgere. Il coinvolgimento attivo degli studenti anche nella fase della valutazione porta a ribaltare la visione di questo momento, solitamente subìto in modo passivo, proponendolo come un'opportunità per tutti.

Test e quiz

> Se abbiamo dei valutatori umani che danno riscontri soggettivi, come facciamo a garantirne la coerenza? [...] Uno studio ha rilevato che i giudici danno sentenze più pesanti prima di pranzo che nel seguito della giornata (Danziger, 2011), e che una persona che dà voti dopo il quarantunesimo compito corretto non ricorda i criteri con cui ha giudicato il primo (Dirksen, 2017).

Per garantire coerenza nei riscontri, è utile affidarsi a una rubrica di valutazione, composta da una checklist di criteri, affiancata da indicatori di punteggio specifici, in modo da definire a priori il sistema valutativo della prestazione. Progettare una valutazione in questi termini porta a ragionare concretamente sugli aspetti da valutare e sulle metodologie di osservazione.
Oltre a definire *che cosa* chiedere è importante anche il *come*. I test da sottoporre devono essere appropriati per il raggiungimento dei risultati prefissi, ma devono anche apparire chiari agli studenti nelle domande così come nelle risposte possibili.
Possiamo dividerli in tre tipologie:

- quiz strutturati con risposte chiuse;
- test semistrutturati, che prevedono uno stimolo, ma anche dei vincoli;
- discussioni orali.

Collocando i risultati attesi nella Piramide di Bloom, possiamo già identificare il tipo di test più adatto: se ci troviamo alla base, possiamo proporre un test molto strutturato; più si sale (applicare, creare) più dobbiamo lasciare libertà all'esperienza diretta (Figura 12.2).

Bloom's extended digital taxonomy	Functional Levels	Activities with digital tools	
Sharing	Publicly sharing, publishing, broadcasting	Contributing to open social networks, publishing, broadcasting, networking	Higher Order Thinking Skills
Creating	Designing, constructing, planning, producing, inventing, devising, making	Programming, filming, animating, blogging, video blogging, mixing, re-mixing, wiki-ing, videocasting, podcasting, directing	
Evaluating	Checking, hypothesising, critiquing, experimenting, judging, testing, detecting, monitoring	Blog commenting, reviewing, posting, moderating, collaborating, refactoring, testing	
Conceptualizing	Comparing, organising, deconstructing, attributing, outlining, finding, structuring, integrating	Hacking, mashing, linking, validating, reverse engineering, cracking	
Applying	Implementing, carrying out, using, executing	Running, loading, playing, operating, uploading, sharing with group, editing	
Connecting	Interpreting, summarizing, inferring, paraphrasing, classifying, comparing, explaining, exemplifying	Boolean searches, advanced searches, blog journaling, tweeting, categorizing, tagging, commenting, annotating, subscribing	
Doing	Recognizing, listing, describing, identifying, retrieving, naming, locating, finding	Bullet pointing, highlighting, bookmarking, group networking, shared bookmarking, searching	Lower Order Thinking Skills

Figura 12.2 La seconda parte della tabella riportata in precedenza: presenta una schematizzazione utile per poi scegliere gli strumenti digitali da utilizzare in un percorso e-Learning, partendo appunto "dal fondo", dai risultati che vogliamo valutare. Nello schema si riportano quali sono le capacità attese connesse con il livello di competenza, anche se non vengono indicati gli strumenti di valutazione.

Riconoscimento e richiamo, che troviamo nella fascia alla base ("Doing", quindi quella basata sul "fare"), sono due concetti legati al nostro modo di decodificare stimoli ed elaborare risposte. In un quiz strutturato dovremo saper riconoscere la risposta corretta, che è già scritta, o individuare una sua relazione con altri elementi o, ancora, trovarle una collocazione nello spazio.

Ecco alcuni consigli pratici per la scrittura di un quiz con risposte chiuse.

- Basare le domande su scenari reali, in modo da contestualizzare la situazione, così che sarà più facile per gli studenti trasporre quanto appreso nel contesto lavorativo.
- Aumentare le opzioni disponibili per rendere la domanda più reale, poiché difficilmente nella vita quotidiana ci si trova a scegliere tra due sole opzioni.
- A volte, fornire solo risposte almeno parzialmente tutte giuste: diventerà più impegnativo scegliere quella più completa o quella interamente corretta.

Nel caso invece di test semistrutturati si può fare affidamento al richiamo, stimolando gli utenti anticipando nella domanda parte della risposta, per poi verificare che sappiano argomentarla. Le domande devono essere molto chiare: se vaghe o generiche difficilmente portano a risposte e discussioni produttive.

A questo livello possiamo citare altri due aspetti interessanti.

- Pensare alla valutazione come a un "percorso nel percorso formativo": si possono progettare dei processi che vadano via via approfondendo la tematica. Per esempio si può iniziare dai quiz e in una seconda fase usare domande semistrutturate per approfondire le tematiche presentate nel quiz precedente, magari dopo aver verificato le aree dove ce n'è più bisogno.
- Verificare le risposte ai quiz nel loro insieme, per individuare da un lato domande "troppo facili" ma soprattutto eventuali domande "troppo difficili" (mediamente sbagliate più di altre). Potrebbe trattarsi di un contenuto poco chiaro, di una domanda mal posta o di una tipologia di domanda non adatta.

Ultimo elemento da ricordare in questo contesto è l'importanza del feedback, che deve per quanto possibile essere presente e contenere suggerimenti costruttivi per il processo di apprendimento dello studente. Il feedback è utile al discente non solo a consentirgli di capire dove sbaglia, ma – anche in caso di successo – per incoraggiare a proseguire e renderlo consapevole delle proprie abilità. Chiaramente sui grandi numeri è arduo disporre delle risorse per fornire feedback alle risposte aperte, ma si può ricorrere a feedback tra pari oppure oggi perfino tramite tecnologie di intelligenza artificiale che vedremo nell'ultimo capitolo.

Tornando a cose più semplici, ricordiamo che, in termini di strumenti, in ambito digitale è possibile creare dei momenti di valutazione (formativa o sommativa):

- tramite i sistemi di authoring;
- direttamente nelle piattaforme LMS (nei percorsi asincroni);
- negli strumenti integrati in software come Zoom o Adobe Connect (per quelli sincroni);
- con gli strumenti di e-Collaboration: Google Moduli si può agilmente sfruttare per creare quiz.

Questi ultimi in particolare consentono di rendere ulteriormente informali i momenti di autovalutazione intermedia tramite sondaggi, minigiochi o momenti di collaborazione creativa per stimolare il peer assessment (Figura 12.3).

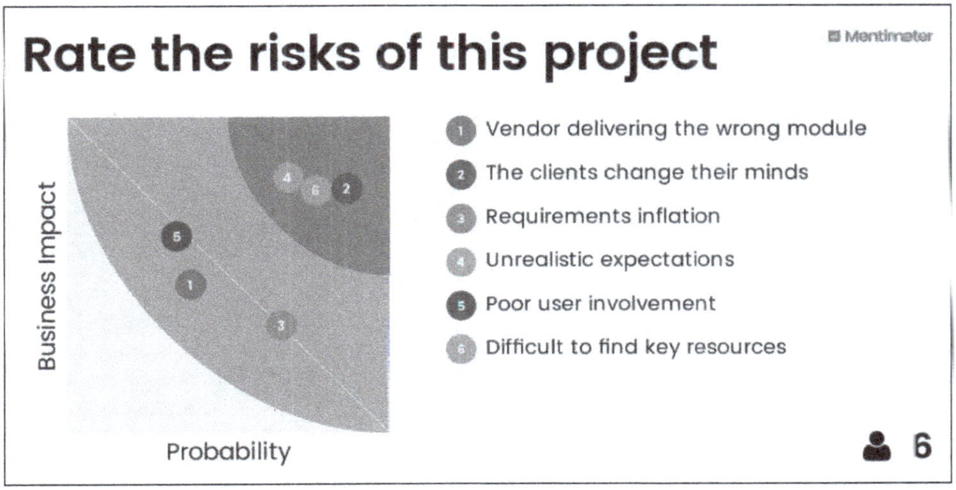

Figura 12.3 Mentimeter (vedi il Capitolo 10) consente visualizzazioni in tempo reale di risposte a quiz, sondaggi, test, anche molto raffinate e graficamente valide.

Peer feedback

Come detto, il formatore/docente oggi sempre più deve tendere a essere un facilitatore dell'apprendimento, in alcuni casi arrivando al punto di farsi da parte e lasciar parlare i formandi/studenti, anche in termini di valutazione. In questo contesto, sarà l'intera aula a parlare e non solo chi, in quel momento, sta presentando un proprio elaborato o sottoponendo una propria idea. Lo scopo è quello di innescare uno scambio diretto in modo che tutti si sentano parte attiva e fondamentale per la crescita della classe/gruppo di lavoro. È una metodologia che punta allo sviluppo del pensiero critico, della capacità di analizzare contesti e opinioni assumendo una propria posizione, alla crescita delle abilità trasversali quali comunicazione, discussione, autovalutazione e, appunto, valutazione "dei pari". Parliamo di aule fisiche e virtuali: in queste ultime, alcune piattaforme e-Learning sfruttano forum e chat, ma altre dispongono di strumenti specifici.

Strumenti per la valutazione nelle piattaforme

Su Moodle è possibile inserire le valutazioni in modi e contesti diversi. Contiene un'interfaccia dedicata connessa a una serie di attività per l'inserimento delle valutazioni: dalla pagina di un "assignment" che prevede l'invio di testi online o di file, si può accedere a una schermata attraverso la quale è possibile modificare le valutazioni, aggiungere dei commenti e rivedere il lavoro di tutti gli utenti (Figura 12.4). Inoltre, l'interfaccia, oltre all'inserimento delle valutazioni, permette l'invio delle relative notifiche agli studenti. Docebo, per fare un esempio, può includere il modulo *Perform* (solo per i clienti Enterprise), che consente a dipendenti e manager di un'azienda di valutare le competenze, gestire i ruoli e assegnare contenuti formativi mirati alle persone che presentano gap per ruoli specifici.

Si tratta solo di due esempi tra i tanti a cui abbiamo già fatto cenno nei capitoli specifici dal 6 al 10, che vi invitiamo in caso a rivisitare in quest'ottica.

Seleziona	Immagine dell'utente	Nome / Cognome	Indirizzo email	Stato	Valutazione	Modifica	Ultima modifica (consegna)
		Barbara Gardner	barbaragardner249@example.com	Consegnato per la valutazione	Valutazione / 100,00	Modifica	lunedì, 26 novembre 2018, 09:47
		Joshua Knight	joshuaknight196@example.com	Consegnato per la valutazione	Valutazione / 100,00	Modifica	venerdì, 17 febbraio 2017, 13:40
		Frances Banks	francesbanks231@example.com	Consegnato per la valutazione	Valutazione / 100,00	Modifica	venerdì, 17 febbraio 2017, 13:35
		Brian Franklin	brianfrankli228@example.com	Consegnato per la valutazione	Valutazione / 100,00	Modifica	venerdì, 17 febbraio 2017, 13:33

Figura 12.4 La pagina di Moodle per la gestione delle valutazioni di un gruppo di studenti.

Punteggi, classifiche e giochi

Parleremo più ampiamente di gamification nel prossimo, più simpatico capitolo. Tuttavia, qui facciamo cenno alla diffusa pratica di inserire classifiche a punti all'interno di percorsi formativi di varia sorta, sia in momenti sincroni d'attività d'aula, in modalità blended o in corsi del tutto online. Tipicamente, nel primo caso un docente/formatore può proporre un quesito anche a un'audience molto ampia, chiedendo ai presenti di raggiungere uno specifico URL all'interno del quale va inserito un codice numerico univoco comunicato in diretta e (se richiesto) un nome, vero o fittizio. Il software restituisce poi su schermo i risultati globali, individuando così gli eventuali vincitori in caso di gare. Le attività possono essere temporizzate e anche avere valore cumulativo: durante una lezione di 2 ore possono essere posti vari quesiti e ogni utente risponde a tutti; alla fine si avrà una top ten che tiene conto delle risposte di tutti gli step.

Socrative nell'ambito scolastico (Figura 12.5) e Mentimeter in quello aziendale sono tra gli strumenti più diffusi, spesso usati anche in conferenze e dibattiti live. Kahoot è un'altra valida soluzione molto diffusa in tutti gli ambiti.

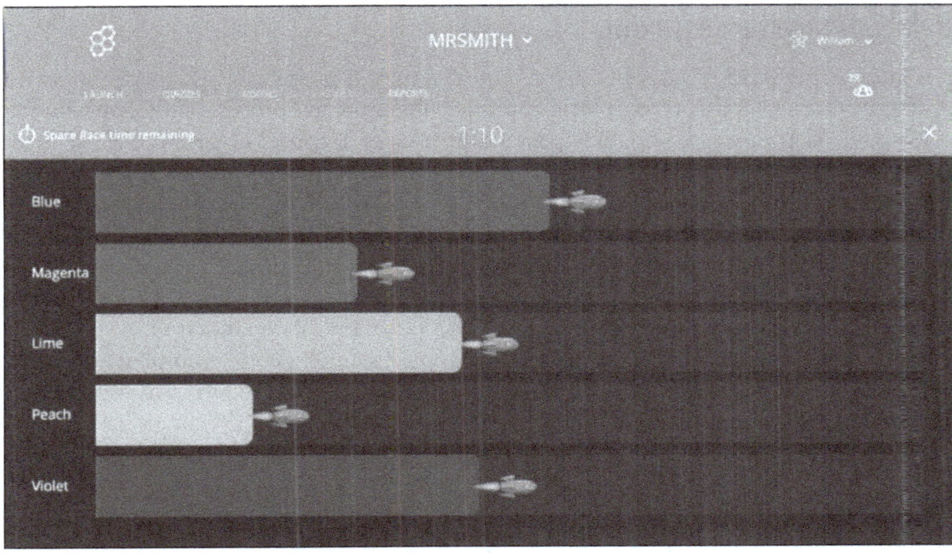

Figura 12.5 Una classifica a "razzetti" su Socrative.

Osservazione diretta

Nella scuola, ma anche nelle PMI, o anche nelle grandi aziende strutturate in piccoli gruppi di lavoro, chi si occupa di formazione ha anche la possibilità di effettuare valutazioni osservando direttamente il comportamento di studenti/lavoratori.
Mediamente le aziende medio-grandi sono ormai piuttosto ben organizzate nell'analisi delle performance con modalità solitamente comunicate, categorizzate e definite attraverso chiari indicatori.
Tuttavia, spesso i responsabili delle risorse umane o gli amministratori delegati possono valutare direttamente i membri di un team di lavoro, per poi guidarli nuovamente per ulteriori miglioramenti. Sebbene questo metodo sia chiaramente a volte troppo destrutturato e privo di indicatori solidi, e si basi troppo sulla capacità dei docenti o manager/HR di osservare e valutare, questo ha il vantaggio di creare un'interazione diretta tra i diversi attori in gioco. In termini metodologici, si suggerisce in genere l'utilizzo di linee guida chiare su come "osservare direttamente". Nell'e-Learning, per farlo, è possibile appoggiarsi ai sistemi di tracciamento e monitoraggio affrontati nel capitolo precedente, ma soprattutto inserire nel percorso didattico dei momenti di active learning basati sulla produzione di artefatti digitali di varia sorta, i cui output finali devono essere quanto più possibile calati nella realtà pratica (per esempio lavorativa). In tal modo l'osservazione dei processi con i quali i formandi portano a termine i lavori assegnati, anche osservandone – dove possibile – le interazioni tra loro, può avere un gran valore. È chiaro che le suddette linee guida per l'osservazione devono prendere avvio dai risultati di apprendimento attesi ed essere condivise, almeno in parte, con le persone oggetto dell'osservazione e valutazione.

Delayed/paced assessment

Un'interessante pratica suggerita per evitare il carico di potenziale ansia e per superare il disagio di essere valutati (da pari o capi), per esempio su competenze trasversali che riguardano la propria personalità (per esempio saper lavorare in gruppo, capacità di comunicare ecc.), è correlata al momento in cui la valutazione ha effettivamente luogo. Una soluzione può essere quella di effettuare valutazioni dilazionate (delayed assessment), non specificamente correlate alla conclusione di un corso o di una pratica di apprendimento attivo. Questo tipo di valutazioni regolari "ritmate" (paced) può essere percepito come meno "intimidatorio" e consente di plasmare meglio i corsi successivi, adeguatamente supportati da dati preraccolti sia qualitativi sia quantitativi.
Nei percorsi a distanza si possono predisporre appunto degli specifici momenti di questo tipo utilizzando anche gli strumenti esposti nei paragrafi precedenti, che sono molto utili anche per valutare la retention.

Self-assessment

Il self-assessment, o autovalutazione, è una descrizione a volte narrativa, a volte emersa da formulari strutturati, altre ancora ottenuta tramite percorsi gamificati, fatta dal dipendente stesso, dei risultati professionali e personali raggiunti in base agli obiettivi che gli erano stati assegnati. Sovente include la descrizione di tutti quei fattori che possono aver influito positivamente o negativamente sulla sua performance. Il concetto di autovalutazione sta assumendo un ruolo sempre più centrale e importante, poiché risulta essere spesso il punto di partenza dell'intero processo di valutazione.
Nella più parte dei casi, in e-Learning si traduce nel classico questionario di autovalutazione con domande concise prima e dopo la formazione: può essere associato alla valutazione tra pari e da parte del docente/formatore o manager aziendale. Quest'ultimo osserva se c'è stato un cambiamento nel comportamento del discente, il quale è spinto a riflettere sul proprio progresso formativo. Funziona particolarmente bene se associato al diario di viaggio citato nel Capitolo 11.
In Rete esistono esempi validi di strumenti di questo tipo a seconda degli ambiti e dei tipi di formazione; in particolare se ne trovano di interessanti (e riutilizzabili) sulle competenze trasversali.
Anche nella scuola il SA prende sempre più spesso piede, anche se sono sempre esistiti insegnanti particolarmente arditi che domandano: "Tu che voto ti daresti per questa interrogazione?". In alcune sperimentazioni che vi invito ad andare a esplorare (Mattioli, 2020), nell'ultimo capitolo raccontiamo come, specialmente su attività non curricolari, l'autovalutazione è particolarmente efficace (così come l'assenza di valutazione).

No assessment

Rieccolo: Alberto Manzi. "Forse non tutti sanno che" il nostro eroe nel 1981 si rifiutò di redigere le schede di valutazione, appena introdotte dalla riforma della scuola in sostituzione della classica pagella (Figura 12.6).
"Non posso bollare un ragazzo con un giudizio, perché il ragazzo cambia, è in movimento; se il prossimo anno uno legge il giudizio che ho dato quest'anno, l'abbiamo bollato per i prossimi anni": questa la sua motivazione.

Molto curiosamente, nel mondo aziendale di oggi emerge una tendenza simile, forse meno motivata da intenti etico-morali, ma meramente produttivi. Nel report del progetto europeo eLene4Life, cui abbiamo già fatto cenno nel Capitolo 4, a seguito di una serie di interviste a più di 40 HR e trainer sui temi dell'active learning per lo sviluppo delle soft skill, è emersa una scoperta sorprendente. Molti intervistati hanno affermato che non è stata effettuata alcuna valutazione dopo le pratiche di apprendimento attivo che hanno messo in atto. Ciò significa principalmente che le aziende prese in esame non hanno fatto fare quiz o test di apprendimento di alcun tipo. Il motivo è in questo legato alla chiara contraddizione tra tutto ciò che ha a che fare con abilità "morbide" ("soft") e forme di valutazione "dure", spesse e rigide. Il presupposto, in questo caso, è che la valutazione sulle competenze trasversali è subordinata alla valutazione diretta delle successive prestazioni del dipendente.

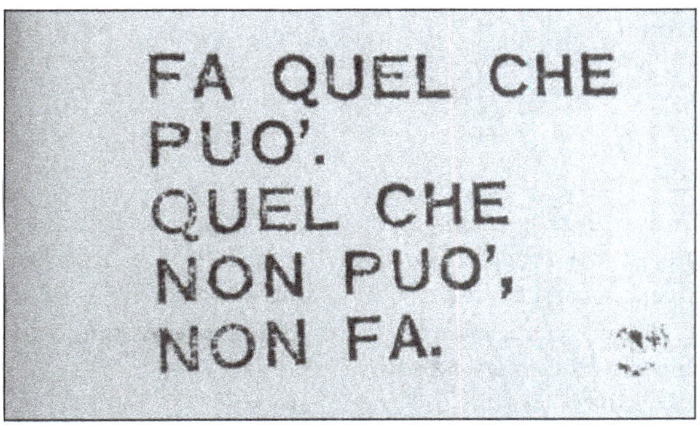

Figura 12.6 Ecco la "valutazione riepilogativa" predisposta dal Maestro Manzi. Il giudizio, uguale per tutti e posto con un timbro, sarebbe stato questo sopra. Leggenda vuole che, dopo che il Ministero espresse il suo disaccordo nei confronti della sua scelta, rispose: "Non c'è problema, posso scriverlo anche a penna".

Specifiche forme di accreditamento online

Per quanto si possa manifestare un'aperta simpatia nei confronti di tutte le forme di destrutturazione della valutazione e di "alleggerimento" del carico generato dalle problematiche annesse a questo ambito, va riconosciuto che spesso la certificazione finale che attesta l'avvenuto apprendimento di un percorso didattico o formativo è l'unico viatico verso una "posizione sociale", un lavoro, una mansione, un ruolo di qualche tipo. Inutile credo riprendere in questa sede le modalità strutturate in cui si muove il contesto scolastico.

In quello aziendale, ma anche nella Pubblica Amministrazione (un mondo che colpevolmente ci rendiamo conto di aver trattato molto marginalmente nel nostro manuale) esistono delle forme di accreditamento obbligatorio anche funzionali allo svolgimento di determinate mansioni. Tipici sono il contesto assicurativo o quello bancario, dove i dipendenti devono costantemente dimostrare una compliance ("conformità") rispetto a certe conoscenze e competenze. Esplorare tutto questo risulterebbe oltremodo difficile, anche perché spesso i provider dei corsi di settore sono entità esterne alla banca, la quale

deve tenere traccia dell'avvenuto accreditamento dei propri dipendenti tramite i suddetti fornitori di formazione. In questa sede basti dire che l'e-Learning può portare un evidente miglioramento nell'integrazione dei tanti corsi che un'azienda può acquistare e/o sviluppare in proprio, grazie all'interoperabilità delle piattaforme e agli ormai noti standard SCORM o xAPI.
Più umilmente, in questa sede facciamo un piccolo accenno ai più comuni sistemi di accreditamento che si allacciano al mondo della formazione online.

Certificati

Al termine di un percorso di formazione troviamo il famoso "pezzo di carta", la cui utilità è sempre più spesso messa in discussione, che ne conferma il completamento.
Gli elementi di base che caratterizzano un certificato sono:

- nome e cognome del partecipante;
- titolo e durata del corso;
- ente erogatore;
- data di conseguimento;
- eventuali campi aggiuntivi.

Chiaramente ogni LMS è in grado di generare in automatico tali documenti. È importante, anche in questo caso, mantenere la coerenza visiva con il brand dell'ente erogatore e/o del corso, cosa non del tutto invece scontata, poiché con alcune piattaforme è meno facile che con altre. Di solito il certificato viene creato sulla piattaforma sfruttando un modulo preesistente e poi personalizzato secondo le proprie esigenze.
È importante anche poter automatizzare il rilascio del certificato solo al verificarsi di certi requisiti, che possono essere:

- la completa visione/fruizione del corso;
- il superamento di un test finale (con un punteggio minimo prestabilito);
- la partecipazione ad attività svolte in aula;
- la consegna di elaborati;
- una combinazione delle precedenti.

Più complesso è quando intervengono lauree e certificazioni obbligatorie di varia sorta, ma bisogna valutare caso per caso e in questa sede preferiamo non addentrarci.

Badge

Di gran moda nell'ambito e-Learning ormai da qualche anno, e sempre più diffusi nei contesti di recruiting e ricerca lavoro, con tanto di supporto e integrazione in colossi del networking come LinkedIn stesso, i badge costituiscono una sorta di modalità "light" ma affidabile di riconoscere ai corsisti il raggiungimento di obiettivi formativi, a volte parziali, che vedremo sotto. Anch'essi molto utilizzati per valorizzare e riconoscere competenze, sono ormai prassi in migliaia di corsi in presenza e online, da quelli di cucina a seminari sulle blockchain.
Un badge si concretizza in un'immagine che contiene una serie di metadati che raccontano il corso a cui sono associati, ma anche quando, come, dove e da chi è stato conseguito. Si tratta di un riconoscimento personale, relativamente sicuro ed esportabile

(quindi può essere "letto" da piattaforme dedicate). Può sembrare una specie di "medaglia al valore", da appuntare al petto con orgoglio. Viene trasportato all'interno di uno zaino (altrettanto virtuale), al quale è possibile attingere, per esempio, dal suddetto LinkedIn o altri network, in modo da mostrare a tutti che possediamo determinate competenze certificate digitalmente.

Propongo un esempio pratico e personale per illustrare meglio di che si tratta: in passato ho frequentato un corso per imparare a preparare il sushi. La Scuola di Cucina Italiana (ok, suona strano, ma si chiama così anche se abbraccia culture orientali) mi ha rilasciato un badge (Figura 12.7) i cui metadati riportano le competenze seguenti.

- Competenze specifiche. Il proprietario di questo badge ha dimostrato di possedere e di saper utilizzare le seguenti abilità:
  - è in grado di elaborare preparazioni di base di cucina;
  - sa realizzare preparazioni di base di cucina su particolari aspetti e/o prodotti;
  - sa valutare la qualità dei prodotti utilizzati.
- In termini di soft skill sa:
  - pianificare i processi di lavoro tenendo conto dei tempi e delle risorse disponibili;
  - lavorare in gruppo.
- Il proprietario di questo badge ha inoltre appreso con successo conoscenze relativamente a:
  - particolari tecniche di lavoro;
  - l'utilizzo di particolari prodotti.

Figura 12.7 Il badge che attesta che so preparare il sushi. Confesso però che non ho mai messo in pratica quanto appreso e mia moglie, che mi regalò il corso, ancora attende con ansia gli uramaki fatti in casa.

La pagina da cui queste informazioni sono prese specifica inoltre che per ottenere il "Badge Corso di Cucina monotematico" occorre aver frequentato almeno uno dei corsi organizzati da La Scuola della Cucina Italiana, che è l'issuer di tale certificato digitale.

È chiaro che la fama e l'attendibilità dell'issuer, ossia di chi eroga il corso e rilascia il badge, sono un elemento fondamentale rispetto alla sua "spendibilità" e utilità.

Per rilasciare badge di questo tipo è necessario appoggiarsi a piattaforme *ad hoc*. Bestr (https://bestr.it/) è in questo senso il punto di riferimento in Italia: una piattaforma che permette di collezionare (e mostrare) i propri badge valorizzando le competenze e relazionandole con la realtà produttiva.

Esiste però anche un utilizzo più semplice dei badge, per esempio all'interno di un percorso formativo, dove possono certificare il completamento di un modulo, o esplicitare l'avvenuta acquisizione di una determinata competenza a seguito di una prova superata. Praticamente tutti gli LMS consentono di integrare badge, che possono essere disegnati e customizzati a piacere, oppure si appoggiano a estensioni/plug-in, come nel caso di LearnDash, e integrarsi con i cosiddetti "badge backpack" ("zaini digitali per i badge") utilizzando piattaforme esterne come Badgr (ex Mozilla OpenBadges – https://badgr.com/, Figura 12.8) o Credly (https://info.credly.com/), sulle quali si aprono nuovi mondi che non possiamo esplorare in questa sede. Ci limitiamo a segnalare che con i badge ci si può "bullare" pubblicandoli sui social media (Facebook e Twitter *in primis*).

In alcuni serious game (che vedremo nel prossimo capitolo), i badge riempiono una sorta di "carniera virtuale", comparendo nella dashboard uno dopo l'altro ogni volta che si supera una prova. L'aspetto più intrigante, in questo caso, è l'uso non lineare del badge: in un gioco narrativo l'utente può conquistare dei badge superando alcune prove, slegate dal superamento dei livelli o dal completamento del gioco stesso. In sintesi, a gioco finito posso rendermi conto di non avere tutti i badge, ed esser spinto a giocare nuovamente – e meglio – per superare prove nascoste.

Figura 12.8 Lo slogan di Badgr, da poco peraltro anche integrato con Microsoft 365, è "Achieve Anything Recognize Everything". Come servizio a pagamento offre la possibilità di creare un "Branded Learning Ecosystem".

MicroCredential

Sempre sulla falsariga dei certificati digitali troviamo le MicroCredential di cui, secondo alcuni (ma la cosa è terribilmente dibattuta) i badge sono un sottoinsieme. Mentre un attestato in genere certifica il completamento di un intero corso (per esempio la laurea),

una MC ne certifica una parte: uno o più moduli di questo, classificati e "componibili". Una MC è infatti un "pass di accesso" che ci permette di dimostrare che abbiamo acquisito specifiche competenze in un ambito e altre in un altro.
Tramite esse possiamo vederci riconosciuti frammenti di percorsi di apprendimento (la cui frequentazione completa implicherebbe un dispendio considerevole di tempo ed energie per gli obiettivi che una persona si è prefissata) che, affiancati, vanno a formarne le potenzialità lavorative, non necessariamente codificate sotto il cappello di "laurea in...", ma che definiscono che cosa una persona è in grado di fare secondo un proprio percorso autodeterminato.
Le caratteristiche tecniche delle MicroCredential sono a tutt'oggi in fase di discussione, ma si sta affermando un modello che comprende i seguenti aspetti.

- Riconoscibilità: questa viene garantita da un sistema protetto "a doppia chiave di lettura", tramite blockchain, che è un campo nel quale ancora una volta non vogliamo entrare – qui ci basta dire che costituisce un sistema sicuro che contiene informazioni personali e non cedibili.
- Attendibilità: consiste nella compilazione di numerosi campi descrittivi (metadati) che ne rendono evidente la provenienza, le caratteristiche dell'ente erogatore, la qualità del percorso didattico intrapreso, gli argomenti trattati e il loro livello ecc.
- Trasparenza: deve contenere in modo chiaro tutti i dati a cui la MC fa riferimento e deve essere codificata in modo da poter essere letta dagli appositi sistemi.
- Standardizzazione: si basa su un sistema di codifica predefinita.
- Portabilità: risiede "nella Rete", quindi l'utente può, similmente ai badge, portare con sé le proprie MC, ovunque vada, senza rischiare di dimenticarsi (o con la paura di perdere) la pergamena della laurea triennale indispensabile per l'iscrizione alla laurea magistrale.
- Stackability (traducibile malamente con "accumulabilità"): essendo "micro" si tratta di frammenti di corsi che possono essere impilati, come se fossero dei mattoncini Lego, andando a costituire un personale profilo.

È in sostanza quest'ultima caratteristica a generare interesse nel mondo aziendale rispetto alle MC, poiché, in un'ottica sia di employability delle persone, sia in quella di un modello di formazione continua e focalizzata, le potenzialità sono molto ampie. Tipicamente, un impiegato aziendale o un gruppo di dipendenti possono necessitare di un impellente aggiornamento su una determinata tematica, spesso anche molto tecnica. L'azienda può investire iscrivendoli a un corso universitario (che è parte di un molto più ampio corso di laurea), alla fine del quale i propri dipendenti mostrano, tramite le MC acquisite, di essere competenti nell'argomento di quel corso, senza aver frequentato tutti gli altri che, congiuntamente a esso, porterebbero alla laurea finale. Anche persone in cerca di impiego possono crearsi un proprio portfolio/zainetto di MC e mostrare di avere le competenze necessarie a svolgere un certo ruolo, disgiuntamente da un titolo di laurea.
Poiché molti dei MOOC che vedremo nel Capitolo 14 si prestano a tale modello, e offrono formazione accademica online "spezzata" in MC e nanodegree ("microlauree"), la cosa è interessante sotto molteplici aspetti in termini e-Learning. Ma chiudiamo qui.

Fonti

Benni S., *La Compagnia dei Celestini*, Feltrinelli, Milano, 1994.

Biggs J.B., Tang C., *L'insegnamento per l'apprendimento di qualità all'università*, Open University Press/McGraw-Hill Education, New York, 2007.

Bloom B.S., *Taxonomy of Educational Objectives. The Classification of Educational Goals*, Handbook I, Cognitive Domain, Longman, Londra, 1956.

Churches A., "Bloom's Digital Taxonomy", *Researchgate*, 2008.
https://www.researchgate.net/publication/228381038_Bloom%27s_Digital_Taxonomy

Danziger S., Levav J., Avnaim-Pesso L., "Extraneous factors in judicial decisions", *PNAS*, vol. 108, n. 17, 2011.

Dirksen J., *Learning design. Progettare un apprendimento efficace*, Pearson, Milano, 2017.

Marini G., "Ricomincio da Bloom", Insegnanti 2.0, 2015.
https://insegnantiduepuntozero.wordpress.com/2015/08/31/ricomincio-da-bloom/

Mattioli S., "#calinimood: un mosaico di iniziative creative", *Bricks*, n. 3, 2020.
http://www.rivistabricks.it/wp-content/uploads/2020/07/2020-03-02_Mattioli.pdf

"Progettare l'Innovazione Didattica", MOOC Polimi Open Knowledge, METID, Politecnico di Milano, 2020.

Sancassani S., Brambilla F., Casiraghi D., Marenghi P., *Progettare l'innovazione didattica*, Pearson, Milano, 2019.

Trentin G., *Didattica con e nella rete. Dall'emergenza all'uso ordinario*, FrancoAngeli, Milano, 2020.

Capitolo 13

Coinvolgimento e gamification

In questo capitolo

- **Motivazione all'apprendimento**
- **L'engagement "classico" secondo le piattaforme**
- **Giocare nella formazione**
- **Tra gioco e apprendimento**
- **Fonti**

Motivazione all'apprendimento

Non di rado, avendo a che fare con HR di aziende, ma anche con docenti di scuola e genitori, la problematica più spesso evidenziata è quella relativa alla scarsa voglia di apprendere che sembra affliggere dipendenti e studenti di ogni sorta. Insomma, sembrerebbe che l'essere umano molto spesso non abbia alcuna voglia di dedicare tempo ed energie a imparare. La faccenda ha a che fare con la motivazione a farlo, che è, in fondo, forse, il nodo centrale dell'agire umano. Se è intrinseca, allora le cose vanno piuttosto lisce, poiché è l'individuo stesso a desiderare di apprendere. Se è estrinseca, ossia indotta da fattori esterni, o comunque percepita come tale, è assai probabile riscontrare delle resistenze più o meno forti (Figura 13.1).

In questo breve capitolo vogliamo esplorare alcune modalità utili a motivare l'apprendimento, sia in ambito scolastico sia aziendale, concentrandoci in particolare su quelle legate al gioco e alla cosiddetta gamification. Poiché si apre un mondo di possibilità, dichiariamo fin da subito che qui faremo solo degli accenni, volti a dare a voi lettori degli ulteriori strumenti per migliorare l'offerta formativa. È mia intenzione lavorare a un intero libro sull'argomento, che appunto apre scenari molto vasti e a oggi solo in parte esplorati. Inoltre, chiariamo anche che non tratteremo il vasto tema dell'employer engagement, né quello del customer engagement, che fanno capo rispettivamente all'ambito delle risorse umane e del marketing, di cui solo molto marginalmente trattiamo in questo manuale.

Figura 13.1 Questo grafico, la cui paternità in Rete è difficile ricostruire, illustra in modo estremamente chiaro le diverse leve motivazionali ad agire. Si applicano bene anche all'apprendimento.

L'engagement "classico" secondo le piattaforme

Molti dei meccanismi di engagement più classici del mondo dell'apprendimento hanno a che fare con i modelli esposti già nel Capitolo 4 e sono spesso volti a migliorare la "ritenzione", ossia a far sì che quanto viene imparato "appartenga" in un certo senso al discente, il quale, facendo esperienza diretta, ricorda e trattiene maggiormente ciò che impara, specie se si tratta di una competenza più che di una conoscenza.

Anche nella formazione classica esistono meccanismi di engagement consolidati, per esempio il post-training engagement, che consiste nel proporre delle attività ai corsisti una volta che la formazione frontale è conclusa. Può trattarsi di un quiz, ma più spesso di un'attività pratica, ma anche di un piccolo "rinforzino" trasmissivo, come un aneddoto divertente sull'argomento trattato o un caso di studio.

Sono meccanismi che facilmente funzionano anche (o forse meglio) in modalità e-Learning, dove molte piattaforme sono strutturate per disporre di feature volte a "richiamare" l'attenzione degli utenti o gratificarli con minipremi.

- Email follow-up o altri sistemi di messaggistica: per "ricordare" all'utente la formazione.
- Messaggi di congratulazioni: un sottoinsieme del punto sopra ma talvolta più efficaci, se non debordano nella facile piaggeria.

- Learner note: la possibilità di prendere appunti in piattaforma mentre si segue una lezione è un altro semplice modo di aiutare gli utenti a "fare propri" i contenuti. Sì, è proprio come a scuola da secoli, ma funziona ancora.
- Badge e altri tipi di riconoscimenti: ricevere una medaglietta, come già accennato nel Capitolo 12, non dispiace mai. Utili soprattutto per far leva sullo spirito dei "completisti" che possono collezionarne una serie lungo un percorso di apprendimento.

Infine, ci sono tutti i banalissimi meccanismi mutuati dal mondo del gioco, riassumibili in queste funzioni che riprendiamo dall'elenco di quelli proposti di default da un normale LMS:

- progressi a livelli differenti (che nei corsi si traducono in moduli);
- punti;
- progress bar;
- activity feed;
- feedback in tempo reale sulla performance;
- leaderboard per stimolare quella che chiamano "friendly competition" tra colleghi/studenti/amici/sconosciuti.

Il già citato Duolingo, quello del gufetto nel Capitolo 9, è un semplice ma funzionale esempio di tutto questo che potete provare da soli, soprattutto se vi interessa imparare una tra le tantissime lingue che propone (Figura 13.2).

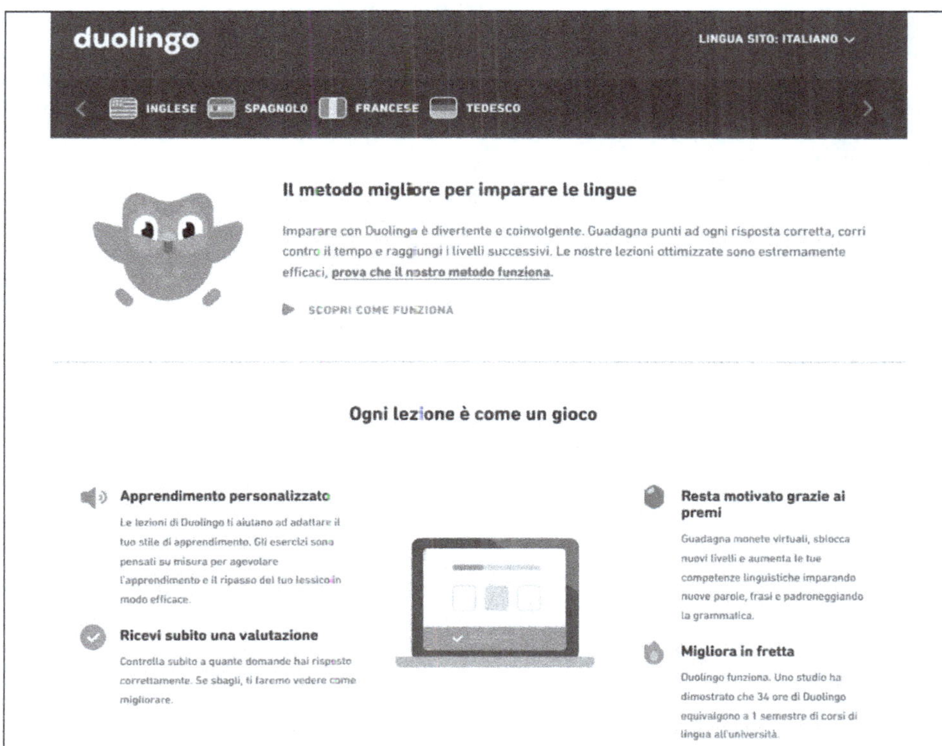

Figura 13.2 Riecco il gufetto che dalla sua homepage richiama gli elementi chiave dei meccanismi di engagement su cui fa leva. In fatto di messaggi di congratulazioni, il volatile non ha eguali, ma talvolta esagera nel palesarsi non appena restiamo indietro di qualche lezione.

Rispetto alle modalità di valutazione gamificate con gare tra missili, corridori, o in merito alle rappresentazioni variopinte di software come Mentimeter o Socrative abbiamo invece parlato nei capitoli sull'e-Collaboration (10) e sulle valutazioni (12).

Giocare nella formazione

"A tutti piace giocare". A me, no. Almeno, non nel modo in cui il mondo della formazione, per non parlare di quello del marketing, parla di gamification. Ciò non significa però che io non apprezzi i giochi e le pratiche ludiche per favorire un apprendimento coinvolgente e attivo, che è poi la definizione di gamification che più mi piace adottare. Molto più spesso, invece, questo termine fa riferimento a sistemi piuttosto meccanicistici incentrati sulla competizione e l'accumulo di punti. Come abbiamo visto nel capitolo sulle piattaforme, molte di quelle oggi disponibili offrono di default dei tool per la gamification, che nel 90% dei casi sono volti a quantificare le attività dell'utente, secondo un modello che, a mio avviso, più che favorire l'engagement presenta delle forme di monitoraggio giocose e articolate. La schermata di TalentLMS che riportiamo nella Figura 13.3 ne è un ottimo esempio. Il gioco, e il videogioco in particolare, rendono più efficace il monitoraggio dell'apprendimento: se il giocatore/discente lo ha portato a termine, se ha vinto, se ha conseguito un punteggio, passato dei livelli, affrontato sfide, io posso saperlo, vederlo, misurarlo. Tuttavia, è l'idea di gioco che fa leva su collaborazione, creatività e altri tipi di godimento quella che, in ambito formativo, vale più la pena di esplorare.

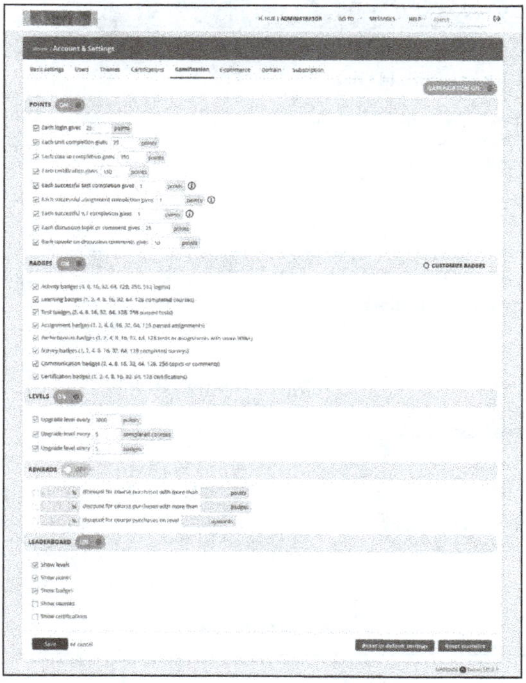

Figura 13.3 La dashboard di TalentLMS, le cui opzioni per "gamificare", o tracciare i progressi degli utenti tramite punteggi, sono quanto mai complete e chiare.

A scuola e in azienda

Pare che il termine "gamification" sia stato introdotto nel 2010 dal game designer Jesse Schell, che lo definiva come "l'utilizzo di elementi mutuati dai giochi e delle tecniche di game design in contesti non ludici". Nella scuola è inteso più come un modo per coinvolgere i ragazzi in dinamiche di gioco, e si allaccia spesso al discorso della "classe capovolta", dove gli studenti apprendono le nozioni a casa, e poi sfruttano il tempo in aula per collaborare in dinamiche di gruppo con componenti ludiche. Il supporto del digitale nel processo va dall'uso di video alle lezioni in PowerPoint o Blendspace preparate dai ragazzi stessi per i propri pari (flipped + learning by teaching).

Nelle aziende, invece, è visto da un lato come strumento di marketing (fino agli estremi più aberranti: in USA e Giappone esistono dei bancomat con integrate le slot machine), dall'altro come un modo per formare i dipendenti, in particolare su quelle soft skill che altrimenti sfuggono. In quel senso parlare di gamification può perfino voler dire sconfinare anche nel coaching.

Ma perché introdurre elementi ludici in contesti didattici? La vulgata dà queste risposte:

- perché a tutti piace giocare;
- perché giocando si impara sempre;
- perché i ragazzi giocano di continuo;
- perché le ho provate tutte ma tanto i corsisti non si interessano;
- perché giocando memorizzano meglio quanto apprendono;
- perché ormai il gioco è ovunque;
- perché è social;
- per far fare qualcosa di diverso ai ragazzi con quei telefoni;
- perché va di moda;
- ecc.

Si tratta a vario titolo di motivazioni valide in tutti gli ambiti, ma mettere in pratica progetti basati sul gioco non è sempre semplice ed è di nuovo necessario partire dalla conoscenza delle persone a cui ci indirizzeremo.

Gioco user-centered

Restiamo dunque in ottica di user-centered design cercando di considerare i diversi stili di apprendimento. Ognuno di noi è diverso dagli altri nel modo di giocare e di apprendere, e ci sono fior di studi sull'argomento. In questo manuale ci interessa solo fornire alcuni semplici strumenti per sfatare il mito dello stereotipato giocatore da "sparatutto", e proporre alcuni suggerimenti per imparare a conoscere meglio i nostri utenti/formandi/gamer, per poi suggerire alcune pratiche ludiche che starà ai lettori prendere in considerazione o meno per la propria attività.

Il test di Bartle e le quattro categorie di giocatori

Il ricercatore inglese Christian Bartle ha catalogato in sole quattro macrocategorie i tipi di giocatori, secondo degli archetipi, ognuno con le proprie caratteristiche e peculiarità. Balza subito all'occhio come si tratti di una quadratura un po' grezza, ma interessante da esplorare (Figura 13.4).

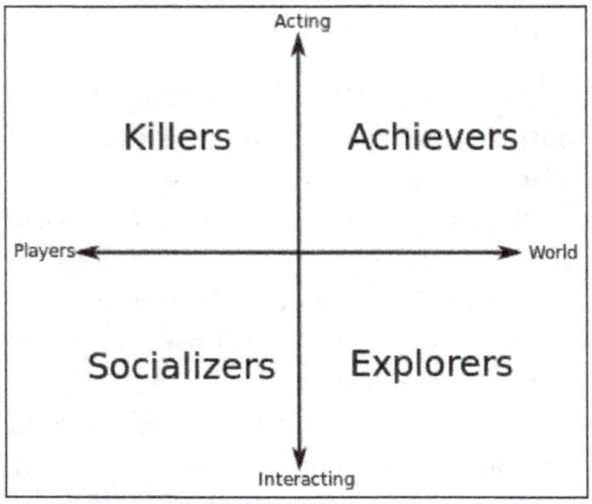

Figura 13.4 I quadranti all'interno dei quali, secondo Bartle, qualsiasi giocatore si colloca.

Descriviamo sommariamente i quattro tipi di giocatori.

1. Achiever: gioca con lo scopo ultimo di collezionare livelli, equipaggiamento e qualsiasi altra misura di progressione all'interno del gioco → è mosso dal prestigio.
2. Explorer: preferisce impiegare tempo ed energie nell'esplorare, scoprire, individuare nuovi livelli, aree, segreti → gli interessa la scoperta.
3. Socializer: vuole il ritorno d'immagine costruito creando una rete di contatti attorno a sé → lo intrigano le relazioni.
4. Killer: punta alla vittoria sull'avversario per primeggiare direttamente nel confronto con gli altri giocatori → vuole la supremazia.

La cosa più curiosa sviluppata da Bartle, che nella vita si è poi distinto per alcuni interessanti studi nell'ambito dell'intelligenza artificiale, lavorando pure nel redditizio campo dei giochi multiplayer online, è un semplice test che consente di autovalutare il proprio collocamento all'interno del quadrante. Consiste in una serie di domandine in formato quiz e potete farlo per esempio qui in pochi minuti: `https://matthewbarr.co.uk/bartle/`. Per quello che è il nostro punto di vista, si tratta di un modello un po' limitato, anche perché appunto tralascia *in toto* il concetto di gioco creativo, ma è comunque utile.

NOTA

Se state per avviare una qualsiasi forma di apprendimento gamificato con una classe o un gruppo di persone, chiedete loro dove si collocherebbero, a istinto, tra le categorie, poi discutetene assieme. Molto spesso ne nascono chiacchierate interessanti che dicono molto quantomeno del "mood" del gruppo. Online è gustoso farlo con il supporto di software e-Collaboration come Padlet o Kahoot (Capitolo 10). Potete anche, in seguito, lanciare il test di Bartle tra loro e far commentare i risultati.

Le otto categorie di fattori motivazionali

Decisamente meno semplicistico è il celeberrimo (per chi si occupa di gaming) Octalysis, il framework di Yu-kai Chou (`https://yukaichou.com/`), imprenditore taiwanese americano il cui lavoro pare abbia (secondo fonti non affidabili, a giudizio di Wikipedia) "improved over 1 billion user experiences worldwide through his clients at Microsoft, Lego, eBay,

Volkswagen and more". Tendiamo a concordare con i censori della celebre enciclopedia online, ma apprezziamo l'articolato strumento che Yu-kai ha elaborato per identificare i fattori motivazionali che spingono un utente a giocare (e apprendere, per quel che interessa a noi in questa sede):

1. senso epico e chiamata;
2. progresso e senso di realizzazione;
3. potenziamento della creatività e feedback;
4. proprietà e possesso;
5. influenza sociale e relazione;
6. scarsità e impazienza;
7. imprevedibilità e curiosità;
8. paura della perdita ed evasione.

Come vedete, si parla anche di creatività e si abbraccia uno spettro più ampio di quello di Bartle; inoltre, ognuno di noi si può in un certo senso "muovere" all'interno dell'Octalysis, oppure esservi per così dire guidato da parte di un game designer.

L'empatia nel gioco

I modelli sopra proposti, così come altri, sembrano tralasciare un elemento chiave del gioco così come lo intendiamo noi, ossia quello dell'empatia (Figura 13.5). "Il videogioco ha una peculiarità molto significativa rispetto ad altri mezzi: quando ne riportiamo la fruizione, ci ritroviamo inevitabilmente a parlarne in prima persona". Sono parole di Matteo Pozzi, assieme a Claudia Molinari fondatore di We Are Müesli, brillante indie game company che sviluppa giochi basati su quello che loro stessi definiscono unconventional storytelling.

Figura 13.5 Un nostro schema per evidenziare gli aspetti base del gioco che ci interessa approfondire in ottica engagement per l'apprendimento.

Siamo noi – in prima persona, appunto – a vivere e attraversare l'esperienza di un gioco, ad averle dato forma. Inoltre, è fondamentale l'importanza del contesto, del contorno, degli altri: laddove tutto dipende da me, da quello che faccio/non faccio, scopro, imparo

significa anche che il valore sta in come interagisco con gli altri, in quello che posso imparare da loro (in termini, appunto, di collaborazione anziché competizione).
L'identificazione ci permette di sviluppare empatia nel personaggio che interpretiamo e di relazionarci con l'ambiente in cui esso si muove e con chi incontra. Questo vale dagli storytelling game alle simulazioni per i cardiochirurghi, passando anche ai giochi che alcune banche sviluppano per consentire ai propri dipendenti di immedesimarsi nei clienti che si rivolgono a loro per chiedere un mutuo. L'empatia è il motore centrale dell'esperienza ludica e il suo principale tratto distintivo grazie al quale possiamo scatenare l'agognato engagement.

Tra gioco e apprendimento

Come anticipato, quello della gamification è un mondo non solo sconfinato, ma in continua espansione, di conseguenza in questo manuale forniamo solo alcune macroindicazioni su come intrecciare gioco e apprendimento (Figura 13.6).

1. Serious/applied/learning game: giochi specificamente pensati per insegnare/operare una trasformazione nel giocatore/studente/formando.
2. Mainstream game: uso di giochi in commercio, non specificamente pensati per l'apprendimento ma che possono prestarsi a un uso didattico, formativo o valutativo di conoscenze o competenze.
3. Game storm e game jam come formati laboratoriali ludici aventi essi stessi come oggetto l'ideazione e/o la creazione di un gioco.

Proporremo infine un piccolo approfondimento sugli storytelling game, in quanto particolarmente adatti al contesto e-Learning.

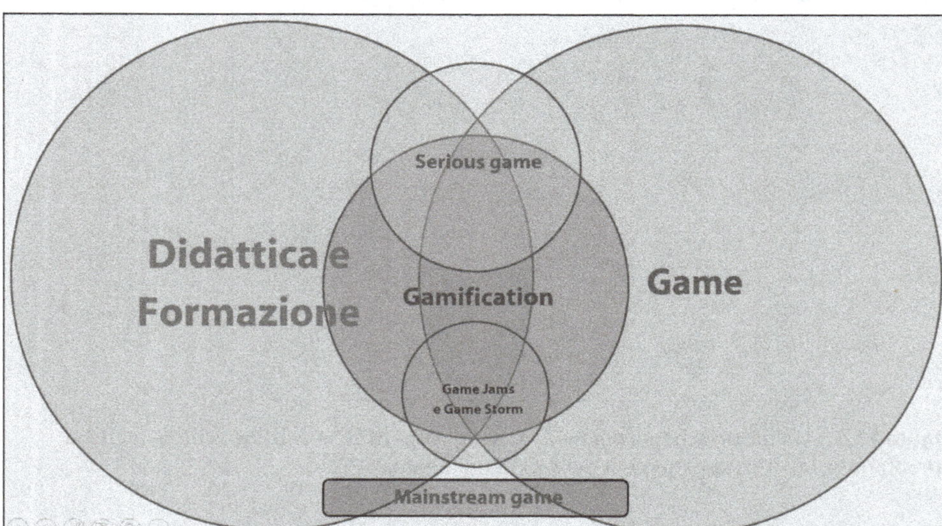

Figura 13.6 In questo schema diamo una rappresentazione visuale alle intersezioni tra apprendimento e gioco.

Serious/applied/learning game

Serious game è traducibile in italiano in "gioco didattico", ma molti preferiscono parlare di applied o learning game, ossia giochi che hanno un'applicazione pratica, che in sostanza applicano dei processi trasformativi nel giocatore, facendogli acquisire informazioni ma anche competenze, capacità, a volte perfino influendo su certi suoi valori morali: l'associazione Games for Change si occupa proprio di promuovere la creazione e diffusione di giochi per – diciamo – migliorare l'umanità (`http://www.gamesforchange.org/`).
Esistono un'infinità di giochi di questo tipo, e la Rete consente di scovarne in autonomia; tuttavia, proprio per la varietà dell'offerta non sempre è facile per un docente districarsi all'interno di essa, quindi nell'ultima parte del capitolo ne indichiamo alcuni che i neofiti potranno – si spera – esplorare con interesse.
In ambito prettamente e-Learning è chiaramente frequente il caso di giochi sviluppati *ad hoc* per insegnare determinati concetti o, più spesso, migliorare le competenze o valutarle.
Esistono svariate categorie di giochi, dagli sparatutto alle cacce al tesoro, platform, *beat 'em up* ("picchiaduro"), simulazioni, ma lo spazio a nostra disposizione non ci consente di addentrarci in questi meandri. Per chi volesse approfondire suggeriamo una visita al sito collaborativo (in stile Wikipedia come meccanismo) Serious Games Classification (`http://serious.gameclassification.com/EN/index.html`), che propone un sistema di classificazione in base a:

- gameplay; per esempio se il gioco presenta obiettivi dichiarati da raggiungere o meno;
- obiettivi didattici; tipicamente trasmettere contenuti educativi, informazioni su un determinato argomento, messaggi di marketing e comunicazione ecc.;
- mercati di riferimento; ogni titolo può essere utilizzato in uno o più domini applicativi come intrattenimento, Stato e governo, militare e difesa, sanità, istruzione, aziendale, religioso, cultura e arte, ecologia, politica, umanitario, media, pubblicità, ricerca scientifica ecc.;
- pubblico di riferimento, identificato per fasce di età oppure tipo (pubblico generico, professionisti, studenti ecc.).

Pur trattandosi di criteri opinabili, il sito è utile come punto di partenza e il fatto che i titoli siano ricercabili per parole chiave fornite dagli utenti è un ulteriore valore aggiunto.
Anche esplorare la piattaforma generalista di distribuzione di giochi per PC, Mac o mobile Steam (`https://store.steampowered.com/`) può offrire spunti assai interessanti, poiché tra le categorie, accanto al wrestling o simulatori di epidemia, troviamo anche materie scolastiche come fisica e ortografia o curiose "abilità sociali", giochi educativi o simulatori di fattoria.

NOTA

Nella scelta dei giochi, anche come genitori, tenete in conto il rating PEGI (Pan European Game Information), che fornisce una classificazione dei videogiochi secondo la quale un certo gioco è adeguato agli utenti di una determinata età. Esistono molte critiche al modello, ma è un punto di partenza interessante per distinguere quelli con contenuti violenti, offensivi ecc.

Mainstream game per la didattica e la formazione

Senza scadere nell'eccesso per cui "tutti i giochi sono serious perché tutti insegnano", possiamo in effetti affermare che il gioco ha un'intrinseca proprietà formativa. Inoltre, il confine tra giochi esplicitamente progettati per l'apprendimento o altri in cui l'elemento di entertainment resta primario, è sempre più sottile, tant'è vero che sono in corso interessanti ricerche sull'uso dei cosiddetti mainstream game nella formazione.

L'uso per l'apprendimento di questi videogiochi "normali", quelli da console, quelli che forse giocano più i figli e nipoti dei lettori di questo manuale, è tutto da esplorare. Nell'ambito scolastico riportiamo due esempi. Il primo è del docente/sperimentatore americano Abran Maldonado, che sul proprio sito Nuskool è arrivato a raccontare di come è riuscito a usare Call of Duty (sparatutto in prima persona che dal 2003 è una delle saghe videoludiche più famose e vendute in tutto il mondo) come argomento di un tema a scuola. Il suo metodo prevede un'immersione nel mondo giovanile (quello di TikTok è compreso) nell'ottica di chiedere a ciascuno dei propri studenti di affrontare, in un tema di lingue, il loro videogame preferito, raccontando le ragioni per le quali ognuno ama così tanto quel determinato "oggetto ludico". Ciò ha consentito inaspettatamente di far sì che gli studenti si sentissero più coinvolti, passando da un modo di scrivere superficiale e stereotipato a un altro assai più personale. Una ragazza tra le più svogliate e chiuse, con la quale il docente stesso non era mai riuscito a sviluppare un dialogo, nello spiegare perché le piacesse Call of Duty ha aperto un nuovo canale di comunicazione personale con il docente (e consegnato il primo tema decente).

Due docenti norvegesi usano The Walking Dead, avventura grafica e un game d'azione a episodi, ispirato a un fumetto di Robert Kirkman ambientato in un mondo di zombi, per trattare dilemmi morali in classe e insegnare religione, poiché il gioco presenta di continuo situazioni nelle quali le scelte effettuate ricadono sui propri compagni d'avventura.

In quello aziendale si stanno facendo strada studi e sperimentazioni nelle quali i videogiochi in commercio sono strumenti utili per l'identificazione e il training sulle competenze trasversali. In fondo sono già fatti, relativamente economici (o perfino gratuiti), più che testati dal punto di vista tecnico, accessibili senza grossi sforzi, e studiati per piacere a quante più persone possibile. A tal proposito rimandiamo al progetto XBadges dell'ente spagnolo Gecon (`https://gecon.es/projects/`), il cui obiettivo è proprio quello di facilitare, con l'uso del software, la formazione e la valutazione delle competenze trasversali degli utenti attraverso l'uso di videogiochi commerciali e, se necessario, garantire le certificazioni dell'acquisizione. Il nome, che appunto comprende il termine "badge", di cui già si è parlato, suggerisce già come una delle intenzioni sia quella di costruire corrispondenze biunivoche tra gli achievement che il giocatore raggiunge in un certo gioco (superare un determinato livello, arrivare a un dato punteggio, diventare un mago, guerriero, football manager) e la/le competenze che ha dovuto mettere in atto per conquistare tale obiettivo ludico.

Chiaramente il sistema si presta a molte critiche, non ultima quella per cui l'attitudine al rischio rilevata su un utente che gioca a Pac Man potrebbe dire poco di quella che applica sul luogo di lavoro. Tuttavia, tali metodi potrebbero consentire di rilevare alcuni aspetti:

- fare emergere la consapevolezza di una certa soft skill "nascosta" o meno evidente che il giocatore/utente oggetto dell'osservazione acquisisce giocando;
- misurare in modo più o meno strutturato (non oggettivo, ma almeno confrontabile) certe competenze;

- operare un confronto tra diversi giocatori/utenti rispetto a certe soft skill tramite il gioco.

Si tratta solo di spunti, ma che potrebbero delineare interessanti sviluppi futuri.

Game storm e game jam

Nate come format di esperienza immersiva derivato dalle più popolari hackathon, le game jam sono workshop interattivi e creativi nei quali i partecipanti, divisi tipicamente in gruppi di 3 o 5 persone, devono progettare e creare uno o più giochi in un breve lasso di tempo, che di solito varia tra le 24 e le 48 ore (Figura 13.7). Di norma si tratta di un videogioco, ma può trattarsi anche di un gioco in scatola (di carta); a noi piace parlare di *artefatto ludico*. La frontiera più interessante, in questa sede, è quella dei serious game, ossia quando ai partecipanti è richiesto di ideare e realizzare giochi appunto a valenza didattica, finalizzati a operare o invogliare una trasformazione in chi li gioca. Esistono già sperimentazioni anche a livello aziendale, specialmente all'estero (consigliamo di dare un'occhiata al sito `http://cookiebox.es/`), ma anche in Italia (per esempio Synesthesia – `https://synesthesia.it/`).

Figura 13.7 La schermata iniziale di un videogioco realizzato nell'ambito di una game jam con bambini di due classi quarte di primaria, condotto dal sottoscritto assieme al collega Luca Roncella, game designer del Museo della Scienza e della Tecnologia di Milano. Trovate tutti i dettagli di come è andata nell'articolo in bibliografia.

Ancora più breve, ancora più dinamico è il game storm: può essere definito come una sessione di brainstorming volta a ideare (e quindi non necessariamente sviluppare) un gioco. In tale sessione, i partecipanti (di norma non più di 25-30 e divisi in sottogruppi da 3-5) vengono quindi invitati a riflettere su un tema specifico e a inventarne il gioco relativo.

È possibile organizzare eventi di questo tipo sia in presenza sia online (cosa divenuta necessaria in tempi di lockdown).
In sostanza, si assegna un tema, appunto "serious", che pone una domanda ai partecipanti, declinabile come "che gioco fareste per insegnare...", cui segue il tema trattato:

- ad alimentarsi in modo consapevole?
- la storia delle guerre puniche?
- gli algoritmi?
- la comunicazione aziendale?
- il web marketing?
- la lotta al bullismo?
- ecc.

Mentre in aula i partecipanti lavorano per gruppi su tavoli, scrivanie, per terra con schemi, fogli, pennarelli e post-it guidati da dei mentor, per permettere loro di fare la stessa cosa a distanza è opportuno fornire o consigliare degli strumenti per la comunicazione e l'e-Collaboration come quelli citati nel nostro libro (Slack, Discord, Google Drive ecc.).
È inoltre necessario formare i partecipanti agli elementi base del gioco, che nel presente manuale abbiamo optato per non approfondire, come il Modello MDA (Hunicke, LeBlanc, Zubek, 2004; Continisio, 2014).
Nel caso di un game storm, ciò che si può chiedere di consegnare ai partecipanti è un "game canvas", compilato in modo da riportare gli elementi base del gioco da loro ideato (Figura 13.8).

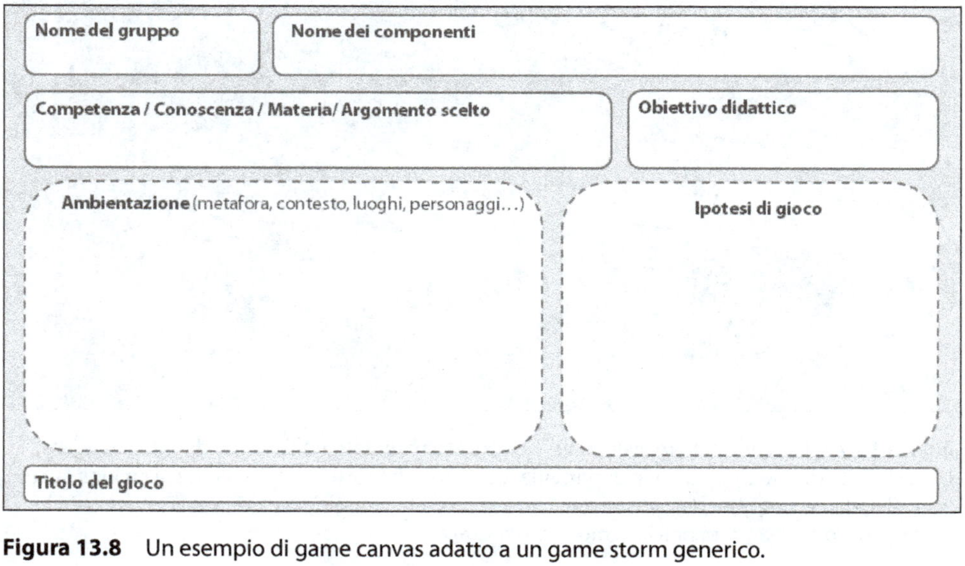

Figura 13.8 Un esempio di game canvas adatto a un game storm generico.

È importante infine che i partecipanti presentino il loro progetto, magari tramite un "pitch" video (presentazione filmata di pochi minuti). Se online possono farlo tramite gli strumenti illustrati nel Capitolo 7 (Vimeo, YouTube). Spesso si chiede anche di presentare con le classiche slide PPT o con uno schema (anche usando Google Drive, Padlet ecc., vedi Capitolo 10).

La potenza di questo tipo di formato ludico risiede essenzialmente in questi aspetti:

- consentire ai partecipanti di riflettere su un determinato tema applicato/serious da una prospettiva diversa, appunto ludica, creativa, attivando il pensiero laterale;
- approfondire il macrotema scelto scomponendo per esempio un episodio reale, un aneddoto a esso relativo nei suoi dettagli, nell'ottica di costruire per esempio uno storytelling game (che vedremo a breve);
- lavorare sulle competenze digitali, spingendo i formandi verso un uso del digitale e un approccio al videogame di tipo non più meramente fruitivo ma attivo e partecipativo, nell'ottica dell'idea del prosumer di De Kerckhove (1993);
- ragionare sulle "lezioni apprese" che il tema affrontato, e il relativo gioco ideato, veicolano verso il potenziale utente del gioco (e vengono a loro volta acquisite dai partecipanti in modo consapevole).

Storytelling game

L'identificazione e l'empatia sono a maggior ragione i tratti principali dei giochi narrativi, basati su storie di cui, per affinità o per divergenza con il punto di vista scelto e progettato dal game designer, siamo noi i protagonisti, con tutte le meravigliose conseguenze del caso. I giochi di questo tipo meritano a mio giudizio un piccolo approfondimento in questa sede, poiché più di altri si prestano agli usi didattici, e possono anche essere progettati con facilità anche da non addetti ai lavori (per esempio in game storm) e perfino implementati senza troppe difficoltà grazie ad alcuni strumenti digitali esistenti (game jam). Un meccanismo piuttosto tipico in tali format consiste nel raccogliere storie e aneddoti su un determinato argomento per poi chiedere ai partecipanti di inventarsi dei giochi narrativi a partire da essi, esaminandone i momenti chiave e immaginando finali alternativi, in un'ottica di "che cosa sarebbe successo se...?", non troppo distante dal plot dei film della saga *Ritorno al futuro* (Figura 13.9).

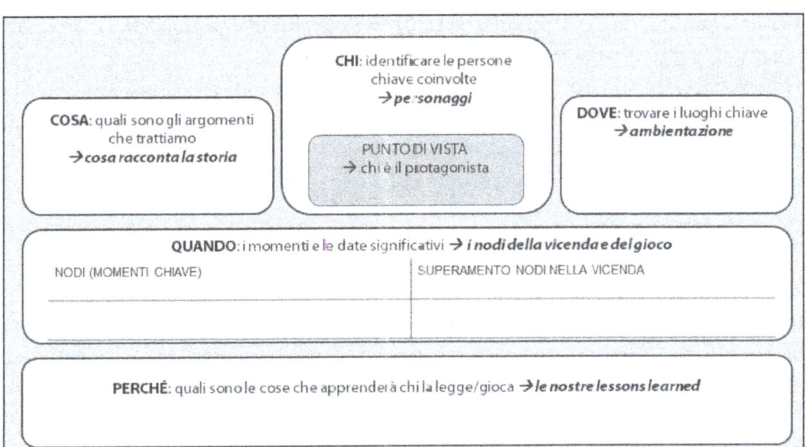

Figura 13.9 Un canvas specifico per l'ideazione di uno storytelling game: ai partecipanti del game storm viene richiesto di compilarlo analizzando una reale vicenda/aneddoto specifico dell'argomento sul quale devono riflettere e che devono quindi approfondire nell'ottica di inventare un gioco narrativo che ne riprenda le vicende.

I libri game stanno tornando alla ribalta dopo la loro esplosione alla fine degli anni Ottanta. Potrebbero diventare uno strumento da game jam: scrivere un racconto su un tema dato con scelte a bivi. Questo costringerebbe i partecipanti a immaginare percorsi narrativi differenti a seconda delle scelte operate dal lettore e quindi ad analizzare una situazione da tanti punti di vista diversi. Con il vantaggio di non dover implementare un gioco o avere competenze in tal senso. Il manuale che avete in mano, con tutti i rimandi ai capitoli disseminati qui e là, effettua un timido tentativo in tal senso.

NOTA

Non si spaventino coloro che temono di non essere in grado di inventarsi un gioco narrativo: esistono anche dei software che vi possono supportare nella strutturazione delle possibili alternative agli sviluppi di una storia. Il più diffuso è Twine (`www.twinery.org`). Per i più "smanettoni" che invece volessero improvvisarsi game designer, sono a disposizione dei programmi come Scratch del MIT (`https://scratch.mit.edu/`), alle spalle del quale c'è una comunità immensa e molto attiva di coder/programmatori, oppure Game Maker (`https://www.yoyogames.com/gamemaker`). Anche Unity (`https://unity.com`), tra i più diffusi programmi per realizzare giochi, è un'opzione in buona parte gratuita (per persone fisiche con "entrate o finanziamenti inferiori a 100.000 $ negli ultimi 12 mesi" e studenti) percorribile per chi avesse le competenze per usarlo.

Games Worth Playing

Parafrasiamo il claim del celebre TED ("Ideas Worth Spreading", ossia "idee che val la pena diffondere") per tuffarci nel mondo dei giochi che ha un senso provare nel nostro contesto, per tutti coloro che non sanno da dove partire per farseli da sé, ma magari hanno bisogno di qualcosa da imitare in termini di linguaggi, formato, idee, strutture. Con questi dieci giochi vogliamo anche offrire una micropanoramica all'interno di un mondo che si crede essere assai più stereotipato di quanto non sia in realtà: oltre a Candy Crash esistono centinaia di indie game, ossia giochi "indipendenti" e fuori dal coro che possiamo dire affini ai concetti espressi fin qui.
Peccheremmo di incoerenza se ci perdessimo in lunghe descrizioni dei tanti giochi che, spesso gratuitamente o a prezzi affrontabili, sono disponibili in Rete. Quindi la scelta, per questo capitolo, è quella di indicare solo nome, link, breve descrizione, alcuni `#tag` che vi aiutino nell'orientarvi. Buon divertimento!

Venti mesi

`https://wearemuesli.itch.io/ventimesi`
Una collezione di storie interattive sulla Resistenza e la Liberazione dal nazifascismo. Ognuna, nel tempo di un fiammifero, ci fa immedesimare in diversi protagonisti del periodo: un soldato tedesco, un bambino italiano, un partigiano ecc. Mette i brividi e ti tiene incollato allo schermo finché non lo finisci (Figura 13.10).
`#storia #ragazzi #storytelling`

Figura 13.10 Venti mesi, ossia il top della semplicità al servizio dell'empatia in uno storytelling game immediato ed efficace. Il modello da imitare in qualsiasi game storm/jam.

Atti2de

`https://www.atti2de.eu/`
Si rivolge all'ambito del recruiting, aiutando chi lo usa a scoprire gli aspetti legati al self-knowledge e alla career guidance. Tramite questo gioco le aziende possono per esempio individuare con più facilità i migliori candidati e ottimizzare i processi di reclutamento.
`#soft skills #recruiting #career guidance`

Bounden

`https://playbounden.com/`
Solo per sfatare il mito che la gamification trascura la psicomotricità. Questo serious mobile game insegna a ballare: due giocatori vengono condotti in una danza dallo smartphone che osservano e impugnano assieme, ruotando e piroettando elegantemente, o restando impigliati. Guardate il filmato in homepage per restare incantati e pagare il giusto per provarlo o per usarlo in ottica team building.
`#psicomotricità #danza #soft skills #team building`

Bury me, my Love

`http://burymemylove.arte.tv/`
Letteralmente "Seppelliscimi, amore mio", ma tradotto in italiano "Se mi ami non morire". Interpretiamo Nour, una donna siriana che cerca di trovare la strada per l'Europa. Suo marito Majd, che rimane nella Siria della guerra civile, comunica con Nour attraverso un'app di messaggistica, consigliandole il meglio che può in modo che raggiunga la sua destinazione in modo sicuro. Questo gioco di avventura sviluppato in forma di messaggistica di testo costituisce un formato da copiare per chi volesse creare avvincenti giochi in ambito e-Learning.
`#storia contemporanea #migrazioni #etica #messaging #emozioni`

Chore Wars

`http://www.chorewars.com/`
Produrre cambiamenti nel mondo reale con un sistema a punti: quanti LMS sostengono di riuscire a farlo? In Chore Wars, elementare piattaforma online in modalità gioco di

ruolo, l'obiettivo è stimolare un gruppo di persone a... occuparsi delle faccende di casa. Vince chi pulisce, porta fuori la spazzatura, rassetta (ma sul serio) (Figura 13.11). Altro che xAPI!

#behavioural changes #punti #role playing game #vita reale

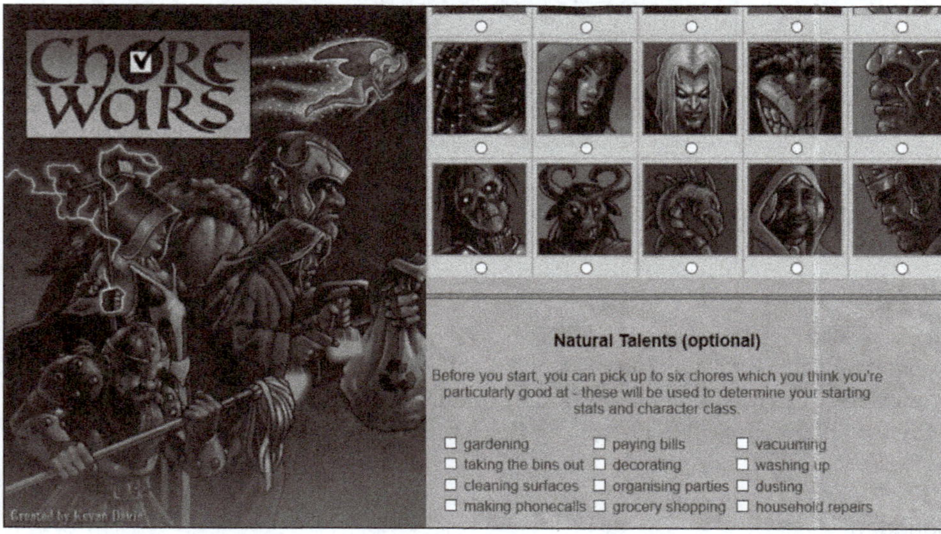

Figura 13.11 Spazzoloni, scope e detersivi al posto delle armi. Che gioco sarà mai?

Dear Esther

https://store.steampowered.com/app/203810/Dear_Esther/

Sapevate che esiste un genere "walking game" in cui la sola interazione possibile è quella appunto di passeggiare in un ambiente virtuale, scoprendo passo dopo passo (letteralmente) il dipanarsi di una storia avvincente? Più vicini al romanzo che al cinema, giochi come Dear Esther hanno un successo inaspettato (presso le categorie "Explorer" di Bartle).

#esplorazione #romanzo #atmosfera #immersione

Detecting Deception

https://www.elucidat.com/showcase/#detecting-deception

Pare che la più parte delle persone si ritenga molto brava nel capire se qualcuno sta mentendo o meno. "Rilevare l'inganno" è il titolo di un'attività ludica totalmente video-based che ci mette di fronte a un piccolo giallo: chi ha sottratto impunemente quelle 10 sterline? È prodotto dalla Open University e da Elucidat (amici che troviamo nei Capitoli 2, 9 e 14) ed è un ottimo esempio, a mio avviso da scopiazzare avidamente in ambito e-Learning, di apprendimento attivo e sociale in cui i giocatori guardano i video, esprimono il proprio parere e infine si confrontano con il mondo della ricerca e con i sondaggi che riportano le risposte degli altri utenti. Complesso e geniale (Figura 13.12).

#soft skills #video #ricerca #semplicità #giallo

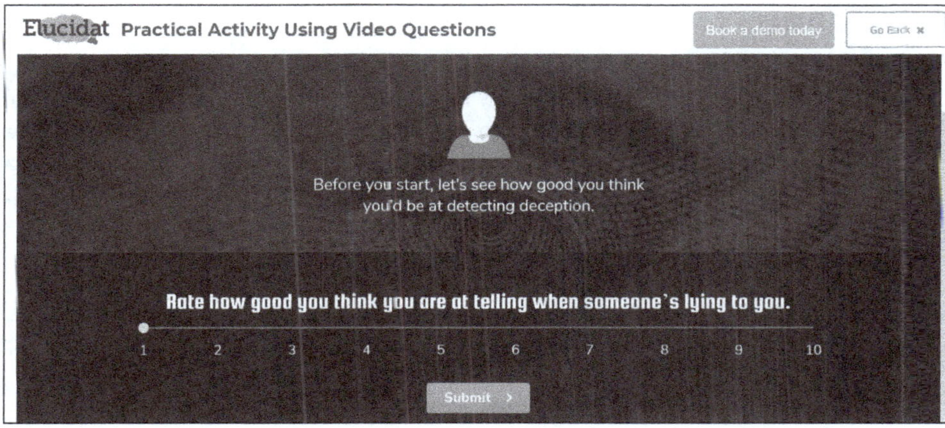

Figura 13.12 Il ranking di self-assessment con cui iniziamo il gioco. Siamo tutti sicuri di essere dei draghi nel capire quando qualcuno ci nasconde qualcosa?

Digital IQ

`https://www.digitaliq.it/`

Permette di effettuare una valutazione delle proprie digital skill rispondendo a una serie di domande, il tutto incapsulato nell'allegoria quadro di un viaggio spaziale. Come Atti2de, è realizzato da Forge Reply, costola gaming dell'immensa azienda di consulenza Reply.

`#competenze digitali #scuola #giovani`

Provaci ancora, Karl!

`www.l2pro.it/theorem`

Storytelling game sul tema della proprietà intellettuale, realizzato nel progetto youTH intEllectual prOpeRty Education prograM (THEOREM), sviluppato a partire da un game storm i cui partecipanti hanno ideato la struttura del gioco in sole quattro ore nel 2019. Nel 2020 i ragazzi di un istituto tecnico hanno ideato una sorta di "seguito" in modalità totalmente online (Figura 13.13).

`#game storm #proprietà intellettuale #istituti tecnici #scuola superiore #covid #lockdown`

Figura 13.13 Il gioco narrativo, ideato in un game storm, "Provaci ancora, Karl!".

This war of Mine

http://www.pendragongamestudio.com/it/product/this-war-of-mine/
Gioco di guerra sì, ma "finalmente" vissuto in prima persona nei panni di una vittima. Esiste sia come videogioco sia come gioco da tavolo e ormai ha dato vita a un'intera saga. È quello che possiamo definire un "normale" mainstream game commerciale, ma certamente un'alternativa ottima per staccare i ragazzi (e gli adulti) da Fortnite. Il fatto che sarà un oggetto didattico consigliato in tutte le scuole polacche è decisamente significativo, come riporta *Wired*.

> L'annuncio è arrivato qualche giorno fa, durante la visita del premier polacco Mateusz Morawiecki alla casa di produzione, la 11bit Studios di Varsavia. Come riportato da Polsat News, si tratta del primo videogioco al mondo a diventare un "libro di testo", consigliato sì, ma riservato ai soli studenti maggiorenni, visto il rating PEGI di questo titolo (Francescangeli, 2020).

#guerra #storia contemporanea #giochi da tavolo #giochi collaborativi #empatia #etica

Fonti

Alloza S., Escribano F., Delgado S., Corneanu C., Escalera S., "XBadges. Identifying and training soft skills with commercial video games Improving persistence, risk taking & spatial reasoning with commercial video games and facial and emotional recognition system", Cornell University, 2019.

Continisio C., "Il modello MDA (Mechanics, Dynamics, Aesthetics)", HTML.IT, 2014.
https://www.html.it/pag/46231/il-modello-mda-mechanics-dynamics-aesthetics/

de Kerckhove D., *Brainframes: mente, tecnologia, mercato*, trad. it a cura di B. Bassi, Baskerville, Bologna, 1993.

Ferriman J., "Copy This Post-Training Engagement Plan", LearnDash, 2019.
https://www.learndash.com/copy-this-post-training-engagement-plan/

Francescangeli L., "Il primo videogame a essere adottato come 'libro di testo' scolastico", *Wired*, 2020.
https://www.wired.it/gadget/videogiochi/2020/06/23/il-primo-videogame-a-essere-adottato-come-libro-di-testo-scolastico/

Golinelli G., "L'apprendimento di domani è un gioco", IMpact School, 2018.
https://magazine.impactscool.com/future-society/lapprendimento-di-domani-e-un-gioco/

Hunicke R., LeBlanc M., Zubek R., "MDA: A Formal Approach to Game Design and Game Research", Proceedings of the 2nd International Conference on Design and Digital Communication, Digicom, 2004.
https://www.researchgate.net/publication/228884866_MDA_A_Formal_Approach_to_Game_Design_and_Game_Research

Kyllonen P.C., "Soft skills for the workplace. Change: The Magazine Of Higher Learning", ERIC, Vol. 45, No. 6, 2013.

Mardinger R., "Perché gli LMS devono evolvere in 'learning engagement system'", Docebo, 2017.

https://www.docebo.com/it/blog/perche-gli-lms-devono-evolvere-in-learning-engagement-system/

Patel N., "5 Techniques That Will Keep Your Customers from Defecting to the Competition", NeiL Patel Blog, 2020.

https://neilpatel.com/blog/keep-customers-from-defecting/

Roncella L., Uggeri M., "Un videogioco per imparare Ideare e costruire insieme un videogame per raccontare e raccontarsi", *Bricks*, n. 5, 2018.

http://www.rivistabricks.it/wp-content/uploads/2018/12/2018_5_06_Roncella.pdf

Uggeri M., "Gamification in azienda: il gioco come strumento creativo e non competitivo", Blog Skilla, 2017.

https://www.skilla.com/blog/gamification-in-azienda-il-gioco-come-strumento-creativo-e-non-competitivo_152/

Uggeri M., "Mainstream Games per le soft skills: dimmi come giochi a Pac-Man e ti dirò chi sei", Blog Skilla, 2020.

https://www.skilla.com/blog/mainstream-games-per-le-soft-skills-dimmi-come-giochi-a-pac-man-e-ti-diro-chi-sei_3203/

Uggeri M., Silipigni F., "Game storm online sulla Proprietà Intellettuale: il racconto di una (giocosa) impresa disperata", con Laura Arrigoni e Angela Grasso, *Bricks*, 2020.

Le icone negli schemi sono tratte da: https://icons8.com/.

Parte IV

Orientare l'e-Learning: strategie, etica e scenari

In questa parte

- **Capitolo 14**
  Dall'Open Education
  ai MOOC
- **Capitolo 15**
  Sei scenari di e-Learning:
  consigli e soluzioni
- **Capitolo 16**
  Risorse utili
  e nuove frontiere

Capitolo 14

Dall'Open Education ai MOOC

In questo capitolo

- I valori dell'Open Education
- Giustizia sociale e apprendimento
- Digital divide ed e-Learning tra OER e Covid
- Fonti

I valori dell'Open Education

> Con l'espressione Educazione Aperta intendiamo quell'insieme di progetti e approcci educativi che mirano a eliminare ogni barriera all'accesso e alla fruizione del processo educativo, in cui la conoscenza, i contenuti, le metodologie didattiche, le infrastrutture e gli strumenti sono condivisi in modo gratuito e trasparente. L'educazione aperta si basa sulla possibilità di rendere disponibili Risorse Didattiche Educative Aperte (in inglese OER, Open Educational Resources), materiali didattici, tipicamente in formato digitale, resi disponibili con licenze che ne permettono il riutilizzo, la modifica e la distribuzione.
> (Fonte: Open Education Italia – `https://educazioneaperta.eu/larete/` – luglio 2020.)

Sempre dal sito della rete Open Education Italia, possiamo elencare i punti che definiscono i principi e i valori in cui si riconoscono i sostenitori del movimento Open Education.

- L'obiettivo di un sistema educativo deve essere quello di abbattere tutte le barriere non necessarie all'accesso, fruizione e completamento di attività educative e formative, nel rispetto della legge e delle inclinazioni personali.
- L'accesso alle risorse educative è una questione di giustizia sociale e il diritto all'istruzione viene garantito della carta internazionale sui diritti umani e dalla Costituzione della Repubblica Italiana nell'art. 34.

- Il digitale offre innovative e potenziali opportunità per l'istruzione a tutti i livelli, nell'ottica dell'apprendimento continuo (lifelong learning).

Giustizia sociale e apprendimento

Sostenere l'Open Education significa far sì che le potenzialità espresse nei punti sopra siano quanto più possibile indirizzate a uno sviluppo equo di tutti i livelli della società. In parole semplici, se studiare (e ottenere titoli di studio) è costoso, e quindi esclude una parte (spesso cospicua) della popolazione di un Paese, la "mobilità sociale" tra diverse classi diventa difficile se non impossibile. Se io nasco in una famiglia povera che non ha le risorse per farmi studiare, o me le trovo da solo (accettando lavori "non qualificati" e a scarso reddito), oppure rimango bloccato dove sono.

Per fare questo è necessario privilegiare le iniziative di carattere pubblico e supportare l'apertura delle risorse educative come strumento per un accesso libero e per quanto possibile gratuito all'istruzione.

Tra le letture più rilevanti in merito consiglio vivamente la collezione di una dozzina (per ora) di articoli proprio a tema "Open Education and Social Justice", disponibile sul sito del *JIME*, ossia il *Journal of Interactive Media Education* dell'Open University: `https://jime.open.ac.uk/collections/special/open-education-and-social-justice/`.

Le autrici dell'editoriale di questa collezione di paper, Sarah Lambert e Laura Czerniewicz, ci spiegano come mai la relazione tra Open Education e social justice vada doppiamente riaffermata oggi in tempi di emergenza didattica.

> L'istruzione aperta stessa ha attraversato un periodo di cambiamento; è diventata più mainstream, ha formato arterie e sottocampi ed è stata anche sottoposta a 'open washing' da parte delle forze di mercato (Lambert, Czerniewicz, 2020).

Come avremo modo di vedere, il modello open ha infatti dato vita ad altri ibridi, in cui il consueto mercimonio di informazioni e formazione ha ripreso il sopravvento, ma che sono appunto spacciati per iniziative aperte.

Quindi attivisti, professionisti e studiosi per i quali l'Open Education è una strategia di educazione per un mondo più giusto, hanno cercato di approfondire quale forma prende la relazione con la giustizia sociale e come può essere meglio compresa e supportata. "È una riflessione necessaria, che ripercorre un decennio o più di investimenti in OER riutilizzabili con licenza aperta e quindi MOOC ampiamente accessibili, nessuno dei quali ha sperato di democratizzare la conoscenza o cambiare i modelli di accesso all'istruzione", proseguono le due autrici.

Inclusione online

In una delle prime puntate della seconda serie di *The End of the F***ing World*, la co-protagonista, una giovane ragazza di colore cresciuta in una famiglia disastrata, si intrufola nella biblioteca e poi nelle aule universitarie di un ateneo della sua cittadina per "scroccare" conoscenza. Non ha piani chiari, e finisce peraltro per essere angariata dal professore che la scopre, ma il punto è un altro: nella formazione "tradizionale" in aula valgono certe regole di accesso, burocratico e fisico, che nella loro trasformazione online assumono diversi connotati. I criteri di accesso all'istruzione online sono stati ridefiniti negli ultimi decenni

dall'avvento appunto del concetto di Open Education, specialmente dal fenomeno dei MOOC, Massive Open Online Courses (Corsi Massivi Online Aperti). Il fatto che la serie di cui parliamo sopra sia inglese non è irrilevante, poiché nel modello anglosassone, e specialmente in quello USA, il costo della formazione è a volte altissimo, e legato al mondo del privato, dove invece in molti Paesi europei è parte di quello pubblico. È per questo che le prime iniziative di questo tipo, come la Khan Academy (Figura 14.1), fondata nel 2006 e che abbiamo visto nel Capitolo 2, sono nate nel continente americano. È nel 2007 poi che in Canada Dave Cormier e Bryan Alexander dell'Università di Manitoba coniano il termine MOOC per descrivere il corso "Connettivismo e conoscenza connettiva" dei colleghi George Siemens e Stephen Downes. Tale corso online era aperto e accessibile da un vasto pubblico ed erano iscritti 25 studenti del campus (paganti) e 2.300 studenti online non paganti provenienti da tutto il mondo (Banzato, 2012).
I MOOC si sono poi diffusi a Stanford, nel 2011, quando il rinomato ateneo statunitense erogò gratuitamente un corso postlaurea sul tema intelligenza artificiale, il quale raggiunse circa 160.000 iscrizioni da parte di studenti provenienti da 190 Paesi. In seguito presero piede al MIT di Boston per poi infine invadere il mondo intero, stivale nostrano compreso, come vedremo a fine capitolo.
Il modello economico che li sottende è sottile (ed esplorato in uno dei prossimi paragrafi), perché non possiamo immaginare che i colossi suddetti abbiano deciso di "regalare" formazione gratuitamente. Ciò che ci interessa approfondire qui è soprattutto il concetto di open/aperto, che non necessariamente viene inteso come gratuito, e soprattutto non da tutti allo stesso modo.

Figura 14.1 La home della Khan Academy, che dal 2008 offre corsi gratuiti in svariate materie, dapprima solo scientifiche, oggi di ogni tipo.

Le licenze Creative Commons

A novembre 2019 si è tenuta una delle conferenze della rete Open Education Global (`https://www.oeglobal.org/`), un'organizzazione globale non profit che supporta lo sviluppo e l'uso dell'educazione aperta in tutto il mondo. In uno dei tanti workshop nei quali i partecipanti si sono confrontati su vari temi connessi a quello centrale dell'evento, si è giunti a discutere del significato del termine "open" in relazione non solo al mondo dell'istruzione, ma più in generale. Anche il concetto di "condivisione" è molto meno scontato di quello che di primo acchito si possa pensare. Un bambino impara presto a distinguere ciò che è suo da ciò che non lo è. Insegnare a due bimbi, per esempio due fratellini, che un giocattolo è condiviso prevede uno sforzo decisamente maggiore rispetto a quello di assegnarlo a uno solo dei due.

Ok, questo oggetto è mio, ma è anche tuo.
Se lo usi tu, per quanto lo userai?
Chi mi garantisce che me lo restituirai?
Quando lo riavrò?
Lo condivido solo con te?
Tu lo condividerai con altri?

E via così... e la faccenda si complica ulteriormente quando parliamo di qualcosa di cui si è autori. Spesso i bambini sono molto gelosi dei propri disegni (salvo regalarli a mamma o papà), o delle proprie realizzazioni con il Lego. In tal caso, se li si invita a condividerle, si potrebbero chiedere:

L'ho fatto io, perché lo dovresti usare tu?
Perché lo vuoi smontare?
Che cosa ne vuoi fare?
Come recupero la mia creazione?
Chi trae vantaggio da quello che ho creato?
Ecc.

Da adulti, in stadi evolutivi più avanzati, sfumature di questo tipo suonano più comprensibili, e possono anche essere regolate.
Per definire in maniera chiara e univoca le possibilità di riutilizzo di risorse frutto della creatività e dell'ingegno umano, dai disegni dei bambini ai libri didattici, è stato stabilito uno standard che fa capo all'associazione Creative Commons. Le licenze CC sono sei e sono definite dalla combinazione di quattro attributi, sulla base dei quali stabiliscono gli specifici diritti riservati, dove nella regola "classica" del copyright sono invece *tutti* riservati (in Italia il diritto d'autore è regolato dalla legge n. 633/41 sulla Protezione del diritto d'autore e di altri diritti connessi al suo esercizio).

Attribuzione (Attribution – BY)

Bisogna sempre indicare l'autore dell'opera in modo che sia possibile attribuirne la paternità. Se si vuole usare il lavoro senza dare credito all'autore/licenziante o per scopi di approvazione, bisogna prima ottenerne l'autorizzazione.

Non commerciale (Non Commercial – NC)

Non sono consentiti usi commerciali dell'opera: solo l'autore può farne uso commerciale. Chiunque può riprodurre, trascrivere, eseguire e distribuire purché non a scopo di lucro, attribuendo sempre la paternità come definito nel primo attributo.

Non opere derivate (No Derivative Works – ND)

Non sono consentite elaborazioni dell'opera creativa: se la si vuole utilizzare e modificare, va chiesta l'autorizzazione a chi detiene la licenza iniziale.

Condividi allo stesso modo (Share Alike – SA)

Si può modificare l'opera ma l'opera modificata deve essere disponibile secondo le stesse condizioni di licenza scelte dall'autore originale.

Tipi di licenze

I precedenti quattro attributi, combinati, producono le sei possibili licenze pubbliche dei Creative Commons.

Tabella 14.1 Le sei possibili licenze Creative Commons.

Loghi	Licenza	Può essere usato commercialmente?	Si possono creare nuove versioni?
	Attribuzione	Sì	Sì
	Attribuzione – Condividi allo stesso modo	Sì	Sì, ma la versione creata deve avere una nuova licenza "Condividi allo stesso modo"
	Attribuzione – Non opere derivate	Sì	No
	Attribuzione – Non commerciale	No	Sì, ma la versione creata deve avere una nuova licenza "Non commerciale"
	Attribuzione – Non commerciale – Condividi allo stesso modo	No	Sì, ma la versione creata deve avere una nuova licenza "Non commerciale" e "Condividi allo stesso modo"
	Attribuzione – Non commerciale – Non opere derivate	No	No

Fonte: `https://it.wikipedia.org/wiki/Creative_Commons#In_Italia`

Le possibilità dell'open

Le OER appartengono al movimento dell'Open Knowledge, che contiene anche Open Source, Open Data e Open Access. Si tratta di movimenti strettamente connessi e sostenuti da un'etica comune che trova applicazione in differenti campi e livelli.
Tutti adottano un tipo di licenza aperta e tendono a usare la digitalizzazione per migliorare le possibilità di condivisione, ma ciò che intendono condividere è diverso.

- Il software Open Source mira a dare alle persone un accesso aperto al codice sorgente, che può essere condiviso e adattato a nuove applicazioni.
- I dati aperti hanno lo scopo di fornire alle persone l'accesso ai dati, ripubblicarli e analizzarli senza restrizioni da copyright, brevetti o altri meccanismi di controllo.
- L'accesso aperto mira a combattere i problemi creati dalla barriera dei prezzi per i contenuti, in particolare di carattere educativo, e a far sì che questi possano circolare ed essere riutilizzati liberamente, opponendosi quindi anche al copyright e al diritto d'autore.

È su quest'ultima accezione che ci concentriamo in questo libro, anche se pensiamo che un accenno ai primi due punti possa essere interessante per inquadrare meglio la faccenda in maniera sistemica.

Open Source

Si può definire Open Source un software (e quindi lo strumento digitale) che sia gratuito di cui sia possibile ottenere e modificare il codice sorgente, la sua "essenza informatica". Tuttavia, esistono molti tipi diversi di licenze che specificano le condizioni di utilizzo di tale software Open Source.

Esiste una fondazione non profit, la Open Source Initiative (OSI), che certifica che un certo prodotto digitale sia davvero aperto, tramite alcuni criteri di stampo etico e tecnico, di cui elenchiamo solo le macrovoci, ma vi invitiamo a visitare il sito OSI (`www.opensource.org`) se volete approfondire.

Le voci sottolineano le condizioni *sine qua non* un software è open, che parafrasiamo come segue:

1. deve esser potenzialmente soggetto a distribuzione gratuita;
2. il codice sorgente deve essere disponibile;
3. sono consentite opere derivate;
4. viene garantita l'integrità del codice sorgente da parte dell'autore;
5. il prodotto non opera nessuna discriminazione nei confronti di persone o gruppi;
6. neppure nessuna discriminazione nei confronti di diversi campi di attività;
7. viene consentita la distribuzione della licenza;
8. la licenza non deve essere specifica per un prodotto;
9. la licenza non deve limitare altri software;
10. la licenza deve essere neutrale sotto il profilo tecnologico.

Nell'e-Learning esistono molti applicativi Open Source, su tutti il più volte citato LMS Moodle (Capitolo 8) e la piattaforma di videoconferenze Big Blue Button (Capitolo 5), entrambi prodotti validissimi e che consigliamo non solo per il mondo della scuola pubblica ma anche per chiunque abbia a cuore i temi che stiamo trattando.

Open Data

La definizione di Open Data è molto dibattuta, anche perché i dati aperti sono alla base delle pratiche delicate di open government e open journalism. In più, esistono problematiche legate alla privacy e al valore commerciale dei dati (definiti da molti "il petrolio degli anni zero") che complicano ulteriormente il problema.

Non ci vogliamo addentrare in questi ginepraì, quindi riportiamo in questa sede la definizione che più ci sembra utile nel contesto che affrontiamo.

"Un contenuto o un dato si definisce aperto se chiunque è in grado di utilizzarlo, riutilizzarlo e ridistribuirlo, soggetto, al massimo, alla richiesta di attribuzione e condivisione allo stesso modo". Questa è una open definition proposta dalla Open Knowledge Foundation (`https://okfn.org/`), fondata nel 2004 a Cambridge con appunto lo scopo di promuovere l'apertura dei contenuti e i dati aperti.

Crediamo ci sia poco di tanto significativo quanto la presenza imponente del famigerato coronavirus nell'homepage della OKF e dei riferimenti ai dati relativi alla sua diffusione, che durante il 2020 hanno tenuto il mondo con il fiato sospeso (Figura 14.2). L'articolo collegato a quella sinistra immagine racconta, tra le altre cose, di un sondaggio in merito al quale:

> in risposta al Covid-19, le persone vogliono che i dati siano apertamente disponibili per il controllo, avendo in tal modo maggiore propensione ad ascoltare i consigli degli esperti, di scienziati e ricercatori, e si oppongono alla limitazione del diritto all'informazione del pubblico.

A questo punto crediamo sia sempre più chiaro ai lettori come le connessioni tra openness e politica assumano dimensioni sempre più rilevanti, che tuttavia in questa sede approfondiamo solo in ottica educativa.

Figura 14.2 La homepage del sito della OKF a luglio 2020. Anche il riferimento al tema degli algoritmi ha connotazioni politiche molto forti, come sappiamo.

Open Educational Resources

Con Risorse Didattiche Aperte o Risorse Educative Aperte (in inglese OER, Open Educational Resources) si intendono "materiali didattici prevalentemente in formato digitale resi disponibili con licenze che ne permettono il riutilizzo, la modifica e la distribuzione" (Figura 14.3).

Il testo fondamentale in questo ambito, da cui viene la definizione appena citata (scaricabile e consultabile gratuitamente), è sempre "Guidelines on the development of open educational resources policies" dell'Unesco, che riprende i punti principali di questo movimento in un'ottica proattiva volta a far sì che si trasformi in una serie di pratiche diffuse e, soprattutto, adottate a livello sistemico e governativo.
Le risorse didattiche aperte includono, in accordo con quanto afferma anche Wikipedia (che qui citiamo più volte, in quanto essa stessa parte del movimento):

- *contenuti didattici*: corsi completi, moduli, unità didattiche, collezioni e pubblicazioni;
- *strumenti*: software per la creazione, la distribuzione, l'utilizzo e il miglioramento di contenuti didattici aperti, inclusi ricerca e organizzazione di contenuti, sistemi per la gestione dei contenuti e dell'apprendimento, strumenti per lo sviluppo di contenuti e comunità di apprendimento online;
- *risorse per l'operatività*: licenze per la proprietà intellettuale, per la promozione dell'editoria aperta di materiali, principi di progettazione e localizzazione dei contenuti.

Esiste in Italia un decreto ministeriale (n. 718) del 2013 nel cui allegato si suggerisce l'adozione di "contenuti acquisiti indipendentemente o reperibili in Rete o prodotti attraverso il lavoro individuale o collaborativo dei docenti, eventualmente anche attraverso il coinvolgimento dei discenti". Aggiunge inoltre:

> Il Ministero ritiene sia necessario – attraverso l'istituzione di un tavolo tecnico – uno sforzo comune di editori e fornitori di contenuti, scuole, università, associazioni di docenti impegnate sul fronte dell'innovazione didattica, per lo sviluppo di un framework software comune, aperto, interoperabile ed espandibile, in linea con lo stato dell'arte e le migliori pratiche internazionali in materia; si impegna a promuovere tale sforzo attraverso le opportune iniziative; invita comunque fin d'ora tutti i soggetti impegnati nello sviluppo di piattaforme di fruizione a considerare la necessità – anche ai fini della salvaguardia nel tempo degli investimenti fatti – di lavorare utilizzando strumenti e standard aperti e interoperabili, nella prospettiva dell'integrazione delle funzionalità di volta in volta implementate all'interno di un framework comune.

Figura 14.3 Il logo Risorse Didattiche Aperte versione in italiano.

Open Educational Practices

Purtroppo, a livello istituzionale, poco di tutto questo viene al momento messo in pratica, sebbene sussistano molte iniziative locali, individuali, che operano in questa direzione vir-

tuosa. Va sottolineato che in molti casi si parla anche di OEP, Open Educational Practices, cioè l'uso di Open Educational Resources per l'insegnamento e l'apprendimento al fine di innovare il processo di apprendimento (Ehlers, 2010). Queste possono per esempio coinvolgere gli studenti che partecipano a comunità online di produzione tra pari o, più in generale, qualsiasi contesto in cui l'accesso alle opportunità educative attraverso contenuti e servizi online liberamente disponibili è la norma (Beetham *et al.*, 2012).
Le OEP possono quindi includere, tra le altre cose, la creazione, l'uso e il riutilizzo di OER e il loro adattamento al contesto, la condivisione aperta delle pratiche di insegnamento. La comunità OEP comprende decisori politici, manager/amministratori di organizzazioni, professionisti dell'educazione e studenti.

Open Access e Open Content

Il termine "Open Access" afferisce al mondo della ricerca di stampo universitario e riguarda le modalità di pubblicazione e licensing dei paper accademici, consentendone il libero accesso senza restrizioni. In una più vasta accezione, "il termine esprime la libera disponibilità online di contenuti digitali in generale e riguarda l'insieme della conoscenza e della creatività liberamente utilizzabile, in quanto non coperta da restrizioni legate alla proprietà intellettuale", come illustra Wikipedia.
Il termine "contenuto aperto" descrive qualsiasi artefatto che è di dominio pubblico o concesso in licenza in un modo che fornisca a tutti il permesso gratuito e perpetuo di impegnarsi in attività che sono descritte come le "Cinque Libertà" o anche "5R", dai termini inglesi che vedete in Figura 14.4 e che poi traduciamo direttamente dal testo Unesco, che a sua volta si ispira a uno scritto di David Wiley (2014), tra i più grandi attivisti del movimento.

1. Retain (conservare): diritto di creare, possedere e controllare le copie della risorsa (per esempio scaricare e duplicarne una copia).
2. Reuse (riutilizzare): diritto di riutilizzare il contenuto alla lettera o nella sua forma inalterata (per esempio archiviare in un proprio store).
3. Revise (revisionare): diritto di adattare, regolare, modificare o alterare il contenuto stesso (per esempio tradurlo in un'altra lingua).
4. Remix: diritto di combinare il contenuto originale o rivisto con altri contenuti e creare qualcosa di nuovo (per esempio incorporare il contenuto in un mashup).
5. Redistribute (ridistribuire): diritto di creare e condividere copie del contenuto originale, revisioni o remix con altri (per esempio donare una copia del contenuto a un amico).

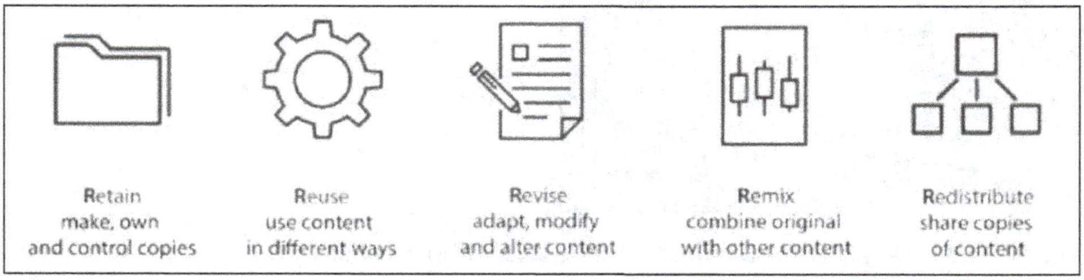

Figura 14.4 Le "Cinque Libertà": lo schema stesso, che riprendiamo dal documento dell'Unesco, è basato sull'originale di David Wiley (http://opencontent.org/definition/), e pubblicato con licenza Creative Commons Attribution.

Il citato documento Unesco afferma in modo chiaro che "una OER può essere considerata libera e adattabile solo per quanto riguarda i diritti di proprietà intellettuale specificati nella licenza".
Questa sorta di rigidità è alla base del fatto che, per esempio, in Italia esistano ben pochi repository o iniziative che si possano definire a tutti gli effetti OER, nonostante le scuole e gli insegnanti, ma anche le biblioteche e altri enti come case editrici e archivi del nostro Paese siano estremamente proattivi nel mettere a disposizione gratuitamente vari tipi di risorse. Dato che molti di questi casi non riportano esplicitamente indicazioni chiare sulle licenze di utilizzo, non possono seguire i dettami delle 5R e non sono vere e proprie OER.
Le Cinque Libertà richiedono che il detentore del copyright conceda al pubblico il permesso di utilizzare, accedere e ridistribuire il lavoro con poche o nessuna restrizione (Figura 14.5).

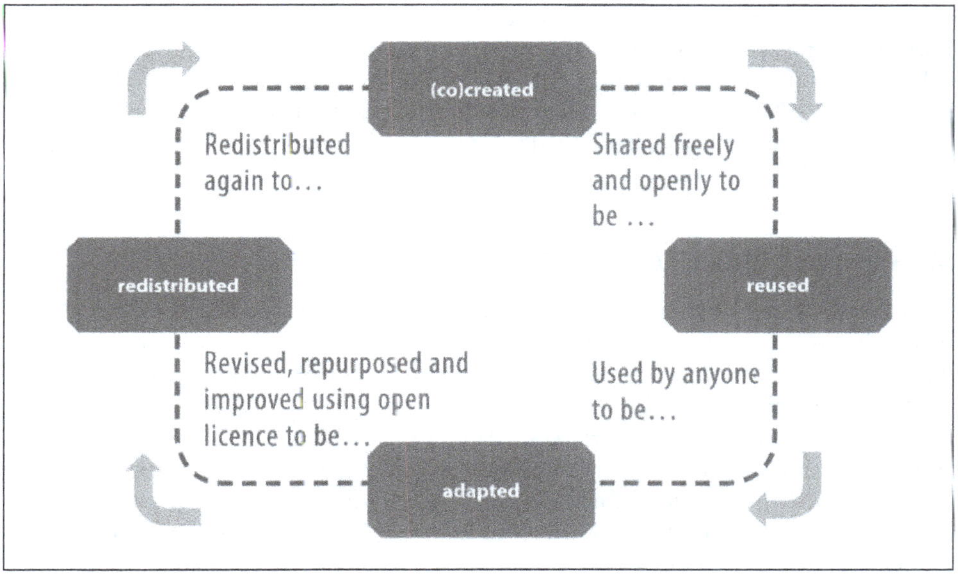

Figura 14.5 Schema tratto dal citato libro Unesco, ma adattato da Cox (2015). Disponibile sotto CC BY all'indirizzo https://www.slideshare.net/ROER4D/openness-in-higher-education.

Tuttavia, è chiaro che le OER, italiane o meno, rappresentano una risorsa immensa nell'ambito dell'e-Learning, poiché in molteplici contesti costituiscono una ricchezza tale che uno dei principali derivati di tale approccio, i MOOC, sono comunemente ormai utilizzati nell'ambito della formazione aziendale.

Open Textbook

Prima di addentrarci nel vasto mondo dei MOOC, parlando di Open Education una nota specifica va fatta per lo spinoso tema dei libri di testo, con cui ogni genitore nel corso della propria vita avrà avuto modo di scontrarsi.

> La spesa media per i libri di testo nell'anno scolastico 2019-2020 si aggira sui 286 euro per la prima classe della scuola media, 111 per la seconda, 127 per la terza (tetti di spesa che, come sappiamo, risultano talvolta superati di oltre il 10% tollerato). Per le scuole superiori bisogna differenziare a seconda delle tipologie, ma si va dai 320 euro per il primo anno di liceo classico ai 240 per l'Istituto Professionale per l'Industria e l'Artigianato, con un'impennata per il terzo anno (370 euro per i classici, 310 per gli scientifici, 310 per l'Istituto Tecnico Geometri) (*Tuttoscuola*, luglio 2020).

Anche in questo caso, una disposizione di legge (cfr. art. 15 della legge n. 133/2008) ha previsto che accanto a quello cartaceo sia proposto anche il testo online. La possibilità di accedere alle versioni digitali dei libri di testo è fondamentale soprattutto in termini di inclusione e disabilità, poiché consente a docenti, genitori e altri specialisti (medici, psicologi, logopedisti ecc.) di adattare il materiale didattico alle esigenze di bambini e ragazzi con difficoltà fisiche o cognitive. Sia in Italia sia in molti altri Paesi questa possibilità non è vista di buon grado dalle case editrici, che temono di subire danni economici da qualcosa che, eticamente, avrebbe invece dei portati essenziali.
Esistono molte iniziative specializzate, come per esempio la Biblioteca digitale LibroAID dell'Associazione Italiana Dislessia, che consente agli studenti con diagnosi DSA o certificazione 104/92 di richiedere il formato digitale (file PDF aperto) dei testi scolastici adottati nella propria classe, ma si tratta di progetti limitati a cui manca il sostegno di più ampie policy di sistema.

Massive Open Online Courses (MOOC)

Abbiamo detto nel Capitolo 2 e all'inizio di questo quando, dove, perché e come sono nati i MOOC. Vediamo ora molto brevemente a oggi che cosa comprende il panorama a esso collegato e quali opportunità offre per scuola e azienda. *In primis*, in termini molto ovvi, possiamo dire che la possibilità di disporre di corsi "aperti" online è ormai comunemente utilizzata sia da privati sia da liberi cittadini per formarsi su determinati argomenti, per finalità più o meno professionali. Tuttavia, anche per gli insegnanti scolastici nonché per le aziende, l'offerta dei MOOC è sempre più spesso sfruttata in modo sistematico e strutturato. Questo è dovuto generalmente al fatto che a "open" corrisponde una forma di gratuità a volte totale, altre invece parziale. Il modello economico che sostiene i MOOC, infatti, prevede in molti casi il pagamento di una "fee" solo per l'ottenimento del certificato finale che accredita l'avvenuto completamento del corso. In altri casi, invece, il pagamento è richiesto anche all'iscrizione, per poter fruire dei contenuti. In molti casi si tratta di cifre modiche (per esempio attorno ai 25 o 30 euro), in altri casi si passa a costi decisamente più elevati.
Questo "mercimonio" dei MOOC ha lecitamente dato adito a polemiche in merito al numero crescente di siti che si propongono come sedicenti MOOC, ma che a rigor di logica tali non sono. Inoltre, poiché la sigla ha un suo ormai innegabile appeal dovuto anche all'attenzione che la stampa non specializzata vi ha dedicato, parecchie istituzioni, anche non universitarie, propongono dei propri corsi online sì gratuitamente, ma che difficilmente possono dirsi "massivi", poiché tale aggettivo si può applicare solo a sistemi online in grado di sostenere l'accesso (potenziale o reale) di centinaia di studenti, mentre in molti casi questo non è possibile (Figura 14.6).

Figura 14.6 La homepage del sito di edX, una delle piattaforme MOOC più note.

Sgombrato il campo dalle polemiche, resta il fatto che molte delle numerose istituzioni che offrono MOOC costituiscono una realtà in ambito e-Learning molto affermata. In questo manuale, che tenta disperatamente di mantenersi sul difficile binario a cavallo tra scuola e azienda, ne trattiamo più le potenzialità in termini di risorse in luogo di una descrizione su come si creano e gestiscono.

Nel nostro contesto riprendiamo quanto afferma Sancassani (2019) quando sottolinea che i MOOC non sono semplicemente dei materiali online e nemmeno dei materiali organizzati tematicamente, ma dei veri e propri corsi organizzati in serie di lezioni concatenate. Nella più parte dei casi i contenuti sono principalmente in formato video, ma corredati da testi, immagini, schemi, riferimenti a risorse esterne. Infine, contengono di norma test di verifica dell'apprendimento sia *in itinere* sia a conclusione dei corsi, dove appunto viene rilasciato un attestato il quale è prova che gli obiettivi di apprendimento, dichiarati in modo chiaro ed esplicito, sono stati conseguiti dall'utente.

Di conseguenza dovrebbero anche garantire un alto livello di qualità, a differenza di molti altri tipi di risorse più o meno aperte disponibili in Rete dove la verifica di tale attributo è più difficoltosa.

Come sottolinea Pantò (2019), questi corsi rappresentano "una modalità flessibile di acquisizione di nuove abilità e conoscenze, attraverso un'esperienza di apprendimento continuo". Tuttavia, poiché una volta iscritti non c'è alcun obbligo di portare a termine il percorso formativo ed è possibile abbandonarlo in qualsiasi momento, per seguire e portare a termine un MOOC è in genere necessario un alto grado di motivazione personale e la giusta attitudine, unite a:

- sufficienti competenze digitali;
- conoscenza delle lingue (la maggior parte sono in inglese);
- capacità di autogestione nello studio;
- forte determinazione a raggiungere gli obiettivi educativi.

Questo ci fa capire come non vada sopravvalutato il potenziale di tale offerta formativa, tant'è vero che il tasso di abbandono è spesso altissimo: molte persone non considerano lo sforzo in termini di tempo che portare a termine un corso comporta.

In tal senso, è utile ricordare come sostanzialmente esistono due modalità di erogazione dei MOOC:

- self-paced, corso sempre fruibile e sempre aperto; in tal caso è lo studente che si autoregola nella fruizione in maniera autonoma decidendo quando collegarsi e quanto tempo dedicarvi;
- paced, corso che si svolge in un determinato periodo dell'anno, tipicamente nell'arco di un mese o due; con questo genere di offerta troviamo spesso associati anche webinar e attività di gruppo, in modo che sia possibile interagire in maniera diretta con docenti, tutor e altri studenti.

Le principali piattaforme internazionali

Tra le piattaforme internazionali (a quelle nazionali dedichiamo alcuni approfondimenti più avanti) in questa sede segnaliamo le seguenti.

- Coursera (`https://www.coursera.org/`): creata nel 2011 dall'Università di Stanford, dal 2014 coinvolge ormai più di 200 tra università e aziende in tutto il mondo. Le lezioni sono gratuite e offrono attestati di frequenza, ma per avere i certificati di norma bisogna pagare (Figura 14.7).

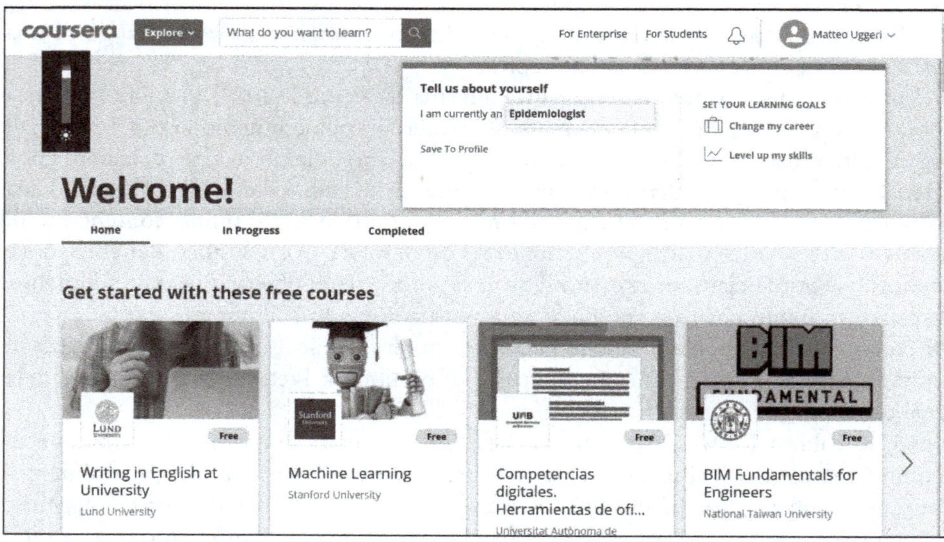

Figura 14.7 La pagina di benvenuto di Coursera.

- Udacity (`www.udacity.com`): creata nel 2011 da Sebastian Thrun, David Stavens e Mike Sokolsky, oggi si propone in modo deciso come strumento per favorire l'employability e l'aggiornamento formativo in ambito aziendale, sottolineando in modo roboante come i propri corsi siano caratterizzati da "Learn by doing, Practitioner-level skills, Job-focused content, Real human help, Personalized code reviews, Real-life projects".
- edX (`www.edx.org/`): creata dal MIT e dall'Università di Harvard, a oggi conta più di 2.800 corsi in svariate materie, circa 25 milioni di iscritti e un numero impressionante di università che offrono corsi attraverso tale sito. Invitiamo a visitare la pagina che

elenca le "schools and partners" (https://www.edx.org/schools-partners) per farsi un'idea dell'immensa e valida rete che tale istituzione ha saputo mettere in atto.

- Iversity (https://iversity.org/): è stata creata in Germania da Jonas Liepmann e Hannes Klöpper nel 2013. A seconda della durata dell'impegno previsto per concluderli, divide i tipi di corsi che offre in "Espresso", "Pro" e "MOOC" veri e propri (Figura 14.8). Anche questa, come altre della lista, ora ha una versione "For Business".
- EMMA (https://platform.europeanmoocs.eu/): creata nel 2016 in seno a un progetto europeo, è una piattaforma forse meno impressionante di altre di questo elenco in termini di quantità e varietà dell'offerta, ma forse l'unica a essere al 100% aderente ai principi di cui si parla in questo capitolo. Tuttavia, non fornisce certificati. È coordinata dall'Università di Napoli Federico II.
- Simplilearn (https://www.simplilearn.com/): americana, ma creata nel 2010 dall'ingegnere indiano Krishna Kumar, è di stampo più esclusivamente tecnico di altre, difatti fornisce corsi (e relative certificazioni) su sicurezza informatica, cloud computing, gestione dei progetti, marketing digitale, data science ecc.

NOTA

In Rete esiste una "MOOC list" che pesca con un certo grado di successo nei database di alcune delle sopra citate piattaforme: https://www.mooc-list.com/. Potete usarla per cercare un corso da seguire su un argomento di vostro interesse.

Figura 14.8 Uno dei corsi proposti da Iversity nella modalità "Espresso", ossia microcorsi fruibili in genere in non più di un'ora ciascuno.

MOOC come opportunità per la scuola

Se prendiamo come buona la notevole definizione offerta da Pantò (2016) di MOOC come ciò che offre "la possibilità di imparare, riguardo a un tema, da un esperto, insieme ad altri studenti interessati", chiaramente ne possiamo cogliere al balzo le potenzialità nell'ambito scolastico. Più in dettaglio, per la scuola individuiamo alcuni ambiti esemplari nei quali i docenti possono utilizzare i MOOC (Sacchi, 2019):

- per supportare lo studio in comune tra classi o studenti di scuole diverse, secondo percorsi anche interdisciplinari;
- per supportare il recupero propriamente detto;
- come mezzo per mettere in pratica forme di scaffolding, ossia di aiuto da parte di "figure formative" esterne durante il percorso scolastico;
- come risorse per i docenti stessi per autoaggiornarsi e formarsi;
- come luoghi della Rete per fruire di percorsi strutturati di e-Learning a cui ispirarsi per metodologie, strutture e contenuti nel momento in cui sorge la necessità di dover insegnare online.

I docenti in aula (o in videolezione sincrona) possono decidere di utilizzare quanto trovano nei MOOC più "veri" in termini di licenza di utilizzo (CC-NC-BY-SA) e completamente gratuiti in termini di presentazioni, testi, immagini e prove di verifica per poi tornare, eventualmente, al proprio percorso didattico convenzionale (Figura 14.9). Martino Sacchi, nell'articolo già citato sopra, sottolinea come grazie ai MOOC:

> Lo stesso corso online può essere seguito da molte classi contemporaneamente ma anche da molti singoli studenti che per un motivo o per l'altro sono interessati a trovare, in modo spontaneo, un'offerta formativa alternativa a quella che trovano nelle lezioni tradizionali. Tutti questi attori (i docenti che usano i materiali per le loro lezioni, gli studenti delle classi che seguono queste lezioni, i singoli studenti che spontaneamente si attivano) si ritrovano infatti a condividere uno spazio virtuale fatto di lezioni online, di forum, di chat e di test. Si apre di fatto la possibilità di creare una sorta di "super aula" il cui filo conduttore sarebbe, molto semplicemente, l'insieme delle indicazioni ministeriali che già ora guidano il lavoro degli insegnanti nelle scuole superiori.

Figura 14.9 Alcuni dei corsi che offre EMMA, forse il MOOC ideale da cui partire per un docente scolastico che voglia sperimentare quanto suggerito in questo paragrafo.

MOOC nel mondo aziendale

In definitiva, come sottolinea Wolfram (2015):

> Sembra che i MOOC abbiano promosso, soprattutto negli Stati Uniti, l'uso dell'insegnamento e dell'apprendimento online, nonché la riflessione sulle risorse educative aperte. Tuttavia, la definizione confusa del termine MOOC combinata con aspettative esagerate ha respinto l'hype iniziale su un "concetto innovativo dirompente di insegnamento e apprendimento" a una considerazione più modesta del suo potenziale.

In attesa di vedere che fine faranno, a oggi la connessione tra aziende e MOOC è strettissima, in un paradosso che alcuni, come il noto sociologo, giornalista nonché "agitatore digital culturale" Evgenij Morozov (i cui sempre stimolanti speech vi invito a cercare in Rete), vedono come una bizzarra storia iniziata in Canada per rendere l'educazione più orizzontale e connessa e si trasforma in un mostro capitalista. A ogni modo, già nel 2014 un articolo del *New Yorker* riportava uno studio che rilevava come "la maggior parte delle persone iscritte a trentadue dei corsi offerti attraverso la piattaforma Coursera erano giovani, già ben istruiti, provenienti da Paesi sviluppati e, per la maggior parte, impiegati" (Konnikova).

Il fatto stesso che parecchie delle piattaforme citate nell'elenco sopra abbiano ormai non solo una versione per le aziende, ma in alcuni casi si propongano quasi solo in tali termini, fa capire come il fenomeno abbia preso una piega piuttosto lontana dai principi che abbiamo trattato finora in questo capitolo.

Ecco comunque un elenco sommario delle validissime ragioni per cui per un'azienda può essere utile proporre ai propri dipendenti (secondo diverse modalità) di formarsi tramite dei MOOC.

- Per fornire un'integrazione alla formazione tradizionale d'aula su determinati temi (spesso le competenze trasversali), con un livello di investimento digitale contenuto.
- Per innovare l'induction training dei nuovi dipendenti: per esempio, in sostituzione dei tipici cinque giorni di formazione d'aula frontale, si possono proporre ai nuovi arrivati dei corsi su edX, Coursera o altri MOOC da esplorare e discutere con gli altri partecipanti e con il formatore stesso in un arco di tempo più lungo ma diluito.
- Per stimolare processi coinvolgenti di knowledge management integrando all'interno della formazione aziendale i MOOC esistenti.
- Per migliorare le competenze digitali dei dipendenti, sia nell'uso stesso dei MOOC sia sfruttando i tanti corsi *sul* digitale che essi offrono.
- Per favorire la capacità di sviluppare forme di autoapprendimento, se possibile collaborativo con i colleghi.
- Per creare legami tra individui dentro e fuori un'organizzazione, estendendo di fatto il potenziale contributo interattivo alla discussione su un tema trattato, confrontandosi su di esso anche con personale esterno.
- Come strumento di problem solving e perfino di crowdsourcing: la University of Virginia ha introdotto un corso online in "Foundations of Business Strategy", invitando le organizzazioni a sottoporre problemi di business reale a migliaia di studenti, in vista della loro risoluzione in maniera collaborativa.
- Per rafforzare l'employer branding stabilendo partnership con i MOOC provider: una di queste è quella siglata tra Khan Academy e Bank of America per creare una serie di corsi online messi a disposizione dei clienti dell'organizzazione bancaria per supportarli e aiutarli nelle loro abitudini di spesa e risparmio.

Insomma, le possibilità non mancano, e sono rilevanti anche per chi è in cerca di impiego sia nell'ottica di un cambiamento di azienda, ambito o Paese, sia per i disoccupati o comunque per chi vuole migliorare la propria carriera (Figura 4.10). Tuttavia, anche in questo ambito i risultati non sono certi ed è in corso un acceso dibattito, nel quale non ci addentriamo.

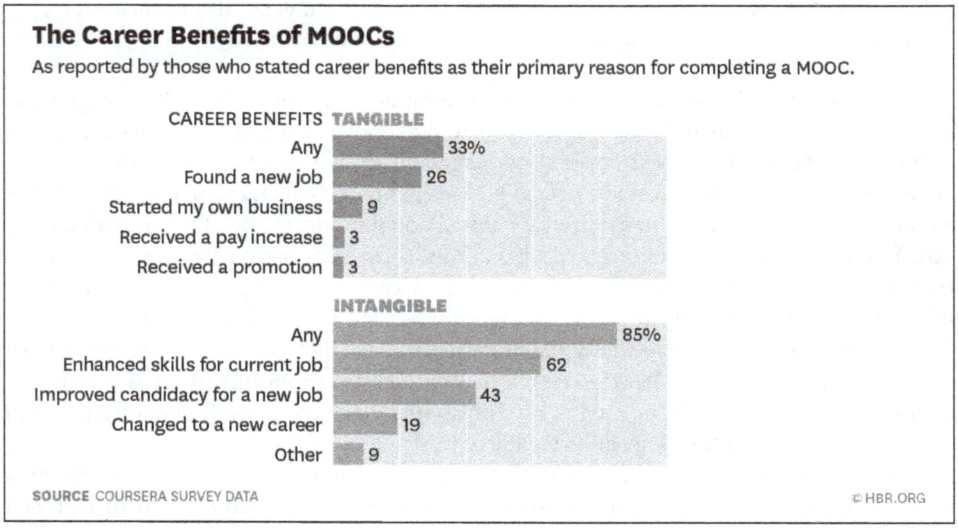

Figura 14.10 Un grafico che illustra quello che parrebbe essere lo scarso potenziale in termini di benefici di carriera dell'uso dei MOOC (Zhenghao et al., 2015; https://hbr.org/2015/09/whos-benefiting-from-moocs-and-why).

Per concludere, alcune aziende oggi si imbarcano anche esse stesse nella costruzione di MOOC, commercializzando il concetto di coinvolgimento di massa attraverso un approccio basato su piani di sottoscrizione con accesso illimitato. In sostanza l'idea è quella di ispirarsi a quella "o" di open, la quale però rischia di rivelarsi una sorta di esca più che un'adesione a un modello di Open Education. Udemy (`www.udemy.com/`) è un sito di questo tipo, che però si avvicina molto di più agli esempi riportati nel Capitolo 9 sulle piattaforme che vendono contenuti che alle OER di cui parliamo in questo capitolo. Vediamo ora in termini più generali come creare contenuti open a vario livello.

NOTA

In Italia un esempio di frontrunner in questo senso è dato dall'azienda multinazionale Leonardo (`https://www.leonardocompany.com/`), che opera in ambito di innovazione e sicurezza, la quale ha stipulato un Coursera per la formazione continua di 40.000 dipendenti su scala internazionale. Il personale dell'azienda ha accesso ai MOOC della popolare piattaforma americana per acquisire nuove competenze e arricchire conoscenze professionali e personali, nell'ottica dell'autosviluppo e dell'employability.

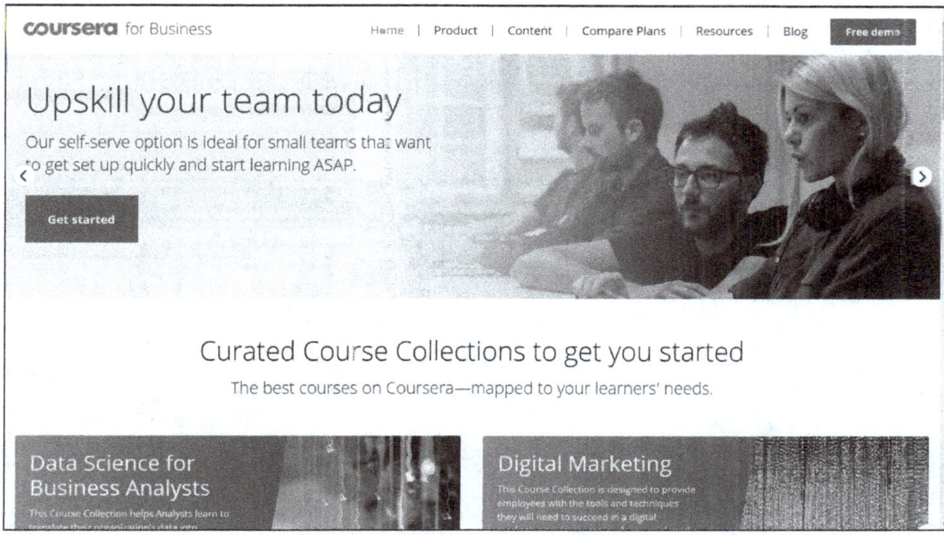

Figura 14.11 La welcome page della versione business di Coursera.

Creazione e ricerca di contenuti open

Al momento in cui scriviamo, non risultano esistere in Italia dei portali specifici per la creazione di OER; tuttavia, si stanno sempre più diffondendo iniziative in tal senso, e tra queste segnaliamo quella del sito OER Commons, un punto di riferimento imprescindibile in questo campo, che nella sua sezione *Authoring* supporta coloro che desiderano creare OER (Figura 14.12). L'iniziativa offre tre programmi software: Open Author, Lesson Builder e Module Builder, che consentono di lanciarsi nella produzione di presentazioni multimediali, lezioni e moduli interattivi.

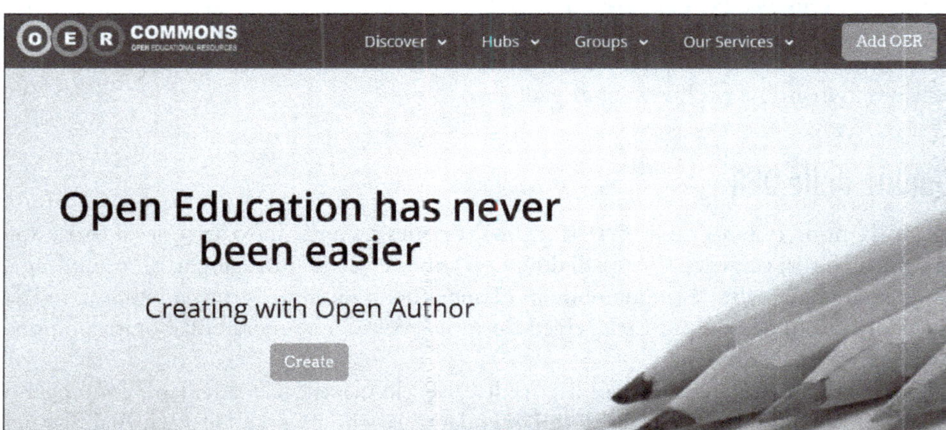

Figura 14.12 La pagina di authoring del sito OER Commons, una sorta di biblioteca digitale pubblica di risorse educative aperte.

Questa risorsa è anche tra quelle indicizzate in uno dei più rilevanti metarepository internazionali di risorse didattiche (catalogate, selezionate e valutate da una comunità di esperti), l'americano MERLOT (www.merlot.org/), creato dall'Università della California (Figura 14.13).

Figura 14.13 La homepage di MERLOT, sito dal nome enologicamente invitante e che contiene quasi 100.000 risorse di ambito essenzialmente accademico, e sostenuto da una comunità di migliaia di membri attivi.

A livello europeo, Germania, Francia e Polonia sono tra i Paesi più attivi in questo campo. In quest'ultimo segnaliamo le iniziative lanciate dal Centro Cyfrowe, tra cui quella di EduCoop – Open Education Cooperative (https://centrumcyfrowe.pl/en/), uno spazio online volto alla realizzazione e condivisione di risorse sul tema della matematica.
Tra le risorse in italiano segnaliamo alcune iniziative finanziate in abito EU, come i corsi per la creazione di OER di OERup! Training (http://www.oerup.eu/about/the-project/) e EduHack (https://eduhack.eu/course/), che mira ad accrescere le competenze dei docenti universitari orientate alla produzione di esperienze di insegnamento e apprendimento collaborativo attraverso l'uso del digitale.

Qualità delle OER

Le OER non contano molti detrattori, ma tra questi, come detto, ci sono autori e soprattutto editori tradizionali, i quali difendono, in una lecita ottica anche di sostenibilità, un'idea di qualità che distinguerebbe in maniera netta un libro "propriamente fatto" da uno costruito magari a più mani, riveduto molte volte in maniera collaborativa e pubblicato in modalità open.
È innegabile che alcuni dei grandi portali OER, internazionali e italiani, contengano al loro interno decine di risorse di dubbia qualità. Anche il tema dell'aggiornabilità dei contenuti è controverso in ambito open.
Spesso vengono attivati meccanismi di peer review atti a valutare le risorse contenute nei repository, in altri casi si utilizzano dei semplici punteggi (non diversi dai "like" o

dai cuoricini di tanti social network), oppure sono le statistiche di utilizzo e download a dare un'idea agli utenti di una presunta (ma non garantita) qualità. Sappiamo tutti che se una cosa piace a centinaia di persone non significa che abbia particolare valore, come dimostrano le classifiche di vendita di libri o quelle di ascolto della musica.
In altri sistemi ancora, come quello del succitato MERLOT, alcune persone che fanno parte della comunità online operano dei seri processi di selezione dei materiali.

Open Education in Italia

> L'Osservatorio sulla censura dell'AIB ritiene estremamente grave e preoccupante che, per ordine di sequestro della Procura della Repubblica di Roma nell'ambito di un'inchiesta sulla pirateria digitale, la Guardia di Finanza abbia bloccato l'accesso dall'Italia al Project Gutenberg (`https://www.gutenberg.org/`), portale liberamente accessibile e senza scopo di lucro che dal 1971 raccoglie riproduzioni di libri di pubblico dominio, non soggetti a diritto d'autore (comunicato online AIB, maggio 2020).

Con questo comunicato aperto, a maggio 2020, in piena esplosione Covid, l'Associazione Italiana Biblioteche (appunto AIB) interveniva in termini piuttosto severi sull'argomento apertura. È in effetti vero che nel nostro Paese le leggi sul copyright sono spesso più restrittive che in altri, di fatto ostacolando alcune iniziative di Open Education.
Increduli, alcuni quotidiani nazionali hanno parlato di "disattenzione, forse una svista [poiché] tra i 28 siti sequestrati dalla Guardia di Finanza su ordine del giudice per le indagini preliminari di Roma, al numero 25 c'era il sito del Project Gutenberg, che quindi è stato oscurato in tutta Italia" (*La Stampa*, maggio 2020).
Com'è davvero la situazione nel Bel Paese? Come spesso accade, non siamo particolarmente proattivi in termini di adozione di processi innovativi, ma il mondo delle iniziative locali e individuali (scuole, docenti, dirigenti, ricercatori ecc.) è invece estremamente fervido.
In uno degli articoli del *JIME*, citato a inizio capitolo, si legge:

> Secondo le nostre conclusioni, gli insegnanti dei Paesi ad alta incertezza [UA, uncertainty avoidance] (per esempio, Paesi mediterranei come la Grecia e l'Italia) tendono a adattare le OER alle proprie esigenze personali, attitudine che potrebbe derivare dal loro desiderio di ottenere un maggiore controllo su come la risorsa viene recepita dagli studenti, portando a una maggiore affidabilità pedagogica (Hofstede, 2001, 2011). Nell'adottare le OER, gli insegnanti di quei Paesi possono beneficiare della ricca raccolta di risorse nel loro insegnamento e anche prepararsi a adattarsi a eventuali cambiamenti imprevisti (Tang, Bao, 2020).

Diciamo che è difficile immaginare cambiamenti più imprevisti nell'ambito dell'istruzione di quello avvenuto a inizio 2020.
Le OER comunque erano state poste al centro di una delle 27 azioni del Piano Nazionale per la Scuola Digitale (PNSD), lanciato dal MIUR. L'azione relativa alle OER, che mirava a costruire un sistema di diritti e licenze a esse funzionale, non era dotata di un bilancio dedicato e avrebbe dovuto iniziare nel 2016 principalmente attraverso progetti locali per essere sviluppata all'interno delle scuole.
Nel settore universitario, dal 2011 c'è una grande attenzione al tema delle OER, nonostante l'assenza di una visione olistica a livello politico, e un buon numero di istituzioni ha iniziato a offrire contenuti aperti. Vediamo alcune di queste iniziative nostrane che illustrano come l'attitudine open attecchisca nella penisola in modo ramificato e in parte sotterraneo, forse carbonaro.

Creative Commons Italia

`https://creativecommons.it/chapterIT/`

Il movimento CC è suddiviso in "capitoli", e quello italiano è particolarmente attivo. Tramite il sito, connesso con quello originale americano, è possibile essere guidati nella pubblicazione di proprio materiale secondo le licenze CC desiderate, trovare risorse esistenti e restare informati su novità ed eventi del settore (Figura 14.14).

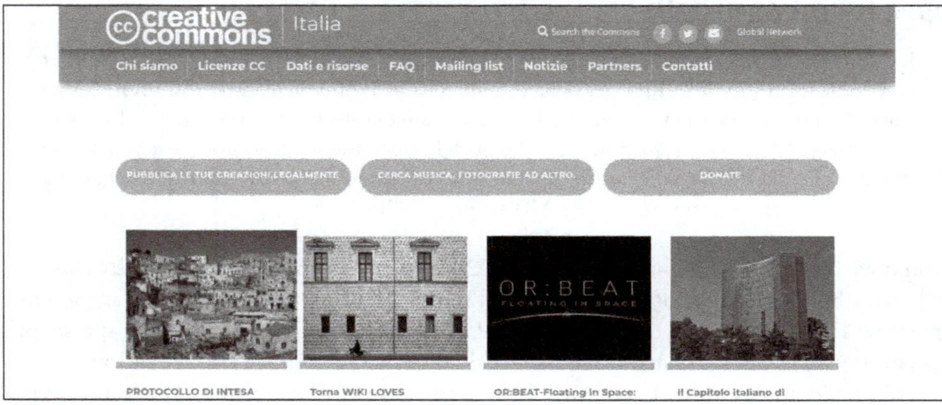

Figura 14.14 Home del capitolo Italia delle CC, al momento in cui scriviamo in fase di grande cambiamento.

Scuola Valore

`http://www.scuolavalore.indire.it/`

Promosso da INDIRE, Scuola Valore è incentrato sulla formazione ai docenti. Consiste in un archivio online di percorsi di apprendimento, attività e materiali, che consente di accedere a più di 800 risorse, divise secondo i diversi livelli del sistema scolastico italiano e scaricabili senza la necessità di registrarsi (Figura 14.15).

Figura 14.15 La colorata pagina di INDIRE per Scuola Valore.

In termini di licenze, la piattaforma consente agli insegnanti di utilizzare il contenuto per scopi didattici e scientifici non commerciali, ma allo stesso tempo tutto il contenuto della piattaforma è protetto da copyright, pertanto non consente il remix delle risorse. Questo portale è piuttosto paradigmatico della scena OER nel settore scolastico in Italia, dove le buone intenzioni non sono in molti casi rispecchiate dagli approcci più adatti (Nascimbeni, 2020).

Alexandria

http://www.alexandrianet.it/

La descrizione che ne danno gli stessi realizzatori nel sito del progetto è, in questo caso, altamente esplicativa:

> *Alexandria* è un ambiente dedicato al "self-publishing" degli insegnanti per la scuola italiana, ovvero alla pubblicazione online di materiali e risorse digitali autoprodotti dai docenti, preferibilmente in formati aperti, per promuovere la collaborazione didattica, la conoscenza come bene comune e l'uso delle *risorse educative aperte* (Open Educational Resources – OER) nella scuola italiana.

Figura 14.16 Tra i repository italiani, forse quello che aderisce con più chiarezza ai concett base delle OER.

WeSchool

https://www.weschool.com/

Unica tra le risorse qui presentate a essere tra quelle suggerite a inizio pandemia 2020 dal sito del MIUR e da noi esplorata anche nel Capitolo 8, WeSchool si definisce una "scuola online" creata da un gruppo di studenti che offre una grande quantità di video, testi ed esercizi – prodotti e caricati da insegnanti ed esperti, nonché da studenti – su molte materie, con una caratteristica di valutazione sociale tra pari. Tutti i contenuti sono fieramente rilasciati con licenza Creative Commons, così come lo erano quelli del portale originario da cui questa iniziativa, ora con alle spalle grossi finanziamenti privati, tra cui quello di Telecom, era nata, ossia OilProject.

Tra gli altri punti di forza di questo portale, che offre anche la possibilità di assegnare compiti ai ragazzi delle classi e avere un registro presenze, c'è quello di dare accesso a sessioni live basate sulla piattaforma Jitsi, che abbiamo visto nel Capitolo 6. A nostro giudizio, certamente una delle migliori alternative al (troppo) diffuso G Suite for Education di Google in tempi di crisi.

Tuttavia, dovendosi appoggiare a finanziamenti privati, presenta qualche lato oscuro: nella sezione *Lavoriamo con* in homepage figurano banche e il logo della NATO (Figura 14.17).

Figura 14.17 La home di WeSchool, con le opzioni per docenti e studenti. Il logo NATO è un po' più sotto.

EduOpen

`https://learn.eduopen.org/`

Il dibattito internazionale sul considerare o meno i MOOC delle OER pare sia molto vivace in Italia: in un contesto internazionale in cui i principali fornitori di MOOC non stanno rilasciando il loro contenuto con licenze aperte e in cui l'accesso a questi contenuti è sempre più limitato a finestre temporali definite, il nostro Paese sembra essere un'eccezione positiva, anche in ragione del fatto che da noi l'istruzione è ancora per fortuna finanziata a livello nazionale e meno cara che altrove.

È positiva conferma di questa attitudine anche EduOpen (Figura 14.18), una piattaforma MOOC che dal 2013 riunisce 17 università di medie dimensioni e offre più di 100 corsi, sia come esperienze di apprendimento individuali sia organizzati in percorsi di apprendimento. Alla fine di ogni corso, i partecipanti possono ottenere un certificato di partecipazione gratuito e un open badge, eventualmente sostenendo un esame in presenza e ottenendo così crediti universitari (pagando per avere il certificato finale).

Figura 14.18 La home di EduOpen, che a luglio 2020 festeggiava il proprio quarto compleanno.

POK – Polimi Open Knowledge

`https://www.pok.polimi.it/`

POK si concentra sui momenti di transizione dalla scuola all'università, dalla laurea al master e dall'istruzione superiore all'occupazione, e offre parecchi corsi anche indirizzati ai docenti su temi come active learning e OER stesse (Figura 14.19).

Inaugurato a giugno 2014 dal Politecnico di Milano, è stato il primo portale MOOC universitario italiano a offrire corsi online gratuiti e aperti non solo agli studenti, ma anche a semplici appassionati.

È sufficiente iscriversi al portale per accedere ai video, ai contenuti, alle attività e ai test di autovalutazione. Al termine di ogni singolo corso, se si è raggiunto il punteggio minimo, si riceve un attestato di partecipazione (non legato a crediti universitari o al test d'ingresso al Politecnico). La piattaforma tecnologica di base è una personalizzazione di Open-edX, la piattaforma Open Source rilasciata da edX, iniziativa nata da una joint venture tra MIT e Harvard.

L'università di Bologna offre un'iniziativa simile, BOOK (Bologna Open Knowledge).

Figura 14.19 I POK del Poli: lo slogan "MOOCs to bridge the gaps" rende l'idea alla base del progetto.

Federica

https://www.federica.eu/

La Federico II di Napoli, con la propria piattaforma (che esiste dai primi anni Duemila, anche se non come MOOC) Federica Web Learning, offre corsi aperti in formato MOOC (Figura 14.20). Tra quelli proposti nel 2020 (ancora in preparazione mentre scriviamo), figura "Insegnare Online", con intenti non dissimili da quelli del manuale che avete tra le mani (o sullo schermo). Il corso si propone infatti di offrire spunti di riflessione e strumenti utili per fare didattica digitale sfruttando al meglio le risorse in Rete e le specificità dei linguaggi multimediali. Inoltre, in ammirevole ottica open, ampio spazio sarà dato all'utilizzo delle risorse aperte e ai metodi per la progettazione e produzione autonoma dei percorsi formativi.

Prima di passare ad altre iniziative, ricordiamo come altre università italiane offrano MOOC, a volte appoggiandosi a sistemi americani, come fa La Sapienza di Roma (con sei corsi offerti sull'americana Coursera).

Figura 14.20 "Sapere senza limiti": forse uno slogan un po' forte, ma indicativo dell'attitudine aperta di Federica.

FARE (Free Architecture for Remote Education)

https://fare.polito.it/

Interessantissima iniziativa del Politecnico di Torino, in continua evoluzione e che non ha ancora del tutto sfruttato il proprio potenziale, FARE è un portale che è nato nell'ambito della Scuola in Ospedale, da tempo uno dei territori più fervidi in termini di innovazione didattica legata al digitale, ed eccellenza italiana, come dimostrato anche dal progetto internazionale (ora chiuso) LeHo (i cui materiali sono anch'essi di dominio pubblico: http://www.lehoproject.eu/en/).

All'interno del portale FARE è possibile effettuare una ricerca del materiale didattico adatto alle proprie esigenze. La piattaforma raccoglie sia corsi completi (intesi come collezioni di *oggetti didattici* dell'archivio già pronti per essere utilizzati) sia lezioni singole. Per ora, come corsi completi ne sono presenti circa una decina, la più parte intesi come semplici PDF, più alcuni videocorsi, e sono indirizzati dalla scuola primaria alle superiori, fino all'università.

Si può caricare proprio materiale, condividerlo e modificarlo con altri utenti in Rete, arricchendo quindi il portale caricando nuovo materiale, clonandolo o contribuendo allo sviluppo anche in termini di coding, poiché anche il codice sorgente è aperto.

Tutti gli strumenti, i contenuti scientifici e quelli didattici sono assolutamente liberi e protetti con licenze CC, ma la qualità del materiale, come si può immaginare, è decisamente variabile, problema che come detto si applica molto spesso alle OER di qualsiasi tipo.

Altro aspetto interessante è che è possibile sfruttare FARE per organizzare una propria lezione remota, richiedendo anticipatamente l'accesso come docente. In tal modo si può usare un'istanza di Big Blue Button ed esporre il proprio materiale a un'ampia platea utilizzando lo strumento di lezione remota Open Source per eccellenza (vedi Capitolo 6).

È in fase di sviluppo la creazione di una linea di strumenti tecnologici che consentiranno ad altre istituzioni di clonare il portale FARE e realizzarne uno proprio. L'idea è che i diversi portali siano poi intercomunicanti, per cui le singole ricerche effettuate su un portale si svolgeranno in automatico, in modo trasparente, su tutti gli archivi di questa famiglia di portali, in un'ottica riccamente connettivista.

FARE è stato di recente pure dotato di una linea di strumenti software per la generazione automatica di MOOC.

Progetto Manuzio

`https://www.liberliber.it/online/aiuta/progetti/manuzio/`

L'accesso al Progetto Gutenberg dall'Italia sembra ora ripristinato (vi abbiamo tenuti con il fiato sospeso!). Esistono peraltro anche altre iniziative nostrane che proseguono sulla sua traccia. Tra queste, il Progetto Manuzio, grazie al quale "capolavori della letteratura, manuali, tesi di laurea, riviste e altri documenti in formato elettronico sono disponibili sempre, in tutto il mondo, a costo zero e con accorgimenti tecnici tali da garantirne la fruibilità anche a non vedenti e altri portatori di handicap".

Scuola Libera

`https://scuolalibera.continuity.space/`

Si propone come una piattaforma didattica "completa e trasparente", che riunisce alcune eccellenze del software libero, con grande attenzione ai temi della privacy, e la profilazione degli utenti non fa parte del progetto. Offre strumenti per la creazione di documenti e la loro condivisione, aule virtuali, un LMS (con Moodle) e una piattaforma di videoconferenza (con BBB; Figura 14.21).

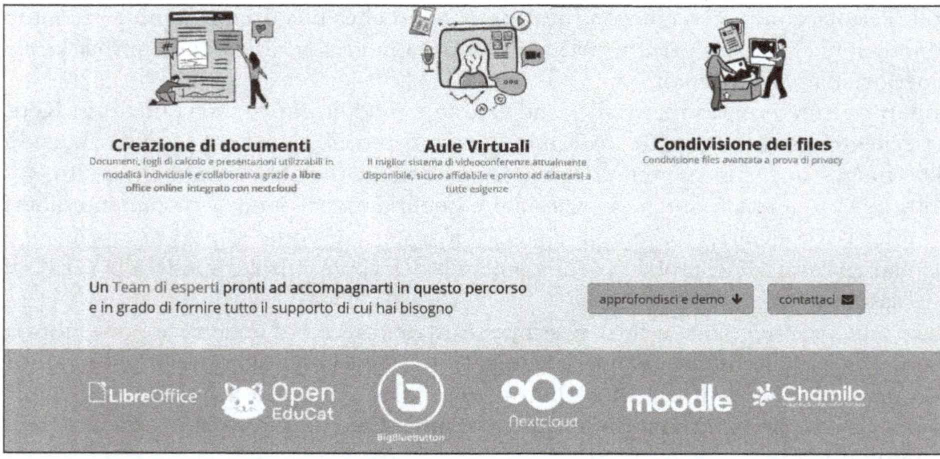

Figura 14.21 La pagina di Scuola Libera che illustra alcune delle iniziative proposte, nonché le connessioni con quelli che ormai per il lettore sono in molti casi nomi familiari del mondo open.

Dataninja

`https://www.dataninja.it/it/`

Sebbene, come si evince dal nome, più incentrato sull'Open Data che sulle OER, il Progetto Dataninja è molto rilevante nel nostro contesto, come si deduce dalla definizione che ne danno gli stessi fondatori: "Dataninja è un hub di competenze che collega professionisti e sperimentatori, con un obiettivo principale: creare connessioni tra i dati e le persone". Si tratta di un'azienda, tra i cui obiettivi c'è quello di sviluppare tecnologie per raccogliere, strutturare e arricchire i dati, estraendo informazioni e valorizzandole attraverso applicazioni visuali, nuovi formati di storytelling per progetti di disseminazione, percorsi di training e laboratori partecipati.

Da qualche tempo è stata lanciata anche l'iniziativa Dataninja School (`https://school.dataninja.it/`), costituita di microcorsi online per "imparare a usare i dati".

Digital divide ed e-Learning tra OER e Covid

Chiudiamo il capitolo con un accenno al digital divide, tema che è tornato molto in auge durante il lockdown e che è stato affrontato varie volte in questo manuale, per esempio quando si è fatto riferimento ai criteri di accessibilità nel Capitolo 9 o all'adattabilità delle piattaforme di videolezione nel Capitolo 6.

Rispetto ad altri Paesi europei, l'Italia è in ritardo sia in termini di diffusione di Reti internet domestiche sia di accesso alla banda larga. Il tema meriterebbe un capitolo o forse un libro a parte, ma qui possiamo solo sottolineare come il divario digitale nel 2020 è ancora un problema, specialmente in alcune aree in cui, per esempio, la connessione in fibra non è ancora disponibile, o sulle montagne, dove il segnale telefonico è scadente.

Durante la quarantena molti studenti hanno dovuto seguire le lezioni tramite smartphone poiché i computer delle famiglie, se disponibili (come in molti casi), venivano utilizzati dai genitori per lo smart working, e lo scontro tra questo e l'home schooling è un altro

grosso problema, supponiamo non solo in Italia, per molte ragioni, non tutte riguardanti l'uso di computer e telefoni. In alcuni casi, i genitori dovevano assumere una babysitter per prendersi cura dei propri figli mentre lavoravano (in particolare per quelli che dovevano andare nel loro ufficio, negozio o fabbrica). Sappiamo che il Governo ha fornito bonus finanziari, ma non facili da ottenere. E non tutti volevano avere una babysitter a casa a causa delle preoccupazioni del virus.
Il MIUR ha anche fornito bonus finanziari alla scuola per supportare le famiglie senza wifi o computer, e questo è stato estremamente utile, ma sembra che non possa coprire tutte le richieste. Ricerche serie sono in corso di pubblicazione sull'argomento, e il sospetto è che il lockdown abbia probabilmente aumentato il livello di squilibrio dell'apprendimento tra i diversi strati della società. Certamente le OER possono contribuire a chiudere il digital divide, ma vanno supportate a livello decisionale e politico, oltre che abbracciate, quando possibile, nella pratica didattica quotidiana.
L'invito, a chi legge questo manuale, è di tenere sempre in considerazione le problematiche dei digital divide e le potenzialità del movimento open nel momento in cui si realizzano progetti di e-Learning poiché, appoggiandosi essi alle tecnologie, rischiano di vincolare l'apprendimento a chi queste le possiede e le gestisce. È una lezione di cui tenere sempre conto.

Fonti

Amicucci M., "Formazione in azienda, l'opportunità dei MOOC", Blog Skilla, 2014.

Banzato M., "Saggio introduttivo – Open Learning. Il caso dei MOOC tra luci e ombre", Internazionale di Scienze dell'educazione, 2012.

Beetham H., Falconer I., McGill L., Littlejohn A., "Open practices: briefing paper", JISC, 2012.

Cox G., "Openness in higher education: Open Educational Resources", in ROER4D, pubblicato su SlidesShare con licenza CC Attribuzione, 2015.
https://www.slideshare.net/ROER4D/openness-in-higher-education

Dewey J., *Democracy and Education: An Introduction to the Philosophy of Education*, Macmillan, New York, 1916.

Ehlers, U.-D., "Quality for eCapacity Building: Community Based, Low Cost Certification for E-Learning", Open ECBCheck, Bonn, 2010.

Fontanin M., Pantò E., "I MOOCs, opportunità per la formazione di base e l'apprendimento continuo: una storia (anche) italiana", *Digitalia*, 2019.
http://digitalia.sbn.it/article/view/2276

Gentileschi A., "eBook gratis e cultura libera, ancora sotto sequestro il sito di Progetto Gutenberg", *La Stampa*, maggio 2020.
https://www.lastampa.it/tecnologia/news/2020/05/26/news/ebook-gratis-e-cultura-libera-torna-online-il-sito-del-progetto-gutenberg-1.38891277

Gentileschi A., "Per l'immediato ripristino dell'accesso a Project Gutenberg", AIB, maggio 2020.
https://www.aib.it/attivita/2020/82486-ripristino-accesso-project-gutenberg/

Hofstede G., "Cultural Differences in Teaching and Learning", *International Journal of Intercultural Relations*, 1986.

Inamorato Dos Santos A., Nascimbeni F., Bacsich P., Atenas J., Aceto S., Burgos D., Punie Y., "Policy Approaches to Open Education – Case Studies from 28 EU Member States (OpenEdu Policies)", Publications Office of the European Union, 2017.
https://ec.europa.eu/jrc/en/publication/policy-approaches-open-education-case-studies-28-eu-member-states-openedu-policies

Konnikova M., "Will MOOCs be Flukes?", *The New Yorker*, 2014.
https://www.newyorker.com/science/maria-konnikova/moocs-failure-solutions

Lambert S., Czerniewicz L., "Approaches to Open Education and Social Justice Research", *Journal of Interactive Media in Education*, 2020.
http://doi.org/10.5334/jime.584

"Leonardo: accordo con Coursera per la formazione continua di 40.000 dipendenti su scala internazionale", comunicato stampa Leonardo, 20 luglio 2020, Roma.
https://www.leonardocompany.com/it/press-release-detail/-/detail/20-07-2020-leonardo-accordo-con-coursera-per-la-formazione-continua-di-40-000-dipendenti-su-scala-internazionale

"Libri di testo e corredo scolastico: come risparmiare", *Tuttoscuola*, luglio 2020.
http://www.tuttoscuola.com/istruzioni-per-luso-la-scuola-e-il-portafoglio/

Meister J., "MOOCs Emerge As Disruptors To Corporate Learning", *Forbes*, 2015.

Miao F., Mishra S., Orr D., Janssen B., "Guidelines on the development of open educational resources policies", Unesco, Commonwealth of Learning, 2019, CC BY-SA 3.0 IGO.
https://unesdoc.unesco.org/ark:/48223/pf0000371129

Nascimbeni F., "Open Educational Resources in Italy. Connecting the macro, meso and micro levels, towards a national OER ecosystem", Chapter, marzo 2020, pubblicazione in open access, DOI: 10.1007/978-981-15-3040-1_4.

Pantò E., "MOOC: la formazione online aperta e gratuita", Informa Giovani Torino, 2016.
https://www.slideshare.net/epanto/mooc-apertivo-togiovanimarzo2016-60243425

Pantò E., "Cosa sono i MOOC", Torino Giovani, 2019.
http://www.comune.torino.it/torinogiovani/formazione/cosa-sono-i-mooc

Pedergnana C., "Perché sostenere la diffusione dei corsi MOOC in azienda", Together, 2016.
http://www.togetherhr.com/blog/perche-sostenere-la-diffusione-dei-corsi-mooc-in-azienda/

Sacchi M., "I MOOCS nelle scuole superiori attraverso Moodle", *Bricks*, n. 4, 2019.
http://www.rivistabricks.it/wp-content/uploads/2019/12/BRICKS_4_2019.pdf

Sancassani S., Brambilla F., Casiraghi D., Marenghi P., *Progettare l'innovazione didattica*, Pearson, Milano, 2019.

Squires J., "Cosa sono i MOOC e come usarli nella mia azienda?", Blog Docebo, 2013.
https://www.docebo.com/it/blog/mooc-in-azienda/

Tang H., Bao Y., "Social Justice and K-12 Teachers' Effective Use of OER: A Cross-Cultural Comparison by Nations", *Journal of Interactive Media Education*, Open University, aprile 2020.
https://jime.open.ac.uk/articles/10.5334/jime.576/

Trentin G., *Didattica con e nella rete. Dall'emergenza all'uso ordinario*, FrancoAngeli, Milano, 2020, realizzato nell'ambito del Progetto "Presente Digitale", una collaborazione fra Istituto per le Tecnologie Didattiche del CNR di Genova e Istituto di Informatica e Telematica del CNR di Pisa.
http://ojs.francoangeli.it/_omp/index.php/oa/catalog/book/504

Trombini R., Bazzarin V., *Le Competenze Open Data. Percorsi per la comprensione dei dati*, Digiter, Bologna, Regione Emilia-Romagna, 2020.

Wiley D., "The Access Compromise and the 5th R", Creative Commons Attribution 4.0 license, marzo 2014.

https://opencontent.org/blog/archives/3221

Wolfram L.,"The rise and fall of the 'Massively Open Online Courses'", FernUniversität in Hagen, 2015.

https://www.researchgate.net/publication/307789374_The_rise_and_fall_of_the_Massively_Open_Online_Courses

Zhenghao C., Alcorn B., Christensen G., Eriksson N., Koller D., Emanuel E.J., "Who's Benefiting from MOOCs, and Why", *Harward Business Review*, 2015.

https://hbr.org/2015/09/whos-benefiting-from-moocs-and-why

Icone e loghi

Le icone delle cinque libertà dal documento Unesco sono di Getty/DStark.

Il logo Mondiale Risorse Didattiche Aperte versione in italiano, febbraio 2012, è rilasciato con licenza CC BY 3.0.

https://it.wikipedia.org/wiki/Risorse_didattiche_aperte#/media/File:Logo_Mondiale_Risorse_Didattiche_Aperte_versione_in_Italiano.svg

Capitolo 15

Sei scenari di e-Learning: consigli e soluzioni

In questo capitolo

Dal lockdown al futuro

Mentre scrivo, a settembre del 2020, le scuole stanno per riaprire in una situazione di grandissima incertezza. Anche nel mondo del lavoro, dove lo smart working è oggetto di continue evoluzioni, discussioni, riorganizzazioni, le problematiche relative alla formazione aziendale restano ancora molto rilevanti.

Infine, sono in difficoltà anche tutte le istituzioni (non solo aziende) il cui focus è proprio nella formazione. Pensiamo a chi organizza laboratori (per bambini e adulti), chi si occupa di divulgazione (scientifica, sociale, culturale ecc.), nonché fondazioni ed enti pubblici.

Ancora una volta tenteremo di semplificare e fornire strumenti e suggerimenti che coprano quante più esigenze, lasciando ai lettori il compito di fare proprio quanto qui raccontato.

Si tratta di riflessioni personali, osservazioni, emerse dal confronto con colleghi ma anche con amici, genitori, docenti, professionisti, e perfino studenti e bambini.

Abbiamo immaginato sei situazioni-tipo, tre per la scuola e tre per il mondo del lavoro, che vi forniranno un aiuto, sperando che possiate immedesimarvi in uno o più di questi scenari.

Scuola

La scuola è un mondo complesso e delicatissimo, e nel 2020 è stata sottoposta a una pressione estrema. Talvolta maestre e insegnanti si pongono in posizione critica verso l'approccio che bambini e ragazzi (tramite stili e scelte educative dei genitori) hanno nei confronti degli strumenti tecnologici e verso l'uso che ne fanno, a volte innescando dei normali attriti. Nell'ottica dell'adozione (forzata o meno) dell'e-Learning nella scuola, oggi è molto difficile immedesimarsi negli insegnanti di vario ordine, grado e disciplina, e anche in Dirigenti, animatori digitali e altre professionalità. In molti casi inoltre alcune di queste figure sono poco coinvolte nelle decisioni da prendere nell'ambito digitale, quindi prendete i paragrafi che seguono per quello che sono: consigli riassuntivi di quanto detto nel manuale, divisi su tre scenari, infanzia, primaria e secondaria di primo e secondo grado.

Scuola dell'infanzia

L'e-Learning per i piccolissimi ha come obiettivo primario la persistenza o il rafforzamento delle relazioni. Gli educatori, da un lato, dovranno mantenere viva per i bimbi la propria presenza: in caso di nuovo lockdown, ma anche per far fronte ad altri tipi di assenza (pensiamo a bimbi che si assentano a lungo da scuola per malattia), dovrebbero apparire e manifestare che pensano ai "loro" bambini. Servono strumenti digitali sostenibili per farsi vedere (letteralmente) e *sentire* (in senso lato). Dall'altro lato, dovranno facilitare la relazione tra i compagni, consentendo – seppur limitate – interazioni, come scambi di foto e di disegni (o spediti per posta "vera", perché no?).
Infine può essere importante suggerire ai genitori attività accattivanti, creative e di lunga durata, meglio ancora se non digitali, per intrattenere i loro cuccioli! Molte educatrici sono allibite dall'uso del cellulare dei genitori come "ciuccio" elettronico per quei bambini di 2-3 anni che arrivano a scuola con lo sguardo incollato su YouTube. I genitori (in periodo di lockdown, ma non solo) dovrebbero scoraggiare un consumo passivo dei video e indiscriminato delle app, selezionare che cosa mostrare ai figli e magari (quando possibile) guardarlo in loro compagnia. È importante restare consapevoli che, allo stesso tempo, adulti e bambini coinvolti vivono situazioni familiari molto diversificate (basti pensare a figli di medici o infermieri durante il lockdown), perciò bisogna cercare di utilizzare strumenti leggeri e poco invasivi.
Ecco i nostri consigli per gli educatori dell'infanzia.

- Sostenere l'interazione con i genitori, differenziando la comunicazione su due canali: quello verso i bimbi sarà incluso in quello con i genitori.
- Progettare una comunicazione da uno a molti (piccolo broadcast) per i bimbi: vanno più che bene gli audiomessaggi o le videochiamate condotte dagli educatori.
- Prevedere anche spazi virtuali di interazione tra bimbi/famiglie: suggerire scambi, incontri online uno a uno.
- Far sentire la voce e mostrare il volto degli educatori, dare "corpo" alla presenza, con messaggi audio o video, non necessariamente sincroni.
- Realizzare contenuti brevi e "caldi", piuttosto frequenti: un saluto, una canzone ogni due giorni sono da preferire a lunghe sessioni in cui i bambini sono intervistati "a turni".
- Prevedere momenti di incontro con i genitori, in videomeeting, per raccogliere feedback e fare proposte.
- Considerare gli aspetti legati alla sicurezza sui minori, ma senza impazzire per la privacy. Una pagina online (su Edmodo, EdPuzzle, Padlet ecc.) protetta da password può essere sufficiente, ma anche un documento su G Drive con accesso limitato a utenti (genitori) identificati da un indirizzo email (che però – non dimentichiamolo – non è scontato che tutti abbiano).

- Proporre attività che non richiedano l'uso del digitale: le case sono scenografie naturali, gli oggetti della cucina e i giochi della cameretta possono trasformarsi e intrattenere, fare crescere i bimbi.
- Suggerire attività di psicomotricità e indicazioni di giochi fisici da fare in casa.

Strumenti

- Creare blog su piattaforme gratuite come Blogger (`https://www.blogger.com/`) dove, secondo una programmazione giornaliera per sezioni, ogni famiglia può accedere a brevi video con proposte di letture di albi illustrati/canzoni/piccole attività e di esperienze/setting educativi da vivere in casa insieme. Un esempio di una scuola di Cesena lo trovate qui: `https://smariaimmacolata.blogspot.com/`.
- Approntare una pagina con Padlet (Capitolo 10) con canzoni cantate dalle maestre o letture suggerite è un'alternativa ancor più semplice; non necessita di registrazione da parte degli utenti e può prevedere l'uso di una password per accedere a una determinata pagina. Attenzione solo a non renderla troppo "pesante" caricando in una sola pagina troppi file.

NOTA

Funzionano bene canzoni di tipo ricorsivo, con tante strofe quante i bimbi della sezione, con tanto di nomi "reali" snocciolati dalla voce della maestra (*Diamo la caccia al Bruco* è la mia preferita, cercatela in Rete).

- Proporre alcune videostanze virtuali di incontro su Jitsi, che è open source e di facile uso (Capitolo 6). Conviene farne due per sezione, entrambe con accesso riservato e scopi distinti:
  1. permettere sia ai compagni di sezione sia ai loro genitori di incontrarsi tra loro, per coltivare a distanza il legame creatosi a scuola, fare rete, dare occasione ai bambini di salutare gli amici, imbastendo giochi a distanza o perfino feste di compleanno;
  2. essere un momento di incontro tra le educatrici e i bimbi, con un calendario settimanale, in piccoli gruppi (3-5 bambini per volta), con l'obiettivo di creare alcune routine a distanza (il gioco delle presenze, canti animati, giochi regolati, piccole conversazioni ecc.) di breve durata (10-20 minuti), al fine di rendere lo strumento veramente fruibile dai bambini e non disturbante o distraente.

NOTA

Questa doppia modalità di uso delle stanze virtuali di Jitsi, Zoom o Meet, una sempre aperta per incontri destrutturati e organizzati dai partecipanti, l'altra per attività calendarizzate in sostituzione di quelle in presenza, può funzionare anche per gli altri ordini di scuola.

- Realizzare colloqui personalizzati per i genitori attraverso Skype (o Meet, Discord, Slack ecc.), per incontri sia con gli insegnanti di sezione sia con i coordinatori. Ideale è creare un account Skype (o Meet o Discord) della scuola.
- Invitare i genitori a registrare audio o video con letture di libri da condividere con invii uno a uno, o per sottogruppi.
- Tra le attività manuali, più o meno strutturate, che potete suggerire, si può passare dagli acquerelli al Didò, ai collage o all'infilare spaghetti crudi in uno scolapasta (Figura 15.1).

Foto dei prodotti o dei momenti realizzativi possono poi essere scambiate, in gruppi chiusi, tra i genitori, che possono mostrare ai loro bimbi le creazioni di quelli altrui.

- La Città di Torino, il Comune e i Servizi Educativi della città hanno realizzato la campagna "unagocciadibellezzaalgiorno", che consisteva nel postare quotidianamente su una pagina di Facebook (https://www.facebook.com/hashtag/unagocciadibellezzaalgiorno) una poesia associata a un'immagine. È una bella fonte di ispirazione.
- Il sito indispensabile che vi consigliamo poi di esplorare è quello della Didattica della Vicinanza, sempre della Città di Torino (Capitolo 16), che presenta materiali prodotti nel periodo del lockdown, insieme ad altre risorse, che continueranno a essere aggiornate, per famiglie, insegnanti, educatrici ed educatori: http://www.comune.torino.it/servizieducativi/risorse/index.html.

Figura 15.1 La mia secondogenita, tre anni, svolge un gioco manuale a base di spaghetti e scolapasta in pieno lockdown, su suggerimento delle maestre (brave!).

NOTA

Attenzione al diritto d'autore, che copre anche la lettura ad alta voce di storie protette da copyright. Per aggirare il problema, pubblicare contenuti in ambienti protetti e pagine riservate, per esempio usando spazi "propri", chiusi e non generalisti (non YouTube) dove caricare i file (Dropbox o G Drive), oppure usare servizi che consentono l'accesso tramite password o con link "segreti" (Vimeo per i video o SoundCloud per gli audio). Se si adotta una piattaforma, tipicamente Edmodo, è comunque necessario fare attenzione..

Scuola primaria

Oltre alla bimba di cui sopra, ne ho un'altra di 6 anni e mezzo, la cui esperienza scolastica è iniziata nelle aule della 1D a settembre 2019 per poi virare nel mondo digitale a marzo 2020. Quindi cerco di mettere in campo le mie esperienze come padre e innovatore didattico, tenendo conto che, per le primarie, che coprono una fascia di età ampia e di grandi cambiamenti, le accortezze dovrebbero differenziarsi tra i vari livelli. Ho tentato quindi di confrontarmi, oltre che con insegnanti, anche con mia nipote di 9 anni. Diamo quindi indicazioni di massima che speriamo siano d'aiuto a chi opera nelle care vecchie "elementari".

- Trovare il giusto equilibrio nella durata e nella frequenza delle lezioni online (se necessarie). Mai più lunghe di 1h 30'-2h. Prevedere pause, tentare di organizzare di concerto con le famiglie gli orari e i giorni in cui farle.
- Usare piattaforme versatili e open. Jitsi è eticamente ineccepibile, meglio ancora Big Blue Button (Capitolo 6) perché più performante e completo. Farlo adottare dall'istituto, incorporato con Moodle, è una ben più valida alternativa al vincolante (e ahimè diffusissimo) G Classroom/Suite for Education.
- Fornire anche video o audiolezioni asincrone per colmare il digital divide (tipicamente perché il telefono di mamma e papà sarà "occupato", e così i computer di famiglia, sempre che siano presenti); sarebbe bene pensare a fornire anche video o audiolezioni asincrone, registrandosi (Capitolo 7).
- Prevedere anche modalità sincrone di interazione senza video (chat o audio) per includere chi ha connessioni deboli. Discord è una buona soluzione (Capitolo 10).
- Ricordare, quando si creano materiali (PDF, presentazioni ecc.) o si inviano audio o videolezioni registrate, che molti bambini fruiranno da telefono o tramite connessioni a consumo o deboli, quindi attenzione alle dimensioni dei file.
- Scegliere bene dove caricare le videolezioni asincrone (Capitolo 7), valutare lo streaming: per non esporsi su YouTube considerare Vimeo (con password) o il caricamento su uno spazio protetto in Edmodo o Google Drive (gratis) o EdPuzzle (in parte gratis).
- Non dimenticare la presenza non solo dei genitori ma di fratelli e sorelle: durante il lockdown non sono state rare le situazioni di "tutoraggio" dei grandi verso i piccoli, ma neppure di device contesi tra fratelli e sorelle. Quindi bisogna considerare tempi d'uso di device condivisi.
- Misurare la quantità di compiti e se possibile sostituirli ogni tanto con modalità alternative di apprendimento, seguendo un modello di flipped classroom (Capitolo 4) o suggerendo i tanti giochi didattici online (Capitolo 13).
- Valutare soluzioni open e gratuite prima di adottare sistemi proprietari già pronti ma complessi e vincolanti come Google Suite for Education.
- Sfruttare le OER o i MOOC per formare i docenti (o autoformarsi) alle competenze digitali (per esempio POK del Politecnico di Milano);
- Scovare risorse in Rete utili a cui indirizzare i bambini, come materiali integrativi o sostitutivi di lezioni in aula o libri di testo. Un buon video sulla matematica applicata, pescato da Numberphile (Capitolo 7), editato in EdPuzzle e postato ai bimbi può essere un bel punto di partenza per poi discuterne in una lezione in Zoom.

Strumenti

- Predisporre, anche in assenza di un supporto centralizzato da parte dell'istituto (come purtroppo è spesso avvenuto in tempo di lockdown 2020), di uno spazio unico e ben organizzato in cui caricare i materiali di ogni classe. Cercare di convogliarvi le comunicazioni asincrone o sincrone. Ecco tre soluzioni.
  1. Sfruttare Edmodo o WeSchool, che comprende anche la piattaforma Jitsi per i webinar. Entrambe includono strumenti per consegne e compiti.
  2. Far adottare alla scuola Moodle tramite un hosting su Aruba e attrezzarlo con lo stesso Jitsi o Big Blue Button (in questo caso servono più competenze digitali che investimenti) (Capitoli 8 e 14).
  3. Ultima ratio sono G Suite o MS 365, almeno secondo il nostro giudizio.
- Sfruttare strumenti della Rete per creare giochi, come per esempio il valido WordWall per creare quiz, cruciverba, labirinti ecc. (`https://wordwall.net/it`, Figura 15.2), o siti *ad hoc*, come Redook (`https://redooc.com/`), che è in parte a pagamento ma può forse valere la spesa (si può tra l'altro usare la carta del docente).

Figura 15.2 WordWall: tra le sue funzioni per creare giochi didattici anche quella eccezionalmente "fisica" di poterne fare di stampabili (per chi può stampare).

- Creare dei video interattivi può rilevarsi meno difficile di quanto si possa pensare usando EdPuzzle (Capitolo 7), in cui si possono prendere in prestito video esistenti da TED, National Geographic o piattaforme didattiche, oppure caricarne di propri, per poi aggiungervi quiz, note, domande aperte o anche commenti vocali. Data la facilità d'uso del programma e le risorse disponibili, è più una questione di inventiva e fantasia che di competenze o costi (è gratuito fino a 20 video).

- Non dimenticarsi del corpo dei bambini: non perdetevi Bounden per imparare a danzare (`https://playbounden.com/`). Per sudare in casa, durante il lockdown la milanese ProPatria 1883 (`https://propatria1883.it/corsi-a-distanza/`) ha prodotto oltre 400 brevi video dalla danza per i bimbi all'hip hop, alla ginnastica artistica, ritmica, fit kid, danza, scherma e karate, nonché organizzato anche videolezioni sincrone (Figura 15.3).
- Non tralasciare mai il digital divide, potenziali problemi di connessione, difficoltà di apprendimento, disabilità ecc. Anche su questo bisognerebbe scrivere un intero libro.
- Tentare di favorire dinamiche di sostegno reciproco tra i bimbi e le famiglie. I bimbi sanno essere ottimi tutor, e si sentono valorizzati nell'aiutare i propri compagni. Sostenerli predisponendo dei canali (con Discord, Zoom o altro) per aiutare chi è in difficoltà può fare la differenza.
- Sfruttare i tanti siti in Rete nati in periodo di lockdown e non: tra le tante valevoli iniziative segnalo *Lezioni sul sofà* (`https://www.lezionisulsofa.it/`), miniera di risorse audio e video con contenuti adatti dagli 3 ai 14 anni e più, e *L'inquieto girovago* (`https://www.inquietogirovago.ch/`), strepitoso sito interamente dedicato all'ascolto di racconti, fondato da Luca Saltini. Del tutto gratuito, contiene decine di tracce con fiabe, storie, narrazioni di grandi viaggi o dedicate a mirabili personaggi, passaggi nella letteratura.

Figura 15.3 Una lezione di danza online su Zoom organizzata dalla ProPatria milanese. Il sito è stato utile anche per ragazzi delle superiori e adulti.

Scuola secondaria

Dagli 11 anni quasi sempre gli studenti dispongono almeno di uno smartphone o di un tablet o un PC (o di tutti e tre, o ce l'hanno da quando hanno 3 anni, ma si spera di no). Questo, al di là delle ovvie e comprensibili riserve sugli effetti negativi di possedere un device connesso, li rende però potenziali progettisti e creatori di artefatti digitali: in altre parole "digital-faber" o "prosumer" (de Kerckhove, 1993). Perciò da passivi fruitori dell'entertainment digitale possono diventare co-autori della didattica e creatori di conoscenza. Suggeriamo di:

- Progettare e realizzare video interattivi con EdPuzzle (Capitolo 7), magari chiedendo alla scuola di adottarne la versione per l'istituto. C'è il registro dei voti e sono disponibili strumenti di gestione della classe a cui proporre i video interattivi, o chiedere appunto ai ragazzi stessi di produrne di loro in ottica flipped classroom (Capitolo 4).
- Usare metodologie come il learning by teaching, cioè invitare i ragazzi a diventare docenti, assegnando compiti collaborativi, come la creazione di lezioni tematiche (Capitolo 4).
- Considerare i serious e gli applied game (Capitolo 13), riflettere sulle opportunità offerte da giochi raccolti in spazi come Games for Change (Capitolo 16), ma anche l'offerta della piattaforma Steam (`https://store.steampowered.com/?l=italian`) di distribuzione di game per PC e smartphone. Inserire nel campo *search* un termine sul quale si vuole far riflettere i ragazzi e proporre loro di sperimentare (a pagamento, ma non sempre) un certo gioco può dare frutti inaspettati, per non parlare dei giochi su fisica, ortografia e quant'altro.
- Sfruttare le potenzialità dell'open education per produrre e distribuire risorse educative aperte (includendo libri, dispense e testi, oltre che materiali multimediali e video), di libera fruizione da parte di tutti. Anche in questo caso le si possono far creare ai ragazzi.
- Attingere a cataloghi di risorse open, e/o sfruttare i MOOC, per esempio quelli connessi all'italiano EduOpen, per:
  - attività laboratoriali Learning by teaching;
  - formazione docenti (interessanti ancora i POK in tal senso, Capitolo 14);
  - coprire monte ore curriculari con contenuti "già pronti" (ma devono dare certificati quantomeno di frequenza).

Strumenti

- Edmodo (Capitolo 8) può servire per avviare classi virtuali che "replicano" quelle reali, e come piattaforma di social learning per creare sottogruppi o gruppi interclasse per discipline, nei quali lanciare attività collaborative e raccogliere i relativi elaborati. Edmodo si integra con G Drive (Capitolo 10), è una buona soluzione per sfruttarne le possibilità in termini di e-Collaboration senza doversi vincolare alla G Suite.
- I repository di OER in italiano, come il Progetto Manuzio (Capitolo 14), nascondono tesori e sarà bello ogni tanto allontanarsi dai libri di testo per studiare su materiali online e avviare discussioni.
- Piacerà ai vostri studenti quando assegnerete a piccoli gruppi l'incarico di fare microlezioni su temi curricolari, raggrupparle in una sorta di modulo in Blendspace (Capitolo 8) ed esporle ai compagni in aula oppure online (con un webinar Zoom o Jitsi o in Discord o con un video caricato in Vimeo).

- Far costruire elaborati ai ragazzi su specifiche tematiche tramite l'e-Collaboration. Prendiamo Napoleone e un gruppo insegnerà agli altri la sua vita, creando una timeline con Padlet (Capitolo 10). Un altro si occuperà della rappresentazione di Bonaparte nell'arte, creando una serie di slide multimediali con Google Presentazioni. Un terzo racconterà le campagne militari con schemi fatti in Canvas o Jamboard e così via...
- Gli insegnanti potranno creare learning object multimediali di libera fruizione per lo studio, il ripasso, il rafforzamento autonomo delle conoscenze. Alcuni esempi per grammatica e letteratura latina e greco (livello base e livello avanzato) sono questi prodotti dal professor Dario Ianneci: `https://desanctislicei.wixsite.com/liceoclassplus/latino-grammatica` (Figura 15.4). Se si hanno le competenze necessarie (o la passione, il tempo e i mezzi per acquisirle), si può seguire il suo esempio e fare learning object con software di authoring (Articulate, Capitolo 9). Dopodiché si potrà pubblicare online in tre modalità:
  - su pagine web personali (WordPress o Carrd);
  - sul sito della scuola;
  - su un LMS come Moodle adottato dalla scuola, sul quale regolare gli accessi e tracciare l'uso da parte degli studenti (Capitolo 11).
- Costruire e pubblicare testi open *ex novo* o assemblandoli a partire da OER o materiali la cui licenza è scaduta. Possono includere passi di autori classici, con risorse multimediali collegate (audioletture, questionari di verifica, giochi per il ripasso del lessico). I PDF o gli ebook realizzati possono essere distribuiti a studenti e colleghi con il *print on demand* (per esempio `lulu.com`; attenzione al copyright o ai livelli di licenza, Capitolo 14).

Figura 15.4 Un fantastico learning object costruito in Articulate dal professor Dario Ianneci.

- In ottica inclusiva, verso la realizzazione di un palinsesto di creatività corale, suggeriamo vivamente di dare un'occhiata a quanto fatto dal Liceo Calini di Brescia, peraltro una delle aree al mondo in cui il virus ha colpito più severamente. In un articolo eccezionale, Silvia Mattioli ci racconta come "la scuola si è fatta servizio e ha fornito un contenitore da riempire a seconda delle esigenze e della sensibilità di ciascuno" proponendo attività strepitose secondo un patto chiaro: "Libertà di partecipare senza vincoli di valutazione né per gli studenti (nessun voto!), né per i docenti (nessuna ansia da prestazione professionale!) e con la condivisione dell'esperienza su alcune piattaforme social".

- Nel caso sopra citato del Calini parliamo quindi di progetti di fotografia, gioco, scrittura creativa, poesia (con tecnica Caviardage!), filosofia, musica d'insieme, teatro e giornalismo. Stiamo parlando di un'attività corale, intensa, messa in atto da tutto l'istituto, supportata dal Dirigente e dai tanti insegnanti che, con Silvia Mattioli, firmano questo articolo assieme ad alcuni studenti: `https://tinyurl.com/calinimood`.
- Organizzare game storm e game jam, chiedendo ai ragazzi di pensare, progettare e realizzare serious game su argomenti a scelta. È più facile di quanto sembri e si può fare fully online, ne sono stato più volte testimone. Si veda al proposito il Capitolo 13 e, più estesamente, l'articolo divulgativo su *Bricks* del 2020 a firma mia e di Filippo Silipigni (2020).

Mondo del lavoro

Qui consideriamo sia i casi delle aziende private, sia gli enti regionali, comunali, nazionali di varia sorta, le Forze dell'Ordine e anche gli operatori dell'ambito sanitario che devono fare formazione su un territorio, su una popolazione diffusa di operatori ecc.
A differenza della scuola, qui operiamo una schematizzazione più "nostra", individuando tre tipi di scenari che sembrano in qualche modo esemplari, sebbene, come in altri casi, i confini tra loro risultino molto sfumati. A differenza dei paragrafi sulla scuola, qui integriamo le idee operative direttamente nei consigli generali, poiché le casistiche sono davvero troppo disparate.

Formatore free-lance

In questa categoria possiamo far confluire anche le tantissime persone che collaborano con il mondo dell'istruzione proponendo corsi e laboratori che vanno dal disegno allo yoga, al teatro, alla musica ecc. ma pure divulgatori scientifici, chiunque includa nella propria professione momenti di condivisione della propria conoscenza, non necessariamente a scopo di lucro. Rientrano anche tutti coloro per i quali la formazione è il main business, in senso lato, quindi includiamo coach, counselor, team builder ecc.
Per loro e altri, i consigli sono i seguenti.

- Leggere tutte le indicazioni sugli strumenti destinati al mondo della scuola, in particolare quella superiore, perché tante delle attività proposte lì possono trovare diversa applicazione, con le ovvie accortezze, con gli adulti.
- Valutare le modalità con le quali la propria attività formativa è sempre avvenuta in presenza e di conseguenza come cambierà online (Capitolo 4).
- Approfondire la conoscenza dei formandi con un questionario (Capitolo 3). Condividerne i risultati durante un webinar aiuterà a coinvolgere i corsisti e farli conoscere meglio tra loro.
- Decidere quindi se adottare un modello fully online o blended.

- Una volta definito se fare online (magari tutto) o blended, decidere quanto destinare ai due ambiti: tipicamente meglio andare sul digitale per le parti di erogazione e presentazione di contenuti, frontali, e mantenere in presenza quelle laboratoriali.
- Se si opta per il corso esclusivamente online, prevedere momenti di interazione, la cui "quantità" sarà proporzionale al tipo di materia/competenza insegnata.
- Anche per corsi o lezioni nozionistiche progettare interazioni di qualche tipo, come minimo test, questionari, domande. Se ne possono realizzare gratuitamente e facilmente con Google Moduli (Capitolo 10).
- Scegliere se si vuole optare per una modalità asincrona o sincrona (o un ibrido tra le due).
- Se asincrona:
  - decidere se proporre video (di solito è la soluzione più adeguata e semplice, Capitolo 7) o altri tipi di contenuti (da realizzare in autonomia con strumenti di authoring, ma è più complesso acquisire le competenze per farlo, Capitolo 9);
  - valutare dove i contenuti saranno riposti e le modalità di accesso, specie se saranno a pagamento.
- Se sincrona:
  - individuare la piattaforma adeguata alle proprie risorse e all'obiettivo formativo: su questa scala Jitsi (gratuita) potrebbe fare al caso vostro (Capitolo 6);
  - se si vuole un livello di interazione consistente, forse Zoom è la soluzione, sfruttando le breakout room per brevi momenti laboratoriali con revisione. In ottica open source e trovando un adeguato provider, meglio ancora usare Big Blue Button;
  - sempre in ottica di active learning (Capitolo 4), scegliere adeguati tool e-Collaboration come Padlet, Miro o Jamboard per momenti di brainstorming o condivisione.
- In entrambe le modalità sopraindicate, meglio progettarne bene la struttura definendo uno storyboard delle lezioni (Capitolo 7).
- Prevedere possibilità creative e/o gamificate: realizzazione di artefatti digitali (con G Drive, Canva, Picktochart, Miro), magari secondo i formati del game storm (Capitolo 13).
- Valutare le modalità di accesso ai contenuti e/o ai webinar e i relativi modi di accesso e pagamento, questi possono essere fatti, in assenza di mezzi strutturati, tramite un'iscrizione solo via email, alla quale segue la comunicazione di una password.

Azienda o istituzione provider di corsi

Da decenni molte aziende che fanno formazione, i cosiddetti "training provider", sono da tempo attrezzate all'online. Tuttavia, fino al lockdown 2020, questo era perlopiù considerato come mezzo per applicare economie di scala alla propria offerta, e/o come potenzialità per allargare il bacino di utenza e i clienti grazie all'ubiquità consentita dalla Rete. Inoltre, tipicamente la scelta è stata quella di destinare alla Rete i corsi (o i contenuti) di tipo più frontale, nozionistico, mantenendo in aula (full o blended) la formazione sulle competenze, trasversali o meno, il saper fare e il saper essere. Nel momento in cui il lockdown ha ristretto le opzioni, molti si sono dovuti attrezzare per unificare l'offerta, cercando di capire come portare online anche laboratori, incontri di team building o il coaching. Quindi i consigli si concentrano essenzialmente su questo tipo di casistica.

- Operare un benchmark approfondito dell'offerta simile, anche iscrivendosi a corsi online dei competitor.

- Sempre in un'ottica di confronto e ispirazione, esplorare i MOOC o le piattaforme di distribuzione contenuti (per esempio LinkedIn Learning, Capitolo 9) per valutarne i meccanismi e i prodotti/servizi. Per esempio se volete vendere corsi sulla sostenibilità ambientale, iscrivetevi a quello su edX "Measuring Sustainable Development" per farvi un'idea di come quel tema viene da loro trattato.
- Chiarire da subito se si punta a un'offerta B2B (Business to Business) o B2C (Business to Client), o a entrambe.
- Se Business to Client (B2C):
  - prevedere meccanismi di marketing e promozione per far "salire a bordo" – o come si dice in gergo favorire l'enrollment – in modo agevole e accattivante;
  - offrire parte dei corsi in modalità gratuita (tipicamente la lezione introduttiva e la seguente), che potranno essere seguiti previa registrazione. È un buon modo per "tirare dentro" utenti ed entrare in contatto con loro, oltre che per mostrare quanto è valida la propria offerta;
  - se il corso è video-based (Capitolo 7), prevedere dei teaser estratti da alcune lezioni da caricare anche sulle piattaforme video generaliste (YouTube) o di settore;
  - considerare la possibilità di offrire e vendere i propri corsi (almeno in parte) non solo all'interno della nostra piattaforma ma anche su quelle generaliste come OfCourseMe.
- Se Business to Business (B2B) – Sarebbe necessario fare distinzione tra formazione sincrona e asincrona, tra contenuti da catalogo e contenuti realizzati *ad hoc* per un'azienda. Per esempio, una formazione sincrona realizzata *ad hoc* per un'azienda richiede analisi dell'utenza e co-progettazione, forse meno necessaria per quella asincrona. Consigliamo comunque di:
  - stabilire un contatto quanto più stretto possibile con almeno una delle aziende destinatarie del progetto formativo per costruire con essa un piano di analisi dell'utenza (Capitolo 3);
  - se possibile organizzare con tale azienda pilota dei momenti di co-progettazione, anche nell'ottica di individuare gli ambassador dell'e-Learning;
  - considerare con attenzione la scala, il numero a cui tendere una volta a regime: oltre le 500 utenze, anche se suddivise su più aziende, dovrò prevedere uno staff corposo a cavallo tra me (training provider) e l'azienda che acquista il corso. Per esempio i tutor o i Community Manager possono afferire all'una o all'altra organizzazione (Capitolo 5).
- In termini di piattaforma, optare per strumenti che consentano una forte personalizzazione grafica: l'immagine coordinata e il brand dei miei prodotti formativi saranno importanti. Distinguiamo anche qui:
  - B2B: spesso i clienti che acquisteranno i miei percorsi formativi per i propri dipendenti vorranno che loro logo e colori svettino in cima alle pagine dei vari corsi. Quindi il mio LMS dovrà consentirmi di costruire varie istanze, diciamo delle "copie-carbone" dei corsi, uno per ogni cliente. Con quasi tutti gli LMS è possibile farlo senza difficoltà, a partire da Moodle, Docebo e LearnDash, tutti consigliati (Capitolo 8), a patto di avere a disposizione un adeguato team di informatici;
  - B2C: il brand sarà il mio, ma la piattaforma dovrà essere "catchy", attraente, dal primo momento a quando l'utente otterrà il certificato finale. Piattaforme pensate per un pubblico generalista, abituato ai confronti tra vari servizi web, sono in questo senso ottimali per poter costruire una UX impeccabile. LearnDash è forse la più indicata.

- Sempre in ottica di piattaforme, se la mia azienda che offre formazione è piccola, magari molto focalizzata su un ambito specifico, e non mi voglio impegnare con consulenti, altre aziende, tecnici, designer ecc. la soluzione può essere usare LMS completamente in cloud, chiavi in mano, come TalentLMS (Capitolo 8), forse anche il più facile da usare per i Learning Manager e formatori stessi. In caso di formazione video-based Teyuto (Capitolo 7) è un'altra ottima soluzione.
- In tutti i casi, per lo sviluppo dei contenuti generalmente si dovrà disporre di esperti video (Capitoli 5 e 7) e authoring (Capitolo 9): considerare bene quanto internalizzare. Di norma, meglio investire per poter padroneggiare gli aspetti organizzativi e progettuali (per esempio definizione delle tempistiche, Capitolo 3, predisposizione degli storyboard e loro revisione, Capitolo 7), e lasciare quelli realizzativi in esterno, come la creazione dei learning object.
- L'engagement in questo caso diventa centrale: mettere in campo processi di gamification sia di tipo competitivo, molto meglio se a gruppi o squadre, sia creativo (costruzione collaborativa di artefatti digitali, anche game stessi in ottica game storm/jam) farà leva su fattori motivazionali quanto più possibile intrinseci e coinvolgenti *per tutti* (non solo per i profili "killer", vedi Capitolo 13).
- Empatia sempre al centro: quando progetterò non solo il percorso, ma soprattutto i meccanismi di interazione, sarà fondamentale l'immedesimazione, non solo nei formandi ma anche nei formatori, per non perdere nessuno. Prevedere comunicazioni e collaborazione attive orizzontali, di gruppo, trasversali, sfruttando gli strumenti non solo delle piattaforme ma anche dell'e-Collaboration può aprire nuove strade, per esempio – specie in caso di formazione sincrona – guidando i formatori nel proporre attività su Miro o Mural per creare mappe concettuali o effettuare brainstorming (Capitolo 10).
- In termini di tracciamento e valutazioni (Capitoli 11 e 12), molto spesso dovremo puntare a un livello di accuratezza piuttosto alto. Da un lato (B2B) i clienti vorranno avere prova dei progressi dei formando e dei miglioramenti della propria performance. Dall'altro (B2C, ma anche B2B), per tenere agganciati gli utenti dovremo osservarli e stimolarli costantemente.
- Prevedere meccanismi di prevenzione del drop-out automatizzati come quelli di Moodle descritti nel Capitolo 8.
- Includere reward intermedi, come badge, usando quiz, interazioni e valutazione a feedback tra utenti per ottenerli. Tanti piccoli step gratificano di più e con maggiore costanza che un Grande Esame Finale da superare (Capitolo 12).
- I prodotti delle sessioni creative (giochi, mappe, schemi, disegni, appunti condivisi) potranno diventare non solo materiale per osservare e valutare l'apprendimento, ma piccoli trofei da mostrare nelle edizioni successive, statement digitali da riportare a chi ha investito nel progetto per mostrare pragmaticamente a quali piccole meraviglie ha condotto.

Formazione interna

Parliamo di un ambito nel quale l'e-Learning è sdoganato da tempo, forse il primo in cui si è fatto spazio accanto a quello universitario, quello della formazione che le aziende fanno verso i propri dipendenti, a volte tramite formatori esterni, altre volte interni.

Anche qui parliamo non solo di formazione aziendale, ma anche di quella che riguarda la PA, categorie professionali, sanità ecc.
I casi sono tra i più disparati, ma le indicazioni generali che ci sentiamo di dare sono queste.

- Approfondire la conoscenza del target (Capitolo 3), ma se possibile sfruttare l'opportunità per un'analisi esplorativa di tutto l'ecosistema dell'organizzazione: non solo questionari ma interviste e, soprattutto, focus group da cui estrarre desiderata, aspettative, far emergere problematiche, definire assieme obiettivi formativi e modalità inclusive per valutarne il raggiungimento.
- Coinvolgere quanti più livelli possibile nel processo di co-progettazione condivisa dei percorsi formativi e degli strumenti. Tramite interviste e focus group individuare gli entusiasti, gli innovatori, i competenti digitali tra cui far emergere, con processi trasparenti e inclusivi, gli ambassador che ci aiuteranno anche a diffondere la cultura del "nuovo e-Learning" nell'organizzazione (Capitolo 5).

NOTA

Nella realtà, spesso le aziende che si approcciano a questo mondo per la prima volta utilizzano l'e-Learning per la formazione obbligatoria, dove il coinvolgimento e l'analisi del target è meno necessaria. Noi in questa sede preferiamo ragionare in termini strategici e quindi fare riferimento ad aziende con una visione della formazione evoluta.

- Definiti gli argomenti e i temi dei corsi, valutare se rivolgersi ad aziende esterne specializzate per la produzione. Per corsi video-based ci sono molti studi specializzati, difficile pensare di dotarsi di apparecchiature professionali in azienda, cosa che comunque in molti casi non è necessaria. Se si opta per Articulate, lo stesso distributore italiano, Mosaicoelearning, offre un servizio di realizzazione di oggetti formativi, e così anche tanti professionisti free-lance (si tratta anche al momento di una buona opportunità lavorativa). Usare H5P (Capitolo 9) potrebbe essere la soluzione migliore in termini di interoperabilità, accessibilità e potenzialità future.
- Riuscire a internalizzare la produzione dei contenuti e l'erogazione, sia che si tratti di video, learning object o webinar, o tutte queste cose, può essere complesso ma molto sensato in un'ottica strategica di autonomia, rapidità di esecuzione e semplicità del singolo processo. Avere un Instructional Designer (Capitolo 5) che conosce bene l'azienda e i contenuti su cui fare formazione ha molti vantaggi.
- Raramente è vantaggioso pensare di costruirsi una propria piattaforma:
  - sicuramente acquistarne una da un provider come Docebo è una soluzione se parliamo di organizzazioni medio-grandi (Capitolo 8).

  Però le vie di mezzo possono essere altre due:
  - affidarsi a una piccola o grande azienda specializzata in e-Learning e farsi guidare da essa, acquistando il servizio di progettazione, gli strumenti e chiedendo di adattarli al proprio caso e contesto; poi si può continuare con le proprie gambe o farsi accompagnare non solo con la mainteinance tecnica ma anche nella gestione e miglioramento continuo dell'offerta;
  - se si dispone di un buon team IT e di esperti della formazione, farli confluire (magari sempre con l'aiuto di un esperto e-Learning, Capitolo 5) nel processo descritto nel Capitolo 3 e costruirsi tutti i percorsi di apprendimento, comprensivi di relative infrastrutture, in autonomia acquistando i software e le licenze dove e

quando necessario (magari anche qui sfruttando le possibilità dell'open source, Capitolo 14).

- Valutare comunque sempre le tante soluzioni open source prima di adottare sistemi proprietari onnicomprensivi ma complessi e vincolanti.
- Sempre in termini di contenuti, ricordarsi delle opportunità di sfruttare i MOOC (Capitolo 14) per:
  - proporre ai dipendenti dei materiali formativi validi e testati, tagliati su tante "misure differenti" in termini di tempi, modalità di fruizione e costi. Attenzione che MOOC non vuol dire gratuità: consigliamo di valutare gli italiani EduOpen e POK, a oggi gratuiti, se si ha questa esigenza;
  - eventualmente, per grosse aziende, stabilire delle partnership con i MOOC provider "grossi" (Coursera, Iversity, edX ecc.) per avere accesso all'intero catalogo a prezzi più contenuti e – soprattutto – poter includere i corsi nella propria offerta con le relative opportunità di tracciamento e certificazione.
- In ottica di microlearning (Capitolo 4), ma non solo, valutare l'uso dei grandi repository di contenuti, tra cui i tanti sulle soft skill: parliamo di OpenSesame, LinkedIn Learning ma anche e soprattutto delle Pillole Formative® Skilla o OfCourseMe (`https://ofcourse.me/`) – tra questi l'unico non trattato a fondo nel Capitolo 9, ma molto valido. Includere tali contenuti nel proprio LMS e poi decidere come integrarli, proporli ai formandi, stabilire le modalità di assessment ecc. non sarà facile, ma è una buona strada da percorrere.
- Per monitoraggio e valutazione non escludere le modalità "aperte" e destrutturate come diari di viaggio, sfide, giochi che proponiamo nei Capitoli 11, 12 e 13. Per esempio sull'assessment delle competenze digitali potete dare un'occhiata a Digital IQ.

I costi e le casistiche sono in realtà infiniti, ma speriamo che il manuale vi sia almeno in parte da guida per riuscire a valutare meglio come orientarvi e, soprattutto, darvi degli strumenti per dialogare al meglio con gli interlocutori (sviluppatori di software, esperti di formazione, provider di servizi, venditori di fumo ecc.) che vi troverete di fronte.

The End

Mia nipote di 9 anni qualche settimana fa mi ha chiesto: "Ma tu che lavoro fai, zio?". Per una volta mi sembrava di poter dare una risposta facile, chiara.

"Ho scritto un libro."

"Di che cosa parla?"

E lì eccomi di nuovo con la faccenda dell'innovazione didattica, dell'uso della tecnologia a scuola...

"Non ho capito."

"È un libro per aiutare le tue maestre a fare meglio lezione con i computer, se serve."

"Che bello! Grazie, zio! Adesso ho capito."

Non ho avuto dialoghi simili con navigati HR, ma spero che anche per loro questo manuale possa costituire una risorsa valida, utile ma non necessaria, da sfruttare non solo in momenti di emergenza. Come spiego nei Ringraziamenti, in alcuni ispirati istanti mi sono sentito investito di una sorta di "missione" mentre esploravo strumenti, approfondivo metodologie, descrivevo scenari. Io stesso posso dire non solo di avere messo a sistema più di vent'anni di esperienze nell'e-Learning, ma di avere imparato in pochi mesi un'enorme quantità di cose. Vi lascio all'ultimo capitolo, forse leggero, con le sue risorse spurie, trampolini verso nuove frontiere, sperando che anche per voi il libro sia un contenitore di scoperte, rivelazioni, conferme, aiuti.

Fonti

de Kerckhove D., *Brainframes: mente, tecnologia, mercato*, trad. it a cura di B. Bassi, Baskerville, Bologna, 1993.

Mattioli S., "#calinimood: un mosaico di iniziative creative", *Bricks*, n. 3, 2020. http://www.rivistabricks.it/wp-content/uploads/2020/07/2020-03-02_Mattioli.pdf

Uggeri M. (a cura di), "Gioco, arte, musica e sport a scuole chiuse: iniziative e progetti tra digitale e sudore", *Bricks*, 2020.

Uggeri M., Silipigni F., "Game storm online sulla Proprietà Intellettuale: il racconto di una (giocosa) impresa disperata", con Laura Arrigoni e Angela Grasso, *Bricks*, 2020.

Capitolo 16

Risorse utili e nuove frontiere

In questo capitolo

- Iniziative e fonti di ispirazione
- Competenze digitali
- Solidarietà e temi sociali
- Comunità e spazi di condivisione
- Employability e transizioni
- Intelligenza artificiale
- Realtà virtuale, aumentata e mista
- Neurogaming
- Tutto
- Fonti

Iniziative e fonti di ispirazione

Dopo gli scenari illustrati nel Capitolo 15, crediamo sia utile per i lettori avere un'ultima serie di indicazioni su "cose belle e valide" che, nei tanti e sfaccettati mondi dell'e-Learning, non sono state affrontate nel resto del libro, o se lo sono vi si è fatto un piccolo accenno. Non approfondiamo per più di poche righe, ma l'idea è quella di lasciarvi con una sorta di serie di "trampolini virtuosi" da cui iniziare la vostra esplorazione, per la vostra stessa autoformazione, per ispirarsi o generare connessioni. Le iniziative segnalate, molto spurie, sono organizzate per tematiche e, al loro interno, inserite in mero ordine alfabetico.

Competenze digitali

Come detto nel Capitolo 1 e ripetuto *ad libitum*: la priorità per scuola, azienda e cittadinanza è bene che sia investire nelle competenze, specie in quelle digitali se parliamo di e-Learning. Ecco alcune risorse valide da cui potete partire.

Bricks

`http://www.rivistabricks.it/`

Iniziativa di AICA e SIe-L per pubblicare con cadenza trimestrale una rivista online per la scuola, volta a promuovere l'innovazione nella didattica. Dà la parola non solo a docenti e dirigenti scolastici, ma anche a professionisti della formazione, ricercatori e innovatori digitali perché raccontino le proprie concrete esperienze: ne risulta una raccolta di buone pratiche didattiche, spesso trasferibili anche in altri contesti. Ogni numero di *Bricks* è dedicato a un tema specifico che negli anni ha trattato esperienze con Moodle, accoglienza, il ruolo dell'animatore digitale, la gamification, il coding, la robotica, gli smartphone in classe e decine di altri argomenti. Un mondo di accurate e accorate testimonianze da parte di quella porzione della scuola che ci crede e non molla mai, a cui ispirarsi e da cui copiare (Figura 16.1).

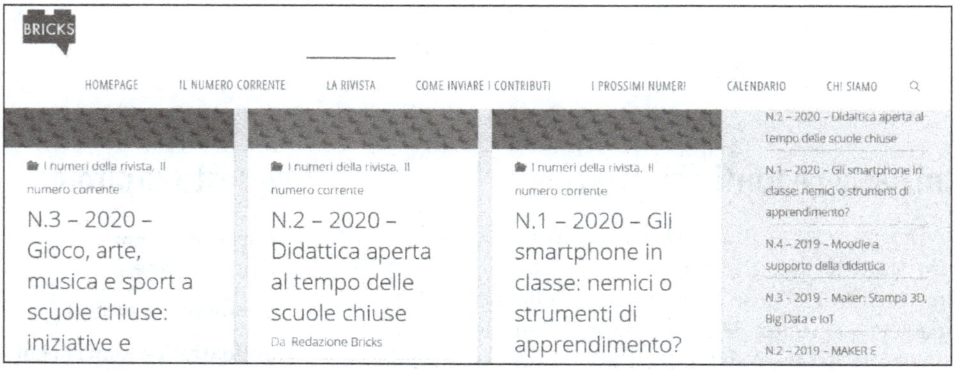

Figura 16.1 La pagina di Bricks che riporta gli ultimi tre numeri, tutti usciti in tempi di lockdown primaverile 2020, con decine di esperienze utili che raccontano a vario titolo come si può affrontare una situazione tanto estrema tramite il digitale.

CampuStore

`www.campustore.it`

Azienda poliedrica che fa da distributore di materiale per la scuola, dagli arredi didattici alla robotica, costituisce una risorsa validissima in cui esplorare soluzione hardware e software per la formazione blended o online. Da tempo organizza anche interessanti seminari online, di norma gratuiti, e da poco ha lanciato la CampuStore Academy, che è un Ente Formatore accreditato per la formazione del personale della Scuola, i cui corsi sono presenti tra le iniziative a catalogo su SOFIA, il Sistema Operativo per la Formazione e le Iniziative di Aggiornamento dei docenti. Seppur di orientamento commerciale, la sua newsletter è fonte di notizie molto utili.

Master Online in tecnologie per la didattica (DOL)

`https://www.dol.polimi.it/`

Un'iniziativa del Politecnico di Milano per formare i docenti della scuola italiana essenzialmente sui temi di cui tratta questo manuale. Si svolge interamente a distanza, attraverso una piattaforma e-Learning asincrona (Moodle), sia per quanto riguarda l'erogazione dei materiali di approfondimento e di studio, sia per lo svolgimento delle attività proposte.

Il corso richiede un impegno di 1.500 ore distribuite su 12 mesi e l'accreditamento di 60 CFU previo superamento di un esame finale.

Moodle Educator

https://moodle.com/it/formazione-scolastica/

Moodle propone, tra le altre cose, il programma Moodle Educator Certification (MEC), un curriculum completo di insegnamento e apprendimento progettato per sviluppare conoscenze e competenze trasferibili per essere educatori efficaci nel crescente ambiente di lavoro digitale di oggi.

Operazione Risorgimento Digitale

https://operazionerisorgimentodigitale.it/

Iniziativa della TIM Academy, propone quel che definiscono "una grande scuola live per portare nelle case, nelle scuole, nelle imprese, la voce dei Maestri del digitale d'Italia e format d'apprendimento dedicati ai più piccoli". Nella pratica, tra le altre cose, troviamo iniziative volte a sviluppare nei bambini (tra i 6 e i 12 anni) competenze come il problem solving, la creatività, il coding e stimolare diverse forme di intelligenza, da quella spaziale a quella artistica. Nel sito c'è anche molto altro e l'impressione è che, visti anche i grossi partner con cui sodalizza, ne sentiremo parlare.

Power You DigiTal

https://www.powerudigital.com/login/irdex.php#init

Iniziativa dell'Human Age Institute connesso a Manpower, e apparentemente basata su una piattaforma Moodle eccezionalmente ben customizzata, propone "una missione attraverso le 8 competenze chiave delineate dalla Commissione Europea per integrare la formazione con le esigenze del mercato del lavoro". È gratuita e volta a supportare gli utenti nella ricerca di opportunità di lavoro.

Riconnessioni

https://www.riconnessioni.it/

Iniziativa della Fondazione Intesa San Paolo (e per ora operativa in ordine territoriale in alcune zone del Piemonte) sulle competenze digitali per docenti e studenti. Il claim è "Riconnessioni porta l'innovazione nelle scuole: sviluppa nuove competenze nei docenti e promuove infrastrutture digitali che garantiscano l'accesso alla conoscenza per tutti gli studenti". Propone workshop, seminari, eventi, conferenze per innovare la scuola in modo collaborativo tra i vari attori in gioco e organizza incontri formativi (Figura 16.2).

Figura 16.2 La home di Riconnessioni, anche graficamente assai ben fatta, ci accoglie con un sorriso che volentieri ricambiamo.

Solidarietà e temi sociali

Dall'accessibilità al digital divide, passando per l'etica dell'apprendimento, quella su dati e tracciamento, avremmo voluto dedicare più spazio ad altre tematiche connesse a solidarietà e inclusione. Citiamo qui alcune risorse valide in tal senso.

Didattica della Vicinanza

`http://www.comune.torino.it/servizieducativi/risorse/index.html`

Su iniziativa dell'Assessorato all'Istruzione e Edilizia Scolastica del Comune di Torino, nei giorni concitati della chiusura delle scuole è stato realizzato questo sito con l'intento di pubblicare una raccolta di link con risorse educative utili per la scuola, per gli insegnanti che si dovevano inventare una nuova didattica, per le famiglie e per gli studenti (Figura 16.3). A questo si sono affiancate iniziative pratiche come quella di avviare una raccolta di PC da dare agli studenti meno fortunati, fare accordi con gli operatori per dare accessi internet gratuiti. Il tutto in collaborazione con la Città metropolitana, gli atenei dell'area e l'USR.

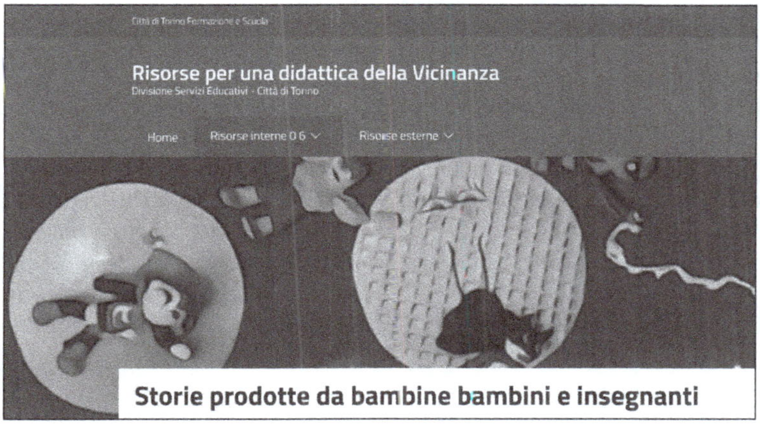

Figura 16.3 Tra le risorse incluse nel sito Didattica della Vicinanza ci sono storie prodotte da bambini e insegnanti.

Design for Change

`https://designforchange.us/`

Abbiamo scoperto questo splendido sito tramite un articolo di Mark Prensky (2020), ricercatore e attivista americano che nell'ambito dell'istruzione ha punti di vista che condividiamo. Si tratta di un sito volto a supportare gli insegnanti nell'attivare i propri studenti affinché agiscano su cause sociali, coinvolgendoli attraverso podcast e attività che li supportino a realizzare progetti reali nelle loro comunità. "Turn Empathy Into Action and Join other educators helping over *1 million young people worldwide* positively impact their communities" è l'ardito e militante slogan del sito (Figura 16.4).

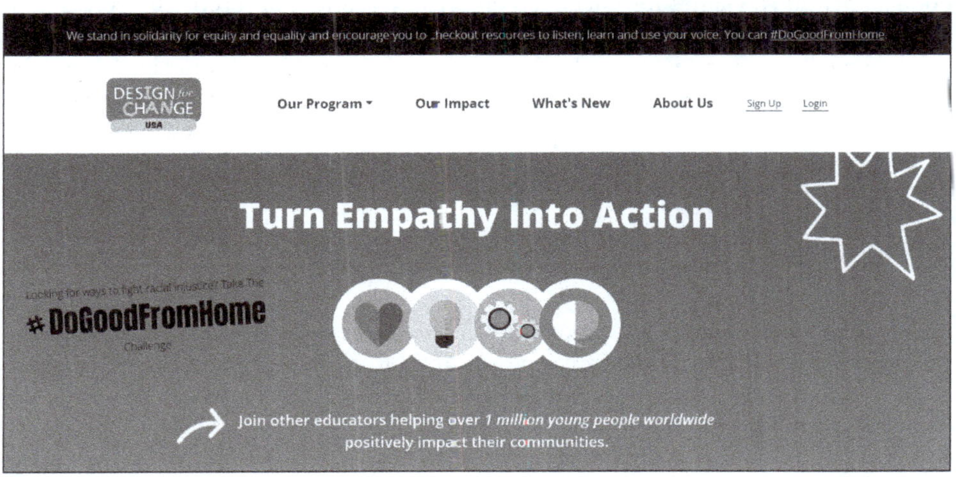

Figura 16.4 La home di Design for Change: come potremmo non amare questo sito, il cui unico difetto è di essere incentrato sugli USA (si faccia avanti qualcuno pronto a mutuare l'iniziativa in Italia, please!).

Digital Inclusion Community

`https://digitalinclusion.eu/`

Questa interessante "comunità europea della conoscenza sull'inclusione digitale" è supportata dal progetto MEDICI, finanziato dal Parlamento europeo, per identificare, raccogliere e mappare buone pratiche nel campo dell'inclusione digitale in Europa. Partecipare alla comunità è utile per capire ciò che funziona nel contrastare l'esclusione digitale dei gruppi vulnerabili e svantaggiati, scovando soluzioni da trasferire e applicare nel proprio contesto. I tipi di buone pratiche incluse nel catalogo sono in uso da abbastanza tempo e hanno alcune prove che suggeriscono che hanno fatto o faranno la differenza nell'esclusione digitale di gruppi vulnerabili (per esempio persone con disabilità, anziani, emarginati, disoccupati o persone che affrontano problemi sociali ecc.).

FaD per la Protezione Civile

`https://tinyurl.com/FADPCLOMB`

Su iniziativa di Regione Lombardia, è la prima piattaforma nazionale per la formazione a distanza dei volontari di Protezione Civile, in cui il primo corso disponibile è articolato in sette moduli che introducono i principali concetti e presentano le attività e l'organizzazione del Sistema di Protezione Civile, il tutto accompagnato da videointerviste ai volontari, ai tecnici, agli amministratori e ai rappresentanti delle strutture del soccorso e della ricerca. Poiché è un corso gratuito e accessibile a tutti, può fungere efficacemente da esempio, anche a prescindere dai contenuti, per ispirarsi nella realizzazione dei propri learning object.

Games for Change

`http://www.gamesforchange.org/`

Fondata nel 2004, Games for Change è un'organizzazione non profit che consente ai creatori di giochi e agli innovatori sociali di guidare l'impatto nel mondo reale attraverso giochi e media immersivi. Coinvolge i giovani nel dedicarsi a questioni civiche nonché nell'apprendimento delle abilità Steam organizzando "sfide studentesche", e raccogliendo e catalogando molti serious game che vi invitiamo a esplorare alla ricerca di quelli che fanno per voi. Organizza annualmente un Games for Change Festival.

Granny Cloud

`http://thegrannycloud.org/`

Già segnalato nel Capitolo 4, lo riportiamo anche qui perché non si può perdere questa strepitosa iniziativa per trasformare annoiati anziani in mentor per bambini svogliati, connettendo telematicamente gli uni con gli altri nell'ottica di far sentire utili i primi e stimolare a fare i compiti i secondi.

Indagate in Rete anche le altre iniziative di Sugata Mitra, il ricercatore di origine indiana che ha lanciato questa iniziativa. Questo video del TED (ma anche gli altri con lui protagonista) è un must non solo per chi si occupa di e-Learning: `https://www.ted.com/talks/sugata_mitra_the_child_driven_education` (Figura 16.5).

Figura 16.5 Qualsiasi video sul TED di Sugata Mitra vale tutto il tempo che dura. E si tratta di poco più di un quarto d'ora a la volta assai ben speso.

Torino City Love

`https://www.torinocitylab.it/it/submit-to/challenge/torino-city-love`

È un'iniziativa di solidarietà e di innovazione aperta per offrire gratuitamente risorse, azioni e competenze a supporto di cittadini e imprese del territorio durante l'emergenza connessa al lockdown 2020. Gli ambiti di interesse coperti riguardano soluzioni di collaboration, connettività, strumenti e device per consentire il lavoro e lo studio da remoto, salute (soluzioni per il monitoraggio e la comunicazione a distanza), servizi informativi e digitali per la facilitazione di accesso a beni e servizi su scala locale e infine formazione, con risorse per PA, imprese e professionisti.

Comunità e spazi di condivisione

Categoria ancor più spuria delle altre, raccoglie alcuni siti nei quali indirizzarvi se il vostro spirito di socializer fa sì che preferiate circondarvi di persone esperte e fidate cui chiedere (o dare) consigli nelle vostre pratiche di innovazione dell'apprendimento.

Io Resto a Casa

`https://iorestoacasa.work/come-si-usa.html`

"Made with love in Fabriano": come non supportare un sito che si presenta così, dall'amato paese marchigiano delle cartiere, apparentemente così poco digital? Nato chiaramente durante il lockdown 2020, mette a disposizione di chiunque un'istanza di Jitsi per effettuare videochiamate di gruppo, libere, private e gratuite. Tutto grazie a una rete di volontari, tra cui i tanti enti che offrono i server su cui "corre" l'iniziativa (Figura 16.6).

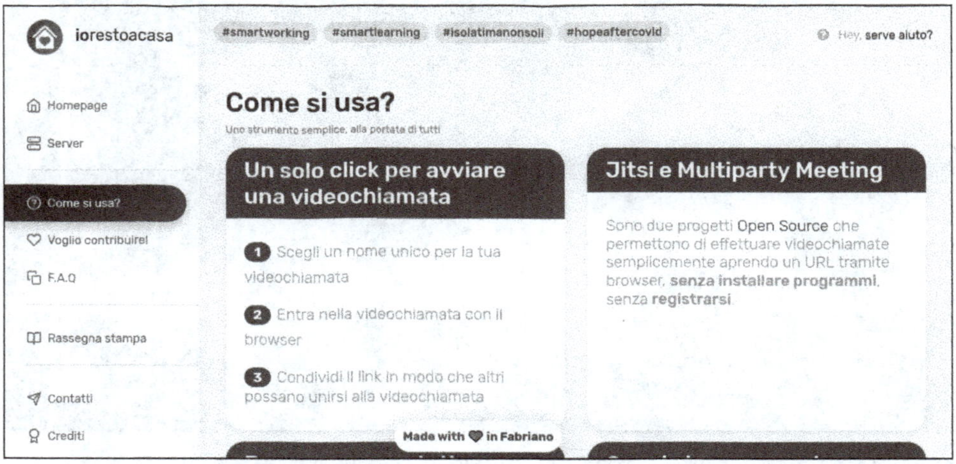

Figura 16.6 La pagina delle istruzioni d'uso di Io Resto a Casa.

H5P OER HUB

`https://h5p.org/oer-hub-coming`

È volto a consentire a tutti di creare, condividere e riutilizzare contenuti interattivi. Ancora in fase di sviluppo, e quindi in "riempimento", l'H5P Content Hub è quindi non solo il repository connesso al progetto H5P, strumento di authoring open che offre una validissima alternativa ad Articulate o Captivate (Capitolo 9), ma anche una community online in cui cercare appoggio e imparare a usare questo potente mezzo per creare contenuti interattivi in linguaggio HTML5.

MoodleNet

`https://moodle.com/it/moodlenet/`

"Join a community of like-minded educators": costruito come una comunità non solo di insegnanti, ma anche di formatori, divulgatori, educatori sociali, pedagogisti ecc., è concepito come un sistema distribuito, messo in comune. È quindi un social network pur non essendo come Facebook che è nelle mani di qualcuno. È completamente open source e al momento (settembre 2020) è in fase di sviluppo. È basato su ActivityPub, un protocollo progettato per essere lo standard per rendere interoperabili diversi social network, e sarà parte integrante dell'ecosistema Moodle con l'ottica di generare un ecosistema per la raccolta collaborativa di contenuti aperti.

Employability e transizioni

Il lockdown ha inasprito le disuguaglianze sociali e pericolosamente accelerato la disoccupazione in alcuni settori (pur favorendone altri, non solo digitali). Alcune iniziative connesse all'e-Learning supportano i processi di employability, l'orientamento e le transizioni tra scuola, università e mercato del lavoro.

Progetto TRIO

`https://www.progettotrio.it/`

Progetto TRIO rappresenta uno dei progetti innovativi in ambito e-Learning di maggior longevità. Finanziato dalla Regione Toscana, dal 2001 fornisce un ampio catalogo di corsi in modo del tutto gratuito. Lo sviluppo dei corsi e la gestione della piattaforma sono affidati a società esterne (per diverso tempo Giunti) attraverso bandi di gara molto dettagliati. Molto utile come risorsa per formarsi in campi tra i più disparati.

eLene4Life

`http://elene4life.eu/`

Finanziato dal programma Erasmus+ della EU, il progetto ha, tra le altre cose, sviluppato un toolkit che raggruppa interessanti modelli e strumenti per supportare lo sviluppo delle competenze trasversali all'università o in azienda tramite iniziative di active learning. Ha inoltre condotto un'analisi (tramite più di 80 interviste a HR, docenti universitari, trainer ecc.) sulle metodologie per favorire l'osmosi di pratiche innovative e attive volte a supportare l'impiegabilità nel passaggio dall'università al mondo del lavoro o le transizioni all'interno di quest'ultimo.

WideValue

`https://tinyurl.com/widevalue`

Interessante esempio di azienda che si fa strada nel mondo dell'apprendimento con percorsi online in uno stile simile (ma non uguale) a quello dei MOOC. WideValue propone percorsi di formazione professionali e personalizzati con il fine di creare un reale vantaggio competitivo per i manager e le aziende. Le soluzioni mirano alla crescita professionale e sono messe a disposizione in percorsi formativi di tipo open e in house, che erogano contenuti nei principali ambiti manageriali.

Intelligenza artificiale

Parliamo di employability in un mondo in cui i robot e le intelligenze artificiali ci ruberanno il lavoro? Speriamo di no, o cerchiamo di fare in modo che non accada, non solo appellandoci alle Tre leggi della robotica di Asimov. Si potrebbe scrivere un'enciclopedia su AI e e-Learning, ma il nostro libro si propone come un manuale essenzialmente "entry level", quindi non per esperti. Sarebbe sembrato tuttavia strano e riduttivo non accennare ad alcune iniziative che sfruttano l'intelligenza artificiale per la formazione.

PackBack

https://www.packback.co/

Si tratta di una piattaforma online supportata dall'intelligenza artificiale per consentire meccanismi di feedback anche su grosse moli di utenti. Utilizzando l'AI, PackBack funge da training assistant digitale per coinvolgere e dare ascolto anche quando gli studenti pongono domande aperte. Può moderare automaticamente delle discussioni e aiutare gli insegnanti a fornire restituzioni mirate e diversificate ad ampio raggio. Pensata per l'ambito universitario, ma con applicazioni anche in quello aziendale, contiene anche elementi gamificati e, tra gli obiettivi dichiarati, ha quello di ridurre il tempo che i docenti devono dedicare alla gestione delle interazioni con gli studenti, comprese le valutazioni *in itinere*.

Sense Catch

https://www.sensecatch.com

"Le persone non riflettono su ciò che provano, non dicono ciò che pensano e non fanno ciò che dicono" (Ogilvy, 1997 – dal sito di Sense Catch). L'obiettivo è quello di supportare chi offre formazione nel personalizzarla per target differenziati, adattando i contenuti e le loro modalità di erogazione a seconda dei casi. A un livello base semplice effettua delle verifiche dell'apprendimento tramite i comportamenti impliciti, per capire come cambia l'atteggiamento verso un determinato tema. Per farlo può misurare quanto tempo impiega un utente a rispondere a una domanda in un semplice test.
Tra gli strumenti avanzati che adotta Sense Catch c'è però l'analisi dell'attenzione visiva (eye tracking), che rileva che cosa il fruitore va a leggere del contenuto formativo: funziona, si distrae? Guarda il presenter o i grafici alle sue spalle? Con l'uso aggiuntivo di hardware che rileva la microsudorazione cutanea può misurare anche il coinvolgimento emotivo: ci sono passaggi particolarmente difficili, ansiogeni, su cui magari dover lavorare per semplificarli o alleggerirli? In tal modo è possibile analizzare l'esperienza di apprendimento nell'ottica di adattare il contenuto e le piattaforme. Alzi la mano chi non si è incuriosito (Figura 16.7).

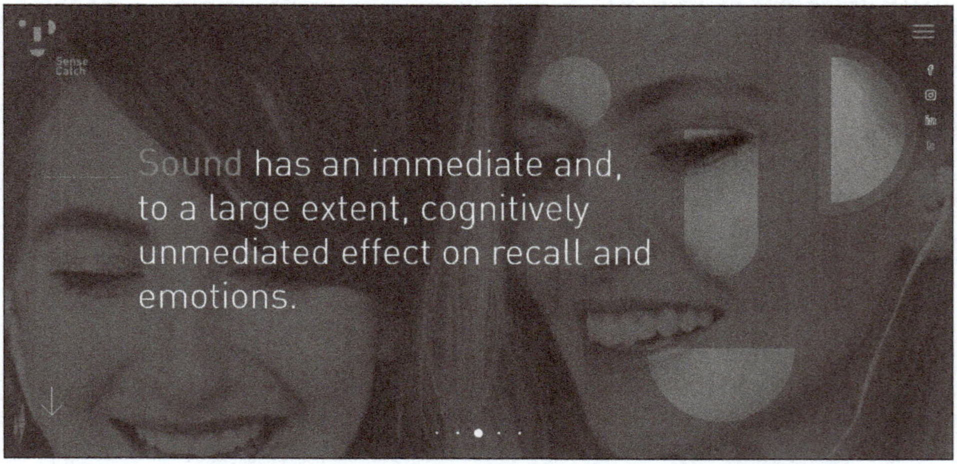

Figura 16.7 Emozioni, suoni, sapori, odori: con un approccio mutuato dal marketing, ma comunque interessante, Sense Catch ci trasporta in un fascinoso mondo di nuovi modi per valutare l'attenzione e l'apprendimento.

ZenBot

Nei sistemi e-Learning complessi o comunque con un numero elevato di studenti, il supporto individuale personalizzato è un elemento fondamentale per la riuscita dell'intervento, ma richiede risorse umane ed economiche elevate. In quest'ottica è stato sviluppato ZenBot, un agente per il supporto delle attività formative in grado non solo di rispondere alle domande e fornire conoscenze di base, ma anche di interagire in maniera attiva con gli utenti del sistema e di tenere traccia dei progressi e dei risultati delle attività dei discenti. ZenBot è un servizio online composto da elementi integrati in Moodle e altri indipendenti.

Realtà virtuale, aumentata e mista

Realtà Virtuale (VR), Aumentata (AR), ormai a volte incluse sotto il vasto cappello della Mixed Reality (XR), sono da tempo sdoganate in musei, mostre, giochi, turismo e anche nell'ambito della formazione aziendale e pure della didattica scolastica. La VR è una realtà tridimensionale simulata e spesso molto realistica, fruibile oggi tramite device specifici (il più conosciuto è dell'azienda Oculus), ma ora anche con normali smartphone inseriti in "cardboard" dal costo di pochi euro.

Il principio base della realtà aumentata invece è quello dell'overlay, ossia della sovrapposizione di livelli virtuali a delle immagini del mondo reale. In pratica, la fotocamera (tipicamente di un telefono, ma anche di un tablet) interpreta un oggetto nell'inquadratura, il sistema lo riconosce e attiva un nuovo livello di comunicazione che si va a sovrapporre e a integrare perfettamente alla realtà, potenziando la quantità di dati di dettaglio in relazione a quell'oggetto. Come intuite le potenzialità in ambito formativo sono immense, e ancora in parte da esplorare, sebbene, come sempre, con un po' di inventiva, competenze digitali di base e poche spese si possano realizzare esperienze notevoli.

Lo stesso *Bricks* dedicò un numero (`http://www.rivistabricks.it/2017/08/02/bricks-n-1-2017/`) a questi temi, raccogliendo strepitose esperienze di uso creativo della AR nella scuola, tra cui perfino per apprendere il latino (Guglielmi, 2017). Nel mondo del lavoro le applicazioni sono soprattutto per addestrare all'uso di macchinari: HP è un'azienda frontrunner in tal senso, con progetti che vanno dalla realtà aumentata per spiegare operazioni di base ai clienti (inquadrando la stampante, un'animazione guida passo passo come sostituire la cartuccia) a supportare i tecnici riparatori che gestiscono i complessissimi impianti elettrici degli stadi. In quel caso l'apprendimento passa anche attraverso un visore hardware che guida il tecnico tra pulsanti, cavi, pannelli del mondo reale.

Aurasma/Layar/Quiver

`https://www.layar.com/` – `https://quivervision.com/`

Il 90% delle esperienze di AR nella scuola descritte negli articoli citati racconta un uso intenso di Aurasma, programma gratuito ormai purtroppo non più in circolazione, a quanto ci risulta. Tuttavia altri prodotti, tra cui citiamo Layar, molto diffuso, e Quiver, che propone dei piani per scuole, sono altrettanto validi, ma non gratuiti. La sostanza dell'uso base prevede la realizzazione da parte dei ragazzi di poster, grafici, immagini, fotografie modificate, i quali possono per esempio essere stampati e poi, se inquadrati con la camera di uno smartphone provvisto dell'app adatta, restituire informazioni all'utente, ma anche proporre quiz, percorsi, giochi ecc.

Cenario

https://cenariovr.com/

Per chi ancora fosse spaventato dalla complessità di cimentarsi nella realizzazione di percorsi formativi o didattici in VR, XR o AR, proponiamo uno strumento di authoring specifico, che non richiede competenze di coding, ma consente di creare learning object in formati SCORM, xAPI, cmi5 e HTML, quindi pensato proprio anche per l'e-Learning e la creazione di prodotti formativi da inserire eventualmente in LMS. Tra le cose che consente di fare, oltre che una basica modellazione 3D, è caricare qualsiasi immagine equirettangolare (ossia che mostra una vista di 360 gradi in orizzontale e 180° in verticale) o video a 360 gradi per poi aggiungere domande o altri elementi di interattività in giochi ramificati comprendenti azioni, scene collegate, quiz, oggetti multimediali ecc.

Mozilla Hubs

https://hubs.mozilla.com/

Orientato a un uso aziendale, ma anche generalista, Hubs di Mozilla consente di entrare in stanze virtuali in 3D fruibili sia su un normale schermo di PC o tablet, sia usando un visore VR (Figura 16.8). Si tratta per certi aspetti di una sorta di equivalente tridimensionale di Zoom, ma con l'aggiunta, non indifferente, della possibilità di crearsi i propri mondi in una modalità "sandbox" non lontana da quella alla base del celebre gioco Minecraft (o dei cari vecchi Lego). Al programma base si aggiunge Hubs Cloud, per creare e gestire tutte le risorse necessarie per ospitare gli spazi immersivi tramite un proprio account aziendale.

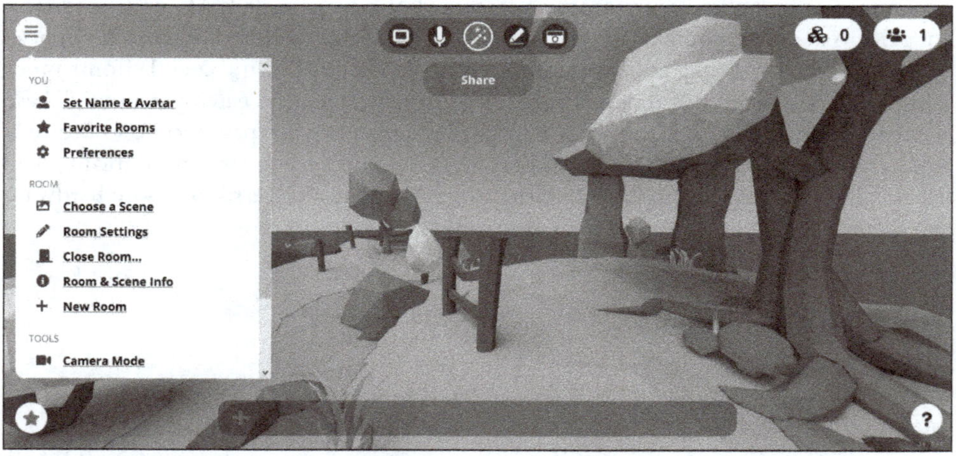

Figura 16.8 Mozilla Hubs: nelle pagine che lo descrivono sul sito si propone anche per organizzare una conferenza, tenere un corso, mostrare opere d'arte o semplicemente uscire con gli amici (specie se farlo nel mondo reale è vietato a causa di un lockdown, ipotizziamo).

Neurogaming

Chiudo con una sorta di personale "pallino" di interesse, un mondo all'interno del quale sono stato trascinato, curiosamente, come musicista, per poi invece ritrovarmi a tentare di co-progettare in ottica e-Learning. Parliamo di neurogaming, ossia una forma di gioco basata su piattaforme interfacciate a tecnologie di tracciamento delle onde cerebrali, a oggi quasi esclusivamente sull'Elettro Encefalo Gramma (EEG). Centrale è il meccanismo del neurofeedback, grazie a cui l'attività elettrica cerebrale viene letta da tale apparato EEG e viene incorporata in un ambiente virtuale, tipicamente un gioco, come cambiamento dello scenario visivo o qualche suo componente o l'attivazione di una meccanica

Unwhole

http://gamedesign.university/unwhole

Ancora in fase del tutto sperimentale, questo progetto, condotto dal ricercatore bulgaro Petar Mavrodiev, è quello che considereremmo solo l'inizio di un percorso progettuale che può portare molto lontano nel mondo della maieutica e dell'apprendimento delle competenze interpersonali (Figura 16.9). Con uno stile audiovisivo e narrativo astratto e minimalista, Unwhole propone un ambiente proiettivo in cui il giocatore può esplorare il proprio mondo interiore. Si indossa un dispositivo EEG che registra l'attività cerebrale e lo si usa come strumento per controllare vari aspetti dell'interazione: l'utente vede rappresentato il proprio stato emotivo interiore e impara a modificarlo dinamicamente. Riprendiamo le parole di Mavrodiev dal sito dello IULM, nel cui master in Game Design ha sviluppato il progetto:

> Unwhole si basa su una singola meccanica ludica – occorre mantenere uno stato mentale rilassato o concentrato per un certo periodo di tempo per raggiungere un determinato obiettivo. Si basa sulla pratica della presenza mentale, secondo la quale noi "non siamo mai non interi": spetta a noi imparare a fissare le nostre menti in costante movimento, abbandonare il flusso di pensiero e riconnetterci con la nostra dimensione interiore e raggiungere la completezza.

Tutto

TED e TEDed

https://www.ted.com/ – https://ed.ted.com/

TED è un'organizzazione dedita alla diffusione di idee, solitamente sotto forma di discorsi brevi e potenti (18 minuti o meno). È iniziato nel 1984 come una conferenza "vera" in cui convergevano tecnologia, intrattenimento e design e oggi copre quasi decine di argomenti, dalla scienza al business alle questioni globali, in più di 100 lingue. TEDed è la sua versione educational, una piattaforma interattiva che consente di creare delle lezioni partendo dai video TED. Si cerca un video su un dato argomento, vi si aggiungono domande, suggerimenti di discussione e risorse per poi condividere la lezione con gli studenti, tenendo traccia dei loro progressi.

A questo punto il libro è finito, chissà quanti coraggiosi sono arrivati fin qui. Prima di lasciarvi al glossario, chiudiamo con una cosa bella, immancabile, grandiosa. Prenderà poco più di un quarto d'ora per voi seguire questo intervento proprio al TED del "creativity expert" Sir Ken Robinson. È del 2006, ma ancora estremamente attuale nei contenuti: trovare i mezzi e le spinte per rinnovare l'intero sistema educativo e guidarlo per supportare la creatività anziché soffocarla. Lo speech di Robinson è intelligente, divertentissimo e apre la mente a nuove prospettive. Lui si è spento mentre chiudevamo questo libro, a settembre 2020. Anche senza intenti celebrativi, il consiglio è partire da qui per caricarsi con delle gran *good vibes* e iniziare, o proseguire, il vostro personale percorso nell'innovazione dell'apprendimento, che sia a scuola, in azienda o personale: `https://www.ted.com/talks/sir_ken_robinson_do_schools_kill_creativity?` (Figura 16.9).

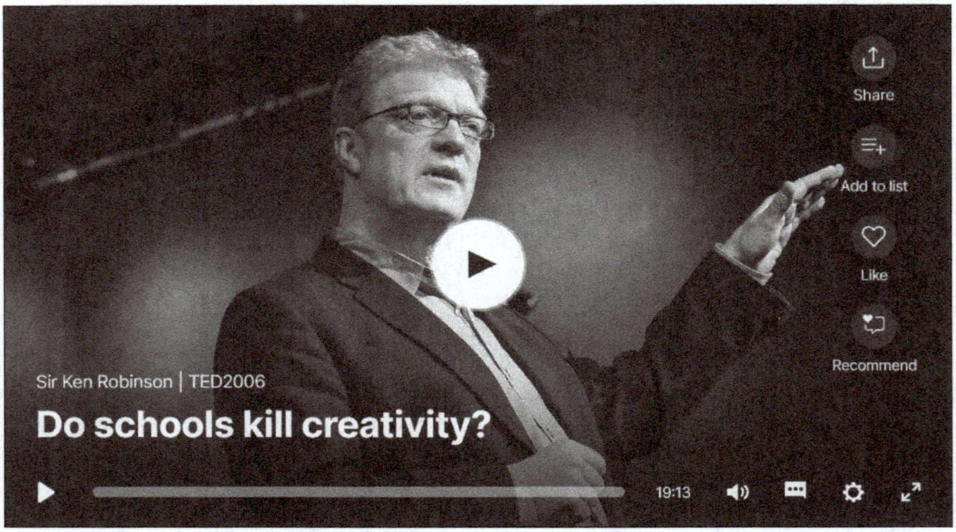

Figura 16.9 Addio, Ken, e grazie per tutto.

Fonti

Blackburn G., "How Chatbots Could Be The Future Of Learning", eLearning Industry, 2019.
`https://elearningindustry.com/chatbots-future-learning`

"Didattica nella realtà virtuale e nella realtà aumentata", *Bricks*, n. 1, 2017.
`http://www.rivistabricks.it/2017/08/02/bricks-n-1-2017/`

Dovis G., "Chatbot e Intelligenza Artificiale nell'elearning", Mosaicoelearning, 2019.
`https://www.mosaicoelearning.it/blog/chatbot-e-intelligenza-artificiale-nellelearning/`

Guglielmi G., "IL LEGIONARIO 'AUMENTATO' – Un esercizio di lessico latino in 'realtà aumentata'", su "Didattica nella realtà virtuale e nella realtà aumentata", *Bricks*, 2017.
`http://www.rivistabricks.it/2017/08/02/bricks-n-1-2017/`

Hudson C., Archibald A., Heap T., "Integrating an AI-driven discussion platform: The impact of platform on engagement and quality", Eden, 2020.

Prensky, M., "Un modo migliore per educare a casa i tuoi figli durante questo periodo", *Bricks*, 2020.

http://www.rivistabricks.it/2020/04/22/un-modo-migliore/

Uggeri M., "Engagement e gioco: i neurogame come tramite verso l'autoconsapevolezza dei nostri stati emotivi", Blog Skilla, 2018.

https://www.skilla.com/blog/engagement-e-gioco-i-neurogame-come-tramite-verso-l-autoconsapevolezza-dei-nostri-stati-emotivi_2178/

Zappi A., Beccari R., "Zenbot - Agente per il supporto delle attività formative in ambiente Moodle", atti del convegno Eden, 2018.

http://www.eden-online.org/wp-content/uploads/2018/06/Annual_2018_Genova_Proceedings.pdf

Glossario

Accessibilità Caratteristica di un prodotto o un servizio digitale progettato in ottica inclusiva e che quindi permette la fruizione anche agli utenti con disabilità, in alcuni casi grazie alla possibile integrazione con tecnologie assistive. (Capitolo 9)

Active learning Apprendimento attivo. Metodo di apprendimento che prevede la proposta di interazioni che possano coinvolgere il discente, trasformandolo in soggetto attivo del processo di insegnamento. (Capitolo 4)

ADDIE Modello del processo di progettazione didattica che include cinque fasi: Analysis (Analisi); Design (Progettazione); Development (Sviluppo); Implementation (Implementazione); Evaluation (Valutazione). (Capitoli 3, 8)

Ambassador Ambasciatore. In e-Learning si intende un futuro studente/formando che viene coinvolto nei processi di progettazione del percorso o degli strumenti e che poi, si spera, porterà a conoscenza i propri pari dell'esperienza, diventandone appunto ambasciatore negli ambienti di lavoro o studio. (Capitolo 5)

Animatore Digitale Figura professionale introdotta dal MIUR nel 2015. Si tratta di un docente che, insieme al dirigente scolastico e al direttore amministrativo, avrà un ruolo strategico nella diffusione dell'innovazione a scuola, a partire dai contenuti del Piano Nazionale per la Scuola Digitale. (Capitolo 5)

Applied game Gioco didattico/applicato, ossia che trova un'applicazione pratica, operando dei processi trasformativi nel giocatore, facendogli acquisire informazioni ma anche competenze, capacità, a volte perfino influendo su certi suoi valori morali. Vedi anche *serious game* e *learning game*. (Capitolo 13)

Apprendimento attivo Vedi *active learning*. (Capitolo 4)

Apprendimento formale Percorso formativo organizzato, strutturato, verificato e certificato. Tendenzialmente si intende quello "classico" frontale, *ex cathedra*. (Capitolo 4)

Apprendimento informale Processo di formazione che si sviluppa mediate l'esperienza (sul luogo di lavoro, in famiglia, nel tempo libero) in modo attivo e non necessariamente organizzato, basandosi su un approccio pratico di azione-reazione a casi e contesti reali. (Capitolo 4)

Assessment Processo di valutazione dell'apprendimento e delle competenze acquisite, nel caso dei discenti. Si applica anche ai docenti, per valutarne le capacità didattiche, e agli interi corsi o percorsi didattici, per dare una misura della loro efficacia e operare eventuali aggiustamenti. (Capitoli 3, 11)

Attendee/participant Spettatore/partecipante. All'interno di una videolezione/webinar, è il discente i cui diritti d'uso assegnati possono variare molto da caso a caso. (Capitolo 6)

Authoring tool Software che consente la creazione di contenuti multimediali e interattivi generando prodotti scritti in un linguaggio informatico codificato, come HTML, e che siano tracciabili secondo gli standard e-Learning come SCORM o xAPI. (Capitolo 9)

B2B Business to Business: si usa per descrivere le transazioni commerciali tra imprese. Nel nostro caso, ci riferiamo a quando un'azienda vende corsi ad altre aziende. (Capitolo 15)

B2C Business to Customer o Business to Client, in italiano "vendita al dettaglio": transazione commerciale tra una ditta e i consumatori/clienti individuali. Parliamo di siti che vendono corsi a persone fisiche che li possono acquistare per esempio con un carrello su un sito, tramite PayPal. (Capitolo 15)

Blended Metodologia che combina diversi momenti e ambienti didattici: offline (in presenza, formazione tradizionale) e online (formazione gestibile autonomamente e mediata dall'uso di dispositivi digitali). L'organizzazione, la variabilità e la gestione dei vari momenti di apprendimento dipendono dalla modalità didattica prevista. (Capitoli 3, 4)

Breakout room Nelle piattaforme per videolezioni è possibile creare delle "salette indipendenti" per far lavorare i partecipanti in gruppi. Questi possono essere generati casualmente dal software o essere organizzati precedentemente e hanno una durata limitata, che l'host o il docente può definire. Al termine della sessione, si torna in plenaria. (Capitolo 6)

Certificato Documento che attesta il completamento di un percorso di formazione che può essere generato e scaricato da una piattaforma LMS. (Capitoli 8, 9, 10)

Character Personaggio-guida, figura, spesso animata, inserito all'interno di un percorso di formazione online. (Capitolo 9)

Chart Diagramma, rappresentazione schematica che sintetizza le fasi di un fenomeno e le relazioni tra esse. (Capitolo 10)

Chat Comunicazione testuale che avviene in tempo reale in un ambiente virtuale. In un sistema di videoconferenza viene usata per porre domande o fornire feedback. (Capitoli 6, 8)

Chroma key Tecnica usata per realizzare effetti di sovrapposizione di due diverse immagini o video realizzata filmando con un colore di fondo (tipicamente il verde, oppure il blu, da cui il nome), sostituito poi con qualsiasi altra immagine/video, grafici, loghi ecc. (Capitolo 7)

CMS Content Management System/Sistema di gestione dei contenuti. Si intende un sito, non necessariamente sviluppato per la didattica, ma adatto alla raccolta e diffusione di determinati contenuti (anche, per esempio, i prodotti di un'azienda). (Capitolo 8)

Coaching Processo in cui un esperto, il coach, fornisce a uno o più individui consigli e feedback costruttivi con l'obiettivo di migliorare le prestazioni. (Capitolo 4)

Collaborative learning Apprendimento collaborativo. Possibilità del discente di raggiungere un maggiore livello di sviluppo/acquisizione di competenze grazie al fatto di apprendere in un contesto collaborativo fra pari (anche di diverse età e di diversi livelli di competenza). (Capitolo 4)

Community Manager Figura professionale che riveste un ruolo centrale nelle Comunità di Pratica (CoP) stimolando l'apprendimento tramite la comunicazione e collaborazione tra i corsisti. (Capitolo 5)

Community of Practice (CoP) Comunità di Pratica. Gruppi di persone che si riuniscono attorno a un determinato tema, ambito professionale ecc. Sono manifestazioni del meccanismo di peer learning e degli approcci collaborativi in generale. (Capitolo 4)

Content Developer Figura professionale che determina il formato e la tipologia dei contenuti di un corso online, unificando vari elementi (audio, video, immagini, animazioni, interazioni), spesso attraverso software di authoring. (Capitolo 5)

Content Editor Figura professionale che si occupa della redazione dei contenuti. (Capitolo 5)

Cooperative learning Metodo in cui i partecipanti si impegnano parallelamente in uno sforzo coordinato per raggiungere un determinato risultato e ogni discente deve assumersi la responsabilità di una sezione specifica del lavoro comune. (Capitolo 4)

Creative Commons Standard che definisce in maniera univoca le possibilità di riutilizzo di risorse frutto della creatività e dell'ingegno umano. Le licenze CC sono sei e sono definite dalla combinazione di quattro attributi, sulla base dei quali si stabiliscono gli specifici diritti riservati. (Capitolo 15)

Credits Accredito. Nota che attribuisce a una risorsa il rispettivo autore o fonte. (Capitolo 15)

Crittografia Il livello di sicurezza dei dati che vengono trasmessi tra un punto della Rete e un altro. (Capitolo 6)

Customization Customizzazione, personalizzazione. (Capitoli 3, 6, 8, 9)

DaD Didattica a Distanza. Vedi anche *FaD*. (Capitolo 1)

Dashboard Pannello di controllo: sezione di una piattaforma in cui poter visualizzare i dati relativi al proprio personale utilizzo della stessa. (Capitoli 8, 10, 11)

Delayed assessment Valutazioni dilazionate, non specificamente correlate alla conclusione di un corso o di una pratica di apprendimento attivo. (Capitolo 12)

Digital divide Divario digitale: distinzione tra chi ha la possibilità di accedere alla Rete in maniera adeguata e chi ne è escluso o limitato. (Capitolo 1)

Digital inclusion Processo per garantire che tutti possano contribuire e trarre vantaggio dall'economia e dalla società digitali. (Capitoli 2, 3, 14, 15)

e-Collaboration Collaborazione che si basa su una comunicazione mediata da strumenti informatici e dalla Rete in grado di garantire la condivisione di artefatti digitali e la loro elaborazione cooperativa, anche contemporaneamente. (Capitoli 3, 10)

Education Analyst Figura professionale che analizza il target e i suoi bisogni e focalizza gli obiettivi formativi. (Capitolo 5)

e-Learning Electronic Learning. Per il COM (2001) 172 della Commissione delle Comunità Europee, l'apprendimento online sfrutta le tecnologie digitali e l'utilizzo di contenuti multimediali trasmessi tramite Rete internet per supportare e facilitare la formazione garantendo l'accesso alle risorse su larga scala. Per noi l'e-Learning è tutto ciò che il mondo del digitale può offrire a quello dell'apprendimento. (Capitolo 1)

Embed Incorporare. Codice o funzione che permette di incorporare un determinato contenuto in un sito o una piattaforma. (Capitolo 10)

Engagement Coinvolgimento (anche emotivo). Si intende, nella formazione, il riferimento a quei processi volti appunto a rendere l'apprendimento più coinvolgente, interessante, interattivo, stimolante. Spesso è volto anche ad aumentare la ritenzione delle informazioni tramite processi esperienziali. (Capitolo 13)

Enrollment Iscrizione a un corso, un percorso didattico o anche a un singolo webinar o lezione. (Capitoli 6, 8)

Équipe Formative Territoriali (EFT) Nate in ambito scolastico nel 2018, hanno come funzione primaria quella di supportare le scuole della propria regione nell'attuazione delle azioni del Piano Nazionale per la Scuola Digitale. (Capitolo 5)

Estensione Componente aggiuntivo scaricabile e attivabile da uno specifico sito/negozio (per esempio Chrome Web Store) che permette di aggiungere funzionalità al relativo strumento (tipicamente un browser). (Capitolo 6)

F2F (face 2 face) Faccia a faccia. Situazione che descrive un ambiente di apprendimento classico, in aula. (Capitolo 1, 3, 4)

FaD Formazione a distanza. Utilizzo delle tecnologie informatiche per svolgere online le attività didattiche nel momento il cui formatore e discenti non si trovano a condividere uno stesso ambiente fisico. Può avvenire sia in maniera sincrona sia asincrona. (Capitolo 1)

Feedback Giudizio costruttivo dell'andamento didattico, un'attività, un elaborato o un comportamento del discente che concorre a costituire quella che viene definita "valutazione formativa", utile per supportare il processo di apprendimento dello studente. Può essere fornito sia dal formatore sia dai "pari" (vedi *peer feedback*). (Capitoli 1, 3, 11, 12)

Flipped classroom Classe capovolta. Metodologia didattica che prevede l'inversione dei canonici momenti: lezione in classe/compito a casa. Lo studio su un determinato argomento viene svolto individualmente e successivamente, in classe, si approfondisce il tema con esercitazioni e attività pratiche collettive. (Capitoli 4, 15)

Focus group Il focus group è un incontro di gruppo (da un minimo di 6 a un massimo di 10-12 partecipanti) volto a indagare la situazione di un certo contesto. Il moderatore conduce l'intervista per esplorare in modo approfondito le opinioni, gli atteggiamenti o i comportamenti di una certa collettività e per approfondire dinamiche, propensioni ecc. (Capitolo 3)

Follow-up Seguito. Si può intende a un'attività di analisi e indagine o formativa *in toto*. (Capitolo 3)

Forum Ambiente virtuale di discussione e confronto in cui un individuo può scrivere post visibili a tutti gli utenti che ne fanno parte per chiedere informazioni, approfondimenti, opinioni. (Capitoli 4, 8)

Game Based Learning (GBL) Apprendimento basato sul gioco.Vedi anche *gamification* (di cui non è un sinonimo). (Capitoli 4, 13)

Game jam Sessione di brainstorming volta a ideare (e quindi non necessariamente sviluppare) un gioco. In tale sessione, i partecipanti vengono quindi invitati a riflettere su un tema specifico e a inventarne il gioco relativo. (Capitolo 13)

Game storm Workshop interattivi e creativi nei quali i partecipanti, divisi tipicamente in gruppi, devono progettare e creare uno o più giochi in un breve lasso di tempo, che di solito varia tra le 24 e le 48 ore. (Capitolo 13)

Gamification "Ludicizzazione". Processo di ingaggio e coinvolgimento attivo attraverso sistemi e modalità ludiche. In questo libro lo intendiamo solo nella sua accezione connessa all'apprendimento, quindi si avvicina molto al Game Based Learning. (Capitoli 4, 13)

GDPR Regolamento Generale sulla Protezione dei Dati (o GDPR, in inglese General Data Protection Regulation). È un regolamento dell'Unione Europea in materia di trattamento dei dati personali e di privacy operativo a partire dal 25 maggio 2018. (Capitolo 6)

Hackathon Formato per un evento finalizzato allo sviluppo di un software (ma a volte anche di componentistica hardware); nel nostro contesto si tratta in genere di eventi volti a sviluppare competenze digitali come il coding. (Capitolo 13)

Help-desk Struttura che rileva e gestisce i problemi degli utenti con la piattaforma e i relativi bug riscontarti. (Capitoli 3, 5)

Host Ospite. Nelle piattaforme sincrone si intende colui che organizza e "ospita" virtualmente i partecipanti. Può intendersi l'istituzione o l'individuo. (Capitolo 6)

Hosting Servizio di Rete che consiste nell'allocare su un server web un sito, una piattaforma, rendendola così accessibile alla Rete internet e ai suoi utenti. (Capitolo 3)

Human Resources (HR) Risorse umane. (Capitolo 5)

Icona Rappresentazione grafica sintetica, chiara e potenzialmente universale di un oggetto, un processo, un'azione o una funzione. (Capitolo 9)

Inquiry Based Learning (IBL) Apprendimento basato sull'investigazione, ossia che stimola la formulazione di domande e azioni per risolvere problemi e capire fenomeni. L'insegnante non dice agli studenti ciò che hanno bisogno di sapere, ma li incoraggia a esplorare una materia o un tema, fare domande e condividere idee. (Capitolo 4)

Instructional design Progettazione della didattica. Processo volto a creare una formazione di qualità sulla base dei bisogni formativi del target e del contesto, definendone i criteri, le modalità, il linguaggio, i tempi e organizzando i contenuti in maniera efficace ed efficiente. (Capitolo 5)

Instructional Designer Figura professionale che struttura un percorso formativo sulla base dei bisogni formativi del target e del contesto, definendone i criteri, le modalità, il linguaggio, i tempi e organizzando i contenuti in maniera efficace ed efficiente. (Capitolo 5)

Integrazione (tra le piattaforme) Possibilità di un prodotto o di un servizio digitale di interfacciarsi con altri strumenti esterni, garantendo l'interoperabilità. (Capitoli 6, 8)

Interfaccia Aspetto con cui un artefatto digitale si presenta in termini visivi e consente l'interazione con l'utente. (Capitoli 5, 6, 8, 9, 10)

Issuer Chi eroga un corso e rilascia una certificazione digitale. (Capitolo 12)

LCMS Learning Content Management System. Piattaforma che gestisce la creazione, l'archiviazione, l'uso e il riutilizzo dei contenuti di apprendimento. (Capitolo 8)

Learner-centered Apprendimento incentrato sullo studente. Esperienza didattica il cui focus non viene posto sull'insegnamento del formatore, ma sull'apprendimento del discente. (Capitolo 4)

Learning & Development (L&D) Reparto aziendale che si occupa dello sviluppo delle competenze e della formazione dei dipendenti. (Capitolo 5)

Learning (& training) on the Job Imparare lavorando. Formazione direttamente esperita sul posto di lavoro. (Capitolo 4)

Learning analytics Insieme dei dati dinamici riguardanti i percorsi didattici e i relativi corsisti, utili per effettuare analisi di monitoraggio. (Capitolo 11)

Learning by doing Apprendere facendo. Si intende una modalità esperienziale in cui l'apprendimento (di una conoscenza, ma più spesso di competenze) avviene nella pratica. (Capitoli 1, 4)

Learning by teaching (LdL) L'acronimo viene dal tedesco *Lernèn durch Lehren*, LdL. Apprendere tramite l'insegnamento. Il metodo prevede un'inversione di ruoli, dove agli studenti è richiesto di diventare insegnanti, preparando loro stessi le lezioni per i propri compagni. (Capitolo 4)

Learning environment Ambiente di apprendimento (reale o virtuale). (Capitolo 8)

Learning facilitator Facilitatore dell'apprendimento. Nell'e-Learning, ruolo che spesso assumono i docenti, in quanto l'apprendimento deve avvenire tramite attività di collaborazione in un contesto quanto più possibile stimolante, dove chi è esperto dei contenuti è anche guida (Capitolo 5)

Learning game Vedi *applied game*. (Capitolo 13)

Learning Manager Figura professionale di tipo strategico e specializzata nella formazione sotto tutti i punti di vista: umano, pedagogico e digitale. (Capitolo 5)

Learning object Oggetto didattico. File generato da un authoring tool sotto forma di un pacchetto `.zip` che contiene tutte le informazioni del corso sviluppato per poter essere fruito online e correttamente interpretato dall'LMS. È un'unità di apprendimento autoconsistente, modulare, reperibile, riusabile e interoperabile. (Capitoli 8, 9)

Learning path Percorso di apprendimento strutturato che può includere diverse modalità didattiche e attività pratiche e interattive con un livello di complessità e di obbligatorietà variabile che portano all'acquisizione delle conoscenze e competenze prefissate. (Capitoli 3, 5, 8, 15)

Lifelong learning Apprendimento continuo, lungo tutto l'arco della vita. (Capitolo 2)

LMS Learning Management System. Sistema per la gestione dell'apprendimento. Permette di organizzare i contenuti didattici generati sia internamente (test, assignment, forum ecc.) sia con altri sistemi (learning object, documenti, video ecc.); consente di definire ruoli e diritti degli utenti registrati; registra automaticamente dati di tracciamento e monitoraggio delle attività svolte generando report e certificati. (Capitolo 8)

LRS Learning Record Store. Piattaforma accessoria a un LMS necessaria quando si utilizzano risorse con standard xAPI. Raccoglie statistiche di apprendimento in qualunque momento e in qualunque luogo (fisico o virtuale). (Capitolo 9)

Mainstream game Si intendono i giochi "convenzionali", quelli in commercio per PC, console o altri device. (Capitolo 13)

Mentor Figura che guida e assiste gli individui nella propria crescita personale e delle conoscenze, soprattutto quando si tratta di svolgere attività pratiche che implicano l'attuazione di scelte. (Capitolo 5)

Microlearning Progettazione e successiva somministrazione dei contenuti in unità brevi e autoconcluse, con l'obiettivo di rendere i percorsi flessibili e "assemblabili". (Capitolo 4)

Mobile learning Apprendimento tramite dispositivi mobile, come gli smartphone. (Capitoli 2, 7)

Mock-up Modello illustrativo, sorta di "bozza digitale" volta a mostrare il potenziale aspetto di un artefatto digitale. Un mock-up può rappresentare la totalità o solo una parte dell'applicativo. (Capitolo 3)

Modalità asincrona Didattica che si svolge in maniera indiretta e mediata da strumenti e applicativi digitali. L'interazione tra formatore e formando è possibile, ma necessita di un ritardo temporale. Per esempio un video didattico caricato su YouTube o EdPuzzle. (Capitoli 3, 7, 9)

Modalità sincrona Didattica che si svolge in tempo reale; può svolgersi sia in presenza sia attraverso sistemi di videoconferenza. Consente l'interazione immediata tra formatore e formando. (Capitoli 3, 6)

Modularità Caratteristica di unità generata da uno standard comune che ne consente il riutilizzo in altre sedi o contesti. (Capitoli 3, 9)

Monitoraggio Osservazione e comprensione attenta dell'andamento di un percorso formativo. Può avvenire con osservazione diretta (soprattutto su piccola scala) oppure in maniera sistematica tramite i dati di tracciamento. (Capitolo 11)

MOOC Massive Open Online Courses (Corsi Massivi Online Aperti). Corsi disponibili online aperti a tutti, a volte gratuiti. Altre volte possono prevedere il pagamento di una quota per l'ottenimento del certificato finale che accredita l'avvenuto completamento del corso. In altri casi invece il pagamento è richiesto anche all'iscrizione, per poter fruire dei contenuti. In tal caso non si tratta propriamente di MOOC, ma la definizione ha assunto contorni vaghi. (Capitoli 2, 15)

Mouseover (o mouse hover) Elemento di controllo grafico che avviene quando il cursore del mouse viene posizionato su una determinata area interattiva. (Capitolo 9)

Multimedialità Forma di comunicazione mista (che comprende testi, immagini, audio, video, interazioni ecc.) a supporto della trasmissione di un'informazione. (Capitoli 2, 3, 15)

Navigazione Possibilità che un utente può avere all'interno di un ambiente virtuale che permette di spostarsi tra i contenuti. (Capitoli 3, 5, 8, 9)

Neurogame Forma di gioco basata su piattaforme interfacciate a tecnologie di tracciamento delle onde cerebrali dove tramite neurofeedback l'attività elettrica cerebrale viene letta dal sistema e viene incorporata in un ambiente virtuale, tipicamente un gioco, come cambiamento dello scenario visivo o di qualche suo componente. (Capitolo 15)

Obiettivo educativo Il traguardo che un intervento educativo si prefigge di raggiungere. Le caratteristiche dell'obiettivo possono differire in funzione del modello didattico di riferimento. (Capitoli 3, 4)

Offline Stato in cui un dispositivo o un applicativo elettronico è in funzione mentre non è connesso a una Rete. (Capitoli 3, 10)

Online Stato in cui un dispositivo elettronico è connesso a un server tramite una Rete che ne consente la trasmissione dei dati. (Capitoli 3, 11)

Open badge È un riconoscimento personale, sicuro ed esportabile fornito ai corsisti che hanno raggiunto determinati obiettivi formativi, in modo da valorizzarne le competenze. Un badge si concretizza in un'immagine che contiene una serie di metadati. (Capitoli 3, 12)

Open Education Educazione Aperta. Insieme di progetti e approcci educativi che mirano a eliminare ogni barriera all'accesso e alla fruizione del processo educativo. (Capitolo 14)

Open Educational Resources (OER) Risorse educative aperte e gratuite. (Capitoli 3, 14)

Paced assessment Valutazioni regolari "ritmate", non specificamente correlate alla conclusione di un corso o di una pratica di apprendimento attivo. (Capitoli 3, 12)

Peer feedback Giudizio costruttivo di un'attività, un elaborato o un comportamento fornito al discente dai propri "pari" ("peer"). (Capitoli 4, 12)

Peer learning Apprendimento tra pari. Giudizio costruttivo di un'attività, un elaborato o un comportamento fornito al discente dai propri "pari" ("peer") con lo scopo di innescare uno scambio diretto, sviluppare il pensiero critico, analizzare contesti e opinioni e accrescere le abilità trasversali quali comunicazione, discussione, autovalutazione e valutazione. (Capitoli 4, 13)

Piattaforma e-Learning Ambiente digitale di apprendimento. Si intende l'infrastruttura tecnologica che offre servizi e funzioni dedicati all'erogazione e gestione di corsi. (Capitolo 8)

Player Interfaccia di un oggetto interattivo che ne consente la gestione e navigazione (play/pausa, volume, avanti/indietro). (Capitolo 9)

PLE Personal Learning Environment: ambiente di apprendimento, simile a un LMS, che mira ad adattare gli ambienti, i percorsi e gli approcci didattici ai bisogni, alle potenzialità e alle aspettative dei singoli individui che lo usano. (Capitolo 8)

Plug-in Componente installabile su una piattaforma o un programma per aumentarne le funzionalità. (Capitoli 6, 8)

Podcast Fusione delle parole iPod, laddove pod sta per "baccello" o "capsula", e broadcast, ovverosia "trasmissione". Indica la trasmissione via Internet di un file audio. (Capitolo 7)

Post Messaggio virtuale che può essere scritto da un individuo su una piattaforma (forum, blog, social network ecc.) in modo che tutti gli utenti che ne fanno parte possano visualizzarlo e rispondere, avviando una discussione o uno scambio di informazioni e opinioni. (Capitolo 8)

Presenter All'interno di una videolezione/webinar, è il formatore/insegnante che può far scorrere la presentazione o condividere lo schermo, ma spesso è anche l'unico a poter attivare audio e video quando vuole e/o fare lo stesso con i partecipanti. (Capitolo 6)

Problem Based Learning (PBL) Apprendimento basato su problemi. Approccio pedagogico che spinge gli studenti a condurre ricerche, integrare teoria e pratica e applicare conoscenze e abilità per sviluppare una soluzione praticabile a una domanda/problema definito, autentico e complesso. (Capitolo 4)

Proctoring Sistema automatizzato che impedisce agli studenti coinvolti in un esame da remoto di effettuare azioni non concesse durante la sessione (per esempio aprire altre finestre del browser). Grazie a sistemi di intelligenza artificiale può anche arrivare a individuare comportamenti anomali dello studente (i cui movimenti possono essere osservati tramite webcam). (Capitolo 6)

Project Based Learning (PBL) Apprendimento basato sul progetto. Richiede ai discenti di realizzare un progetto reale connesso all'attività formativa. (Capitolo 4)

Project Manager Figura professionale la cui responsabilità è quella di gestire tutto il progetto all'interno del quale, spesso, la formazione a volte è solo uno dei tanti aspetti. Il PM si trova a interpretare le esigenze dell'eventuale committente o dei propri responsabili (CEO, HR ecc.), coordinare le diverse attività e gestire il budget che gli è stato affidato. (Capitolo 5)

Realtà aumentata (AR) Sistema per l'arricchimento di un'esperienza sensoriale mediante informazioni attivate da elementi reali (QR code, oggetti, immagini ecc.); questi vengono ripresi tramite un device che aggiunge livelli visivi o suoni a cui si possono poi associare interazioni di ogni tipo. (Capitoli 1, 16)

Realtà virtuale (VR) Realtà tridimensionale simulata e spesso molto realistica, fruibile oggi tramite device specifici. (Capitoli 1, 16)

Report Insieme dei dati estratti automaticamente da una piattaforma (per esempio LMS) riguardanti il tracciamento degli utenti, delle loro attività e dei corsi in essere. (Capitoli 6, 8, 9)

Responsive design Progettazione del layout e dell'interfaccia che prevede l'adattamento automatico dei contenuti di un prodotto o servizio su qualunque dispositivo (fisso o mobile, orizzontale o verticale) in modo da garantire un'immediata leggibilità, senza dover ricorrere al ridimensionamento manuale della pagina da parte dell'utente. (Capitolo 9)

Retention Letteralmente "ritenzione, conservazione". In ambito aziendale si intende la capacità di attrarre, trattenere e incentivare la presenza di talenti all'interno del proprio personale. Nella formazione si intende lo stesso per evitare il drop-out. (Capitoli 5, 8)

Reverse mentoring Inversione dei ruoli che può avvenire tra i nuovi arrivati e i senior manager in cui sono i primi a trasmettere le proprie competenze digitali alle figure meno avvezze al digitale. (Capitolo 5)

Risultati di Apprendimento Attesi (RAA) Descrivono ciò che un discente dovrebbe arrivare a conoscere, comprendere ed essere in grado di fare al termine di un percorso formativo. Si intende anche ciò che il formatore/docente si impegna a far raggiungere ai discenti. (Capitolo 12)

Role play Gioco di ruolo. Tecnica di coinvolgimento che può essere applicata all'interno di un percorso di formazione in cui i discenti interpretano personaggi per provare comportamenti e azioni concrete in un contesto simulato. (Capitolo 13)

SCORM Shareable Content Object Reference Model. Standard di codifica per la pubblicazione di un learning object le cui versioni più diffuse sono 1.2 (del 2001) e 2004. (Capitoli 2, 8, 9)

Screencast Registrazione video di ciò che viene visualizzato sul proprio monitor. (Capitolo 7)

Self-assessment Processo di autovalutazione. Può essere fatto prima e dopo un percorso formativo, per valutare l'apprendimento e le competenze acquisite durante esso. (Capitolo 12)

Self-paced learning Apprendimento autonomo. Percorso di autoformazione in cui il discente decide tempi e ritmi della fruizione. (Capitoli 4, 14)

Serious game Vedi *applied game*. (Capitolo 13)

Simulazione Scenario in cui ha luogo un'interazione (tipicamente un gioco) che comprende i comportamenti e le azioni che possono essere attuati dai discenti-interpreti simulando quelli di una situazione reale. (Capitolo 13)

Single Sign-On (SSO) Proprietà di un sistema che gestisce l'accesso di un utente consentendo di effettuare un'unica autenticazione per più servizi online. (Capitoli 6, 8)

Social learning L'apprendimento avviene attraverso esperienze indirette, sviluppate attraverso l'osservazione di altre persone e tramite un processo di acquisizione delle informazioni provenienti da altri individui. (Capitolo 4)

Soft skill Competenze trasversali di un individuo nei campi sociale (per esempio comunicazione, teamwork, mediazione delle opinioni), personale (leadership, autovalutazione, adattabilità e flessibilità), metodologico (imparare a imparare, pensiero critico e creativo, problem solving) e digitale (elaborazione dei dati, creazione di contenuti. (Capitolo 4)

Software open source Software il cui codice sorgente è disponibile agli utenti in modo che questi possano accedervi, modificarlo e ridistribuirlo. (Capitolo 14)

Software proprietario Software il cui utilizzo è concesso in licenza agli utenti in base a diritti legali esclusivi che ne impediscono la modifica e la ridistribuzione. (Capitolo 14)

Software-as-a-Service (SaaS) Software come servizio. Un modello di distribuzione del software applicativo che prevede l'utilizzo dell'applicazione stessa via Internet, eliminando così la necessità di installare il file eseguibile sul proprio dispositivo. (Capitoli 6, 8)

Statement Affermazione, testimonianza. Tipicamente estratto di un'intervista, un messaggio su un forum, un focus group. (Capitolo 3)

Storyboard Letteralmente "tavola (board) della storia (story, intesa come racconto)", viene generalmente utilizzato per indicare la rappresentazione, in forma di sequenza in ordine cronologico, di un artefatto, dal fumetto a un video. Per noi è fondamentale strumento di progettazione per l'organizzazione dei contenuti. (Capitoli 6, 7)

Storytelling Narrazione, o atto del narrare. Approccio che pone al centro di un prodotto/servizio/corso/gioco una narrazione. (Capitolo 13)

Streaming Trasmissione via Internet su due canali (audio e video) in un flusso continuo in cui i dati vengono riprodotti man mano che arrivano all'utente finale. Si pone essenzialmente come alternativa allo scaricamento a cui segue una fruizione in locale di un video o un audio. (Capitoli 6, 7)

Student-centered learning Apprendimento incentrato sullo studente. Esperienza didattica il cui focus non viene posto sull'insegnamento del formatore, ma sull'apprendimento del discente. (Capitolo 4)

Subject Matter Expert (SME) Esperto di contenuti. Detentore della conoscenza che viene affiancato da Instructional Designer e tutor in modo che il suo sapere possa essere ristrutturato in contenuti adatti alla formazione online. (Capitolo 5)

Sviluppatore informatico In inglese *developer*, è la figura professionale più tecnica e specializzata dal punto di vista informatico per la progettazione, personalizzazione e gestione dei sistemi informatici. (Capitolo 5)

Teaching analytics Processo volto ad analizzare, valutare e, si spera, migliorare la progettazione delle attività didattico-formative, includendo i metodi e gli strumenti che mirano a supportare questo processo di miglioramento. (Capitoli 3, 11)

Teleprompting Sistema che permette a uno speaker la visualizzazione di un testo a scorrimento (gobbo). (Capitolo 7)

Template Modello. Struttura predefinita di un prodotto digitale che ne definisce lo stile e le caratteristiche in modo da poter sviluppare rapidamente il contenuto. (Capitoli 3, 8, 9)

Toolbar Barra degli strumenti di un'applicazione o software. (Capitolo 7)

Tracciamento Raccolta e rappresentazione dei dati funzionali al monitoraggio. (Capitoli 5, 11)

Training Processo che mira a migliorare le prestazioni di un individuo in termini di conoscenze, competenze, abilità, attitudini e comportamenti in un determinato ambito. (Capitolo 4)

Training provider Azienda o istituzione che fa della proposta di formazione (e-Learning o meno) la propria attività (e business) principale. (Capitolo 15)

Train-the-trainer Formazione formatori. (Capitolo 3)

Travel journal Diario di viaggio dei discenti in cui possono appuntare i propri progressi lungo un percorso di apprendimento. (Capitolo 11)

Tutor In un percorso formativo online è la persona di riferimento sia per chi apprende sia per chi insegna. Affianca il formatore nella gestione pratica, ma lo indirizza anche a un lavoro efficace e coerente e supporta i discenti nel loro percorso (raccogliendo problematiche, inviando feedback o reminder e rispondendo alle richieste ricevute via chat, forum o email). (Capitoli 5, 8, 15)

UI Designer User Interface Designer, progettista di interfacce. Figura professionale che si occupa del modo con cui un artefatto digitale si presenta in termini visivi e come interagisce con chi ce l'ha di fronte. (Capitolo 5)

Usabilità Caratteristica di un prodotto o un servizio digitale che ne permette un utilizzo facile e intuitivo. (Capitoli 5, 6, 7, 8, 9, 10)

User-centered design Progettazione incentrata sull'utente. (Capitolo 13)

User-friendly Prodotto o servizio digitale facile e intuitivo da utilizzare anche per chi non è esperto. (Capitoli 5, 6, 7, 8, 9, 10)

UX Designer User Experience Designer, progettista dell'esperienza utente. Figura professionale che stabilisce le regole per la corretta implementazione delle funzioni e degli elementi di un prodotto digitale in modo che questo risulti chiaro e intuitivo per gli utenti. (Capitolo 5)

UX/UI design User Experience/User Interface design. Progettazione dell'esperienza utente e dell'interfaccia. Due distinti momenti nella progettazione di un prodotto o servizio digitale estremamente correlati poiché vanno a definire le caratteristiche di utilizzo e fruizione dell'artefatto. (Capitolo 5)

Valutazione Metodo sistematico per raccogliere informazioni sull'impatto e l'efficacia di un'offerta formativa e il profitto del discente. (Capitoli 8, 12, 15)

Videolezione Trasmissione audio-video che si ispira a una lezione di didattica frontale. Può essere sincrona (per esempio webinar) o asincrona (per esempio un video caricato in un MOOC). (Capitoli 1, 2, 3, 5, 6, 7, 15)

Videomaker/editor Figure professionali che si occupano della produzione di videolezioni, dalla progettazione alla postproduzione, al montaggio e supportano il docente nella realizzazione degli storyboard e lo accompagnano nel realizzare delle idee visuali simboliche efficaci per rendere i filmati dinamici e accattivanti. (Capitoli 5, 7)

Virtual classroom Classe virtuale. Ambiente di apprendimento online in cui formatore e discenti possono interagire. (Capitoli 1, 3, 6, 8)

Virtuale Non fisico, ma mediato dalla Rete, dal digitale e dai dispositivi elettronici. (Capitoli 2, 16)

VLE Virtual Learning Environment. Ambiente virtuale di apprendimento. Generalmente si intende la piattaforma web sulla quale ha luogo la formazione a distanza. Gli LMS possono esserne considerati un sottoinsieme. (Capitolo 8)

Voiceover In un video o una presentazione registrata, voce fuori campo. (Capitolo 7)

Web-based Applicativo digitale distribuito e reso accessibile da browser senza richiedere dunque l'installazione di un software sul proprio PC. (Capitoli 1, 6, 8)

Webconference Videoconferenza. Comunicazione sincrona a distanza, interattiva e collaborativa, basata su due canali (audio e video) tra formatore e un numero ristretto di partecipanti. (Capitoli 1, 6, 15)

Webinar Comunicazione divulgativa sincrona a distanza basata su due canali (audio e video) che dal formatore arriva a un potenzialmente alto numero di partecipanti, i quali possono interagire solo via chat. (Capitoli 6, 15)

Whiteboard Lavagna interattiva. Strumento di interazione che può essere incluso nei sistemi di videoconferenza le cui funzionalità sono quelle di una lavagna virtuale sulla quale il formatore e i partecipanti possono scrivere contemporaneamente in maniera cooperativa. (Capitoli 6, 8, 10)

Wireframe Modello iniziale di rappresentazione di un sito web. (Capitolo 3)

Workflow Diagramma di flusso per rappresentare i passaggi e le interazioni che si prevede un utente avrà con un sito/piattaforma. (Capitolo 3)

xAPI Standard di codifica per la pubblicazione di un learning object che, appoggiandosi a un LRS, consente la registrazione delle attività anche al di fuori della piattaforma LMS, tenendo in considerazione le attività effettuate anche offline e da qualunque dispositivo. (Capitolo 9)

Indice analitico